Verzeichniß

der

Guttentag'schen Sammlung

Deutscher Reichsgesetze

und

Preußischer Gesetze.

Text-Ausgaben mit Anmerkungen.

Taschenformat.

Deutsche Reichsgesetze grün,

Preußische Gesetze grau cartonnirt.

1897

Berlin SW.48.

Wilhelmstraße 119/120.

J. Guttentag, Verlagsbuchhandlung.

Guttentag'sche Sammlung
Nr. 11. Deutscher Reichsgesetze. Nr. 11.
Text-Ausgaben mit Anmerkungen.

Civilprozeßordnung

mit

Gerichtsverfassungsgesetz,

Einführungsgesetzen, Nebengesetzen und Ergänzungen.

Text-Ausgabe mit Anmerkungen und Sachregister

von

R. Sydow.

Siebente vermehrte Auflage.

Berlin SW.48
Wilhelmstraße 119/120.
J. Guttentag, Verlagsbuchhandlung.
1896.

Abkürzungen.

Begr.	bedeutet	Begründung des Entwurfs eines Gerichtsverfassungsgesetzes und des Einführungsgesetzes (Drucksachen des Deutschen Reichstages: II. Legislatur-Periode, II. Session 1874 Nr. 4), bezw. Begründung des Entwurfs einer Civilprozeßordnung und des Einführungsgesetzes (Drucksachen des Deutschen Reichstages: II. Legislatur-Periode, II. Session 1874 Nr. 6).
Centr.Bl.	„	Central-Blatt für das Deutsche Reich.
C.P.O.	„	Civilprozeßordnung.
E.G.	„	Einführungsgesetz.
G.K.G.	„	Gerichtskostengesetz.
G.O. f. G.V.	„	Gebührenordnung für Gerichtsvollzieher.
G.O. f. R.A.	„	Gebührenordnung für Rechtsanwälte.
G.O. f. Z. u. S.	„	Gebührenordnung für Zeugen und Sachverständige.
G.S.	„	Gesetz-Sammlung.
G.V.Bl.	„	Gesetz- und Verordnungs-Blatt.
G.V.G.	„	Gerichtsverfassungsgesetz.

H.G.B.	bedeutet	Allgemeines Deutsches Handelsgesetzbuch.
J.M.Bl.	„	Justiz-Ministerial-Blatt.
K.O.	„	Konkursordnung.
Pr.	„	Protokolle der Justiz-Kommission des Deutschen Reichstages, betreffend die Berathung des Gerichtsverfassungsgesetzes und des Einführungsgesetzes, bezw. der Civilprozeßordnung und des Einführungsgesetzes.
R.A.O.	„	Rechtsanwaltsordnung.
RG	„	Entscheidungen des Reichsgerichts in Civilsachen. Herausgegeben von den Mitgliedern des Gerichtshofes. Bd. 1—35.
RG	„	Entscheidungen des Reichsgerichts in Strafsachen. Herausgegeben von den Mitgliedern des Gerichtshofes. Bd. 1—27.
R.G.B.	„	Reichs-Gesetzblatt.
St.G.B.	„	Strafgesetzbuch für das Deutsche Reich.
St.P.O.	„	Strafprozeßordnung.
W.O.	„	Allgemeine Deutsche Wechselordnung.

Inhalt.

Drittes Buch.

Rechtsmittel.

Ueberblick.

Die Civilprozeßordnung regelt das Verfahren für alle bürgerlichen Rechtsstreitigkeiten, welche vor die ordentlichen Gerichte gehören.

Vor die ordentlichen Gerichte gehören diejenigen bürgerlichen Rechtsstreitigkeiten, für welche nicht durch die Reichs- oder Landesgesetzgebung die Zuständigkeit von Verwaltungsbehörden oder Verwaltungsgerichten begründet ist oder reichsgesetzlich besondere Gerichte zugelassen sind (§ 14 G.V.G.).

Die Organisation der ordentlichen Gerichte bestimmt das Gerichtsverfassungsgesetz: dasselbe beschränkt sich darauf, die Ausübung der ordentlichen streitigen Gerichtsbarkeit zu regeln. Es findet nicht Anwendung auf die Ausübung der nichtstreitigen Gerichtsbarkeit, auch nicht auf die der streitigen Gerichtsbarkeit in Sachen, für welche besondere Gerichte zugelassen sind, mag auch landesgesetzlich die Ausübung der nicht streitigen und der nicht ordentlichen streitigen Gerichtsbarkeit den ordentlichen Gerichten übertragen werden.

Ordentliche Gerichte sind die Amtsgerichte, die Landgerichte, die Oberlandesgerichte und das Reichsgericht, bezw. in Bayern das oberste Landesgericht (§ 8 E.G. zum G.V.G.).

In erster Instanz entscheiden die Amtsgerichte und Landgerichte. Den Amtsgerichten stehen Einzelrichter vor: die Civilkammern der Landgerichte sind mit drei Richtern besetzt. Zur sachlichen Zuständigkeit der Amtsgerichte gehören Streitigkeiten über vermögensrechtliche Ansprüche, sofern der Werth des Streitgegenstandes 300 Mark nicht übersteigt; ferner, ohne Rücksicht auf den Werth, gewisse einer schleunigen Erledigung bedürfende oder erfahrungsmäßig einfache Streitigkeiten (§ 23 Nr. 2 G.V.G.). Alle übrigen bürgerlichen Rechtsstreitigkeiten werden in erster Instanz vor den Landgerichten verhandelt; für einige Ansprüche, deren Entscheidung von öffentlich-rechtlichem Interesse ist (§ 70 Abs. 2, 3 G.V.G.), sind die Landgerichte ohne Rücksicht auf den Werth zuständig. Bei den Landgerichten können Kammern für Handelssachen gebildet werden: dieselben sind mit einem Richter als Vorsitzenden und zwei aus den Kreisen der Kaufleute oder der Schiffahrtskundigen ernannten Handelsrichtern besetzt. Sie entscheiden über bestimmte, den Landgerichten in erster Instanz zugewiesene Rechtsstreitigkeiten aus dem Gebiete des Handelsverkehrs (§ 101 G.V.G.)

Die Bestimmungen über die sachliche Zuständigkeit der Gerichte unterliegen, wie die über den Gerichtsstand, mit wenigen Ausnahmen (§ 40 Abs. 2 C.P.O.) der Abänderung durch Vereinbarung der Parteien.

Gegen die Endurtheile erster Instanz findet, sofern sie nicht Versäumnißurtheile und als solche mit dem Einspruch anfechtbar sind (§§ 295 ff., 303 ff. C.P.O.), das Rechtsmittel der Berufung statt. Die Berufung hemmt die Vollstreckung, außer wenn der Gegenstand der Verurtheilung 300 Mark nicht übersteigt und in gewissen schleunig zu erledigenden Sachen (§§ 648, 649 C.P.O.).

In zweiter Instanz entscheiden die Landgerichte und die Oberlandesgerichte, die ersteren über die Berufung gegen die Endurtheile der Amtsgerichte, die letzteren über die Berufung gegen die erstinstanzlichen Endurtheile der Landgerichte. Die Berufungskammern der Landgerichte sind mit drei, die Senate der Oberlandesgerichte mit fünf Richtern besetzt. Die Berufung wird bei dem Berufungsgericht eingelegt: vor letzterem wird der Rechtsstreit in den durch die Berufungsanträge bestimmten Grenzen von neuem verhandelt. Neue Thatsachen und neue Beweismittel sind zulässig.

Gegen die Endurtheile, welche von den Landgerichten in der Berufungsinstanz ergehen, ist kein Rechtsmittel gegeben. Gegen die Endurtheile der Oberlandesgerichte findet in der Regel (§§ 508, 509 C.P.O.) nur, wenn der Werth des Beschwerdegegenstandes 1500 Mark übersteigt, die Revision statt.

In dritter Instanz, über die Revision, entscheidet das Reichsgericht (bezw. in Bayern das oberste Landesgericht); seine Senate sind mit sieben Richtern besetzt. Die Revision, welche bei dem Revisionsgericht eingelegt wird, kann in der Regel nur auf die Nichtanwendung oder unrichtige Anwendung von Normen des Reichsrechts und von solchen Normen des Landesrechts gestützt werden, deren Geltungsbereich sich über den Bezirk des Berufungsgerichts hinaus erstreckt und im Ganzen den vollen Umfang zweier Bundesstaaten oder zweier preußischer Provinzen oder einer preußischen Provinz und eines Bundesstaates umfaßt. Die thatsächliche Feststellung des angefochtenen Urtheils ist für das Revisionsgericht maßgebend.

In einzelnen Fällen (§ 530 C.P.O.) läßt die Civilprozeßordnung gegen Entscheidungen der Amtsgerichte, Landgerichte und Oberlandesgerichte das Rechtsmittel der Beschwerde zu, welche unter Umständen (§ 540 C.P.O.), an eine Nothfrist gebunden, als sofortige Beschwerde erscheint. Ueber die Beschwerde gegen die Amtsgerichte entscheiden die Landgerichte, über die Beschwerde gegen letztere die Oberlandesgerichte und über die Beschwerde gegen diese das Reichsgericht (bezw. in Bayern das oberste Landesgericht);

als Beschwerdegerichte sind ebenfalls die Civilkammern der Landgerichte mit drei, die Senate der Oberlandesgerichte mit fünf und die des Reichsgerichts mit sieben Richtern besetzt. Die Beschwerde hemmt die Vollstreckung der angegriffenen Entscheidung in der Regel nicht (Ausnahmen: § 535 C.P.O.). Gegen die Entscheidung des Beschwerdegerichts findet eine weitere Beschwerde nur statt, wenn jene einen neuen selbständigen Beschwerdegrund enthält. Die Beschwerde wird bei dem Gericht eingelegt, dessen Entscheidung angegriffen wird: sie kann in dringenden Fällen bei dem Beschwerdegericht eingelegt werden. Die Beschwerde kann auf neue Thatsachen und Beweise gestützt werden. Die Entscheidung kann ohne mündliche Verhandlung erfolgen.

Die Wiederaufnahme eines durch rechtskräftiges Endurtheil geschlossenen Verfahrens kann in den gesetzlich bestimmten Fällen (§§ 542, 543 C.P.O.) durch die Nichtigkeitsklage und die Restitutionsklage herbeigeführt werden.

Die gemeinschaftlichen Grundzüge des Verfahrens vor den Landgerichten, den Oberlandesgerichten und dem Reichsgericht sind folgende.

Das Verfahren, in welchem die Parteien vor dem erkennenden Gericht verhandeln, beruht auf dem Grundsatze der Mündlichkeit, richtiger der Unmittelbarkeit. Das Gericht berücksichtigt alles ihm mündlich Vorgetragene, wenngleich es nicht in Schriftsätzen steht: es berücksichtigt das ihm nicht mündlich Vorgetragene nicht, mag es auch in Schriftsätzen stehen.

Im Zusammenhange hiermit steht die Nothwendigkeit der Verhandlungsmaxime. Dieselbe schließt nicht aus, daß dem Gerichte für die mündliche Verhandlung ein starkes Prozeßleitungsamt übertragen ist, durch welches dasselbe verpflichtet wird, für erschöpfende Erörterung des Sachverhältnisses Sorge zu tragen.

Im Sitzungsprotokolle wird der Gang der Verhandlungen nur im Allgemeinen angegeben. Aus den Parteivorträgen werden durch Aufnahme in das Protokoll nur festgestellt Anerkenntnisse, Verzichtleistungen, Anträge. Die Feststellung der sonstigen wesentlichen Erklärungen der Parteien, der Geständnisse, der Erklärungen über zugeschobene Eide, findet nur auf Antrag und nur dann statt, wenn sie in Schriftsätzen überreicht werden. Im übrigen dient der Thatbestand des Urtheils zur Fixirung des mündlich vorgetragenen Sachverhältnisses: er liefert vollen Beweis und kann nur durch das Sitzungsprotokoll entkräftet werden. Seine Feststellung unterliegt der Anfechtung im Berichtigungsverfahren (§ 291 C.P.O.).

Das Gericht entscheidet lediglich auf Grund derjenigen mündlichen Verhandlung, welche der Urtheilsfällung unmittelbar vorangegangen ist. In jedem neuen Termin wird die ganze Sache von neuem verhandelt. Neue Thatsachen und Beweismittel können in der ersten und in der Berufungsinstanz bis zum Schlusse der Verhandlung, auf welche das Urtheil ergeht, vorgebracht werden. Eine Partei, die in irgend einer mündlichen Verhandlung — vor oder nach der Beweisaufnahme — nicht erscheint, unterliegt dem Versäumnißurtheil.

Zur Erledigung einiger prozeßhindernder Einreden (§ 247 C.P.O.) findet ein Vorverfahren, zur Erledigung der durch Eid bedingten Endurtheile ein Nachverfahren statt. Das zwischen beiden liegende Hauptverfahren ist nicht in prozessuale Abschnitte getheilt. Die Beweisantretung ist mit dem thatsächlichen Vorbringen zu verbinden. Die Beweisaufnahme wird, sobald sie ein besonderes Verfahren erfordert, durch Beweisbeschluß angeordnet. Der Beweisbeschluß ist eine prozeßleitende Verfügung, durch welche das Gericht die Aufnahme des von den Parteien angetretenen und vom Gericht für erheblich erachteten Beweises anordnet: das Gericht ist an seinen Beweisbeschluß nicht gebunden.

Der Prozeßbetrieb liegt im Wesentlichen in den Händen der Parteien: diese bewirken die Ladungen und sonstigen Zustellungen durch Gerichtsvollzieher, welche von ihnen unmittelbar Auftrag erhalten. Die vom Gesetze geforderte Vorbereitung der mündlichen Verhandlung durch Schriftsätze erfolgt zwischen den Parteien ohne Mitwirkung des Gerichts. Bei der Einleitung des Verfahrens ist das Gericht durch Anberaumung des Termins zur mündlichen Verhandlung formell mit thätig: außerdem sorgt es für die Fortführung des in Gang gebrachten Verfahrens bis zum Urtheil, indem es von Amtswegen die erforderlich werdenden neuen Termine ansetzt, von Amtswegen Zeugen und Sachverständige ladet, Urkunden, die im Besitz einer anderen Behörde sind, herbeischafft, den beschlossenen Beweis erhebt.

Die Parteien müssen vor dem erkennenden Gericht durch Rechtsanwälte vertreten sein.

Das Verfahren vor den Amtsgerichten hat einige wesentliche Abweichungen: die Parteien können den Rechtsstreit selbst oder durch jede prozeßfähige Person als Bevollmächtigten führen: die Zustellungen können durch Vermittelung des Gerichtsschreibers bewirkt werden. Eine Vorbereitung der Verhandlung durch Austausch von Schriftsätzen ist den Parteien nicht vorgeschrieben. Zu Protokoll werden, außer den Anerkenntnissen, Verzichtleistungen und Vergleichen, auf Antrag auch die Geständnisse der Parteien und ihre Erklärungen über zugeschobene Eide festgestellt. Die Protokollirung der Anträge der Parteien und ihrer sonstigen Erklärungen geschieht nur, soweit sie der Amtsrichter für angemessen erachtet.

Besondere Bestimmungen trifft die Civilprozeßordnung bezüglich der Vorbereitung von Rechnungssachen, Auseinandersetzungen und ähnlichen Prozessen (§§ 313 bis 319), ferner für das Verfahren im Urkunden- und Wechselprozesse (§§ 555—567) und in Ehe- und Entmündigungssachen (§§ 568—627), endlich für das Aufgebotsverfahren (§§ 823—850).

Neben dem eigentlichen Prozeßverfahren kennt die Civilprozeßordnung ein gerichtliches Mahnverfahren (§§ 628 bis 648). Das Amtsgericht erläßt auf das, wenn auch nur mündliche Gesuch des Gläubigers, der einen Anspruch auf Zahlung von Geld oder auf Leistung von vertretbaren Sachen oder Werthpapieren zu haben behauptet, an den Schuldner einen bedingten Zahlungsbefehl. Die Nachsuchung desselben ist fakultativ; ihre Zulässigkeit ist nicht auf Ansprüche von gewisser Höhe beschränkt. Frühestens nach Ablauf von zwei Wochen ergeht, wenn der Schuldner nicht Widerspruch erhoben hat, auf Antrag der Vollstreckungsbefehl. Dieser steht einem für vorläufig vollstreckbar erklärten Versäumnißurtheile gleich, d. h. es findet gegen ihn nur der Einspruch (§ 303 C.P.O.) statt, und dieser hemmt nicht die Vollstreckung.

Die Zwangsvollstreckung ist zulässig auf Grund rechtskräftiger oder für vorläufig vollstreckbar erklärter Urtheile, sowie auf Grund einiger anderer Titel (§ 702 C.P.O.). Die Zwangsvollstreckung wegen Geldforderungen erfolgt in bewegliche körperliche Sachen durch Gerichtsvollzieher, welche auf Betrieb und im Auftrage des Gläubigers handeln; in gleicher Weise geschieht die Zwangsvollstreckung zur Erwirkung der Herausgabe von Sachen.

In Forderungen und andere Vermögensrechte und in unbewegliche Sachen erfolgt die Zwangsvollstreckung wegen Geldforderungen durch das Vollstreckungsgericht; durch das Prozeßgericht geschieht die Zwangsvollstreckung zur Erwirkung von Handlungen, Unterlassungen und Duldungen.

Zur Sicherung der Zwangsvollstreckung wegen Geldforderungen oder wegen Ansprüche, die in eine Geldforderung übergehen können, findet der Arrest statt. Die einstweilige Verfügung ergeht zur Sicherung einer Individualleistung oder zur Regelung eines einstweiligen Zustandes in Bezug auf ein streitiges Rechtsverhältniß.

Ueber den Schiedsvertrag und das schiedsrichterliche Verfahren giebt das letzte Buch der Civilprozeßordnung Vorschriften. Die Schiedsrichter müssen die Parteien hören und das Sachverhältniß vor dem Spruche ermitteln, soweit sie die Ermittelung für erheblich halten; sie bestimmen im übrigen das Verfahren nach freiem Ermessen; zur Abnahme von Eiden sind sie nicht befugt. Die Zwangsvollstreckung findet aus einem Schiedsspruch erst statt, nachdem ihre Zulässigkeit durch ein gerichtliches Vollstreckungsurtheil ausgesprochen ist. Dasselbe darf nur in gesetzlich bestimmten Fällen (§ 867) versagt werden: in denselben Fällen ist die Klage auf Aufhebung des Schiedsspruchs zulässig.

I.

Einführungsgesetz

zum

Gerichtsverfassungsgesetze.

Vom 27. Januar 1877.

(R.G.B. von 1877, Nr. 4, S. 77–80.)

In Kraft getreten am 1. Oktober 1879.

Eingeführt in Helgoland seit 1./4. 91: Art. I Nr. VIII, 1 Ver. v. 22./3. 91 (R.G.B. 22); vgl. auch R.Ges. v. 4./6. 93 (R.G.B. 193).

---

1. Das Gerichtsverfassungsgesetz tritt im ganzen Umfange des Reichs an einem durch Kaiserliche Verordnung mit Zustimmung des Bundesraths festzusetzenden Tage, spätestens am 1. Oktober 1879, gleichzeitig mit der im §. 2 des Einführungsgesetzes der Civilprozeßordnung vorgesehenen Gebührenordnung[1] in Kraft.

[1] Gerichtskostengesetz v. 18./6. 78 (R.G.B. 141), Gebührenordnung für Gerichtsvollzieher v. 24./6. 78 (R.G.B. 166), — dazu Gesetz, betr. die Abänderung von Bestimmungen des Gerichtskostengesetzes und der Gebührenordnung für Gerichtsvollzieher v. 29./6. 81 (R.G.B. 178), — Gebührenordnung für Zeugen und Sachverständige v. 30./6. 78 (R.G.B. 173), dazu R.Ges. v. 11./6. 90 (R.G.B. 73), Gebührenordnung für Rechtsanwälte v. 7./7. 79 (R.G.B. 176).

2. Die Vorschriften des Gerichtsverfassungsgesetzes finden nur auf die ordentliche streitige Gerichtsbarkeit[1] und deren Ausübung Anwendung.

[1] D. i. die Gerichtsbarkeit, welche die ordentlichen Gerichte in den ihnen zugewiesenen Sachen ausüben. §§ 12, 13 G.V.G.

3. Die Gerichtsbarkeit in bürgerlichen Rechtsstreitigkeiten und Strafsachen, für welche besondere Gerichte zugelassen sind,[1] kann den ordentlichen Landesgerichten durch die Landesgesetzgebung[2] übertragen werden.[3] Die Uebertragung darf nach anderen als den durch das Gerichtsverfassungsgesetz vorgeschriebenen Zuständigkeitsnormen erfolgen.

Auch kann die Gerichtsbarkeit letzter Instanz in den vorerwähnten Sachen auf Antrag des betreffenden Bundesstaates mit Zustimmung des Bundesraths durch Kaiserliche Verordnung dem Reichsgerichte übertragen werden.[4]

Insoweit für bürgerliche Rechtsstreitigkeiten ein von den Vorschriften der Civilprozeßordnung abweichendes Verfahren gestattet ist,[5] kann die Zuständigkeit der ordentlichen Landesgerichte durch die Landesgesetzgebung[6] nach anderen als den durch das Gerichtsverfassungsgesetz vorgeschriebenen Normen bestimmt werden.

[1] § 13 Anm. 5 und § 14 G.V.G.

[2] Preußen: Rheinschiff.- und Elbzollgerichte: § 1 Ges. v. 8./3. 79 (G.S. 129) und § 1 Ges. v. 9./3. 79 (G.S. 132); linksrheinische Gemeinheitstheilungs- und Ablösungssachen: §§ 41, 49 Ges. v. 24./4. 78 (G.S. 230) und §§ 26 ff., 66, 67 Ges. v. 19./5. 51 (G.S. 390) verb. mit § 22 Ges. v. 24./5. 85 (G.S. 153); auch Anm. 3 zu § 5. — Bayern: Rheinschiff.-Gerichte: Art. 9 Ges. v. 23./2. 79 (G.V.Bl. 273), Ver. v. 18./6. 79 (G.V.Bl. 661). — Sachsen: Elbzollgerichte: Ver. v. 8./9. 79 (G.V.Bl. 331); Gemeinheitstheilungs- und Ablösungssachen: § 8 Ges. v. 1./3. 79 (G.V.Bl. 59), §§ 1, 10 Ges. v. 5./3. 79 (G.V.Bl. 73). — Baden: Rheinschiff.-Gerichte: Ver. v. 24./6. 79 (G.V.Bl. 313).

[3] Den ordentlichen Gerichten kann für diese Sachen ein von der C.P.O. und St.P.O. abweichendes Verfahren vorgeschrieben werden. § 3 Abs. 2 E.G. z. C.P.O.; § 3 Abs. 2 E.G. z. St.P.O. [4] Preußen, Hessen, Sachsen-Weimar, Sachsen-Meiningen, Anhalt, Schwarzburg-Sondershausen, Schwarzburg-Rudolstadt, Waldeck und Pyrmont, Schaumburg-Lippe: Verordnungen v. 26./9. 79 (R.G.B. 287 ff).

[5] §§ 11, 15 Nr. 2, 3, § 16 Nr. 4—6 E.G. z. C.P.O.

[6] Sowohl bei als nach Einführung des G.V.G. RG 7, 399.

4. Durch die Vorschriften des Gerichtsverfassungsgesetzes über die Zuständigkeit der Behörden wird die Landesgesetzgebung nicht gehindert, den betreffenden Landesbehörden jede andere Art der Gerichtsbarkeit[1], sowie Geschäfte der Justizverwaltung zu übertragen.[2] Andere Gegenstände der Verwaltung dürfen den ordentlichen Gerichten[3] nicht übertragen werden.

[1] Auch Verwaltungsgerichtsbarkeit. Pr. 436, 437.

[2] Vgl. Bem. vor § 12 G.V.G.

[3] Als solchen; die Uebertragung an Mitglieder der Gerichte ist nicht ausgeschlossen. Begr. 210.

5.[1] In Ansehung der Landesherren und der Mitglieder der landesherrlichen Familien, sowie der Mitglieder der Fürstlichen Familie Hohenzollern[2] finden die Bestimmungen des Gerichtsverfassungsgesetzes nur insoweit Anwendung, als nicht besondere Vorschriften der Hausverfassungen oder der Landesgesetze[3] abweichende Bestimmungen enthalten.[4]

[1] § 72 R.Ges. v. 6./2. 75 (R.G.B. 23). § 2 R.Ges. v. 17./2 75 (R.G.B. 71). [2] § 1 Preuß. Ges. v. 12./3. 50 und Vertrag v. 7./12 49 (Preuß. G.S. 1850 S. 289).

[3] Rechtsnormen jeder Art. § 12 E.G. z. C.P.O. Vgl. auch

RG 12, 428. — Preußen: §18 Ges. v. 24./4. 78 (G.S. 230) und Art. III Ges. v. 26./4. 51 (G.S. 181). Auch Anm. 4 zu § 3. — Bayern: Art. 1 Ges. v. 23./2. 79 (G.V.Bl. 63). — Sachsen: Ges. v. 20./8. 79 (G.V.Bl. 323). — Württemberg: Art. 1, 2 Ges. v. 18./8. 79 (Reg.Bl. 173). Art. 1, 2 Ges. v. 4./3. 79 (Reg.Bl. 50).

4 Diese besonderen Vorschriften der Hausverfassungen und Landesgesetze bleiben beschränkt auf die Geltung vor den Gerichten des eigenen Landes. Begr. z. G.V.G. 211.

6. Unberührt bleiben die bestehenden landesgesetzlichen Vorschriften über die Zuständigkeit der Schwurgerichte für die durch die Presse begangenen strafbaren Handlungen.[1]

1 Bayern: Art. 35 Ges. v. 23./2. 79 (G.V.Bl. 273). — Württemberg: Art. 12 Ges. v. 24./1. 79 (Reg.Bl. 3). RG 18, 293. — Baden: § 6 Ges. v. 3./3. 79 (G.V.Bl. 91). — Oldenburg: Art. 29 Ges. v. 10./4. 79 (Ges.Bl. 330).

7. Die Militärgerichtsbarkeit,[1] sowie das landesgesetzlich den Standesherren gewährte Recht auf Austräge[2] werden durch das Gerichtsverfassungsgesetz nicht berührt.

1 Beschränkt auf Strafsachen: § 39 R.Milit.Ges. v. 2./5. 74 (R.G.B. 45).

2 Preußen: § 17 Instr. v. 30./5. 20 (G.S. 85). Ges. v. 10./6. 54 (G.S. 363), § 3 Ver. v. 12./11. 55 (G.S. 686).

8. Durch die Gesetzgebung eines Bundesstaates, in welchem mehrere Oberlandesgerichte errichtet werden, kann die Verhandlung und Entscheidung der zur Zuständigkeit des Reichsgerichts gehörenden Revisionen und Beschwerden in bürgerlichen Rechtsstreitigkeiten einem obersten Landesgerichte[1] zugewiesen werden.[2]

Diese Vorschrift findet jedoch auf bürgerliche Rechtsstreitigkeiten, welche zur Zuständigkeit des Reichs-Oberhandelsgerichts gehören[3] oder durch besondere Reichsgesetze dem Reichsgerichte zugewiesen werden,[4] keine Anwendung.

1 Die obersten Landesgerichte gehören zu den ordentlichen Gerichten. § 10. Pr. z. C.P.O. 4.

2 Vgl. § 1 R.Ges. v. 11./4. 77 (R.G.B. 415) unten zu § 125 G.V.G. — Bayern: Art. 42 Ges. v. 23./2. 79 (G.V.Bl. 273). § 1 Ver. v. 2./4. 79 (G.V.Bl. 356).

3 Zuständigkeit des Reichs-Oberhandelsgerichts als Rechtsmittelinstanz in den vor die ordentlichen Gerichte gehörigen bürgerlichen Rechtsstreitigkeiten: Handelssachen: §§ 12—15 B.Ges. v. 12./6. 69 (B.G.B. 201); Flößereiabgaben: § 2 B. Ges. v. 1./6. 70 (B.G.B. 312); Urheberrecht an Schriftwerken: § 32 B.Ges. v. 11./6. 70 (B.G.B. 339); Haftpflicht: § 10 R.Ges. v. 7./6. 71 (R.G. B. 207); Ansprüche der Reichsbeamten: §§ 152 Abs. 2, 153, 154 Abs. 2 R.Ges. v. 31./3. 73 (R.G.B. 61); Bergungsansprüche: § 44 Strandungs-Ord. v. 17./5. 74 (R.G.B. 73); Markenschutz: § 19 R.G. v. 30./11 74 (R.G.B. 143); Entziehung der Befugniß zur Banknotenausgabe: § 50 Bankges. v. 14./3. 75 (R.G.B. 177); Urheberrecht an Werken der bildenden Künste: § 16 R.Ges. v. 9./1. 76 (R.G.B. 4); Schutz der Photographien: § 9 R.Ges. v. 10./1. 76 (R.G.B. 8); Urheberrecht an Mustern und Modellen: §§ 14, 15 R.Ges. v. 11./1. 76 (R.G.B. 11).

4 Reichsstempelabgaben: § 32 R.Ges., betr. die Erhebung von Reichsstempelabgaben (R.G.B. 1885 S. 186); Genossenschaftsrecht: § 146 R.Ges. v. 1./5. 89 (R.G.B. 89); Patentschutz: § 38 R.Ges. v. 7./4. 91 (R.G.B. 90); Gebrauchsmusterschutz: § 12 R.Ges. v. 1./6. 91 (R.G.B. 293); Schutz der Waarenbezeichnungen: § 21 R.Ges. v. 12./5. 94 (R.G.B. 447); Binnenschiffahrt: § 138 R.Ges. v. 15./6. 95 (R.G.B. 339); Flößerei: § 31 R.Ges. v. 15./6. 95 (R.G.B. 348).

9. Durch die Gesetzgebung eines Bundesstaates, in welchem mehrere Oberlandesgerichte errichtet werden, kann die Verhandlung und Entscheidung der zur Zuständigkeit der Oberlandesgerichte gehörenden Revisionen und Beschwerden in Strafsachen[1] ausschließlich einem der mehreren Oberlandesgerichte zugewiesen werden.[2]

[1] §§ 123 Nr. 2, 3, 5 G.V.G.

[2] Preußen: § 50 Ges. v. 24./4. 78 (G.S. 230). — Bayern: Art. 41 Ges. v. 23./2. 79 (G.V.Bl. 273).

10. Die allgemeinen, sowie die in den §§. 126, 132, 133, 134, 137, 139, 140, 183 Abs. 1 enthaltenen besonderen Vorschriften des Gerichtsverfassungsgesetzes finden auf die obersten Landesgerichte als Behörden der ordentlichen streitigen Gerichtsbarkeit entsprechende Anwendung.[1]

[1] Bayern: Art. 43—49 Ges. v. 23./2. 79 (G.V.Bl. 273).

11. Die landesgesetzlichen Bestimmungen, durch welche die strafrechtliche oder civilrechtliche Verfolgung öffentlicher Beamten wegen der in Ausübung oder in Veranlassung der Ausübung ihres Amts vorgenommenen Handlungen an besondere Voraussetzungen gebunden ist, treten außer Kraft.[1]

Unberührt bleiben die landesgesetzlichen Vorschriften, durch welche die Verfolgung der Beamten entweder im Falle des Verlangens einer vorgesetzten Behörde oder unbedingt an die Vorentscheidung einer besonderen Behörde gebunden ist, mit der Maßgabe:

1. daß die Vorentscheidung auf die Feststellung be-

ſchränkt iſt, ob der Beamte ſich einer Ueberſchreitung ſeiner Amtsbefugniſſe oder der Unterlaſſung einer ihm obliegenden Amtshandlung ſchuldig gemacht habe;

2. daß in den Bundesſtaaten, in welchen ein oberſter Verwaltungsgerichtshof beſteht, die Vorentſcheidung dieſem, in den anderen Bundesſtaaten dem Reichsgerichte zuſteht.[2] [3]

[1] Vgl. auch § 70 G.V.G. — Die Vorſchriften, welche den Schutz der Beamten gegen eine ſonſt zuläſſige gerichtliche Inanſpruchnahme zum beſonderen Zweck und Inhalt haben, ſind aufgehoben. RG. 20, 299. — Im übrigen bleiben die landesgeſetzlichen Vorſchriften über die Abgrenzung der Zuſtändigkeit zwiſchen Gerichten und Verwaltungsbehörden, ſowie über die materiell-rechtlichen Vorausſetzungen klagbarer Anſprüche gegen Beamte unberührt. Vgl. Anm. 1 zu § 13 G.V.G. und RG. 18, 125.

[2] Preußen: § 1 Geſ. v. 13./3. 54 (G.S. 86), § 114 Geſ. v. 30./7. 83 (G.S. 222), vgl. auch J.M.Bl. 1888 S. 6. — Bayern: Art. 7 Abſ. 2 Geſ. v. 8./8. 78 (G.V.Bl. 369). — Baden: Art. 9, 11 Geſ. v. 24./2. 80 (G.V.Bl. 29). — Elſaß-Lothringen: § 11 Geſ. v. 4./11. 78 (Geſ.Bl. 65).

[3] Soweit das Reichsgericht zuſtändig iſt, entſcheidet ein Senat auf Grund des durch die C.P.O. bezw. St.P.O. vorgeſchriebenen Verfahrens ohne mündliche Verhandlung. RG 16, 197.

12.[1] Die für Elſaß-Lothringen geltenden Beſtimmungen über die Gerichtsſprache werden durch die Vorſchrift des § 186 des Gerichtsverfaſſungsgeſetzes nicht berührt.

[1] Aufgehoben durch § 1 R.Geſ. v. 12./6. 89 (R.G.B. 95).

13. Die Beſtimmungen über das Richteramt im §. 8 des Gerichtsverfaſſungsgeſetzes treten in denjenigen Staaten, in welchen Vorſchriften für die

richterliche Entscheidung über die Enthebung eines Richters vom Amte oder über die Versetzung eines Richters an eine andere Stelle oder in Ruhestand nicht bestehen, nur gleichzeitig mit der landesgesetzlichen Regelung der Disziplinarverhältnisse der Richter in Wirksamkeit.

Uebergangsbestimmungen.

14. Die am Tage des Inkrafttretens des Gerichtsverfassungsgesetzes bei dem Reichs-Oberhandelsgerichte anhängigen Sachen gehen in der prozessualischen Lage, in welcher sie sich befinden, auf das Reichsgericht über.

15. Durch Kaiserliche Verordnung kann auf Antrag eines Bundesstaates und mit Zustimmung des Bundesraths die Verhandlung und Entscheidung derjenigen Sachen, welche nach den bisherigen Prozeßgesetzen von dem obersten Landesgerichte zu erledigen gewesen wären, dem Reichsgerichte zugewiesen werden.[1]

[1] Ver. v. 26./9. 79 (R.G.B. 287 ff.).

16. Behufs Erledigung der nach Vorschrift des vorstehenden Paragraphen dem Reichsgerichte zugewiesenen Sachen können mit Zustimmung des Bundesraths durch Kaiserliche Verordnung bei dem Reichsgerichte Hülfssenate eingerichtet werden.

Der Reichskanzler bestimmt die Zusammensetzung der Hülfssenate und die Vertheilung der Geschäfte derselben.

Mit der Wahrnehmung der richterlichen Geschäfte in den Hülfssenaten können nur Mitglieder des Reichsgerichts und Mitglieder der früheren obersten Gerichte oder der Oberlandesgerichte beauftragt werden.

Die Anordnung ist für ein nicht zum Reichsgerichte gehörendes Mitglied bis zu dem Zeitpunkte unwiderruflich, in welchem die Wahrnehmung seiner Thätigkeit in dem Hülfssenate nicht mehr erforderlich ist.

17. Auf Antrag eines Bundesstaates und mit Zustimmung des Bundesraths kann durch Kaiserliche Verordnung die Verhandlung und Entscheidung der im §. 17 des Gerichtsverfassungsgesetzes bezeichneten Streitigkeiten dem Reichsgerichte zugewiesen werden.[1]

Für diejenigen Bundesstaaten, in denen die im §. 17 des Gerichtsverfassungsgesetzes bezeichneten Behörden bestehen und nach Maßgabe der Vorschriften im §. 17 Nr. 1—4 einer Veränderung ihrer Einrichtung und des Verfahrens bedürfen, kann die Veränderung, sofern sie nicht bis zum Inkrafttreten dieses Gesetzes landesgesetzlich getroffen ist, durch landesherrliche Verordnung eingeführt werden.[2]

[1] Bremen: Ver. v. 26./9. 79 (R.G.B. 298).
[2] Preußen: Ver. v. 1./8. 79 (G.S. 573).

18. Die am Tage des Inkrafttretens des Gerichtsverfassungsgesetzes bei den Landesgerichten anhängigen Sachen können den ordentlichen Landesgerichten ohne Rücksicht auf die im Gerichtsverfassungsgesetze be=

stimmten Grenzen der Zuständigkeit durch die Landesgesetzgebung zugewiesen werden.

19. Die Mitglieder des Reichs-Oberhandelsgerichts werden durch Kaiserliche Verfügung mit Beibehaltung ihrer Besoldung entweder bei dem Reichsgerichte angestellt oder in den Ruhestand versetzt.

20. Bei der ersten Einrichtung der Landgerichte, der Oberlandesgerichte und der bei einem Amtsgerichte gebildeten Strafkammern und während der Dauer des ersten Geschäftsjahres[1] erfolgen die Geschäftsvertheilung und die Bestimmung der Mitglieder der Kammern und Senate sowie der regelmäßigen Vertreter der Mitglieder durch die Landesjustizverwaltung.

Bei der ersten Einrichtung des Reichsgerichts und während der Dauer des ersten Geschäftsjahres erfolgen die Geschäftsvertheilung und die Bestimmung der Mitglieder der Senate sowie der regelmäßigen Vertreter derselben durch den Reichskanzler.

[1] Das Geschäftsjahr, dessen Beginn reichsgesetzlich nicht bestimmt ist, fällt in allen Bundesstaaten mit dem Kalenderjahre zusammen.

21. Innerhalb zwei Jahren nach dem Inkrafttreten des Gerichtsverfassungsgesetzes kann die landesjustizverwaltung bei nothwendiger Einziehung von Richterstellen die unfreiwillige Versetzung eines Richters an ein anderes Gericht von gleicher Ordnung unter Belassung des vollen Gehalts und Erstattung der Umzugskosten verfügen.

22. Die Bestimmungen des §. 2 des Gerichtsverfassungsgesetzes über die Fähigkeit zum Richteramte finden auf diejenigen, welche vor dem Inkrafttreten des Gesetzes die erste Prüfung in einem Bundesstaate zurückgelegt haben, nur insoweit Anwendung, als nicht in dem Bundesstaate abweichende Vorschriften bestehen.

Der für den Vorbereitungsdienst vorgeschriebene Zeitraum kann für die ersten vier Jahre nach dem Inkrafttreten des Gesetzes in den einzelnen Bundesstaaten bis auf zwei Jahre abgekürzt werden.

II.

Gerichtsverfassungsgesetz.

Vom 27. Januar 1877.

(R.G.B. von 1877, Nr. 4, S. 41—76.)

In Kraft getreten am 1. Oktober 1879. § 1 E.G.

Eingeführt in Helgoland seit 1./4. 91: Art. I Nr. VIII, 1 Ver. v. 22./3. 91 (R.G.B. 22); vgl. auch R.Ges. v. 4./6. 93 (R.G.B. 193).

Erster Titel.

Richteramt.

Ausführungsbestimmungen: Preußen: §§ 1—11 Ges. v. 24./4 78 (G.S. 230); Ver. v. 16./4. 79 (G.S. 318). — Bayern: Art. 1—6 Ges. v. 23./2. 79 (G.V.Bl. 273); §§ 1—8 Ver. v. 23./8. 79 (G.V.Bl. 1048); Ges. v. 26./3. 81 (G.V.Bl. 183). — Sachsen: §§ 16—20 Ges. v. 1./3. 79 (G.V.Bl. 59); Ver. v. 30./7. 79 (G.V.Bl. 300); Ges. v. 20./3. 80 (G.V.Bl. 31) u. v. 5./4. 92 (G.V.Bl. 76). — Württemberg: Art. 17, 18 Ges. v. 24./1. 79 (Reg.Bl. 3). — Baden: §§ 8, 11, 12 Ges. v. 3./3. 79 (G.V.Bl. 91); Ges. v. 14./2. 79 (G.V.Bl. 173). — Elsaß-Lothringen: §§ 1—6 Ges. v. 4./11. 78 (Ges.Bl. 65); Ver. v. 18./2. 80 (Ges.Bl. 7).

1. Die richterliche Gewalt wird durch unabhängige, nur dem Gesetze unterworfene Gerichte ausgeübt.[1]

[1] Richter, Geschworene, Schöffen dürfen über die Art und Weise des Zustandekommens eines Spruchs, an dem sie betheiligt waren, nicht als Zeugen vernommen werden. RG 26, 203.

Befähigung.

2. Die Fähigkeit zum Richteramte wird durch die Ablegung zweier Prüfungen erlangt.

Der ersten Prüfung muß[2] ein dreijähriges Studium der Rechtswissenschaft[3] auf einer Universität voran=

gehen. Von dem dreijährigen Zeitraume sind mindestens drei Halbjahre dem Studium auf einer deutschen Universität zu widmen.

Zwischen der ersten und zweiten Prüfung muß ein Zeitraum von drei Jahren liegen, welcher im Dienste bei den Gerichten[5] und bei den Rechtsanwälten zu verwenden ist, auch zum Theil bei der Staatsanwaltschaft verwendet werden kann.

In den einzelnen Bundesstaaten kann bestimmt werden, daß der für das Universitätsstudium oder für den Vorbereitungsdienst bezeichnete Zeitraum verlängert wird, oder daß ein Theil des letzteren Zeitraums, jedoch höchstens ein Jahr, im Dienste bei Verwaltungsbehörden zu verwenden ist oder verwendet werden darf.[6]

[1] § 22 E.G. [2] Imperativ. Begr. z. C.P.O. 22 Prot. z. C.P.O. 427; Dispens ist nicht statthaft.

[3] Ein Studium der Staatswissenschaft darf nicht zur Voraussetzung der ersten Prüfung gemacht werden. Pr. 564—569.

[4] D. h. im Deutschen Reiche belegenen, nicht auch einer auswärtigen, auf der in deutscher Sprache gelehrt wird. Vgl. §§ 661 Nr. 2, 3, § 702 Nr. 5 C.P.O.

[5] Soweit den Gerichten eine andere Thätigkeit als die Ausübung der ordentlichen streitigen Gerichtsbarkeit zugewiesen ist, ist die Beschäftigung mit dieser auf den dreijährigen Zeitraum anzurechnen. Pr. 77, 80.

[6] Preußen: §§ 2—11, 14 Ges. v. 6./5. 69 (G.S. 656). § 1 Ges. v. 24./4. 78 (G.S. 230). Verf. v. 3./11. 90 (J.M.Bl. 277) u. 21./3. 91 (J.M.Bl. 133); §§ 12 ff. Regulativ v. 1./5. 83 (J.M.Bl. 131); Verf. v. 12./3. 88 (J.M.Bl. 64). — Bayern: § 8 Ver. v. 12./7. 93 (G.V.Bl. 257). Bek. v. 14./7. 93 (J.M.Bl. 150 u. 223). — Sachsen: §§ 3, 4

Ver. v. 17./9. 79 (G.V.Bl. 370). Ver. v. 11./10. 89 (G.V.Bl. 93). — Baden: Ver. v. 6./5. 68 (G.V.Bl. 1894 S. 3); Ver. v. 3./8. 80 (G.V.Bl. 296); Bek. v. 17./6. 89 (G.V.Bl. 106). Ver. v. 29./12. 90 (G.V.Bl. 1891 S. 37). — Elsaß-Lothringen: Regulativ v. 27./1. 82 (Ges.Bl. 2); Ver. v. 19./1. 88 (Ges.Bl. 3) u. v. 10./8. 91 (Ges.Bl. 99). Verf. v. 12./1. u. v. 30./4. 92 (Samml. v. Ges. rc. 17, 14, 385) u. v. 8./12. 94 (Samml. 19, 304).

3. Wer in einem Bundesstaate die erste Prüfung bestanden hat, kann in jedem anderen Bundesstaate zur Vorbereitung für den Justizdienst und zur zweiten Prüfung zugelassen werden.[1]

Die in einem Bundesstaate auf die Vorbereitung verwendete Zeit kann in jedem anderen Bundesstaate angerechnet werden.

[1] Von der Landesjustizverwaltung. Pr. 82—84.

4. Zum Richteramt befähigt ist ferner jeder ordentliche öffentliche Lehrer des Rechts an einer deutschen[1] Universität.

[1] Anm. 4 zu § 2.

5. Wer in einem Bundesstaate die Fähigkeit zum Richteramte erlangt hat, ist, soweit dieses Gesetz keine Ausnahme bestimmt,[1] zu jedem Richteramte innerhalb des Deutschen Reichs befähigt.[2]

[1] § 127 Abs. 2. [2] Alle übrigen landesgesetzlichen Schranken sind beseitigt. Pr. 88—89.

Amt.

6. Die Ernennung der Richter erfolgt auf Lebenszeit.

7. Die Richter beziehen in ihrer richterlichen Eigenschaft ein festes Gehalt mit Ausschluß von Gebühren.[1]

[1] Gebühren sind Vergütung für Mühewaltung, nicht für baare Auslagen (Diäten, Reisekosten u. dgl.). Pr. 90.

8.[1] Richter können wider ihren Willen nur kraft richterlicher Entscheidung[2] und nur aus den Gründen und unter den Formen, welche die Gesetze bestimmen, dauernd oder zeitweise ihres Amts enthoben oder an eine andere Stelle oder in Ruhestand versetzt werden.[3]

Die vorläufige Amtsenthebung, welche kraft Gesetzes eintritt, wird hierdurch nicht berührt.

Bei einer Veränderung in der Organisation der Gerichte oder ihrer Bezirke können unfreiwillige Versetzungen an ein anderes Gericht[4] oder Entfernungen vom Amte unter Belassung des vollen Gehalts durch die Landesjustizverwaltung verfügt werden.

[1] § 13 E.G. [2] Die Amtsenthebung und die Versetzung in den Ruhestand erfolgt zugleich durch richterliche Entscheidung; die Versetzung auf eine andere Stelle kann durch richterliche Entscheidung nur zugelassen werden; die Anordnung geschieht von der Landesjustizverwaltung. Pr. 90.

[3] Preußen: Ges. v. 9./4. 79 (G.S. 345). — Bayern: Art. 1, 5, 6, 22 ff., 59, 65, 71 Ges. v. 26./3. 81 (G.V.Bl. 183). — Sachsen: § 17 Ges. v. 1./3. 79 (G.V.Bl. 59); §§ 15, 17, 19, 25, 27 ff., 48 ff. Ges. v. 20./3. 80 (G.V.Bl. 31). — Elsaß-Lothringen: Ges. v. 4./4. 87 (Ges.Bl. 41).

[4] Bei nothwendiger Einziehung von Richterstellen nur gemäß § 21 E.G.

9. Wegen vermögensrechtlicher Ansprüche der Richter aus ihrem Dienstverhältnisse, insbesondere auf Gehalt, Wartegeld oder Ruhegehalt darf der Rechtsweg nicht ausgeschlossen werden.

10. Die landesgesetzlichen Bestimmungen über die

Befähigung zur zeitweiligen Wahrnehmung richterlicher Geschäfte[1] bleiben unberührt.[2]

[1] Preußen: § 2 Ges. v. 24./4. 78 (G.S. 230). — Sachsen: §§ 20, 21 Ges. v. 1./3. 79 (G.V.Bl. 59). — Württemberg: Art. 18 Ges. v. 24./1. 79 (Reg.Bl. 3). — Baden: § 11 Ges. v. 3./3. 79 (G.V.Bl. 91). — Elsaß-Lothringen: § 6 Ges. v. 4./11. 78 (Ges.Bl. 65). Ver. v. 16./2. 92 (Ges.Bl. 11). Verf. v. 24./2. 92 (Samml. v. Ges. ꝛc. 17, 75), dazu RG 27, 346. [2] Jedoch § 152; Bestimmungen über die Zuziehung von Hülfsrichtern: §§ 69, 122, 134.

11. Auf Handelsrichter,[1] Schöffen[2] und Geschworene[3] finden die Bestimmungen der §§. 2—9 keine Anwendung.

[1] §§ 109 Abs. 1, 111. [2] §§ 26, 31. [3] §§ 81, 84.

Zweiter Titel.
Gerichtsbarkeit.

Ausführungsbestimmungen: Preußen: §§ 12—20 Ges. v. 24./4. 78 (G.S. 230). — Bayern: Art. 7—14 Ges. v. 23./2. 79 (G.V.Bl. 273). — Sachsen: §§ 1, 8, 9, 13—15 Ges. v. 1./3. 79 (G.V.Bl. 59). — Württemberg: Art. 2, 7, 15 Ges. v. 24./1. 79 (Reg.Bl. 3). — Baden: § 1 Ver. v. 19./7. 79 (G.V.Bl. 427). — Elsaß-Lothringen: §§ 7—9 Ges. v. 4./11. 78 (Ges.Bl. 65).

Gerichte.

12. Die ordentliche streitige Gerichtsbarkeit[1] wird durch Amtsgerichte[2] und Landgerichte,[3] durch Oberlandesgerichte[4] und durch das Reichsgericht[5] ausgeübt.

[1] Anm. 1 zu § 2 E.G. [2] §§ 22 ff.
[3] §§ 58 ff. [4] §§ 119 ff.
[5] §§ 125 ff.; oberstes Landesgericht: § 8 E.G.

13. Vor die ordentlichen Gerichte gehören alle bürgerlichen Rechtsstreitigkeiten[1] und Strafsachen, für welche nicht entweder die Zuständigkeit von Verwaltungsbehörden[2] oder Verwaltungsgerichten[3] begründet ist oder reichsgesetzlich besondere Gerichte bestellt[4] oder zugelassen[5] sind.

[1] Den Begriff der bürgerlichen Rechtsstreitigkeit und die Grenzen zwischen Verwaltungsbehörden, Verwaltungsgerichten und ordentlichen Gerichten bestimmen die Reichs- oder Landesgesetze. Begr. 32, 33. RG 15, 324 u. RG 18, 125, vgl. auch RG 22, 287. Jedoch § 11 E.G. z. G.V.G., § 9 G.V.G., §§ 4, 5 E.G. z. C.P.O. — Das Offizialverfahren gemäß Art. 20 H.G.B. ist weder ein bürgerlicher Rechtsstreit, noch eine Strafsache. RG 2, 223. Die gerichtliche Bestätigung einer Theilung, über welche zwischen den Betheiligten kein Streit besteht, ist kein Rechtsstreit, RG 10, 294, ebensowenig das Gesuch um Bewilligung zum Pfandverkauf gemäß Art. 310 Abs. 2 H.G.B., RG 32, 99, oder der Antrag auf richterliche Ernennung von Revisoren zur Prüfung einer Aktiengesellschaft gemäß Art. 222a H.G.B., RG 32, 60. Der Antrag auf Ernennung von Liquidatoren ist nur, wenn Streit obwaltet, im ordentlichen Prozeßwege zu entscheiden. RG 13, 156.

[2] Wegen des Begriffs Verwaltungsbehörde in diesem Sinne vgl. RG 23, 346. — Beschränkung ihrer Strafgewalt: §§ 453 ff., 459 ff. St.P.O. — Vgl. übrigens: §§ 114, 115 Mil. Pensions-Ges. v. 27./6. 71 (R.G.B. 275); §§ 25, 34 ff. R.Ges. über das Postwesen v. 28./10. 71 (R.G.B. 347); §§ 29, 41 Rayon-Ges. v. 21./12. 71 (R.G.B. 454); §§ 134, 150, 155 Reichsbeamten-Ges. v. 31./3. 73 (R.G.B. 61), des § 150 in der Fassung des R.Ges. v. 25./5. 87 (R.G.B. 194); § 33 R.Ges. über die Kriegsleistungen v. 13./6. 73 (R.G.B. 129); §§ 29, 30, 38, 40 Strandungsord. v. 17./5. 74 (R.G.B. 73); § 14 R.Ges. über die Naturalleistungen im Frieden

v. 13./2. 75 (R.G.B. 52), dazu RG 15, 41; §§ 57b, 58 Abs. 1, 3, 65 Abs. 3, 72, 73 Krankenvers.Ges. (R.G.B. 1892 S. 450); §§ 122—124 R.Ges., betr. die Inval. u. Alt.Vers. v. 22./6. 89 (R.G.B. 133).

³ Für Streitigkeiten der Armenverbände: §§ 38 ff. B.Ges. v. 6./6. 70 (B.G.B. 360); Seemannsämter: §§ 105, 106 Seemannsord. v. 27./12. 72 (R.G.B. 409); verstärktes Reichseisenbahnamt: § 5 Nr. 4 R.Ges. v. 27./6. 73 (R.G.B. 164); Patentamt: §§ 28, 30 R.Ges. v. 7./4. 91 (R.G.B. 87); Seeämter und Ober-Seeamt: §§ 1, 29 R.Ges. v. 27./7. 77 (R.G.B. 549); Prisengerichte: R.Ges. v. 3./5. 84 (R.G.B. 49); Reichs- bezw. Landesversicherungsamt: §§ 63, 87, 89, 92 Unfallvers.Ges. v. 6./7. 84 (R.G.B. 69) nebst § 1 R.Ges. v. 28./5. 85 (R.G.B. 159), §§ 68, 95, 97, 100 R.Ges. v. 5./5. 86 (R.G.B. 157), §§ 38, 45 R.Ges. v. 11./7. 87 (R.G.B. 302), §§ 71, 97, 99 R.Ges. v. 13./7. 87 (R.G.B. 356); ferner §§ 68, 80, 90, 160, 134 R.Ges., betr. die Inval. und Alt.Vers. v. 22./6. 89 (R.G.B. 119). Vgl. auch §§ 58 Abs. 2, 3, 65 Abs. 3, 72, 73, 76 Krankenvers.Ges. (R.G.B. 1892 S. 450), § 62 R.Ges., betr. Gesellsch. m. beschränkter Haftung v. 20./4. 92 (R.G.B. 494).

⁴ Militärgerichte: § 7 E.G. — Konsuln und Konsulargerichte: §§ 5, 6 R.Ges. v. 10./7. 79 (R.G.B. 197). Schiedsgerichte für die Berufsgenossenschaften und Ausführungsbehörden: §§ 46—50, 62, 63 Unfallvers.Ges. v. 6./7. 84 (R.G.B. 69), §§ 1, 6 R.Ges. v. 28./5. 85 (R.G.B. 159), §§ 50—54, 67, 68, 105 R.Ges. v. 5./5. 86 (R.G.B. 150), §§ 36, 38, 47 R.Ges. v. 11./7. 87 (R.G.B. 301), §§ 49—56, 71, 105 R.Ges. v. 11./7. 87 (R.G.B. 348). Desgl. für die Versicherungsanstalten und besonderen Kasseneinrichtungen: §§ 5, 70 ff. R.Ges., betr. die Inval. u. Alt.Vers. v. 22./6. 89 (R.G.B. 99). Vgl. ferner Anm. 8 zu § 14.

⁵ Auditeure im Mobilmachungsfall außerhalb der Garnison: § 39 Abs. 3 R.Milit.Ges. v. 2./5. 74 (R.G.B. 45). Gerichte für die Mitglieder landesherrlicher Familien: § 5 E.G. Austrägalgerichte für Standesherren: § 7 E.G.

14. Als besondere Gerichte werden zugelassen:

1. die auf Staatsverträgen beruhenden Rheinschiffahrts-[1] und Elbzollgerichte;[2]
2. Gerichte, welchen die Entscheidung von bürgerlichen Rechtsstreitigkeiten bei der Ablösung von Gerechtigkeiten oder Reallasten, bei Separationen, Konsolidationen, Verkoppelungen, gutsherrlich-bäuerlichen Auseinandersetzungen und dergleichen obliegt;
3. Gemeindegerichte, insoweit denselben die Entscheidung über vermögensrechtliche Ansprüche obliegt, deren Gegenstand in Geld oder Geldeswerth[3] die Summe von sechzig Mark nicht übersteigt, jedoch mit der Maßgabe, daß gegen die Entscheidung der Gemeindegerichte innerhalb einer gesetzlich zu bestimmenden Frist sowohl dem Kläger wie dem Beklagten die Berufung auf den ordentlichen Rechtsweg zusteht,[4] und daß der Gerichtsbarkeit des Gemeindegerichts, als Kläger oder Beklagter, nur Personen unterworfen werden dürfen, welche in der Gemeinde den Wohnsitz,[5] eine Niederlassung[6] oder im Sinne der §§. 18, 21 der Civilprozeßordnung den Aufenthalt haben;[7]
4. Gewerbegerichte.[8]

[1] Art. 33—40 Rev. Rheinschiffahrtsakte v. 17./10. 68 (Preuß. G.S. 1869 S. 814). — Preußen: erste Instanz: Amtsgerichte; zweite: Oberlandesgericht Cöln. § 1 Ges. v. 8./3. 79 (G.S. 129). Ver. v. 1./9. 79 (G.S. 609). — Bayern: erste Instanz: Amtsgerichte: zweite: Landgericht

Frankenthal. Art. 9 Ges. v. 23./2. 79 (G.V.Bl. 661). — Baden: erste Instanz: Amtsgerichte; zweite: Landgericht Mannheim. Ver. v. 24./6. 79 (G.V.Bl. 313). -- Hessen: erste Instanz: Amtsgericht Mainz; zweite: Landgericht Mainz. § 4 Ver. v. 14./5. 79 (Reg.Bl. 197). — Elsaß-Lothringen: erste Instanz: Amtsgerichte; zweite: Landgericht Straßburg. Art. 2, 3 Ges. v. 21./4. 32 (Bull. d. lois, sér. IX, no. 167); vergl. auch Verf. v. 21./8. 94 (Samml. v. Ges. 2c. 19, 219).

[2] Art. 26 Elbschiffahrtsakte v. 23./6. 21 (Preuß. G.S. 1822 S. 20); §§ 46—50 Additionalakte v. 13./4. 44 (Preuß. G.S. 468); B.Ges. v. 11./6. 70 (B.G.B. 416). — Preußen: erste Instanz: Amtsgerichte; zweite: Landgerichte. § 1 Ges. v. 9./3. 79 (G.S. 132). — Sachsen: erste Instanz: Amtsgerichte; zweite: Landgericht Dresden. Ver. v. 8./9. 79 (G. V.Bl. 332). — Anhalt: erste Instanz: Amtsgerichte; zweite: Landgericht Dessau. Ges. v. 10./5. 79 (G.S. 537). — Mecklenburg-Schwerin: erste Instanz: Amtsgerichte; zweite: Landgericht Schwerin. §§ 47, 49 Ver. v. 17./5. 79 (Reg. Bl. 131). — Hamburg: erste Instanz: Amtsgericht Hamburg; zweite: Landgericht Hamburg. § 65 Ges. v. 23./4. 79 (G.S. Nr. 14). [3] Berechnung: §§ 3—9 C.P.O.

[4] Die Sache wird dann vor den Amtsgerichten in erster Instanz verhandelt. Pr. Nr. 169, S. 13.

[5] §§ 13—17 C.P.O. [6] § 22 C.P.O.

[7] Württemberg: Art. 3—14 Ges. v. 18./3. 79 (Reg. Bl. 173). — Baden: §§ 115—123 Ges. v. 3./3. 79 (G.V. Bl. 91), Ges. v. 16./4. 86 (G.V.Bl. 141). Dienstweisung v. 10./5. 86 (G.V.Bl. 231).

[8] Jetzt reichsgesetzlich geordnet: §§ 1, 5, 71, 72, 77, 78, 79, 80 R.G. v. 29./7. 90 (R.G.B. 141) dazu RG 33, 429. § 53a, § 65 Abs. 3, § 72 Abs. 3, 73 Krankenvers.Ges. (R. G.B. 1892 S. 447); ferner Innungsbehörden und Innungsschiedsgerichte: §§ 97, 97a, 100d, 100e Gewerbe-Ord. (R.G.B. 1883 S. 177). — Preußen: Ges. v. 11./7. 91 (G.S. 311); Verf. v. 23./9. 90 (M.Bl. i. V. 206), v. 11./4.

92 (J.M.Bl. 146), v. 8./9. 93 (J.B.Ml. 271) u. 4./6. 94 (J.M.Bl. 152). — Württemberg: Ges. v. 14./4. 93 (Reg.Bl. 73) u. Verf. v. 3./11. 93 (Amtsbl. d. Just.Min. 57). — Elsaß-Lothringen: Ges. v. 23./3. 80 (Ges.Bl. 45).

15. Die Gerichte sind Staatsgerichte.[1]

Die Privatgerichtsbarkeit ist aufgehoben; an ihre Stelle tritt die Gerichtsbarkeit desjenigen Bundesstaates, in welchem sie ausgeübt wurde. Präsentationen für Anstellung bei den Gerichten finden nicht statt.

Die Ausübung einer geistlichen Gerichtsbarkeit in weltlichen Angelegenheiten ist ohne bürgerliche Wirkung. Dies gilt insbesondere bei Ehe- und Verlöbnißsachen.[2]

[1] D. h. Gerichte des Deutschen Reichs, Elsaß-Lothringens und der in Art. 1 der Reichsverfassung genannten Staaten. Pr. 139. [2] § 76 R.Ges. v. 6./2. 75 (R.G.B. 24).

16. Ausnahmegerichte sind unstatthaft. Niemand darf seinem gesetzlichen Richter entzogen werden. Die gesetzlichen Bestimmungen über Kriegsgerichte und Standrechte werden hiervon nicht berührt.[1]

[1] Art. 68 Verf. des D. R. v. 16./4. 71 (B.G.B. 64). Vgl. auch für Elsaß-Lothringen R.Ges. v. 30./5. 92 (R.G.B. 667). — Bayern: III § 5 Vertrages v. 23./11. 70 (B.G.B. 1871 S. 19).

17. Die Gerichte entscheiden über die Zulässigkeit des Rechtswegs.

Die Landesgesetzgebung[1] kann jedoch die Entscheidung von Streitigkeiten zwischen den Gerichten und den Verwaltungsbehörden oder Verwaltungsgerichten über die Zulässigkeit des Rechtswegs besonderen Behörden[2] nach Maßgabe der folgenden Bestimmungen übertragen:

1. Die Mitglieder werden für die Dauer des zur Zeit ihrer Ernennung von ihnen bekleideten Amts oder, falls sie zu dieser Zeit ein Amt nicht bekleiden, auf Lebenszeit ernannt. Eine Enthebung vom Amte kann nur unter denselben Voraussetzungen wie bei den Mitgliedern des Reichsgerichts stattfinden.[3]
2. Mindestens die Hälfte der Mitglieder muß dem Reichsgerichte oder dem obersten Landesgerichte[4] oder einem Oberlandesgerichte angehören. Bei Entscheidungen dürfen Mitglieder nur in der gesetzlich bestimmten Anzahl mitwirken. Diese Anzahl muß eine ungerade sein und mindestens fünf betragen.
3. Das Verfahren ist gesetzlich zu regeln. Die Entscheidung erfolgt in öffentlicher Sitzung nach Ladung der Parteien.
4. Sofern die Zulässigkeit des Rechtswegs durch rechtskräftiges Urtheil[5] des Gerichts feststeht, ohne daß zuvor auf die Entscheidung der besonderen Behörde angetragen war, bleibt die Entscheidung des Gerichts maßgebend.

[1] Eventuell landesherrliche Verordnung. § 17 Abs. 2 E.G. — Preußen: Ver. v. 1./8. 79 (G.S. 573), vgl. auch J.M. Bl. 1888 S. 4. — Bayern: Ges. v. 18./8. 79 (G.V.Bl. 991). — Sachsen: Ges. v. 3./8. 70 (G.V.Bl. 65). — Würt-

temberg: Ges. v. 25./8. 79 (Reg.Bl. 272). — Baden: Ges. v. 30./1. 79 (G.V.Bl. 191).

2 Auch dem Reichsgericht. § 17 Abs. 1 E.G.

3 §§ 128—131. 4 § 8 E.G. 5 § 645 C.P.O.

Exterritoriale.

Landesherren: § 5 E.G.; Austräge: § 7 E.G.

18.[1] Die inländische Gerichtsbarkeit erstreckt sich nicht auf die Chefs und Mitglieder der bei dem Deutschen Reiche beglaubigten Missionen. Sind diese Personen Staatsangehörige eines der Bundesstaaten, so sind sie nur insofern von der inländischen Gerichtsbarkeit befreit, als der Staat, dem sie angehören, sich der Gerichtsbarkeit über sie begeben hat.

Die Chefs und Mitglieder der bei einem Bundesstaate beglaubigten Missionen sind der Gerichtsbarkeit dieses Staates nicht unterworfen. Dasselbe gilt von den Mitgliedern des Bundesraths, welche nicht von demjenigen Staate abgeordnet sind, in dessen Gebiete der Bundesrath seinen Sitz hat.[2]

1 Geschäftsverkehr der Gerichte und Staatsanwaltschaften mit Vertretern fremder Staaten: Preußen: Verf. v. 28./12. 80 (J.M.Bl. 369); insbesondere Zustellungen an solche Personen: Verf. v. 20./1. 93 (J.M.Bl. 37). Bayern: Bek. v. 5./4. 93 (J.M.Bl. 75). Sachsen: § 24 Ver. v. 17./3. 93 (J.M.Bl. 23). — Baden: Bek. v. 21./4. 93 (G.V.Bl. 43). — Elsaß-Lothringen: Verf. v. 22./5. 93 (Samml. v. Ges. 2c. 18, 138).

2 Art. 10 Verf. des D. R. v. 16./4. 71 (B.G.B. 64). Sie behalten in Ansehung des Gerichtsstandes ihren Wohnsitz im Heimathsstaate. § 16 Abs. 1 C.P.O. § 11 St.P.O.

19. Auf die Familienglieder, das Geschäftsper-

sonal der im §. 18 erwähnten Personen und auf solche Bedienstete derselben, welche nicht Deutsche[1] sind, finden die vorstehenden Bestimmungen Anwendung.

[1] §§ 1 ff. B.Ges. v. 1./6. 70 (B.G.B. 355).

20. Durch die Bestimmungen der §§. 18, 19 werden die Vorschriften über den ausschließlichen dinglichen Gerichtsstand[1] in bürgerlichen Rechtsstreitigkeiten nicht berührt.

[1] § 25 C.P.O.

21. Die im Deutschen Reiche angestellten Konsuln sind der inländischen Gerichtsbarkeit unterworfen, sofern nicht in Verträgen des Deutschen Reichs mit anderen Mächten Vereinbarungen über die Befreiung der Konsuln von der inländischen Gerichtsbarkeit getroffen sind.[1]

[1] Wegen der zugelassenen Ausnahmen vgl. RG 17, 52. Wegen Vernehmung der in Deutschland residirenden französischen Konsuln als Zeugen vgl. Sächs. Ver. v. 20./3. 89 (Sächs. J.M.Bl. 13).

Dritter Titel.

Amtsgerichte.

Bildung von Strafkammern bei den Amtsgerichten: § 78, von Kammern für Handelssachen: § 100 Abs. 2, 110.

Ausführungsbestimmungen: Preußen: §§ 21—32 Ges. v. 24./4. 78 (G.S. 230). — Bayern: Art. 15—22 Ges. v. 23./2. 79 (G.V.Bl. 273). — Sachsen: §§ 13—15 Ges. v. 1./3. 79 (G.V.Bl. 59). — Württemberg: Art. 1—5 Ges. v. 24./1. 79 (Reg.Bl. 3). — Baden: §§ 9, 10 Ges. v. 3./3. 79 (G.V.Bl. 91). — Elsaß-Lothringen. §§ 7, 12, 13 Ges. v. 4./11. 78 (Ges.Bl. 65).

22. Den Amtsgerichten stehen Einzelrichter vor.[1] Ist ein Amtsgericht mit mehreren Richtern besetzt, so wird einem derselben von der Landesjustizverwaltung die allgemeine Dienstaufsicht übertragen.[2] Jeder Amtsrichter erledigt die ihm obliegenden Geschäfte als Einzelrichter.[3]

[1] Sitze der Amtsgerichte: Preußen: § 21 Ges. v. 24./4. 78 (G.S. 230), Ver. v. 26./7. 78 (G.S. 275), v. 10./11. 79 (G.S. 627), v. 26./4., 1./7. u 21./9. 82 (G.S. 223, 332 u. 347). § 1 Ges. v. 17./4. 85 (G.S. 107), § 1 Ges. v. 18./3. 87 (G.S. 17), § 1 Ges. v. 9./4. 87 (G.S. 113), §§ 1 Ges. v. 8./5. u. 24./5. 88 (G.S. 99, 133), §§ 1 Ges. v. 20./3 u. 21./4. 89 (G.S. 63, 101), § 1 Ges. v. 2./6. 90 (G.S. 133), § 1 Ges. v. 4./3. 91 (G.S. 31), § 1 Ges. v. 20./4. 92 (G.S. 81), § 1 Ges. v. 30./5. 93 (G.S. 96), § 1 Ges. v. 8./4. u. 20./6. 94 (G.S. 33, 117), § 3 Ges. v. 31./3. 95 (G.S. 113). — Bayern: § 4 Ver. v. 2./4. 79 (G.V.Bl. 355), Bek. v. 8./7. 92 (G.V.Bl. 487). — Sachsen: § 4 Ges. v. 1./3. 79 (G.V.Bl. 59), Nr. 1 Ver. v. 28./7. 79 (G.V.Bl. 235) u. v. 11./6. 83 (J.M.Bl. 27), Ges. v. 1./2. u. Ver. v. 2./2. 95 (G.V.Bl. 9). — Württemberg: Art. 1 Ges. v. 24./1. 79 (Reg.Bl. 3), §§ 1, 2 Ver. v. 15./5. 79 (Reg.Bl. 107). — Baden: § 1 Ges. v. 2./3. 79 (G.V.Bl. 91), § 2 Ver. v. 28./4. 79 (G.V.Bl. 279), §§ 1, 2 Ver. v. 19./4. 84 (G.V.Bl. 117). — Elsaß-Lothringen: § 7 Ges. v. 4./11.78 (Ges. Bl. 65), Ver. v. 7./7. 79 (Samml. v. Ges. 2c. 4, 285), Ver. v. 15./4. 84 (Ges.Bl. 82), v. 1./9. 91 (Ges.Bl. 336), v. 21./4. 93 (Ges.Bl. 49) u. v. 30./5. 95 (Ges.Bl. 53).

[2] Geschäftsvertheilung und Dienstaufsicht: Preußen: §§ 23, 24, 78, 80 Ges. v. 24./4. 78 (G.S. 230). Vgl. dazu RG 7, 404. Verf. v. 21./7. 79 (J.M.Bl. 198, 212). Ges. v. 10./4. 92 (G.S. 77) u. Verf. v. 25./6. 92 (J.M.Bl. 209). — Bayern: Art. 17, 18, 20, 69 Ges. v. 23./2. 79 (G.V.Bl. 273). Bek. v. 16./9. 79 (J.M.Bl. 928) u. v. 29./4. 81

(J.M.Bl. 165 u. 178), dazu RG 15, 213. — Sachsen: §§ 7, 8 Ges. v. 20./3. 80 (G.V.Bl. 31). — Württemberg: Art. 4, 5 Ges. v. 24./1. 79 (Reg.Bl. 3). Vgl. dazu RG 11, 163, — Baden: §§ 9, 10 Ges. v. 3./3. 79 (G.V.Bl. 91). Ver. v. 24./9. 79 (G.V.Bl. 772). — Elsaß-Lothringen: § 2 Ver. v. 13./6. 79 (Ges.Bl. 61).

3 Die Geschäfte können von der Landesjustizverwaltung nach örtlichen Bezirken oder nach Gattungen zwischen den mehreren Richtern vertheilt werden. Begr. 58. — Die Gültigkeit der Amtshandlung eines Amtsrichters wird dadurch nicht berührt, daß diese Handlung nach der Geschäftsvertheilung von einem anderen Amtsrichter vorzunehmen gewesen wäre RG 1, 235.

23. Die Zuständigkeit der Amtsgerichte umfaßt in bürgerlichen Rechtsstreitigkeiten, soweit dieselben nicht ohne Rücksicht auf den Werth des Streitgegenstandes den Landgerichten zugewiesen sind:[1]

1. Streitigkeiten über vermögensrechtliche Ansprüche, deren Gegenstand an Geld oder Geldeswerth die Summe von dreihundert Mark[2] nicht übersteigt;
2. ohne Rücksicht auf den Werth des Streitgegenstandes:[3]

   Streitigkeiten zwischen Vermiethern und Miethern von Wohnungs- und anderen Räumen wegen Ueberlassung, Benutzung und Räumung derselben, sowie wegen Zurückhaltung der vom Miether in die Miethsräume eingebrachten Sachen;[4]

   Streitigkeiten zwischen Dienstherrschaft und Gesinde, zwischen Arbeitgebern und Arbeitern hinsichtlich des Dienst- und Arbeitsverhältnisses, sowie die im §. 108 der Gewerbeordnung[5] bezeichneten Streitigkeiten, insofern dieselben während der Dauer des Dienst-, Arbeits- oder Lehrverhältnisses entstehen;

Streitigkeiten zwischen Reisenden und Wirthen, Fuhrleuten, Schiffern, Flößern oder Auswanderungsexpedienten[6] in den Einschiffungshäfen, welche über Wirthszechen, Fuhrlohn, Ueberfahrtsgelder, Beförderung der Reisenden und ihrer Habe und über Verlust und Beschädigung der letzteren, sowie Streitigkeiten zwischen Reisenden und Handwerkern, welche aus Anlaß der Reise entstanden sind;

Streitigkeiten wegen Viehmängel;

Streitigkeiten wegen Wildschadens;[7]

Ansprüche aus einem außerehelichen Beischlafe;[8]

das Aufgebotsverfahren.[9]

[1] § 70 Abs. 2, 3. [2] Berechnung: §§ 3—9 C.P.O.

[3] Prorogation auf das Landgericht ist auch hier zulässig. RG 9, 349. [4] Nicht auf Pachtverhältnisse zu beziehen.

[5] Jetzt § 3 Abs. 1, § 78 R.Ges. v. 29./7. 90 (R.G.B. 142). Vgl. auch Anm. 8 zu § 14.

[6] D. h. Personen, welche das Engagement von Auswanderern für fremde Rechnung oder als Unternehmer betreiben.

[7] Preußen: §§ 9, 10, 14 Ges. v. 11./7. 91 (G.S. 307).

[8] Einschließlich der auf einem Anerkenntnisse der Schwängerung oder einem besonderen Alimentationsversprechen beruhenden. RG 7, 339. Dagegen ist die amtsgerichtliche Zu-

ständigkeit verneint für Ansprüche, welche auf dem Anerkenntniß der Vaterschaft im Gebiete des französischen Rechts - Art. 334 code civ. — beruhen, durch RG 12, 368.

[9] §§ 823—850 C.P.O. Andere Gerichte können landesgesetzlich mit dem Aufgebotsverfahren betraut werden, soweit ein abweichendes Verfahren zulässig ist. § 11 E.G. z. C.P.O.

24. Im Uebrigen wird die Zuständigkeit und der Geschäftskreis der Amtsgerichte durch die Vorschriften dieses Gesetzes[1] und der Prozeßordnungen[2] bestimmt.

[1] §§ 26, 30, 39—57, 85—89, 158.

[2] §§ 448, 471, 571, 593, 616, 617, 621, 625, 629, 684, 705, 799, 815, 820 C.P.O.; § 13 Abs. 4 E.G. z. C.P.O.; § 64 K.O.; §§ 125, 126, 128, 129, 132, 160, 163, 164, 171, 183, 184, 447, 448, 455, 463, 483, 489 St.P.O. — Fernere reichsgesetzliche Zuständigkeit: § 87 R.A.O., § 11 R.Ges., betr. Reichsschuldbuch v. 31./5. 91 (R.G.B. 321), §§ 11, 87, 111 R.Ges., betr. Binnenschiffahrt v. 15./6. 95 (R.G.B. 304), § 8 R.Ges., betr. Flößerei v. 15./6. 95 (R.G.B. 342), § 8 Ges. v. 9./6. 95 (R.G.B. 257).

Vierter Titel.

Schöffengerichte.

Verhandlung und Entscheidung ohne Zuziehung von Schöffen ist zulässig: bei Uebertretungen, sofern der Beschuldigte vorgeführt wird und gesteht: § 211 Abs. 2 St.P.O.; ferner bei Forst- und Feldrügesachen: § 3 Abs. 3 E.G. z. St.P.O.; dazu Preußen: § 19 Abs. 1 Forstdiebst.Ges. v. 15./4. 78 (G.S. 222). Sachsen: § 7 Ges. v. 10./8. 79 (G.V.Bl. 1894 S. 127).

Ausführungsbestimmungen: Preußen: §§ 33—36 Ges. v. 24./4. 78 (G.S. 230). — Bayern: Art. 23—25 Ges. v. 23./2. 79 (G.V.Bl. 273). — Sachsen: §§ 24—26 Ges. v. 1./3. 79 (G.V.Bl. 59). — Württemberg: Art. 19,

20 Ges. v. 24./1. 79 (Reg.Bl. 3). — Baden: §§ 4, 5 Ges. v. 3./3. 79 (G.V.Bl. 91). — Elsaß-Lothringen: § 14 Ges. v. 4./11. 78 (Ges.Bl. 65).

25. Für die Verhandlung und Entscheidung von Strafsachen werden bei den Amtsgerichten Schöffengerichte gebildet.[1]

[1] Helgoland: R.Ges. v. 4./6. 93 (R.G.B. 193).

1. Besetzung.

26. Die Schöffengerichte bestehen aus dem Amtsrichter als Vorsitzenden und zwei Schöffen.[1]

[1] Helgoland: R.Ges. v. 4./6. 93 (R.G.B. 193).

2. Zuständigkeit.

27. Die Schöffengerichte sind zuständig:

1. für alle Uebertretungen;[1]
2. für diejenigen Vergehen, welche nur mit Gefängniß von höchstens drei Monaten oder Geldstrafe von höchstens sechshundert Mark, allein oder neben Haft oder in Verbindung mit einander oder in Verbindung mit Einziehung[2] bedroht sind,[3] mit Ausnahme der in §. 320 des Strafgesetzbuchs[4] und der im §. 74 dieses Gesetzes bezeichneten Vergehen;
3. für die nur auf Antrag zu verfolgenden Beleidigungen[5] und Körperverletzungen,[6] wenn die Verfolgung im Wege der Privatklage geschieht;[7]
4. für das Vergehen des Diebstahls im Falle des §. 242 des Strafgesetzbuchs,[8] wenn der Werth des Gestohlenen fünfundzwanzig Mark nicht übersteigt;[9]

5. für das Vergehen der Unterschlagung im Falle des §. 246 des Strafgesetzbuchs,[10] wenn der Werth des Unterschlagenen fünfundzwanzig Mark nicht übersteigt;[9]
6. für das Vergehen des Betruges im Falle des §. 263 des Strafgesetzbuchs,[11] wenn der Schaden fünfundzwanzig Mark nicht übersteigt;[9]
7. für das Vergehen der Sachbeschädigung im Falle des §. 303 des Strafgesetzbuchs,[12] wenn der Schaden fünfundzwanzig Mark nicht übersteigt;[9]
8. für das Vergehen der Begünstigung[13] und für das Vergehen der Hehlerei in den Fällen des §. 258 Nr. 1[14] und des §. 259[15] des Strafgesetzbuchs, wenn die Handlung, auf welche sich die Begünstigung oder die Hehlerei bezieht, zur Zuständigkeit der Schöffengerichte gehört.

[1] §§ 1 Abs. 3, 360—370 St.G.B. und in anderen Reichsgesetzen oder Landesgesetzen. Pr. 183. §§ 2, 5 E.G. z. St.G.B. [2] Einschl. der Verfallerklärung. RG 12, 75.

[3] Auf Grund des St.G.B., anderer Reichsgesetze oder der Landesgesetze. Pr. 183, 207. § 1 Abs. 2 St.G.B. §§ 2, 5 E.G. z. St.G.B. — Aus dem St.G.B. sind es folgende: fahrlässiges Entweichenlassen Gefangener, § 121 Abs. 2; Hausfriedensbruch, § 123 Abs. 1; wissentliche Verausgabung empfangenen falschen Geldes, § 148; wissentliche Verwendung von gebrauchtem Stempelpapier, Stempelmarken u. dgl., § 276 (in der Fassung des Ges. v. 13./5. 91, R.G.B. 107); unbefugtes Jagen, § 292; unbefugte Brieferöffnung, § 299.

[4] Beibehaltung der wegen Transportgefährdung oder Betriebsstörung bestraften Bahn- oder Telegraphenbeamten. — Vgl. § 75 Nr. 14.

[5] §§ 185—187, 189, 194 St.G.B. — Vgl. § 75 Nr. 4.

[6] Leichte vorsätzliche und alle fahrlässigen: §§ 228, 230 Abs. 1, 232 St.G.B. — Vgl. § 75 Nr. 4, 5.

[7] §§ 414, 416 St.P.O. — Vgl. § 75 Nr. 4. — Sobald die Staatsanwaltschaft gemäß § 417 Abs. 2 St.P.O. die Verfolgung übernimmt, erlischt die Zuständigkeit des Schöffengerichts. RG 10, 237.

[8] Einfacher Diebstahl. — Vgl. § 75 Nr. 6.

[9] Zur Feststellung des Werthes oder Schadens bedarf es keiner Schätzung durch Sachverständige; die Festsetzung der mit der Sache zuerst befaßten Beamten genügt. Pr. 324.

[10] Einfache Unterschlagung. — Vgl. § 75 Nr. 7.

[11] Einfacher Betrug. — Vgl. § 75 Nr. 10.

[12] Einfache Sachbeschädigung. — Vgl. § 75 Nr. 12.

[13] § 257 St.G.B. — Vgl. § 75 Nr. 8.

[14] Hehlerei bei einfachem Diebstahl, einfacher Unterschlagung. — Vgl. § 75 Nr. 9.

[15] Partirerei. — Vgl. § 75 Nr. 9.

28. Ist die Zuständigkeit des Schöffengerichts durch den Werth einer Sache oder den Betrag eines Schadens bedingt[1] und stellt sich in der Hauptverhandlung heraus, daß der Werth oder Schaden mehr als fünfundzwanzig Mark beträgt, so hat das Gericht seine Unzuständigkeit nur dann auszusprechen, wenn aus anderen Gründen[2] die Aussetzung der Verhandlung[3] geboten erscheint.[4]

[1] § 27 Nr. 4—8. [2] §§ 145, 216, 227, 245, 261, 264 St.P.O. [3] Liegen andere Gründe zur Unzuständigkeitserklärung vor: § 270 St.P.O. [4] Das Schöffengericht ist in den Fällen des § 27 Nr. 3 bis 8 befugt, auf eine höhere Gefängnißstrafe als drei Monate und auf eine höhere Geldstrafe als sechshundert Mark zu erkennen. Pr. 609.

29. Vor die Schöffengerichte gehören auch diejenigen Strafsachen, deren Verhandlung und Ent-

scheidung ihnen nach den Bestimmungen des fünften Titels[1] von den Strafkammern der Landgerichte überwiesen wird.

[1] § 75.

3. Schöffenamt.

30. Insoweit das Gesetz nicht Ausnahmen bestimmt,[1] üben die Schöffen während der Hauptverhandlung das Richteramt im vollen Umfange und mit gleichem Stimmrechte wie die Amtsrichter aus und nehmen auch an denjenigen, im Laufe einer Hauptverhandlung zu erlassenden Entscheidungen Theil, welche in keiner Beziehung zu der Urtheilsfällung stehen, und welche auch ohne vorgängige mündliche Verhandlung erlassen werden können.

Die außerhalb der Hauptverhandlung erforderlichen Entscheidungen werden von dem Amtsrichter erlassen.

[1] § 31 St.P.O. — Vgl. auch §§ 52, 53, 54, 56 G.V.G.

31. Das Amt eines Schöffen ist ein Ehrenamt.[1] Dasselbe kann nur von einem Deutschen[2] versehen werden.

[1] Vgl. jedoch § 55. — Verpflichtung zur Annahme: §§ 35, 56. [2] §§ 1 ff. B.Ges. v. 1./6. 70 (B.G.B. 355).

Befähigung.

32. Unfähig[1] zu dem Amte eines Schöffen sind:

1. Personen, welche die Befähigung in Folge strafgerichtlicher Verurtheilung verloren haben;[2]
2. Personen, gegen welche das Hauptverfahren wegen eines Verbrechens oder Vergehens eröffnet

ist,[3] das die Aberkennung der bürgerlichen Ehrenrechte oder der Fähigkeit zur Bekleidung öffentlicher Aemter zur Folge haben kann;[4]

3. Personen, welche in Folge gerichtlicher Anordnung in der Verfügung über ihr Vermögen beschränkt sind.[5]

[1] § 52 Abs. 1 G.V.G. § 337 Nr. 1 St.P.O. — Wegen des Zeitpunkts, in welchem die Fähigkeit vorhanden sein muß, vgl. RG 2, 241. [2] §§ 31, 33—35 St.G.B. [3] § 201 St.P.O. [4] §§ 31, 32 St.G.B. [5] §§ 593, 621 C.P.O. §§ 98, 100 K.O.

33. Zu dem Amte eines Schöffen sollen[1] nicht berufen werden:[2]

1. Personen, welche zur Zeit der Aufstellung der Urliste[3] das dreißigste Lebensjahr noch nicht vollendet haben;
2. Personen, welche zur Zeit der Aufstellung der Urliste[3] den Wohnsitz in der Gemeinde noch nicht zwei volle Jahre haben;
3. Personen, welche für sich oder ihre Familie Armenunterstützung aus öffentlichen Mitteln empfangen oder in den drei letzten Jahren, von Aufstellung der Urliste[3] zurückgerechnet, empfangen haben;
4. Personen, welche wegen geistiger oder körperlicher Gebrechen zu dem Amte nicht geeignet sind;
5. Dienstboten.

[1] § 52 Abs. 2. [2] § 36. [3] § 57.

34. Zu dem Amte eines Schöffen sollen[1] ferner nicht berufen werden:[2]

1. Minister;
2. Mitglieder der Senate der freien Hansestädte;
3. Reichsbeamte, welche jederzeit einstweilig in den Ruhestand versetzt werden können;[3]
4. Staatsbeamte, welche auf Grund der Landesgesetze jederzeit einstweilig in den Ruhestand versetzt werden können;
5. richterliche Beamte[4] und Beamte der Staatsanwaltschaft;[5]
6. gerichtliche[6] und polizeiliche Vollstreckungsbeamte;
7. Religionsdiener;
8. Volksschullehrer;
9. dem aktiven Heere oder der aktiven Marine angehörende Militärpersonen.[7]

Die Landesgesetze können[8] außer den vorbezeichneten Beamten höhere Verwaltungsbeamte bezeichnen, welche zu dem Amte eines Schöffen nicht berufen werden sollen.

[1] § 52 Abs. 2. [2] Vgl. auch § 97.

[3] § 25 R.Ges. v. 31./3. 73 (R.G.B. 61). § 2 R.Ges. v. 27./6. 73 (R.G.B. 164).

[4] §§ 12, 22, 58, 116, 119, 126. — §§ 8, 9 E.G.

[5] § 143. Die in § 153 bezeichneten Hülfsbeamten der Staatsanwaltschaft gehören hierzu nicht. Verf. des Preuß. Just. Min. v. 21./11. 90 (M.Bl. i. V. 236).

[6] § 155. [7] § 4 u. Anl. des Milit.-Straf-Ges.-B. v. 20./6. 72 (R.G.B. 174, 204). § 38 Reichs-Milit.-Ges. v. 2./5. 74 (R.G.B. 45), Ver. v. 13./8. 95 (R.G.B. 431).

[8] Preußen: § 33 Ges. v. 24./4. 78 (G.S. 230). — Bayern: Art. 23 Ges. v. 23./2. 79 (G.V.Bl. 273). — Sachsen: § 24 Ges. v. 1./3. 79 (G.V.Bl. 59). — Würt-

temberg: Art. 19 Ges. v. 24./1. 79 (Reg.Bl. 3). — Baden: § 4 Ges. v. 3./3. 79 (G.V.Bl. 91).

35. Die Berufung zum Amte eines Schöffen dürfen ablehnen:[1]

1. Mitglieder einer deutschen gesetzgebenden Versammlung;
2. Personen, welche im letzten Geschäftsjahre die Verpflichtung eines Geschworenen,[2] oder an wenigstens fünf Sitzungstagen die Verpflichtung eines Schöffen erfüllt haben;
3. Aerzte;[3]
4. Apotheker, welche keine Gehülfen haben;
5. Personen, welche das fünfundsechzigste Lebensjahr zur Zeit der Aufstellung der Urliste[4] vollendet haben oder dasselbe bis zum Ablaufe des Geschäftsjahres[5] vollenden würden;
6. Personen, welche glaubhaft machen, daß sie den mit der Ausübung des Amts verbundenen Aufwand zu tragen nicht vermögen.

[1] §§ 36, 53. [2] Benachrichtigung der Amtsgerichte über die wirkliche Erfüllung der Verpflichtung eines Geschworenen: Preußen: Verf. v. 16./2. 84 (J.M.Bl. 36).

[3] § 29 Gewerbe-Ord. (R.G.B. 1883 S. 177).

[4] § 57. [5] Anm. 1 zu § 20 E.G.

Urliste.

36. Der Vorsteher einer jeden Gemeinde oder eines landesgesetzlich der Gemeinde gleichstehenden Verbandes hat alljährlich[1] ein Verzeichniß der in der Gemeinde wohnhaften Personen, welche zu dem Schöffenamte berufen werden können,[2] aufzustellen (Urliste).

Die Urliste ist in der Gemeinde eine Woche lang zu Jedermanns Einsicht auszulegen. Der Zeitpunkt der Auslegung ist vorher öffentlich bekannt zu machen.

[1] § 57. [2] Das sind sämmtliche männliche Gemeindemitglieder, welche Deutsche sind, mit Ausnahme der in §§ 32 bis 34 aufgeführten; die Ablehnungsberechtigten (§ 35) sind nur dann auszulassen, wenn deren Ablehnung dem Gemeindevorsteher bekannt ist.

37. Gegen die Richtigkeit oder Vollständigkeit der Urliste kann innerhalb der einwöchigen Frist schriftlich oder zu Protokoll Einsprache[1] erhoben werden.

[1] Von Jedermann. Begr. 82. Pr. 230.

38. Der Gemeindevorsteher sendet die Urliste nebst den erhobenen Einsprachen und den ihm erforderlich erscheinenden Bemerkungen an den Amtsrichter des Bezirks.[1]

Wird nach Absendung der Urliste die Berichtigung derselben erforderlich, so hat der Gemeindevorsteher hiervon dem Amtsrichter Anzeige zu machen.

[1] § 57.

39. Der Amtsrichter stellt die Urlisten des Bezirks zusammen und bereitet den Beschluß über die Einsprachen gegen dieselben vor. Er hat die Beachtung der Vorschriften des §. 36 Abs. 2 zu prüfen und die Abstellung etwaiger Mängel zu veranlassen.

40. Bei dem Amtsgerichte tritt alljährlich ein Ausschuß zusammen.

Der Ausschuß besteht aus dem Amtsrichter als Vorsitzenden und einem von der Landesregierung zu bestimmenden Staatsverwaltungsbeamten, sowie sieben Vertrauensmännern[1] als Beisitzern.

Die Vertrauensmänner werden aus den Einwohnern des Amtsgerichtsbezirks gewählt.

Die Wahl erfolgt nach näherer Bestimmung der Landesgesetze durch die Vertretungen[2] der Kreise, Aemter, Gemeinden oder dergleichen Verbände; wenn solche Vertretungen nicht vorhanden sind, durch den Amtsrichter. Letzterer hat die Vertrauensmänner vornehmlich aus den Vorstehern der vorbezeichneten Verbände zu wählen.

Zur Beschlußfähigkeit des Ausschusses genügt die Anwesenheit des Vorsitzenden, des Staatsverwaltungsbeamten und dreier Vertrauensmänner. Der Ausschuß faßt seine Beschlüsse nach der absoluten Mehrheit der Stimmen. Bei Stimmengleichheit entscheidet die Stimme des Vorsitzenden.[3]

[1] § 56. [2] Gemeint sind gewählte Vertretungen. Pr. 241. — Preußen: § 35 Ges. v. 24./4. 78 (G.S. 230). — Bayern: Art. 24 Ges. v. 23./2. 79 (G.V.Bl. 273). — Sachsen: § 25 Ges. v. 1./3. 79 (G.V.Bl. 59). — Württemberg: Art. 20 Ges. v. 24./1. 79 (Reg.Bl. 3). — Baden: § 5 Ges. v. 3./3. 79 (G.V.Bl. 91). — Elsaß-Lothringen: § 14 Ges. v. 4./11. 78 (Ges.Bl. 65).

[3] Helgoland: R.Ges. v. 4./6. 93 (R.G.B. 193), § 1 Nr. II, 5; Preuß. Ges. v. 8./4. 94 (G.S. 31).

41. Der Ausschuß entscheidet über die gegen die Urliste erhobenen Einsprachen. Die Entscheidungen sind zu Protokoll zu vermerken. Beschwerde findet nicht statt.

Jahresliste.

42. Aus der berichtigten Urliste wählt der Ausschuß[1] für das nächste Geschäftsjahr:[2]

1. die erforderliche Zahl von Schöffen;
2. die erforderliche Zahl derjenigen Personen welche in der von dem Ausschusse festzusetzenden Reihenfolge an die Stelle wegfallender Schöffen treten (Hülfsschöffen). Die Wahl ist auf Personen zu richten, welche am Sitze des Amtsgerichts oder in dessen nächster Umgebung wohnen.

[1] Ferner: § 87. [2] Anm. 1 zu § 20 E.G.

43. Die für jedes Amtsgericht erforderliche Zahl von Hauptschöffen und Hülfsschöffen wird durch die Landesjustizverwaltung bestimmt.[1]

Die Bestimmung der Zahl der Hauptschöffen erfolgt in der Art, daß voraussichtlich Jeder höchstens zu fünf ordentlichen Sitzungstagen im Jahre herangezogen wird.[2]

[1] Preußen: § 3 Verf. v. 22./7. 79 (J.M.Bl. 195). — Bayern: Nr. XIV Bek. v. 1./8. 80 (J.M.Bl. 290). — Sachsen: § 9 Ver. v. 23./9. 79 (G.V.Bl. 375). — Württemberg: § 3 Verf. 16./6. 80 (Reg.Bl. 156). — Baden: § 12 Ver. v. 11./7. 79 (G.V.Bl. 329). — Elsaß-Lothringen: § 3 Ver. v. 13./6. 79 (Ges.Bl. 61).

[2] Helgoland: R.Ges. v. 4./6. 93 (R.G.B. 193).

44. Die Namen der erwählten Hauptschöffen und Hülfsschöffen werden bei jedem Amtsgerichte in gesonderte Verzeichnisse aufgenommen (Jahreslisten).[1]

[1] Helgoland: R.Ges. v. 4./6. 93 (R.G.B. 193).

Heranziehung zu den Sitzungen.

45. Die Tage der ordentlichen Sitzungen des Schöffengerichts werden für das ganze Jahr im voreus festgestellt.

Die Reihenfolge, in welcher die Hauptschöffen an den einzelnen ordentlichen Sitzungen des Jahres Theil nehmen, wird durch Ausloosung in öffentlicher Sitzung des Amtsgerichts bestimmt.[1] Das Loos zieht der Amtsrichter.

Ueber die Ausloosung wird von dem Gerichtsschreiber ein Protokoll aufgenommen.

[1] § 57.

46. Der Amtsrichter setzt die Schöffen von ihrer Ausloosung und von den Sitzungstagen, an welchen sie in Thätigkeit zu treten haben, unter Hinweis auf die gesetzlichen Folgen des Ausbleibens[1] in Kenntniß.

In gleicher Weise werden die im Laufe des Geschäftjahres einzuberufenden Schöffen[2] benachrichtigt.

[1] § 56. — Nochmalige besondere Ladung: Preußen: Verf. v. 30./10. 82 (J.M.Bl. 324); Bayern: Bek. v. 5./5. 83 (J.M.Bl. 213). [2] § 42 Nr. 2, § 48 Abs. 2, § 49.

47. Eine Aenderung in der bestimmten Reihenfolge kann auf übereinstimmenden Antrag der betheiligten Schöffen von dem Amtsrichter bewilligt werden, sofern die in den betreffenden Sitzungen zu verhandelnden Sachen noch nicht bestimmt sind.[1] Der Antrag und die Bewilligung sind aktenkundig zu machen.

[1] Sind Hinderungsgründe eingetreten: § 54.

48. Wenn die Geschäfte die Anberaumung außerordentlicher Sitzungen erforderlich machen, so werden die einzuberufenden Schöffen vor dem Sitzungstage in Gemäßheit des §. 45 ausgeloost.[1]

Erscheint dies wegen Dringlichkeit unthunlich, so erfolgt die Auslosung durch den Amtsrichter lediglich aus der Zahl der am Sitze des Gerichts wohnenden Hülfsschöffen. Die Umstände, welche den Amtsrichter hierzu veranlaßt haben, sind aktenkundig zu machen.

[1] Aus der Liste der Hauptschöffen.

49. Wird zu einzelnen Sitzungen die Zuziehung anderer als der zunächst berufenen Schöffen[1] erforderlich, so erfolgt dieselbe aus der Zahl der Hülfsschöffen nach der Reihenfolge der Jahresliste.

Würde durch die Berufung der letzteren eine Vertagung der Verhandlung oder eine erhebliche Verzögerung ihres Beginnes nothwendig, so sind die nicht am Sitze des Gerichts wohnenden Hülfsschöffen zu übergehen.

[1] Oder von Ergänzungsschöffen: § 194 Abs. 3.

50. Erstreckt sich die Dauer einer Sitzung über die Zeit hinaus, für welche der Schöffe zunächst einberufen ist, so hat er bis zur Beendigung der Sitzung seine Amtsthätigkeit fortzusetzen.

Beeidigung.

51. Die Beeidigung der Schöffen erfolgt bei ihrer ersten Dienstleistung in öffentlicher Sitzung.[1] Sie gilt für die Dauer des Geschäftsjahres.[2]

Der Vorsitzende richtet an die zu Beeidigenden die Worte:

„Sie schwören bei Gott dem Allmächtigen und Allwissenden, die Pflichten eines Schöffen getreulich zu erfüllen und Ihre Stimmen nach bestem Wissen und Gewissen abzugeben."

Die Schöffen leisten den Eid, indem Jeder einzeln die Worte spricht:

„ich schwöre es, so wahr mir Gott helfe."

Der Schwörende soll bei der Eidesleistung die rechte Hand erheben.

Ist ein Schöffe Mitglied einer Religionsgesellschaft, welcher das Gesetz den Gebrauch gewisser Betheuerungsformeln an Stelle des Eides gestattet, so wird die Abgabe einer Erklärung unter der Betheuerungsformel dieser Religionsgesellschaft der Eidesleistung gleich geachtet.

Ueber die Beeidigung wird von dem Gerichtsschreiber ein Protokoll aufgenommen.

[1] Sie bildet nicht einen Theil der Hauptverhandlung. § 242 St.P.O. [2] Anm. 1 zu § 20 E.G.

Enthebung.

52. Wenn die Unfähigkeit[1] einer als Schöffe in die Jahresliste aufgenommenen Person eintritt oder bekannt wird, so ist der Name derselben von der Liste zu streichen.

Ein Schöffe, hinsichtlich dessen nach seiner Aufnahme in die Jahresliste andere Umstände eintreten oder bekannt werden, bei deren Vorhandensein eine

Berufung zum Schöffenamte nicht erfolgen soll,[2] ist zur Dienstleistung ferner nicht heranzuziehen.

Die Entscheidung erfolgt durch den Amtsrichter nach Anhörung der Staatsanwaltschaft und des betheiligten Schöffen.

Beschwerde findet nicht statt.

[1] § 32. [2] §§ 33, 34, 97.

53. Ablehnungsgründe[1] sind nur zu berücksichtigen, wenn sie innerhalb einer Woche, nachdem der betheiligte Schöffe von seiner Einberufung in Kenntniß gesetzt worden ist, von demselben geltend gemacht werden. Fällt ihre Entstehung oder Bekanntwerdung in eine spätere Zeit, so ist die Frist erst von diesem Zeitpunkte zu berechnen.

Der Amtsrichter entscheidet über das Gesuch nach Anhörung der Staatsanwaltschaft. Beschwerde findet nicht statt.

[1] § 35.

54. Der Amtsrichter kann einen Schöffen auf dessen Antrag wegen eingetretener Hinderungsgründe[1] von der Dienstleistung an bestimmten Sitzungstagen entbinden.

Die Entbindung des Schöffen von der Dienstleistung kann davon abhängig gemacht werden, daß ein anderer für das Dienstjahr bestimmter Schöffe für ihn eintritt.

Der Antrag und die Bewilligung sind aktenkundig zu machen.

[1] Fehlt es an solchen: § 47.

Allgemeine Bestimmungen.

55. Die Schöffen und die Vertrauensmänner des Ausschusses erhalten Vergütung der Reisekosten.[1]

[1] Preußen: § 36 Ges. v. 24./4. 78 (G.S. 230). — Bayern: Ver. v. 29./7. 79 (G.V.Bl. 731). — Sachsen: § 26 Ges. v. 1./3. 79 (G.V.Bl. 59), Ver. v. 22./2. 93 (J. M.Bl. 9). — Württemberg: Art. 20 Ges. v. 24./1. 79 (Reg.Bl. 3). Ver. v. 10./9. 79 (Reg.Bl. 349). — Baden: § 18 Ver. 11./7. 79 (G.V.Bl. 325). — Elsaß-Lothringen: § 33 Ges. v. 4./11. 78 (Ges.Bl. 65). Ges. v. 31./3. 80 (Ges.Bl. 57).

56. Schöffen und Vertrauensmänner des Ausschusses, welche ohne genügende Entschuldigung zu den Sitzungen nicht rechtzeitig sich einfinden oder ihren Obliegenheiten in anderer Weise sich entziehen, sind zu einer Ordnungsstrafe von fünf bis zu eintausend Mark, sowie in die verursachten Kosten zu verurtheilen.

Die Verurtheilung wird durch den Amtsrichter nach Anhörung der Staatsanwaltschaft[1] ausgesprochen. Erfolgt nachträglich genügende Entschuldigung, so kann die Verurtheilung ganz oder theilweise zurückgenommen werden. Gegen die Entscheidungen findet Beschwerde von Seiten des Verurtheilten nach den Vorschriften der Strafprozeßordnung[2] statt.

[1] Sie ist auch vor der Festsetzung von Ordnungsstrafen gegen Vertrauensmänner des Ausschusses zu hören. Begr. 92.

[2] §§ 346—352 St.P.O. — Vgl. § 72.

57. Bis zu welchem Tage die Urlisten aufzustellen und dem Amtsrichter einzureichen sind, der Ausschuß

zu berufen und die Ausloosung der Schöffen zu bewirken ist, wird durch die Landesjustizverwaltung bestimmt.[1]

[1] Preußen: § 5 Verf. v. 22./7. 79 (J.M.Bl. 195) u. Verf. v. 18./1. 82 (J.M.Bl. 18). — Bayern: Nr. VIII, IX, XIII Bek. v. 1./8. 80 (J.M.Bl. 290) u. v. 22./1. 83 (J.M.Bl. 13). — Sachsen: §§ 5, 6 Ver. v. 23./9. 79 (G.V.Bl. 375). — Württemberg: §§ 1, 2, 4, 5 Verf. v. 16./6. 80 (Reg.Bl. 156). — Baden: §§ 1, 4, 7, 15 Ver. v. 11./7. 79 (G.V.Bl. 325). — Elsaß-Lothringen: §§ 4—6 Ver. v. 13./6. 79 (Ges.Bl. 61).

Fünfter Titel.

Landgerichte.

Ausführungsbestimmungen: Preußen: §§ 37—43 Ges. v. 24./4. 78 (G.S. 230). — Bayern: Art. 26—33 Ges. v. 23./2. 79 (G.V.Bl. 273). — Sachsen: §§ 3, 4, 10, 27 Ges. v. 1./3. 79 (G.V.Bl. 59). — Württemberg: Art. 6—10, 13 Ges. v. 24./1. 79 (Reg.Bl. 3). — Baden: §§ 1, 3 Ges. v. 3./3. 79 (G.V.Bl. 91). — Elsaß-Lothringen: §§ 15—17 Ges. v. 4./11. 78 (Ges.Bl. 65).

58. Die Landgerichte werden mit einem Präsidenten und der erforderlichen Anzahl von Direktoren und Mitgliedern besetzt.[1]

[1] Sitze der Landgerichte: Preußen: §§ 2, 3 Ges. v. 4./3. 78 (G. S. 109), § 37 Ges. v. 24./4. 78 (G.S. 230), § 1 Ges. v. 12./2. 84 (G.S. 63), § 1 Ges. 3./4. 88 (G.S. 51): — Bayern: § 3 Ver. v. 2./4. 79 (G.V.Bl. 355). — Sachsen. § 3 Ges. v. 1./3. 79 (G.V.Bl. 59). — Württemberg: Art. 6 Ges. v. 24./1. 79 (Reg.Bl. 3). § 2 Ver. v. 15./5. 79 (Reg.Bl. 107). — Baden: § 1 Abs. 2 Ges. v. 3./3. 79 (G.V.Bl. 91), § 1 Ver. v. 24./4. 79 (G.V.Bl. 279), § 1 Ges. v. 26./6. 90 (G.V.Bl. 485). — Elsaß-Lothringen: § 7 Ges. v. 4./11. 78 (Ges.Bl. 65).

1. Geschäftsvertheilung.

59. Bei den Landgerichten werden Civil- und Strafkammern gebildet.[1]

[1] Deren Zahl bestimmt die Landesjustizverwaltung. — Mitwirkung der Organe der Justizverwaltung bei der Geschäftsvertheilung in Preußen: Verf. v. 16./11. 79 (J.M.Bl. 454), v. 25./9. 80 (J.M.Bl. 221) u. v. 12./10. 82 (J.M.Bl. 306), in Bayern: Bek. v. 12./10. 81 (J.M.Bl. 415).

60. Bei den Landgerichten[1] sind Untersuchungsrichter[2] nach Bedürfniß zu bestellen.

Die Bestellung erfolgt durch die Landesjustizverwaltung auf die Dauer eines Geschäftsjahres.[3]

[1] Nicht auch bei den detachirten Strafkammern: § 78. Pr. 358. — Beim Reichsgericht: § 184 St.P.O.

[2] Thätigkeit: § 182 St.P.O. — Vgl. auch: §§ 23, 27, 36 Abs. 2, 50 Abs. 3, 60 Abs. 3, 124 Abs. 2, 129, 135—195, 346, 348 St.P.O.

[3] Vgl. Anm. 1 zu § 20 E.G.

61.[1] Den Vorsitz im Plenum führt der Präsident, den Vorsitz in den Kammern führen der Präsident und die Direktoren.[2] Vor Beginn des Geschäftsjahres[3] bestimmt der Präsident die Kammer, welcher er sich anschließt. Ueber die Vertheilung des Vorsitzes in den übrigen Kammern entscheiden der Präsident und die Direktoren nach Stimmenmehrheit; im Falle der Stimmengleichheit giebt die Stimme des Präsidenten den Ausschlag.

[1] Die §§ 61—69 bezwecken, die Landgerichte vor Einwirkungen der Landesjustizverwaltung zu sichern; die Landgerichte sollen die Vertheilung der Mitglieder in die Kammern und die der Geschäfte unter die Kammern selbständig bewirken. Pr. 335 ff.

[2] Außer in den Fällen der §§ 78, 109, 110 können ordentliche Vorsitzende der Kammern nur der Präsident und die definitiv ernannten Direktoren sein. RG 18, 11, 27, 125.

[3] Vgl. Anm. 1 zu § 20 E.G.

62. Vor Beginn des Geschäftsjahres werden auf die Dauer desselben die Geschäfte unter die Kammern derselben Art[1] vertheilt und die ständigen Mitglieder der einzelnen Kammern sowie für den Fall ihrer Verhinderung die regelmäßigen Vertreter bestimmt.[2] Jeder Richter kann zum Mitgliede mehrerer Kammern bestimmt werden.

Die getroffene Anordnung kann im Laufe des Geschäftsjahres nur geändert werden, wenn dies wegen eingetretener Ueberlastung einer Kammer oder in Folge Wechsels oder dauernder Verhinderung[3] einzelner Mitglieder des Gerichts erforderlich wird.

[1] D. h. die Civilsachen unter die Civilkammern, die Strafsachen unter die Strafkammern. — Vgl. Preuß. Verf. v. 12./10. 82 (J.M.Bl. 306).

[2] Es kann auch von vorn herein für den Fall der Ueberlastung der ordentlichen Kammern eine besondere Kammer vorgesehen und deren Geschäftskreis erst nachträglich vom Präsidium durch Zuweisung individuell bezeichneter Sachen bestimmt werden. RG 19, 230.

[3] D. i. Behinderung von längerer Zeitdauer. RG 20, 386.

63. Die im vorstehenden Paragraphen bezeichneten Anordnungen erfolgen durch das Präsidium.[1]

Das Präsidium wird durch den Präsidenten als Vorsitzenden, die Direktoren und das dem Dienstalter nach, bei gleichem Dienstalter das der Geburt nach älteste Mitglied gebildet. Das Präsidium entscheidet nach Stimmenmehrheit; im Falle der Stimmengleichheit giebt die Stimme des Präsidenten den Ausschlag.

[1] §§ 69, 78. — Es ist nicht zulässig, daß das Präsidium, auch nur vorläufig oder vorbehaltlich seiner Genehmigung, diese Befugnisse auf den Präsidenten überträgt. RG 28, 167. — Vgl. § 66.

64. Der Präsident kann bestimmen, daß einzelne Untersuchungen von dem Untersuchungsrichter, dessen Bestellung mit dem Ablaufe des Geschäftsjahres erlischt, zu Ende geführt werden, sowie daß in einzelnen Sachen, in welchen während des Geschäftsjahres eine Verhandlung bereits stattgefunden hat, die Kammer in ihrer früheren Zusammensetzung auch nach Ablauf des Geschäftsjahres verhandle und entscheide.

65. Im Falle der Verhinderung des ordentlichen Vorsitzenden führt den Vorsitz in der Kammer dasjenige[1] Mitglied der Kammer, welches dem Dienstalter nach und bei gleichem Dienstalter der Geburt nach das älteste ist.[2] [3]

Der Präsident wird in seinen übrigen durch dieses Gesetz bestimmten Geschäften durch denjenigen Direktor vertreten, welcher dem Dienstalter nach und bei gleichem Dienstalter der Geburt nach der älteste ist.

[1] Ständige, RG 1, 238, dienstlich verfügbare, RG 25, 390, und welches wirkliches Mitglied des Gerichts ist. RG 18, 307.

[2] Der Vorsitzende, der den Vorsitz wegen Behinderung abgegeben hat, darf als Beisitzer fungiren. RG 10, 318. Ebenso das zur Vertretung des Vorsitzenden berufene Mitglied,

wenn es ebenfalls an der Wahrnehmung des Vorsitzes verhindert ist. RG 18, 302.

[3] Ist der älteste Beisitzer an der Uebernahme des Vorsitzes verhindert, so kommt er dem nächstältesten zu u. s. w. RG 23, 100.

66. Im Falle der Verhinderung des regelmäßigen Vertreters eines Mitgliedes[1] wird ein zeitweiliger Vertreter durch den Präsidenten bestimmt.

[1] Bezw. des Vorsitzenden. RG 16, 416. — Ob die Verhinderung vorlag, entscheidet lediglich die Justizverwaltung; ihre Entscheidung entzieht sich der Nachprüfung durch die Gerichte, auch im Rechtsmittelverfahren. RG 2, 196.

67. Die Bestimmungen der §§. 61—66 finden auf die Kammern für Handelssachen[1] keine Anwendung.

[1] §§ 100 ff.

68. Innerhalb der Kammer vertheilt der Vorsitzende die Geschäfte auf die Mitglieder.

69. Soweit die Vertretung eines Mitgliedes nicht durch ein Mitglied desselben Gerichts möglich ist,[1] erfolgt die Anordnung derselben auf den Antrag des Präsidiums durch die Landesjustizverwaltung.

Die Beiordnung[2] eines nicht ständigen Richters darf, wenn sie auf eine bestimmte Zeit erfolgte, vor Ablauf dieser Zeit, wenn sie auf unbestimmte Zeit erfolgte, so lange das Bedürfniß, durch welches sie veranlaßt wurde, fortdauert, nicht widerrufen werden.[3] Ist mit der Vertretung eine Entschädigung verbunden, so ist diese für die ganze Dauer im voraus festzustellen.[4]

Unberührt bleiben diejenigen landesgesetzlichen Bestimmungen, nach welchen richterliche Geschäfte nur von ständig angestellten Richtern wahrgenommen werden können, sowie diejenigen, welche die Vertretung durch ständig angestellte Richter regeln.[5]

[1] Die Entscheidung über die Möglichkeit der Vertretung durch ein Mitglied desselben Gerichts steht nur der Justizverwaltung zu; die Gerichte haben diese Entscheidung auch im Rechtsmittelverfahren nicht nachzuprüfen. RG 3, 241, 23, 119, RG 29, 228.

[2] Die Beiordnung erfolgt durch die Justizverwaltung, die Zutheilung zu einer bestimmten Kammer durch das Präsidium. RG 23, 120.

[3] D. h. der Widerruf ist nicht ohne Zustimmung des Vertreters zulässig. Pr. 651, 759. Weiteren Beschränkungen ist die Beiordnung nicht ständiger Richter nicht unterworfen; insbesondere ist sie nicht auf den Fall des Abs. 1 beschränkt. RG 23, 120.

[4] Preußen: §§ 4, 5 Ges. v. 24./4. 78 (G.S. 230). — Assessoren, welche Amtsrichter vertreten, dürfen in Preußen in dieser Eigenschaft nicht auch als Hülfsrichter beim Landgericht zugezogen werden. RG 3, 236, 22, 168. Mitglieder einer bei dem Amtsgerichte gebildeten Strafkammer (§ 78) sind sie nur, wenn sie bei derselben ausdrücklich zu Hülfsrichtern bestellt sind. RG 22, 203. — Bayern: § 6 Ver. v. 27./4. 80 (G.V.Bl. 277). — Sachsen: § 22 Ges. v. 1./3. 79 (G.V.Bl. 59). — Württemberg: Art. 18 Ges. 24./1. 79 (Reg.Bl. 3). — Baden: § 12 Ges. v. 3./3. 79 (G.V.Bl. 91). — Elsaß-Lothringen: §§ 5, 15 Ges. v. 4./11. 78 (Ges.Bl. 65).

[5] Preußen: § 38 Ges. v. 24./4. 78 (G.S. 230).

2. Zuständigkeit.

[1] Ferner §§ 89, 91; auch Art. 222a RGes. v. 18./7. 84 (RGB. 156).

Civilkammern.

70. Vor die Civilkammern, einschließlich der Kammern für Handelssachen,[1] gehören alle bürgerlichen Rechtsstreitigkeiten, welche nicht den Amtsgerichten zugewiesen sind.[2]

Die Landgerichte sind ohne Rücksicht auf den Werth des Streitgegenstandes ausschließlich[3] zuständig:

1. für die Ansprüche, welche auf Grund des Gesetzes vom 1. Juni 1870 über die Abgaben von der Flößerei[4] oder auf Grund des Gesetzes über die Rechtsverhältnisse der Reichsbeamten vom 31. März 1873[5] gegen den Reichsfiskus erhoben werden;
2. für die Ansprüche gegen Reichsbeamte[6] wegen Ueberschreitung ihrer amtlichen Befugnisse oder wegen pflichtwidriger Unterlassung von Amtshandlungen.[7]

Der Landesgesetzgebung bleibt überlassen, Ansprüche der Staatsbeamten[8] gegen den Staat[9] aus ihrem Dienstverhältnisse, Ansprüche gegen den Staat wegen Verfügungen der Verwaltungsbehörden, wegen Verschuldung von Staatsbeamten[10] und wegen Aufhebung von Privilegien, Ansprüche gegen Beamte[6] [11] wegen Ueberschreitung ihrer amtlichen Befugnisse oder wegen pflichtwidriger Unterlassung von Amtshandlungen, sowie Ansprüche in Betreff öffentlicher Abgaben[12] ohne Rücksicht auf den Werth des Streitgegenstandes den Landgerichten ausschließlich zuzuweisen.[13]

[1] Zuständigkeit dieser Kammern: § 101. [2] §§ 23, 24.
[3] Ferner Art. 190a, 222 RGes. v. 18./7. 84 (R.G.B. 139); § 32 R.Ges., betr. die Erhebung der Reichsstempelabgaben (R.G.B. 1885 S. 186). §§ 49, 102, 105 RGes. v. 1./5. 89 (R.G.B. 67). §§ 61, 62 R.Ges. v. 20./4. 92 (R.G.B. 494). Vgl. auch § 40 Abs. 2, § 509 Nr. 2 C.P.O.
[4] § 2 des Ges. (B.G.B. 312.)
[5] §§ 144, 149, 153 des Ges. (R.G.B. 61.) — Nicht auch für Ansprüche auf Grund des Militairpensionsgesetzes. RG 34, 420.
[6] Auch wenn die Beamten zur Zeit der Klageerhebung nicht mehr die Beamteneigenschaft besitzen. RG 33, 244.
[7] § 154 RGes. v. 31./3. 73 (R.G.B. 61).
[8] Oder ihrer Hinterbliebenen. RG 14, 367.
[9] Für Ansprüche gegen den Reichsfiskus gilt lediglich Abs. 2 Nr. 1. RG 33, 411, 34, 420.
[10] Nicht solche aus privatrechtlichen, für den Staat durch Beamte abgeschlossenen Verträgen, RG 18, 169, oder wegen Verabsäumung einer dem Staat in seiner privatrechtlichen Stellung als Grundeigenthümer obliegenden Verpflichtung seitens der Beamten. RG 29, 421.
[11] Auch Ansprüche gegen Gerichtsvollzieher wegen pflichtwidriger Ausführung des Zwangsvollstreckungsauftrags. RG 17, 332. Dagegen nicht Ansprüche gegen Gerichtsvollzieher, welche lediglich auf dem civilrechtlichen Auftragsverhältnisse beruhen (Herausgabe des behufs Vollstreckung übergebenen Schuldtitels). RG 20, 388, 32, 374.
[12] Begriff: RG 21, 48, 28, 87. — Mögen sie auf Landesgesetz beruhen oder Reichsabgaben sein, welche von den Organen der Bundesstaaten erhoben werden. RG. 11, 77, 97.
[13] Preußen: § 39 Ges. v. 24./4. 78 (G.S. 230). — Bayern: Art. 26 Ges. v. 23./2. 79 (G.V.Bl. 273). — Sachsen: § 27 Ges. v. 1./3. 79 (G.V.Bl. 59). — Württemberg: Art. 8 Ges. v. 24./1. 79 (Reg.Bl. 3). — Baden: § 3 Ges. v. 3./3. 79 (G.V.Bl. 91). — Elsaß-Lothringen: § 16 Ges. v. 4./11. 78 (Ges.Bl. 65). — Vgl. übrigens § 11 E.G.

71. Die Civilkammern sind die Berufungs- und Beschwerdegerichte in den vor den Amtsgerichten[1] verhandelten bürgerlichen Rechtsstreitigkeiten.[2]

[1] Und Gewerbegerichten. § 55 R.Ges. v. 29./7. 90 (R.G.B. 154). [2] Berufung: §§ 472 ff. C.P.O. Beschwerde: §§ 530 ff. C.P.O., auch §§ 4, 16, 47, 48 G.K.G., § 22 G.O. f. G.V., § 17 G.O. f. Z. u. S., §§ 35, 36 R.A.O., §§ 12, 53 G.O. f. R.A. — Jedoch: §§ 160, 183 G.V.G.

Strafkammern.

72. Die Strafkammern sind zuständig[1] für diejenigen die Voruntersuchung und deren Ergebnisse betreffenden Entscheidungen, welche nach den Vorschriften der Strafprozeßordnung von dem Gerichte zu erlassen sind;[2] sie entscheiden über Beschwerden gegen Verfügungen des Untersuchungsrichters und des Amtsrichters,[3] sowie gegen Entscheidungen der Schöffengerichte.[4] Die Bestimmungen über die Zuständigkeit des Reichsgerichts[5] werden hierdurch nicht berührt.

Die Strafkammern erledigen außerdem die in der Strafprozeßordnung den Landgerichten[6] zugewiesenen Geschäfte.

[1] Vgl. auch §§ 82, 83 Abs. 3, 98 Abs. 1, 99 Abs. 2.

[2] §§ 121 Abs. 2, 124 Abs. 2, 178, 195, 196, 199 Abs. 3, 200, 201, 202, 204, 205 Abs. 2, 208 St.P.O. — § 56 G.V.G. — Ferner § 4 G.K.G., § 17 G.O. f. Z. u. S.

[3] § 346 St.P.O. — Jedoch §§ 160, 183 G.V.G.

[4] § 347 St.P.O. [5] § 138.

[6] §§ 27 Abs. 2, 183, 197, 207, 463 Abs. 2 St.P.O.; ferner die außerhalb der Hauptverhandlung zu erlassenden Entscheidungen in allen Sachen, in denen die Strafkammern

als erkennende Gerichte zuständig sind. Begr. 96. — Anders: §§ 89, 91 G.V.G.

73. Die Strafkammern sind als erkennende Gerichte zuständig:

1. für die Vergehen[1], welche nicht zur Zuständigkeit der Schöffengerichte gehören;[2]
2. für diejenigen Verbrechen, welche mit Zuchthaus von höchstens fünf Jahren, allein oder in Verbindung mit anderen Strafen bedroht sind.[3] Diese Bestimmung findet nicht Anwendung in den Fällen der §§. 86,[4] 100[5] und 106[6] des Strafgesetzbuchs;
3. für die Verbrechen der Personen, welche zur Zeit der That das achtzehnte Lebensjahr noch nicht vollendet hatten;[7]
4. für das Verbrechen der Unzucht im Falle des §. 176 Nr. 3 des Strafgesetzbuchs;[8]
5. für die Verbrechen des Diebstahls in den Fällen der §§. 243 und 244 des Strafgesetzbuchs;[9]
6. für das Verbrechen der Hehlerei in den Fällen der §§. 260 und 261 des Strafgesetzbuchs;[10]
7. für das Verbrechen des Betruges im Falle des §. 264 des Strafgesetzbuchs.[11]

[1] Auf Grund des St.G.B., anderer Reichsgesetze oder der Landesgesetze: Pr. 173. § 1 Abs. 2 St.G.B. §§ 2, 5 E.G. z. St.G.B. [2] § 27 Nr. 2—8.

[3] Dies sind: Verleitung zum Meineid § 159; Doppelehe § 171; Blutschande § 173; Unzucht mit Schutzbefohlenen u. dgl. § 174; Verleitung zum Beischlaf durch Irrthumserregung § 179; schwere Kuppelei § 181; Abtreibung der

Leibesfrucht § 218; schwere Körperverletzung § 224; Raufhandel § 227; schwere Erpressung § 254; Hehlerei bei schwerem Diebstahl und Raub § 258 Nr. 2; schwere Fälschung von Privaturkunden § 268 Nr. 1; schwere Körperverletzung durch Zerstörung von Wasserbauten § 321; passive Beamtenbestechung zu pflichtwidrigen Handlungen § 332; Beugung des Rechtes § 336; wissentliche Zusammensprechung verheiratheter Personen § 338; Erpressung von Aussagen durch Beamte § 343; Amtsmißbrauch, um Jemand der Strafe zu entziehen § 346; vorsätzliches Entweichenlassen Gefangener durch Beamte § 347 Abs. 1; schwere Prävarikation § 356 Abs. 2 St.G.B.; gewinnsüchtige Zuwiderhandlung gegen die zur Abwendung der Rinderpest erlassenen Vieheinfuhrverbote § 2 R.Ges. v. 21./5. 78 (R.G.B. 95); Herstellung 2c. 2c. von Sprengstoffen zu nicht erlaubten Zwecken § 8 R.Ges. v. 9./6. 84 (R.G.B. 61).

[4] Einfache Vorbereitung eines hochverrätherischen Unternehmens. [5] Thätlichkeit gegen ein Mitglied eines fremden bundesfürstlichen Hauses.

[6] Gewaltsame Verhinderung des Mitgliedes einer gesetzgebenden Versammlung, am Versammlungsort zu erscheinen oder zu stimmen. [7] §§ 1 Abs. 1, 56, 57 St.G.B.

[8] Mit Personen unter vierzehn Jahren.

[9] Schwerer Diebstahl und Diebstahl im zweiten Rückfall.

[10] Gewerbs- oder gewohnheitsmäßige Hehlerei oder Hehlerei im zweiten Rückfall. [11] Betrug im zweiten Rückfall.

74. Die Strafkammern sind als erkennende Gerichte ausschließlich zuständig:

1. für Zuwiderhandlungen gegen das Gesetz vom 25. Oktober 1867, betreffend die Nationalität der Kauffahrteischiffe 2c.;
2. für die nach Artikel 206, 249 und 249a des Gesetzes vom 11. Juni 1870, betreffend die Kommanditgesellschaften auf Aktien und die Aktiengesellschaften, strafbaren Handlungen;[1]

3. für Zuwiderhandlungen gegen die Bestimmungen der §§. 1, 2 und 3 des Gesetzes vom 8. Juni 1871, betreffend die Inhaberpapiere mit Prämien;
4. für die nach §. 67 und §. 69 des Gesetzes vom 6. Februar 1875, betreffend die Beurkundung des Personenstandes 2c., strafbaren Handlungen;
5. für die nach §. 59 des Bankgesetzes vom 14. März 1875 strafbaren Handlungen.

[1] Diese Vorschriften sind durch das R.Ges. vom 18./7. 84 (R.G.B. 123) aufgehoben. Die neuen Strafandrohungen (Art. 249—249 f.) überschreiten ohnehin die Zuständigkeit der Schöffengerichte und die Grenzen des § 75 Nr. 14.

75. Die Strafkammer kann bei Eröffnung des Hauptverfahrens[1] wegen der Vergehen:
1. des Widerstandes gegen die Staatsgewalt in den Fällen der §§. 113,[2] 114,[3] 117 Abs. 1[4] und des §. 120[5] des Strafgesetzbuchs;
2. wider die öffentliche Ordnung in den Fällen des §. 123 Abs. 3[6] und des §. 137[7] des Strafgesetzbuchs;
3. wider die Sittlichkeit im Falle des §. 183 des Strafgesetzbuchs;[8]
4. der Beleidigung[9] und der Körperverletzung[10] in den Fällen der nur auf Antrag eintretenden Verfolgung;[11]
5. der Körperverletzung im Falle des §. 223a des Strafgeetzbuchs;[12]
6. des Diebstahls im Falle des §. 242 des Strafgesetzbuchs;[13]

7. der Unterschlagung im Falle des §. 246 des Strafgesetzbuchs;[14]
8. der Begünstigung;[15]
9. der Hehlerei in den Fällen des §. 258 Nr. 1[16] und des §. 259[17] des Strafgesetzbuchs;
10. des Betruges im Falle des §. 263 des Strafgesetzbuchs;[18]
11. des strafbaren Eigennutzes in den Fällen der §§. 288[19] und 298[20] des Strafgesetzbuchs;
12. der Sachbeschädigung in den Fällen der §§. 303[21] und 304[22] des Strafgesetzbuchs

und

13. wegen der gemeingefährlichen Vergehen in den Fällen des §. 327 Abs. 1 und des §. 328 Abs. 1 des Strafgesetzbuchs;[23]

ferner

14. wegen derjenigen Vergehen, welche nur mit Gefängnißstrafe von höchstens sechs Monaten oder Geldstrafe von höchstens eintausendfünfhundert Mark, allein oder in Verbindung mit einander oder in Verbindung mit Einziehung[24] bedroht sind,[25] mit Ausnahme der in den §§. 128,[26] 271,[27] 296a,[28] 301,[29] 331[30] und 347[31] des Strafgesetzbuchs und der im §. 74 dieses Gesetzes bezeichneten Vergehen;

sowie

15. wegen solcher Zuwiderhandlungen gegen die Vorschriften über die Erhebung öffentlicher Ab-

gaben und Gefälle, deren Strafe in dem mehrfachen Betrage einer hinterzogenen Abgabe oder einer anderen Leistung besteht;

auf Antrag der Staatsanwaltschaft die Verhandlung und Entscheidung dem Schöffengerichte, soweit dieses nicht schon zuständig ist,[32] überweisen, wenn nach den Umständen des Falles anzunehmen ist, daß wegen des Vergehens auf keine andere und höhere Strafe, als auf die im §. 27 Nr. 2 bezeichnete und auf keine höhere Buße als sechshundert Mark zu erkennen sein werde.[33]

Beschwerde findet nicht statt.

Hat im Falle der Nr. 15 die Verwaltungsbehörde die öffentliche Klage erhoben,[34] so steht ihr der Antrag auf Ueberweisung an das Schöffengericht in gleicher Weise wie der Staatsanwaltschaft zu.

1 §§ 201, 205 St.P.O. — Vgl. ferner Art. 6 R.Ges. v. 1./6. 91 (R.G.B. 286).

2 Widersetzung gegen Vollstreckungsbeamte.

3 Unternehmen der Nöthigung von Behörden oder Beamten.

4 Widersetzung gegen Forst- und Jagdbeamte.

5 Befreiung Gefangener.

6 Schwerer Hausfriedensbruch. 7 Arrestbruch.

8 Oeffentliche Erregung von Aergerniß durch unzüchtige Handlungen. 9 §§ 185—187, 189, 194 St.G.B.

10 Leichte vorsätzliche und alle fahrlässigen.

11 Geschieht sie im Wege der Privatklage: § 27 Nr. 3.

12 Leichte, gefährliche.

13 Einfacher Diebstahl. — Vgl. § 27 Nr. 4.

14 Einfache Unterschlagung. — Vgl. § 27 Nr. 5.

15 § 257 St.G.B. — Vgl. § 27 Nr. 8.

16 Hehlerei bei einfachem Diebstahl, einfacher Unterschlagung. — Vgl. § 27 Nr. 8.

[17] Partirerei. — Vgl. § 27 Nr. 8.

[18] Einfacher Betrug. — Vgl. § 27 Nr. 6.

[19] Beseitigung von Vermögensstücken bei drohender Zwangsvollstreckung. [20] Entlaufen mit der Heuer oder Verbergung zur Entziehung vom Schiffsdienst.

[21] Einfache. [22] Schwere.

[23] Wissentliche Verletzung der Absperrungsmaßregeln gegen ansteckende Krankheiten oder Viehseuchen.

[24] Anm. 2 zu § 27.

[25] Auf Grund des St.G.B., anderer Reichsgesetze oder der Landesgesetze: Pr. 183, 207. § 1 Abs. 2 St.G.B. §§ 2, 5 E.G. z. St.G.B. — Aus dem St.G.B. sind es folgende: Auflauf § 116; Beschädigung von Bekanntmachungen der Behörden § 134; Beschädigung angelegter amtlicher Siegel § 136; Zuwiderhandlung gegen Kaiserliche Verordnungen zur Verhütung des Zusammenstoßens von Schiffen auf See § 145; Verleitung zur falschen eidesstattlichen Versicherung § 160; Ehebruch § 172; Verbreitung unzüchtiger Schriften § 184; Bedrohung mit einem Verbrechen § 241; Gestattung von Glücksspielen § 285; unbefugtes Jagen mit Schlingen u. dgl. § 293; unbefugtes Fischen und Krebsen zur Nachtzeit u. dgl. § 296; unbefugte Offenbarung von Privatgeheimnissen § 300; Beibehaltung der wegen Transportgefährdung oder Betriebsstörung bestraften Bahn- oder Telegraphenbeamten § 320; vgl. § 27 Nr. 2.

[26] Theilnahme an einer geheimen Verbindung.

[27] Herbeiführung falscher Beurkundung.

[28] Unbefugtes Fischen durch Ausländer in deutschen Küstengewässern. [29] Kreditgeben an Minderjährige.

[30] Passive Beamtenbestechung zu nicht pflichtwidrigen Handlungen. [31] Abs. 2: fahrlässiges Entweichenlassen Gefangener durch Beamte. [32] § 27.

[33] Das Schöffengericht ist befugt, auf eine höhere Gefängnißstrafe als drei Monate und auf eine höhere Geldstrafe als sechshundert Mark zu erkennen. Pr. 609.

[34] §§ 459—469 St.P.O.

76. Die Strafkammern sind als erkennende Gerichte ferner zuständig für die Verhandlung und Entscheidung über das Rechtsmittel der Berufung[1] gegen die Urtheile der Schöffengerichte.

[1] § 354 St.P.O.

3. Besetzung der Kammern.

77. Die Kammern entscheiden in der Besetzung von drei Mitgliedern mit Einschluß des Vorsitzenden. Die Strafkammern sind in der Hauptverhandlung[1] mit fünf Mitgliedern,[2] in der Berufungsinstanz bei Uebertretungen und in den Fällen der Privatklage[3] aber mit drei Mitgliedern einschließlich des Vorsitzenden zu besetzen.[4]

[1] Zur Entscheidung über ein im Laufe der Hauptverhandlung vorgebrachtes Ablehnungsgesuch (§ 26 St.P.O.) genügt die Mitwirkung von drei Richtern. RG 21, 250.

[2] Von denen nur zwei bei der Entscheidung über die Eröffnung des Hauptverfahrens (§ 201 St.P.O.) Theil genommen haben dürfen. § 23 Abs. 3 St.P.O. [3] Ferner: Preußen: § 19 Abs. 3 Forstdiebst.Ges. v. 15./4. 78 (G.S. 222), § 58 Forst- u. Feldpol.Ges. v. 1./4. 80 (G.S. 243).

[4] Der Untersuchungsrichter darf bei den Entscheidungen der Strafkammer nicht mitwirken. § 23 Abs. 2 St.P.O.

Strafkammern bei Amtsgerichten.

78. Durch Anordnung der Landesjustizverwaltung[1] kann wegen großer Entfernung des Landgerichtssitzes bei einem Amtsgerichte für den Bezirk eines oder mehrerer Amtsgerichte eine Strafkammer gebildet und derselben für diesen Bezirk die gesammte Thätigkeit der Strafkammer des Landgerichts oder ein Theil dieser Thätigkeit[2] zugewiesen werden.[3]

Die Besetzung einer solchen Strafkammer erfolgt aus Mitgliedern des Landgerichts oder Amtsrichtern[4] des Bezirks, für welchen die Kammer gebildet wird. Der Vorsitzende wird ständig, die Amtsrichter werden auf die Dauer des Geschäftsjahres[5] durch die Landesjustizverwaltung berufen, die übrigen Mitglieder werden nach Maßgabe des §. 62 durch das Präsidium des Landgerichts bezeichnet.[6]

[1] Preußen: Verf. v. 25./7. 79 (J.M.Bl. 207), v. 21./10. 82 (J.M.Bl. 321), v. 14./1. u. 2./7. 85 (J.M.Bl. 32 u. 230), v. 1./2. 89 (J.M.Bl. 46). — Im übrigen kann auch die Strafkammer des Landgerichts aus Zweckmäßigkeitsgründen die Abhaltung einzelner ihrer Sitzungen an einem anderen Orte des Landgerichtsbezirks beschließen. RG 11, 352.

[2] Nicht auch die in §§ 82—98 den Strafkammern übertragene Thätigkeit. Begr. 101.

[3] Diese Strafkammern sind im Sinne des § 394 St.P.O. selbständige Gerichtskörper. RG 17, 230.

[4] Vgl. auch Anm. 1 zu § 69.

[5] Vgl. Anm. 1 zu § 20 E.G.

[6] In Preußen kann die Justizverwaltung dem Vorsitzenden für Behinderungsfälle generell einen Vertreter bestellen. RG 9, 387.

Sechster Titel.

Schwurgerichte.

Ausführungsbestimmungen: Preußen: §§ 44, 45 Ges. v. 24./4. 78 (G.S. 230). — Bayern: Art. 34, 35 Ges. v. 23./2. 79 (G.V.Bl. 273). — Sachsen: § 26 Ges. v. 1./3. 79 (G.V.Bl. 59). — Württemberg: Art. 11—13 Ges. v. 24./1. 79 (Reg.Bl. 3). — Baden: § 6 Ges. v. 3./3. 79 (G.V.Bl. 91). — Elsaß-Lothringen: § 18 Ges. v. 4./11. 78 (Ges.Bl. 65).

79. Für die Verhandlung und Entscheidung von

Strafsachen treten bei den Landgerichten periodisch[1] Schwurgerichte zusammen.

[1] Den Beginn der Sitzungsperiode bestimmt die Landesjustizverwaltung, die Termine zur Hauptverhandlung der Vorsitzende. Pr. 652. § 212 St.P.O. Preußen: § 2 Verf. v. 22./7. 79 (J.M.Bl. 195). Baden: § 1 Ver. v. 26./8. 79 (G.V.Bl. 607). Ver. v. 12./10. 89 (G.V.Bl. 233).

1. Zuständigkeit.

80. Die Schwurgerichte sind zuständig für die Verbrechen, welche nicht zur Zuständigkeit der Strafkammern[1] oder des Reichsgerichts[2] gehören[3].

[1] § 73. — Für das Verbrechen des Meineids ist das Schwurgericht auch dann zuständig, wenn bei der Eröffnung des Hauptverfahrens angenommen wird, daß die Voraussetzungen des § 157 Abs. 1 St.G.B. vorliegen. RG 8, 177.

[1] § 136 Nr. 1. [3] Für die durch die Presse verübten strafbaren Handlungen gemäß § 6 E.G.

2. Besetzung.

81. Die Schwurgerichte bestehen aus drei richterlichen Mitgliedern mit Einschluß des Vorsitzenden und aus zwölf zur Entscheidung der Schuldfrage[1] berufenen Geschworenen.

[1] § 262 Abs. 2, 3 St.P.O.; und der Frage wegen mildernder Umstände. 297 St.P.O.

82. Die Entscheidungen, welche nach den Vorschriften dieses Gesetzes[1] oder der Strafprozeßordnung[2] von dem erkennenden Gerichte zu erlassen sind, erfolgen in den bei den Schwurgerichten anhängigen Sachen durch die richterlichen Mitglieder des Schwurgerichts. Werden diese Entscheidungen außerhalb der Dauer der Sitzungsperiode erforderlich, so erfolgen sie durch die Strafkammern der Landgerichte.[3]

[1] §§ 56, 96, 178—180.

[2] §§ 27, 30, 50, 69, 77, 222, 227 Abs. 1, 230 Abs. 2, 241, 243—246, 250 St.P.O. — In den vom Revisionsgericht unter Aufrechterhaltung des Geschworenenspruchs zurückverwiesenen Sachen findet eine Zuziehung von Geschworenen nicht weiter statt. RG 21, 388.

[3] Nach Ablauf der Dauer der Sitzungsperiode kann die Einlegung der Revision oder Anbringung der Revisionsanträge nicht mehr bei dem Vorsitzenden des Schwurgerichts erfolgen. RG 13, 156.

83. Der Vorsitzende des Schwurgerichts wird für jede Sitzungsperiode von dem Präsidenten des Oberlandesgerichts ernannt. Die Ernennung erfolgt aus der Zahl der Mitglieder des Oberlandesgerichts oder der zu dem Bezirke des Oberlandesgerichts gehörigen Landgerichte.

Der Stellvertreter des Vorsitzenden und die übrigen richterlichen Mitglieder werden von dem Präsidenten des Landgerichts aus der Zahl der Mitglieder des Landgerichts[1] bestimmt.

So lange die Ernennung des Vorsitzenden nicht erfolgt ist, erledigt der Vorsitzende der Strafkammer des Landgerichts die in der Strafprozeßordnung dem Vorsitzenden des Gerichts zugewiesenen Geschäfte.[2]

[1] Auch Direktoren können zu Beisitzern ernannt werden. RG 3, 310. In Preußen auch Amtsrichter des Bezirks. § 38 Ges. v. 24./4. 78 (G.S. 230) RG 26, 96.

[2] §§ 124 Abs. 3, 144, 199, 212, 218—220 St.P.O.

3. Amt der Geschworenen.

84. Das Amt eines Geschworenen ist ein Ehrenamt.[1] Dasselbe kann nur von einem Deutschen[2] versehen werden.

[1] Vgl. jedoch §§ 55, 96. — Verpflichtung zur Annahme: §§ 35, 56, 85, 96.
[2] §§ 1 ff. B.Ges. v. 1./6. 70 (B.G.B. 355).

Befähigung. Urliste.

85. Die Urliste für die Auswahl der Schöffen[1] dient zugleich als Urliste für die Auswahl der Geschworenen.

Die Vorschriften der §§. 32—35 über die Berufung zum Schöffenamte finden auch auf das Geschworenenamt[2] Anwendung.

[1] §§ 36—41. [2] Sowohl auf Hauptgeschworene als auf Hülfsgeschworene. RG 12, 373.

Vorschlagsliste.

86. Die Zahl der für jedes Schwurgericht erforderlichen Geschworenen und die Vertheilung dieser Zahl auf die einzelnen Amtsgerichtsbezirke wird durch die Landesjustizverwaltung bestimmt.[1] [2]

[1] Preußen: § 4 Verf. v. 22./7. 79 (J.M.Bl. 195). Verf. v. 14./9. 92 (J.M.Bl. 290). — Bayern: Nr. XIV Bek. v. 1./8. 80 (J.M.Bl. 290). — Sachsen: § 9 Ver. v. 23./9. 79 (G.V.Bl. 375). — Württemberg: § 3 Ver. v. 16./6. 80 (Reg.Bl. 156). — Baden: § 13 Ver. v. 11./7. 79 (G.V.Bl. 325), Ver. v. 1./9. 81 (G.V.Bl. 251), v. 19./4. 84 (G.V.Bl. 117) u. v. 5./9. 90 (G.V.Bl. 535). — Elsaß-Lothringen: § 3 Ver. v. 13./6. 79 (Ges.Bl. 61). Ver. v. 20./3. 90 (Ges.Bl. 10). [2] Helgoland: R.Ges. v. 4./6. 93 (R.G.B. 194).

87. Der alljährlich bei dem Amtsgerichte für die Wahl der Schöffen zusammentretende Ausschuß (§. 40) hat gleichzeitig[1] diejenigen Personen aus der Urliste auszuwählen, welche er zu Geschworenen für das nächste Geschäftsjahr vorschlägt. Die Vorschläge sind

nach dem dreifachen Betrage der auf den Amtsgerichtsbezirk vertheilten Zahl der Geschworenen zu bemessen.[2]

[1] § 42.

[2] Helgoland: R.Ges. v. 4./6. 93 (R.G.B. 194).

88. Die Namen der zu Geschworenen vorgeschlagenen Personen werden in ein Verzeichniß aufgenommen (Vorschlagsliste).

Jahresliste.

89. Die Vorschlagsliste wird nebst den Einsprachen, welche sich auf die in dieselbe aufgenommenen[1] Personen beziehen, dem Präsidenten des Landgerichts übersendet.

Der Präsident bestimmt eine Sitzung des Landgerichts, an welcher fünf Mitglieder mit Einschluß des Präsidenten und der Direktoren Theil nehmen. Das Landgericht entscheidet endgültig über die Einsprachen und wählt sodann aus der Vorschlagsliste[2] die für das Schwurgericht bestimmte Zahl von Hauptgeschworenen und Hülfsgeschworenen.

Als Hülfsgeschworene[3] sind solche Personen zu wählen, welche an dem Sitzungsorte des Schwurgerichts oder in dessen nächster Umgebung wohnen.[4]

[1] Die nicht aufgenommenen bleiben endgültig ausgeschlossen. Begr. 85.

[2] D. h. aus der Gesammtzahl der Geschworenen des ganzen Landgerichtsbezirks, ohne Rücksicht darauf, welchem Amtsgerichtsbezirk sie angehören. Begr. 107.

[3] § 280 St.P.O. [4] Vgl. § 98 Abs. 2.

90. Die Namen der Haupt- und Hülfsgeschworenen werden in gesonderte Jahreslisten aufgenommen.

Spruchliste.

91. Spätestens zwei Wochen vor Beginn der Sitzungen des Schwurgerichts[1] werden in öffentlicher Sitzung des Landgerichts, an welcher der Präsident und zwei Mitglieder Theil nehmen, in Gegenwart der Staatsanwaltschaft dreißig Hauptgeschworene ausgeloost. Das Loos wird von dem Präsidenten gezogen.

Auf Geschworene, welche in einer früheren Sitzungsperiode desselben Geschäftsjahres[2] ihre Verpflichtung erfüllt haben, erstreckt die Ausloosung sich nur dann, wenn dies von ihnen beantragt wird.

Ueber die Ausloosung wird von dem Gerichtsschreiber ein Protokoll aufgenommen.

[1] Anm. 1 zu § 79.

[2] Anm. 1 zu § 20 E.G. Wenn in einer Sitzungsperiode des vorangehenden Geschäftsjahres: § 35 Nr. 2.

92. Das Landgericht übersendet das Verzeichniß der ausgeloosten Hauptgeschworenen (Spruchliste) dem ernannten Vorsitzenden des Schwurgerichts.

93. Die in der Spruchliste verzeichneten Geschworenen werden auf Anordnung des für das Schwurgericht ernannten Vorsitzenden zur Eröffnungssitzung des Schwurgerichts unter Hinweis auf die gesetzlichen Folgen des Ausbleibens[1] geladen.[2]

Zwischen der Zustellung der Ladung und der Eröffnungssitzung soll thunlichst die Frist von einer Woche, jedoch mindestens von drei Tagen liegen.

[1] §§ 55, 96.

[2] Die Bildung der Geschworenenbank ist ein Theil der Hauptverhandlung. §§ 278—285 St.P.O.

94. Ueber die von Geschworenen geltend gemachten Ablehnungs- und Hinderungsgründe[1] erfolgt die Entscheidung nach Anhörung der Staatsanwaltschaft durch die richterlichen Mitglieder und, so lange das Schwurgericht nicht zusammengetreten ist, durch den ernannten Vorsitzenden des Schwurgerichts. Beschwerde findet nicht statt.

An Stelle der wegfallenden Geschworenen hat der Vorsitzende, wenn es noch geschehen kann, aus der Jahresliste durch Ausloosung[2] andere Geschworene auf die Spruchliste zu bringen und deren Ladung anzuordnen.[3] Ueber die Ausloosung wird von dem Gerichtsschreiber ein Protokoll aufgenommen.

[1] §§ 32—35, 91 Abs. 2, 97.

[2] Sie kann in öffentlicher Sitzung, ohne Mitwirkung der Beisitzer und der Staatsanwaltschaft geschehen. RG 2, 312 und 5, 21.

[3] Nach Zusammentritt des Schwurgerichts: § 280 St.P.O.

95. Erstreckt sich eine Sitzungsperiode des Schwurgerichts über den Endtermin des Geschäftsjahres[1] hinaus, so bleiben die Geschworenen, welche zu derselben einberufen sind, bis zum Schlusse der Sitzungen zur Mitwirkung verpflichtet.

[1] Anm. 1 zu § 20 E.G.

Allgemeine Bestimmungen.

96. Die Bestimmungen der §§. 55, 56 finden auch auf Geschworene Anwendung.

Die im §. 56 bezeichneten Entscheidungen werden in Bezug auf Geschworene von den richterlichen Mitgliedern des Schwurgerichts erlassen.

97. Niemand soll für dasselbe Geschäftsjahr als Geschworener und als Schöffe bestimmt werden.

Ist dies dennoch geschehen, oder ist Jemand für dasselbe Geschäftsjahr in mehreren Bezirken zu diesen Aemtern bestimmt worden, so hat der Einberufene dasjenige Amt zu übernehmen, zu welchem er zuerst einberufen wird.

98. Die Strafkammer des Landgerichts kann bestimmen, daß einzelne Sitzungen des Schwurgerichts nicht am Sitze des Landgerichts, sondern an einem anderen Orte innerhalb des Schwurgerichtsbezirks abzuhalten seien.

In diesem Falle wird für diese Sitzungen von dem Landgerichte[1] eine besondere Liste von Hülfsgeschworenen gebildet.

[1] § 89.

99. Die Landesjustizverwaltung kann bestimmen, daß die Bezirke mehrerer Landgerichte zu einem Schwurgerichtsbezirke zusammengelegt und die Sitzungen des Schwurgerichts bei einem der Landgerichte abgehalten werden.[1]

In diesem Falle hat das Landgericht, bei welchem die Sitzungen des Schwurgerichts abgehalten werden, und der Präsident desselben die ihnen in den §§. 82—98 zugewiesenen Geschäfte für den Umfang des Schwurgerichtsbezirks wahrzunehmen.

Die Mitglieder des Schwurgerichts mit Einschluß des Stellvertreters des Vorsitzenden können aus der Zahl der Mitglieder der im Bezirke des Schwurgerichts belegenen Landgerichte bestimmt werden.

[1] Preußen: Staats-Verträge v. 11./11. 78 (G.S. 1879 S. 216) und v. 30./3. 89 (G.S. 198). Verf. v. 3./2. 90 (J.M.Bl. 73) u. v. 14./9. 92 (J.M.Bl. 290). — Bayern: Bek. v. 30./4. 79 (G.V.Bl. 609). — Baden: § 3 Ges. v. 23./4. 79 (G.V.Bl. 279).

Siebenter Titel.

Kammern für Handelssachen.

Ausführungsbestimmungen: Preußen: § 46 Ges. v. 24./4. 78 (G.S. 230). — Bayern: Art. 30 Ges. v. 23./2. 79 (G.V.Bl. 273). Ver. v. 2./9. 79 (G.V.Bl. 1073) u. v. 7./9. 91 (G.V.Bl. 323), Bek. v. 16./9. 91 (J.M.Bl. 187). — Württemberg: Art. 21 Ges. v. 24./1. 79 (Reg.Bl. 3). — Baden: § 8 Ges. v. 3./3. 79 (G.V.Bl. 91). — Elsaß-Lothringen: §§ 19—21 Ges. v. 4./11. 78 (Ges.Bl. 65).

100. Soweit die Landesjustizverwaltung ein Bedürfniß als vorhanden annimmt, können bei den Landgerichten für deren Bezirke oder für örtlich abgegrenzte Theile derselben Kammern für Handelssachen gebildet werden.[1]

Solche Kammern können ihren Sitz innerhalb des Landgerichtsbezirks auch an Orten haben, an welchen das Landgericht seinen Sitz nicht hat.[2]

[1] Sitze der Kammern: Preußen: Verf. v. 26./7. 79 (J.M.Bl. 210), Verzeichniß: J.M.Bl. 1892 S. 3; dazu Verf. v. 18./7. 92 (J.M.Bl. 273), v. 17./7. u. 24./7. 93 (J.M.Bl. 191, 192), v. 26./6., 22./7., 5./12. 94 (J.M.Bl. 173, 252, 341) u. v. 14./5. 95 (J.M.Bl. 154). — Bayern:

§ 1 Ver. v. 2./9. 79 (G.V.Bl. 1073). — Sachsen: Nr. 5 Ver. v. 28./7. 79 (G.V.Bl. 235), Ver. v. 8./6. 91 (G.V.Bl. 30) u. v. 21./5. 95 (G.V.Bl. 64). — Württemberg: Ver. v. 15./5. 79 (Reg.Bl. 109). — Baden: § 4 Ver. v. 23./4. 79 (G.V.Bl. 279), § 1 Ver. v. 8./6. 92 (G.V.Bl. 272). — Elsaß-Lothringen: § 8 Ver. v. 12./6. 79 (Ges.Bl. 61), Ver. v. 15./5. 93 (Ges.Bl. 63).

[2] In diesem Fall sind die Kammern als besondere Gerichtskörper anzusehen. Wird statt ihrer die Kammer für Handelssachen am Sitze des Landgerichts angerufen, so kann die Einrede der Unzuständigkeit des Gerichts (§ 247 C.P.O.) erhoben werden. RG 23, 377. — Vgl. auch Anm. 3 zu § 78. — Ein Amtsrichter kann Vorsitzender sein. § 110.

101.[1] Vor die Kammern für Handelssachen gehören nach Maßgabe der folgenden Vorschriften[2] diejenigen den Landgerichten in erster Instanz zugewiesenen[3] bürgerlichen Rechtsstreitigkeiten, in welchen durch die Klage ein Anspruch:

1. gegen einen Kaufmann (Art. 4 des Handelsgesetzbuchs) aus Geschäften, welche auf Seiten beider Kontrahenten Handelsgeschäfte (Art. 271—276 des Handelsgesetzbuchs) sind;
2. aus einem Wechsel im Sinne der Wechselordnung;[4]
3. aus einem der nachstehend bezeichneten Rechtsverhältnisse geltend gemacht wird:
   a) aus dem Rechtsverhältnisse zwischen den Mitgliedern einer Handelsgesellschaft,[5] zwischen dem stillen Gesellschafter und dem Inhaber eines Handelsgewerbes,[6] zwischen den Theil-

nehmern einer Vereinigung zu einzelnen Handelsgeschäften[7] oder einer Vereinigung zum Handelsbetriebe (Art. 10 des Handelsgesetzbuchs), sowohl während des Bestehens als nach Auflösung des geschäftlichen Verhältnisses, sowie aus dem Rechtsverhältnisse zwischen den Liquidatoren[8] oder den Vorstehern[9] einer Handelsgesellschaft und der Gesellschaft oder den Mitgliedern der Gesellschaft;

b) aus dem Rechtsverhältnisse, welches das Recht zum Gebrauche der Handelsfirma[10] betrifft;

c) aus den Rechtsverhältnissen, welche sich auf den Schutz der Marken,[11] Muster und Modelle[12] beziehen;

d) aus dem Rechtsverhältnisse, welches durch die Veräußerung eines bestehenden Handelsgeschäfts zwischen den Kontrahenten entsteht;[13]

e) aus dem Rechtsverhältnisse zwischen dem Prokuristen,[14] dem Handlungsbevollmächtigten[15] oder Handlungsgehülfen[16] und dem Eigenthümer der Handelsniederlassung, sowie aus dem Rechtsverhältnisse zwischen einer dritten Person und demjenigen, welcher ihr als Prokurist oder Handlungsbevollmächtigter aus einem Handelsgeschäfte haftet (Art. 55 des Handelsgesetzbuchs);

f) aus dem Rechtsverhältnisse, welches aus den Berufsgeschäften des Handelsmäklers im

Sinne des Handelsgesetzbuchs[17] zwischen diesem und den Parteien entsteht;

g) aus den Rechtsverhältnissen des Seerechts,[18] insbesondere aus denjenigen, welche auf die Rhederei, die Rechte und Pflichten des Rheders, des Korrespondentrheders und der Schiffsbesatzung, auf die Bodmerei und die Haverei, auf den Schadensersatz im Falle des Zusammenstoßens von Schiffen, auf die Bergung und Hülfeleistung in Seenoth und auf die Ansprüche der Schiffsgläubiger sich beziehen.

[1] § 13 B.Ges. v. 12./6. 69 (B.G.B. 201).

[2] §§ 102—108. Ferner: § 32 R.Ges., betr. die Erhebung von Reichsstempelabgaben (R.G.B. 1885 S. 186), § 138 R.Ges., betr. Binnenschiffahrt v. 15./6. 95 (R.G.B. 339).

[3] § 70. [4] Art. 4, 96 W.O.

[5] Art. 90 ff., 157 ff., 186 ff., 216 ff. H.G.B., auch einer Gesellschaft mit beschränkter Haftung. § 13 Abs. 3 R.Ges. v. 20./4. 92 (R.G.B. 480).

[6] Art. 250 ff. H.G.B. [7] Art. 266 ff. H.G.B.

[8] Art. 133 ff., 172, 205 H.G.B.

[9] Art. 227 ff. H.G.B. [10] Art. 15 ff. H.G.B.

[11] R.Ges. v. 30./11. 74 (R.G.B. 143).

[12] R.Ges. v. 11./1. 76 (R.G.B. 11), R.Ges. v. 1./6. 91 (R.G.B. 290).

[13] Art. 22, 23 H.G.B. [14] Art. 41 H.G.B.

[15] Art. 47 H.G.B. [16] Art. 57 H.G.B.

[17] Art. 66 ff. H.G.B.

[18] Art. 432 ff. H.G.B. Seemannsord. v. 27./12. 72 (R.G.B. 409), §§ 39, 44 Strandungsord. v. 17./5. 74 (R.G.B. 81)

102. Die Verhandlung des Rechtsstreits erfolgt vor der Kammer für Handelssachen, wenn der Kläger dies in der Klageschrift beantragt hat. Die Einlassungsfrist (§. 234 Satz 1 der Civilprozeßordnung) beträgt mindestens[1] zwei Wochen.[2]

In den Fällen der §§. 466, 467 der Civilprozeßordnung hat der Kläger den Antrag auf Verhandlung vor der Kammer für Handelssachen in der mündlichen Verhandlung vor dem Amtsgerichte zu stellen.

[1] Abkürzung: § 204 C.P.O. — In Wechselsachen: § 567 Abs. 2. [2] § 200 C.P.O.

103. Wird vor der Kammer für Handelssachen eine vor dieselbe nicht gehörige Klage zur Verhandlung gebracht, so ist der Rechtsstreit auf Antrag des Beklagten an die Civilkammer zu verweisen.[1]

Gehört die Klage oder die im Falle des §. 467 der Civilprozeßordnung erhobene Widerklage[2] als Klage nicht vor die Kammer für Handelssachen, so ist diese auch von Amtswegen befugt, den Rechtsstreit an die Civilkammer zu verweisen, so lange nicht eine Verhandlung zur Hauptsache erfolgt[3] und auf dieselbe ein Beschluß verkündet ist. Die Verweisung von Amtswegen kann nicht aus dem Grunde erfolgen, daß der Beklagte nicht Kaufmann ist.

[1] Gebühren des Gerichts (frei): § 47 Nr. 3 G.K.G., des Anwalts ($^{3}/_{10}$): § 23 Nr. 1, vgl. jedoch auch § 29 Nr. 6 G.O. f. R.A.

[2] Nach §§ 103—105 gilt, wenn Klage und Widerklage erhoben sind, folgendes: die Kammer für Handelssachen ist zuständig, wenn die Klage (erweiterte Klage, Präjudizialinzidentklage) und die Widerklage (Präjudizialinzidentwiderklage) nach § 101 vor sie gehören. Gehört nur die eine oder die andere vor die Kammer für Handelssachen, so ist

die Civilkammer zuständig. Die Kammer für Handelssachen und die Civilkammer müssen auf Antrag, die erstere kann auch von Amtswegen ihre Unzuständigkeit aussprechen.

[3] Dazu gehört nicht die Verhandlung über prozeßhindernde Einreden. § 247 C.P.O.

104. Wird vor der Civilkammer eine vor die Kammer für Handelssachen gehörige Klage zur Verhandlung gebracht, so ist der Rechtsstreit auf Antrag des Beklagten an die Kammer für Handelssachen zu verweisen. Ein Beklagter, welcher nicht in das Handelsregister eingetragen ist, kann den Antrag nicht darauf stützen, daß er Kaufmann ist.

Der Antrag ist zurückzuweisen, wenn die im Falle des §. 467 der Civilprozeßordnung erhobene Widerklage als Klage vor die Kammer für Handelssachen nicht gehören würde.

Zu einer Verweisung von Amtswegen ist die Civilkammer nicht befugt.

Die Civilkammer ist zur Verwerfung des Antrags auch dann befugt, wenn der Kläger demselben zugestimmt hat.[1]

[1] Gebühren: Anm. 1 zu § 103.

105. Wird in einem bei der Kammer für Handelssachen anhängigen Rechtsstreite die Klage in Gemäßheit des §. 253 der Civilprozeßordnung durch den Antrag auf Feststellung eines Rechtsverhältnisses erweitert oder eine Widerklage erhoben und gehört die erweiterte Klage oder die Widerklage als Klage nicht vor die Kammer für Handelssachen, so ist der

Rechtsstreit auf Antrag des Gegners an die Civilkammer zu verweisen.

Unter der Beschränkung des §. 103 Abs. 2 ist die Kammer zu der Verweisung auch von Amtswegen befugt. Diese Befugniß tritt auch dann ein, wenn durch eine Klagänderung[1] ein Anspruch[1] geltend gemacht wird, welcher nicht vor die Kammer für Handelssachen gehört.[2]

[1] §§ 235 Nr. 3, 240 C.P.O.

[2] Gebühren: Anm. 1 zu § 103.

106. Der Antrag auf Verweisung des Rechtsstreites an eine andere Kammer ist nur vor der Verhandlung des Antragstellers zur Sache[1] zulässig.

Ueber den Antrag ist vorab zu verhandeln und zu entscheiden.

[1] § 128 Abs. 1 u. Anm. 1 zu § 299 C.P.O. Dazu gehört auch die Verhandlung über prozeßhindernde Einreden.

107. Gegen die Entscheidung über Verweisung eines Rechtsstreites an die Civilkammer oder an die Kammer für Handelssachen findet kein Rechtsmittel statt. Erfolgt die Verweisung an eine andere Kammer, so ist diese Entscheidung für die Kammer, an welche der Rechtsstreit verwiesen wird, bindend.[1] Der Termin zur weiteren mündlichen Verhandlung wird von Amtswegen bestimmt und den Parteien bekannt gemacht.

[1] Doch können durch Erweiterung der Klage, Erhebung einer Präjudizialinzidentklage, Widerklage neue Momente eintreten, welche eine Zurückverweisung nöthig machen.

108. Bei der Kammer für Handelssachen kann ein

Anspruch in Gemäßheit des §. 61 der Civilprozeßordnung nur dann geltend gemacht werden, wenn der Rechtsstreit nach den Bestimmungen des §. 101 vor die Kammer für Handelssachen gehört.

Besetzung der Kammern.

109. Die Kammern für Handelssachen entscheiden in der Besetzung mit einem Mitgliede des Landgerichts als Vorsitzenden und zwei Handelsrichtern.

Sämmtliche Mitglieder der Kammer für Handelssachen haben gleiches Stimmrecht.

In Streitigkeiten, welche sich auf das Rechtsverhältniß zwischen Rheder[1] oder Schiffer[2] und Schiffsmannschaft[3] beziehen, kann die Entscheidung durch den Vorsitzenden allein erfolgen.[4]

[1] Art. 450 H.G.B.

[2] Art. 478 H.G.B. § 2 Seemannsord. v. 27./12. 72 (R.G.B. 409).

[3] Art. 528 H.G.B. § 3 Seemannsordnung.

[4] Die Zuziehung der Handelsrichter hängt vom Ermessen des Vorsitzenden ab. Pr. 522. Pr. z. C.P.O. 495.

110. Im Falle des §. 100 Abs. 2 kann ein Amtsrichter Vorsitzender der Kammer für Handelssachen sein.

Amt der Handelsrichter.

111. Das Amt der Handelsrichter ist ein Ehrenamt.

112. Die Handelsrichter werden auf gutachtlichen Vorschlag des zur Vertretung des Handelsstandes berufenen Organs[1] für die Dauer von drei Jahren ernannt;[2] eine wiederholte Ernennung ist nicht ausgeschlossen.

[1] Preußen: § 1 Ges. v. 24./2. 70 (G.S. 134), Verf. v. 26./7. 79 (J.M.Bl. 211), v. 15./6. 85 (J.M.Bl. 185) u. v. 31./3. 94 (J.M.Bl. 93). — Baden: Bek. u. Ver. v. 30./11. 89 (G.V.Bl. 468, 470).

[2] Reichsgesetzlich besteht kein Zwang zur Annahme dieses Amtes.

113. Zum Handelsrichter kann jeder Deutsche[1] ernannt werden, welcher als Kaufmann oder als Vorstand einer Aktiengesellschaft in das Handelsregister eingetragen oder eingetragen gewesen ist, das dreißigste Lebensjahr vollendet hat und in dem Bezirke der Kammer für Handelssachen wohnt.

Personen, welche in Folge gerichtlicher Anordnung in der Verfügung über ihr Vermögen beschränkt sind, können nicht zu Handelsrichtern ernannt werden.[2]

[1] §§ 1 ff. B.Ges. v. 1./6. 70 (B.G.B. 355).

[2] §§ 593, 621 C.P.O. §§ 98, 100 K.O. — Ebensowenig Personen, welche gemäß §§ 31, 33—35 St.G.B. bestraft sind.

114. An Seeplätzen können Handelsrichter auch aus dem Kreise der Schifffahrtskundigen ernannt werden.

115. Die Handelsrichter sind vor ihrem Amtsantritte auf die Erfüllung der Obliegenheiten des ihnen übertragenen Amts eidlich zu verpflichten.[1]

[1] Preußen: Verf. v. 29./5. 84 (J.M.Bl. 108).

116. Die Handelsrichter haben während der Dauer ihres Amts in Beziehung auf dasselbe alle Rechte und Pflichten richterlicher Beamten.[1]

[1] Sowohl bezüglich ihres amtlichen, als ihres außeramtlichen Verhaltens. Begr. 137.

117. Ein Handelsrichter ist seines Amts zu entheben, wenn er eine der für die Ernennung erforderlichen Eigenschaften nachträglich verliert.[1]

Die Enthebung erfolgt durch den ersten Civilsenat des Oberlandesgerichts nach Anhörung des Betheiligten.

[1] Ferner, wenn er die in § 116 ihm auferlegten Pflichten verletzt. Pr. z. C.P.O. 495.

118. Ueber Gegenstände, zu deren Beurtheilung eine kaufmännische Begutachtung genügt, sowie über das Bestehen von Haudelsgebräuchen kann die Kammer für Handelssachen auf Grund eigener Sachkunde und Wissenschaft entscheiden.

[1] Den Berufungsrichter bindet eine solche Entscheidung nicht. RG 10, 92.

Achter Titel.

Oberlandesgerichte.

Ausführungsbestimmungen. Preußen: 47—57 Ges. v. 24./4. 78 (G.S. 230). — Bayern: Art. 36—41 Ges. v. 23./2. 79 (G.V.Bl. 273). — Sachsen: §§ 2, 9 bis 11 Ges. v. 1./3. 79 (G.V.Bl. 59). — Württemberg: Art. 14, 16 Ges. v. 24./1. 79 (Reg.Bl. 3). — Elsaß-Lothringen: §§ 7, 22 Ges. v. 4./11. 78 (Ges.Bl. 65).

119. Die Oberlandesgerichte werden mit einem Präsidenten und der erforderlichen Anzahl von Senatspräsidenten und Räthen besetzt.[1]

[1] Sitze der Oberlandesgerichte: Preußen: § 1 Ges. v. 4./3. 78 (G.S. 109). — Bayern: § 2 Ver. v. 2./4. 79 (G.V.Bl. 355). — Sachsen: § 2 Ges. v. 1./3. 79 (G.V.Bl. 59). — Württemberg: Art. 14 Ges. v. 24./1. 79 (Reg.Bl. 3), § 3 Ver. v. 15./5. 79 (Reg.Bl. 107). — Baden: § 1

Ges. v. 8./8. 79 (G.B.Bl. 91). — Elsaß-Lothringen: § 7 Ges. v. 4./11. 78 (Ges.Bl. 65).

Geschäftsvertheilung.

120. Bei den Oberlandesgerichten werden Civil- und Strafsenate gebildet.[1]

Deren Zahl bestimmt die Landesjustizverwaltung. — Elsaß-Lothringen: Ver. v. 29./4. 80 (Ges.Bl. 121).

121. Die Bestimmungen der §§. 61—68 finden mit der Maßgabe Anwendung, daß zu dem Präsidium stets die beiden ältesten Mitglieder des Gerichts zuzuziehen sind.

122. Zu Hülfsrichtern dürfen nur ständig angestellte Richter berufen werden.

Zuständigkeit.

123. Die Oberlandesgerichte sind zuständig[1] für die Verhandlung und Entscheidung über die Rechtsmittel:

1. der Berufung gegen die Endurtheile der Landgerichte in bürgerlichen Rechtsstreitigkeiten;[2]
2. der Revision gegen Urtheile der Strafkammern in der Berufungsinstanz;[3]
3. der Revision gegen Urtheile der Strafkammern in erster Instanz, sofern die Revision ausschließlich auf die Verletzung einer in den Landesgesetzen enthaltenen Rechtsnorm gestützt wird;[4]
4. der Beschwerde gegen Entscheidungen der Landgerichte in bürgerlichen Rechtsstreitigkeiten;[5]
5. der Beschwerde gegen strafrichterliche Entscheidungen erster Instanz,[6] soweit nicht die Zuständig-

keit der Strafkammer begründet ist,[7] und gegen Entscheidungen der Strafkammern in der Beschwerdeinstanz[8] und Berufungsinstanz.[9]

[1] Ferner: §§ 117 Abs. 2, 160, 183 Abs. 3 G.V.G. § 170 St.P.O. — Auch §§ 9, 10, 12, 47, 59, 61, 69, 89 R.A.O.

[2] Welche von den Landgerichten in erster Instanz erlassen sind. § 472 C.P.O.

[3] §§ 354, 374, 380 St.P.O. § 9 E.G.

[4] § 384 St.P.O. — Vgl. § 136 Nr. 2.

[5] §§ 330, 331 C.P.O. §§ 4, 16, 47, 68 G.K.G. § 27 G.O. f. G.V. § 17 G.O. f. Z. u. S. §§ 12, 53 G.O. f. R.A

[6] §§ 346, 347 St.P.O. § 96 G.V.G. § 9 E.G. — § 4 G.K.G. § 17 G.O. f. Z. u. S.

[7] § 72. [8] Weitere Beschwerde. § 352 St.P.O.

[9] § 354 St.P.O.

Besetzung der Senate.

124. Die Senate der Oberlandesgerichte entscheiden in der Besetzung von fünf Mitgliedern mit Einschluß des Vorsitzenden.

Neunter Titel.

Reichsgericht.

125. Der Sitz des Reichsgerichts wird durch Gesetz bestimmt.[1]

[1] Gesetz über den Sitz des Reichsgerichts. Vom 11. April 1877 (R.G.B. 415).

1. Auf denjenigen Bundesstaat, in dessen Gebiet das Reichsgericht seinen Sitz hat, findet § 8 des Einführungsgesetzes zum Gerichtsverfassungsgesetz keine Anwendung.
2. Das Reichsgericht erhält seinen Sitz in Leipzig.

126. Das Reichsgericht wird mit einem Präsidenten und der erforderlichen Anzahl von Senatspräsidenten und Räthen besetzt.

Anstellung und Dienstverhältnisse der Richter.[1]

[1] Vgl. §§ 3, 6, 23—26 B.Ges. v. 12./6. 69 (B.G.B. 201).

127. Der Präsident, die Senatspräsidenten und Räthe werden auf Vorschlag des Bundesraths von dem Kaiser ernannt.

Zum Mitgliede des Reichsgerichts kann nur ernannt werden, wer die Fähigkeit zum Richteramte in einem Bundesstaate erlangt[1] und das fünfunddreißigste Lebensjahr vollendet hat.

[1] §§ 2, 4, 5.

128. Ist ein Mitglied zu einer Strafe wegen einer entehrenden Handlung[1] oder zu einer Freiheitsstrafe von längerer als einjähriger Dauer rechtskräftig verurtheilt, so kann dasselbe durch Plenarbeschluß des Reichsgerichts seines Amts und seines Gehalts für verlustig erklärt werden.

Vor der Beschlußfassung sind das Mitglied und der Ober-Reichsanwalt[2] zu hören.

[1] Voraussetzung ist nicht, daß auf eine entehrende Strafe, Verlust der bürgerlichen Ehrenrechte, erkannt sei. Begr. 145.
[2] § 143 Nr. 1.

129. Ist wegen eines Verbrechens oder Vergehens das Hauptverfahren[1] gegen ein Mitglied eröffnet, so kann die vorläufige Enthebung desselben von seinem Amte nach Anhörung des Ober-Reichsanwalts[2] durch Plenarbeschluß des Reichsgerichts ausgesprochen werden.

Wird gegen ein Mitglied die Untersuchungshaft verhängt, so tritt für die Dauer derselben die vorläufige Enthebung von Rechtswegen ein.

Durch die vorläufige Enthebung wird das Recht auf den Genuß des Gehalts nicht berührt.

[1] § 201 St.P.O. [2] § 143 Nr. 1.

130. Wenn ein Mitglied durch ein körperliches Gebrechen oder durch Schwäche seiner körperlichen oder geistigen Kräfte zur Erfüllung seiner Amtspflichten dauernd unfähig wird, so tritt seine Versetzung in den Ruhestand gegen Gewährung eines Ruhegehalts ein.

Das jährliche Ruhegehalt beträgt bis zur Vollendung des zehnten Dienstjahres $^{20}/_{60}$ des Gehalts; es erhöht sich mit der Vollendung eines jeden folgenden Dienstjahres und bis zur Vollendung des fünfzigsten Dienstjahres um je $^{1}/_{60}$ des Gehalts.

Bei Berechnung der Dienstzeit wird die Zeit mit gerechnet, während welcher das Mitglied sich im Dienste des Reichs oder im Staats- oder Gemeindedienste des Bundesstaates befunden oder in einem Bundesstaate als Anwalt, Advokat, Notar, Patrimonialrichter oder als öffentlicher Lehrer des Rechts an einer deutschen[1] Universität fungirt hat.

[1] Anm. 4 zu § 2.

131. Wird die Versetzung eines Mitgliedes in den Ruhestand nicht beantragt, obgleich die Voraussetzungen derselben vorliegen, so hat der Präsident die Aufforderung zu erlassen, binnen einer bestimmten Frist den Antrag zu stellen. Wird dieser Aufforderung nicht Folge geleistet, so ist die Versetzung

in den Ruhestand durch Plenarbeschluß des Reichsgerichts auszusprechen.

Vor der Beschlußfassung sind das Mitglied und der Ober-Reichsanwalt[1] zu hören.

[1] § 143 Nr. 1.

Geschäftsvertheilung.

132. Bei dem Reichsgerichte werden Civil- und Strafsenate gebildet.[1] Die Zahl derselben bestimmt der Reichskanzler.

[1] Das Plenum entscheidet nur in den Fällen der §§ 128, 129, 131, 137, 141.

133. Die Bestimmungen der §§. 61—68 finden mit der Maßgabe Anwendung, daß zu dem Präsidium[1] die vier ältesten Mitglieder des Gerichts zuzuziehen sind.

[1] Fernere Geschäfte des Präsidiums: § 90 Abs. 3, § 99 R.A.O.

134. Die Zuziehung von Hülfsrichtern ist unzulässig.

Zuständigkeit. [1]

[1] Fernere Zuständigkeit: § 1 R.Ges. v. 16./6. 79 (R.G.B. 137), unten S. 115; R.Ges., betr. die Zuständigkeit des Reichsgerichts für Streitfragen zwischen dem Senat und der Bürgerschaft der freien und Hansestadt Hamburg, v. 14./3. 81 (R.G.B. 37).

135. In bürgerlichen Rechtsstreitigkeiten ist das Reichsgericht zuständig[1] für die Verhandlung und Entscheidung über die Rechtsmittel:

1. der Revision gegen die Endurtheile der Oberlandesgerichte;[2]
2. der Beschwerde gegen Entscheidungen der Oberlandesgerichte.[3]

[1] Ferner in den Fällen des § 9 E.G. z. C.P.O., § 36 C.P.O., § 3 Abs. 2, § 11 Nr. 2, §§ 14, 15, 17 Abs. 1 E.G. z. G.V.G., § 160 G.V.G., §§ 18, 36, 43, 50 Ges. v. 10./7. 79, unten S. 124. Vgl. auch Anm. 4 zu § E.G. z G.V.G. [2] § 507 C.P.O. [3] §§ 530, 540 C.P.O.

136. In Strafsachen ist das Reichsgericht zuständig:[1]

1. für die Untersuchung und Entscheidung in erster und letzter Instanz in den Fällen des Hochverraths und des Landesverraths, insofern diese Verbrechen gegen den Kaiser oder das Reich gerichtet sind;[2]
2. für die Verhandlung und Entscheidung über die Rechtsmittel der Revision[3] gegen Urtheile der Strafkammern in erster Instanz, insoweit nicht die Zuständigkeit der Oberlandesgerichte begründet ist,[4] und gegen Urtheile der Schwurgerichte.

In Strafsachen wegen Zuwiderhandlungen gegen die Vorschriften über die Erhebung öffentlicher in die Reichskasse fließender Abgaben und Gefälle[5] ist das Reichsgericht auch für die Verhandlung und Entscheidung über das Rechtsmittel der Revision gegen Urtheile der Strafkammern in der Berufungsinstanz zuständig, sofern die Entscheidung des Reichsgerichts von der Staatsanwaltschaft bei der Einsendung der Akten an das Revisionsgericht[6] beantragt wird.[7]

[1] Ferner in den Fällen der §§ 9, 12 Abs. 2, 13 Abs. 2, 3, §§ 14, 15, 19 St.P.O., § 11 Nr. 2, §§ 14, 15 E.G. z. G.V.G. § 160 G.V.G. §§ 18, 50 Ges. v. 10./7. 79, unten S. 124. [2] §§ 80—93 St.G.B., §§ 89, 90 in der

Fassung des R.Ges. v. 3./7. 93 (R.G.B. 205); ferner §§ 1, 3, 12 dieses Ges. — Vgl. Art. 74, 75 Verf. des Deutschen Reichs v. 16./4. 71 (B.G.B. 84). — Begnadigungsrecht für diese Sachen: § 484 St.P.O.

3 § 374 St.P.O. — Für die Entscheidung über die Beschwerde in Strafsachen sind die Oberlandesgerichte in letzter Instanz zuständig: § 123 Nr. 5 G.V.G., §§ 346 Abs. 3, 352 Abs. 2 St.P.O. Pr. 719, 720. 4 § 123 Nr. 3.

5 Ohne Unterschied, ob die Vorschrift im einzelnen die Abgaben und Gefälle selbst, oder Maßregeln zu deren Sicherung betrifft. RG 27, 15.

6 In diesem Falle also bei Einsendung an das Reichsgericht.

7 § 387 Abs. 2 St.P.O. — Die Staatsanwaltschaft kann den Antrag selbst dann stellen, wenn die Revision weder von ihr noch gegen sie, sondern von der Verwaltungsbehörde als Nebenklägerin eingelegt ist. RG 7, 327.

137.[1] Will in einer Rechtsfrage ein Civilsenat[2] von der Entscheidung[3] eines anderen Civilsenats[4] oder der vereinigten Civilsenate, oder ein Strafsenat[2] von der Entscheidung[3] eines anderen Strafsenats[4] oder der vereinigten Strafsenate abweichen, so ist über die streitige Rechtsfrage im ersteren Falle eine Entscheidung der vereinigten Civilsenate, im letzteren Falle eine solche der vereinigten Strafsenate einzuholen.

Einer Entscheidung der Rechtsfrage durch das Plenum bedarf es, wenn ein Civilsenat[2] von der Entscheidung[3] eines Strafsenats oder der vereinigten Strafsenate, oder ein Strafsenat[2] von der Entscheidung[3] eines Civilsenats oder der vereinigten Civilsenate, oder ein Senat von der früher eingeholten Entscheidung des Plenums abweichen will.[5]

Die Entscheidung der Rechtsfrage durch die vereinigten Senate oder das Plenum ist in der zu entscheidenden Sache bindend. Sie erfolgt in allen Fällen ohne vorgängige mündliche Verhandlung.

Vor der Entscheidung der vereinigten Strafsenate oder derjenigen des Plenums, sowie in Ehe- und Entmündigungssachen ist der Ober-Reichsanwalt mit seinen schriftlichen Anträgen zu hören.

Soweit die Entscheidung der Sache eine vorgängige mündliche Verhandlung erfordert, erfolgt dieselbe durch den erkennenden Senat auf Grund einer erneuten mündlichen Verhandlung, zu welcher die Prozeßbetheiligten von Amtswegen unter Mittheilung der ergangenen Entscheidung der Rechtsfrage zu laden sind.

[1] Die neue Fassung beruht auf dem R.Ges. v. 17./3. 86 (R.G.B. 61). — Vgl. auch § 9 B.Ges. v. 12./6. 69 (B.G.B. 201). — Die neue Fassung gilt für die vom Reichsgericht zu entscheidenden Prozesse auch dann, wenn dieselben schon vor dem Inkrafttreten des Ges. v. 17./3. 86 anhängig geworden oder an die vereinigten Senate verwiesen sind. RG 16, 398, 19, 417. [2] Oder der Feriensenat (§ 203), je nachdem er an Stelle eines Civilsenats oder Strafsenats in Wirksamkeit tritt. RG 19, 414.

[3] Vorausgesetzt wird immer, daß die abweichende Rechtsansicht zur wesentlichen Grundlage der früheren bezw. jetzigen

Entscheidung gehört, es sich also nicht blos um beiläufige Bemerkungen handelt. RG 26, 431, 433.

[4] Nicht auch, wenn ein Senat von einer früheren Entscheidung desselben Senats abweichen will.

[5] Nämlich in der Rechtsfrage. RG 22, 104.

138. Der erste Strafsenat des Reichsgerichts hat bei den im §. 136 Nr. 1 bezeichneten Verbrechen diejenigen Geschäfte zu erledigen, welche im §. 72 Abs. 1 der Strafkammer des Landgerichts zugewiesen sind.[1]

Das Hauptverfahren findet vor dem vereinigten zweiten und dritten Strafsenate statt.

139.[1] Zur Fassung von Plenarentscheidungen und von Entscheidungen der vereinigten Civil- oder Strafsenate, sowie der beiden vereinigten Strafsenate ist die Theilnahme von mindestens zwei Drittheilen aller Mitglieder mit Einschluß des Vorsitzenden erforderlich.

Die Zahl der Mitglieder, welche eine entscheidende Stimme führen, muß eine ungerade sein. Ist die Zahl der anwesenden Mitglieder eine gerade, so hat derjenige Rath, welcher zuletzt ernannt ist, und bei gleichem Dienstalter derjenige, welcher der Geburt nach der jüngere ist, oder, wenn dieser Berichterstatter ist, der nächst ältere kein Stimmrecht.

[1] § 7 B.Ges. v. 12./6. 69 (B.G.B. 201).

140. Die Senate des Reichsgerichts entscheiden in der Besetzung von sieben Mitgliedern mit Einschluß des Vorsitzenden.

Geschäftsordnung.

141.[1] Der Geschäftsgang wird durch eine Geschäftsordnung geregelt, welche das Plenum auszuarbeiten und dem Bundesrath zur Bestätigung vorzulegen hat.[2]

1 § 11 B.Ges. v. 12./6. 69 (B.G.B. 201).

2 Geschäftsordnung v. 8./4. 80 (Centr.Bl. 190), abgeändert laut Bekanntm. v. 25./7. 86 (Centr.Bl. 300).

Zehnter Titel.

Staatsanwaltschaft.

Mitwirkung im Civilprozeß in: Ehesachen §§ 569, 586 C.P.O.; in Entmündigungssachen: §§ 595, 597, 604, 607, 616, 617, 619, 620 C.P.O. — Mitwirkung im Strafprozeß: §§ 52, 53, 56, 75, 91, 94, 96, 136, 137 G.V.G. §§ 4, 13, 24, 33, 36, 41, 74, 98, 100, 105, 108, 110, 122, 124—127, 131, 152, 156—161, 165, 167—173, 176, 177, 181, 183, 189 bis 191, 194, 195, 196, 197, 204, 206—209, 211, 213, 218, 221, 223—226, 232, 238—240, 244, 245, 247, 254, 257, 258, 265, 282, 283, 286, 290, 291, 297, 299, 314, 338, 343, 344, 351, 361, 362, 366, 367, 377, 378, 379, 387, 388, 391, 394, 409, 411, 413, 416, 417, 422, 423, 429, 430, 436, 441, 447, 448, 451, 454, 460, 463—465, 467, 477, 479, 483, 486, 489, 493, 494, 501 St.P.O. — Im ehrengerichtlichen Verfahren: §§ 66, 69, 74, 92 R.A.O. In Konsularsachen: §§ 17, 24 RGes. v. 10./7. 79, unten S. 123.

Ausführungsbestimmungen: Preußen: §§ 58—67 Ges. v. 24./4. 78 (G.S. 230). — Bayern: Art. 50—58 Ges. v. 23./2. 79 (G.V.Bl. 273). §§ 9—16 Ver. v. 23./8. 79 (G.V.Bl. 1043). — Sachsen: §§ 28—31 Ges. v. 1./3. 79 (G.V.Bl. 59). — Württemberg: Art. 24—28 Ges. v. 24./1. 79 (Reg.Bl. 3). — Baden: §§ 13—15 Ges. v. 3./3. 79 (G.V.Bl. 91). — Elsaß-Lothringen: §§ 23—27 Ges. v. 4./11. 78 (Ges.Bl. 65).

142. Bei jedem Gerichte soll eine Staatsanwaltschaft bestehen.

Aeußere Organisation.

143. Das Amt der Staatsanwaltschaft wird ausgeübt:

1. bei dem Reichsgerichte durch einen Ober-Reichsanwalt[1] und durch einen oder mehrere Reichsanwälte;
2. bei den Oberlandesgerichten, den Landgerichten und den Schwurgerichten durch einen oder mehrere Staatsanwälte;
3. bei den Amtsgerichten und den Schöffengerichten durch einen oder mehrere Amtsanwälte.

Die Zuständigkeit der Amtsanwälte erstreckt sich nicht auf das amtsrichterliche Verfahren zur Vorbereitung der öffentlichen Klage[2] in denjenigen Strafsachen, welche zur Zuständigkeit anderer Gerichte als der Schöffengerichte gehören.[3]

[1] §§ 128, 129, 131. [2] §§ 156 ff. St.P.O.
[3] Auch nicht in den überweisungsfähigen. § 75.

144. Die örtliche Zuständigkeit der Beamten der Staatsanwaltschaft wird durch die örtliche Zuständigkeit des Gerichts bestimmt, für welches sie bestellt sind.

Ein unzuständiger Beamter der Staatsanwaltschaft hat sich denjenigen innerhalb seines Bezirks vorzunehmenden Amtshandlungen zu unterziehen, in Ansehung welcher Gefahr im Verzuge obwaltet.

Können die Beamten der Staatsanwaltschaft verschiedener Bundesstaaten[1] sich nicht darüber einigen, wer von ihnen die Verfolgung zu übernehmen hat, so entscheidet der ihnen gemeinsam vorgesetzte Beamte der Staatsanwaltschaft und in Ermangelung eines solchen der Ober-Reichsanwalt.

[1] Gehören sie demselben Bundesstaate an, so entscheidet der ihnen gemeinsam vorgesetzte Beamte der Staatsanwaltschaft und in Ermangelung eines solchen die Landesjustizverwaltung. § 148 Nr. 2, 3.

Innere Organisation.

145. Besteht die Staatsanwaltschaft eines Gerichts aus mehreren Beamten, so handeln die dem ersten Beamten beigeordneten Personen als dessen Vertreter; sie sind, wenn sie für ihn auftreten, zu allen Amtsverrichtungen desselben ohne den Nachweis eines besonderen Auftrags berechtigt.[1]

[1] Die Voraussetzungen, unter denen die beigeordneten Beamten als zur Vertretung berechtigte Mitglieder der Staatsanwaltschaft anzusehen sind, bestimmt das Landesrecht. RG 20, 40. — Vgl. für Preußen wegen der unentgeltlich beschäftigten Assessoren: Verf. v. 17./5. 82 (J.M.Bl. 140).

146. Die ersten Beamten der Staatsanwaltschaft bei den Oberlandesgerichten und den Landgerichten sind befugt, bei allen Gerichten ihres Bezirks die Amtsverrichtungen der Staatsanwaltschaft selbst zu übernehmen oder mit Wahrnehmung derselben einen anderen als den zunächst zuständigen Beamten zu beauftragen.

Amtsanwälte können das Amt der Staatsanwaltschaft nur bei den Amtsgerichten und den Schöffengerichten versehen.

147. Die Beamten der Staatsanwaltschaft haben den dienstlichen Anweisungen ihres Vorgesetzten nachzukommen.

In denjenigen Sachen, für welche das Reichsgericht in erster und letzter Instanz zuständig ist,[1] haben alle Beamte der Staatsanwaltschaft den Anweisungen des Ober-Reichsanwalts Folge zu leisten.

[1] § 136 Nr. 1.

148. Das Recht der Aufsicht und Leitung steht zu:

1. dem Reichskanzler hinsichtlich des Ober-Reichsanwalts und der Reichsanwälte;
2. der Landesjustizverwaltung hinsichtlich aller staatsanwaltlichen Beamten des betreffenden Bundesstaates;
3. den ersten Beamten der Staatsanwaltschaft bei den Oberlandesgerichten und den Landgerichten hinsichtlich aller Beamten der Staatsanwaltschaft ihres Bezirks.

Befähigung und Ernennung.

149. Der Ober-Reichsanwalt und die Reichsanwälte sind nicht richterliche Beamte.

Zu diesen Aemtern sowie den Aemtern der Staatsanwaltschaft bei den Oberlandesgerichten und den Landgerichten können nur zum Richteramte[1] befähigte Beamte ernannt werden.

[1] §§ 2, 4, 5.

150. Der Ober-Reichsanwalt und die Reichsanwälte werden auf Vorschlag des Bundesraths vom Kaiser ernannt.

Dieselben können durch Kaiserliche Verfügung jederzeit mit Gewährung des gesetzlichen Wartegeldes[1] einstweilig in den Ruhestand versetzt werden.

[1] §§ 26 ff. R.Ges. v. 31./3. 73 (R.G.B. 61).

Verhältniß zu den Gerichten.

151. Die Staatsanwaltschaft ist in ihren Amtsverrichtungen von den Gerichten unabhängig.[1]

[1] Jedoch Anm. 1 zu § 177. Pr. 428. — §§ 173, 216 St.P.O.

152. Die Staatsanwälte dürfen richterliche Geschäfte nicht wahrnehmen. Auch darf ihnen eine Dienstaufsicht über die Richter nicht übertragen werden.

Verhältniß zu den Beamten der gerichtlichen Polizei.

153. Die Beamten des Polizei- und Sicherheitsdienstes sind Hülfsbeamte der Staatsanwaltschaft[1] und sind in dieser Eigenschaft verpflichtet, den Anordnungen der Staatsanwälte bei dem Landgerichte ihres Bezirks und der diesen vorgesetzten Beamten[2] Folge zu leisten.[3]

Die nähere Bezeichnung derjenigen Beamtenklassen, auf welche diese Bestimmung Anwendung findet, erfolgt durch die Landesregierungen.[4]

[1] Nicht Beamte der Staatsanwaltschaft im Sinne der St.P.O. RG 3, 55. Vgl. Anm. 5 zu § 34.

[2] §§ 147 Abs. 2, 148. [3] § 159 St.P.O.

[4] Preußen: Verf. v. 15./9. 79 (J.M.Bl. 349), v. 20./12. 79 (M.Bl. i. V. 1880 S. 28), v. 9./10. 82 (J.M.Bl. 312), v. 2./2. 83 (J.M.Bl. 28), v. 27./7. 83 (M.Bl. i. V. 181), v. 27./2. 86 (J.M.Bl. 78), v. 10./7. 90 (M.Bl. i. V. 99) u. v. 19./10. 94 (J.M.Bl. 308). — Bayern: Ver. v. 31./8. 79 (G.V.Bl. 1057), Bek. v. 6./8. 80 (G.V.Bl. 545). — Sachsen: Ver. v. 19./9. u. v. 6./10. 76 (G.V.Bl. 372 u. 388). — Württemberg: Ver. v. 27./9. 79 (Reg.Bl. 404), Ver. v. 27./7. 92 (Reg.Bl. 321). — Baden: Ver. v. 17./7. 79 (G.V.Bl. 545). — Elsaß-Lothringen: § 14 Ver. v. 13./6. 79 (Ges.Bl. 61) u. v. 26./1. 80 (Ges.Bl. 6).

Elfter Titel.

Gerichtsschreiber.

Thätigkeit im Civilprozeß: §§ 44, 74 Abs. 2, 98, 109, 149, 151, 152—156, 173, 179, 187, 193, 225, 286—288, 327, 342, 346, 351, 367, 371, 448, 457, 458, 462, 463, 506, 532, 646, 662, 663, 669, 705, 730, 736, 800, 815, 824 C.P.O. Vgl. auch § 97 C.P.O. — Thätigkeit im Strafprozeß: §§ 45, 51, 91, 94 G.V.G. §§ 26, 37, 166, 185, 186, 225, 271, 275, 308, 341, 348, 355, 358, 361, 381, 385, 387, 406, 421, 425, 430, 449, 454, 483, 486 St.P.O. — Im Konkurse: §§ 103, 104, 105, 112, 127, 128, 151, 175, 184, 191 K.O. — Bei der Rechtshülfe: § 162 G.V.G. — Als Dolmetscher: § 192 G.V.G. — Beim Kostenwesen: § 4 Abs. 3, §§ 14, 16 Abs. 2, 47 Abs. 2, 48 Abs. 2 G.K.G. § 62 G.O. f. G.V. § 17 Abs. 3 G.O. f. Z. u. S. — Im ehrengerichtlichen Verfahren: § 81 R.A.O. — Ablehnung: § 49 C.P.O. § 31 St.P.O.

In Konsularsachen: § 10 R.Ges. v. 10./7. 79, unten S. 121.

Ausführungsbestimmungen: Preußen: §§ 68—72 Ges. v. 24./4. 78 (G.S. 230). Ges. v. 3./3. 79 (G.S. 99). Gerichtsschreiberord. v. 10./2. 86 (J.M.Bl. 37). — Bayern: Art. 59—64 Ges. v. 23./2. 79 (G.V.Bl. 273). §§ 17—26 Ver. v. 23./8. 79 (G.V.Bl. 1094). Bek. v. 1./2. 80 (J.M.Bl. 21) u. 1./3. 88 (J.M.Bl. 58). Ver. v. 12./6. 92 (G.V.Bl. 267). Bek. v. 14./6. 92 J.M.Bl. 136). — Sachsen: Ver. v. 21./4. 93 (G.V.Bl. 117). — Württemberg: Art. 22 Ges. v. 24./1. 79 (Reg.Bl. 3.) — Baden: § 16 Ges. v. 3./3. 79 (G.V.Bl. 91). Ver. v. 8./6. 89 (G.V.Bl. 93). — Elsaß-Lothringen: §§ 28—30 Ges. v. 4./11. 78 (Ges.Bl. 65); § 16 Ver. v. 13./6. 79 (Ges.Bl. 61). Ver. v. 30./7. 80 (Ges.Bl. 128), Regulativ v. 15./4. 84 (Ges.Bl. 83). Ver. v. 18./8. 88 (Ges.Bl. 93).

154. Bei jedem Gerichte wird eine Gerichtsschreiberei eingerichtet. Die Geschäftseinrichtung bei dem Reichsgerichte wird durch den Reichskanzler, bei den

Landesgerichten durch die Landesjustizverwaltung bestimmt.[1]

[1] Preußen: Geschäftsordnung für die Gerichtsschreibereien bei den Amtsgerichten v. 1./8. 79, den Landgerichten v. 3./8. 79 (Anl. z. J.M.Bl. Nr. 32) und den Oberlandesgerichten v. 8./9. 79 (Anl. z. J.M.Bl. Nr. 37). Verf. v. 16./1. 80 (J.M.Bl. 22), v. 5./4. u. 31./10. 81 (J.M.Bl. 66 u. 257), 9./12. 87 (J.M.Bl. 359) u. 27./12. 87 (J.M.Bl. 1888 S. 3). — Bayern: Ver. v. 6./9. 79 (G.V.Bl. 1100). Bek. v. 14./9. 79 (J.M.Bl. 743). — Sachsen: Ver. v. 2./9. 79 (J.M Bl. 39) u. v. 1./8. 82 (J.M.Bl. 59). — Baden: Ver. v. 19./7. 79 (G.V.Bl. 386), v. 8./2. u. 6./12. 84 (G.V.Bl. 62 u. 629), u. v. 10./5. 86 (G.V.Bl. 284). — Elsaß-Lothringen: Geschäftsordnung für die Gerichtsschreibereien v. 20./12. 79 (Samml. v. Ges. 2c. 4, 484), Ver. v. 18./10. 93 (Samml. 18, 1).

Zwölfter Titel.

Zustellungs- und Vollstreckungsbeamte.

Thätigkeit im Civilprozeß: Zustellungen: §§ 152, 153 C.P.O.; Zwangsvollstreckung: § 674 C.P.O. — Thätigkeit im Strafprozeß: Zustellungen: §§ 37, 38 St.P.O.; Vollstreckung: § 495 St.P.O. — Im Konkursverfahren: § 65 K.O. — Bei der Rechtshülfe: § 162 G.V.G.

In Konsularsachen: § 10 R.Ges. v. 10./7. 79, unten S. 121.

Gebührenordnung für Gerichtsvollzieher v. 24./6. 78 (R.G.B. 166); dazu Ges., betr. die Abänderung von Bestimmungen des Gerichtskostengesetzes und der Gebührenordnung für Gerichtsvollzieher v. 29./6. 81 (R.G.B. 178).

Ausführungsbestimmungen: Preußen: §§ 73—76 Ges. v. 24./4. 78 (G.S. 230). — Bayern: Art. 65—67 Ges. v. 23./2. 79 (G.V.Bl. 273). — Württemberg: Art. 29—32 Ges. v. 24./1. 79 (Reg.Bl. 3). — Baden: § 16 Ges. v. 3./3. 79 (G.V.Bl. 91). — Elsaß-Lothringen: § 31 Ges. v. 4./11. 78 (Ges.Bl. 65). Ver. v. 30./7. 80 (Ges.Bl. 128), Regulativ v. 15./4. 84 (Ges.Bl. 83).

155. Die Dienst- und Geschäftsverhältnisse der mit den Zustellungen, Ladungen und Vollstreckungen zu betrauenden Beamten (Gerichtsvollzieher) werden bei dem Reichsgerichte durch den Reichskanzler,[1] bei den Landesgerichten durch die Landesjustizverwaltung[2] bestimmt.[3]

[1] Vorschriften v. 11./5. 88 (Centr.Bl. 159).

[2] Preußen: Gerichtsvollzieherordnung v. 23./2. 85 (J.M.Bl. 56); dazu Verf. v. 2./12. 89 (J.M.Bl. 287), 6./11. 90 (J.M.Bl. 284) u. 2./6. 91 (J.M.Bl. 154); Geschäfts-Anweisung für die Ger.Vollz. v. 24./7. 79 (Anl. z. J.M.Bl. Nr. 31), bezw. 23./2. 85 (J.M.Bl. 68); dazu Verf. v. 16./6. u. 22./12. 83 (J.M.Bl. 191 u. 368), v. 2./12. 89 (J.M.Bl. 287) u. 12./3., 22./6. u. 29./10. 94 (J.M.Bl. 72, 167 u. 305). — Bayern: Ver. v. 6./9. 79 (G.V.Bl. 1081) u. 16./10. 94 (G.V.Bl. 595). Bek. v. 11./9. 79 (J.M.Bl. 713) u. v. 22./9. 79 (J.M.Bl. 1185). — Sachsen: Ver. v. 2./9. 79 (J.M.Bl. 70), v. 2./8. 82 (J.M.Bl. 84) u. v. 13./7. 84 (J.M.Bl. 17). — Württemberg: Verf. v. 6./9. 79 (Reg.Bl. 289). — Baden: Ver. v. 28./11. u. 1./12. 84 (G.V.Bl. 481 u. 501), v. 10./5. 86 (G.V.Bl. 283), v. 22./7. 87 (G.V.Bl. 174), v. 28./2. 89 (G.V.Bl. 43) u. v. 7./1. 91 (G.V.Bl. 34). — Elsaß-Lothringen: Geschäfts-Anweisung für die Gerichtsvollzieher v. 16./9. 79 (Samml. v. Ges. rc. 4, 355). Verf. v. 23./7. 91 (Samml. 16, 315).

[3] Haftung der Gerichtsvollzieher für Versehen: Anm. 3 zu § 674 C.P.O.

156. Der Gerichtsvollzieher ist von der Ausübung seines Amts kraft Gesetzes ausgeschlossen:

I. in bürgerlichen Rechtsstreitigkeiten:

1. wenn er selbst Partei oder gesetzlicher Vertreter[1] einer Partei ist, oder zu einer Partei in dem

Verhältnisse eines Mitberechtigten, Mitverpflichteten oder Schadensersatzpflichtigten steht;
2. wenn seine Ehefrau Partei ist, auch wenn die Ehe nicht mehr besteht;
3. wenn eine Person Partei ist, mit welcher er in gerader Linie verwandt, verschwägert oder durch Adoption verbunden, in der Seitenlinie bis zum dritten Grade verwandt oder bis zum zweiten Grade verschwägert ist, auch wenn die Ehe, durch welche die Schwägerschaft begründet ist, nicht mehr besteht;

II. in Strafsachen:[2]
1. wenn er selbst durch die strafbare Handlung verletzt ist;
2. wenn er der Ehemann der Beschuldigten oder Verletzten ist oder gewesen ist;
3. wenn er mit dem Beschuldigten oder Verletzten in dem vorstehend unter Nr. I 3 bezeichneten Verwandtschafts- oder Schwägerschaftsverhältnisse steht.

[1] § 50 C.P.O.
[2] Und im ehrengerichtlichen Verfahren. § 66 R.A.O.

Dreizehnter Titel.
Rechtshülfe.

Die §§ 158—160, 166 finden auf das von dem Ehrengericht gestellte Ersuchen Anwendung, § 86 R.A.O., ferner auf dasjenige des Patentamts, § 32 R.Ges. v. 7./4. 91 (R.G.B. 88), dazu RG 33, 423, der Seeämter und des Ober-Seeamts, §§ 20, 30 R.Ges. v. 27./7. 77 (R.G.B. 549), der Gewerbegerichte, § 60 R.Ges. v. 29./7. 90 (R.G.B. 155), dagegen nicht, wenn eine Landesdisziplinarbehörde gerichtliche Rechtshülfe in Anspruch nimmt. RG 19, 438, 22, 111.

Dieser Titel gilt auch in den zur Konsulargerichtsbarkeit gehörigen Angelegenheiten. An Stelle des Amtsgerichts tritt der Konsul. §§ 12, 13 R.Ges. v. 10./7 79 und unten S. 122.

Das B.Ges., betr. die Gewährung der Rechtshülfe, v. 21./6. 69 (B.G.B. 305) findet nur noch Anwendung für die Rechtshülfe, welche in den vorstehend nicht erwähnten Fällen von Seiten andrer als der ordentlichen Gerichte (§§ 12, 13) nachgesucht wird oder welche von anderen Gerichten zu gewähren ist. Begr. 189. Pr. 1. — Vgl. auch § 3 Nr. 2 E.G. z. K.O.

Ausführungsbestimmungen: Preußen: § 87 Ges. v. 24./4. 78 (G.S. 230). — Bayern: Art. 77 Ges. v. 23./2. 79 (G.B.Bl. 273). — Elsaß-Lothringen: § 32 Ges. v. 4./11. 78 (Ges. Bl. 65).

157. Die Gerichte[1] haben sich in bürgerlichen Rechtsstreitigkeiten[2] und in Strafsachen Rechtshülfe zu leisten.[3]

[1] Zwischen Staatsanwaltschaft und Staatsanwaltschaft, sowie zwischen Staatsanwaltschaft und dem Gericht besteht eine unbedingte Verpflichtung zur Gewährung der Rechtshülfe nicht. Ausnahme: §§ 147, 162, 164; vgl. auch §§ 159, 160 St.P.O. u. § 153 G.B.G. [2] § 13.

[3] Der Grundgedanke der §§ 157 ff. ist: die Gerichtsgewalt eines jeden deutschen ordentlichen Gerichts erstreckt sich auf alle im Deutschen Reiche sich aufhaltenden Personen. Ohne Folgeleistungsbefehl müssen die Gebote und Verbote (Ladungen, Urtheile u. s. w.) eines jeden deutschen Gerichts auch von Personen, die sich in einem anderen Bundesstaate aufhalten, befolgt werden. Begr. 189.

158. Das Ersuchen um Rechtshülfe ist an das Amtsgericht zu richten, in dessen Bezirke die Amtshandlung vorgenommen werden soll.[1]

[1] Benachrichtigung der Parteien vom Beweistermin: Preuß. Verf. v. 31./10. 95 (J.M.Bl. 327).

159.[1] Das Ersuchen darf nicht abgelehnt werden.

Das Ersuchen eines nicht im Instanzenzuge vorgesetzten Gerichts ist jedoch abzulehnen, wenn dem ersuchten Gerichte die örtliche Zuständigkeit mangelt, oder die vorzunehmende Handlung nach dem Rechte des ersuchten Gerichts verboten ist.

[1] §§ 1 Abs. 2, 37 Rechtsh.Ges.

160.[1] Wird das Ersuchen abgelehnt,[2] oder wird der Vorschrift des §. 159 Abs. 2 zuwider dem Ersuchen stattgegeben, so entscheidet das Oberlandesgericht, zu dessen Bezirke das ersuchte Gericht gehört.[3] Eine Anfechtung dieser Entscheidung findet nur statt, wenn dieselbe die Rechtshülfe für unzulässig erklärt, und das ersuchende und das ersuchte Gericht den Bezirken verschiedener Oberlandesgerichte angehören.[4] Ueber die Beschwerde[5] entscheidet das Reichsgericht.

Die Entscheidungen erfolgen auf Antrag der Betheiligten oder des ersuchenden Gerichts ohne vorgängige mündliche Verhandlung.

[1] § 38 Rechtsh.Ges.

[2] Oder entsteht über seine Ausführung Streit, z. B. hinsichtlich der Kosten (§ 165). RG 24, 2.

[3] Bezieht sich nicht auf das Ersuchen um Zwangsvollstreckung, welches an den nach § 483 Abs. 3 St.P.O. zuständigen Amtsrichter gerichtet ist. RG 20, 103.

[4] D. h. nicht unter demselben Oberlandesgericht stehen. RG 33, 425. [5] Auf diese Beschwerde finden die Vorschriften der §§ 530 ff. C.P.O. und §§ 346 ff. St.P.O. nicht Anwendung. Begr. 192, 193.

161. Die Herbeiführung der zum Zwecke von Vollstreckungen, Ladungen und Zustellungen erforderlichen Handlungen[1] erfolgt nach Vorschrift der Prozeßordnungen ohne Rücksicht darauf, ob die Handlungen in dem Bundesstaate, welchem das Prozeßgericht angehört, oder in einem anderen Bundesstaate vorzunehmen sind.

[1] §§ 152, 176, 191, 674 C.P.O. und §§ 37, 38, 495 St.P.O., durch unmittelbares Angehen der Gerichtsvollzieher ohne daß es der Rechtshülfe bedarf. So auch RG 25, 36, RG 26, 338.

162. Gerichte, Staatsanwaltschaften und Gerichtsschreiber[1] können wegen Ertheilung eines Auftrags an einen Gerichtsvollzieher die Mitwirkung des Gerichtsschreibers des Amtsgerichts in Anspruch nehmen, in dessen Bezirke der Auftrag ausgeführt werden soll. Der von dem Gerichtsschreiber beauftragte Gerichtsvollzieher gilt als unmittelbar beauftragt.

[1] Parteien: §§ 152 Abs. 2, 674 Abs. 2 C.P.O.

163.[1] Eine Freiheitsstrafe, welche die Dauer von sechs Wochen nicht übersteigt, ist in demjenigen Bundesstaate zu vollstrecken, in welchem der Verurtheilte sich befindet.

[1] § 33 Rechtsh.Ges.

164. Soll eine Freiheitsstrafe[1] in dem Bezirke eines anderen Gerichts vollstreckt oder ein in dem Bezirke eines anderen Gerichts befindlicher Verurtheilter zum Zwecke der Strafverbüßung ergriffen und abgeliefert werden, so ist die Staatsanwaltschaft bei dem Landgerichte des Bezirks um die Ausführung zu ersuchen.

[1] Geldstrafen werden durch Gerichtsvollzieher beigetrieben. § 495 St.P.O. § 674 C.P.O. [2] § 483 St.P.O.

165.[1] Im Falle der Rechtshülfe unter den Behörden verschiedener Bundesstaaten sind die baaren Auslagen, welche durch eine Ablieferung oder Strafvollstreckung entstehen, der ersuchten Behörde von der ersuchenden zu erstatten.[2]

Im übrigen werden Kosten der Rechtshülfe von der ersuchenden Behörde nicht erstattet.[3]

Ist eine zahlungspflichtige Partei vorhanden, so sind die Kosten von derselben durch die ersuchende Behörde einzuziehen und der eingezogene Betrag der ersuchten Behörde zu übersenden.

Stempel-, Einregistrirungsgebühren oder andere öffentliche Abgaben, welchen die von der ersuchenden Behörde übersendeten Schriftstücke (Urkunden, Protokolle) nach dem Rechte der ersuchten Behörde unterliegen, bleiben außer Ansatz.

[1] § 43 Rechtsh.Ges.

[2] Im Streitfall: Anm. 2 zu § 160.

[3] Anders wenn die Thätigkeit des ersuchten Gerichts sich auf die Entgegennahme von Schriftstücken (z. B. eines schriftlichen Gutachtens) und deren Weiterbeförderung an das ersuchende Gericht beschränkt. RG 24, 3.

166.[1] Für die Höhe der den geladenen Zeugen, und Sachverständigen gebührenden Beträge sind die Bestimmungen maßgebend, welche bei dem Gerichte gelten, vor welches die Ladung erfolgt.

Sind die Beträge nach dem Rechte des Aufenthaltsorts der geladenen Personen höher, so können die höheren Beträge gefordert werden.

Bei weiterer Entfernung des Aufenthaltsorts der geladenen Personen ist denselben auf Antrag ein Vorschuß zu bewilligen.[2]

[1] § 40 Abs. 2 Rechtsh.Ges.

[2] Dieser Paragraph gilt allgemein, wenn ein Gericht Zeugen oder Sachverständige aus dem Bezirk eines anderen Gerichts ladet. Pr. 11, 12. – Vgl. § 13 G.O. f. Z. u. S.

167. Ein Gericht darf[1] Amtshandlungen außerhalb seines Bezirks ohne Zustimmung des Amtsgerichts des Orts nur vornehmen, wenn Gefahr im Verzuge obwaltet. In diesem Falle ist dem Amtsgerichte des Orts Anzeige zu machen.

[1] Anstatt Rechtshülfe nachzusuchen.

168.[1] Die Sicherheitsbeamten[2] eines Bundesstaates sind ermächtigt, die Verfolgung eines Flüchtigen auf das Gebiet eines anderen Bundesstaates fortzusetzen und den Flüchtigen daselbst zu ergreifen.[3]

Der Ergriffene ist unverzüglich an das nächste Gericht oder die nächste Polizeibehörde des Bundesstaates, in welchem er ergriffen wurde, abzuführen.

[1] § 30 Abs. 1 Rechtsh.Ges.

[2] § 153 G.V.G. §§ 98, 105, 127, 159, 161, 187 St.P.O.

[3] Sei es um ihn zu verhaften oder nur seine Persönlichkeit festzustellen; aber nicht blos zu Zwecken der Durchsuchung oder zur Beschlagnahme von Sachen. RG 26, 212.

169. Die in einem Bundesstaate bestehenden Vorschriften über die Mittheilung von Akten einer öffent-

lichen Behörde an ein Gericht dieses Bundesstaates kommen auch dann zur Anwendung, wenn das ersuchende Gericht einem anderen Bundesstaate angehört.[1]

[1] § 397 C.P.O. — Vgl. auch § 96 St.P.O. — Sachsen: Ver. v. 22./9. 79 (G.V.Bl. 374).

Vierzehnter Titel.

Oeffentlichkeit und Sitzungspolizei.

Gilt auch in Konsularsachen, § 13 R.Ges. v. 10./7. 79, unten S. 123, und vor den Gewerbegerichten, § 36 R.Ges. v. 29./7. 90 (R.G.B. 149); vgl. auch § 21 Nr. 5 Gew.Ord. (R.G.B. 1883 S. 183).

Ausführungsbestimmungen: Preußen: §§ 88, 89 Ges. v. 24./4. 78 (G.S. 230). — Bayern: Art. 79 Ges. v. 23./2. 79 (G.V.Bl. 273). — Sachsen: § 31 Ges. v. 1./3. 79 (G.V.Bl. 59). — Württemberg: Art. 33 Ges. v. 24./1. 79 (Reg.Bl. 3). — Elsaß-Lothringen: § 32 Ges. v. 4./11. 78 (Ges.Bl. 65).

Oeffentlichkeit.

170. Die Verhandlung vor dem erkennenden Gerichte, einschließlich der Verkündung der Urtheile und Beschlüsse desselben, erfolgt öffentlich.[1]

[1] Begriff der Oeffentlichkeit: RG 23, 219. — Beim Reichsgericht haben Richter, Reichsanwälte und Gerichtsschreiber, bei den Landesgerichten vielfach auch die Rechtsanwälte in den öffentlichen Sitzungen eine Amtstracht zu tragen. Preußen: § 89 Ges. v. 24./4. 78 (G.S. 230). Ordre v. 4./7. 79 u. Verf. v. 12./7. 79 (J.M.Bl. 172). — Bayern: § 35 Ver. v. 23./8. 79 (G.V.Bl. 1044), Bek. v. 29./12. 79 (J.M.Bl. 1909), v. 16./3. u. v. 13./11. 80 (J.M.Bl. 75 u. 353). — Sachsen: Ges. v. 22./3. 80 (G.V.Bl. 39). — Baden: Bek. v. 15./9. 79 (G.V.Bl. 642).

171. In Ehesachen[1] ist die Oeffentlichkeit auszuschließen, wenn eine der Parteien es beantragt.

[1] §§ 568—592 C.P.O.

172. In dem auf die Klage wegen Anfechtung oder Wiederaufhebung der Entmündigung einer Person wegen Geisteskrankheit eingeleiteten Verfahren (§§. 605, 620 der Civilprozeßordnung) ist die Oeffentlichkeit während der Vernehmung des Entmündigten auszuschließen, auch kann auf Antrag einer der Parteien die Oeffentlichkeit der Verhandlung überhaupt ausgeschlossen werden.

Das Verfahren wegen Entmündigung oder Wiederaufhebung der Entmündigung (§§. 593—604, 616—619 der Civilprozeßordnung ist nicht öffentlich.

173. In allen Sachen kann durch das Gericht für die Verhandlung oder für einen Theil derselben die Oeffentlichkeit ausgeschlossen werden, wenn sie eine Gefährdung der öffentlichen Ordnung,[1] insbesondere der Staatssicherheit, oder eine Gefährdung der Sittlichkeit besorgen läßt.[2]

[1] Hierher gehört der Fall des Mißbrauchs der Oeffentlichkeit zur Störung der Gerichtsverhandlung und zur Erschwerung der Wahrheitsermittelung. Begr. 197.

[2] Die durch gesperrten Druck hervorgehobenen Aenderungen beruhen auf Art. I R.Ges. v. 5./4. 88 (R.G.B. 133).

174. Die Verkündung des Urtheils[1] erfolgt in jedem Falle öffentlich.

Durch einen besonderen Beschluß[2] des Gerichts kann für die Verkündung der Urtheilsgründe oder eines Theiles derselben die Oeffentlichkeit ausgeschlossen werden, wenn sie eine Gefährdung der Staatssicherheit oder eine Gefährdung der Sittlichkeit besorgen läßt.[3]

[1] Die Verkündung der Beschlüsse geschieht gemäß §§ 171 bis 173. Pr. 683. Ausnahme: § 175 Abs. 2.

[2] Der gemäß § 172 erfolgte Ausschluß der Oeffentlichkeit für die ganze Dauer der Verhandlung hat diese Folge noch nicht. RG 20, 383. [3] Vgl. Anm. 2 zu § 173.

175.[1] Die Verhandlung über die Ausschließung der Oeffentlichkeit findet in nicht öffentlicher Sitzung statt,[2] wenn ein Betheiligter es beantragt oder das Gericht es für angemessen erachtet. Der Beschluß, welcher die Oeffentlichkeit ausschließt, muß öffentlich verkündet werden. Bei der Verkündung ist anzugeben, ob die Ausschließung wegen Gefährdung der öffentlichen Ordnung, insbesondere wegen Gefährdung der Staatssicherheit, oder ob sie wegen Gefährdung der Sittlichkeit erfolgt.

Ist die Oeffentlichkeit wegen Gefährdung der Staatssicherheit ausgeschlossen, so kann das Gericht den anwesenden Personen die Geheimhaltung von Thatsachen, welche durch die Verhandlung, durch die Anklageschrift oder durch andere amtliche Schriftstücke des Prozesses zu ihrer Kenntniß gelangen, zur Pflicht machen.[4] Der Beschluß ist in das Sitzungsprotokoll aufzunehmen. Gegen denselben findet Beschwerde statt. Die Beschwerde hat keine aufschiebende Wirkung.

[1] Anm. 2 zu § 173.

[2] Den Betheiligten muß in allen Fällen Gelegenheit zur Erklärung darüber gegeben werden. RG 20, 21, 52. Der vorher auf Grund des § 246 St.P.O. abgetretene Angeklagte ist in das Sitzungszimmer zurückzuführen und persönlich zu hören. RG 18, 138.

[3] Verbot der Veröffentlichung durch die Presse: Art. III R.Ges. v. 5./4. 88 (R.G.B. 133). [4] Strafe der Zuwiderhandlung: Art. II R.Ges. v. 5./4. 88 (R.G.B. 134).

176.[1] Der Zutritt zu öffentlichen Verhandlungen kann unerwachsenen und solchen Personen versagt werden, welche sich nicht im Besitze der bürgerlichen Ehrenrechte befinden, oder welche in einer der Würde des Gerichts nicht entsprechenden Weise erscheinen.

Zu nicht öffentlichen Verhandlungen kann der Zutritt einzelnen Personen vom Gerichte gestattet werden. Einer Anhörung der Betheiligten bedarf es nicht.

Die Ausschließung der Oeffentlichkeit steht der Anwesenheit der die Dienstaufsicht führenden Beamten der Justizverwaltung bei den Verhandlungen vor dem erkennenden Gerichte nicht entgegen.

[1] Anm. 2 zu § 173.

Sitzungspolizei.

177. Die Aufrechthaltung der Ordnung[1] in der Sitzung liegt dem Vorsitzenden[2] ob.[3]

[1] Gegenüber jeder im Sitzungszimmer anwesenden Person, auch der Staatsanwaltschaft. Pr. 29—38. Vgl. auch RG 11, 138. [2] Nöthigenfalls kann er die Sitzung aufheben. Schadensersatzpflicht des Vorsitzenden bei Anordnung unnöthiger Maßnahmen: RG 32, 390. Strafbefugnisse stehen während der Sitzung nur dem Gerichte zu.

[3] Gilt auch im ehrengerichtlichen Verfahren. § 66 R.A.O.

178. Parteien, Beschuldigte, Zeugen, Sachverständige oder bei der Verhandlung nicht betheiligte Personen, welche den zur Aufrechthaltung der Ordnung erlassenen Befehlen nicht gehorchen, können auf Beschluß des Gerichts[1] aus dem Sitzungszimmer entfernt,[2] auch zur Haft abgeführt und während einer in dem Beschlusse zu bestimmenden Zeit, welche vierundzwanzig Stunden nicht übersteigen darf, festgehalten werden.

[1] Anordnung des Vorsitzenden genügt nicht. RG 20, 274. Vgl. auch § 246 Abs. 1 St.P.O. — Vorgängige Anhörung der Betheiligten: § 33 St.P.O. Verkündigung mit Gründen: §§ 34, 35 St.P.O.

[2] Folgen der Entfernung betheiligter Personen. § 144 C.P.O. § 246 St.P.O.

179. Das Gericht kann gegen Parteien, Beschuldigte, Zeugen, Sachverständige oder bei der Verhandlung nicht betheiligte Personen, welche sich in der Sitzung einer Ungebühr schuldig machen, vorbehaltlich der strafgerichtlichen Verfolgung, eine Ordnungsstrafe bis zu einhundert Mark oder bis zu drei Tagen Haft festsetzen und sofort vollstrecken lassen.

180. Das Gericht kann gegen einen bei der Verhandlung betheiligten Rechtsanwalt oder Vertheidiger, der sich in der Sitzung einer Ungebühr schuldig macht, vorbehaltlich der strafgerichtlichen oder disziplinaren Verfolgung, eine Ordnungsstrafe bis zu einhundert Mark festsetzen.

181. Die Vollstreckung der vorstehend bezeichneten

Ordnungsstrafen hat der Vorsitzende unmittelbar zu veranlassen.[1]

[1] Er ist befugt, erforderlichenfalls persönlich bei der Ausführung der Vollstreckung mitzuwirken. RG 15, 231.

182. Die in den §§. 177—181 bezeichneten Befugnisse stehen auch einem einzelnen Richter bei der Vornahme von Amtshandlungen außerhalb der Sitzung zu.

183. Ist in den Fällen der §§. 179, 180, 182 eine Ordnungsstrafe festgesetzt, so findet binnen der Frist von einer Woche[1] nach der Bekanntmachung der Entscheidung Beschwerde[2] statt, sofern die Entscheidung nicht von dem Reichsgerichte oder einem Oberlandesgerichte getroffen ist.

Die Beschwerde hat in dem Falle des §. 179 keine aufschiebende Wirkung, in den Fällen des §. 180 und des §. 182 aufschiebende Wirkung.

Ueber die Beschwerde entscheidet das Oberlandesgericht.[3]

[1] In Konsularsachen zwei Wochen. § 13 R.Ges. v. 10./7. 79, unten S. 123. [2] Auf diese Beschwerde finden die Vorschriften der §§ 530 ff. C.P.O. und §§ 346 ff. St.P.O. nicht Anwendung. Anm. 4 zu § 160.

[3] Eine weitere Beschwerde gegen die vom Oberlandesgericht in der Beschwerdeinstanz getroffene Entscheidung findet nicht statt. R.G. 2, 385.

184. Ist eine Ordnungsstrafe wegen Ungebühr festgesetzt, oder eine Person zur Haft abgeführt, oder eine bei der Verhandlung betheiligte Person entfernt worden, so ist der Beschluß des Gerichts

und dessen Veranlassung in das Protokoll[1] aufzunehmen.

[1] §§ 145, 146 C.P.O. §§ 166, 186, 272, 273 St.P.O.

185. Wird eine strafbare Handlung in der Sitzung begangen, so hat das Gericht den Thatbestand festzustellen und der zuständigen Behörde das darüber aufgenommene Protokoll mitzutheilen. In geeigneten Fällen ist die vorläufige Festnahme[1] des Thäters zu verfügen.

[1] §§ 127 ff. St.P.O.

Fünfzehnter Titel.
Gerichtssprache.

Gilt auch im ehrengerichtlichen Verfahren, § 66 R.A.O., im Verfahren vor dem Patentamt, § 34 R.Ges. v. 7./4. 91 (R.G.B. 89), vor den Seeämtern und dem Ober-Seeamt, §§ 19, 30 R.Ges. v. 27./7. 77 (R.G.B. 549), in Konsularsachen, § 13 R.Ges. v. 10./7. 79, unten S. 123, auch RG 31, 428, und vor den Gewerbegerichten; § 36 R.Ges. v. 29./7. 90 (R.G.B. 149).

Ausführungsbestimmungen: Preußen: Ges. v. 28./8. 76 (G.S. 389). — Sachsen: § 31 Ges. v. 1./3. 79 (G.B.Bl. 59).

186. Die Gerichtssprache ist die deutsche.[1]

[1] § 12 E.G. — Uebertragung fremdsprachlicher Schriftstücke von Amtswegen: RG 27, 269. Vgl. § 133 Abs. 3 C.P.O.

187. Wird unter Betheiligung von Personen verhandelt, welche der deutschen Sprache nicht mächtig sind, so ist ein Dolmetscher[1] zuzuziehen. Die Führung eines Nebenprotokolls in der fremden Sprache findet nicht statt; jedoch sollen Aussagen und Erklärungen

in fremder Sprache, wenn und soweit der Richter dies mit Rücksicht auf die Wichtigkeit der Sache für erforderlich erachtet, auch in der fremden Sprache in das Protokoll oder in eine Anlage niedergeschrieben werden. In den dazu geeigneten Fällen soll dem Protokolle eine durch den Dolmetscher zu beglaubigende Uebersetzung beigefügt werden.

Die Zuziehung eines Dolmetschers kann unterbleiben, wenn die betheiligten Personen sämmtlich der fremden Sprache mächtig sind.

[1] Preußen: Dolmetscherord. v. 24./4. 86 (J.M.Bl. 98).

188. Zur Verhandlung mit tauben oder stummen Personen ist, sofern nicht eine schriftliche Verständigung[1] erfolgt, eine Person als Dolmetscher zuzuziehen, mit deren Hülfe die Verständigung in anderer Weise erfolgen kann.[2]

[1] Bei Taubstummen muß Frage wie Antwort schriftlich geschehen. Pr. 46.

[2] Eidesleistung Stummer: § 445 C.P.O. § 63 St.P.O.

189. Ob einer Partei, welche taub ist, bei der mündlichen Verhandlung der Vortrag zu gestatten sei, bleibt dem Ermessen des Gerichts überlassen.

Dasselbe gilt in Anwaltsprozessen[1] von einer Partei, die der deutschen Sprache nicht mächtig ist.

[1] § 74 Abs. 1 C.P.O. — In amtsgerichtlichen Prozessen ist ein Dolmetscher zuzuziehen. § 187.

190. Personen, welche der deutschen Sprache nicht mächtig sind, leisten Eide in der ihnen geläufigen Sprache.

191. Der Dolmetscher hat einen Eid dahin zu leisten:[1]

daß er treu und gewissenhaft übertragen werde.

Ist der Dolmetscher für Uebertragungen der betreffenden Art im allgemeinen beeidigt, so genügt die Berufung auf den geleisteten Eid.[2]

[1] Abnahme des Eides: §§ 440 ff. C.P.O. §§ 62, 63, 72 St.P.O. — Soweit die Sachverständigen ihr Gutachten mündlich zu erstatten haben, muß auch der Dolmetscher seine Uebertragung bei Gericht persönlich vortragen. RG 9, 51, auch 25, 353, 27, 162. Die Verlesung einer Uebersetzung durch den Dolmetscher ist zulässig. RG 7, 388.

[2] Vgl. Anm. 3 zu § 363 C.P.O.

192. Der Dienst des Dolmetschers kann von dem Gerichtsschreiber[1] wahrgenommen werden. Einer besonderen Beeidigung bedarf es nicht.

[1] Dem in der mündlichen Verhandlung fungirenden. Sonst ist gemäß § 191 zu verfahren. RG 2, 373.

193. Auf den Dolmetscher finden die Bestimmungen über Ausschließung und Ablehnung der Sachverständigen[1] entsprechende Anwendung. Die Entscheidung erfolgt durch das Gericht oder den Richter, von welchem der Dolmetscher zugezogen ist.

[1] §§ 41, 42, 371 C.P.O. §§ 22, 24, 74 St.P.O.

Sechzehnter Titel.

Berathung und Abstimmung.

Gilt auch im ehrengerichtlichen Verfahren, § 66 R.A.O., im Verfahren vor den Seeämtern und dem Ober-Seeamt, §§ 19, 30. R.Ges. v. 27./7. 77 (R.G.B. 549), vor dem Konsulargericht, § 13 R.Ges. v. 10./7. 79, unten S. 123, und vor den Gewerbegerichten, § 53 R.Ges. v. 29./7. 90 (R.G.B. 153)

Ausführungsbestimmungen: Preußen: § 90 Geſ. v. 24./4. 78 (G.S. 230). — Bayern: Art. 79 Geſ. v. 23./2. 79 (G.V.Bl. 273). — Elsaß-Lothringen: § 32 Geſ. v. 4./11. 78 (Geſ.Bl. 65).

194. Bei Entscheidungen dürfen Richter nur in der gesetzlich bestimmten Anzahl mitwirken.

Bei Verhandlungen von längerer Dauer kann der Vorsitzende die Zuziehung von Ergänzungsrichtern anordnen,[1] welche der Verhandlung beizuwohnen[2] und im Falle der Verhinderung[3] eines Richters für denselben einzutreten haben.

Die vorstehenden Bestimmungen finden auch auf Schöffen[4] und Geschworene[5] Anwendung.

[1] Wegen der Befugniß des Vorsitzenden zur Zurücknahme dieser Anordnung vgl. RG 14, 211.

[2] Recht zur Fragestellung ꝛc.: RG 27, 172.

[3] Die Konstatirung der Verhinderung seitens des Gerichts genügt. Eine förmliche Verhandlung darüber unter Anhörung der Parteien ist nicht vorgeschrieben. RG 7, 284.

[4] § 49. [5] § 285 St.P.O. — Ueber den Eintritt der Ergänzungsgeschworenen entscheidet das Gericht, nicht der Vorsitzende. RG 13, 162.

195.[1] **Bei der Berathung und Abstimmung dürfen außer den zur Entscheidung berufenen Richtern nur die bei demselben Gerichte zu ihrer juristischen Ausbildung beschäftigten Personen[2] zugegen sein, soweit der Vorsitzende deren Anwesenheit gestattet.[3]**

[1] Anm. 2 zu § 173.

[2] § 2 Abſ. 3. Auch wenn sie in der konkreten Sache als Gerichtsschreiber mitwirken. Im übrigen ist die Anwesenheit der Gerichtsschreiber unstatthaft. RG 18, 161. Unstatthaft

ist in Preußen die Anwesenheit der Gerichtsassessoren, welche nicht zu Hülfsrichtern bestellt sind. § 3 Ges. v. 24./4. 78 (G.S. 230), RG 25, 238, zulässig dagegen in Hessen. RG 26, 42.

[3] Leise Berathung und Abstimmung im Sitzungssaal ist nicht ausgeschlossen. Pr. 691. RG 22, 397.

196. Der Vorsitzende leitet die Berathung, stellt die Fragen und sammelt die Stimmen.

Meinungsverschiedenheiten über den Gegenstand, die Fassung und die Reihenfolge der Fragen oder über das Ergebniß der Abstimmung entscheidet das Gericht.

197. Kein Richter, Schöffe oder Geschworener darf die Abstimmung über eine Frage verweigern, weil er bei der Abstimmung über eine vorhergegangene Frage in der Minderheit geblieben ist.

198. Die Entscheidungen erfolgen, soweit das Gesetz nicht ein Anderes bestimmt,[1] nach der absoluten Mehrheit der Stimmen.[2]

Bilden sich in Beziehung auf Summen, über welche zu entscheiden ist, mehr als zwei Meinungen, deren keine die Mehrheit für sich hat, so werden die für die größte Summe abgegebenen Stimmen den für die zunächst geringere abgegebenen so lange hinzugerechnet, bis sich eine Mehrheit ergiebt.

Bilden sich in einer Strafsache, von der Schuldfrage abgesehen, mehr als zwei Meinungen, deren keine die Mehrheit für sich hat, so werden die dem Beschuldigten nachtheiligsten Stimmen den zunächst minder nachtheiligen so lange hin zugerechnet, bis sich eine Mehrheit ergiebt.

[1] Zur Bejahung der Schuldfrage ist Zweidrittelmehrheit nöthig: § 262 Str.P.O. — Zur Verneinung der Frage wegen mildernder Umstände genügt absolute Mehrheit: vgl. § 262 Abs. 2 mit § 266 Abs. 2, 3, auch § 297 Abs. 2, 307 Abs. 2 St.P.O. Pr. z. St.P.O. 756—758.

[2] Abstimmung über die Elemente des Urtheils oder über das Resultat? Pr. 47—54. Pr. z. St.P.O. 461—463. — Im Strafverfahren muß die Schuldfrage ungetheilt zur Abstimmung gebracht werden. RG 8, 218. Dagegen ist über das Vorhandensein strafmildernder Umstände getrennt abzustimmen. RG 5, 404.

199. Die Reihenfolge bei der Abstimmung richtet sich nach dem Dienstalter, bei den Schöffengerichten und den Kammern für Handelssachen nach dem Lebensalter; der Jüngste stimmt zuerst, der Vorsitzende zuletzt. Wenn ein Berichterstatter ernannt ist, so giebt dieser seine Stimme zuerst ab.

Bei der Abstimmung der Geschworenen richtet sich die Reihenfolge nach der Auslossung. Der Obmann stimmt zuletzt.

200. Schöffen und Geschworene[1] sind verpflichtet, über den Hergang bei der Berathung und Abstimmung Stillschweigen zu beobachten.

[1] Bei Richtern folgt diese Pflicht aus der Amtsverschwiegenheit. Begr. 207. Vgl. auch Anm. 1 zu § 1.

Siebenzehnter Titel.

Gerichtsferien.

Rücksicht auf Sonn- und Feiertage: §§ 171 Abs. 1, 193, 200 Abs. 2, 681 Abs. 1 C.P.O. § 43 Abs. 2 St.P.O.

Ausführungsbestimmungen: Preußen: § 91 Ges.

v. 24./4. 78 (G.S. 230). — Württemberg: Art. 34, 35 Ges. v. 24./1. 79 (Reg.Bl. 3).

201. Die Gerichtsferien beginnen am 15. Juli und endigen am 15. September.

202. Während der Ferien werden nur in Feriensachen Termine abgehalten und Entscheidungen[1] erlassen.[2]

Feriensachen sind:[3]

1. Strafsachen;
2. Arrestsachen und die eine einstweilige Verfügung betreffenden Sachen;[4]
3. Meß- und Marktsachen;[5]
4. Streitigkeiten zwischen Vermiethern und Miethern von Wohnungs- und anderen Räumen wegen Ueberlassung, Benutzung und Räumung derselben, sowie wegen Zurückhaltung der vom Miether in die Miethsräume eingebrachten Sachen;[6]
5. Wechselsachen;[7]
6. Bausachen, wenn über Fortsetzung eines angefangenen Baues gestritten wird.

Das Gericht kann auf Antrag auch andere Sachen, soweit sie besonderer Beschleunigung bedürfen, als Feriensachen bezeichnen. Die gleiche Befugniß hat vorbehaltlich der Entscheidung des Gerichts der Vorsitzende.

[1] Prozeßleitende Verfügungen (Terminsanberaumungen u. dgl.) werden auch während der Ferien erlassen. Pr. 697.

[2] Lauf der Fristen: § 201 Abs. 2 C.P.O.

[3] Ferner: Streitigkeiten wegen gegenseitiger Störung

elektrischer Anlagen, §§ 12, 13 Abs. 2 R.Ges. v. 6./4. 92 (R.G.B. 469). [4] §§ 796—822 C.P.O. [5] § 30 C.P.O. [6] § 23 Nr. 2. [7] §§ 565—567 C.P.O.

203. Zur Erledigung der Feriensachen können bei den Landgerichten Ferienkammern, bei den Oberlandesgerichten und dem Reichsgerichte Feriensenate gebildet werden.[1]

[1] Gemäß §§ 61—63, 121, 133.

204. Auf das Mahnverfahren,[1] das Zwangsvollstreckungsverfahren[2] und das Konkursverfahren[3] sind die Ferien ohne Einfluß.

[1] §§ 628 ff. C.P.O. [2] §§ 644 ff. C.P.O. [3] §§ 64 ff. K.O.

III.

Nebengesetze
zum
Gerichtsverfassungsgesetze.

---

a. Gesetz, betreffend den Uebergang von Geschäften auf das Reichsgericht.

Vom 16. Juni 1879.

(R.G.B. von 1879, Nr. 18, S. 157, 158.)

In Kraft getreten am 1. Oktober 1879. — § 3.

1. In den Vorschriften

des §. 12 des Gesetzes, betreffend die Gründung und Verwaltung des Reichs-Invalidenfonds, vom 23. Mai 1873 (Reichs-Gesetzbl. S. 117),

des § 32 des Patentgesetzes vom 25. Mai 1877 (Reichs Gesetzbl. S. 501),[1]

der §§. 87 Absatz 3, 91 Absatz 1 des Gesetzes, betreffend die Rechtsverhältnisse der Reichsbeamten, vom 31. März 1873 (Reichs-Gesetzbl. S. 61) in Verbindung mit Artikel 1 des Gesetzes für Elsaß-Lothringen, betreffend die Rechtsverhältnisse der Beamten und Lehrer, vom 23. Dezember 1873 (Gesetzbl. für Elsaß-Lothringen S. 479)

tritt an die Stelle des Reichs-Oberhandelsgerichts das Reichsgericht.

Ingleichen gehen die zufolge des Gesetzes vom 14. Juni 1871 (Reichs-Gesetzbl. S. 315) dem Reichs-Oberhandelsgericht über die richterlichen Beamten in

Elſaß-Lothringen zuſtehenden Aufſichts- und Disziplinarbefugniſſe[2] auf das Reichsgericht über.

[1] Jetzt: § 33 R.Geſ. v. 7./4. 91 (R.G.B. 89).

[2] Art. 82 senatuscons. 16. Thermidor (Bullet. d. lois sér. III. nr. 1876), Art. 51, 52, 54, 59 Geſ. v. 20./4. 10 (Bull. d. lois sér. IV nr. 5351), Art. 4 Dekretes v. 1./3. 52 (Bull. d. lois sér. X nr. 3709), Art. IV Geſ. v. 23./12. 73 (Geſ.Bl. 480). — Zuſtändigkeit für den Fall einer Juſtizverweigerung (art. 185 code pénal): RG 24, 409.

2. Für den Anſatz der Gerichtskoſten und für die Vergütung der Thätigkeit der Rechtsanwälte in den von dem Reichsgerichte nach den bisherigen Prozeßgeſetzen zu erledigenden Sachen ſind die Vorſchriften maßgebend, nach welchen die Gebühren und Auslagen zu berechnen ſein würden, wenn die Sache an den oberſten Landesgerichtshof gelangt wäre. Die Gerichtskoſten fließen zur Reichskaſſe.

3. Dieſes Geſetz tritt gleichzeitig mit dem Gerichtsverfaſſungsgeſetz in Kraft.

b. Geſetz über die Konſulargerichtsbarkeit.

Vom 10. Juli 1879.*)

(R.G.B. von 1879, Nr. 26, S. 197—206.)

In Kraft getreten am 1. Oktober 1879. — § 48.

Vgl. § 24 B.Geſ. v. 8./11. 67 (B.G.B. 137).

Inſtruktion zur Ausführung des Geſetzes über die Konſulargerichtsbarkeit. Vom 10./11. 79 (Centr.Bl. 575).

Anwendbarkeit dieſes Geſetzes auf die deutſchen Schutz-

---

*) Begr. = Begründung des Entwurfs eines Geſetzes über die Konſulargerichtsbarkeit. (Druckſachen des Deutſchen Reichstags. 4. Legislatur-Periode, II. Seſſion, 1879, Nr. 70.)

gebiete: R.Geſ., betr. die Rechtsverhältniſſe der deutſchen Schutzgebiete, in der Faſſung v. 19./3. 88 (R.G.B. 75). Für Neu-Guinea und die Salomons-Inſeln: Ver. v. 5./6. 86 (R.G.B. 187), v. 11./1. 87 (R.G.B. 4) u. v. 13./7. 88 (R.G.B. 221); für die Marſchall-, Brown- und Providence-Inſeln: Ver. v. 13./9. 86 (R.G.B. 291) u. v. 7./2. 90 (R.G.B. 551); für Südweſt-Afrika: Ver. v. 21./12. 87 (R.G.B. 535) u. v. 10./8. 90 (R.G.B. 171); für Kamerun und Togo: Ver. v. 2./7. 88 (R.G.B. 211); für Oſtafrika: Ver. v. 18./11. 87 (R.G.B. 527) u. 1./1. 91 (R.G.B. 1). — Für die übrigen Theile der deutſchen Intereſſenſphären in Afrika vgl. Ver. v. 2./5. 94 (R.G.B. 461).

I. Allgemeine Beſtimmungen.

1. Die Konſulargerichtsbarkeit wird in den Ländern ausgeübt, in welchen ihre Ausübung durch Herkommen oder durch Staatsvertrag geſtattet iſt.

Der Konſulargerichtsbarkeit ſind die in den Konſulargerichtsbezirken wohnenden oder ſich aufhaltenden Reichsangehörigen und Schutzgenoſſen[1] unterworfen.[2]

[1] § 5 Abſ. 2. [2] Vgl. Inſtruktion zum § 1.

2. Die Konſulargerichtsbezirke werden von dem Reichskanzler nach Vernehmung des Ausſchuſſes des Bundesraths für Handel und Verkehr beſtimmt.

3. In Betreff des bürgerlichen Rechts iſt anzunehmen, daß in den Konſulargerichtsbezirken die Reichsgeſetze[1], das preußiſche Allgemeine Landrecht und die das bürgerliche Recht betreffenden allgemeinen Geſetze derjenigen preußiſchen Landestheile, in welchen das Allgemeine Landrecht Geſetzeskraft hat,[2] gelten.

In Handelsſachen kommt zunächſt das in dem

Koſulargerichtsbezirke geltende Handelsgewohnheitsrecht zur Anwendung.[3]

[1] Für Eheſchließungen das Geſetz v. 4./5. 70 (B.G.B. 599), nicht das Geſetz v. 6./2. 75 (R.G.B. 23). RG 27, 103.

[2] Im Sinne des § 16 Geſ. v. 29./6. 65 (B.G.B. 1867 S. 147). Die Gebietstheile der Provinz Hannover, in denen das Allg. Landrecht ebenfalls Geltung hat, ſind nicht einbegriffen. Begr. 14. [3] Doch können die bürgerlichrechtlichen Vorſchriften der K.O. durch dasſelbe nicht außer Kraft geſetzt werden. RG 14, 144.

4. In Betreff des Strafrechts iſt anzunehmen, daß in den Konſulargerichtsbezirken das Strafgeſetzbuch für das Deutſche Reich und die ſonſtigen Strafbeſtimmungen der Reichsgeſetze[1] gelten.

Die in den Konſulargerichtsbezirken geltenden Strafgeſetze der Landesregierungen bleiben außer Anwendung, inſofern nicht durch Staatsverträge oder Herkommen etwas Anderes beſtimmt iſt.

Der Konſul iſt befugt, für ſeinen Gerichtsbezirk oder einen Theil desſelben polizeiliche Vorſchriften mit verbindlicher Kraft für die ſeiner Gerichtsbarkeit unterworfenen Perſonen zu erlaſſen und die Nichtbefolgung derſelben mit Geldſtrafen bis zum Betrage von einhundertfünfzig Mark zu bedrohen. Dieſe Vorſchriften ſind ſofort in Abſchrift dem Reichskanzler[2] mitzutheilen.

Der Reichskanzler iſt befugt, die von dem Konſul erlaſſenen polizeilichen Vorſchriften aufzuheben.

Die Verkündung der polizeilichen Vorſchriften ſowie die Verkündung der Aufhebung derſelben erfolgt in der für konſulariſche Bekanntmachungen ortsüblichen Weiſe,[3] jedenfalls durch Anheftung an die Gerichtstafel.

[1] Nicht auch die Preußiſchen Landesſtrafgeſetze.

[2] Und dem im Lande beglaubigten Kaiſerlichen Geſandten, Inſtruktion zum § 4. [3] Durch Einrückung in eine am Sitz des Konſulats erſcheinende Zeitung. Inſtr. zum § 4.

5. Die Konſulargerichtsbarkeit wird durch den Konſul (§. 2 des Geſetzes, betreffend die Organiſation der Bundeskonſulate,[1] vom 8. November 1867 — Bundes-Geſetzbl. S. 137 —) und durch das Konſulargericht augeübt.

Der Konſul iſt zur Ausübung der Gerichtsbarkeit befugt, wenn er dazu von dem Reichskanzler ermächtigt iſt.[2]

Der Reichskanzler kann neben dem Konſul, ſowie an Stelle desſelben einem anderen Beamten die Befugniſſe des Konſuls bei Ausübung der Gerichtsbarkeit übertragen.[3]

[1] Die dort gebrauchte Bezeichnung „Vorſteher" umfaßt auch den nach Maßgabe der geſetzlichen Vorſchriften ernannten Stellvertreter. Begr. 16.

[2] Geſchieht durch Zuweiſung des Gerichtsbezirks. Inſtr. zum § 5. — Vgl. das Verzeichniß im Preuß. J.M.Bl. v. 1891 S. 343; auch Nr. 12 ff. Preuß. Min.Verf. v. 20/5. 87. (J.M.Bl. 142). [3] Vgl. insbeſondere auch wegen der Uebertragung der Erledigung einzelner richterlicher Geſchäfte Abſ. 2—4 Inſtr. zum § 5.

6. Das Konſulargericht beſteht aus dem Konſul als Vorſitzenden und zwei Beiſitzern, inſoweit dieſes Geſetz nicht die Zuziehung von vier Beiſitzern vorſchreibt.

Den Beiſitzern ſteht ein unbeſchränktes Stimmrecht zu.

7. Der Konſul ernennt für die Dauer eines jeden Jahres aus den achtbaren Gerichtseingeſeſſenen oder in Ermangelung ſolcher aus ſonſtigen achtbaren Einwohnern ſeines Bezirks vier Beiſitzer und mindeſtens zwei Stellvertreter.[1]

[1] Dem Reichskanzler anzuzeigen. Vgl. Inſtr. §§ 7—9.

8. Die Beeidigung der Beiſitzer erfolgt bei ihrer erſten Dienſtleiſtung in öffentlicher Sitzung. Sie gilt für die Dauer des Geſchäftsjahres. Der Vorſitzende richtet an die zu Beeidigenden die Worte: „Sie ſchwören bei Gott dem Allmächtigen und Allwiſſenden, die Pflichten eines Beiſitzers des deutſchen Konſulargerichts getreulich zu erfüllen und Ihre Stimme nach beſtem Wiſſen und Gewiſſen abzugeben.“

Die Beiſitzer leiſten den Eid, indem jeder einzeln unter Erhebung der rechten Hand, die Worte ſpricht: „Ich ſchwöre es, ſo wahr mir Gott helfe.“ Iſt ein Beiſitzer Mitglied einer Religionsgeſellſchaft, welcher das Geſetz den Gebrauch gewiſſer Betheuerungsformeln an Stelle des Eides geſtattet, ſo wird die Abgabe einer Erklärung unter der Betheuerungsformel dieſer Religionsgeſellſchaft der Eidesleiſtung gleich geachtet. Ueber die Beeidigung wird ein Protokoll aufgenommen.

9. Iſt die Zuziehung von vier Beiſitzern in den Fällen, in welchen ſie durch dieſes Geſetz vorgeſchrieben

ist, nicht ausführbar, so genügt die Zuziehung von zwei Beisitzern.

Ist in bürgerlichen Rechtsstreitigkeiten die Zuziehung von zwei Beisitzern nicht ausführbar, so tritt an die Stelle des Konsulargerichts der Konsul.[1]

Die Gründe, aus welchen die Zuziehung von Beisitzern nicht ausführbar war, müssen in dem Sitzungsprotokoll bemerkt werden.

[1] Ist der Konsul rechtlich oder thatsächlich verhindert, oder ist in Strafsachen, welche vor das Konsulargericht gehören, die Zuziehung von zwei Beisitzern nicht möglich, so ist nach §§ 14, 21 dieses Ges. und § 36 C.P.O., § 15 St.P.O. die Sache einem anderen Konsul bezw. Konsulargericht durch das Reichsgericht zu übertragen. Begr. 17.

10. Der Konsul hat die Personen zu bestimmen, welche die Verrichtungen der Gerichtsschreiber und der Gerichtsvollzieher (Zustellungs- und Vollstreckungsbeamten) auszuüben haben. Sofern diese Personen nicht bereits den Diensteid als Konsulatsbeamte abgelegt haben, sind sie vor ihrem Amtsantritte auf die Erfüllung der Obliegenheiten des ihnen übertragenen Amtes eidlich zu verpflichten.[1]

Das Verzeichniß der Gerichtsvollzieher ist in der für konsularische Bekanntmachungen ortsüblichen Weise,[2] jedenfalls durch Anheftung an die Gerichtstafel bekannt zu machen.

[1] Dienstverhältnisse der Gerichtsschreiber und Gerichtsvollzieher: Instr. zum § 10. [2] Anm. 3 zum § 4.

11. Der Konsul hat die Personen, welche zur Ausübung der Rechtsanwaltschaft zugelassen sind, zu bestimmen. Die Zulassung ist widerruflich.[1]

Gegen die Verfügung des Konſuls, durch welche der Antrag einer Perſon auf Zulaſſung zur Ausübung der Rechtsanwaltſchaft abgelehnt oder die Zulaſſung zurückgenommen wird, findet Beſchwerde an den Reichskanzler ſtatt.

Das Verzeichniß der zur Ausübung der Rechtsanwaltſchaft zugelaſſenen Perſonen iſt in der für konſulariſche Bekanntmachungen ortsüblichen Weiſe,[2] jedenfalls durch Anheftung an die Gerichtstafel bekannt zu machen.

[1] Vgl. Inſtr. zum § 11. [2] Anm. 3 zum § 4.

12. Soweit dieſes Geſetz nicht abweichende Vorſchriften enthält,[1] iſt für die durch das Gerichtsverfaſſungsgeſetz und die Konkursordnung den Amtsgerichten zugewieſenen Sachen[2] der Konſul, für die den Schöffengerichten,[3] ſowie für die den Landgerichten in erſter Inſtanz zugewieſenen Sachen[4] das Konſulargericht zuſtändig.[5]

In den zu der ſtreitigen Gerichtsbarkeit nicht gehörenden Angelegenheiten, welche in den im §. 3 Abſatz 1 bezeichneten preußiſchen Landestheilen in erſter Inſtanz zur Zuſtändigkeit der Amtsgerichte oder der Landgerichte gehören,[6] iſt der Konſul zuſtändig.

[1] Insbeſondere alſo nach § 1, ſoweit nicht durch Herkommen oder Staatsvertrag die Konſulargerichtsbarkeit Einſchränkungen unterworfen iſt. Begr. 18. Dies iſt namentlich der Fall in Egypten. R.Geſ. v. 30./3. 74 (R.G.B. 23). Ver. v. 23./12. 75 (R.G.B. 381); R.Geſ. v. 5./6. 80 (R.G.B. 145); Ver. v. 23./12. 80 (R.G.B. 192). Ferner in Bosnien und der Herzegowina: R.Geſ. v. 7./6. 80 (R.G.B. 146);

Ver. v. 23./12. 80 (R.G.B. 191). In Tunis: R.Ges. v. 27./7. 83 (R.G.B. 263); Ver. v. 21./1. 84 (R.G.B. 9). — Wegen der Konsulargerichtsbarkeit in Samoa vgl. R.Ges. v. 6./7. 90 (R.G.B. 139) u. Ver. 29./10. 90 (R.G.B. 189).

2 §§ 23, 26, 30, 52—57, 158 G.V.G. § 64 K.O.

3 §§ 27—29 G.V.G. 4 §§ 70—74 G.V.G.

5 Auch an Stelle des Oberlandesgerichts im Falle des § 170 St.P.O. Vgl. Anm. 1 zu § 35. Für Sachen, die zur Zuständigkeit des Schwurgerichts oder des Reichsgerichts gehören (§§ 80, 136 Nr. 1 G.V.G.), sind Konsul und Konsulargericht nicht zuständig. Verfahren: § 31.

6 §§ 25, 26, 40, 41 Preuß. Ges. v. 24./4. 78 (G.S. 230).

13. Die Vorschriften der Titel 13 bis 16 des Gerichtsverfassungsgesetzes finden auf die Ausübung der streitigen Gerichtsbarkeit mit der Maßgabe entsprechende Anwendung,[1] daß die im §. 183 vorgesehene Frist zwei Wochen beträgt.[2]

1 Eingaben in anderer als der deutschen Sprache sind unzulässig. § 186 C.P.O. RG. 31, 428.

2 An die Stelle des Oberlandesgerichts (§§ 160, 183 G.V.G.) tritt das Reichsgericht. Vgl. §§ 18, 36. Begr. 20.

II. Verfahren in bürgerlichen Rechtsstreitigkeiten und in Konkurssachen.

14, 15. Betreffen nur das Verfahren. (Vgl. unten VIa.)

16. In den vor das Konsulargericht gehörenden Sachen nehmen die Beisitzer nur an der mündlichen Verhandlung sowie an den im Laufe oder auf Grund derselben ergehenden Entscheidungen Theil.

17. Die Verrichtungen der Staatsanwaltschaft werden in Ehesachen im Falle des §. 585, sowie in Entmündigungssachen in den Fällen der §§. 607,

620 Absatz 4, 624 Absatz 3, 626 Absatz 3 der Civilprozeßordnung vom Konsul einer der zur Ausübung der Rechtsanwaltschaft zugelassenen Personen oder in Ermangelung solcher einem anderen achtbaren Gerichtseingesessenen übertragen.

Im Uebrigen findet eine Mitwirkung der Staatsanwaltschaft nicht statt.

18. In den zur Zuständigkeit des Konsuls gehörenden bürgerlichen Rechtsstreitigkeiten (§. 12 Absatz 1) finden, sofern der Werth des Streitgegenstandes die Summe von dreihundert Mark nicht übersteigt,[1] Rechtsmittel nicht statt.

Im Uebrigen ist in den vor dem Konsul oder dem Konsulargerichte verhandelten bürgerlichen Rechtsstreitigkeiten sowie in Konkurssachen zur Verhandlung und Entscheidung über die Rechtsmittel der Beschwerde[2] und der Berufung[3] das Reichsgericht zuständig.[4]

Gegen die Entscheidungen des Reichsgerichts findet ein weiteres Rechtsmittel nicht statt.

[1] Bei höherem Streitgegenstand ist die Berufung auch wegen eines Betrages von 300 Mark oder weniger zulässig. RG 13, 410. [2] §§ 530 ff. C.P.O. § 66 K.O.

[3] § 472 C.P.O. [4] Ausnahme für Ostafrika: § 5 Ver. v. 1./1. 91 (R.G.B. 2). — Einsendung der Akten durch Vermittelung des Reichskanzlers. Instr. zum § 18.

19, 20. Betreffen nur das Verfahren. (Vgl. unten VI a.)

III. Verfahren in Strafsachen.

21. Betrifft nur das Verfahren.

22. Der Konsul übt die Verrichtungen des Amtsrichters und des Vorsitzenden der Strafkammer aus.

23. Auf die Zuziehung der Beisitzer findet die Vorschrift des §. 30 des Gerichtsverfassungsgesetzes entsprechende Anwendung.

24. Eine Mitwirkung der Staatsanwaltschaft findet nicht statt.

Absatz 2 betrifft nur das Verfahren.

25 bis 27. Betreffen nur das Verfahren.

28. In der Hauptverhandlung sind vier Beisitzer zuzuziehen, wenn der Beschluß über die Eröffnung des Hauptverfahrens ein Verbrechen oder ein Vergehen zum Gegenstande hat, welches weder zur Zuständigkeit der Schöffengerichte, noch zu den in den §§. 74, 75 des Gerichtsverfassungsgesetzes bezeichneten Handlungen gehört.

29 bis 32. Betreffen nur das Verfahren.

33. Gegen die in Strafsachen wegen Uebertretungen erlassenen Entscheidungen sind Rechtsmittel nicht zulässig.

34. In anderen Strafsachen findet gegen die Urtheile des Konsulargerichts das Rechtsmittel der Berufung[1] statt.

35. Ueber Beschwerden gegen Entscheidungen des Konsuls entscheidet das Konsulargericht.[1] Die Bestimmung des §. 23 Absatz 1 der Strafprozeßordnung findet hierbei keine Anwendung.

In den Fällen des §. 353 der Strafprozeßordnung

iſt der Konſul zur Abänderung ſeiner durch Beſchwerde angefochtenen Entſcheidung befugt.

[1] Lehnt der Konſul den Antrag auf gerichtliche Entſcheidung ab, ſo entſcheidet über den Antrag auf gerichtliche Entſcheidung gemäß § 170 St.P.O. das Konſulargericht als Gericht erſter Inſtanz. Gegen die den Antrag ablehnende Entſcheidung findet Beſchwerde an das Reichsgericht ſtatt. RG 24, 220.

36. Zur Verhandlung und Entſcheidung über das Rechtsmittel der Beſchwerde gegen die Entſcheidungen des Konſulargerichts ſowie über das Rechtsmittel der Berufung iſt das Reichsgericht zuſtändig.[1]

Gegen die Entſcheidungen des Reichsgerichts findet ein weiteres Rechtsmittel nicht ſtatt.

[1] Vgl. Anm. 4 zu § 18.

37 bis 41. Betreffen nur das Verfahren.

42. In Strafſachen, in welchen der Konſul oder das Konſulargericht in erſter Inſtanz erkannt hat, ſteht das Begnadigungsrecht dem Kaiſer zu.

IV. Verfahren in den Angelegenheiten, welche zu der ſtreitigen Gerichtsbarkeit nicht gehören.

43. In den durch §. 12 Abſatz 2 der Zuſtändigkeit des Konſuls zugewieſenen Angelegenheiten beſtimmt ſich das Verfahren nach den für die im §. 3 Abſatz 1 bezeichneten preußiſchen Landestheile geltenden Vorſchriften, inſoweit dieſe Vorſchriften nicht Einrichtungen und Verhältniſſe vorausſetzen, welche in den Konſulargerichtsbezirken fehlen.

Für die Verhandlung und Entſcheidung über die

nach Maßgabe der bezeichneten Vorſchriften gegen die Entſcheidungen des Konſuls zuläſſigen Rechtsmittel iſt das Reichsgericht zuſtändig.[1]

[1] Vgl. Anm. 4 zu § 18. — Weitere Beſchwerde (§ 40 Abſ. 2 Preuß. Geſ. v. 24./4. 78, G.S. 230) findet nicht ſtatt. Begr. 31.

V. Schlußbeſtimmungen.

44 bis 46. Betreffen nur das Verfahren. (Vgl. unten VI a.)

47. Neue Geſetze erlangen, ſoweit nicht reichsgeſetzlich etwas Anderes beſtimmt wird, in den Konſulargerichtsbezirken nach Ablauf von vier Monaten, von dem Tage gerechnet, an welchem das betreffende Stück des Reichs-Geſetzblatts oder der preußiſchen Geſetzſammlung in Berlin ausgegeben worden iſt, verbindliche Kraft.

48. Dieſes Geſetz tritt für alle Konſulargerichtsbezirke gleichzeitig mit dem Gerichtsverfaſſungsgeſetz in Kraft. Mit demſelben Zeitpunkte werden die Beſtimmungen der §§. 22 bis 24 des Konſulargeſetzes vom 8. November 1867 (Bundes-Geſetzbl. S. 137) und die Zuſatzbeſtimmung des §. 3 des Geſetzes vom 22. April 1871 (Bundes-Geſetzbl. S. 87) aufgehoben.

49. Die Militärgerichtsbarkeit wird durch dieſes Geſetz nicht berührt.[1]

[1] Oſtafrikaniſche Schutztruppe: Ver. v. 3./6. 91 (R.G.B. 341).

51. Der Reichskanzler hat die zur Ausführung des Geſetzes erforderlichen Anordnungen zu erlaſſen.

IV.

Gesetz,

betreffend die Einführung der

Civilprozeßordnung.

Vom 30. Januar 1877.

(R.G.B. von 1877, Nr. 6, S. 244—250.)

In Kraft getreten am 1. Oktober 1879.

Eingeführt in Helgoland seit 1./4. 91: Art. I Nr. VIII 2 Ver. v. 22./3. 91 (R.G.B. 22).

---

1. Die Civilprozeßordnung tritt im ganzen Umfange des Reichs gleichzeitig mit dem Gerichtsverfassungsgesetz in Kraft.[1]

[1] § E.G. z. G.V.G.

2. Das Kostenwesen in bürgerlichen Rechtsstreitigkeiten wird für den ganzen Umfang des Reichs durch eine Gebührenordnung geregelt.[1]

[1] §§ 1—49, 79—81, 84—94, 97—102 Gerichtskostenges. v. 18./6. 78 (R.G.B. 141), Gebührenordnung für Gerichtsvollzieher v. 24./6. 78 (R.G.B. 166) — beide abgeändert durch das R.Ges. v. 29./6. 81 (R.G.B. 178) —; Gebührenordnung für Zeugen und Sachverständige v. 30./6. 78 (R.G.B. 173), dazu R.Ges. v. 11./6. 90 (R.G.B. 73); §§ 1—52, 76—95 Gebührenordnung für Rechtsanwälte v. 7./7. 79 (R.G.B. 176).

3. Die Civilprozeßordnung findet auf alle bürgerlichen Rechtsstreitigkeiten[1] Anwendung, welche vor die ordentlichen Gerichte gehören.[2]

Insoweit die Gerichtsbarkeit in bürgerlichen Rechtsstreitigkeiten, für welche besondere Gerichte[3] zugelassen sind, durch die Landesgesetzgebung den ordentlichen Gerichten übertragen wird,[4] kann dieselbe ein abweichendes Verfahren gestatten.

[1] Vgl. Anm. 1 zu § 13 G.V.G. [2] § 12 G.V.G.
[3] § 13 Anm. 5 u. § 14 G.V.G.
[4] § 3 E.G. z. G.V.G.

4. Für bürgerliche Rechtsstreitigkeiten, für welche nach dem Gegenstand oder der Art des Anspruchs der Rechtsweg zulässig ist,[1] darf aus dem Grunde, weil als Partei der Fiskus, eine Gemeinde oder eine andere öffentliche Korporation betheiligt ist, der Rechtsweg durch die Landesgesetzgebung nicht ausgeschlossen werden.[2]

[1] Ob hiernach der Rechtsweg zulässig ist, bestimmen die Reichs- und Landesgesetze. § 13 G.V.G.

[2] Beschränkung oder Erschwerung des Rechtswegs ist statthaft. RG 15, 325 u. RG 17, 418.

5.[1] In Ansehung der Landesherren und der Mitglieder der landesherrlichen Familien sowie der Mitglieder der Fürstlichen Familie Hohenzollern[2] finden die Bestimmungen der Civilprozeßordnung nur insoweit Anwendung, als nicht besondere Vorschriften der Hausverfassungen oder der Landesgesetze[3] abweichende Bestimmungen enthalten.[4] Für vermögensrechtliche Ansprüche Dritter darf jedoch die Zulässigkeit des Rechtswegs nicht von der Einwilligung des Landesherrn abhängig gemacht werden.

[1] § 72 R.Ges. v. 6./2. 75 (R.G.B. 37), § 2 R.Ges. v. 17./2. 75 (R.G.B. 71).

[2] § 1 Preuß. Ges. v. 12./3. 50 u. Vertrag v. 7./12. 49 (Pr. G.S. 1850 S. 289).

[3] Preußen: §§ 3, 9 Ges. v. 24./3. 79 (G.S. 281). — Bayern: Art. 1 Ges. v. 23./2. 79 (G.V.Bl. 63). — Sachsen: §§ 1—10 Ges. v. 20./8. 79 (G.V.Bl. 323). — Württemberg: Art. 1, 2 Ges. v. 18./8. 79 (Reg.Bl. 173).

[4] § 5 E.G. z. G.V.G. Diese besonderen Vorschriften der Hausverfassungen und Landesgesetze bleiben beschränkt auf die Geltung vor den Gerichten des eigenen Landes. Begr. z. G.V.G. 211. Die besonderen Vorschriften der §§ 196 Abs. 2, 340 Abs. 2, 441 Abs. 2, 444 Abs. 3 C.P.O. gelten vor allen deutschen Gerichten.

6. Mit Zustimmung des Bundesraths kann durch Kaiserliche Verordnung bestimmt werden:

1. daß die Verletzung von Gesetzen, obgleich deren Geltungsbereich sich über den Bezirk des Berufungsgerichts hinaus erstreckt, die Revision nicht begründe;
2. daß die Verletzung von Gesetzen, obgleich deren Geltungsbereich sich nicht über den Bezirk des Berufungsgerichts hinaus erstreckt, die Revision begründe.[1]

Die auf Grund der vorstehenden Bestimmungen erlassenen Verordnungen sind dem Reichstage bei dessen nächstem Zusammentreten zur Genehmigung vorzulegen. Dieselben treten, soweit der Reichstag die Genehmigung versagt, für die am Tage des Reichstagsbeschlusses[2] noch nicht anhängigen Prozesse außer Kraft. Die genehmigten Verordnungen können nur durch Reichsgesetz geändert oder aufgehoben werden.

[1] § 511 C.P.O. — Ver., betr. die Begründung der Revision in bürgerlichen Rechtsstreitigkeiten v. 28./9. 79 (R.G.B. 299),

Bek. v. 11./4. 80 (R.G.B. 102), R.Ges. v. 15./3. 81 (R.G.B. 38), R.Ges. v. 24./6. 86 (R.G.B. 207), R.Ges. v. 30./3. 93 (R.G.B. 139), unten VI b—f.

[2] D. h. des im letzten Stadium der Verhandlungen endgiltig entscheidenden Beschlusses. Pr. 752.

7. [1] Ist in einem Bundesstaat auf Grund der Bestimmung des Einführungsgesetzes zum Gerichtsverfassungsgesetze §. 8 für bürgerliche Rechtsstreitigkeiten ein oberstes Landesgericht errichtet,[2] so wird das Rechtsmittel der Revision bei diesem Gerichte eingelegt. Die Einlegung erfolgt durch Einreichung der Revisionsschrift.[3] Eine Abschrift derselben ist der Gegenpartei von Amtswegen zuzustellen.

Das oberste Landesgericht entscheidet[4] ohne vorgängige mündliche Verhandlung endgültig über die Zuständigkeit für die Verhandlung und Entscheidung der Revision. Erklärt es sich für zuständig, so ist der Termin zur mündlichen Verhandlung von Amtswegen zu bestimmen und den Parteien bekannt zu machen. Erklärt es sich dagegen für unzuständig, weil das Reichsgericht zuständig sei, so sind dem letzteren die Prozeßakten zu übersenden.

Die Entscheidung des obersten Landesgerichts über die Zuständigkeit ist auch für das Reichsgericht bindend. Der Termin zur mündlichen Verhandlung vor dem Reichsgericht ist von Amtswegen zu bestimmen und den Parteien bekannt zu machen.

Die Fristbestimmungen in den §§. 517, 519 der Civilprozeßordnung bemessen sich nach dem Zeitpunkte der Bekanntmachung des Termins zur mündlichen Verhandlung an den Revisionsbeklagten.

Die vorstehenden Bestimmungen finden auf das Rechtsmittel der Beschwerde[5] entsprechende Anwendung.

[1] §§ 18, 21 B.Ges. v. 12./6. 69 (B.G.B. 201).
[2] Bayern: Art. 42 Ges. v. 23./2. 79 (G.V.Bl. 278).
[3] § 515 C.P.O. Dieselbe braucht die Ladung des Gegners vor das Reichsgericht nicht zu enthalten. RG 28, 432.
[4] Gebühren: des Gerichts (frei) § 47 Nr. 3 G.K.G.; des Anwalts ($^3/_{10}$) § 23 Nr. 1, vgl. jedoch auch § 29 Nr. 6, G.O. f. R.A. [5] §§ 532, 540 C.P.O.

8. Der Bestellung eines bei dem obersten Landesgericht oder bei dem Reichsgerichte zugelassenen Rechtsanwalts bedarf es erst, nachdem das oberste Landesgericht über die Zuständigkeit Entscheidung getroffen hat. Für die dieser Entscheidung vorgängigen Handlungen können die Parteien sich auch durch jeden bei einem Land- oder Oberlandesgerichte zugelassenen Rechtsanwalt vertreten lassen.[1]

Die Zustellung der Abschrift der Revisionsschrift an den Revisionsbeklagten und die Bekanntmachung des Termins zur mündlichen Verhandlung an die Parteien erfolgt in Gemäßheit des §. 164 der Civilprozeßordnung.

[1] Ausnahme von § 74 Abs. 1 C.P.O. und § 27 R.A.O.

9. Die Bestimmung des zuständigen Gerichts[1] erfolgt, falls es sich um die Zuständigkeit solcher Gerichte handelt, welche verschiedenen Bundesstaaten angehören und nicht im Bezirk eines gemeinschaftlichen

Oberlandesgerichts ihren Sitz haben, durch das Reichsgericht auch dann, wenn in einem dieser Bundesstaaten ein oberstes Landesgericht für bürgerliche Rechtsstreitigkeiten errichtet ist.

[1] § 36 C.P.O.

10. Die Bestimmungen der Civilprozeßordnung über das Verfahren in Entmündigungssachen[1] finden auf die Bestellung eines Beistandes für einen Geistesschwachen oder für einen Verschwender, insofern diese Bestellung nach den Vorschriften des bürgerlichen Rechts erforderlich ist, entsprechende Anwendung.

[1] §§ 593—627 C.P.O.

11. Die Landesgesetze können in anderen als in den durch ein Reichsgesetz bestimmten Fällen[1] die Anwendung der Bestimmungen der Civilprozeßordnung über das Aufgebotsverfahren ausschließen oder diese Bestimmungen durch andere Vorschriften ersetzen,[2] insoweit nicht §. 849 der Civilprozeßordnung entgegensteht.[3]

[1] Vgl. die Bemerkung vor § 823 C.P.O.

[2] Auch andere Gerichte als die Amtsgerichte für zuständig erklären. § 23 G.V.G. § 3 Abs. 3 E.G. z. G.V.G.

[3] Wegen des Urkundenaufgebots vgl. Anm. 4 zu § 837 C.P.O. Im übrigen: Preußen: §§ 22—27 Ges. v. 24./3. 79 (G.S. 281); §§ 58—69 Hinterl. Ord. v. 14./3. 79 (G.S. 249), §§ 3—15 Ges. v. 28./3. 79 (G.S. 293). §§ 5, 133 bis 137 Ges. v. 13./7. 83 (G.S. 131). — Bayern: Art. 70—74, 103—117, 123, 155, 158—162, 183 Ges. v. 23./2. 79 (G.V.Bl. 63). — Württemberg: Art. 20 Ges. v. 18./8. 79 (Reg.Bl. 173). — Baden: §§ 99—104 Ges. v. 3./3. 79 (G.V.Bl. 91); Ges. v. 4./4. 82 (G.V.Bl. 44).

12. Gesetz im Sinne der Civilprozeßordnung und dieses Gesetzes ist jede Rechtsnorm.[1]

[1] Einschließlich des Gewohnheitsrechts. Begr. 318. RG 2, 183.

13. Die prozeßrechtlichen Vorschriften der Reichsgesetze werden durch die Civilprozeßordnung nicht berührt.

Aufgehoben werden:

1. §. 2 des Gesetzes, betreffend die Aufhebung der Schuldhaft, vom 29. Mai 1868;[1]
2. Artikel 34–36,[2] 37 Satz 2,[3] 39,[4] 77, 78,[5] 79 Abs. 2,[6] 488,[7] 494,[8] 889[9] des Handelsgesetzbuchs;
3. §. 6 des Gesetzes, betreffend die Verbindlichkeit zum Schadensersatze für die bei dem Betriebe von Eisenbahnen, Bergwerken u. s. w. herbeigeführten Tödtungen und Körperverletzungen, vom 7. Juni 1871;[10]
4. §. 14 des Gesetzes über das Postwesen des Deutschen Reichs vom 28. Oktober 1871, insoweit diese Vorschrift die Unterbrechung der Verjährung an die Anmeldung der Klage knüpft;[11]
5. §. 144 Abs. 4 des Gesetzes, betreffend die Rechtsverhältnisse der Reichsbeamten, vom 31. März 1873;[12]
6. §. 78 Abs. 3 des Gesetzes über Beurkundung des Personenstandes und die Eheschließung vom 6. Februar 1875.[13]

Der Artikel 80 der Wechselordnung[14] wird dahin

abgeändert, daß die Verjährung auch nach Maßgabe der §§. 190, 254, 461 Abs. 2, 471 Abs. 2 der Civilprozeßordnung unterbrochen wird.[15]

In den Fällen der Artikel 348, 365, 407 des Handelsgesetzbuchs[16] ist das im §. 448 der Civilprozeßordnung bezeichnete Amtsgericht zuständig; auf die Ernennung, Beeidigung und Vernehmung der Sachverständigen finden die Vorschriften der Civilprozeßordnung in dem achten Titel des ersten Abschnitts des zweiten Buchs entsprechende Anwendung.

1 Aufrechterhaltung der den persönlichen Sicherungsarrest zulassenden gesetzlichen Vorschriften. — § 798 C.P.O.

2 Beweiskraft der Handelsbücher. — § 259 C.P.O.

3 Folgen der unterlassenen Vorlegung der Handelsbücher. — § 392 C.P.O. 4 Verbot der Versendung der Handelsbücher zum Zweck der Beweisaufnahme. — § 399 C.P.O.

5 Beweiskraft von Tagebuch und Schlußnoten der Mäkler. — § 259 C.P.O. 6 Verbot der Versendung des Mäklertagebuchs. § 399 C.P.O. 7 Beweiskraft des Schiffsjournals. — § 259 C.P.O. 8 Beweiskraft der Verklarung. — § 259 C.P.O. 9 Beweiskraft der Eigenthumsurkunden, Konnossemente u. s. w. zur Darlegung des Schadens im Falle der Seeversicherung. — § 260 C.P.O.

10 Beweiswürdigung in Schädensprozessen. — §§ 259, 260 C.P.O. 11 § 239 C.P.O.

12 Beweiswürdigung in Prozessen über die Aufrechterhaltung von Beitreibungsbeschlüssen. — § 259 C.P.O.

13 Verfahren in Ehesachen in Bayern. — §§ 568 ff. C.P.O.

14 Unterbrechung der Verjährung von Wechselklagen. — Vgl. auch § 3 E.G. z. K.O.

15 Durch Zustellung des Zahlungsbefehls (§ 663 C.P.O.) wird die Wechselverjährung nur unterbrochen, wenn für die

Klage das Amtsgericht zuständig wäre, nicht auch bei Zuständigkeit des Landgerichts. RG 14, 32.

16 Feststellung des Zustandes von gekaufter Waare, Kommissions- und Frachtgut und Verkauf derselben.

14. Die prozeßrechtlichen Vorschriften der Landesgesetze[1] treten für alle bürgerlichen Rechtsstreitigkeiten, deren Entscheidung in Gemäßheit des §. 3 nach den Vorschriften der Civilprozeßordnung zu erfolgen hat, außer Kraft, soweit nicht in der Civilprozeßordnung auf sie verwiesen oder soweit nicht bestimmt ist, daß sie nicht berührt werden.

Außer Kraft treten insbesondere:

1. die Vorschriften über die bindende Kraft des strafgerichtlichen Urtheils für den Civilrichter;[2]
2. die Vorschriften, welche in Ansehung gewisser Rechtsverhältnisse einzelne Arten von Beweismitteln ausschließen oder nur unter Beschränkungen zulassen;[3]
3. die Vorschriften, nach welchen unter bestimmten Voraussetzungen eine Thatsache als mehr oder minder wahrscheinlich anzunehmen ist;[4]
4. die Vorschriften über die Bewilligung von Moratorien, über die Urtheilsfristen und über die Befugnisse des Gerichts, dem Schuldner bei der Verurtheilung Zahlungsfristen zu gewähren;
5. die Vorschriften, nach welchen eine Nebenforderung als aberkannt gilt, wenn über dieselbe nicht entschieden ist.[5]

[1] Art. 269 code civ. ist nicht aufgehoben. RG 8, 311.

Desgleichen nicht § 46 A.L.R. I, 20 (benef. excussionis reale). RG 25, 362. [2] Der Civilrichter entscheidet nach freier Ueberzeugung, ob die vom Strafrichter festgestellten Thatsachen für wahr zu erachten seien. § 259 C.P.O. Begr. 213, Pr. 643—646. [3] Nicht aufgehoben sind: l. 32 Cod. de fideicom. 6, 42 (Ausschließlichkeit des Eides des Beschwerten beim Oralfideikommiß), RG 32, 159; art. 340 code civ. RG 5, 371; art. 1483 code civ. RG 12, 330; art. 1690 code civ. RG 10, 273. Dagegen ist aufgehoben art. 1328 code civ. RG 15, 309. [4] Gesetzliche Beweisregeln, s. g. praesumtiones facti. Begr. 208. — Vgl. dagegen § 16 Nr. 1. [5] § 292 Abs. 1 C.P.O.

15. Unberührt bleiben:[1]

1. die landesgesetzlichen Vorschriften über die Einstellung des Verfahrens für den Fall, daß ein Kompetenzkonflikt zwischen den Gerichten und den Verwaltungsbehörden oder Verwaltungsgerichten entsteht;[2]
2. die landesgesetzlichen Vorschriften über die Fortdauer des Gerichtsstandes einer Gesellschaft, einer Genossenschaft[3] oder eines Vereins[4] nach Auflösung derselben; über das Verfahren in Betreff der Sperre der Zahlung abhanden gekommener Inhaberpapiere;[5] über das Verfahren bei Streitigkeiten, welche die Zwangsenteignung und die Entschädigung wegen derselben betreffen;[6]
3. die landesgesetzlichen Vorschriften über das erbschaftliche Liquidationsverfahren;[7]
4. die landesgesetzlichen Vorschriften über die Zwangsvollstreckung wegen Geldforderungen

gegen den Fiskus, Gemeinden und andere Kommunalverbände (Provinzial-, Kreis-, Amtsverbände), sowie gegen solche Korporationen, deren Vermögen von Staatsbehörden verwaltet wird, insoweit nicht dingliche Rechte verfolgt werden;[8]

5. die Vorschriften des französischen und des badischen Rechts über den erwählten Wohnsitz, soweit es sich um Zustellungen handelt,[9] und über das Verfahren bei Vermögensabsonderungen unter Eheleuten.[10]

Entstehen in einem unter Nr. 3 bezeichneten Verfahren Rechtsstreitigkeiten, welche in einem besonderen Prozesse zu erledigen sind, so erfolgt die Erledigung nach den Bestimmungen der Civilprozeßordnung und dieses Gesetzes.

1 Sowohl die bestehenden als die noch zu erlassenden landesrechtlichen Vorschriften. RG 7, 348 u. 399.

2 § 17 G.V.G. Das Beschwerdeverfahren gegen den Einstellungsbeschluß bezw. der Ausschluß der Beschwerde unterliegt ebenfalls landesgesetzlicher Bestimmung. RG 25, 416. — Preußen: §§ 7 ff. Ver. v. 1./8. 79 (G.S. 573). Vgl. auch J.M.Bl. 1888 S. 4. — Bayern: Art. 11, 12 Ges. v. 18./8. 79 (G.V.Bl. 291). — Sachsen: §§ 5—7 Ges. v. 3./3. 79 (G.V.Bl. 65). — Württemberg: Art. 10, 11 Ges. v. 25./8. 79 (Reg.Bl. 272). — Baden: §§ 8, 9 Ges. v. 30./1. 79 (G.V.Bl. 191). 3 Jetzt § 85 Abs. 2 R.Ges. v. 1./5. 89 (R.G.B. 76). 4 § 19 C.P.O.

5 Württemberg: Art. 11 ff. Ges. v. 18./8. 79 (Reg.Bl. 215). — Baden: §§ 110, 111 Ges. v. 3./3. 79 (G.V.Bl. 91).

6 Preußen: §§ 15—43 Ges. v. 11./6. 74 (G.S. 224). Auch über die Kostenvertheilung in Enteignungsprozessen, § 30

das. RG 34, 194. — Bayern: Art. 45—55 Ges. v. 23./2. 79 (G.V.Bl. 63). — Baden: § 113 Ges. v. 3./3. 79 (G.V.Bl. 91). [7] Preußen: §§ 2 ff. Ges. v. 28./3. 79 (G.S. 293). — Bayern: Art. 150—157 Ges. v. 23./2. 79 (G.V.Bl. 63). [8] Preußen: § 33 Nr. 4 Ges. v. 1./8. 83 (G.S. 237). Verf. v. 18./7. 81 (J.M.Bl. 160) u. v. 24./3. 82 (J.M.Bl. 59). — Bayern: Art. 9 Ges. v. 23./2. 79 (G.V.Bl. 63). — Württemberg: Art. 21 Ges. v. 18./8. 79 (Reg.Bl. 173). [9] Art. 111 code civ.; art. 59 nr. 3 code de proc. — Bayern: Art. 169 Ges. 23./2. 79 (G.V.Bl. 65). [10] Art. 1443—1452 code civ.; art. 65—70 code de com.; art. 865—874 code de proc. — Preußen: § 28 Nr. 1 Ges. v. 24./4. 78 (G.S. 230), § 11 Ges. v. 24./3. 79 (G.S. 281). — Bayern: Art. 190—197 Ges. v. 23./2. 79 (G.V.Bl. 63). — Baden: §§ 37—40 Ges. v. 3./3. 79 (G.V.Bl. 61). — Elsaß-Lothringen: §§ 3—9 Ges. v. 8./7. 79 (Ges.Bl. 67).

16. Unberührt bleiben:[1]

1. die Vorschriften des bürgerlichen Rechts, nach welchen unter bestimmten Voraussetzungen eine Thatsache unter Ausschließung des Gegenbeweises oder bis zum Beweise des Gegentheils als gewiß anzusehen ist.[2]

   Insoweit der Beweis des Gegentheils zulässig ist, kann dieser Beweis auch durch Eideszuschiebung nach Maßgabe der §§. 410 ff. der Civilprozeßordnung geführt werden.

Unberührt bleiben ferner:

2. die Vorschriften des bürgerlichen Rechts über die Beweiskraft der Beurkundung des bürgerlichen Standes in Ansehung der Erklärungen, welche über Geburten und Sterbefälle von

den zur Anzeige gesetzlich verpflichteten Personen abgegeben werden;[3]

3. die Vorschriften des bürgerlichen Rechts über die Verpflichtung zur Leistung des Offenbarungseides;[4]
4. die Vorschriften des bürgerlichen Rechts, nach welchen in bestimmten Fällen einstweilige Verfügungen erlassen werden können;[5]
5. die Vorschriften des bürgerlichen Rechts über das Verfahren bei Ehescheidungen auf Grund gegenseitiger Einwilligung;
6. die Vorschriften des bürgerlichen Rechts über die auf einseitigen Antrag eines Ehegatten zu erlassenden gerichtlichen Rückkehr-, Aufnahme- und Besserungsbefehle,[6] sowie über die als Vorbedingung einer Ehescheidung anzuordnenden Zwangsmaßregeln;
7. die Vorschriften des bürgerlichen Rechts über die Voraussetzungen der böslichen Verlassung, namentlich in Ansehung der Frist, welche seit der Entfernung des Beklagten verstrichen sein muß, sowie in Ansehung der Fälle, welche der böslichen Verlassung gleichgestellt sind;[7]
8. die Vorschriften des bürgerlichen Rechts, nach welchen eine bösliche Verlassung nicht schon deshalb als festgestellt angenommen werden darf, weil der Beklagte die in dem bürgerlichen Rechte vorgeschriebenen Rückkehrbefehle nicht befolgt hat.[8]

[1] Vgl. Anm. 1 zu § 15. [2]) S. g. praesumtiones juris und juris et de jure. Begr. 212, 213. Pr. 642. Vgl. § 14 Nr. 3. [2] § 383 Abs. 3 C.P.O.

[4] Preußen: §§ 28 ff. Allg. Ger. Ord. I, 22. §§ 27, 45 Ver. v. 7./9. 79 (G.S. 591). § 17 G.K.G. v. 25./6. 95 (G.S. 203). — Bayern: Art. 85 Ges. v. 23./2. 79 (G.V.Bl. 63). — Württemberg: Art. 16 Ges. v. 18./8. 79 (Reg.Bl. 173). — Baden: §§ 34—36 Ges. v. 3./3. 79 (G.V.Bl. 61). — Auf die Erzwingung des auf Grund des Landesrechts durch Urtheil auferlegten Offenbarungseides finden nicht §§ 780 ff., sondern § 774 C.P.O. Anwendung. RG 11, 597, 34, 406.

[5] Oder müssen, art. 268 code civ. RG 8, 311. Vgl. die Bemerkung vor § 796 C.P.O. u. §§ 814 ff. C.P.O. — Preußen: §§ 7, 18 Ges. v. 24./3. 79 (G.S. 281); §§ 6, 8, 10 Ges. v. 13./7. 83 (G.S. 134).

[6] Preußen: §§ 5, 6 Ges. v. 24./3. 79 (G.S. 281). Vgl. RG. 29, 170. — Bayern: Art. 89, 91 Ges. v. 23./2. 79 (G.V.Bl. 63). [7] Nicht auch die prozessualen Vorschriften des Landesrechts darüber, wann eine bösliche Verlassung für erwiesen zu erachten sei. RG 29, 303. Bayern: Art. 90, 91 Ges. v. 23./2. 79 (G.V.Bl. 63).

[8] Preußen: § 5 Abs. 5 Ges. v. 24./3. 79 (G.S. 281). Bayern: Art. 92 Ges. v. 23./2. 79 (G.V.Bl. 63).

17. Die Beweiskraft eines Schuldscheins oder einer Quittung ist an den Ablauf einer Zeitfrist nicht gebunden.[1]

Abweichende Vorschriften des bürgerlichen Rechts über die zur Eintragung in das Grund- oder Hypothekenbuch bestimmten Schuldurkunden bleiben unberührt, soweit sie die Verfolgung des dinglichen Rechts betreffen.

[1] Art. 295 H.G.B. Bayern: Art. 123 Nr. 1, 235 Nr. 5, 325 Nr. 4 Ges. v. 23./2. 79 (G.V.Bl. 63).

Uebergangsbestimmungen.

18. Auf die Erledigung der vor dem Inkrafttreten der Civilprozeßordnung anhängig gewordenen Prozesse finden bis zur rechtskräftigen Entscheidung die bisherigen Prozeßgesetze Anwendung.[1]

Der Landesgesetzgebung bleibt vorbehalten, die Civilprozeßordnung auf die vor dem Inkrafttreten derselben anhängig gewordenen Prozesse für anwendbar zu erklären und zu dem Zwecke Uebergangsbestimmungen zu erlassen.

[1] Gegenüber dem in einem vorher anhängig gewordenen schiedsrichterlichen Verfahren ergangenen Schiedsspruch findet die Anfechtung nur nach Maßgabe der bisherigen Prozeßgesetze statt. RG 15, 358.

19. Rechtskräftig im Sinne dieses Gesetzes sind Endurtheile, welche mit einem ordentlichen Rechtsmittel nicht mehr angefochten werden können.[1]

Als ordentliche Rechtsmittel im Sinne des vorstehenden Absatzes sind diejenigen Rechtsmittel anzusehen, welche an eine von dem Tage der Verkündung oder Zustellung des Urtheils laufende Nothfrist gebunden sind.

[1] Vgl. 645 C.P.O.

20. Gegen Endurtheile, welche vor dem Tage des Inkrafttretens der Civilprozeßordnung die Rechtskraft erlangt haben, sowie gegen Endurtheile, welche in den vor diesem Tage anhängig gewordenen Prozessen nach demselben die Rechtskraft erlangen, finden als außerordentliche Rechtsmittel nur die

Nichtigkeitsklage und die Restitutionsklage nach den Bestimmungen der Civilprozeßordnung[1] statt.

Der Landesgesetzgebung bleibt vorbehalten, zu bestimmen, in welcher Instanz die Klagen gegen solche Endurtheile zu erheben sind.

[1] §§ 541 ff. C.P.O.; insbesondere auch nur in den Fristen des § 549. RG 9, 358.

21. Eine vor dem Inkrafttreten der Civilprozeßordnung anhängig gewordene Zwangsvollstreckung ist nach den bisherigen Prozeßgesetzen zu erledigen.

Der Landesgesetzgebung bleibt vorbehalten, die Civilprozeßordnung auf die vor dem Inkrafttreten derselben anhängig gewordenen Zwangsvollstreckungen für anwendbar zu erklären und zu dem Zwecke Uebergangsbestimmungen zu erlassen.[1]

[1] Vgl. auch § 706 C.P.O.

22. Aus einer vor dem Inkrafttreten der Civilprozeßordnung aufgenommenen Urkunde, aus welcher nach den bisherigen Gesetzen die Zwangsvollstreckung zulässig ist, findet dieselbe auch nach dem Inkrafttreten der Civilprozeßordnung statt, jedoch nur innerhalb des Rechtsgebietes, in welchem die ihre Zulässigkeit bedingenden Gesetze gegolten haben, sofern nicht die Urkunde den Erfordernissen der Civilprozeßordnung[1] entspricht.

[1] § 702 Nr. 5 C.P.O.

23. Insoweit Pfand- oder Vorzugsrechte, welche vor dem Inkrafttreten der Civilprozeßordnung auf Grund eines Vertrags, einer letztwilligen Anordnung oder einer richterlichen Verfügung erworben oder in Bankstatuten[1] den Banknoteninhabern rechtsgültig zugesichert sind, gegenüber einem Pfandrechte, welches durch eine nach dem Inkrafttreten der Civilprozeßordnung bewirkte Pfändung begründet wird, zufolge des §. 709 Abs. 2 der Civilprozeßordnung ihre Wirksamkeit verlieren würden, kann die Landesgesetzgebung für die Forderung des Berechtigten das bisherige Vorrecht gewähren.[2]

Das Vorrecht kann nicht gewährt werden gegen eine zwei Jahre nach dem Inkrafttreten der Civilprozeßordnung bewirkte Pfändung, wenn nicht das Vorrecht dadurch erhalten wird, daß dasselbe bis zum Ablaufe der zwei Jahre zur Eintragung in ein öffentliches Register vorschriftsmäßig angemeldet ist. Der Erlaß von Vorschriften über die Einrichtung solcher Register, sowie über die Anmeldung und Eintragung der Forderungen bleibt der Landesgesetzgebung vorbehalten.

Die vorstehenden Bestimmungen finden auf ein gesetzliches Pfand- oder Vorzugsrecht der Ehefrau des Schuldners für Forderungen, welche vor dem Inkrafttreten der Civilprozeßordnung entstanden sind, entsprechende Anwendung.

[1] Im Bankgesetz v. 14./3. 75 (R.G.B. 175) sind den Banknoteninhabern Pfand- oder Vorzugsrechte nicht zugesichert. [2] Für den Fall des Konkurses lediglich ein Vorrecht vor den Konkursgläubigern, nicht auch vor Absonderungsberechtigten. §§ 12, 13 E.G. z. K.O.; RG 2, 93. Preußen: §§ 18—21, 35—36 Ges. v. 6./3. 79 (G.S. 109).

V.

Civilprozeßordnung.

Vom 30. Januar 1877.

(R.G.B. von 1877, Nr. 6, S. 83—243.)

In Kraft getreten am 1. Oktober 1879. § 1 E.G. z. C.P.O. und § 1 E.G. z. G.B.G.

Eingeführt in Helgoland seit 1./4. 91: Art. I Nr. VIII, 2. Ver. v. 22./3. 91 (R.G.B. 22).

Erstes Buch.

Allgemeine Bestimmungen.

Erster Abschnitt.

Gerichte.

Erster Titel.

Sachliche Zuständigkeit der Gerichte.

1. Die sachliche Zuständigkeit der Gerichte wird durch das Gesetz über die Gerichtsverfassung bestimmt.[1]

[1] Sachliche Zuständigkeit der Amtsgerichte: §§ 23, 24, 158 G.B.G. und §§ 448, 471, 571, 593, 616, 617, 621, 625, 629, 684, 799, 820 C.P.O., § 13 Abs. 4 E.G. — der Landgerichte, einschl. der Kammern für Handelssachen: §§ 70, 71, 101 G.B.G. und §§ 568, 606, 620, 624, 626, 834 C.P.O. — der Oberlandesgerichte: §§ 123, 160 G.B.G. — des Reichsgerichts: § 135 G.B.G. — des obersten Landesgerichts: § 8 E.G. z. G.B.G.

2. Insoweit nach dem Gesetze über die Gerichtsverfassung die Zuständigkeit der Gerichte von dem Werthe des Streitgegenstandes abhängt,[1] kommen die nachfolgenden Vorschriften[2] zur Anwendung.[3]

[1] § 23 Nr. 1, § 70 G.V.G.; nur bei vermögensrechtlichen Ansprüchen. — Der Wert ist in der Klage anzugeben. § 230 Abs. 3, § 456 C.P.O. — Stillschweigende Prorogation: §§ 38, 39. [2] Und § 136 K.O. [3] Sie gelten auch für die Berechnung des Beschwerdegegenstandes: § 508, des Gegenstandes der Verurtheilung: § 649 Nr. 4, und des der Gebührenberechnung zu Grunde zu legenden Werths: § 9 G.K.G., § 10 G.O. f. R.A.

Werth des Streitgegenstandes.

3. Der Werth des Streitgegenstandes[1] wird von dem Gerichte nach freiem Ermessen festgesetzt;[2] dasselbe kann eine beantragte Beweisaufnahme sowie von Amtswegen die Einnahme des Augenscheins und die Begutachtung durch Sachverständige anordnen.

[1] Maßgebend ist im Allgemeinen das Interesse des Klägers, nicht des Beklagten. RG 24, 428. Bei zweiseitigen Verträgen der Werth der geforderten Leistung ohne Abzug der Gegenleistung. RG 5, 410. Vgl. auch RG 12, 155. Bei negativen Feststellungsklagen der Werth desjenigen Anspruchs, dessen sich der Beklagte nach Angabe des Klägers berühmt hat. RG 12, 361. [2] Bleibt maßgebend für den der Gebührenordnung zu Grunde zu legenden Werth. § 15 G.K.G., § 11 G.O. f. R.A. Nicht auch umgekehrt. RG 3, 96. Unschätzbare vermögensrechtliche Ansprüche kennt die C.P.O. nicht. RG 10, 322. — Vgl. auch § 29 Nr. 1 G.O. f. R.A.

4. Für die Werthsberechnung ist der Zeitpunkt der Erhebung der Klage[1] entscheidend; Früchte, Nutzungen, Zinsen, Schäden und Kosten bleiben unberücksichtigt,[2] wenn sie als Nebenforderungen geltend gemacht werden.[3]

[1] §§ 230, 254, 460, 461 Abs. 2, 471 Abs. 2, 633, 636,

637. Erhebung der Widerklage: § 254. — Ohne Rücksicht auf die Stellungnahme des Beklagten zu derselben. RG 3, 392. [2] Auch die eigene Provision aus Art. 290 H.G.B. RG 33, 408. Provision, Protestkosten, Porti bei der Wechselklage aus Art. 50 W.O. RG 1, 229 u. 9, 411. Nicht bei der Wechselregreßklage gegen Vormann oder Trassanten aus Art. 51 W.O. RG 32, 76. — (Anders zufolge RG 29, 33 bei Geltendmachung des Regreßanspruchs gegen Akzeptanten; zweifelhaft.) Nicht Futterkosten bei der redhibitorischen Klage. RG 13, 397. Nicht die vom Cessionar gegen den Cedenten im Regreßwege geforderten Kosten eines vom Cessionar gegen den Schuldner geführten Prozesses. RG 8, 365. Aehnlich: RG 12, 259. [3] D. h. als etwas von dem in demselben Prozesse geltend gemachten Hauptanspruch Abhängiges. RG 18, 373. Dasselbe gilt von einem zur Klarstellung der Nebenforderungen erhobenen Anspruch auf Rechnungslegung. RG 29, 395. Anders, wenn nach rechtskräftiger Entscheidung über die Hauptforderung nur noch wegen der Früchte 2c. 2c. gestritten wird. RG 9, 415. Die durch ausdrückliche Vereinbarung zum Kapital geschlagenen Zinsen sind keine Nebenforderung. RG 32, 377.

5. Mehrere in einer Klage geltend gemachte Ansprüche[1] werden zusammengerechnet; eine Zusammenrechnung des Gegenstandes der Klage und der Widerklage findet nicht statt.[2]

[1] Im Falle der Verbindung gemäß § 138 die in den mehreren Klagen erhobenen Ansprüche. RG 5, 354 u. 6, 416.

[2] Anders bei der Gebührenberechnung. § 11 G.K.G., § 10 G.O. f. R.A. — Zusammenrechnung in Ansehung der Revisionssumme vgl. Anm. 2 zu § 508. Ist für die Widerklage das Gericht der Klage sachlich nicht zuständig: § 467. Vgl. auch § 105 G.V.G.

6. Der Werth des Streitgegenstandes wird bestimmt: durch den Werth einer Sache, wenn deren

Besitz, und durch den Betrag einer Forderung,[1] wenn deren Sicherstellung[2] oder ein Pfandrecht[3] Gegenstand des Streits ist. Hat der Gegenstand des Pfandrechts[4] einen geringeren Werth, so ist dieser maßgebend.[5]

[1] Ohne die Nebenforderungen. RG 7, 327, 10, 346 u. 394. 26, 412. [2] Ebenso bei Ansprüchen auf Herausgabe einer Kaution und Gegenansprüchen, für die sie bestellt ist. RG 31, 386. Bei Arresten und einstweiligen Verfügungen ist § 6 nur analog anwendbar. RG 15, 435. Vgl. auch RG 16, 333, 22, 425, und wegen Eintragung einer Vormerkung im Grundbuch (Preußen) RG 35, 394. [3] Auch ein Anspruch gemäß § 690 Abs. 1. RG 10, 393. [4] Ohne Abzug vorhergehender Pfandforderungen. RG 22, 388.

[5] Entsprechend bei Anfechtungsstreitigkeiten aus dem R. Ges. v. 21./7. 79, RG 7, 394, und bei Anfechtung im Konkurse, insbes. wenn das zurückzugewährende Grundstück mit Hypotheken belastet war. RG 34, 405. Jedoch wegen der Nebenforderungen: RG 26, 413. — Bei Vorrechtsstreitigkeiten in der Zwangsvollstreckung entscheidet der Betrag der geringeren unter den konkurrirenden Forderungen bis zur Höhe des Werthes der Pfandsache. RG 4, 366.

7. Der Werth einer Grunddienstbarkeit wird durch den Werth, welchen dieselbe für das herrschende Grundstück hat, und wenn der Betrag, um welchen sich der Werth des dienenden Grundstücks durch die Dienstbarkeit mindert, größer ist, durch diesen Betrag bestimmt.[1]

[1] Analog bei persönlichen Rechten ähnlichen Inhalts. RG 29, 406. — Bei der negatoria gilt § 7 nur, wenn nach der Klage die Störungen sich als Ausübung einer Servitut darstellen. Sonst § 3. RG 3, 394.

8. Ist das Bestehen oder die Dauer eines Pacht=

oder Miethverhältnisses streitig,[1] so ist der Betrag des auf die gesammte streitige Zeit fallenden Zinses und, wenn der fünfundzwanzigfache Betrag des einjährigen Zinses geringer ist, dieser Betrag für die Werthsberechnung entscheidend.[2]

[1] Nicht blos im Falle der Feststellungsklage. Auch bei der Räumungsklage, wenn nach der Klagebegründung die Fortdauer des Vertragsverhältnisses über den Zeitpunkt der verlangten Räumung den Streitpunkt bildet. RG 33 3.

[2] Gilt nicht für Dienstmiethe. RG 4, 399.

9. Der Werth des Rechts auf wiederkehrende Nutzungen oder Leistungen wird[1] nach dem Werthe des einjährigen Bezugs berechnet und zwar:[2]

auf den zwölfundeinhalbfachen Betrag, wenn der künftige Wegfall des Bezugsrechts gewiß, die Zeit des Wegfalls aber ungewiß ist;[3]

auf den fünfundzwanzigfachen Betrag, bei unbeschränkter oder bestimmter Dauer des Bezugsrechts. Bei bestimmter Dauer des Bezugsrechts ist der Gesammtbetrag der künftigen Bezüge maßgebend, wenn er der geringere ist.

[1] Soweit es sich um die zur Zeit der Klagerhebung noch nicht fälligen Bezüge handelt; Rückstände werden besonders berechnet. RG 19, 416. [2] Nicht anwendbar auf jährliche Leistungen, welche erst nach einer Reihe von Jahren beginnen sollen. In diesem Fall § 3. RG 26, 409.

[3] Betrifft nicht Rechte, von denen es gewiß ist, daß sie weniger als $12^1/_2$ Jahre dauern werden. In diesem Fall § 3. RG 24, 375.

10. Das Urtheil eines Landgerichts[1] kann nicht aus dem Grunde angefochten werden, weil die Zuständigkeit des Amtsgerichts[2] begründet gewesen sei.[3]

[1] Oder eines Oberlandesgerichts, welches die landgerichtliche Zuständigkeit ausgesprochen hat. RG 23, 430.

[2] Die sachliche Zuständigkeit, RG 18, 361, 377; übrigens ohne Unterschied, ob wegen der Höhe des Streitgegenstandes, (§§ 3—9 C.P.O., § 23 Nr. 1 G.V.G.), oder aus anderen Gründen (§ 778 Abs. 2 C.P.O., § 23 Nr. 2 G.V.G.). RG 11, 433 u. 13, 368.

[3] Mag vor dem Landgericht die Einrede der Unzuständigkeit ausdrücklich erhoben sein oder nicht. RG 11, 433.

11. Ist die Unzuständigkeit eines Gerichts auf Grund der Bestimmungen über die sachliche Zuständigkeit der Gerichte rechtskräftig[1] ausgesprochen, so ist diese Entscheidung für das Gericht bindend, bei welchem die Sache später anhängig wird.[2]

[1] § 645. — Gilt auch im Verhältniß zu den Gewerbegerichten: § 26 R.Ges. v. 29./7. 90 (R.G.B. 147).

[2] §§ 249, 466, 467. — Vgl. auch § 107 G.V.G. — Nicht auch für das Revisionsgericht, soweit die Anwendbarkeit des § 509 Abs. 2 in Frage kommt. RG 17, 383.

Zweiter Titel.

Gerichtsstand.

Ferner enthalten Bestimmungen über den Gerichtsstand: §§ 61, 448 Abs. 1, 2, §§ 566, 799, 810, 816, 820, 823, 834, 839 Abs. 1, 871 C.P.O., §§ 9, 15 Nr. 2 E.G. und die in Anm. 1 zu § 12 citirten Paragraphen.

Gerichtsstand der in Deutschland lebenden Exterritorialen: §§ 18—21 G.V.G.

Die Zeit der Klageerhebung ist maßgebend: § 235 Nr. 2. Anm. 1 zu § 4.

Prüfung der Zuständigkeit von Amtswegen auch im Falle der Versäumniß: RG 1, 439 u. 2, 409.

Behauptung oder Beweis der kompetenzbegründenden Thatsachen? RG 29, 371.

I. Allgemeiner Gerichtsstand.

12. Das Gericht, bei welchem eine Person ihren allgemeinen Gerichtsstand hat, ist für alle gegen dieselbe zu erhebenden Klagen zuständig, sofern nicht für eine Klage ein ausschließlicher Gerichtsstand[1] begründet ist.

[1] Ausschließlicher Gerichtsstand: §§ 25, 448 Abs. 3, 547, 568, 594, 606, 617, 620, 621, 624—626, 629, 839 Abs. 2; ferner nach § 707: §§ 660, 667, 684, 686, 687, 690, 704, 705, 710, 729, 750—752, 755, 759, 765, 773—775, 778—780 C.P.O. — §§ 64, 134, 152, 202, 208 K.O. — §§ 190a, 222 R.Ges. v. 11./7. 84 (R.G.B. 139), §§ 49, 102, 105 R.Ges. v. 1./5. 89 (R.G.B. 67), §§ 61, 62 R.Ges. v. 20./4. 92 (R.G.B. 494).

1. des Wohnsitzes.

13. Der allgemeine Gerichtsstand einer Person wird durch den Wohnsitz[1] bestimmt.

[1] Bestimmt sich nach dem bürgerlichen Recht. RG 30, 348; insbesondere sind dessen Vorschriften über den gesetzlichen Wohnsitz der Beamten auch für deren Gerichtsstand in Kraft geblieben. RG 22, 386. Vgl. Anm. 2 zu § 16. Die gewerbliche Niederlassung begründet für sich allein keinen Wohnsitz. Vgl. § 22. RG 30, 350.

14.[1] Militärpersonen[2] haben in Ansehung des Gerichtsstandes ihren Wohnsitz am Garnisonorte.

Diese Bestimmung findet auf diejenigen Militärpersonen, welche nur zur Erfüllung der Wehrpflicht dienen oder welche selbständig einen Wohnsitz nicht begründen können, keine Anwendung.[3]

[1] § 39 Abs. 2 Reichs-Milit.Ges. v. 2./5. 74 (R.G.B. 45).

[2] § 4 u. Anl. d. Milit.-Straf-Ges.B. v. 20./6. 72 (R.G.B. 174, 204). Ver. v. 13./8. 95 (R.G.B. 431).

[3] § 21 Abs. 2.

15. Als Wohnsitz der Militärpersonen, welche zu einem Truppentheile gehören, der im Deutschen Reich keinen Garnisonort hat, gilt in Ansehung des Gerichtsstandes der letzte deutsche Garnisonort des Truppentheils.[1]

[1] Im Falle der Mobilmachung: § 39 Abs. 3 Reichs-Milit.Ges. v. 2./5. 74 (R.G.B. 45).

16. Deutsche, welche das Recht der Exterritorialität genießen,[1] sowie die im Auslande angestellten Beamten des Reichs oder eines Bundesstaates behalten in Ansehung des Gerichtsstandes den Wohnsitz, welchen sie in dem Heimathstaate hatten. In Ermangelung eines solchen Wohnsitzes gilt die Hauptstadt des Heimathstaates als ihr Wohnsitz.[2] Ist die Hauptstadt in mehrere Gerichtsbezirke getheilt, so wird der als Wohnsitz geltende Bezirk im Wege der Justizverwaltung durch allgemeine Anordnung bestimmt.[3]

Auf Wahlkonsuln[4] finden diese Bestimmungen keine Anwendung.

[1] Mitglieder des Bundesraths: § 18 Abs. 2 G.V.G.

[2] Der Gerichtsstand der Reichsbeamten, die im Deutschen Reich keinen Heimathstaat haben, ist in Berlin. § 21 R.Ges. v. 31./3. 73 (R.G.B. 61).

[3] Zustellungen an exterritoriale Deutsche: § 183.

[4] §§ 9, 10 B.Ges. v. 8./11. 67 (B.G.B. 137).

17. Die Ehefrau theilt in Ansehung des Gerichtsstandes den Wohnsitz des Ehemannes, sofern nicht auf immerwährende Trennung von Tisch und Bett erkannt ist.

Eheliche und diesen gleichgestellte Kinder theilen in Ansehung des Gerichtsstandes den Wohnsitz des Vaters, uneheliche den Wohnsitz der Mutter. Sie behalten diesen Wohnsitz, bis sie denselben in rechtsgültiger Weise aufgeben.

2. des Aufenthaltsortes.

18. Der allgemeine Gerichtsstand einer Person, welche keinen Wohnsitz hat, wird durch den Aufenthaltsort im Deutschen Reich und, wenn ein solcher nicht bekannt ist, durch den letzten[1] Wohnsitz bestimmt.

3. des Sitzes der Verwaltung.

19. Der allgemeine Gerichtsstand der Gemeinden, der Korporationen, sowie derjenigen Gesellschaften,[1] Genossenschaften oder anderen Personenvereine[2] und derjenigen Stiftungen, Anstalten und Vermögensmassen, welche als solche verklagt werden können, wird durch den Sitz derselben bestimmt. Als Sitz gilt, wenn nicht ein anderes erhellt, der Ort, wo die Verwaltung geführt wird.

Gewerkschaften[3] haben den allgemeinen Gerichtsstand bei dem Gerichte, in dessen Bezirke das Bergwerk liegt,[4] Behörden, wenn sie als solche verklagt werden können, bei dem Gerichte ihres Amtssitzes.

Neben dem durch die Vorschriften dieses Paragraphen bestimmten Gerichtsstande[5] ist ein durch Statut oder in anderer Weise besonders geregelter Gerichtsstand zulässig.

[1] Art. 111, 164, 213, 247 Nr. 2 H.G.B.

[2] Fortdauer des Gerichtsstandes nach deren Auflösung:

§ 15 Nr. 2 E.G. § 85 Abs. 2 R.Ges. v. 1./5. 89 (R.G.B. 76). § 70 R.Ges. v. 20./4. 92 (R.G.B. 496).

[3] § 96 Preuß. Allg. Berggesetz v. 24./6. 65 (G.S. 705).

[4] Liegt es in mehreren Gerichtsbezirken, so ist der allgemeine Gerichtsstand bei jedem der mehreren Gerichte begründet. RG 32, 385. Wegen des besonderen dinglichen Gerichtsstandes vgl. § 36 Nr. 4.

[5] Der allgemeine Gerichtsstand des Abs. 1 u. 2 kann durch Statut nicht ausgeschlossen werden. RG 32, 384.

20. Der allgemeine Gerichtsstand des Fiskus wird durch den Sitz der Behörde bestimmt, welche berufen ist, den Fiskus in dem Rechtsstreite zu vertreten.[1]

[1] § 116 Milit.-Pensions-Ges. v. 27./6. 71 (R.G.B. 275). § 13 R.Ges. über das Postwesen v. 28./10. 71 (R.G.B. 347). § 42 Rayon-Ges. v. 21./12. 71 (R.G.B. 459). §§ 151, 153 Reichs-Beamten-Ges. v. 31./3. 73 (R.G.B. 61). — Vertretung des Reichsmilitärfiskus durch die Kontingentsverwaltungen der Einzelstaaten: RG 20, 148; zuständige Behörde: RG 24, 36, 35, 13. — Preußen: § 14 Instr. v. 23./10. 17 (G.S. 257), § 2 Ges. v. 14./3. 85 (Ges.S. 65), Verf. v. 23./3. u. 24./3. 85 (J.M.Bl. 119 u. 121), Nr. 6 Verf. v. 19./11. 86 (J.M.Bl. 322), Verf. v. 23./12. 86 (J.M.Bl. 340). Vertretung in Stempelsachen: RG 25, 248. — Sachsen: Ver. v. 13./6. 81 (G.V.Bl. 126). — Vgl. auch Anm. 2 zu § 51.

II. Besonderer Gerichtsstand.

1. des Orts der Beschäftigung.

21. Wenn Personen an einem Orte unter Verhältnissen, welche ihrer Natur nach auf einen Aufenthalt von längerer Dauer hinweisen, insbesondere als Dienstboten, Hand- und Fabrikarbeiter, Gewerbegehülfen, Studirende, Schüler oder Lehrlinge sich aufhalten[1], so ist das Gericht des Aufenthaltsorts für alle Klagen zuständig, welche gegen diese Personen wegen vermögensrechtlicher Ansprüche[2] erhoben werden.

Diese Bestimmung findet auf Militärpersonen, welche nur zur Erfüllung der Wehrpflicht dienen oder welche selbständig einen Wohnsitz nicht begründen können,[3] in der Art Anwendung, daß an die Stelle des Gerichts des Aufenthaltsorts das Gericht des Garnisonorts tritt.[4]

[1] Vgl. RG 30, 327. [2] Gehören dazu Ansprüche aus einem außerehelichen Beischlaf? Pr. 9, 507, 508.

[3] § 14 Abs. 2. [4] Bestellung eines besonderen Vertreters: § 55 Abs. 2.

2. der Niederlassung.

22. Hat Jemand zum Betriebe einer Fabrik, einer Handlung oder eines anderen Gewerbes eine Niederlassung, von welcher aus unmittelbar Geschäfte geschlossen werden,[1] so können gegen ihn alle Klagen, welche auf den Geschäftsbetrieb der Niederlassung Bezug haben,[2] bei dem Gerichte des Orts erhoben werden, wo die Niederlassung sich befindet.

Der Gerichtsstand der Niederlassung ist auch für Klagen gegen Personen begründet, welche ein mit Wohn- und Wirthschaftsgebäuden versehenes Gut als Eigenthümer, Nutznießer oder Pächter bewirthschaften, soweit diese Klagen die auf die Bewirthschaftung des Guts sich beziehenden Rechtsverhältnisse betreffen.

[1] Eisenbahnstationen gehören dazu in der Regel nicht.

RG 2, 387. [2] Ansprüche aus Geschäften, welche unmittelbar oder mittelbar mit Rücksicht auf den Geschäftsbetrieb der Niederlassung geschlossen sind oder als dessen Folge erscheinen, RG 30, 329, auch wenn sie nicht aus Rechtsgeschäften der Niederlassung entspringen. RG 23, 428.

3. des Sitzes der Verwaltung.

23. Das Gericht, bei welchem Gemeinden, Korporationen, Gesellschaften, Genossenschaften oder andere Personenvereine den allgemeinen Gerichtsstand haben,[1] ist für die Klagen zuständig, welche von denselben gegen ihre Mitglieder als solche oder von den Mitgliedern in dieser Eigenschaft gegen einander erhoben werden.[2]

[1] § 19. [2] Versicherungsgesellschaften auf Gegenseitigkeit können in ihrem allgemeinen Gerichtsstand gegen die Versicherten wegen rückständiger Prämien klagen. RG 3, 386 u. 4, 395.

4. des Vermögens.

24. Für Klagen wegen vermögensrechtlicher Ansprüche gegen eine Person, welche im Deutschen Reich keinen Wohnsitz hat,[1] ist das Gericht zuständig, in dessen Bezirke sich Vermögen derselben[2] oder der mit der Klage in Anspruch genommene Gegenstand befindet.[3] Bei Forderungen gilt als der Ort, wo das Vermögen sich befindet, der Wohnsitz des Schuldners und, wenn für die Forderung eine Sache zur Sicherheit haftet, auch der Ort, wo die Sache sich befindet.

[1] Wenn auch eine Niederlassung (§ 22). RG 27, 422. — Auch für Klagen der Ausländer, RG 14, 408, und gegen Aus-

länder, RG 1 437, selbst wenn über letztere im Auslande der Konkurs eröffnet ist, § 207 Abs. 1 K.O. RG 14, 406, 414, 425.

2 Wenn auch unpfändbares oder zur Befriedigung des Klaganspruches nicht geeignetes. RG 4, 409. Die Sicherheit, durch deren Hinterlegung die Aufhebung eines Arrestes erwirkt ist (§§ 803, 807), auch wenn sie von einem Dritten bestellt ist. RG 34, 356. — Forderungen des Beklagten an den Kläger, soweit sie nicht nach bürgerlichem Recht ipso jure durch die Klageforderung getilgt sind. RG 7, 309 u. 325. — Ob auch ein Anspruch auf Herausgabe der Handakten eines Rechtsanwalts? RG 24, 415. — Die nachträgliche Dispositionsstellung seitens des Empfängers macht für sich allein die Waare nicht wieder zu einem Vermögensstück des Lieferers. RG 27, 395. 3 Angewendet: §§ 660 Abs. 2, 705 Abs. 5, 729 Abs. 2. Auch § 13 R.Ges. v. 1./6. 91 (R.G.B. 293). — Kläger muß das Vorhandensein in schlüssiger Weise behaupten und es event. beweisen. RG 3, 382. Der Einwand, daß Kläger durch arglistiges Verhalten den Eintritt der Voraussetzungen des § 24 herbeigeführt habe, ist nicht zulässig. RG 16, 392.

5. der belegenen unbeweglichen Sache (dinglicher Gerichtsstand).

25. Für Klagen, durch welche das Eigenthum,[1] eine dingliche Belastung[2] oder die Freiheit von einer solchen geltend gemacht wird,[3] für Grenzscheidungs-, Theilungs- und Besitzklagen ist, sofern es sich um unbewegliche Sachen handelt,[4] das Gericht ausschließlich zuständig, in dessen Bezirke die Sache[5] belegen ist.

Bei den eine Grunddienstbarkeit oder eine Reallast betreffenden Klagen ist die Lage des dienenden oder belasteten Grundstücks entscheidend.[6]

1 Auch die Sukzession in ein Familienfideikommiß (nach Preuß. Recht). RG 13, 387. 2 Auch für die Klage

des Muthers gegen Dritte, welche der Muthung die Behauptung eines besseren Rechts entgegensetzen (Preuß. Recht). RG 21, 225. [3] Auch für solche, durch welche die Beseitigung einer bestehenden dinglichen Last gegenüber dem Gläubiger auf Grund eines persönlichen Anspruchs — sei es von Seiten des Eigenthümers oder von Seiten eines nacheingetragenen Hypothekengläubigers — verlangt wird. RG 15, 387, 20, 403; dagegen nicht, wenn dieser persönliche Anspruch von Seiten eines am Grundstück selbst nicht interessirten Dritten, RG 35, 366, oder wenn er gegen einen Dritten erhoben ist. RG. 25, 385. Nicht für Klagen auf Rückgabe des Pfandscheins, auch wenn sie zur Vorbereitung der Löschung gefordert wird. RG 23, 340.

[4] Vgl. RG 21, 414. — Maßgebend ist, was Gegenstand des erhobenen Anspruchs, nicht was Gegenstand des dem Anspruch zu Grunde liegenden Rechts ist. Reichsgericht v. 26./6. 89 (Preuß. J.M.Bl. 1890 S. 8).

[5] Die Lage des Grundstücks, welches der Kläger gegen einen Eingriff schützen will, ist entscheidend. RG 32, 416.

[6] Das RG 32, 416 hat gegen den im Inlande wohnhaften Besitzer eines ausländischen Grundstücks die Erhebung der Klage im Gerichtsstande des Wohnsitzes zugelassen.

26. In dem dinglichen Gerichtsstande kann mit der hypothekarischen Klage die Schuldklage, mit der Klage auf Löschung einer Hypothek die Klage auf Befreiung von der persönlichen Verbindlichkeit, mit der Klage auf Anerkennung einer Reallast die Klage auf rückständige Leistungen erhoben werden, wenn die verbundenen Klagen gegen denselben Beklagten[1] gerichtet sind.

[1] Gegen verschiedene Beklagte: §§ 57, 36 Nr. 3.

27. In dem dinglichen Gerichtsstande können persönliche Klagen, welche gegen den Eigenthümer oder Besitzer einer unbeweglichen Sache als solchen gerichtet werden, sowie Klagen wegen Beschädigung eines Grundstücks oder in Betreff der Entschädigung wegen Enteignung eines Grundstücks erhoben werden.[1]

[1] § 42 Rayon-Ges. v. 21./12. 71 (R.G.B. 459).

6. der Erbschaft.

28. Klagen, welche Erbrechte,[1] Ansprüche aus Vermächtnissen oder sonstigen Verfügungen auf den Todesfall oder die Theilung der Erbschaft zum Gegenstande haben,[2] können vor dem Gerichte erhoben werden, bei welchem der Erblasser zur Zeit seines Todes den allgemeinen Gerichtsstand gehabt hat.[3]

In dem Gerichtsstande der Erbschaft können auch Klagen der Nachlaßgläubiger aus Ansprüchen an den Erblasser oder die Erben als solche[4] erhoben werden, wenn sich der Nachlaß noch ganz oder theilweise im Bezirke des Gerichts befindet, oder wenn mehrere Erben vorhanden sind und der Nachlaß noch nicht getheilt ist.

[1] Vgl. RG 15, 364, 367. [2] Gegen den Erben sowohl, als gegen dessen Erben. RG 3, 380. — Auch Ansprüche des Erben oder Vermächtnißnehmers auf eine dem letzten Willen des Erblassers entsprechende Nachlaßverwaltung. RG 26, 380. [3] Mehrheit der Gerichtsstände bei mehrfachem Wohnsitz des Erblassers: RG 35, 418.

[4] Z. B. aus Verträgen des Testamentsvollstreckers gegen diesen oder die Erben. RG 35, 419.

7. des Erfüllungsortes.

29. Für Klagen auf Feststellung des Bestehens oder Nichtbestehens eines Vertrags,[1] auf Erfüllung oder Aufhebung eines solchen,[2] sowie auf Entschädigung wegen Nichterfüllung oder nicht gehöriger Erfüllung ist das Gericht des Orts zuständig, wo die streitige Verpflichtung[3] zu erfüllen ist.[4]

[1] § 231. — Nicht auf Klagen aus Quasikontrakten auszudehnen, RG 26, 389, oder auf Klagen auf Quittungsleistung. RG 28, 434. [2] Einschließlich der Klage auf Rückforderung des Geleisteten. RG 3, 414. Dagegen nicht für Anfechtungsklagen aus §§ 22 ff. K.O., RG 30, 402, auch nicht für Klagen auf Aussonderung aus § 35 K.O. RG 31, 392. — Wechselklagen: § 566.

[3] Bei der Klage auf Feststellung des Nichtbestehens einer Verbindlichkeit die Verpflichtung des Klägers, deren Nichtbestehen festgestellt werden soll. RG 10, 352. — Bei der Klage auf Aufhebung eines noch nicht erfüllten Vertrages die Vertragspflicht, von der der Kläger frei werden will, bei der Klage auf Aufhebung eines erfüllten Vertrages die Verpflichtung, deren Erfüllung vom Beklagten gefordert wird. RG 27, 397, 31, 384. — Bei der Entschädigungsklage wegen Verletzung einer Vertragspflicht die Pflicht, wegen deren Nichterfüllung 2c. 2c. der Ersatz verlangt wird, RG 3, 385; ebenso bei der Klage auf Zahlung einer Konventionalstrafe, RG 15, 435; anders bei der Klage auf Zahlung einer für den Fall des gestatteten Rücktritts vereinbarten Abfindung. RG 32, 431. [4] Erfüllungsort des Verlöbnißvertrages nach gem. Recht RG 23, 176, nach franz. Recht RG 20, 335, nach Preuß. Allg. Landrecht RG 23, 177, 178. Auf Zahlung des Kaufpreises aus einem Handelsgeschäft ist nach Art. 325 Abs. 2, 342 Abs. 3 H.G.B. in Ermangelung anderweiter Vereinbarung am Wohnort des Käufers zu klagen, RG 1, 444; (auch beim Distanzkauf, RG 30, 412). Ebenso auf Abnahme verkaufter, und vom Käufer zurückgesendeter Waare, RG 32, 405, auf Empfangnahme im Sinne des Art. 346 H.G.B. RG 5, 394. Desgleichen redhibitorisch auf Wiederabnahme der Waare gegen Rückzahlung des Kauf-

preises. RG 20, 360: dagegen ist die nur auf Rückzahlung des Kaufpreises gerichtete redhib. Klage am Wohnort des Verkäufers zu erheben. RG 31, 383. Die Klage des Kommissionars gegen den Kommittenten ist am Erfüllungsort des kommittirten Geschäfts zu erheben. RG 28, 412. — Klage des Ausstellers gegen den Akzeptanten eines Wechsels, auch außerhalb des Wechselprozesses, im Wechseldomizil. RG 21, 400. — Klage gegen die Mitglieder einer offenen Handelsgesellschaft aus Art. 112 H.G.B. in dem nach § 29 gegenüber der offenen Handelsgesellschaft begründeten Gerichtsstand. RG 32, 44.

8. des Meß- und Marktorts.

30. Für Klagen aus den auf Messen und Märkten, mit Ausnahme der Jahr- und der Wochenmärkte, geschlossenen Handelsgeschäften[1] (Meß- und Marktsachen)[2] ist das Gericht des Meß- oder Marktorts zuständig, wenn die Erhebung der Klage[3] erfolgt während der Beklagte oder ein zur Prozeßführung berechtigter Vertreter desselben[4] am Orte oder im Bezirke des Gerichts sich aufhält.

[1] Art. 271 ff. H.G.B.

[2] §§ 194, 234, 459 C.P.O. — § 202 Nr. 3 G.B.G.

[3] Anm. 1 zu § 4. [4] Art. 42, 47 Abs. 2 H.G.B.

9. der geführten Verwaltung.

31. Für Klagen, welche aus einer Vermögensverwaltung[1] von dem Geschäftsherrn gegen den Verwalter oder von dem Verwalter gegen den Geschäftsherrn erhoben werden, ist das Gericht des Orts zuständig, wo die Verwaltung geführt ist.

[1] Z.B. aus der Generalagentur einer Versicherungsgesellschaft RG 20, 364.

10. der unerlaubten Handlung.

32. Für Klagen aus unerlaubten Handlungen[1] ist das Gericht zuständig,[2] in dessen Bezirke die Handlung begangen ist.[3]

[1] Welche ihrem Wesen nach auf einer schuldhaften Rechtskränkung beruhen. RG 24, 394. — Strafbare Handlungen, civilrechtliche Delikte, Quasidelikte. RG 2, 411. — Nicht für Klagen aus § 23 und § 25 KO., dagegen für Klagen aus § 24 Nr. 1 KO. RG 21, 420, 425. — Zur Entscheidung über einen eventuell beigefügten anderen Klagegrund (Vertrag, Quasikontrakt) wird das Gericht nicht zuständig. RG 27, 385.

[2] Auch gegenüber dem für das Delikt haftenden Dritten. art. 1384 code civ. § 2 Haftpflichtges. v. 7./6. 71 (R.G.B. 207). RG 6, 384.

[3] Wegen des Orts der Begehung im Falle der Begehung mittels der Presse vgl. RG 27, 419.

11. der Widerklage.

33. Bei dem Gerichte der Klage kann eine Widerklage[1] erhoben werden, wenn der Gegenanspruch mit dem in der Klage geltend gemachten Anspruche oder mit den gegen denselben vorgebrachten Vertheidigungsmitteln[2] in Zusammenhang[3] steht.

Diese Bestimmung findet keine Anwendung, wenn die Zuständigkeit des Gerichts für eine Klage wegen des Gegenanspruchs auch durch Vereinbarung nicht würde begründet werden können.[4]

[1] Bestimmungen über die Widerklage: Berechnung des Werths § 5; Vollmacht § 77; Sicherheitsleistung § 102 Nr. 3, § 104; Trennung § 136 Abs. 2; Zeit der Zulässigkeit §§ 251 bis 253, 491; Inzidentwiderklage auf Feststellung § 253; Erhebung § 254; Theilurtheil § 273; Rechtskraft § 293; Versäumnißverfahren § 312; sachliche Unzuständigkeit des Gerichts § 467; beschränkte Zulässigkeit in Ehesachen §§ 575,

587; Unzulässigkeit im Urkunden- und Wechselprozeß § 558, und in Entmündigungssachen §§ 608, 620, 624, 626. — Auch gegenüber der Feststellungsklage des § 134 K.O. ist eine Widerklage zulässig. RG 16, 118. [2] § 251.

[3] Nach RG 11, 423 im rechtlichen Zusammenhang; dazu genügt aber, daß Klage und Widerklage in demselben Rechtsverhältniß ihre thatsächliche Begründung finden. RG 25, 397. Gegen die Besitzklage ist nicht die petitorische Widerklage zulässig. RG 23, 307.

[4] § 40 Abs. 2, Anm. 1 zu § 12. — § 70 Abs. 2 G.V.G.

12. des Hauptprozesses.

34. Für Klagen der Prozeßbevollmächtigten,[1] der Beistände,[2] der Zustellungsbevollmächtigten[3] und der Gerichtsvollzieher[4] wegen Gebühren und Auslagen ist das Gericht des Hauptprozesses[5] zuständig.

[1] §§ 74, 75. [2] § 86. [3] § 160. [4] §§ 152, 674.

[5] Das Gericht, welches in erster Instanz entschieden hat. Begr. 63. RG 29, 414.

III. Mehrheit der Gerichtsstände.

35. Unter mehreren zuständigen Gerichten hat der Kläger die Wahl.

IV. Bestimmung durch das höhere Gericht.

36. Die Bestimmung des zuständigen Gerichts erfolgt durch das im Instanzenzuge zunächst höhere Gericht:[1]

1. wenn das an sich zuständige Gericht in einem einzelnen Falle an der Ausübung des Richteramts rechtlich oder thatsächlich verhindert ist;[2]
2. wenn es mit Rücksicht auf die Grenzen verschiedener Gerichtsbezirke ungewiß ist, welches Gericht für den Rechtsstreit zuständig sei;
3. wenn mehrere Personen, welche bei verschie-

denen Gerichten ihren allgemeinen Gerichtsstand haben, als Streitgenossen[3] im allgemeinen Gerichtsstande verklagt werden sollen[4] und für den Rechtsstreit ein gemeinschaftlicher besonderer Gerichtsstand nicht begründet ist;

4. wenn die Klage in dem dinglichen Gerichtsstande erhoben werden soll und die Sache[5] in den Bezirken verschiedener Gerichte belegen ist;
5. wenn in einem Rechtsstreite verschiedene Gerichte sich rechtskräftig für zuständig erklärt haben;
6. wenn verschiedene Gerichte, von welchen eines für den Rechtsstreit zuständig ist, sich rechtskräftig für unzuständig erklärt haben.

[1] In den Fällen Nr. 2—6 durch das gemeinschaftliche höhere Gericht. Begr. 65. — § 9 E.G. — Gebühren: des Gerichts (frei) § 47 Nr. 3 G.K.G.; des Anwalts ($^3/_{10}$) § 23 Nr. 1, vgl. jedoch auch § 29 Nr. 6, G.O. f. R.A.

[2] §§ 41, 42, 45. — Thatsächliche Verhinderung des Amtsgerichts: Preußen: § 24 Ges. v. 24./4. 78 (G.S. 230).

[3] §§ 56, 57. [4] Nicht auch für den Erlaß des Zahlungsbefehls. RG 27, 404.

[5] D. i. eine einzelne unbewegliche Sache oder ein durch ein besonderes rechtliches Band zu einer Einheit verbundener Komplex von Immobilien. RG 25, 395.

37. Die Entscheidung über das Gesuch um Bestimmung des zuständigen Gerichts kann ohne vorgängige mündliche Verhandlung erfolgen.[1]

Eine Anfechtung des Beschlusses, welcher das zuständige Gericht bestimmt, findet nicht statt.

[1] In diesem Falle wird sie den Parteien von Amtswegen zugestellt. § 294 Abs. 3.

Dritter Titel.

Vereinbarung über die Zuständigkeit der Gerichte.

38. Ein an sich[1] unzuständiges Gericht erster Instanz wird durch ausdrückliche oder stillschweigende Vereinbarung der Parteien zuständig.[2]

[1] Sachlich oder örtlich. — Vgl. Anm. 3 zu § 23 G.V.G.

[2] Die Kammer für Handelssachen kann von Amtswegen die Verweisung an die Civilkammer aussprechen, die Civilkammer kann entgegen dem Antrage beider Theile die Verweisung an die Kammer für Handelssachen ablehnen, wenn der Rechtsstreit nicht vor die Kammer für Handelssachen gehört. §§ 103 Abs. 2, 104 Abs. 4, 105 Abs. 2 G.V.G.

39. Stillschweigende Vereinbarung ist anzunehmen, wenn der Beklagte, ohne die Unzuständigkeit geltend zu machen, zur Hauptsache[1] mündlich verhandelt[2] hat.[3]

[1] Nicht, wenn er nur über prozeßhindernde Einreden (§ 247) verhandelt hat.

[2] § 128 Abs. 1. — Nicht im Falle der Versäumniß. RG 1, 438 u. 2, 409.

[3] Bei sachlicher Unzuständigkeit des Amtsgerichts: § 465 Abs. 2.

40. Die Vereinbarung hat keine rechtliche Wirkung, wenn sie nicht auf ein bestimmtes Rechtsverhältniß und die aus demselben entspringenden Rechtsstreitigkeiten sich bezieht.

Die Vereinbarung ist unzulässig, wenn der Rechtsstreit andere als vermögensrechtliche Ansprüche[1] betrifft, oder wenn für die Klage ein ausschließlicher Gerichtsstand[2] begründet ist.

[1] Anm. 2 zu § 21.

[2] Anm. 1 zu § 12. — § 70 Abs. 2 G.V.G.

Vierter Titel.

Ausschließung und Ablehnung der Gerichtspersonen.

Vgl. §§ 22—32 St.P.O.

Ausschließung.

41. Ein Richter ist von der Ausübung des Richteramts kraft Gesetzes ausgeschlossen:

1. in Sachen, in welchen er selbst Partei ist, oder in Ansehung welcher er zu einer Partei in dem Verhältnisse eines Mitberechtigten, Mitverpflichteten oder Regreßpflichtigen steht;[1]
2. in Sachen seiner Ehefrau, auch wenn die Ehe nicht mehr besteht;
3. in Sachen einer Person, mit welcher er in gerader Linie verwandt, verschwägert oder durch Adoption verbunden, in der Seitenlinie bis zum dritten Grade verwandt oder bis zum zweiten Grade verschwägert ist, auch wenn die Ehe, durch welche die Schwägerschaft begründet ist, nicht mehr besteht;
4. in Sachen, in welchen er als Prozeßbevollmächtigter oder Beistand einer Partei bestellt[2] oder als gesetzlicher Vertreter einer Partei aufzutreten[3] berechtigt ist oder gewesen ist;
5. in Sachen, in welchen er als Zeuge oder Sachverständiger vernommen ist;
6. in Sachen, in welchen er in einer früheren Instanz oder im schiedsrichterlichen Verfahren bei der Erlassung der angefochtenen Entscheidung mitgewirkt hat,[4] sofern es sich nicht

um die Thätigkeit eines beauftragten oder ersuchten Richters[5] handelt.

[1] Unmittelbare persönliche Berechtigung od. Verpflichtung. RG 7, 312. [2] §§ 74, 75, 86. [3] § 50.

[4] Nicht auch, wenn er lediglich bei der Urtheilsverkündung als Beisitzer zugegen gewesen ist. , RG 26, 383.

[5] Der beauftragte Richter ist Mitglied desselben Gerichts, der ersuchte Mitglied eines anderen Gerichts, Begr. 138, und zwar eines Amtsgerichts. § 158 G.V.G. — Seine Entscheidungen unterliegen der Abänderung durch das Prozeßgericht. § 539.

Ablehnung.

42. Ein Richter kann sowohl in den Fällen, in welchen er von der Ausübung des Richteramts kraft Gesetzes ausgeschlossen ist, als auch wegen Besorgniß der Befangenheit abgelehnt werden.

Wegen Besorgniß der Befangenheit findet die Ablehnung statt, wenn ein Grund vorliegt, welcher geeignet ist, Mißtrauen gegen die Unparteilichkeit eines Richters zu rechtfertigen.

Das Ablehnungsrecht steht in jedem Falle beiden Parteien zu.

43. Eine Partei kann einen Richter wegen Besorgniß der Befangenheit nicht mehr ablehnen, wenn sie bei demselben, ohne den ihr bekannten Ablehnungsgrund geltend zu machen, in eine Verhandlung sich eingelassen oder Anträge gestellt hat.

Verfahren.

44. Das Ablehnungsgesuch ist bei dem Gerichte, welchem der Richter angehört, anzubringen; es kann vor dem Gerichtsschreiber zu Protokoll erklärt werden.[1]

Der Ablehnungsgrund ist glaubhaft zu machen;[2] der Eid ist als Mittel der Glaubhaftmachung ausgeschlossen. Zur Glaubhaftmachung kann auf das Zeugniß[3] des abgelehnten Richters Bezug genommen werden.

Der abgelehnte Richter hat sich über den Ablehnungsgrund dienstlich zu äußern.

Wird ein Richter, bei welchem die Partei in eine Verhandlung sich eingelassen oder Anträge gestellt hat, wegen Besorgniß der Befangenheit abgelehnt, so ist glaubhaft zu machen, daß der Ablehnungsgrund erst später entstanden oder der Partei bekannt geworden sei.

[1] § 74 Abs. 2. [2] § 266. [3] Zeugniß bedeutet hier dienstliche Aeußerung. § 26 St.P.O. Pr. z. St.P.O. 1130.

45. Ueber das Ablehnungsgesuch entscheidet das Gericht, welchem der Abgelehnte angehört;[1] wenn dasselbe[2] durch Ausscheiden des abgelehnten Mitgliedes beschlußunfähig wird,[3] das im Instanzenzuge zunächst höhere Gericht.

Wird ein Amtsrichter abgelehnt, so entscheidet das Landgericht. Einer Entscheidung bedarf es nicht, wenn der Amtsrichter das Ablehnungsgesuch für begründet hält.

[1] Gebühren: des Gerichts (frei, wenn nicht durch Muthwillen veranlaßt) § 47 Nr. 4 G.K.G.; des Anwalts ($^3/_{10}$) § 23 Nr. 1, vgl. jedoch auch § 29 Nr. 6, G.O. f. R.A.

[2] D. h. die zur Entscheidung berufene Abtheilung des Gerichts. RG 16, 414. [3] Das ist erst der Fall, wenn

die Beschlußfähigkeit auch nicht auf dem durch § 66 G.V.G. bezeichneten Wege hergestellt werden kann. RG 16, 415.

46. Die Entscheidung über das Ablehnungsgesuch kann ohne vorgängige mündliche Verhandlung erfolgen.[1]

Gegen den Beschluß, durch welchen das Gesuch für begründet erklärt wird,[2] findet kein Rechtsmittel; gegen den Beschluß, durch welchen das Gesuch für unbegründet erklärt wird, findet sofortige Beschwerde[3] statt.

[1] Anm. 1 zu § 37. [2] Wirkung dieses Beschlusses: § 36 Nr. 1, § 513 Nr. 3, § 542 Nr. 3. [3] § 540.

47. Ein abgelehnter Richter hat vor Erledigung des Ablehnungsgesuchs nur solche Handlungen vorzunehmen, welche keinen Aufschub gestatten.

48. Das für die Erledigung eines Ablehnungsgesuchs zuständige Gericht hat auch dann zu entscheiden, wenn ein solches Gesuch nicht angebracht ist, ein Richter aber von einem Verhältnisse Anzeige macht, welches seine Ablehnung rechtfertigen könnte, oder wenn aus anderer Veranlassung Zweifel darüber entstehen, ob ein Richter kraft Gesetzes ausgeschlossen sei.

Die Entscheidung erfolgt ohne vorgängiges Gehör der Parteien.[1]

[1] Anm. 1 zu § 37.

49. Die Bestimmungen dieses Titels finden auf den Gerichtsschreiber[1] entsprechende Anwendung;

die Entscheidung erfolgt durch das Gericht, bei welchem der Gerichtsschreiber angestellt ist.

[1] § 154 G.V.G. — Ausschließung der Gerichtsvollzieher: § 156 G.V.G.; der Schiedsrichter: § 858 C.P.O.; der Sachverständigen: § 371 C.P.O.; der Dolmetscher: § 193 G.V.G.

Zweiter Abschnitt.
Parteien.
Erster Titel.
Prozeßfähigkeit.

Prozeßfähigkeit ist die Fähigkeit einer Partei, einen Prozeß, an dem sie betheiligt ist, selbst zu führen, oder durch einen von ihr bestellten Bevollmächtigten führen zu lassen. Begr. 73. RG 13, 332.

Die Prozeßfähigkeit setzt die Parteifähigkeit voraus, d. h. die Fähigkeit, aktiv und passiv Subjekt des Prozesses zu sein. RG 12, 399, 32, 173.

Zulässigkeit der Bestellung eines Anwalts zur Geltendmachung der Einrede mangelnder Parteifähigkeit: RG 35, 363.

50. Die Fähigkeit einer Partei, vor Gericht zu stehen, die Vertretung nicht prozeßfähiger Parteien durch andere Personen (gesetzliche Vertreter)[1] und die Nothwendigkeit einer besonderen Ermächtigung zur Prozeßführung bestimmt sich nach den Vorschriften des bürgerlichen Rechts,[2] soweit nicht die nachfolgenden Paragraphen abweichende Bestimmungen enthalten.

[1] Gesetzliche Vertreter stehen der Partei gleich. §§ 82, 157, 210, 219, 225, 391 Abs. 3, 433, 435, 436, 438, 439, 549. — Beiordnung eines gesetzlichen Vertreters schreiben vor: §§ 609, 620 Abs. 3, 626 Abs. 2.

[2] Welchem die Partei unterworfen ist. RG 6, 188. —

Wegen der Gerichtsstandschaft der s. g. erlaubten Privatgesellschaften ohne juristische Persönlichkeit nach Allg. Landrecht vgl. RG 27, 184.

51. Eine Person[1] ist insoweit prozeßfähig, als sie sich durch Verträge verpflichten kann.[2]

Die Prozeßfähigkeit einer großjährigen Person[3] wird dadurch, daß sie unter väterlicher Gewalt steht, die Prozeßfähigkeit einer Frau dadurch, daß sie Ehefrau ist, nicht beschränkt.[4]

Die Vorschriften über die Geschlechtsvormundschaft finden auf die Prozeßführung keine Anwendung.

[1] Auch eine juristische Person. RG 6, 139. Auch der Güterpfleger des § 334 St.P.O. RG 12, 189.

[2] Art. 1. W.O. — Kann der Reichsfiskus in einem Rechtsstreit wegen Zurückforderung zuviel erhobener Reichsstempelabgaben durch eine Landesbehörde vertreten werden? Bejaht: RG 11, 75, 97, verneint: RG 11, 95. Vgl. auch RG 15, 39.

[3] § 1 R.Ges. v. 17./2. 75 (R.G.B. 71).

[4] Art. 9 H.G.B. § 11 Gewerbe-Ord. (R.G.B. 1883 S. 177). Wegen deren Bedeutung vgl. RG 35, 88. Im übrigen sind die Vorschriften des bürgerl. Rechts (z. B. § 189 A.L.R. 2, 1), welche zum Schutze des Mannes wegen der ihm nach dem ehelichen Güterrecht zustehenden Befugnisse dessen Zuziehung zu Prozessen der Frau anordnen, in Kraft geblieben. RG 13, 294, 28, 332; vgl. auch Anm. 1 zu § 690.

52. Einzelne Prozeßhandlungen,[1] zu welchen nach den Vorschriften des bürgerlichen Rechts eine besondere Ermächtigung erforderlich ist, sind ohne dieselbe gültig, wenn die Ermächtigung zur Prozeßführung im Allgemeinen ertheilt[2] oder die Prozeßführung auch ohne eine solche Ermächtigung im Allgemeinen statthaft ist.

[1] Auf Vergleiche nicht anzuwenden. RG 19, 362.
[2] Aehnlich bei Vollmacht: §§ 77—79.

53. Ein Ausländer, welchem nach dem Rechte seines Landes die Prozeßfähigkeit mangelt, gilt als prozeßfähig, wenn ihm nach dem Rechte des Prozeßgerichts die Prozeßfähigkeit zusteht.[1] [2]

[1] Art. 94 W.O. — § 334.
[2] Ein ausländischer Gemeinschuldner ist daher im Inlande an sich prozeßfähig. RG 14, 409. Doch kann sich bei ausländischen Aktiengesellschaften durch den Konkurs die Vertretungsbefugniß ändern. RG 16, 338.

54. Das Gericht hat den Mangel der Prozeßfähigkeit, der Legitimation eines gesetzlichen Vertreters und der erforderlichen Ermächtigung zur Prozeßführung von Amtswegen zu berücksichtigen.[1]

Die Partei oder deren gesetzlicher Vertreter kann zur Prozeßführung mit Vorbehalt der Beseitigung des Mangels zugelassen werden, wenn mit dem Verzuge Gefahr für die Partei verbunden ist. Das Endurtheil[2] darf erst erlassen werden, nachdem die für die Beseitigung des Mangels zu bestimmende Frist abgelaufen ist.

[1] §§ 130 Abs. 2, 247 Abs. 2, 267 Abs. 2, 300 Nr. 1. Anders bei Mangel der Vollmacht: § 84 Abs. 2. — Befugniß des Vertreters, dessen Legitimation streitig ist, im Prozeß aufzutreten: RG 29, 409. Fortfall der Prozeßfähigkeit während des Rechtsstreits: §§ 219, 223. Vgl. auch Anm. 3 zu § 630. [2] §§ 272, 273. [3] Nach fruchtlosem Verlauf: § 295 ff. — Doch schließt der Ablauf der Frist nicht die nachträgliche Beseitigung des Mangels bis zum Erlaß des Endurtheils aus. RG 14, 433, 30, 401.

55. Soll eine nicht prozeßfähige Partei verklagt werden, welche ohne gesetzlichen Vertreter ist, so hat der Vorsitzende des Prozeßgerichts derselben, falls mit dem Verzuge Gefahr verbunden ist, auf Antrag[1] bis zu dem Eintritte des gesetzlichen Vertreters einen besonderen Vertreter zu bestellen.

Der Vorsitzende kann einen solchen Vertreter auch bestellen, wenn in den Fällen des §. 21 eine nicht prozeßfähige Person bei dem Gericht ihres Aufenthaltsorts oder Garnisonorts verklagt werden soll.[2]

[1] Auf Antrag des Gegners. Begr. 73. [2] Gebühren: des Gerichts (frei) § 47 Nr. 9 G.K.G.; des Anwalts ($^3/_{10}$) § 47 Nr. 1, vgl. jedoch auch § 29 Nr. 6, G.O. f. R.A.

Zweiter Titel.

Streitgenossenschaft.

Vgl. §§ 36 Nr. 8, 136, 138, 272 Abs. 2.

Haftung der Streitgenossen für die Gebühren: des Gerichts § 91 G.K.G.; des Anwalts §§ 3, 51 G.O. f. R.A.; für die Kostenerstattung: § 95.

56. Mehrere Personen können als Streitgenossen gemeinschaftlich klagen oder verklagt werden,[1] wenn sie in Ansehung des Streitgegenstandes in Rechtsgemeinschaft stehen, oder wenn sie aus demselben thatsächlichen und rechtlichen Grunde berechtigt oder verpflichtet sind.[2]

[1] Objektive Klagenhäufung: § 232.
[2] Hauptschuldner und Bürge. RG 8, 367.

57. Mehrere Personen können auch dann als Streitgenossen gemeinschaftlich klagen oder verklagt werden, wenn gleichartige und auf einem im Wesentlichen gleichartigen thatsächlichen und rechtlichen Grunde beruhende Ansprüche oder Verpflichtungen den Gegenstand des Rechtsstreits bilden.

58. Streitgenossen stehen, soweit nicht aus den Vorschriften des bürgerlichen Rechts oder dieses Gesetzes sich ein Anderes ergiebt, dem Gegner dergestalt als Einzelne gegenüber, daß die Handlungen des einen Streitgenossen dem anderen weder zum Vortheile noch zum Nachtheile gereichen.

59. Kann das streitige Rechtsverhältniß allen Streitgenossen gegenüber nur einheitlich festgestellt werden, oder ist die Streitgenossenschaft aus einem sonstigen Grunde eine nothwendige,[1] so werden, wenn ein Termin oder eine Frist nur von einzelnen Streitgenossen versäumt wird, die säumigen Streitgenossen als durch die nicht säumigen vertreten angesehen.[2]

Die säumigen Streitgenossen sind auch in dem späteren Verfahren zuzuziehen.

[1] §§ 586, 607 Abs. 3, 690 Abs. 2, 710 Abs. 3, 753 Abs. 2, 4. — § 134 Abs. 1, 2 K.O. RG 5, 414. Die offene Handelsgesellschaft und die Gesellschafter, sofern es sich um Feststellung einer Gesellschaftsschuld handelt, RG 34, 365. Nach Pr. Allg. Landrecht: Ehegatten, wenn um das Eigenthum an den Illaten der Frau gestritten wird, RG 13, 292; Kinder, welche von den Eltern auf Unterhalt verklagt werden, RG 17, 359; Miterben, solange der Nachlaß ungetheilt ist, wegen der Nachlaßschulden. RG 30, 345.

[2] Eid: §§ 391, 434, 438. Die Urtheilszustellung des einen Streitgenossen wird auch zu Gunsten des anderen wirksam. RG 30, 345. Nach RG 34, 304 soll dagegen die

Nothfrist gegen die Streitgenossen erst von dem Tage laufen, an welchem die Entscheidung allen Streitgenossen zugestellt ist. — Ueber Widersprüche zwischen den Erklärungen der Streitgenossen entscheidet das Gericht nach freiem Ermessen. § 259. Begr. 83.

60. Das Recht zur Betreibung des Prozesses steht jedem Streitgenossen zu; er muß, wenn er den Gegner zu einem Termine ladet, auch die übrigen Streitgenossen laden.

Dritter Titel.

Betheiligung Dritter am Rechtsstreite.

Vgl. auch § 9 Abs. 4 R.Ges. zum Schutz der Waarenbezeichnungen v. 12./5. 94 (R.G.B. 444).

I. Hauptintervention.

61. Wer die Sache oder das Recht, worüber zwischen anderen Personen ein Rechtsstreit anhängig geworden ist, ganz oder theilweise für sich in Anspruch nimmt, ist bis zur rechtskräftigen Entscheidung[1] dieses Rechtsstreits berechtigt, seinen Anspruch durch eine gegen beide Parteien gerichtete Klage[2] bei demjenigen Gerichte[3] geltend zu machen, vor welchem der Rechtsstreit in erster Instanz anhängig wurde.

[1] § 645. — Nach rechtskräftiger Entscheidung: § 690.

[2] Vollmacht: § 78. Zustellung: § 162 Anm. 1. — Die Parteien sind Streitgenossen; ob gemäß § 58 oder gemäß § 59, richtet sich nach dem materiellen Rechtsverhältniß des Intervenienten zu den Parteien. RG 17, 340.

[3] Bei der Kammer für Handelssachen: § 108 G.V.G.

62. Der Hauptprozeß kann auf Antrag einer Partei[1] bis zur rechtskräftigen Entscheidung über die Hauptintervention ausgesetzt werden.

[1] Auch von Amtswegen: § 139. — Beschwerde: § 229.

II. Nebenintervention.

63. Wer ein rechtliches Interesse[1] daran hat, daß in einem zwischen anderen Personen anhängigen Rechtsstreite die eine Partei obsiege, kann dieser Partei zum Zwecke ihrer Unterstützung beitreten.

Die Nebenintervention kann in jeder Lage des Rechtsstreits bis zur rechtskräftigen[2] Entscheidung desselben, auch in Verbindung mit der Einlegung eines Rechtsmittels[3] erfolgen.

[1] Wenn in irgend einer Weise die Entscheidung auf die Rechtsverhältnisse des Nebenintervenienten zu der einen der Parteien zurückwirken kann. RG 35, 393. Der Gemeinschuldner ist nicht befugt, dem Konkursverwalter in dem gegen diesen gerichteten Prozesse wegen Feststellung einer Konkursforderung (§ 134 K.O.) als Nebenintervenient beizutreten. RG 28, 422. [2] § 645.
[3] §§ 479, 515, 532, 540, auch des Einspruchs: § 305.

64. Der Nebenintervenient muß den Rechtsstreit in der Lage annehmen, in welcher sich dieser zur Zeit seines Beitritts befindet; er ist berechtigt, Angriffs- und Vertheidigungsmittel[1] geltend zu machen und alle Prozeßhandlungen wirksam vorzunehmen,[2] insoweit nicht seine Erklärungen und Handlungen mit Erklärungen und Handlungen der Hauptpartei in Widerspruch stehen.[3]

[1] §§ 137, 251 Abs. 1. [2] Eideszuschiebung an den Nebenintervenienten: § 414. Vernehmung desselben als Zeugen: Anm. vor § 338. [3] Anders: § 66. Abgesehen von diesem Fall ist der Nebenintervenient nicht selbst Partei, sondern nur Gehülfe einer Partei. RG 20, 333. —

Er kann Rechtsmittel einlegen, auch wenn die Hauptpartei kein Rechtsmittel einlegt, RG 10, 398, aber — abgesehen vom Falle des § 66 — nur so lange die Rechtsmittelfrist für die Hauptpartei läuft. RG 18, 417: die Revision muß der Hauptpartei gegenüber eingelegt werden, auch wenn diese die Führung der Berufsinstanz lediglich dem Nebenintervenienten überlassen hatte. RG 34, 390. Vgl. auch Anm. 5 zu § 68.

65. Der Nebenintervenient wird im Verhältnisse zu der Hauptpartei mit der Behauptung nicht gehört, daß der Rechtsstreit, wie derselbe dem Richter vorgelegen habe, unrichtig entschieden sei; er wird mit der Behauptung, daß die Hauptpartei den Rechtsstreit mangelhaft geführt habe, nur insoweit gehört, als er durch die Lage des Rechtsstreits zur Zeit seines Beitritts oder durch Erklärungen und Handlungen der Hauptpartei verhindert worden ist, Angriffs- oder Vertheidigungsmittel geltend zu machen, oder als Angriffs- oder Vertheidigungsmittel, welche ihm unbekannt waren, von der Hauptpartei absichtlich oder durch grobes Verschulden nicht geltend gemacht sind.

66. Insofern nach den Vorschriften des bürgerlichen Rechts die Rechtskraft der in dem Hauptprozesse erlassenen Entscheidung auf das Rechtsverhältniß des Nebenintervenienten zu dem Gegner von Wirksamkeit ist,[1] gilt der Nebenintervenient im Sinne des §. 58[2] als Streitgenosse der Hauptpartei.[3]

[1] Art. 190a Abs. 5, 222 R.Ges. v. 11./7. 84 (R.G.B. 139).

[2] Eid: § 414; Kosten: § 96 Abs. 2. — Ausnahme: § 236 Abs. 2.

[3] Unter Umständen auch im Sinne des § 59. RG 34, 364.

67. Der Beitritt des Nebenintervenienten erfolgt durch Zustellung eines Schriftsatzes.[1] Derselbe muß[2] enthalten:

1. die Bezeichnung der Parteien und des Rechtsstreits;
2. die bestimmte Angabe des Interesses, welches der Nebenintervenient hat;
3. die Erklärung des Beitritts.

Außerdem finden die allgemeinen Bestimmungen über die vorbereitenden Schriftsätze[3] Anwendung.

[1] §§ 552 ff.

[2] Muß wird imperativ, soll instruktionell gebraucht. Begr. 22. Pr. 427. [3] §§ 120—124.

68. Ueber den Antrag auf Zurückweisung einer Nebenintervention wird nach vorgängiger mündlicher Verhandlung unter den Parteien und dem Nebenintervenienten entschieden.[1] Der Nebenintervenient ist zuzulassen, wenn er sein Interesse glaubhaft macht.[2]

Gegen das Zwischenurtheil[3] findet sofortige Beschwerde[4] statt.

So lange nicht die Unzulässigkeit der Intervention rechtskräftig ausgesprochen ist, wird der Intervenient im Hauptverfahren zugezogen.[5]

[1] Eine Zurückweisung findet nur auf Antrag statt, die Prüfung bleibt auf die vom Widersprechenden hervorgehobenen Mängel beschränkt. § 267. RG 15, 397. Wiederholung der Nebenintervention nach der Zurückweisung ist auf Grund eines neuen rechtlichen Interesse zulässig. RG 28, 342.

[2] § 266. Gegen den nichterschienenen Nebenintervenienten

kann ein Versäumnißurtheil nicht ergehen, wenn die Hauptpartei erscheint. RG 15, 430.

[3] § 275. Auch wenn die Entscheidung über die Zulässigkeit der Intervention mit dem Endurtheil in der Hauptsache verbunden ist. RG 15, 413, 18, 140. — Gebühren: des Gerichts ($^3/_{10}$) § 27 Nr. 1 G.K.G.; des Anwalts ($^3/_{10}$) § 23 Nr. 1, vgl. jedoch auch § 29 Nr. 2, G.O. f. R.A. — Haftung für die Kosten: § 96. [4] § 540. — Die demnächst im Endurtheil getroffene Entscheidung über die Kosten der Nebenintervention ist nicht mit der sofortigen Beschwerde anzufechten. RG 19, 414. [5] Der Zustellung des in der Hauptsache ergehenden Urtheils an den Nebenintervenienten bedarf es — abgesehen vom Falle des § 66 — nicht, RG 18, 418; die Einlegung des Rechtsmittels gegen die Hauptpartei kann nur durch Zustellung an diese erfolgen, RG 34, 391; der Zustellung an den Nebenintervenienten bedarf es nicht, doch kann in der Rechtsmittelinstanz eine abändernde Entscheidung nur auf Grund einer Verhandlung ergehen, zu welcher der Nebenintervenient geladen ist. RG 34, 388.

III. Streitverkündung.[1]

[1] **Bayern:** Art. 15, 16 Ges. v. 23./2. 79 (G.V.Bl. 63).

69. Eine Partei, welche für den Fall des ihr ungünstigen Ausganges des Rechtsstreits einen Anspruch auf Gewährleistung oder Schadloshaltung gegen einen Dritten erheben zu können glaubt oder den Anspruch eines Dritten besorgt, kann bis zur rechtskräftigen[1] Entscheidung des Rechtsstreits dem Dritten gerichtlich den Streit verkünden.

Der Dritte ist zu einer weiteren Streitverkündung berechtigt.

[1] § 645.

70. Die Streitverkündung erfolgt durch Zustellung eines Schriftsatzes,[1] in welchem der Grund der Streitverkündung und die Lage des Rechtsstreits anzugeben ist.[2]

Abschrift des Schriftsatzes ist dem Gegner mitzutheilen.[3]

[1] §§ 152 ff. [2] Die Verbindung einer Ladung mit der Streitverkündung ist ohne rechtliche Wirkung. RG 10, 292.
[3] Formlos, ohne Beurkundung. Anm. 1 zu § 152.

71. Wenn der Dritte dem Streitverkünder beitritt, so bestimmt sich sein Verhältniß zu den Parteien nach den Grundsätzen über die Nebenintervention.

Lehnt der Dritte den Beitritt ab, oder erklärt er sich nicht, so wird der Rechtsstreit ohne Rücksicht auf ihn fortgesetzt.

In allen Fällen dieses Paragraphen kommen gegen den Dritten die Vorschriften des §. 65 mit der Abweichung zur Anwendung, daß statt der Zeit des Beitritts diejenige Zeit entscheidet, zu welcher der Beitritt in Folge der Streitverkündung möglich war.[1]

[1] Feststellungen über das Verhältniß zwischen dem Streitverkünder und dem Dritten sind im Endurtheil nicht zu treffen. Begr. 91.

72. Wird von dem verklagten Schuldner einem Dritten, welcher die geltend gemachte Forderung für sich in Anspruch nimmt, der Streit verkündet, und tritt der Dritte in den Streit ein,[1] so ist der Beklagte, wenn er den Betrag der Forderung zu Gunsten der streitenden Gläubiger gerichtlich[2] hinterlegt, auf seinen Antrag aus dem Rechtsstreit unter Verurtheilung in die durch seinen unbegründeten Widerspruch veranlaßten Kosten zu entlassen[3] und der Rechtsstreit über die Berechtigung an der Forderung zwischen den streitenden Gläubigern allein fortzusetzen. Dem Obsiegenden ist der hinterlegte Betrag zuzusprechen und der Unterliegende auch zur Erstattung der dem Beklagten entstandenen, nicht durch dessen unbegründeten Widerspruch veranlaßten Kosten, einschließlich der Kosten der Hinterlegung, zu verurtheilen.

[1] Hauptintervention, nicht Nebenintervention. Die Zulässigkeit des Beitritts des Dritten hängt nicht vom Nachweis eines rechtlichen Interesses ab. RG 34, 403.

[2] Preußen: § 98 Hinterl.Ord. v. 14./3. 79 (G.S. 249). Baden: Ges. v. 7./6. 84 (G.V.Bl. 181).

[3] Gebühren: des Gerichts ($^5/_{10}$) § 26 No. 3 G.K.G.; des Anwalts ($^5/_{10}$) § 20 G.O. f. R.A.

Benennung des rechten Besitzers.

73. Wer als Besitzer einer Sache[1] verklagt ist, die er im Namen eines Dritten zu besitzen behauptet, kann, wenn er diesem vor der Verhandlung zur Hauptsache[2] den Streit verkündet und ihn unter Benennung an den Kläger zur Erklärung ladet, bis zu dieser Erklärung oder bis zum Schlusse des Termins, in welchem sich der Benannte zu erklären hat, die Verhandlung zur Hauptsache verweigern.

Bestreitet der Benannte die Behauptung des Beklagten oder erklärt er sich nicht, so ist der Beklagte berechtigt, dem Klagantrage zu genügen.

Wird die Behauptung des Beklagten von dem Benannten als richtig anerkannt, so ist dieser berechtigt, mit Zustimmung des Beklagten an dessen Stelle den Prozeß zu übernehmen.[3] Die Zustimmung des Klägers ist nur insoweit erforderlich, als derselbe Ansprüche geltend macht, welche unabhängig davon sind, daß der Beklagte im Namen eines Dritten besitzt.[4]

Hat der Benannte den Prozeß übernommen, so ist der Beklagte auf seinen Antrag von der Klage zu entbinden.[5] Die Entscheidung ist in Ansehung der Sache selbst auch gegen den Beklagten wirksam und vollstreckbar.

[1] Trifft nicht zu im Falle der gemeinrechtlichen Spolienklage. RG. 30, 139. [2] Dem Eintritt des Benannten kann der Kläger nicht um deswillen widersprechen, weil jener nicht förmlich unter Streitverkündung vom Beklagten geladen sei. RG 22, 395. [3] Auch wenn er den Prozeß nicht übernimmt, ist er als Nebenintervenient alle seine Rechte geltend zu machen befugt. RG 32, 31. [4] Anm. 1 zu § 89.

[5] Gebühren: des Gerichts ($^5/_{10}$) § 26 Nr. 3 G.K.G.; des Anwalts ($^5/_{10}$) § 20 G.O. f. R.A.

Vierter Titel.

Prozeßbevollmächtigte und Beistände.

1. Anwaltszwang.

74. Vor den Landgerichten und vor allen Gerichten höherer Instanz müssen die Parteien sich durch einen bei dem Prozeßgerichte[1] zugelassenen Rechtsanwalt[2] als Bevollmächtigten vertreten lassen (Anwaltsprozeß).[3]

Diese Vorschrift findet auf das Verfahren vor einem beauftragten oder ersuchten Richter[4] sowie auf Prozeßhandlungen, welche vor dem Gerichtsschreiber vorgenommen werden können,[5] keine Anwendung.[6]

Ein bei dem Prozeßgerichte zugelassener Rechtsanwalt kann sich selbst vertreten.

[1] Die Beschwerdeschrift ist — soweit dafür Anwaltszwang besteht — bei dem Gerichte, gegen dessen Entscheidung Beschwerde erhoben wird, durch einen bei diesem Gerichte zugelassenen Rechtsanwalt, dagegen bei dem Beschwerdegericht, wofern sie hier eingelegt werden kann, durch einen bei letzterem zugelassenen Rechtsanwalt einzureichen. §§ 532 Abs. 1, 540 Abs. 2. RG 1, 431. [2] Durch einen anderen Anwalt im Falle des § 8 E.G. [3] Vgl. auch § 27 R.A.O. — Findet sie keinen Anwalt: § 33 R.A.O. — Zustellungen können auch im Anwaltsprozesse von der Partei unmittelbar dem Gerichtsvollzieher aufgetragen werden. RG 24, 418. Nachträgliche Genehmigung der von Seiten eines Nichtbevollmächtigten veranlaßten Zustellung: RG 30, 393.

[4] Anm. 4 zu § 41. — Fälle dieses Verfahrens: §§ 313 bis 319, 326, 327, 337, 340, 367, 399, 441, 579 C.P.O. § 158 G.V.G. [5] Solche Prozeßhandlungen erwähnen: §§ 44, 98, 109, 225, 346, 351, 367, 371, 448, 457, 462, 532, 596, 617, 625, 800, 815, 824. [6] Fernere Ausnahmen: § 352 Abs. 2 § 20 R.Ges. v. 10./7. 79, unten VI a.

75. Insoweit eine Vertretung durch Anwälte nicht geboten ist, können die Parteien den Rechtsstreit selbst oder durch jede prozeßfähige Person[1] als Bevollmächtigten führen.[2]

[1] § 51. [2] Geschäftsmäßiges mündliches Verhandeln für Andere: § 143.

2. Vollmacht.

Verhältniß des Rechtsanwalts zum Auftraggeber: §§ 30 bis 32 R.A.O.

76. Der Bevollmächtigte hat die Bevollmächtigung durch eine schriftliche[1] Vollmacht nachzuweisen[2] und diese zu den Gerichtsakten abzugeben.[3]

Eine Privaturkunde[4] muß auf Verlangen des Gegners gerichtlich oder notariell beglaubigt werden. Bei der Beglaubigung bedarf es weder der Zuziehung von Zeugen noch der Aufnahme eines Protokolls.

1 Ausnahme: § 643. Als schriftlich gilt auch die mündlich zu Protokoll des Gerichts erklärte Vollmacht. Begr. 101.

2 Ausnahmen: Art. 17 W.O., Art. 42, 47 Abs. 2, 58 Abs. 2, 460, 496 H.G.B. § 13 Abs. 1 E.G.

3 Mangel der Vollmacht: § 84. 4 §§ 380, 381.

77. Die Prozeßvollmacht ermächtigt zu allen den Rechtsstreit[1] betreffenden Prozeßhandlungen,[2] einschließlich derjenigen, welche durch eine Widerklage, eine Wiederaufnahme des Verfahrens und die Zwangsvollstreckung veranlaßt werden; zur Bestellung eines Vertreters,[3] sowie eines Bevollmächtigten für die höheren Instanzen; zur Beseitigung des Rechtsstreits durch Vergleich,[4] Verzichtleistung auf den Streitgegenstand oder Anerkennung des von dem Gegner geltend gemachten Anspruchs; zur Empfangnahme der von dem Gegner zu erstattenden Kosten.

1 Die Vollmacht des Prozeßbevollmächtigten unterer Instanz wirkt, soweit sie nicht durch die Prozeßthätigkeit eines Anwalts der höheren Instanz suspendirt wird, auch nach Zustellung des Urtheils fort, RG 8, 426, z. B. für das Kosten-

festsetzungsverfahren, RG 9, 392. — Die Vollmacht zur Vertretung in der höheren Instanz erlischt mit der rechtskräftigen Entscheidung über das eingelegte Rechtsmittel. RG 8, 369, 9, 353. Vgl. auch § 163 und Anm. 2 zu § 164.

[2] Auch zur Klagänderung: §§ 235 Nr. 3, 241. Pr. 31.

[3] Der vom Prozeßbevollmächtigten für dieselbe Instanz bestellte Vertreter wird nicht Prozeßbevollmächtigter im Sinne des § 162 oder Anwalt der Partei im Sinne des § 221. RG 11, 369. Dagegen der für die höhere Instanz bestellte Vertreter. RG 22, 397.

[4] Nicht zum Abschluß eines Schiedsvertrages. Begr. 472.

78. Die Vollmacht für den Hauptprozeß umfaßt die Vollmacht für das eine Hauptintervention,[1] einen Arrest[2] oder eine einstweilige Verfügung[3] betreffende Verfahren.

[1] § 61. [2] §§ 796 ff. [3] §§ 814 ff.

79. Eine Beschränkung des gesetzlichen Umfangs der Vollmacht hat dem Gegner gegenüber nur insoweit rechtliche Wirkung, als diese Beschränkung die Beseitigung des Rechtsstreits durch Vergleich, Verzichtleistung auf den Streitgegenstand oder Anerkennung des von dem Gegner geltend gemachten Anspruchs betrifft.[1]

Insoweit eine Vertretung durch Anwälte nicht geboten ist, kann eine Vollmacht für einzelne Prozeßhandlungen ertheilt werden.

[1] Analog Art. 43, 116, 138, 231 Abs. 2 H.G.B.

80. Mehrere Bevollmächtigte sind berechtigt, sowohl gemeinschaftlich als einzeln die Partei zu vertreten.[1] Eine abweichende Bestimmung der Vollmacht hat dem Gegner gegenüber keine rechtliche Wirkung.[2]

[1] Gebühren: § 2 G.O. f. R.A.

[2] Analog Art. 114 Abs. 1, 167 Abs. 2, 196 Abs. 2 H.G.B. — Ausnahme: Art. 41 Abs. 3 H.G.B. § 13 Abs. 1 E.G.

81. Die von dem Bevollmächtigten vorgenommenen Prozeßhandlungen[1] sind für die Partei in gleicher Art verpflichtend, als wenn sie von der Partei selbst vorgenommen wären. Dies gilt von Geständnissen[2] und anderen thatsächlichen Erklärungen, insoweit nicht dieselben von der miterschienenen Partei sofort widerrufen oder berichtigt werden.[3]

[1] Unterlassungen des Vertreters: §§ 208, 210 Abs. 2. — Vgl. auch Anm. 8 zu § 577.

[2] § 261.

[3] § 128 Abs. 4, § 182. — Der Bevollmächtigte kann nicht Behauptungen vorbringen, die mit denen der Partei im Widerspruch stehen. RG 10, 224.

82. Die Vollmacht wird weder durch den Tod des Vollmachtgebers, noch durch eine Veränderung in Betreff seiner Prozeßfähigkeit oder seiner gesetzlichen Vertretung aufgehoben; der Bevollmächtigte hat jedoch, wenn er nach Aussetzung des Rechtsstreits[1] für den Nachfolger im Rechtsstreit auftritt, eine Vollmacht desselben beizubringen.

[1] § 223.

83. Dem Gegner gegenüber erlangt die Kündigung des Vollmachtvertrags erst durch die Anzeige des Erlöschens der Vollmacht, in Anwaltsprozessen erst durch die Anzeige der Bestellung eines anderen Anwalts rechtliche Wirksamkeit.[1]

Der Bevollmächtigte wird durch die von seiner Seite erfolgte Kündigung nicht gehindert,[2] für den Vollmachtgeber so lange zu handeln, bis dieser für Wahrnehmung seiner Rechte in anderer Weise gesorgt hat.

[1] Analog Art. 46 H.G.B. — Der Gegner muß so lange Zustellungen zc. zc. an den Anwalt richten. RG 4, 415.

[2] Ist er dazu verpflichtet? Begr. 106, Pr. 516, 517.

84. Der Mangel der Vollmacht kann von dem Gegner in jeder Lage des Rechtsstreits gerügt werden.

Das Gericht hat den Mangel der Vollmacht von Amtswegen zu berücksichtigen, insoweit eine Vertretung durch Anwälte nicht geboten ist.[1]

[1] Anders bei Mangel der Prozeßfähigkeit: § 54.

3. Vertretung ohne Vollmacht.

85. Handelt Jemand für eine Partei als Geschäftsführer ohne Auftrag oder als Bevollmächtigter ohne Beibringung einer Vollmacht, so kann er gegen oder ohne Sicherheitsleistung[1] für Kosten und Schäden zur Prozeßführung einstweilen zugelassen werden. Das Endurtheil[2] darf erst erlassen werden, nachdem die für die Beibringung der Genehmigung zu bestimmende Frist abgelaufen ist.[3]

Die Partei muß die Prozeßführung[4] gegen sich gelten lassen, wenn sie auch nur mündlich Vollmacht ertheilt oder wenn sie die Prozeßführung ausdrücklich oder stillschweigend genehmigt hat.[5]

[1] § 101. [2] §§ 272, 273. Unter Umständen Versäumnißurtheil gegen die nicht gehörig vertretene Partei. Vgl. RG 30, 401 [3] Vgl. auch Anm. 3 zu § 54.

[4] Auch die Zustellung an einen nicht legitimirten Vertreter. RG 9, 69. [5] Ist dies nicht geschehen: § 542 Nr. 4.

4. Beistand.

86. Insoweit eine Vertretung durch Anwälte nicht geboten ist, kann eine Partei mit jeder prozeßfähigen Person[1] als Beistand[2] erscheinen.[3]

Das von dem Beistande Vorgetragene gilt als von der Partei vorgebracht, insoweit es nicht von dieser sofort widerrufen oder berichtigt wird.

[1] § 51. [2] Gebühren des Anwalts: § 4 G.O. f. R.A. [3] Ausnahme: § 572 Abs. 1. — Geschäftsmäßiges mündliches Verhandeln: 143.

Fünfter Titel.

Prozeßkosten.

Dieser Titel betrifft das Verhältniß der Parteien zu einander, nicht ihr Verhältniß zur Staatskasse und zu den Personen, die sie zum Prozeßbetriebe in Anspruch nehmen. Begr. 111. Letzteres regeln die Gebührenordnungen. Vgl. Anm. 1 zu § 2 E.G.

Ferner enthalten Bestimmungen über die Prozeßkosten: §§ 72, 180, 216 Abs. 3, 243 Abs. 3, 251 Abs. 2, 256 Abs. 2, 309, 344, 345, 366, 374, 378, 467 Abs. 2, 471 Abs. 3, 476 Abs. 3, 503, 529, 563 Abs. 2, 591, 601, 614, 618, 620, 622, 624 Abs. 4, 625 Abs. 1, 626 Abs. 4, 632, 638, 639, 697, 708, 719, 760, 771 Abs. 3, 773, 792. — § 166 G.V.G.

87. Die unterliegende Partei[1] hat die Kosten des Rechtsstreits zu tragen,[2] insbesondere die dem Gegner erwachsenen Kosten[3] zu erstatten,[4] soweit dieselben nach freiem Ermessen des Gerichts zur zweckentsprechenden Rechtsverfolgung oder Rechtsvertheidigung nothwendig waren.[5]

Die Gebühren und Auslagen des Rechtsanwalts[6] der obsiegenden Partei sind in allen Prozessen zu erstatten, Reisekosten eines auswärtigen Rechtsanwalts[7] jedoch nur insoweit, als die Zuziehung nach dem Ermessen des Gerichts zur zweckentsprechenden Rechtsverfolgung oder Rechtsvertheidigung nothwendig war.[8] Die Kosten mehrerer Rechtsanwälte sind nur insoweit zu erstatten, als sie die Kosten eines Rechtsanwalts nicht übersteigen,[9] oder als in der Person des Rechtsanwalts ein Wechsel eintreten mußte.[10]

[1] Die schließlich unterliegende Partei; nicht schon bei Vorabentscheidung über den Grund des Anspruchs (§ 276), RG 13, 390, oder über prozeßhindernde Einreden (§ 248). RG 13, 413. Jedoch § 91. [2] Wer endlich unterliegt, trägt die Kosten aller Instanzen. Begr. 114, 115.

[3] Ersatz für Zeitversäumniß gehört hierher nicht. RG 10, 410. [4] Die Entscheidung wegen der Kostentragung ergeht von Amtswegen: § 279 Abs. 2. Vollmacht zur Empfangnahme der zu erstattenden Kosten: § 77.

[5] Nur die objektiv nothwendigen. Nicht auch die darüber hinaus wegen Zweifelhaftigkeit der Rechtsfrage aufgewendeten. RG 32, 387. [6] Und seines rechtskundigen Vertreters gemäß § 25 R.A.O. RG 10, 381. Ob der Anwalt bei dem Gericht zugelassen war, ist (außerhalb des Anwaltsprozesses) unerheblich. RG 26, 418.

[7] D. i. eines nicht am Sitze des Prozeßgerichts wohnhaften. RG 13, 318. [8] Nicht erstattet werden Mehrkosten, welche im Anwaltsprozeß dadurch entstehen, daß der Anwalt bei demjenigen Kollegialgerichte, bei welchem er zugelassen ist, seinen Wohnsitz nicht hat. § 18 R.A.O.

[9] Hat von mehreren Streitgenossen jeder einen besonderen Anwalt bestellt, so sind deren Kosten ungekürzt zu ersetzen. RG 31, 417. Vgl. Anm. 2 zu § 96.

10 Die Nothwendigkeit des Wechsels ist nach den Umständen des Falls durch freies richterliches Ermessen zu entscheiden. RG 15, 394, 402. Sie liegt immer vor, wenn die Partei vor dem Amtsgericht durch einen beim Landgericht nicht zugelassenen Anwalt vertreten war, und die Sache danach beim Landgericht anhängig wird. RG 22, 432, 26, 417.

88. Wenn jede Partei theils obsiegt, theils unterliegt, so sind die Kosten gegen einander aufzuheben[1] oder verhältnißmäßig zu theilen.

Das Gericht kann der einen Partei die gesammten Prozeßkosten auferlegen, wenn die Zuvielforderung der anderen Partei eine verhältnißmäßig geringfügige war und keine besonderen Kosten veranlaßt hat, oder wenn der Betrag der Forderung der anderen Partei von der Festsetzung durch richterliches Ermessen, von der Ausmittelung durch Sachverständige oder von einer gegenseitigen Berechnung abhängig war.

1 D. h. jeder Theil trägt die ihm erwachsenen Kosten ohne Anspruch auf Erstattung, Begr. 113, unter halbscheidlicher Theilung der Gerichtskosten. RG 6, 400.

89. Hat der Beklagte nicht durch sein Verhalten zur Erhebung der Klage Veranlassung gegeben, so fallen dem Kläger die Prozeßkosten zur Last, wenn der Beklagte den Anspruch sofort anerkennt.[1]

1 Wichtig für §§ 231, 278. Gilt auch im Kostenfestsetzungsverfahren. RG 14, 320. — Vgl. auch § 9 Abs. 2 K.O. — Im Falle des Versäumnißurtheils (§ 296) trägt stets der Beklagte die Kosten. § 309. Pr. 33, 518, 519.

90. Die Partei, welche einen Termin oder eine Frist versäumt, oder die Verlegung eines Termins, die Vertagung einer Verhandlung, die Anberaumung eines Termins zur Fortsetzung der Verhandlung oder die Verlängerung einer Frist durch ihr Verschulden veranlaßt, hat die dadurch verursachten Kosten zu tragen.[1]

[1] Gebühr des Gerichts: ($^{2}/_{10}$ bis 1): § 48 G.K.G.

91. Die Kosten eines ohne Erfolg gebliebenen Angriffs- oder Vertheidigungsmittels[1] können der Partei auferlegt werden, welche dasselbe geltend gemacht hat, auch wenn sie in der Hauptsache obsiegt.

[1] §§ 137, 251 Abs. 1.

92. Die Kosten eines ohne Erfolg[1] eingelegten Rechtsmittels[2] fallen der Partei zur Last, welche dasselbe eingelegt hat.

Die Kosten der Berufungsinstanz können der obsiegenden Partei ganz oder theilweise auferlegt werden, wenn sie auf Grund eines neuen Vorbringens obsiegt, welches sie nach freiem Ermessen des Gerichts in erster Instanz geltend zu machen im Stande war.[3]

Die Kosten der Revisionsinstanz in Rechtsstreitigkeiten über Ansprüche, für welche die Landgerichte ohne Rücksicht auf den Werth des Streitgegenstandes ausschließlich zuständig sind,[4] hat auch im Falle des Obsiegens die Reichs- oder die Staatskasse[5] zu tragen, wenn der Werth des Streitgegenstandes die Summe von dreihundert Mark nicht übersteigt und der Vertreter des Reichs oder des Staates die Revision eingelegt hat.

[1] Mit Erfolg: Anm. 2 zu § 87. Theilerfolg: § 88 Abs. 1.

[2] Kosten des Einspruchs: § 309. [3] § 491.
[4] Vgl. Anm. 5 zu § 509.
[5] Im amtlichen Texte steht „Saatskasse".

93. Die Kosten eines abgeschlossenen Vergleichs sind als gegen einander aufgehoben anzusehen,[1] wenn nicht die Parteien ein Anderes vereinbart haben. Dasselbe gilt von den Kosten des durch Vergleich erledigten Rechtsstreits, soweit nicht über dieselben bereits rechtskräftig erkannt ist.

[1] Anm. 1 zu § 88.

94. Die Anfechtung der Entscheidung über den Kostenpunkt ist unzulässig,[1] wenn nicht gegen die Entscheidung in der Hauptsache[2] ein Rechtsmittel eingelegt wird.[3]

[1] Anschließung nur wegen der Kosten ist zulässig: §§ 482, 518. Begr. 116, 304. Desgleichen die Erhebung des Einspruchs gegen ein Versäumnißurtheil lediglich wegen der Kosten. § 303. Gegen das den Einspruch wegen der Kosten als unzulässig verwerfende Urtheil findet Berufung statt. RG 13, 329. — Gegen den Kostenansatz Beschwerde: § 4 G.K.G.
[2] Im Gegensatz zum Kostenpunkt. RG 23, 341.
[3] Auch wenn die angefochtene Entscheidung nur den Kostenpunkt zum Gegenstand hatte, RG 10, 309 (z. B. auch wenn das auf das Mahnverfahren gemäß §§ 636, 637 folgende Prozeßverfahren nach Befriedigung des Gläubigers nur die Kosten des Mahnverfahrens betraf, RG 30, 365), oder wenn ein Rechtsmittel in der Hauptsache formell unzulässig war, RG 6, 340, 13, 395, oder wenn sich die Hauptsache vor der Einlegung des Rechtsmittels erledigt hatte, RG. 29, 381, oder wenn auf ein zur Hauptsache eingelegtes Rechtsmittel verzichtet wird. RG 18, 419. Dagegen ist die Anfechtung wegen der Kosten zulässig, wenn sich das zur Hauptsache eingelegte Rechtsmittel aus einem anderen Grunde nach der Einlegung

erledigt, RG 18, 419, 20, 430, oder wenn dasselbe zwar materiell unbegründet, aber formell zulässig war, RG 27, 367, oder wenn der Kläger nach der Verurtheilung des Beklagten erklärt hat, auf seinen Anspruch zu verzichten, RG 27, 407, oder wenn der verurtheilte Beklagte erfüllt hat, RG 33, 384. (Anders, wenn der Beklagte den abgewiesenen Kläger befriedigt hat. RG 15, 407.)

95. Besteht der unterliegende Theil aus mehreren Personen, so haften dieselben für die Kostenerstattung[1] nach Kopftheilen.

Bei einer erheblichen Verschiedenheit der Betheiligung am Rechtsstreite kann nach dem Ermessen des Gerichts die Betheiligung zum Maßstabe genommen werden.

Hat ein Streitgenosse ein besonderes Angriffs- oder Vertheidigungsmittel[2] geltend gemacht, so sind die übrigen Streitgenossen für die durch dasselbe veranlaßten Kosten nicht verhaftet.

Durch die Bestimmungen dieses Paragraphen wird eine nach den Vorschriften des bürgerlichen Rechts begründete Verpflichtung, wegen der Kosten solidarisch zu haften,[3] nicht berührt.

[1] Und für die Kostenzahlung. § 91 G.K.G.

[2] §§ 137, 251 Abs. 1.

[3] Wenn in dem dem Rechtsstreit zu Grunde liegenden Rechtsverhältniß nach den Bestimmungen des bürg. Rechts Solidarhaft besteht. RG 15, 381, 30, 341.

96. Die Bestimmungen der §§. 87—93 finden auch auf die durch eine Nebenintervention[1] verursachten Kosten[2] Anwendung.[3]

Gilt der Nebenintervenient als Streitgenosse der

Hauptpartei (§. 66), so sind die Vorschriften des §. 95 maßgebend.

[1] Und durch eine Streitverkündung im Falle des Beitritts. § 71 Abs. 1. [2] Dem Nebenintervenienten, welcher einen anderen Anwalt bestellt hat, als die Hauptpartei, der er beigetreten ist, sind dessen Kosten von der erstattungspflichtigen Hauptpartei ungekürzt zu ersetzen. RG 13, 433.
[3] Ueber die Verpflichtung zu deren Tragung muß im Urtheil besonders Bestimmung getroffen werden. RG 15, 419.

97. Gerichtsschreiber, gesetzliche Vertreter, Rechtsanwälte und andere Bevollmächtigte sowie Gerichtsvollzieher können durch das Prozeßgericht auch von Amtswegen zur Tragung derjenigen Kosten verurtheilt werden, welche sie durch grobes Verschulden veranlaßt haben.[1]

Die Entscheidung kann ohne mündliche Verhandlung erfolgen.[2] Vor der Entscheidung ist der Betheiligte zu hören.[3]

Gegen die Entscheidung findet sofortige Beschwerde[4] statt.

[1] Gebühren: des Gerichtes (frei, wenn nicht durch Muthwillen veranlaßt) § 47 Nr. 5 G.K.G.; des Anwalts ($^3/_{10}$) § 23, vgl. jedoch auch § 29 Nr. 6, G.O. f. R.A.
[2] Alsdann wird sie den Parteien von Amtswegen zugestellt: § 294 Abs. 3. [3] Schriftlich oder mündlich.
[4] § 540. — Vollstreckbarkeit: § 702 Nr. 3.

Festsetzung der erstattungsfähigen Kosten.

98. Der Anspruch auf Erstattung der Prozeßkosten kann nur auf Grund eines zur Zwangsvollstreckung geeigneten Titels[1] geltend gemacht werden.

Das Gesuch um Festsetzung des zu erstattenden

Betrags ist bei dem Gericht erster Instanz anzubringen; es kann vor dem Gerichtsschreiber zu Protokoll erklärt werden.[2] Die Kostenberechnung,[3] die zur Mittheilung an den Gegner bestimmte Abschrift derselben und die zur Rechtfertigung der einzelnen Ansätze dienenden Belege sind beizufügen.

[1] §§ 644, 702. Vgl. auch Anm. 3 zu § 96 u. Anm. 4 zu § 243. — Ausnahme: §§ 632, 639, 697.

[2] § 74 Abs. 2. — Für das weitere Festsetzungsverfahren erster Instanz bei den Landgerichten besteht Anwaltszwang. RG 9, 392. [3] Mehrmalige Kostenfestsetzung in demselben Verfahren ist zulässig, selbst wenn die Nachliquidation vermieden werden konnte. RG 27, 402.

99. Die Entscheidung über das Festsetzungsgesuch kann ohne vorgängige mündliche Verhandlung erfolgen.[1]

Zur Berücksichtigung eines Ansatzes genügt, daß derselbe glaubhaft gemacht[2] ist.

Gegen den Festsetzungsbeschluß findet sofortige Beschwerde[3] statt.[4]

[1] Dann wird sie den Parteien von Amtswegen zugestellt. § 294 Abs. 3. Begr. 119. Vgl. Anm. 5 zu § 163. — Gebühren: des Gerichts ($^1/_{10}$) § 38 Nr. 1 G.K.G. in der Fassung der Novelle v. 29./6. 81 (R.G.B. 178); des Anwalts ($^3/_{10}$) § 23 Nr. 1, § 30 Nr. 3 G.O. f. R.A.

[2] § 266. Mehr als im Ganzen beantragt ist, darf der Partei nicht zugebilligt werden. § 279. RG 35, 427.

[3] § 540. Der rechtskräftig gewordene Festsetzungsbeschluß kann auch dann nicht mehr abgeändert werden, wenn nachträglich der Werth des Streitgegenstandes anders festgesetzt ist. RG 20, 408. — Vgl. aber wegen der Zulässigkeit der Nachliquidation in solchem Falle RG 31, 420 verb. mit 27, 402.

— Vollstreckbarkeit: § 702 Nr. 3. — Gegen den die Festsetzung ablehnenden Beschluß gewöhnliche Beschwerde. RG 6, 391.

[4] In Sachen, die in erster Instanz bei einem Kollegialgericht anhängig waren, mit Anwaltszwang. RG 7, 403. § 532 Abs. 2. — Kompensationsforderungen können nicht durch Beschwerde, sondern nur gemäß § 686 geltend gemacht werden. RG 13, 360.

100. Sind die Prozeßkosten ganz oder theilweise nach Quoten vertheilt,[1] so hat die Partei den Gegner vor Anbringung des Festsetzungsgesuchs aufzufordern, die Berechnung seiner Kosten binnen einer einwöchigen Frist[2] bei dem Gerichte einzureichen. Nach fruchtlosem Ablaufe der Frist erfolgt die Entscheidung ohne Rücksicht auf die Kosten des Gegners, unbeschadet des Rechts des letzteren, den Anspruch auf Erstattung nachträglich geltend zu machen. Der Gegner haftet für die Mehrkosten, welche durch das nachträgliche Verfahren entstehen.[3]

[1] Nicht auch im Falle zeitlicher Vertheilung. RG 19, 431.

[2] § 200. [3] Ficht nur eine Partei die Ausgleichsberechnung durch sofortige Beschwerde an, so darf die Feststellung der ihr erwachsenen Kosten nicht zu ihren Ungunsten durch das Beschwerdegericht abgeändert werden. RG 33, 392.

Sechster Titel.

Sicherheitsleistung.

101. Die Bestellung einer prozessualischen Sicherheit[1] ist, sofern nicht die Parteien ein Anderes vereinbart haben oder dieses Gesetz eine nach freiem Ermessen des Gerichts zu bestimmende Sicherheit zuläßt,[2] durch Hinterlegung[3] in baarem Gelde[4] oder in solchen Werthpapieren zu bewirken, welche nach richterlichem Ermessen eine genügende Deckung gewähren.[5]

[1] Fälle der Sicherheitsleistung: §§ 85, 647, 650, 652, 657, 668, 688, 690, 775 Abs. 3. — Vgl. auch Art. 190a Abs. 3, 222, 223 R.Ges. v. 11./7. 84 (R.G.B. 139).

[2] §§ 801, 805, 807, 818.

[3] Preußen: §§ 1, 2, 70 Hinterl.Ord. v. 13./3.79 (G.S. 249). — Bayern: Art. 76 Ges. v. 23./2. 79 (G.V.Bl. 293), Ver. v. 8./9. 79 (G.V.Bl. 1115), Bek. v. 20./12. 82 (G.V.Bl. 601), Bek. v. 24./12. 88 (G.V.Bl. 713), §§ 5—15, 18 Ver. v. 25./9. 79 (G.V.Bl. 1300), Ver. v. 17./10. 88 (G.V.Bl. 635). — Sachsen: Ver. v. 25./8. 82 (G.V.Bl. 221). — Elsaß-Lothringen: § 1 Ges. v. 4./11. 72 (Ges.Bl. 766); Bek. v. 6./4. 93 (Ges.Bl. 39).

[4] Art. 9, 14 § 1, Münzges. v. 9./7. 73 (R.G.B. 233).

[5] Die Rechte des Gegners an der hinterlegten Sicherheit richten sich nach dem bürgerlichen Recht. Vgl. für das gemeine Recht: RG 12, 224, für das preußische Recht: RG 12, 395. Anm. 1 zu § 652. Anm. 3 zu § 805. Auch Pr. 370, 373, 713—716 und Anm. 1 zu § 803.

102. Ausländer,[1] welche als Kläger auftreten,[2] haben dem Beklagten auf dessen Verlangen wegen der Prozeßkosten Sicherheit zu leisten.[3]

Diese Verpflichtung tritt nicht ein:[4]

1. wenn nach den Gesetzen des Staates, welchem der Kläger angehört, ein Deutscher in gleichem Falle zur Sicherheitsleistung nicht verpflichtet ist;[5]
2. im Urkunden- oder Wechselprozesse;[6]
3. bei Widerklagen;[7]
4. bei Klagen, welche in Folge einer öffentlichen Aufforderung angestellt werden;[8]

5. bei Klagen aus Ansprüchen, welche in das Grund- oder Hypothekenbuch einer deutschen Behörde eingetragen sind.

[1] Art. 3 Verfassung des D. R. v. 16./4. 71 (B.G.B. 64), § 1 B.Ges v. 1./6. 70 (B.G.B. 355).

[2] Nicht auch, wenn sie als Beklagte Rechtsmittel einlegen. RG 31, 385. [3] Vorschußpflicht der Ausländer: § 85 G.K.G. — Einrede des Beklagten: § 247 Nr. 4.

[4] Ferner nicht im Armenrecht: § 107 Nr. 2.

[5] Vgl. Preuß. Verf. v. 16./6. 85 (J.M.Bl. 185). — Bezüglich Oesterreichs vgl. Bayr. Bek. v. 26./2. 80 (J.M.Bl. 61), bez. Frankreichs: Sächs. Bek. v. 5./11. 95 (J.M.Bl. 81). Vgl. auch Anm. 3 zu § 106. [6] §§ 555 ff.

[7] Anm. 1 zu § 33. [8] § 823.

103. Der Beklagte kann auch dann Sicherheitsleistung verlangen, wenn im Laufe des Rechtsstreits der Kläger die Eigenschaft eines Deutschen verliert[1] oder die Voraussetzung, unter welcher der Ausländer von der Sicherheitsleistung befreit war, wegfällt und nicht ein zur Deckung ausreichender Theil des erhobenen Anspruchs unbestritten ist.

[1] §§ 13 ff. B.Ges. v. 1./6. 70 (B.G.B. 355).

104. Die Höhe der zu leistenden Sicherheit wird von dem Gerichte nach freiem Ermessen festgesetzt.[1]

Bei der Festsetzung ist derjenige Betrag der Prozeßkosten zu Grunde zu legen, welchen der Beklagte wahrscheinlich aufzuwenden haben wird. Die dem Beklagten durch eine Widerklage erwachsenden Kosten sind hierbei nicht zu berücksichtigen.

Ergiebt sich im Laufe des Rechtsstreits, daß die geleistete Sicherheit nicht hinreicht, so kann der Beklagte die Leistung einer weiteren Sicherheit verlangen, sofern nicht ein zur Deckung ausreichender Theil des erhobenen Anspruchs unbestritten ist.

[1] Entscheidung, wenn Streit ist, durch Zwischenurtheil, welches — außer im Falle des § 248 Abs. 2 — nur zusammen mit dem Endurtheil (vgl. § 105) anfechtbar ist. RG 33, 431.

105. Das Gericht hat dem Kläger bei Anordnung der Sicherheitsleistung eine Frist zu bestimmen, binnen welcher die Sicherheit zu leisten sei. Nach Ablauf der Frist ist auf Antrag des Beklagten, wenn die Sicherheit bis zur Entscheidung nicht geleistet ist,[1] die Klage für zurückgenommen zu erklären[2] oder, wenn über ein Rechtsmittel des Klägers zu verhandeln ist, dasselbe zu verwerfen.

[1] Gilt auch von der Sicherheitsleistung gemäß § 190a Abs. 3 R.Ges. v. 11./7. 84 (R.G.B. 139). RG 24, 431.

[2] § 243. — Erscheint in diesem Falle der Kläger nicht, so hat der Beklagte die Wahl zwischen dem die Klage für zurückgenommen erklärenden und dem die Klage abweisenden (§ 295) Versäumnißurtheil. RG 24, 435.

Siebenter Titel.

Armenrecht.

106. Wer außer Stande ist, ohne Beeinträchtigung des für ihn und seine Familie nothwendigen Unterhalts die Kosten des Prozesses zu bestreiten, hat auf Bewilligung des Armenrechts Anspruch,[1] wenn die beabsichtigte Rechtsverfolgung oder Rechtsvertheidigung nicht muthwillig oder aussichtslos erscheint.[2]

Ausländer haben auf das Armenrecht nur insoweit Anspruch, als die Gegenseitigkeit verbürgt ist.[3]

[1] Nur physische Personen, insbes. nicht Konkursmassen. RG 33, 367. [2] D. h. wenn die Unhaltbarkeit nicht klar auf der Hand liegt. RG 4, 417.

[3] Durch Gesetz, Staatsverträge, Deklarationen, thatsächliche Uebung. Pr. 447, 448. — Niederlande: Preuß. Verf. v. 15./7. 91 (J.M.Bl. 200). — Belgien: Uebereink. v. 18./10. 78 (R.G.B. 1879 S. 310). — Luxemburg: Uebereink. v. 12./6. 79 (R.G.B. 318). — Italien: Bek. v. 1./10. 79 (R.G.B. 312). — Frankreich: Uebereink. v. 20./2. 80 (R.G.B. 82). — Oesterreich-Ungarn: Uebereink. v. 9./5. 86 (R.G.B. 1887 S. 120).

107. Durch die Bewilligung des Armenrechts erlangt die Partei:

1. die einstweilige[1] Befreiung von der Berichtigung der rückständigen und künftig erwachsenden Gerichtskosten, einschließlich der Gebühren der Beamten, der den Zeugen und den Sachverständigen zu gewährenden Vergütung und der sonstigen baaren Auslagen,[2] sowie der Stempelsteuer;
2. die Befreiung von der Sicherheitsleistung[3] für die Prozeßkosten;
3. das Recht,[4] daß ihr zur vorläufig unentgeltlichen Bewirkung von Zustellungen und von Vollstreckungshandlungen ein Gerichtsvollzieher[5] und, insoweit eine Vertretung durch Anwälte geboten ist,[6] zur vorläufig unentgeltlichen Wahrnehmung ihrer Rechte ein Rechtsanwalt[7] beigeordnet werde.

[1] § 116. [2] § 344 C.P.O. §§ 84 Abs. 1, 85 Abs. 5, 97 Abs. 2 G.K.G. — Der Armenanwalt kann aus der

Staatskasse Ersatz der Schreibgebühren für die nothwendigen Abschriften aus den Gerichtsakten fordern, sofern sie ihm das Gericht hätte kostenfrei liefern müssen. RG 7, 342. Vgl. auch Anm. 1 zu § 115. [3] §§ 101, 102.

[4] Die Beiordnung unterbleibt, wenn die Partei widerspricht. RG 35, 369. [5] Preußen: § 5 Nr. 3—6 Verf. v. 23./2. 85 (J.M.Bl. 70), Verf. v. 29./10. 94 (J.M. Bl. 305). [6] § 74 Abs. 1. Ist sie nicht geboten, so kann ein Anwalt beigeordnet werden. § 34 R.A.O.

[7] Auswahl des beigeordneten Rechtsanwalts durch den Vorsitzenden. § 36 R.A.O. — Der beigeordnete Rechtsanwalt darf die Vertretung der Partei nicht darum ablehnen, weil er die Rechtsverfolgung für aussichtslos hält. RG 15, 341. Die abweichende Ansicht des Ehrengerichtshofs für Rechtsanwälte (Entsch. dess. 1, 116, 3, 120) erscheint bedenklich.

108. Die Bewilligung des Armenrechts hat auf die Verpflichtung zur Erstattung der dem Gegner erwachsenden Kosten[1] keinen Einfluß.

[1] §§ 87 ff., 243 Abs. 4.

109. Das Gesuch um Bewilligung des Armenrechts ist bei dem Prozeßgericht[1] anzubringen; es kann vor dem Gerichtsschreiber zu Protokoll erklärt werden.[2]

Dem Gesuch ist ein von der obrigkeitlichen Behörde der Partei ausgestelltes Zeugniß beizufügen, in welchem unter Angabe des Standes oder Gewerbes, der Vermögens- und Familienverhältnisse der Partei, sowie des Betrags der von dieser zu entrichtenden direkten Staatssteuern das Unvermögen zur Bestreitung der Prozeßkosten ausdrücklich bezeugt wird.[3] Für Personen, welche unter Vormundschaft oder Kuratel stehen, kann das Zeugniß auch von der vormundschaftlichen Behörde ausgestellt werden.

In dem Gesuche ist das Streitverhältniß unter Angabe der Beweismittel darzulegen.[4]

[1] Vor Beendigung der Instanz. RG 2, 378. [2] § 74 Abs. 2. [3] Preußen: Verf. v. 8./7. 87 (J.M.Bl. 187), 2./1. 92 (J.M.Bl. 8), v. 19./10. 95 (J.M.Bl. 322) u. 4./12. 95 (M.Bl. i. V. 1896 S. 4.) — Bayern: §§ 1—4 Bek. v. 5./7. 79 (G.V.Bl. 693). — Baden: §§ 1—3 Ver. v. 26./6. 79 (G.V.Bl. 318). [4] Beim Armenrechtsgesuch für die Berufungsinstanz nicht unbedingt nöthig. RG 4, 357.

110. Die Bewilligung des Armenrechts erfolgt für jede Instanz[1] besonders, für die erste Instanz einschließlich der Zwangsvollstreckung.

In der höheren Instanz bedarf es des Nachweises des Unvermögens nicht, wenn das Armenrecht in der vorherigen Instanz bewilligt war.[2] Hat der Gegner das Rechtsmittel eingelegt, so ist in der höheren Instanz nicht zu prüfen, ob die Rechtsverfolgung oder Rechtsvertheidigung der Partei muthwillig oder aussichtslos erscheint.

[1] Instanz: § 163. [2] Das höhere Gericht hat aber das Recht der Prüfung des Unvermögens. § 112. RG 19, 428.

111. Die Bewilligung des Armenrechts für den Kläger, den Berufungskläger und den Revisionskläger hat zugleich für den Gegner die einstweilige[1] Befreiung von den im §. 107 Nr. 1 bezeichneten Kosten zur Folge.[2]

[1] § 114 Abs. 2. — Die Bestimmungen der §§ 107, 114 gehen den Vorschriften des G.K.G. über die Vorschußpflicht vor. RG 23, 352. [2] Nicht entsprechend bei Bewilligung für den Beklagten 2c. 2c. RG 6, 420.

112. Das Armenrecht kann zu jeder Zeit entzogen werden, wenn sich ergiebt, daß eine Voraussetzung der Bewilligung nicht vorhanden war oder nicht mehr vorhanden ist.

113. Das Armenrecht erlischt mit dem Tode der Person, welcher es bewilligt ist.

114. Die Gerichtskosten, von deren Berichtigung die arme Partei einstweilen befreit ist, können von dem in die Prozeßkosten verurtheilten Gegner nach Maßgabe der für die Beitreibung rückständiger Gerichtskosten geltenden Vorschriften eingezogen werden.

Die Gerichtskosten, von deren Berichtigung der Gegner der armen Partei einstweilen befreit ist, sind von demselben einzuziehen, soweit er in die Prozeßkosten verurtheilt[1] oder der Rechtsstreit ohne Urtheil über die Kosten beendigt ist.

[1] Rechtskräftig. RG 6, 419, 23, 355.

115. Die für die arme Partei bestellten Gerichtsvollzieher und Rechtsanwälte sind berechtigt, ihre Gebühren und Auslagen von dem in die Prozeßkosten verurtheilten Gegner beizutreiben.[1]

Eine Einrede aus der Person der armen Partei ist nur insoweit zulässig, als die Aufrechnung von Kosten verlangt wird, welche nach der in demselben Rechtsstreite über die Kosten erlassenen Entscheidung von der armen Partei zu erstatten sind.

[1] Nach Maßgabe des § 87. RG 15, 393. Nicht erstattet werden Mehrkosten des Rechtsanwalts, welche dadurch entstehen, daß er seinen Wohnsitz nicht am Orte des Gerichts,

an welchem er zugelassen ist, hat. § 37 R.A.O. Gerichtsvollzieher erhalten ihre Auslagen eventuell aus der Staatskasse ersetzt, § 21 G.O. f. R.A., Rechtsanwälte nicht. RG 25, 360. Vgl. aber Anm. 2 zu § 107.

116. Die zum Armenrechte zugelassene Partei ist zur Nachzahlung der Beträge, von deren Berichtigung sie einstweilen befreit war, verpflichtet, sobald sie ohne Beeinträchtigung des für sie und ihre Familie nothwendigen Unterhalts dazu[1] im Stande ist.[2]

Dasselbe gilt in Betreff derjenigen Beträge, von deren Berichtigung der Gegner einstweilen befreit war, soweit die arme Partei in die Prozeßkosten verurtheilt ist.[3]

[1] Betrifft nur die Nachzahlungspflicht der armen Partei, nicht das Zugriffsrecht der Staatskasse gegen den vermögenden Gegner. RG 23, 356. [2] Nämlich zur vollständigen, nicht blos ratirlichen Berichtigung. RG 12, 417.

[3] Die Entscheidung steht nach Beendigung des Rechtsstreits dem Gericht erster Instanz zu. RG 12, 417.

117. Ueber das Gesuch um Bewilligung des Armenrechts, über die Entziehung desselben und über die Verpflichtung zur Nachzahlung der Beträge, von deren Berichtigung die zum Armenrechte zugelassene Partei oder der Gegner einstweilen befreit ist, kann ohne vorgängige mündliche Verhandlung entschieden werden.[1]

[1] Alsdann wird die Entscheidung den Parteien von Amtswegen zugestellt. § 294 Abs. 3. — Gebühren: des Gerichts (frei, wenn nicht durch Muthwillen veranlaßt) § 47 Nr. 2 G.K.G.; des Anwalts ($^3/_{10}$) § 23, vgl. jedoch auch § 29 Nr. 6, G.O. f. R.A.

118. Gegen den Beschluß, durch welchen das Armenrecht bewilligt wird,[1] findet kein Rechtsmittel;[2] gegen den Beschluß, durch welchen das Armenrecht verweigert oder entzogen oder die Nachzahlung von Kosten angeordnet wird, findet die Beschwerde[3] statt.

[1] Oder durch welchen die Entziehung des Armenrechts oder die Anordnung der Nachzahlung von Kosten abgelehnt wird. RG 20, 418. [2] Gegen die Verfügung, welche die Auswahl des Rechtsanwalts trifft, Beschwerde der Partei. § 36 Abs. 2 R.A.O. [3] § 530. Zu Protokoll des Gerichtsschreibers. § 532 Abs. 2. — Vollstreckbarkeit: § 702 Nr. 3.

Dritter Abschnitt.
Verfahren.
Erster Titel.
Mündliche Verhandlung.

Oeffentlichkeit: §§ 170—176 G.V.G. — Gerichtssprache: §§ 186 bis 193 G.V.G. — Berathung und Abstimmung: §§ 194—200 G.V.G.

119. Die Verhandlung der Parteien über den Rechtsstreit vor dem erkennenden Gerichte ist eine mündliche.[1]

[1] 128 Abs. 2, 3. — Vgl. Anm. 1 zu § 358 u. Bem. vor § 399. Anordnungen vorbereitender oder prozeßleitender Art können auch ohne mündliche Verhandlung und ohne Gehör der Parteien geschehen. RG 34, 359.

1. Vorbereitung der Verhandlung.

120. In Anwaltsprozessen[1] wird die mündliche Verhandlung durch Schriftsätze vorbereitet; die Nichtbeachtung dieser Vorschrift hat Rechtsnachtheile in der Sache selbst nicht zur Folge.[2]

In anderen Prozessen können vorbereitende Schriftsätze gewechselt werden.

[1] § 74 Abs. 1. [2] Nachtheile: Kosten der Terminsverlegung: § 90. Unzulässigkeit des Versäumnißurtheils gegen den Beklagten: § 300 Nr. 3. — Vgl. auch § 245 Abs. 2.

121. Die vorbereitenden Schriftsätze sollen[1] enthalten:

1. die Bezeichnung der Parteien und ihrer gesetzlichen Vertreter nach Namen, Stand oder Gewerbe, Wohnort und Parteistellung; die Bezeichnung des Gerichts und des Streitgegenstandes; die Zahl der Anlagen;
2. die Anträge, welche die Partei in der Gerichtssitzung zu stellen beabsichtigt;[2]
3. die Angabe der zur Begründung der Anträge dienenden thatsächlichen Verhältnisse;[3]
4. die Erklärung über die thatsächlichen Behauptungen des Gegners;
5. die Bezeichnung der Beweismittel,[4] welcher sich die Partei zum Nachweise oder zur Widerlegung thatsächlicher Behauptungen bedienen will, sowie die Erklärung über die von dem Gegner bezeichneten Beweismittel;
6. in Anwaltsprozessen die Unterschrift des Anwalts,[5] in anderen Prozessen die Unterschrift der Partei selbst oder desjenigen, welcher für dieselbe als Bevollmächtigter[6] oder als Geschäftsführer ohne Auftrag[7] handelt.

[1] Instruktionell. Anm. 2 zu § 67. RG 6. 240.

[2] § 269 Abs. 1. [3] Nur die wesentlichen Thatsachen in gedrängter Kürze, keine Rechtserörterungen. Begr. 19, 129. [4] §§ 336—439. [5] § 74. Die Unterschrift des Anwalts ist wesentlich, auch für die Klage und die Rechtsmittelschriften. RG 21, 377. Ergänzung der Unterschrift aus dem Beglaubigungsvermerk des Anwalts: RG 27, 405. [6] § 75. [7] § 85.

122. Dem vorbereitenden Schriftsatze sind die in den Händen der Partei befindlichen Urkunden, auf welche in dem Schriftsatze Bezug genommen wird, in Urschrift oder in Abschrift beizufügen.[1]

Kommen nur einzelne Theile einer Urkunde in Betracht, so genügt die Beifügung eines Auszugs, welcher den Eingang, die zur Sache gehörende Stelle, den Schluß, das Datum und die Unterschrift enthält.[2]

Sind die Urkunden dem Gegner bereits bekannt oder von bedeutendem Umfange, so genügt die genaue Bezeichnung derselben mit dem Erbieten, Einsicht zu gewähren.[3]

[1] Antretung des Urkundenbeweises: § 385.

[2] Handelsbücher sind vollständig vorzulegen, aber, soweit sie nicht den Streitpunkt betreffen, nur dem Richter. Art. 38 H.G.B. § 13 Abs. 1 E.G. [3] Vgl. aber Anm. 2 zu § 556.

123. Der vorbereitende Schriftsatz, welcher neue Thatsachen oder ein anderes neues Vorbringen enthält,[1] ist mindestens eine Woche,[2] wenn er einen Zwischenstreit betrifft, mindestens drei Tage[3] vor der mündlichen Verhandlung zuzustellen.

Der vorbereitende Schriftsatz, welcher eine Gegenerklärung auf neues Vorbringen enthält, ist mindestens drei Tage vor der mündlichen Verhandlung zuzustellen.[4] Die Zustellung einer schriftlichen Gegenerklärung ist nicht erforderlich, wenn es sich um einen Zwischenstreit handelt.

[1] Auch Ergänzung oder Erweiterung des Klagantrags. RG 15, 392. [2] § 200. — Klage: § 234; Berufungsschrift: § 481; Revisionsschrift: § 517. [3] § 199.

[4] Frist für Beantwortung der Klage: § 244, der Berufungsschrift: § 484, der Revisionsschrift: § 519. — Ladungsfristen: § 194. Abkürzung der Fristen: § 204 Abs. 1.

124. Die Parteien haben eine für das Prozeßgericht bestimmte Abschrift ihrer vorbereitenden Schriftsätze und der Anlagen[1] auf der Gerichtsschreiberei niederzulegen.

Diese Niederlegung erfolgt zugleich mit der Ueberreichung der Urschrift, wenn eine Terminsbestimmung[2] oder wenn die Zustellung unter Vermittelung des Gerichtsschreibers[3] erwirkt werden soll, anderenfalls sofort nach erfolgter Zustellung[4] des Schriftsatzes.

[1] Und Urschrift der Vollmacht: § 76 Abs. 1.
[2] § 193. [3] § 152 Abs. 2. [4] § 156.

125. Die Partei ist, wenn sie rechtzeitig aufgefordert wird,[1] verpflichtet, die in ihren Händen befindlichen Urkunden, auf welche sie in einem vorbereitenden Schriftsatze Bezug genommen hat, vor der mündlichen Verhandlung[2] auf der Gerichtsschreiberei niederzulegen und den Gegner von der Niederlegung zu benachrichtigen.[3]

Der Gegner hat zur Einsicht der Urkunden eine

Frist von drei Tagen. Die Frist kann auf Antrag von dem Vorsitzenden verlängert oder abgekürzt werden.

[1] Das Gericht kann von Amtswegen Niederlegung fordern. § 133. [2] Sie kann die Urkunde schon mit Abschrift des vorbereitenden Schriftsatzes niederlegen. § 124 Abs. 1. [3] Formlos. Anm. 1 zu § 152.

126. Den Rechtsanwälten steht es frei, die Mittheilung von Urkunden von Hand zu Hand gegen Empfangsbescheinigung zu bewirken.[1]

Giebt ein Rechtsanwalt die ihm eingehändigte Urkunde nicht binnen der bestimmten Frist zurück, so ist er auf Antrag nach vorgängiger mündlicher Verhandlung zur unverzüglichen Zurückgabe zu verurtheilen.[2]

Gegen das Zwischenurtheil[3] findet sofortige Beschwerde[4] statt.

[1] § 181 Abs. 2. [2] Gebühren: des Gerichts (frei) § 47 Nr. 6 G.K.G.; des Anwalts ($^{3}/_{10}$) § 23 Nr. 1, vgl. jedoch auch § 29 Nr. 6, G.O. f. R.A. [3] § 275. [4] § 540. — Vollstreckbarkeit: § 702 Nr. 3.

2. Mündliche Verhandlung.

127. Der Vorsitzende eröffnet und leitet die mündliche Verhandlung.

Er ertheilt das Wort und kann es demjenigen, welcher seinen Anordnungen nicht Folge leistet, entziehen.[1]

Er hat Sorge zu tragen, daß die Sache erschöpfende Erörterung finde und die Verhandlung ohne Unterbrechung zu Ende geführt werde; erforder=

lichenfalls hat er die Sitzung zur Fortsetzung der Verhandlung sofort zu bestimmen.

Er schließt die Verhandlung,[2] wenn nach Ansicht des Gerichts die Sache vollständig erörtert ist, und verkündet die Urtheile und Beschlüsse des Gerichts.

[1] Aufrechterhaltung der Ordnung in der Sitzung: §§ 177 bis 185 G.V.G. [2] Wiedereröffnung: § 142.

128. Die mündliche Verhandlung wird dadurch eingeleitet, daß die Parteien ihre Anträge stellen.[1]

Die Vorträge der Parteien sind in freier Rede zu halten; sie haben das Streitverhältniß in thatsächlicher und rechtlicher Beziehung zu umfassen.

Eine Bezugnahme auf Schriftstücke statt mündlicher Verhandlung ist unzulässig.[2] Die Vorlesung von Schriftstücken findet nur insoweit statt, als es auf den wörtlichen Inhalt derselben ankommt.

In Anwaltsprozessen[3] ist neben dem Anwalt auch der Partei selbst auf Antrag das Wort zu gestatten.

[1] Im Anwaltsprozeß durch Verlesung. § 269. — Vgl. Anm. 1 zu § 299. Im Falle einer Fortsetzung der Verhandlung vor denselben Richtern erachtet eine ausdrückliche Wiederholung der früheren Anträge für entbehrlich RG 31, 424.
[2] § 298. [3] § 74 Abs. 1. Vgl. auch § 189 G.V.G.

129. Jede Partei hat sich über die von dem Gegner behaupteten Thatsachen[1] zu erklären.

Thatsachen, welche nicht ausdrücklich bestritten werden, sind als zugestanden anzusehen, wenn nicht die Absicht, sie bestreiten zu wollen, aus den übrigen Erklärungen der Partei hervorgeht.[2]

Eine Erklärung mit Nichtwissen ist nur über

Thatsachen zulässig, welche weder eigene Handlungen der Partei noch Gegenstand ihrer eigenen Wahrnehmung gewesen sind.

1 Auch über Urkunden, § 404, und Eide, § 417.

2 Ausnahmen: §§ 560 Abs. 2, 577, 611, 620, 624, 626.

130. Der Vorsitzende hat durch Fragen darauf hinzuwirken, daß unklare Anträge erläutert, ungenügende Angaben der geltend gemachten Thatsachen ergänzt und die Beweismittel bezeichnet,[1] überhaupt alle für die Feststellung des Sachverhältnisses erheblichen Erklärungen[2] abgegeben werden.[3]

Der Vorsitzende hat auf die Bedenken aufmerksam zu machen, welche in Ansehung der von Amtswegen zu berücksichtigenden Punkte[4] obwalten.

Er hat jedem Mitgliede des Gerichts auf Verlangen zu gestatten, Fragen zu stellen.

1 Daß die Erklärung über Wiederholung der Eideszuschiebung nach anderweiter Beweisaufnahme gemäß § 419 Abs. 1. C.P.O. abgegeben werde. RG 29, 334.

2 Diese Fragepflicht erstreckt sich darauf, daß den Parteien Gelegenheit gegeben wird, die zur Schlüssigkeit ihres Vorbringens erforderlichen thatsächlichen Behauptungen, soweit deren Anführung möglich erscheint, geltend zu machen, RG 8, 372, 12, 141, oder die gestellten Anträge sachgemäß zu modifiziren, RG 14, 210, 28, 8. Doch muß in dem Vorbringen der Partei ein Anhaltspunkt zur Ausübung des Fragerechts liegen. RG 7, 369. Eine Abweisung angebrachtermaßen wegen mangelnder thatsächlicher Substanziirung der Klage ist unstatthaft. RG 6, 359, 10, 175. Zu Belehrungen über die rechtliche Tragweite abgegebener Erklärungen ist der Richter (im Anwaltsprozeß) nicht verpflichtet. RG 4, 353.

3 Im vorbereitenden Verfahren: § 319 Abs. 1 — Erklä-

rungen über den Eid: § 420. — Im Verfahren vor dem Amtsgericht: daß sachdienliche Anträge gestellt werden, § 464; Hinweis auf die sachliche Unzuständigkeit des Amtsgerichts: § 465 Abs. 2. Erklärungen über Urkunden: 468.

4 §§ 40 Abs. 2, 54 Abs. 1. — Vgl. auch § 84 Abs. 2.

131. Wird eine auf die Sachleitung bezügliche Anordnung des Vorsitzenden oder eine von dem Vorsitzenden oder einem Gerichtsmitgliede gestellte Frage von einer bei der Verhandlung betheiligten Person als unzulässig beanstandet, so entscheidet das Gericht.

Prozeßleitung durch das Gericht.

Die Befugnisse der §§ 132—143 übt das Gericht von Amtswegen.

132. Das Gericht kann das persönliche Erscheinen einer Partei zur Aufklärung des Sachverhältnisses anordnen.[1]

1 Welche Folgen aus dem Nichterscheinen zu ziehen sind, steht im freien Ermessen des Gerichts. § 259. Pr. 527 — Vgl. auch Anm. 3 zu § 81.

133. Das Gericht kann anordnen, daß eine Partei die in ihren Händen befindlichen[1] Urkunden, auf welche sie sich bezogen hat, sowie Stammbäume, Pläne, Risse und sonstige Zeichnungen vorlege.[2]

Das Gericht kann anordnen,[3] daß die vorgelegten Schriftstücke während einer von ihm zu bestimmenden Zeit auf der Gerichtsschreiberei verbleiben.

Das Gericht kann anordnen,[3] daß von den in fremder Sprache abgefaßten Urkunden eine durch einen beeidigten Dolmetscher angefertigte Uebersetzung beigebracht werde.

[1] Auch daß das nicht in den Händen der Parteien befindliche Mäklertagebuch vorgelegt werde. Art. 79 Abs. 1 H.G.B. § 13 Abs. 1 E.G. [2] Prüfung der Echtheit öffentlicher Urkunden von Amtswegen. § 402 Abs. 2. [3] § 408.

134. Das Gericht kann anordnen, daß die Parteien die in ihrem Besitze befindlichen Akten vorlegen, soweit dieselben aus Schriftstücken bestehen, welche die Verhandlung und Entscheidung der Sache betreffen.

135. Das Gericht kann die Einnahme des Augenscheins, sowie die Begutachtung durch Sachverständige anordnen.

Das Verfahren richtet sich nach den Vorschriften, welche eine auf Antrag angeordnete Einnahme des Augenscheins[1] oder Begutachtung durch Sachverständige[2] zum Gegenstande haben.

[1] §§ 336, 337. [2] §§ 367 ff.

136. Das Gericht kann anordnen, daß mehrere in einer Klage erhobene Ansprüche in getrennten Prozessen verhandelt werden.[1]

Dasselbe gilt,[2] wenn der Beklagte eine Gegenforderung vorgebracht hat,[3] welche mit der in der Klage geltend gemachten Forderung nicht in rechtlichem Zusammenhange steht.[4] [5]

[1] Urtheil: §§ 273, 274. [2] Sobald die Klageforderung spruchreif ist, ist nur nach § 274 zu verfahren. RG 24, 425. [3] Sei es durch Einrede oder durch Widerklage, Begr. 135. Im Falle der Trennung ist über die Kompensationseinrede in derselben Instanz weiter zu verhandeln und zu entscheiden. RG 31, 1. Vgl. auch Anm. 2 zu § 274: Anm. 6 zu § 491, Anm. 2 zu § 503. [4] Die Vorschriften des gem. Rechts u. Preuß. Landrechts, wonach il-

liquide Kompensationseinreden zum besonderen Verfahren verwiesen werden müssen, sind hierdurch beseitigt. RG 8, 348, 27, 64. RG 12, 254, 15, 376. Vgl. auch, insbes. hinsichtlich des französischen Rechts, RG 16, 372. [5] Eine unzulässiger Weise erfolgte Trennung ist mit dem Rechtsmittel gegen das auf die Klageforderung ergehende Endurtheil anzufechten. RG 24, 425. Vgl. § 472.

137. Das Gericht kann anordnen, daß bei mehreren auf denselben Anspruch sich beziehenden selbständigen Angriffs- oder Vertheidigungsmitteln[1] (Klagegründen, Einreden, Repliken 2c.) die Verhandlung zunächst auf eines oder einige dieser Angriffs- oder Vertheidigungsmittel zu beschränken sei.[2]

[1] § 251 Abs. 1. [2] Zwischenurtheil: 275. — Eid: § 426 Abs. 2.

138. Das Gericht kann[1] die Verbindung mehrerer bei ihm anhängiger Prozesse derselben oder verschiedener Parteien zum Zwecke der gleichzeitigen Verhandlung und Entscheidung anordnen,[2] wenn die Ansprüche, welche den Gegenstand dieser Prozesse bilden, in rechtlichem Zusammenhange stehen oder in einer Klage hätten geltend gemacht werden können.[3]

[1] Nach mündlicher Verhandlung; gegen Ablehnung der Verbindung keine Beschwerde. § 530. RG 24, 367.

[2] Vorgeschrieben in den Fällen der Art. 190a Abs. 2, 222 R.Ges. v. 11./7. 84 (R.G.B. 139), §§ 49, 105 R.Ges. v. 1./5. 89 (R.G.B. 67). — Streitgenossenschaft: §§ 56 ff. — Vgl. Anm. 1 zu § 5.

[3] §§ 56, 57, 232. — Urtheil: § 272 Abs. 2.

139. Das Gericht kann, wenn die Entscheidung des Rechtsstreits ganz oder zum Theil von dem Bestehen oder Nichtbestehen eines Rechtsverhältnisses abhängt, welches den Gegenstand eines anderen anhängigen Rechtsstreits bildet oder von einer Verwaltungsbehörde festzustellen ist, anordnen, daß die Verhandlung bis zur Erledigung des anderen Rechtsstreits oder bis zur Entscheidung der Verwaltungsbehörde auszusetzen[1] sei.[2]

[1] Ganz oder für einen Theil des Streitgegenstandes. RG 24, 382. [2] Beschwerde: § 229. — Voraussetzung ist, daß in beiden Prozessen nicht derselbe Streitgegenstand vorliegt, also nicht die Einrede der Rechtshängigkeit begründet ist. RG 3, 403.

140. Das Gericht kann, wenn sich im Laufe eines Rechtsstreits der Verdacht einer strafbaren Handlung ergiebt,[1] deren Ermittelung auf die Entscheidung von Einfluß ist, die Aussetzung der Verhandlung bis zur Erledigung des Strafverfahrens[2] anordnen.[3]

[1] Die bloße Behauptung derselben seitens einer Partei genügt nicht. RG 15, 427. [2] Strafurtheil bindet den Civilrichter nicht. § 14 Nr. 1 E.G. [3] Nicht mehr nach Erlaß des Endurtheils, RG 29, 341, ausgenommen im Falle der §§ 432, 433, wenn ein Strafverfahren wegen Meineids gegen die Partei eröffnet ist, welcher durch rechtskräftiges bedingtes Endurtheil ein Schiedseid auferlegt ist. RG 35, 416. Nach RG 29, 383 soll die Anordnung gemäß § 225 auch ohne mündliche Verhandlung erfolgen können. — Beschwerde gemäß § 229. RG 15, 427. — § 140 findet auch im Urkunden- und Wechselprozeß, RG 13, 378, dagegen nicht in der Revisionsinstanz Anwendung. RG 11, 366.

141. Das Gericht kann die von ihm erlassenen, eine Trennung, Verbindung oder Aussetzung betreffenden Anordnungen wieder aufheben.[1]

[1] Beschwerde gemäß § 229.

142. Das Gericht kann die Wiedereröffnung einer Verhandlung, welche geschlossen war, anordnen.[1]

[1] Die Veranlassung darf nur aus der stattgehabten und geschlossenen Verhandlung entnommen werden. RG 16, 418,

143. Das Gericht kann Parteien, Bevollmächtigten[1] und Beiständen,[2] denen die Fähigkeit zum geeigneten Vortrage mangelt, den weiteren Vortrag untersagen.

Das Gericht kann Bevollmächtigte und Beistände, welche das mündliche Verhandeln vor Gericht geschäftsmäßig betreiben,[3] zurückweisen.

Eine Anfechtung dieser Anordnungen findet nicht statt.

Auf Rechtsanwälte[4] finden die Vorschriften dieses Paragraphen keine Anwendung.

[1] § 75. [2] § 86.

[3] Wenn auch nicht gegen Entgelt. Begr. 136.

[4] Und deren rechtskundige Stellvertreter. § 25 R.A.O.

144. Ist eine bei der Verhandlung betheiligte Person zur Aufrechthaltung der Ordnung von dem Orte der Verhandlung entfernt worden,[1] so kann auf Antrag gegen sie in gleicher Weise verfahren werden, als wenn sie freiwillig sich entfernt hätte.[2] Dasselbe gilt in den Fällen des vorhergehenden Paragraphen, sofern die Untersagung oder Zurückweisung bereits bei einer früheren Verhandlung geschehen war.

[1] § 178 G.V.G.

[2] Hat sie noch nicht verhandelt: §§ 295, 296, 298.

3. Sitzungsprotokoll.

145. Ueber die mündliche Verhandlung vor dem Gerichte ist ein Protokoll aufzunehmen.

Das Protokoll enthält:

1. den Ort und den Tag der Verhandlung;
2. die Namen der Richter, des Gerichtsschreibers und des etwa zugezogenen Dolmetschers;[1]
3. die Bezeichnung des Rechtsstreits;
4. die Namen der erschienenen Parteien, gesetzlichen Vertreter,[2] Bevollmächtigten[3] und Beistände;[4]
5. die Angabe, daß öffentlich verhandelt oder die Oeffentlichkeit ausgeschlossen ist.

[1] In Ehesachen auch des Staatsanwalts. § 569 Abs. 4.
[2] § 50. [3] §§ 74, 75. [4] § 86.

146. Der Gang der Verhandlung ist nur im Allgemeinen anzugeben.

Durch Aufnahme in das Protokoll sind festzustellen:[1]

1. die Anerkenntnisse, Verzichtleistungen und Vergleiche, durch welche der geltend gemachte Anspruch ganz oder theilweise erledigt wird;
2. die Anträge und Erklärungen, deren Feststellung vorgeschrieben ist;[2]
3. die Aussagen der Zeugen und Sachverständigen, sofern dieselben früher nicht abgehört waren oder von ihrer früheren Aussage abweichen;
4. das Ergebniß eines Augenscheins;[3]
5. die Entscheidungen (Urtheile, Beschlüsse und

Verfügungen) des Gerichts, sofern sie nicht dem Protokolle schriftlich beigefügt sind;[4]

6. die Verkündung der Entscheidungen.[5]

Der Aufnahme in das Protokoll steht die Aufnahme in eine Schrift gleich, welche dem Protokolle als Anlage beigefügt und als solche in demselben bezeichnet ist.

[1] § 150. — Der Beweis der mündlichen Erklärungen (Nr. 1 u. 2) kann auch durch den Thatbestand erfolgen. § 285. RG 10, 367. [2] §§ 269, 270, 315, 316, 354, 470, 569 Abs. 4. [3] § 337. [4] §§ 175, 184 G.V.G.

[5] Der Ausdruck „das Urtheil rc. sei erlassen" ist als Beurkundung der Verkündung angesehen in RG 17, 420.

147. Die Feststellung der Aussagen der Zeugen und Sachverständigen kann unterbleiben, wenn die Vernehmung vor dem Prozeßgericht erfolgt[1] und das Endurtheil der Berufung nicht unterliegt.[2] In diesem Falle ist in dem Protokolle nur zu bemerken, daß die Vernehmung stattgefunden habe.

[1] Vorausgesetzt, daß das Endurtheil von demselben Kollegium erlassen wird, vor dem die Zeugenvernehmung stattgefunden hat. RG 14, 379, 385, 17, 347. [2] In der Berufungsinstanz, und wenn nach Erledigung der Hauptsache nur noch über die Kostentragung gestritten wird. § 94.

148. Das Protokoll ist insoweit, als es die Nr. 1 bis 4 des §. 146 betrifft, den Betheiligten vorzulesen oder zur Durchsicht vorzulegen. In dem Protokolle ist zu bemerken, daß dies geschehen und die Genehmigung erfolgt sei oder welche Einwendungen erhoben sind.

149. Das Protokoll ist von dem Vorsitzenden und dem Gerichtsschreiber zu unterschreiben.

Ist der Vorsitzende verhindert, so unterschreibt für ihn der älteste beisitzende Richter. Im Falle der Verhinderung des Amtsrichters genügt die Unterschrift des Gerichtsschreibers.

150. Die Beobachtung der für die mündliche Verhandlung vorgeschriebenen Förmlichkeiten[1] kann nur durch das Protokoll bewiesen werden. Gegen den diese Förmlichkeiten betreffenden Inhalt desselben ist nur der Nachweis der Fälschung zulässig.[2]

[1] Dazu rechnet auch die Verkündung der Entscheidungen RG 16, 331. [2] Nicht der Nachweis der Unrichtigkeit gemäß § 383 Abs. 2. RG 16, 332.

151. Zu den Verhandlungen, welche außerhalb der Sitzung vor Amtsrichtern oder vor beauftragten oder ersuchten Richtern[1] stattfinden, ist der Gerichtsschreiber gleichfalls zuzuziehen.

[1] Anm. 5 zu § 41 Nr. 6.

Zweiter Titel.

Zustellungen.

Das Gericht wirkt ausnahmsweise mit bei Zustellungen: im amtsgerichtlichen Prozeß, § 152 Abs. 2, 154, 458, im Auslande, an Exterritoriale, §§ 182 ff., und mittels öffentlicher Bekanntmachung. §§ 186 ff.

Die Zustellung geschieht ausnahmsweise von Amtswegen: §§ 294 Abs. 3, 342, 367, 582, 602, 619, 623, 625.

Gebühren: gewöhnliche Zustellung 80 Pf.; in den amtsgerichtlichen Sachen, soweit sie nicht durch ein Rechtsmittel an ein höheres Gericht gebracht sind, 50 Pf.; durch die Post und durch Aufgabe zur Post die Hälfte; von Amtswegen: gebührenfrei. § 2 G.O. f. G.V., §§ 40, 80b G.K.G. in der Fassung der Novelle v. 29./6. 81 (R.G.B. 178).

I. Im Inlande.

Möglichkeiten:

a) In Anwaltsprozessen.

1. Der Betreibende wendet sich unmittelbar an den Gerichtsvollzieher und dieser stellt selbst dem Adressaten zu. §§ 152, 156.

2. Der Betreibende wendet sich unmittelbar an den Gerichtsvollzieher und dieser stellt durch die Post dem Adressaten zu. §§ 152, 176, 177.

3. Der Anwalt stellt dem Gegenanwalt unmittelbar zu. § 181.

b) In anderen Prozessen bestehen außerdem die Möglichkeiten:

4. Der Betreibende wendet sich an den Gerichtsschreiber, dieser an den Gerichtsvollzieher, und dieser stellt selbst dem Adressaten zu. §§ 152 Abs. 2, 154, 156.

5. Der Betreibende wendet sich an den Gerichtsschreiber, dieser an den Gerichtsvollzieher, und dieser stellt durch die Post dem Adressaten zu. §§ 152 Abs. 2, 154, 176, 177. — Pr. 731.

6. Der Betreibende wendet sich an den Gerichtsschreiber und dieser stellt durch die Post dem Adressaten zu. §§ 152 Abs. 2, 154, 179.

1. Durch Gerichtsvollzieher.

Instruktionen: Preußen: §§ 17—38 Geschäftsanweisung für die Gerichtsvollz. v. 24./7. 79 (J.M.Bl. 206), Verf. v. 16./6. 83 (J.M.Bl. 191). — Bayern: §§ 1—29, 35, 36 Bek. v. 25./9. 79 (J.M.Bl. 1233). — Sachsen: §§ 1—66 Instr. für den Gerichtsvollz. v. 2./9. 79 (J.M.Bl. 70), Ver. v. 30./8. 80 (J.M.Bl. 105), §§ 1—7 Ver. v. 2./8. 82 (J.M.Bl. 84), § 11 Ver. v. 13./7 84 (J.M.Bl. 17), Ver. v. 6./4. 87 (J.M.Bl. 14) u. v. 17./3. 93 (J.M.Bl. 17). — Baden: §§ 22—54 Dienstweisung für Gerichtsvollz. v. 1./12. 84 (G.V.Bl. 501). — Elsaß-Lothringen: §§ 11—30 Geschäftsanweisung für die Gerichtsvollz. v. 16./9. 79 (Samml. v. Ges. 2c. 4, 347).

152. Die Zustellungen[1] erfolgen durch Gerichtsvollzieher.[2]

In Anwaltsprozessen[3] ist der Gerichtsvollzieher unmittelbar zu beauftragen[4], in anderen Prozessen nach der Wahl der Partei entweder unmittelbar oder unter Vermittelung des Gerichtsschreibers[5] des Prozeßgerichts.

[1] Formlose Mittheilungen kommen ausnahmsweise vor: §§ 70 Abs. 2, 125 Abs. 1, 171 Abs. 3, 204 Abs. 3, 327 Abs. 2, 329 Abs. 4, 330, 351 Abs. 4, 463 Abs. 2, 615, 623 Abs. 2, 634 Abs. 2, 669 Abs. 3 C.P.O. § 69 Abs. 2 K.O.

[2] §§ 155, 156 G.V.G. — Ausnahmen: durch die Post, § 176, von Anwalt zu Anwalt, § 181, im Auslande, § 182, und bei öffentlicher Zustellung, § 187. [3] § 74 Abs. 1.

[4] Vgl. Anm. 3 zu § 674. [5] Zwischen dem Gerichtsschreiber und der Partei besteht in diesem Falle ein nach den Grundsätzen vom Mandat zu beurtheilendes Rechtsverhältniß nicht. RG 17, 391.

a. Auftrag.

153. Die mündliche Erklärung einer Partei[1] genügt, um den Gerichtsvollzieher zur Vornahme der Zustellung, den Gerichtsschreiber zur Beauftragung eines Gerichtsvollziehers mit der Zustellung zu ermächtigen.

Ist eine Zustellung durch einen Gerichtsvollzieher bewirkt, so wird bis zum Beweise des Gegentheils angenommen, daß dieselbe im Auftrage der Partei erfolgt sei.

[1] Vgl. Anm. 3 zu § 74.

154. Insoweit eine Zustellung unter Vermittelung des Gerichtsschreibers zulässig ist,[1] hat dieser einen

Gerichtsvollzieher[2] mit der erforderlichen Zustellung zu beauftragen, sofern nicht die Partei erklärt hat, daß sie selbst einen Gerichtsvollzieher beauftragen wolle.

[1] § 162 G.V.G., § 152 Abs. 2. [2] Oder die Post. § 179.

155. Die Partei hat dem Gerichtsvollzieher und, wenn unter Vermittelung des Gerichtsschreibers zuzustellen ist, diesem neben der Urschrift des zuzustellenden Schriftstücks eine der Zahl der Personen, welchen zuzustellen ist, entsprechende Zahl von Abschriften zu übergeben.[1]

Die Zeit der Uebergabe ist auf der Urschrift und den Abschriften zu vermerken und der Partei auf Verlangen zu bescheinigen.

[1] Ferner dem Gerichtsschreiber eine Abschrift des vorbereitenden Schriftsatzes für das Gericht, § 124; vgl. auch §§ 243 Abs. 2 476 Abs. 2.

b. **Ausführung.**

156. Die Zustellung besteht, wenn eine Ausfertigung zugestellt werden soll,[1] in deren Uebergabe,[2] in den übrigen Fällen in der Uebergabe[2] einer beglaubigten[3] Abschrift[4] des zuzustellenden Schriftstücks.[5]

Die Beglaubigung[6] geschieht durch den Gerichtsvollzieher, bei den auf Betreiben von Rechtsanwälten oder in Anwaltsprozessen zuzustellenden Schriftstücken durch den[7] Anwalt,[8] bei den von Amtswegen zuzustellenden Schriftstücken[9] durch den Gerichtsschreiber.

[1] §§ 342, 367, 809 Abs. 2, 865.

[2] Einwerfen in den Briefkasten des Adressaten ist keine Zustellung. RG 6, 342. [3] Ausnahme: § 69 K.O. Mangel

der Beglaubigung macht den Zustellungsakt unwirksam. RG 4, 362, 9, 413. Bei Zustellungen, welche von der Staatsanwaltschaft ausgehen, genügt die Beglaubigung durch einen Bureaubeamten der Staatsanwaltschaft oder durch Beidrückung ihres Dienststempels. RG 33, 365. [4] Soweit nicht ausdrücklich — vgl. Anm. 1 u. R.G. 5, 402 — Zustellung einer Ausfertigung vorgeschrieben ist, kann eine beglaubigte Abschrift oder eine Ausfertigung übergeben werden. RG 3, 437, 4, 426. Auch die Uebergabe der Urschrift, RG 15, 411, oder einer beglaubigten Klatschkopie ist zulässig. RG 4, 357. [5] Telegraphische Uebermittelung des zuzustellenden Schriftstücks: RG 14, 336. [6] Sie kann auch durch Stempelabdruck des Beglaubigungsvermerks und der Unterschrift erfolgen. RG 7, 372. 14, 335. [7] Mit der Zustellung betrauten. RG 24, 418. 33, 401 Vgl. Anm. 3 zu § 74. [8] Oder den Gerichtsvollzieher. RG 8, 347. [9] Und im Falle des § 179.

An wen?

157. Die Zustellungen, welche an eine Partei bewirkt werden sollen, erfolgen für die nicht prozeßfähigen Personen an die gesetzlichen Vertreter[1] derselben.

Bei Behörden, Gemeinden und Korporationen, sowie bei Personenvereinen, welche als solche klagen und verklagt werden können,[2] genügt die Zustellung an die Vorsteher.[3]

Bei mehreren gesetzlichen Vertretern,[4] sowie bei mehreren Vorstehern genügt die Zustellung an einen derselben.

[1] §§ 50, 51. Ein gesetzlicher Vertreter, welcher selbst Prozeßgegner ist, kann für die prozeßunfähige Partei nicht an sich selbst zustellen lassen. RG 7, 404. Vgl. § 55. Jedoch Anm. 1 vor § 166. [2] Anm. 1, 2 zu § 19. [3] Auch

wenn diese nicht gesetzliche Vertreter sind. — Ersatzzustellung: § 169. [4] Bei mehreren Klägern oder Beklagten ist die Zustellung an jeden nöthig. § 172 Abs. 2.

158. Die Zustellung für einen Unteroffizier oder einen Gemeinen des aktiven Heeres oder der aktiven Marine[1] erfolgt an den Chef der zunächst vorgesetzten Kommandobehörde (Chef der Kompagnie, Eskadron, Batterie u. s. w.).[2]

[1] § 4 u. Anl. des Mil.-Str.-Ges.B. v. 20./6. 72 (R.G.B. 174, 204). [2] Der Chef ist Zustellungsbevollmächtigter. Pr. 104; anders §§ 184, 343. — Ersatzzustellung: § 169. — Im Auslande: § 184.

159. Die Zustellung erfolgt an den Generalbevollmächtigten, sowie in den durch den Betrieb eines Handelsgewerbes hervorgerufenen Rechtsstreitigkeiten an den Prokuristen[1] mit gleicher Wirkung, wie an die Partei selbst.

[1] Art. 42 H.G.B.; nicht an den Handlungsbevollmächtigten. Art. 47 H.G.B. Vgl. 168.

160. Wohnt eine Partei weder am Orte des Prozeßgerichts noch innerhalb des Amtsgerichtsbezirks, in welchem das Prozeßgericht seinen Sitz hat, so kann das Gericht, falls sie nicht einen in diesem Orte oder Bezirke wohnhaften Prozeßbevollmächtigten bestellt hat, auf Antrag anordnen, daß sie eine daselbst wohnhafte Person zum Empfange der für sie bestimmten Schriftstücke bevollmächtige.[1] Diese Anordnung kann ohne vorgängige mündliche Verhandlung erfolgen.[2] Eine Anfechtung des Beschlusses findet nicht statt.

Wohnt die Partei nicht im Deutschen Reiche, so ist sie auch ohne vorgängige Anordnung des Gerichts zur Benennung eines Zustellungsbevollmächtigten verpflichtet, falls sie nicht einen in dem durch den ersten Absatz bezeichneten Orte oder Bezirke wohnhaften Prozeßbevollmächtigten bestellt hat.[3]

[1] Wenn die Zustellung an die Partei selbst besonders erschwert ist. Begr. 147. [2] Alsdann wird sie den Parteien von Amtswegen zugestellt. § 294 Abs. 3. [3] Ebenso der Rechtsanwalt am Orte des Gerichts, bei welchem er zugelassen ist, wenn er daselbst nicht wohnhaft ist. § 19 R.A.O.

161. Der Zustellungsbevollmächtigte ist bei der nächsten gerichtlichen Verhandlung oder, wenn die Partei vorher dem Gegner einen Schriftsatz zustellen läßt, in diesem zu benennen.[1] Geschieht dies nicht, so können alle späteren Zustellungen bis zur nachträglichen Benennung in der Art bewirkt werden, daß der Gerichtsvollzieher das zu übergebende Schriftstück unter der Adresse der Partei nach ihrem Wohnorte zur Post giebt. Die Zustellung wird mit der Aufgabe zur Post als bewirkt angesehen,[2] selbst wenn die Sendung als unbestellbar zurückkommt.

Die Postsendungen sind mit der Bezeichnung „Einschreiben" zu versehen, wenn die Partei es verlangt und zur Zahlung der Mehrkosten sich bereit erklärt.

[1] Die Benennung gilt für den ganzen Prozeß, einschließlich der Zwangsvollstreckung. §§ 77, 78, 82, 83. Begr. 148

[2] Die Post gilt als Zustellungsbevollmächtigter. — Anders § 176. — Vgl. auch § 221 Abs. 2 C.P.O., § 19 Abs. 3 R.A.O.

162. Zustellungen, welche in einem anhängigen Rechtsstreite geschehen sollen,[1] müssen[2] an den für die Instanz bestellten Prozeßbevollmächtigten[3] erfolgen.

[1] Auch Zustellungen der Hauptinterventionsklage. RG 15, 429. [2] Imperativ. Anm. 2 zu § 67. Die Zustellung an die Partei ist ohne prozessuale Wirkung. Begr. 149. — Ausnahmen: §§ 217 Abs. 3, 223 Abs. 2.

[3] Bezw. dessen Zustellungsbevollmächtigten. § 19 R.A.O. — Falls keiner für die Instanz bestellt ist: § 164. — Vgl. auch Anm. 3 zu § 77.

163. Als zu der Instanz gehörig sind im Sinne des vorstehenden Paragraphen auch diejenigen Prozeßhandlungen anzusehen, welche das Verfahren vor dem Instanzgerichte in Folge eines Einspruchs,[1] einer Aufhebung des Urtheils des Instanzgerichts,[2] einer Wiederaufnahme des Verfahrens[3] oder eines neuen Vorbringens in der Zwangsvollstreckungsinstanz[4] zum Gegenstande haben. Das Verfahren vor dem Vollstreckungsgerichte[5] ist als zur ersten Instanz gehörig anzusehen.[6]

[1] § 303. [2] §§ 500, 528. [3] § 553. [4] §§ 686, 687. [5] § 684. — Und das Kostenfestsetzungsverfahren. RG 11, 392. [6] Vgl. auch Anm. 1 zu § 77.

164. Die Zustellung eines Schriftsatzes, durch welche ein Rechtsmittel eingelegt wird,[1] erfolgt an den für die höhere Instanz[2] von dem Gegner bestellten Prozeßbevollmächtigten;[3] wenn ein solcher noch nicht bestellt[4] ist, an den Prozeßbevollmächtigten der zunächst nachgeordneten Instanz; in Ermangelung eines solchen an den Prozeßbevollmächtigten der ersten Instanz.

Ist auch kein Prozeßbevollmächtigter erster Instanz vorhanden,[5] so erfolgt die Zustellung an den von dem Gegner, wenngleich nur für die erste Instanz, bestellten Zustellungsbevollmächtigten; in Ermangelung eines solchen an den Gegner selbst, und zwar an diesen durch Aufgabe zur Post, wenn er einen Zustellungsbevollmächtigten zu bestellen hatte, die Bestellung aber unterlassen hat.

1 §§ 479, 515. — Und alle übrigen später in der höheren Instanz nöthig werdenden Zustellungen. RG 8, 426, 10, 346. Dagegen ist das angefochtene Urtheil immer dem Bevollmächtigten derjenigen Instanz zuzustellen, in welcher das Urtheil ergangen ist. RG 16, 354, 19, 405.

2 Mehrere gleichzeitig anhängige Rechtsmittel gegen dasselbe Urtheil gehören zu derselben Instanz. RG 14, 351. Anders, wenn das eine Rechtsmittel bei Einlegung des anderen bereits erledigt ist oder wenn die Rechtsmittel gegen verschiedene Urtheile der Vorinstanz eingelegt werden. RG 14, 371, 27, 353. 3 Auch wenn die Bestellung schon während der ersten Instanz — als eventuelle — erfolgt ist. RG 18, 395.

4 Oder dies dem Gegner weder bekannt ist, noch bekannt sein muß. RG 9, 347, 14, 351, 374.

5 Oder ist der Prozeßbevollmächtigte nach Zustellung des Urtheils gestorben. RG 13, 311.

Wo?

165. Die Zustellungen können an jedem Orte erfolgen, wo die Person, welcher zugestellt werden soll, angetroffen wird.

Hat die Person an diesem Orte eine Wohnung[1] oder ein Geschäftslokal, so ist die außerhalb der Wohnung oder des Geschäftslokals an sie erfolgte Zustellung nur gültig, wenn die Annahme nicht verweigert ist.[2]

1 Wenn nur als Gast. RG 34 397, 35, 432.

2 Außerhalb der Wohnung oder des Geschäftslokals darf nur zu eigenen Händen zugestellt werden. §§ 166—169.

Ersatzzustellung.[1 2 3]

1 Die Ersatzzustellung wird dadurch nicht ungültig, daß die Aushändigung verschlossen an diejenige Person geschieht, welche die Zustellung als Prozeßgegner veranlaßt hat. RG 17, 410. Jedoch Anm. 1 zu § 157, ferner bei Zustellung offener Schriftstücke RG 35, 430.

2 Die Ungültigkeit einer Ersatzzustellung wird dadurch nicht geheilt, daß der Empfänger die Schriftstücke dem Adressaten unter Benachrichtigung von der Zustellung aushändigt. RG 14, 339, 21, 391, 34, 395. Abweichend: RG 17, 407.

3 In Preußen ist im Falle der Ersatzzustellung die Uebergabe in verschlossenem Brief vorgeschrieben. Verf. v. 17./6. 95 (J.M.Bl. 221).

166. Wird die Person, welcher zugestellt werden soll, in ihrer Wohnung nicht angetroffen, so kann die Zustellung in der Wohnung an einen zu der Familie[1] gehörenden erwachsenen[2] Hausgenossen oder an eine in der Familie dienende erwachsene[2] Person erfolgen.

Wird eine solche Person nicht angetroffen, so kann die Zustellung an den in demselben Hause wohnenden Hauswirth oder Vermiether erfolgen, wenn diese zur Annahme des Schriftstücks bereit sind.

1 Der Person, welcher zugestellt werden soll. Eintritt derselben in die Familiengemeinschaft des Wohnungsinhabers: RG 34, 398. 2 Vgl. RG 14, 339.

167. Ist die Zustellung nach diesen Bestimmungen[1] nicht ausführbar, so kann sie dadurch erfolgen, daß das zu übergebende Schriftstück auf der Gerichtsschreiberei des Amtsgerichts,[2] in dessen Bezirke der Ort der Zustellung gelegen ist, oder an diesem Orte bei der Postanstalt[3] oder dem Gemeindevorsteher oder dem Polizeivorsteher[4] niedergelegt und die Niederlegung sowohl durch eine an der Thür der Wohnung zu befestigende schriftliche Anzeige, als auch, soweit thunlich, durch mündliche Mittheilung an zwei in der Nachbarschaft wohnende Personen bekannt gemacht wird.

[1] Und unter Berücksichtigung der sonst für die Zustellung in Betracht kommenden gesetzlichen Vorschriften; z. B. § 171, auch Anm. 5 das. RG. 30, 427.

[2] Behandlung dieser Briefe: Preußen: Verf. des Just. Min. v. 7./1. u. 29./4. 80 (J.M.Bl. 6 u. 95). — Württemberg: Verf. v. 29./9. 80 (Reg.Bl. 209). — Elsaß-Lothringen: Verf. v. 28./2. 81 (Samml. v. Ges. zc. 6, 82).

[3] Behandlung dieser Briefe: Verf. des Gen.-Postmeisters v. 27./12. 79 (Amts-Blatt der Post- u. Telegr.Verw. S. 471) u. v. 19./4. 80 (Amts-Blatt des Reichs-Postamts S. 143). — Württemberg: Verf. v. 29./9. 80 (Reg.Bl. 209). — Elsaß-Lothringen: Verf. v. 28./2. 81 (Samml. v. Ges. zc. 6, 82).

[4] Behandlung dieser Briefe: Preußen: Verf. des Min. d. Innern v. 14./4. 80 (J.M.Bl. 96). — Bayern: Nr. 1 Bek. v. 16./8. 79 (G.V.Bl. 1001), Bek. v. 20./12. 89 (G.V.Bl. 681). — Württemberg: Verf. v. 29./9. 90 (Reg.Bl. 209).

168. Für Gewerbetreibende, welche ein besonderes Geschäftslokal[1] haben, kann, wenn sie in dem Geschäftslokale nicht angetroffen werden, die Zustellung an einen darin anwesenden Gewerbegehülfen[2] erfolgen.

Wird ein Rechtsanwalt, welchem zugestellt werden soll, in seinem Geschäftslokale nicht angetroffen, so kann die Zustellung an einen darin anwesenden Gehülfen[3] oder Schreiber erfolgen.

[1] D. i. einen besonderen Raum, den sie nur zu geschäftlichen Zwecken benutzen, wenn auch mit anderen Personen gemeinschaftlich. Das Geschäftslokal der offenen Handelsgesellschaft gilt als solches auch für die daselbst arbeitenden Gesellschafter. RG 16, 350. Liegt das Geschäftslokal innerhalb der Wohnung, so ist außerdem § 166 anwendbar. RG 10, 360.

[2] An die Gewerbegehülfen einer offenen Handelsgesellschaft können auch Zustellungen für die Gesellschafter erfolgen, wenn im übrigen Abs. 1 zutrifft. RG 16, 350.

[3] Dauerndes Dienstverhältniß behufs Ausübung des Anwaltsberufes wird vorausgesetzt. Daß die Dienste im Geschäftslokale zu leisten seien, ist nicht nöthig. RG 4, 427.

169. Wird der gesetzliche Vertreter oder der Vorsteher einer Behörde, einer Gemeinde, einer Korporation oder eines Personenvereins, welchem zugestellt werden soll,[1] in dem Geschäftslokale während der gewöhnlichen Geschäftsstunden[2] nicht angetroffen, oder ist er an der Annahme verhindert, so kann die Zustellung an einen anderen in dem Geschäftslokale anwesenden Beamten oder Bediensteten bewirkt werden.

Wird der gesetzliche Vertreter oder der Vorsteher in seiner Wohnung nicht angetroffen, so finden die Bestimmungen der §§. 166, 167 nur Anwendung, wenn ein besonderes Geschäftslokal nicht vorhanden ist.

[1] §§ 157, 158. [2] Außerhalb der gewöhnlichen Geschäftsstunden ist Ersatzzustellung unzulässig. RG 21, 389.

170. Wird die Annahme der Zustellung ohne gesetzlichen Grund verweigert, so ist das zu übergebende Schriftstück am Orte der Zustellung zurückzulassen.

Wann?

171. An Sonntagen und allgemeinen Feiertagen[1] darf eine Zustellung, sofern sie nicht durch Aufgabe zur Post bewirkt wird, nur mit richterlicher Erlaubniß erfolgen.

Die Erlaubniß wird von dem Vorsitzenden des Prozeßgerichts ertheilt; sie kann auch von dem Amtsrichter, in dessen Bezirke die Zustellung erfolgen soll, und in Angelegenheiten, welche durch einen beauftragten oder ersuchten Richter[2] zu erledigen sind, von diesem ertheilt werden.[3]

Die Verfügung, durch welche die Erlaubniß ertheilt wird, ist bei der Zustellung abschriftlich mitzutheilen.[4]

Eine Zustellung, bei welcher die Bestimmungen dieses Paragraphen nicht beobachtet sind, ist gültig, wenn die Annahme nicht verweigert ist.[5]

[1] Solche, an denen in öffentlichen und bürgerlichen Angelegenheiten Geschäftsruhe herrscht. RG 2, 399. Diese sind landesgesetzlich zu bestimmen. Pr. z. G.V.G. 67, 68. Preußen: Ges. v. 12./3. 93 (G.S. 29). — Elsaß-Lothringen: Ges. v. 19./10. 87 (Ges.Bl. 79).

[2] Anm. 5 zu § 41 Nr. 6.

[3] Gebühren: des Gerichts (frei) § 47 Nr. 12 G.K.G.; des Anwalts ($^3/_{10}$) § 23 Nr. 1, vgl. jedoch auch § 29 Nr. 6, G.O. f. R.A. [4] Ohne Beurkundung. Anm. 1 zu § 152.

[5] Zur Nachtzeit dürfen Zustellungen ohne Zustimmung des Empfängers nicht erfolgen, sofern landesrechtlich das Eindringen in die Wohnung zur Nachtzeit verboten ist. Vergl. RG 30, 429 (für Preußen).

172. Ist bei einer Zustellung an den Vertreter mehrerer Betheiligter oder an einen von mehreren Vertretern die Uebergabe der Ausfertigung oder Abschrift eines Schriftstücks erforderlich, so genügt die Uebergabe nur einer Ausfertigung oder Abschrift.[1]

Einem Zustellungsbevollmächtigten mehrerer Betheiligter sind so viele Ausfertigungen oder Abschriften zu übergeben, als Betheiligte vorhanden sind.[2]

[1] § 157 Abs. 3. [2] Anm. 4 zu § 157.

Zustellungsurkunde.

173. Ueber die Zustellung ist eine Urkunde aufzunehmen.[1]

Dieselbe ist auf die Urschrift des zuzustellenden Schriftstücks oder auf einen mit derselben zu verbindenden Bogen zu setzen.

Eine durch den Gerichtsvollzieher beglaubigte Abschrift der Zustellungsurkunde ist auf das bei der Zustellung zu übergebende Schriftstück oder auf einen mit demselben zu verbindenden Bogen zu setzen.[2]

Die Zustellungsurkunde ist der Partei, für welche die Zustellung erfolgt, wenn die Zustellung von Amtswegen angeordnet ist, dem Gerichtsschreiber zu übermitteln.

[1] Die Aufnahme der Zustellungsurkunde gehört zum Wesen einer prozessual wirksamen Zustellung. RG 19, 424.

[2] Bei Abweichungen zwischen Urschrift und beglaubigter Abschrift entscheidet die erstere. Der Inhalt der Abschrift gewährt dem Empfänger nur dann Schutz, wenn durch einen Fehler derselben eine Versäumniß oder ein Nachtheil für ihn herbeigeführt ist. RG 4, 433.

174. Die Zustellungsurkunde muß[1] enthalten:[2]

1. Ort und Zeit[3] der Zustellung;
2. die Bezeichnung der Person, für welche zugestellt werden soll;[4] wenn die Zustellung von Amtswegen angeordnet ist, das Gericht, von welchem die Anordnung ausgeht;
3. die Bezeichnung der Person,[5] an welche zugestellt werden soll;
4. die Bezeichnung der Person, welcher zugestellt ist; in den Fällen der §§. 166, 168, 169 die Angabe des Grundes, durch welchen die Zustellung an die bezeichnete Person gerechtfertigt wird;[6] wenn nach §. 167 verfahren ist, die Bemerkung, wie die darin enthaltenen Vorschriften befolgt sind;
5. im Falle der Verweigerung der Annahme die Erwähnung, daß die Annahme verweigert und das zu übergebende Schriftstück am Orte der Zustellung zurückgelassen ist;
6. die Bemerkung, daß eine Ausfertigung oder eine Abschrift des zuzustellenden Schriftstücks und daß eine Abschrift der Zustellungsurkunde übergeben ist;
7. die Unterschrift des die Zustellung vollziehenden Beamten.

[1] Vgl. Anm. 1 zu § 682.

[2] Sie liefert vollen Beweis des beurkundeten Vorgangs. § 383 Abs. 1. Beweis der Unrichtigkeit ist zulässig. § 383 Abs. 2. RG 17, 405. — Aeußere Mängel: § 384.

[3] Wenn es darauf ankommt, die Stunde. (z. B. § 284 Abs. 1 Satz 2, § 567 Abs. 2) RG 27, 147.

[4] Es genügt jeder Ausdruck, aus welchem der Empfänger die betreffende Person entnehmen kann. RG 17, 414. — Angabe der Person, welche den Gerichtsvollzieher beauftragt hat, ist nicht erforderlich. RG 17, 401, 414. Vgl. Anm. 3 zu § 74.

[5] Oder der mehreren Personen, welche wahlweise empfangsberechtigt sind. RG 24, 416. [6] Anm. 2 vor § 166.

175. Ist die Zustellung durch Aufgabe zur Post (§. 161) erfolgt, so muß die Zustellungsurkunde den Bestimmungen des vorstehenden Paragraphen unter Nr. 2, 3, 7 entsprechen und außerdem ergeben, zu welcher Zeit, unter welcher Adresse und bei welcher Postanstalt die Aufgabe geschehen ist.

2. Durch die Post.

176. Zustellungen können auch durch die Post[1] erfolgen.[2]

[1] Die Post vermittelt die Zustellung, ist nicht selbst Zustellungsbevollmächtigter wie in § 161.

[2] § 41 Postordnung v. 11./6. 92 (Centr.Bl. 453).

177. Wird durch die Post zugestellt, so hat der Gerichtsvollzieher einen durch sein Dienstsiegel verschlossenen, mit der Adresse der Person, an welche zugestellt werden soll, versehenen und mit einer Geschäftsnummer bezeichneten Briefumschlag, in welchem die zuzustellende Ausfertigung oder die beglaubigte Abschrift des zuzustellenden Schriftstücks enthalten ist, der Post mit dem Ersuchen zu übergeben, die Zustellung einem Postboten des Bestimmungsorts aufzutragen. Daß die Uebergabe in der bezeichneten Art geschehen, ist von dem Gerichtsvollzieher auf der Urschrift des zuzustellenden Schriftstücks oder auf einem mit derselben zu verbindenden Bogen zu bezeugen.[1]

[1] Abschrift dieser Urkunde ist verbunden mit der zu übergebenden Schrift in den Briefumschlag einzuschließen. Preußen: Verf. v. 16./6. 83 (J.M.Bl. 191). — Elsaß-Lothringen: Verf. v. 8./9. 86 (Samml. v. Ges. ꝛc. 11, 386). Doch wird die Gültigkeit der Zustellung hierdurch nicht bedingt. RG 15, 411.

178. Die Zustellung durch den Postboten erfolgt in Gemäßheit der Bestimmungen der §§. 165—170.

Ueber die Zustellung ist von dem Postboten eine Urkunde aufzunehmen, welche den Bestimmungen des §. 174 Nr. 1, 3—5, 7 entsprechen und außerdem die Uebergabe des seinem Verschlusse, seiner Adresse und seiner Geschäftsnummer nach bezeichneten Briefumschlags, sowie der Abschrift der Zustellungsurkunde bezeugen muß.

Die Urkunde ist von dem Postboten der Postanstalt und von dieser dem Gerichtsvollzieher zu überliefern, welcher mit derselben in Gemäßheit der Bestimmung des §. 173 Abs. 4 zu verfahren hat.

179. Insoweit eine Zustellung unter Vermittelung des Gerichtsschreibers zulässig ist,[1] kann[2] derselbe unmittelbar die Post um Bewirkung der Zustellung ersuchen.[3] In diesem Falle finden die Vorschriften der §§. 177, 178 auf den Gerichtsschreiber entsprechende Anwendung; die erforderliche Beglaubigung[4] erfolgt durch den Gerichtsschreiber.

[1] § 152 Abs. 2.

[2] Einschränkung: Preußen: § 18 Abs. 1 Gesch.Ord. für

die Gerichtsschreibereien der Amtsgerichte, § 17 Abs. 1 desgl. für die der Landgerichte und der Oberlandesgerichte, v. 1. u. 3./8. u. 8./9. 79 (J.M.Bl. 230, 324). — Baden: § 30 Nr. 2 Dienstweisung für die Gerichtsschreibereien, v. 19./7. 79 (G.V.Bl. 386). — Elsaß-Lothringen: § 7 Abs. 1 Gesch. Ord. für die Gerichtsschreibereien, v. 20./12. 79 (Samml. v. Ges., 2c. 4, 484). [3] Gebühr 40 Pf. bezw. 25 Pf. § 40 G.K.G. § 2 G.O. f. G.V. in der Fassung v. 29./6. 81 (R.G.B. 178). [4] § 156.

180. Ist eine Zustellung durch einen Gerichtsvollzieher bewirkt, obgleich sie durch die Post hätte erfolgen können, so hat die zur Erstattung der Prozeßkosten verurtheilte Partei die Mehrkosten nicht zu tragen.[1]

[1] Vgl. auch § 3 G.O. f. G.V. in der Fassung v. 29./6. 81 (R.G.B. 178).

3. Von Anwalt zu Anwalt.

181. Sind die Parteien durch Anwälte vertreten, so kann die Zustellung von Anwalt zu Anwalt erfolgen.[1]

Zum Nachweise der Zustellung genügt das mit Datum und Unterschrift versehene schriftliche Empfangsbekenntniß des Anwalts,[2] welchem zugestellt worden ist.[3]

[1] Wohl auch brieflich: dann kommt aber die Post nicht als Zustellungsorgan (§§ 176 ff.), sondern nur als Beförderungsanstalt in Betracht. — Die Zustellung wird erst mit der Annahme des Schriftstücks durch den Anwalt selbst perfekt. RG 8, 332. [2] Oder seines Zustellungsbevollmächtigten. § 19 R.A.O. — Fehlt Datum oder Unterschrift, so kann das Empfangsbekenntniß nicht die Zustellungsurkunde ersetzen. RG 19, 425. [3] Das dem zustellenden Anwalt aus-

gehändigte Empfangsbekenntniß beweist auch zu Gunsten der Partei, welcher zugestellt ist. RG 17, 337. Gegenbeweis, daß die Zustellung nicht, oder an einem andern Tage erfolgt sei, ist zulässig. RG 8, 333, 13, 366, 15, 373. — Der Nachweis der erfolgten formgerechten Zustellung von Anwalt zu Anwalt kann auch durch ein dem Gegner ausgehändigtes Anerkenntniß des zustellenden Anwalts geführt werden. RG 14, 349. — Wird das Empfangsbekenntniß verweigert, so kann die Zustellung nur mit Hilfe des Gerichtsvollziehers oder Gerichtsschreibers bewirkt werden. — Gebühr 40 bzw. 25 Pf., § 40 G.K.G. § 2 G.O. f. G.V. in der Fassung v. 29./6. 81 (R.G.B. 178).

II. Im Auslande.

182. Eine im Auslande zu bewirkende Zustellung[1] erfolgt mittels Ersuchens der zuständigen Behörde des fremden Staates oder des in diesem Staate residirenden Konsuls[2] oder Gesandten des Reichs.[3]

[1] Zustellungen im Auslande sind unnöthig in den Fällen der §§ 740, 743, 761. — Zustellung durch Aufgabe zur Post: §§ 160 Abs. 2, 161 Abs. 1, 730 Abs. 2, 736 Abs. 3. — Vgl. auch § 186 Abs. 2. [2] § 10 R.Ges. v. 10./7. 79 (R.G.B. 197), oben S. 121.

[3] Vgl. die vom Auswärtigen Amt mit dem Reichs-Justizamt vereinbarten Grundsätze, welche für Preußen durch die Allg. Verf. v. 3./9. 80 (J.M.Bl. 205) mitgetheilt sind. — Unmittelbarer Verkehr mit den Schweizer Gerichtsbehörden: Uebereinkommen v. 1. u. 10./12. 78 (Centr.Bl. 1879 S. 6), Bek. v. 2./3. 88 (Centr.Bl. 107) u. 17./1. 90 (Centr.Bl. 20). Vgl. ferner für Preußen: Nr. 6 Verf. v. 20./5. 87 (J.M.Bl. 140) u. Verf. v. 9./3. u. 22./4. 93 (J.M.Bl. 70, 124). Für Bayern: Bek. v. 28./11 87 (J.M.Bl. 279), v. 17./10. 90 (J.M.Bl. 291) u. v. 1./7. 93 (J.M.Bl. 227). Für Sachsen: Ver. v. 6./2. 91 (J.M.Bl. 9) u. 8./4. 93 (J.M.Bl. 28). Für Württemberg: Verf. v. 15./9. 88 (Amtsbl. d. Just.Min. 43), v. 28./5. 90 (Amtsbl. 40) u. 15./4. 93 (Amtsbl. 21). Für

Baden: Bek. v. 15./2. 88. (G.V.Bl. 108), v. 15./10. 90 (G.V.Bl. 643), v. 14./4. 93 (G.V.Bl. 42). Für Elsaß-Lothringen: Verf. v. 2./8. 87 (Samml. v. Ges. 2c. 2c. 12, 335), v. 24./1. 88 (Samml. 13, 34) v. 27./3. v. 26./10 93 (Samml. 18, 52, 428) u. insbes. wegen Frankreichs: Verf. v. 2./8. 94 (Samml. 19, 263).

183. Zustellungen an Deutsche, welche das Recht der Exterritorialität genießen, erfolgen, wenn dieselben zur Mission des Reichs gehören, mittels Ersuchens des Reichskanzlers; wenn dieselben zur Mission eines Bundesstaates gehören, mittels Ersuchens des Ministers der auswärtigen Angelegenheiten dieses Bundesstaates.[1]

Zustellungen an die Vorsteher der Reichskonsulate[2] erfolgen mittels Ersuchens des Reichskanzlers.

[1] Mitglieder des Bundesraths: § 18 Abs. 2 G.V.G.

[2] § 2 B.Ges. v. 18./11. 67 (B.G.B. 137).

184. Zustellungen an Personen, welche zu einem im Auslande befindlichen oder zu einem mobilen Truppentheile oder zur Besatzung eines in Dienst gestellten Kriegsfahrzeuges gehören, können mittels Ersuchens der vorgesetzten Kommandobehörde erfolgen.[1]

[1] Vgl. auch § 158.

185. Die erforderlichen Ersuchungsschreiben werden von dem Vorsitzenden des Prozeßgerichts erlassen.[1]

Die Zustellung wird durch das schriftliche Zeugniß der ersuchten Behörden oder Beamten, daß die Zustellung erfolgt sei, nachgewiesen.

1 Telegraphische Uebermittelung: RG 14, 337.

III. Oeffentliche Zustellung.

186. Ist der Aufenthalt einer Partei unbekannt, so kann die Zustellung durch öffentliche Bekanntmachung erfolgen.[1]

Die öffentliche Zustellung ist auch dann zulässig, wenn bei einer im Auslande zu bewirkenden Zustellung die Befolgung der für diese bestehenden Vorschriften unausführbar ist oder keinen Erfolg verspricht.

1 Oeffentliche Zustellung ist unnöthig in den Fällen der §§ 683, 740, 743, 761.

187. Die öffentliche Zustellung wird, nachdem sie auf ein Gesuch der Partei vom Prozeßgerichte bewilligt ist,[1] durch den Gerichtsschreiber von Amtswegen besorgt.[2] Die Entscheidung über das Gesuch kann ohne vorgängige mündliche Verhandlung erlassen werden.[3]

Die öffentliche Zustellung erfolgt durch Anheftung einer beglaubigten Abschrift des zuzustellenden Schriftstücks an die Gerichtstafel.[4] Enthält das Schriftstück eine Ladung, so ist außerdem die zweimalige Einrückung eines Auszugs des Schriftstücks in dasjenige Blatt, welches für den Sitz des Prozeßgerichts zur Veröffentlichung der amtlichen Bekanntmachungen bestimmt ist,[5] sowie die einmalige Einrückung des Auszugs in den Deutschen Reichsanzeiger[6] erforderlich.

Das Prozeßgericht kann anordnen, daß der Auszug noch in andere Blätter und zu mehreren Malen eingerückt werde.

[1] Das Berufungsgericht ist zuständig, mit der öffentlichen Zustellung der Berufungsschrift gleichzeitig diejenige des angefochtenen Urtheils zu bewilligen. RG 15, 346.

[2] Preußen: §§ 17, 18 Abs. 2 Geschäftsord. f. d. Gerichtsschreibereien f. Amtsger. §§ 16, 17 Abs. 2 Geschäftsord. f. d. Gerichtsschreib. d. Landgerichte u. d. Oberlandesgerichte (J.M.Bl. 1879 S. 230 u. 324).

[3] Alsdann wird sie der nachsuchenden Partei von Amtswegen zugestellt. § 294 Abs. 3.

[4] Nicht nothwendig durch den Gerichtsschreiber persönlich. Der Beweis der erfolgten Anheftung kann auf jedem nach § 557 zulässigen Wege geführt werden. RG 32, 403.

[5] Bayern: Bek. v. 4./8. 79 (G.V.Bl. 748). — Baden: Verf. v. 26./6. 79 (G.V.Bl. 318).

[6] In Konsularsachen nicht erforderlich: § 45 R.Ges. v. 10./7. 79 (R.G.B. 197), unten VI a.

188. In dem Auszuge des Schriftstücks müssen das Prozeßgericht, die Parteien, der Gegenstand des Prozesses, der Antrag, der Zweck der Ladung und die Zeit, zu welcher der Geladene erscheinen soll, bezeichnet werden.

189. Das eine Ladung enthaltende Schriftstück gilt als an dem Tage zugestellt, an welchem seit der letzten Einrückung des Auszugs in die öffentlichen Blätter ein Monat[1] verstrichen ist. Das Prozeßgericht kann bei Bewilligung der öffentlichen Zustellung den Ablauf einer längeren Frist für erforderlich erklären.

Enthält das Schriftstück keine Ladung, so ist dasselbe als zugestellt anzusehen, wenn seit der Anheftung des Schriftstücks an die Gerichtstafel zwei Wochen verstrichen sind.

Auf die Gültigkeit der Zustellung hat es keinen Einfluß, wenn das anzuheftende Schriftstück von dem Orte der Anheftung zu früh entfernt wird.[2]

[1] § 200. [2] § 826.

190. Wird auf ein Gesuch, welches die Zustellung eines demselben beigefügten Schriftstücks mittels Ersuchens anderer Behörden oder Beamten oder mittels öffentlicher Bekanntmachung betrifft, die Zustellung demnächst bewirkt, so treten, insoweit durch die Zustellung eine Frist gewahrt und der Lauf der Verjährung oder einer Frist unterbrochen wird,[1] die Wirkungen der Zustellung bereits mit der Ueberreichung des Gesuchs ein.

[1] §§ 212—214, 239, 304, 477, 515, 540, 549, 806, 809 Abs. 3 C.P.O. §. 13 Nr. 4 u. Abs. 3 E.G. — In sonstigen Beziehungen (Rechtshängigkeit, Zuständigkeit des Gerichts 2c. 2c.) ist der Zeitpunkt der bewirkten Zustellung maßgebend. RG 1, 437.

Dritter Titel.

Ladungen, Termine und Fristen.

1. Ladungen.

191. Die Ladung zu einem Termin erfolgt[1] durch die Partei,[2] welche über die Hauptsache oder über einen Zwischenstreit mündlich verhandeln will.

Ist mit der Ladung zugleich eine Klageschrift oder ein anderer Schriftsatz zuzustellen, so ist die Ladung in den Schriftsatz aufzunehmen.

[1] Durch Zustellung nach Maßgabe des vorigen Titels.
[2] Durch das Gericht: §§ 294 Abs. 3, 342, 354 Abs. 2, 367.

192. In Anwaltsprozessen[1] muß[2] die Ladung

zur mündlichen Verhandlung, sofern die Zustellung nicht an einen Rechtsanwalt erfolgt, die Aufforderung an den Gegner enthalten, einen bei dem Prozeßgerichte zugelassenen Anwalt zu bestellen.

[1] § 74 Abs. 1. [2] Imperativ. Anm. 2 zu § 67.

193. Die Ladung ist zum Zwecke der Terminsbestimmung[1] bei dem Gerichtsschreiber einzureichen.

Die Bestimmung der Termine[2] erfolgt[3] binnen vierundzwanzig Stunden durch den Vorsitzenden.[4]

Auf Sonntage und allgemeine Feiertage[5] sind Termine nur in Nothfällen anzuberaumen.

[1] Terminsbestimmung erfolgt ausnahmsweise von Amtswegen: §§ 127 Abs. 3, 206, 282, 314, 316, 317, 326, 327, 328, 331, 333, 335 C.P.O., § 7 Abs. 2, 3 E.G. — § 107 G.V.G. [2] Mündliche Verhandlung ohne Terminsbestimmung: §. 461. [3] Ohne materielle Prüfung des Gesuchs. Begr. 158. Ausnahme: § 570. — Gebühren: des Gerichts (frei) § 47 Nr. 1 G.K.G.; des Anwalts ($^3/_{10}$) § 23 Nr. 1, vgl. jedoch auch § 29 Nr. 6, GO. f. R.A.
[4] § 207.--Wegen Anberaumung der Termine vgl. Preuß. Verf. v. 14./10. 84 (J.M.Bl. 234). [5] Anm. 1 zu § 171.

194. Die Frist, welche in einer anhängigen Sache zwischen der Zustellung der Ladung und dem Terminstage liegen soll (Ladungsfrist), beträgt[1] in Anwaltsprozessen mindestens[2] eine Woche, in anderen Prozessen mindestens drei Tage,[3] in Meß- und Marktsachen mindestens vierundzwanzig Stunden.

[1] Bestimmung der Ladungsfrist durch den Vorsitzenden: §. 217. [2] Abkürzung: § 204. [3] Vgl. auch § 636.

195. Zu Terminen, welche in verkündeten Entscheidungen bestimmt sind,[1] ist eine Ladung der Parteien[2] nicht erforderlich.[3]

[1] Zu Terminen, welche in nicht verkündeten Entscheidungen bestimmt sind, ergeht die Ladung von Amtswegen mit der Mittheilung der Entscheidung. Anm. 3 zu § 294.

[2] Auch wenn sie nicht bei der Verkündigung anwesend waren. Begr. 158. §§ 283, 294.

[3] Ausnahmen: §§ 300 Abs. 2, 302, 316 Abs. 1, 578, Abs. 2, 611, 620, 624, 626.

2. Termine.[1]

[1] Gesetzliche Zeit: R.Ges. v. 12./3. 93 (R.G.B. 93).

196. Die Termine werden an der Gerichtsstelle abgehalten, sofern nicht die Einnahme eines Augenscheins an Ort und Stelle,[1] die Verhandlung mit einer am Erscheinen vor Gericht verhinderten Person oder eine sonstige Handlung erforderlich ist, welche an der Gerichtsstelle nicht vorgenommen werden kann.[2]

Die Landesherren und die Mitglieder der landesherrlichen Familien sowie die Mitglieder der Fürstlichen Familie Hohenzollern sind nicht verpflichtet, persönlich an der Gerichtsstelle zu erscheinen.[3]

[1] § 337. [2] Der Termin darf nicht aus Rücksichten der Kostenersparniß außerhalb der Gerichtsstelle gehalten werden. Verf. d. Preuß. Just.Min. v. 6./12. 90 (J.M.Bl. 343). Vgl. auch RG 11, 353, 22, 398.

[3] Anm. 4 zu § 5 E.G.

197. Der Termin beginnt mit dem Aufrufe der Sache.

Der Termin ist von einer Partei versäumt, wenn sie bis zum Schlusse desselben[1] nicht verhandelt.[2]

[1] § 127 Abs. 4, § 209 Abs. 2 [2] Vgl. Anm. 1 zu § 299.

3. Fristen.

Die §§ 198 ff. beziehen sich nur auf prozessualische Fristen RG 17, 330.

Das Gesetz unterscheidet allgemein: gesetzliche und richterliche Fristen, Anm. 1 zu § 198. Einzelne Arten der Fristen sind: Einlassungsfristen: Anm. 5 zu § 234; Ladungsfristen: § 194; Fristen für Zustellung vorbereitender Schriftsätze: § 123; Nothfristen: § 201 Abs. 3.

198. Der Lauf einer richterlichen Frist[1] beginnt, sofern nicht bei Festsetzung derselben ein Anderes bestimmt wird, mit der Zustellung des Schriftstücks,[2] in welchem die Frist festgesetzt ist, und, wenn es einer solchen Zustellung nicht bedarf,[3] mit der Verkündung der Frist.

Der Lauf einer gesetzlichen oder richterlichen Frist, deren Beginn von einer Zustellung abhängig ist, beginnt mit dieser auch gegen diejenige Partei, welche die Zustellung hat bewirken lassen.

[1] Richterliche Fristen werden vom Richter gegeben, z. B. §§ 54, 85, 105, 133, 217, 221, 234, 245, 304, 321, 329, 344, 393, 396, 688, 806, 820; Gebühren: des Gerichts (frei) § 47 Nr. 1 G.K.G.; des Anwalts ($^{3}/_{10}$) § 23 Nr. 1, vgl. jedoch auch § 29 Nr. 6, G.O.f.R.A.; gesetzliche Fristen knüpfen sich kraft Gesetzes an ein bestimmtes prozessuales Ereigniß, z. B. Einlassungs- und Ladungsfristen, Fristen für die Zustellung der vorbereitenden Schriftsätze. Pr. 75 (A.M. Begr. 161), Nothfristen, ferner z. B. §§ 100, 212, 213, 244, 291, 292, 605, 624, 632, u. a. m. — Hauptunterschied: §§ 202, 204. [2] §§ 156, 189, 190.

[3] § 294. Die Frist läuft auch gegen die bei der Verkündigung nicht anwesende Partei. Begr. 162. §§ 283, 294.

199. Bei der Berechnung einer Frist, welche nach

Tagen bestimmt ist, wird der Tag nicht mitgerechnet, auf welchen der Zeitpunkt oder das Ereigniß fällt, nach welchem der Anfang der Frist sich richten soll.[1]

[1] Art. 32 Nr. 1 W.O., Art. 328 Nr. 1 H.G.B.

200. Eine Frist, welche nach Wochen oder Monaten bestimmt ist, endigt mit Ablauf desjenigen Tages der letzten Woche oder des letzten Monats, welcher durch seine Benennung oder Zahl dem Tage entspricht, an welchem die Frist begonnen hat; fehlt dieser Tag in dem letzten Monate, so endigt die Frist mit Ablauf des letzten Tages dieses Monats.[1]

Fällt das Ende einer Frist auf einen Sonntag oder allgemeinen Feiertag,[2] so endigt die Frist mit Ablauf des nächstfolgenden Werktages.[3]

[1] Art. 32 Nr. 2 W.O., Art. 328 Nr. 1 H.G.B.
[3] Anm. 1 zu § 171. [2] Art. 92 W.O., Art. 329 H.G.B.

201. Der Lauf einer Frist[1] wird durch die Gerichtsferien[2] gehemmt. Der noch übrige Theil der Frist beginnt mit dem Ende der Ferien zu laufen. Fällt der Anfang der Frist in die Ferien, so beginnt der Lauf der Frist mit dem Ende derselben.

Die vorstehenden Bestimmungen finden auf Nothfristen und Fristen in Feriensachen[3] keine Anwendung.

Nothfristen sind nur diejenigen Fristen, welche in diesem Gesetz als solche bezeichnet werden.[4]

[1] Mit Ausnahme der nach Jahren bestimmten: § 212 Abs. 3, § 549 Abs. 2, § 580 Abs. 2, § 835 Abs. 2, § 870 Abs. 2.
[2] § 201 G.V.G. [3] §§ 202, 203 G.V.G.
[4] Nothfristen sind gesetzt für: Einspruch, § 304, Berufung, § 477, Revision, § 514, sofortige Beschwerde, § 540, Restitu-

tions- und Nullitätsklage, § 549, Anfechtungsklage gegen Ausschlußurtheil, § 835, und gegen Schiedsspruch, § 870.

Abkürzung und Verlängerung der Fristen.

202. Durch Vereinbarung der Parteien können Fristen, mit Ausnahme der Nothfristen, verlängert oder abgekürzt[1] werden.

Auf Antrag können richterliche und gesetzliche Fristen[2] abgekürzt oder verlängert werden, wenn erhebliche Gründe glaubhaft gemacht sind,[3] gesetzliche Fristen jedoch nur in den besonders bestimmten Fällen.[4]

Im Falle der Verlängerung wird die neue Frist von dem Ablaufe der vorigen Frist an berechnet, wenn nicht im einzelnen Falle ein Anderes bestimmt ist.

1 Vgl. auch § 212 Abs. 2. 2 Anm. 1 zu § 198.
3 § 266. — Auch §§ 12, 13 Abs. 2 R.Telegr.Ges. v. 6./4. 92 (R.G.B. 469).
4 § 125 Abs. 2, § 189 Abs. 1, § 204 Abs. 1.

203. Ueber das Gesuch um Abkürzung oder Verlängerung einer Frist kann ohne vorgängige mündliche Verhandlung[1] entschieden werden.[2]

Die Abkürzung oder wiederholte Verlängerung darf nur nach vorgängigem Gehör[3] des Gegners bewilligt werden.

Eine Anfechtung des Beschlusses, durch welchen das Gesuch um Verlängerung einer Frist zurückgewiesen ist, findet nicht statt.

1 Alsdann wird die Entscheidung den Parteien von Amtswegen zugestellt. § 294 Abs. 3.

[2] Gebühren: des Gerichts (frei) § 47 Nr. 1 G.K.G.; des Anwalts ($^3/_{10}$) § 23 Nr. 1, vgl. jedoch auch § 29 Nr. 6, G.O. f. R.A. [3] Mündlich oder schriftlich.

204. Einlassungsfristen,[1] Ladungsfristen[2] sowie diejenigen Fristen, welche für die Zustellung vorbereitender Schriftsätze bestimmt sind,[3] können auf Antrag abgekürzt werden.

Die Abkürzung der Einlassungs- und der Ladungsfristen wird dadurch nicht ausgeschlossen, daß in Folge der Abkürzung die mündliche Verhandlung durch Schriftsätze nicht vorbereitet werden kann.

Der Vorsitzende kann bei Bestimmung des Termins[4] die Abkürzung ohne vorgängiges Gehör des Gegners und des sonst Betheiligten verfügen; diese Verfügung ist dem Betheiligten abschriftlich mitzutheilen.[5]

[1] § 234. [2] § 194. [3] § 128. [4] § 193.
[5] Formlos, ohne Beurkundung. Anm. 1 zu § 152.

Terminsverlegung.

205. Die Parteien können die Aufhebung eines Termins vereinbaren.

Wird die Verlegung eines Termins beantragt, so finden die Bestimmungen über Verlängerung einer Frist[1] entsprechende Anwendung.

[1] §§ 202, 203.

206. Die Verlegung eines Termins, die Vertagung einer Verhandlung und die Anberaumung eines Termins zur Fortsetzung der Verhandlung kann auch von Amtswegen erfolgen.[1]

[1] Geschieht sie außerhalb der mündlichen Verhandlung, so erfolgt die Ladung zum neuen Termin von Amtswegen. § 294 Abs. 3.

207. Die in diesem Titel dem Gericht und dem Vorsitzenden beigelegten Befugnisse stehen dem beauftragten oder ersuchten Richter[1] in Bezug auf die von diesen zu bestimmenden Termine und Fristen zu.

[1] Anm. 5 zu § 41 Nr. 5.

Vierter Titel.

Folgen der Versäumung. Wiedereinsetzung in den vorigen Stand.

Folgen der Versäumung.

208. Die Versäumung einer Prozeßhandlung hat zur allgemeinen Folge,[1] daß die Partei mit der vorzunehmenden Prozeßhandlung ausgeschlossen[2] wird.[3]

[1] Besondere Folgen: §§ 81, 129 Abs. 2, 161, 217 Abs. 4, 220, 221 Abs. 2, 241, 295, 296 Abs. 1, 316 Abs. 2, 392, 404 Abs. 3, 406 Abs. 3, 417 Abs. 2, 429, 430, 504 Abs. 2, 767. [2] Ausnahmen: §§ 316 Abs. 1, 319 Abs. 1, 578 Abs. 1, 611, 620, 624, 636. — Nachholung versäumter Prozeßhandlungen gestatten ausnahmsweise: §§ 44 Abs. 4, 247 Abs. 3, 318 Abs. 2, 329 Abs. 3, 332 Abs. 2, 339, 367, 398, 490 Abs. 1, 869. [3] Vgl. auch § 90.

209. Einer Androhung der gesetzlichen Folgen der Versäumung bedarf es nicht; dieselben treten von selbst ein, sofern nicht dieses Gesetz einen auf Verwirklichung des Rechtsnachtheils gerichteten Antrag erfordert.[1]

Im letzteren Falle kann, so lange nicht der Antrag gestellt und die mündliche Verhandlung über denselben geschlossen ist,[2] die versäumte Prozeßhandlung nachgeholt werden.

[1] Ausnahmen: Androhung §§ 632, 824 Nr. 3, 841. — Antrag: §§ 144, 217 Abs. 4, 223 Abs. 2, 295, 296, 318, 430, 504 Abs. 2. [2] § 127 Abs. 4.

210. Auf Grund der den Minderjährigen und den ihnen gleichgestellten Personen als solchen zustehenden Rechte findet die Aufhebung der Folgen einer Versäumung nicht statt.

Insofern die Aufhebung der Folgen einer unverschuldeten Versäumung zulässig ist, wird eine Versäumung, welche in der Verschuldung eines Vertreters[1] ihren Grund hat, als eine unverschuldete nicht angesehen.[2]

[1] Vertreter umfaßt gesetzliche Vertreter (§ 50) und Bevollmächtigte (§§ 74, 75). [2] § 81. — Aber § 213.

Wiedereinsetzung.

211. Einer Partei, welche[1] durch Naturereignisse oder andere unabwendbare Zufälle[2] verhindert worden ist, eine Nothfrist[3] einzuhalten, ist auf Antrag die Wiedereinsetzung in den vorigen Stand[4] zu ertheilen.

Hat eine Partei die Einspruchsfrist versäumt, so ist ihr die Wiedereinsetzung auch dann zu ertheilen, wenn sie von der Zustellung des Versäumnißurtheils ohne ihr Verschulden keine Kenntniß erlangt hat.

[1] Bezw. deren Vertreter. § 81. RG 3, 421, 439.

[2] Höhere Gewalt. Art. 395 H.G.B. RG 21, 14. — Z. B. verspätete Gewährung des rechtzeitig für die Rechtsmittelinstanz nachgesuchten Armenrechts. RG 12, 375. Abwesenheit des Verschuldens der Partei bezw. des Vertreters genügt nicht, außer im Falle des Abs. 2. RG 2, 425, 427, 3, 421, 439.

— Nachlässigkeit der Zustellungsorgane ist nur nach Maßgabe des § 213 Wiedereinsetzungsgrund. RG. 2, 427. — Die Partei darf das, was sie zur Wahrung der Frist zu thun hat, nicht bis zur letzten Stunde verschoben, muß alle nach Lage der Sache vernünftiger Weise aufzuwendende Sorgfalt behufs Einhaltung der Frist angewendet haben. RG 4, 385, 17, 339. [3] Anm. 4 zu § 201.

[4] Hemmt nicht die Vollstreckung. § 647.

212. Die Wiedereinsetzung muß[1] innerhalb einer zweiwöchigen Frist[2] beantragt werden.

Die Frist beginnt mit dem Tage, an welchem das Hinderniß gehoben ist; sie kann durch Vereinbarung der Parteien nicht verlängert werden.[3]

Nach Ablauf eines Jahres, von dem Ende der versäumten Nothfrist an gerechnet, kann die Wiedereinsetzung nicht mehr beantragt werden.

[1] Imperativ. Anm. 2 zu § 67. [2] § 200.

[3] Gegen Versäumung der Wiedereinsetzungsfrist findet keine Wiedereinsetzung statt. § 211 Abs. 1. Pr. 75.

213. Die Wiedereinsetzung in den vorigen Stand gegen die Versäumung einer Nothfrist ist der Partei auf Antrag auch dann zu ertheilen, wenn spätestens am dritten Tage vor Ablauf der Nothfrist[1] das zur Wahrung derselben zuzustellende Schriftstück[2] dem Gerichtsvollzieher oder, insoweit die Zustellung unter Vermittelnng des Gerichtsschreibers zulässig ist, dem Gerichtsschreiber zum Zwecke der Zustellung übergeben ist.[3]

Die Wiedereinsetzung muß[4] innerhalb einer einmonatigen Frist nach Ablauf einer versäumten Nothfrist beantragt werden.[5]

[1] D. i. dem drittletzten Tage der Nothfrist. RG 7, 317.
[2] Unter Bezeichnung des richtigen Adressaten. RG 16, 364.
[3] Mag die Zustellung überhaupt unterblieben oder nur nicht rechtswirksam geschehen sein, RG 11, 375; mag die Unterlassung auf einem Verschulden des Zustellungsbeamten beruhen oder nicht, RG 10, 362. Auch ist in diesem Falle nicht Bedingung der Wiedereinsetzung, daß das Versäumte nicht innerhalb der Nothfrist bemerkt und nachgeholt werden konnte. RG 11, 376.
[4] Anm. 1 u. 2 zu 212.
[5] Kosten: §§ 216 Abs. 3, 97.

214. Die Wiedereinsetzung wird durch Zustellung eines Schriftsatzes beantragt. Derselbe muß[1] enthalten:

1. die Angabe der die Wiedereinsetzung begründenden Thatsachen;[2]
2. die Angabe der Mittel für deren Glaubhaftmachung;[3]
3. die Nachholung der versäumten Prozeßhandlung oder, wenn diese bereits nachgeholt ist, die Bezugnahme hierauf.

Ist die Einlegung der sofortigen Beschwerde versäumt worden,[4] so wird der Antrag auf Wiedereinsetzung durch Einreichung des Schriftsatzes bei Gericht gestellt. Die Einreichung kann sowohl bei dem Gerichte, von welchem die angefochtene Entscheidung erlassen ist, als auch bei dem Beschwerdegericht erfolgen.

Im Falle des §. 213 kann die Wiedereinsetzung auch in dem für die mündliche Verhandlung bestimmten Termine ohne vorgängige Zustellung eines Schriftsatzes beantragt werden, wenn die Zustellung der Ladung zu dem Termin innerhalb der einmonatigen Frist nach Ablauf der versäumten Nothfrist erfolgt ist.

[1] Anm. 1 u. 3 zu § 212. Ein in dem Wiedereinsetzungsgesuch nicht angegebener oder nicht durch Bezeichnung der Mittel für die Glaubhaftmachung unterstützter Wiedereinsetzungsgrund darf nachträglich — auch in der Berufungsinstanz — nicht geltend gemacht werden. RG 16, 368.

[2] Dazu gehört, falls der Antrag erst nach Ablauf der in § 212 Abs. 1 gesetzten Frist von zwei Wochen zugestellt wird, die Angabe, daß und wann das der Einhaltung der Nothfrist entgegenstehende Hinderniß nach Abhaltung der zwei Wochen gehoben worden ist. § 212 Abs. 2. RG 31, 401.

[3] § 266. [4] § 540.

215. Ueber den Antrag auf Wiedereinsetzung entscheidet das Gericht, welchem die Entscheidung über die nachgeholte Prozeßhandlung zusteht.

216. Das Verfahren über den Antrag auf Wiedereinsetzung ist mit dem Verfahren über die nachgeholte Prozeßhandlung zu verbinden. Das Gericht kann jedoch das Verfahren zunächst auf die Verhandlung und Entscheidung über den Antrag beschränken.

Auf die Entscheidung über die Zulässigkeit des Antrags und auf die Anfechtung der Entscheidung finden die Vorschriften Anwendung, welche in diesen Beziehungen für die nachgeholte Prozeßhandlung gelten. Der Partei, welche den Antrag gestellt hat, steht jedoch der Einspruch nicht zu.[1]

Die Kosten der Wiedereinsetzung fallen dem Antragsteller zur Last, soweit sie nicht durch einen un=

begründeten Widerspruch des Gegners entstanden sind.[2]

[1] Aber die Berufung. § 474 Abs. 2. Die Entscheidung, durch welche in der Berufungsinstanz dem Antrag auf Wiedereinsetzung wegen Versäumung der Einspruchsfrist erster Instanz stattgegeben wird, ist ein Zwischenurtheil und als solches durch selbstständige Rechtsmittel nicht anfechtbar. RG 12, 373.

[2] Gebühren: des Gerichts ($^5/_{10}$) § 26 Nr. 5 G K.G.; des Anwalts ($^5/_{10}$) § 20 G.O. f. R.A.

Fünfter Titel.

Unterbrechung und Aussetzung des Verfahrens

Unterbrechung tritt mit dem Ereigniß von selbst ein; Aussetzung wird vom Gericht angeordnet.

1. Unterbrechung des Verfahrens.

Vgl. auch § 13 R.Ges. v. 21./7. 79 (R.G.B. 277).

217. Im Falle des Todes einer Partei tritt eine Unterbrechung des Verfahrens bis zu dessen Aufnahme durch die Rechtsnachfolger[1] ein.[2]

Wird die Aufnahme verzögert, so können die Rechtsnachfolger zur Aufnahme und zugleich zur Verhandlung der Hauptsache geladen werden.[3]

Der die Ladung enthaltende Schriftsatz ist den Rechtsnachfolgern selbst zuzustellen. Die Ladungsfrist[4] wird von dem Vorsitzenden bestimmt.

Erscheinen die Rechtsnachfolger in dem Termine nicht, so ist auf Antrag die behauptete Rechtsnachfolge als zugestanden anzunehmen und von dem Gerichte durch Versäumnißurtheil[5] auszusprechen, daß das Verfahren von den Rechtsnachfolgern aufgenommen sei. Eine Verhandlung zur Hauptsache

ist erst nach Ablauf der Einspruchsfrist[6] und, wenn innerhalb derselben[7] Einspruch eingelegt ist, erst nach dessen Erledigung statthaft.

1 Universalsukzessoren und solche Singularsukzessoren, welche von Todeswegen in das Recht und die Pflicht das Vorgängers eintreten. RG 26, 141, 31, 334, 34, 430.

2 Tod nach Beginn der Zwangsvollstreckung: § 693.

3 Nicht anwendbar in den Fällen der §§ 132, 134 KO.; in diesen kann nur der Gläubiger die Forderung weiter verfolgen. RG 16, 361, 34, 409. Ist die Unterbrechung nach der Zustellung des Urtheils erfolgt, so geschieht die Ladung vor das Rechtsmittelgericht zur Aufnahme und Verhandlung über das Rechtsmittel unter gleichzeitiger Einlegung des Rechtsmittels. RG 27, 357. Vgl. auch § 164. 4 § 194.

5 §§ 295 ff. — Gebühren: des Gerichts ($^5/_{10}$) § 26 Nr. 4. G.K.G.; des Anwalts ($^5/_{10}$) § 20 G.O.f.R.A. 6 §§ 303 ff.

7 Anm. 3 zu § 304. — Abgesehen von diesem Fall ist die Berechtigung zur Aufnahme aussprechende Entscheidung, auch wenn sie abändernd in der Berufungsinstanz ergeht (RG 34, 382), nur zugleich mit dem Urtheil in der Hauptsache anfechtbar. RG 27, 358. Die die Aufnahme verneinende, bezw. ablehnende Entscheidung ist Endurtheil. RG 11, 317, 32, 429, 34, 429.

218. **Im Falle der Eröffnung des Konkurses über das Vermögen einer Partei wird das Verfahren, wenn es die Konkursmasse betrifft,[1] unterbrochen, bis dasselbe nach den für den Konkurs geltenden Bestimmungen aufgenommen[2] oder das Konkursverfahren aufgehoben[3] wird.**

1 Bei ausländischen Konkursen, soweit Forderungen für den Gemeinschuldner bezw. die Konkursmasse geltend gemacht werden, nicht auch soweit Ansprüche gegen denselben erhoben sind. § 207 KO. RG 16, 337. Prozeßhandlungen des Ge-

meinschuldners behalten insoweit Wirksamkeit, als es sich nicht um die Befriedigung des Gegners aus der Konkursmasse handelt. RG. 25, 17. Vgl. auch RG. 29, 73.

[2] §§. 8, 9, 132, 134 K.O. -- Es bedarf der Aufnahme auch, wenn das Urtheil zwar bereits verkündet, aber noch nicht zugestellt ist. RG. 27, 357. Vgl. Anm. 3 zu § 217.

[3] §§ 105, 151, 175, 191, 192 KO.

219. Verliert eine Partei die Prozeßfähigkeit[1] oder stirbt der gesetzliche Vertreter einer Partei oder hört die Vertretungsbefugniß desselben auf, ohne daß die Partei prozeßfähig geworden ist,[2] so wird das Verfahren unterbrochen, bis der gesetzliche Vertreter oder der neue gesetzliche Vertreter von seiner Bestellung dem Gegner Anzeige macht, oder bis der Gegner seine Absicht, das Verfahren fortzusetzen, dem Vertreter anzeigt.[3]

[1] Auch im Falle der Bestellung eines Pflegers wegen Abwesenheit. RG. 34, 416.

[2] Vgl. RG 33, 413. — Die Auflösung der offenen Handelsgesellschaft unterbricht das Verfahren nicht, sofern nicht auch eine Aenderung in der Vertretung eintritt. RG 34, 362.

[3] § 227.

220. Wird im Falle der Unterbrechung des Verfahrens durch den Tod einer Partei für den Nachlaß ein Kurator bestellt, so kommen die Vorschriften des §. 219 und, wenn über den Nachlaß der Konkurs eröffnet wird, die Vorschriften des §. 218 in Betreff der Aufnahme des Verfahrens zur Anwendung.

221. Stirbt in Anwaltsprozessen[1] der Anwalt einer Partei[2] oder wird derselbe unfähig,[3] die Vertretung der Partei fortzuführen, so tritt eine Unterbrechung des Verfahrens ein, bis der bestellte neue Anwalt von seiner Bestellung dem Gegner Anzeige macht.[4]

Wird diese Anzeige verzögert, so kann die Partei selbst zur Verhandlung der Hauptsache geladen oder zur Bestellung eines neuen Anwalts binnen einer von dem Vorsitzenden zu bestimmenden Frist aufgefordert werden. Wird dieser Aufforderung nicht Folge geleistet, so ist das Verfahren als aufgenommen anzusehen. Bis zur nachträglichen Anzeige der Bestellung eines neuen Anwalts können alle Zustellungen an die zur Anzeige verpflichtete Partei, sofern diese weder am Orte des Prozeßgerichts noch innerhalb des Amtsgerichtsbezirks wohnt, in welchem das Prozeßgericht seinen Sitz hat, durch Aufgabe zur Post (§. 161) erfolgen.

[1] § 74 Abs. 1. – Auch wenn er zwischen Verkündung und Zustellung des Urtheils stirbt. – RG 10, 347, 19, 397. Dagegen nicht, wenn er nach Zustellung des Urtheils und vor Einlegung des Rechtsmittels stirbt. § 164 Abs. 2. RG 13, 311.

[2] Vgl. Anm. 3 zu § 77.

[3] Die Thatsache des Todes, des Eintritts der Unfähigkeit ist maßgebend, nicht daß der Gegner davon Kenntniß erlangt. Bei freiwilligem Verzicht auf die Rechtsanwaltschaft tritt die Unfähigkeit mit der Löschung in der Liste ein. RG 19, 399.

[4] § 227.

222. Hört in Folge eines Krieges oder eines anderen Ereignisses die Thätigkeit des Gerichts auf, so wird für die Dauer dieses Zustandes das Verfahren unterbrochen.

2. Aussetzung des Verfahrens.

223. Fand in den Fällen des Todes, des Verlustes der Prozeßfähigkeit[1] oder des Wegfalls des gesetzlichen Vertreters (§§. 217, 219) eine Vertretung durch einen Prozeßbevollmächtigten[2] statt, so tritt eine Unterbrechung des Verfahrens nicht ein;[3] das Prozeßgericht hat jedoch auf Antrag des Bevollmächtigten, im Falle des Todes[4] auch auf Antrag des Gegners die Aussetzung des Verfahrens anzuordnen.

Die Dauer der Aussetzung und die Aufnahme des Verfahrens richtet sich nach den Vorschriften der §§. 217, 219, 220; im Falle des Todes ist der die Ladung enthaltende Schriftsatz auch dem Bevollmächtigten zuzustellen.

[1] Fehlte die Prozeßfähigkeit von Anfang an, so tritt eine Aussetzung des Verfahrens nicht ein. RG 18, 384. Vgl. § 54.
[2] §§ 74, 75. [3] § 82.
[4] Der Partei selbst, nicht auch des gesetzlichen Vertreters. RG 14, 436.

224. Befindet sich eine Partei zu Kriegszeiten im Militärdienste oder hält sich eine Partei an einem Orte auf, welcher durch obrigkeitliche Anordnung oder durch Krieg oder durch andere Zufälle von dem Verkehre mit dem Prozeßgericht abgeschnitten ist, so kann dasselbe auch von Amtswegen die Aussetzung des Verfahrens bis zur Beseitigung des Hindernisses anordnen.

225. Das Gesuch um Aussetzung des Verfahrens ist bei dem Prozeßgericht anzubringen; es kann vor dem Gerichtsschreiber zu Protokoll erklärt werden.[1]

Die Entscheidung kann ohne vorgängige mündliche Verhandlung[2] erfolgen.[3]

[1] 74 Abs. 2. [2] Alsdann wird sie den Parteien von Amtswegen zugestellt. § 295 Abs. 3. [3] Gebühren: des Gerichts (frei) § 47 Nr. 1 G.K.G.; des Anwalts ($^3/_{10}$) § 23 Nr. 1, vgl. jedoch auch § 29 Nr. 6, G.O. f. R.A.

226. **Die Unterbrechung und Aussetzung des Verfahrens hat die Wirkung, daß der Lauf einer jeden Frist aufhört und nach Beendigung der Unterbrechung oder Aussetzung die volle Frist von neuem zu laufen beginnt.**

Die während der Unterbrechung oder Aussetzung von einer Partei in Ansehung der Hauptsache vorgenommenen Prozeßhandlungen sind der anderen Partei gegenüber ohne rechtliche Wirkung.[1]

Durch die nach dem Schlusse einer mündlichen Verhandlung eintretende Unterbrechung[2] wird die Verkündung der auf Grund dieser Verhandlung zu erlassenden Entscheidung nicht gehindert.[3]

[1] Vgl. Anm. 3 zu § 217.

[2] Nicht auch im Falle der Aussetzung. RG 30, 374.

[3] Aber die Zustellung; vgl. Anm. 1 zu § 221.

227. **Die Aufnahme eines unterbrochenen oder ausgesetzten Verfahrens und die in diesem Titel erwähnten Anzeigen erfolgen durch Zustellung eines Schriftsatzes.[1]**

[1] Auch im Beschwerdeverfahren, wenngleich mündliche Verhandlung nicht angeordnet ist. RG 30, 410.

3. Ruhen des Verfahrens.

228. **Die Parteien können vereinbaren, daß das**

Verfahren ruhen solle. Die Vereinbarung hat auf den Lauf der Nothfristen keinen Einfluß.[1]

Erscheinen in einem Termine zur mündlichen Verhandlung beide Parteien nicht, so ruht das Verfahren, bis eine Partei eine neue Ladung zustellen läßt.[2]

1 Wieweit das Ruhenlassen den Beginn einer neuen Verjährung zur Folge hat, bestimmt das Bürg. Recht. RG 32, 356 Vgl. § 554 Allg. Landr. I, 9, art. 2247 code civ.

2 Anders §§ 283, 294, 332.

4. Rechtsmittel.

229. Gegen die Entscheidung, durch welche auf Grund der Vorschriften dieses Titels oder auf Grund anderer gesetzlicher Bestimmungen[1] die Aussetzung des Verfahrens angeordnet oder abgelehnt[2] wird, findet Beschwerde,[3] im Falle der Ablehnung sofortige Beschwerde[4] statt.

1 §§ 62, 139, 140, 580, 830. — § 15 Nr. 1 E.G.

2 Oder der Eintritt einer Unterbrechung des Verfahrens anerkannt oder verneint, RG 16, 359, oder die Aufnahme, — unzulässiger Weise in Beschlußform — abgelehnt wird. RG 32, 420. 3 § 530. 4 § 540.

Zweites Buch.

Verfahren in erster Instanz.

Erster Abschnitt.

Verfahren vor den Landgerichten.

§§ 58 ff. G.V.G.; einschließlich der Kammern für Handelssachen, §§ 100 ff. G.V.G.

Erster Titel.

Verfahren bis zum Urtheil.

Gebühren: des Gerichts: § 18 Nr. 1, 2 G.K.G.; des Anwalts: § 13 Nr. 1, 2 G.O. f. R.A.

1. Erhebung der Klage.

230. Die Erhebung der Klage[1] erfolgt durch Zustellung eines Schriftsatzes.

Derselbe muß[2] enthalten:

1. die Bezeichnung der Parteien und des Gerichts;
2. die bestimmte Angabe des Gegenstandes und des Grundes[3] des erhobenen Anspruchs, sowie einen bestimmten[4] Antrag;
3. die Ladung[5] des Beklagten vor das Prozeßgericht zur mündlichen Verhandlung des Rechtsstreits.

In der Klageschrift soll[6] ferner der Werth des nicht in einer bestimmten Geldsumme bestehenden Streitgegenstandes[7] angegeben werden, wenn die Zuständigkeit des Gerichts von diesem Werthe abhängt.[8]

Außerdem finden die allgemeinen Bestimmungen über die vorbereitenden Schriftsätze[9] auch auf die Klageschrift Anwendung.

[1] Anm. 1 zu § 4. — Die Erhebung der Widerklage erfolgt durch Geltendmachung in der mündlichen Verhandlung. §§ 253, 254.

[2] Imperativ. Anm. 2 zu § 67. Fehlt es hieran, so greifen §§ 235, 296 nicht Platz. — Verzicht gemäß § 267 ist zulässig. RG 22, 420. — Ferner §§ 550, 556. — Unterschrift des Anwalts: Anm. 5 zu § 121.

[3] Anm. 1 zu § 240. — Nach RG 10, 434 u. 11, 242 auch bei dinglichen Klagen die Angabe des Erwerbsgrundes.

4 Bei Feststellungsklagen genügt die bestimmte Bezeichnung des streitigen Rechtsverhältnisses und das Verlangen seiner Feststellung. RG 12, 391. — Klage auf Schadensersatz unter Vorbehalt der Feststellung des Betrages ist nur zulässig, wenn der Kläger (gemäß § 231) ein rechtliches Interesse an der Vorabentscheidung über die Ersatzpflicht nachweist. RG 21, 382. Mögliche Gründe für solches Interesse: Vereinfachung des Verfahrens, Gefahr der Verjährung. RG 23, 348.

5 Mit der Bezeichnung des anberaumten Termins. RG 9, 388, 13, 335. — Vgl. auch Anm. 3 zu § 479. — Aufforderung einen Anwalt zu bestellen: § 192.

6 Instruktionell. Anm. 2 zu § 67. 7 §§ 3—9.

8 Sie ist unabhängig vom Werth in den Fällen der §§ 23 Nr. 2, Abs. 2, 3 G.V.G., Art. 190a Abs. 2, 222 R.Ges. v. 18./7. 84 (R.G.B. 139), § 32 R.Ges. betr. die Erhebung der Reichsstempelabgaben (R.G.B. 1885 S. 186), § 49 R.Ges. v. 1./5. 89 (R.G.B. 67), §§ 61, 62 R.Ges. v. 20./4. 92 (R.G.B. 494). — Die Angabe des Werths ist ohne Rücksicht auf die Zuständigkeit vorgeschrieben durch § 14 G.K.G.

9 §§ 120—124.

231. Auf Feststellung des Bestehens oder Nichtbestehens[1] eines Rechtsverhältnisses[2] auf Anerkennung einer Urkunde oder auf Feststellung der Unechtheit derselben kann Klage erhoben werden,[3] wenn der Kläger ein rechtliches Interesse[4] daran hat, daß das Rechtsverhältniß oder die Echtheit oder Unechtheit der Urkunde durch richterliche Entscheidung alsbald[5] festgestellt werde.[6]

1 Bei der negativen Feststellungsklage hat der Beklagte die Begründung des Rechtsverhältnisses zu beweisen. RG 9, 339.

2 Nicht blos auf Entscheidung allgemeiner Rechtsfragen. RG 18, 172. Feststellungsklage wegen in der Vergangenheit liegender Rechtsverhältnisse ist zulässig, wenn ihr früheres Bestehen die Grundlage für einen gegenwärtigen Anspruch

bildet. RG 27, 205. — Keine Feststellungsklage sondern der Vollstreckung gemäß § 775 fähig, ist die Klage, durch welche der Inhaber eines absoluten Rechts beantragt, den Beklagten zur Vornahme gewisser Handlungen für nicht berechtigt zu erklären. RG 25, 378. — Vgl. auch Anm. 9 zu § 730.

[3] §§ 253, 467. Bem. vor § 585. — Vgl. auch § 63 Unfallversicherungsges. v. 6./7. 84 (R.G.B. 69), § 78 R. Ges. v. 5./5. 86 (R.G.B. 157), § 71 R.Ges. v. 13./7 87 (R.G.B. 357). — Kosten: § 89. — Ausnahme: § 3 R.Ges. v. 21./7. 79 (R.G.B. 177). — Mit der in § 134 K.O. zugelassenen Klage gegen den widersprechenden Konkursverwalter oder Gläubiger kann Feststellungsklage gegen den widersprechenden Gemeinschuldner aus § 231 verbunden werden. RG 24, 405.

[4] Jedes Interesse, welches sich in irgend einer Weise auf die Rechtsverhältnisse des Klägers bezieht. RG 35, 393. Ein strafrechtliches Interesse genügt auch. RG 16, 390. Vgl. Anm. 4 zu § 230.

[5] Des wird in der Regel nicht anerkannt, wenn die sofortige Anstellung der kondemnatorischen Klage möglich ist. RG 4, 438, 5, 393, 23, 232. Feststellungsklage des Arrestklägers gegen den Cessionar einer für ihn gepfändeten Forderung, daß die der Arrestpfändung vorangegangene Cession simulirt sei. RG 33, 312. [6] Die Provokationen ex ege Diffamari und Si contendat sind beseitigt Begr. 183.

232. Mehrere Ansprüche des Klägers gegen denselben Beklagten[1] können, auch wenn sie auf verschiedenen Gründen beruhen, in einer Klage verbunden werden,[2] wenn für sämmtliche Ansprüche das Prozeßgericht zuständig[3] und dieselbe Prozeßart zulässig ist.[4]

Die Besitzklage[5] und die Klage, durch welche das Recht selbst[6] geltend gemacht wird, können nicht in einer Klage verbunden werden.[7]

[1] Subjektive Klagenhäufung: § 56.

[2] Trennungsrecht des Gerichts: § 136. — Urtheil: § 272 Abs. 2. [3] Für jeden Anspruch dem Ort nach und für alle zusammen dem Werth nach. § 5.

[4] Vgl. §§ 575 Abs. 2, 587 Abs. 1, 608 Abs. 1, 620 Abs. 4, 624 Abs. 4, 626 Abs. 4. [5] Hierher gehört nicht das interd. quod vi aut clam. RG 17, 124. — Bayern: Art. 82—84, 141, 170 Ges. v. 23./2. 79 (Ges. u. Ver.Bl. 63).

[6] Das dem Besitz entsprechende Recht. Kein obligatorische Ansprüche können nach gem. Recht mit der Besitzklage verbunden werden. RG 33, 381.

[7] Petitorische Widerklage: Anm. 3 zu § 33.

II. Termin zur mündlichen Verhandlung.

233. Die Klageschrift ist zum Zwecke der Bestimmung des Termins zur mündlichen Verhandlung bei dem Gerichtsschreiber des Prozeßgerichts einzureichen.

Nach erfolgter Bestimmung des Termins[1] hat der Kläger für die Zustellung der Klageschrift Sorge zu tragen.[2]

[1] § 189. — Benachrichtigung der Militärbehörde von den gegen aktive Offiziere gerichteten Klagen: Preußen: Verf. v. 28./2. und 24./4. 80 (J.M.Bl. 42 u. 92). Klagen gegen Postbeamte: Verf. v. 31./10. 94 (J.M.Bl 306).

[2] §§ 152 ff. — Veröffentlichung: Art. 190a Abs. 4, 222 R.Ges. v. 18./7. 85 (R.G.B. 139), § 49 Abs. 3 R.Ges. v. 1./5. 89 (R.G.B. 68).

234. Zwischen der Zustellung der Klageschrift[1] und dem Termine zur mündlichen Verhandlung muß[2] ein Zeitraum von mindestens[3] einem Monate[4] liegen (Einlassungsfrist).[5] In Meß- und Marktsachen[6] beträgt die Einlassungsfrist mindestens vierundzwanzig Stunden.

Ist die Zustellung im Auslande vorzunehmen, so hat der Vorsitzende bei Festsetzung des Termins die Einlassungsfrist zu bestimmen.

[1] Ergänzung oder Erweiterung des Klagantrags: Anm. 1 zu § 123. — Für neues thatsächliches Vorbringen gilt die Frist des § 123 Abs. 1. RG 31, 380.

[2] Imperativ. Anm. 2 zu § 67. Folge der Nichteinhaltung dieser Frist: § 300 Nr. 2. [3] Abkürzung: § 204.

[4] § 200. Vor der Kammer für Handelssachen ein Zeitraum von zwei Wochen. § 102 Abs. 1 G.V.G.

[5] Einlassungsfristen sind die Zeiträume, welche zwischen der Zustellung der Klage-, Berufungs- und Revisionsschrift und dem Termine zur mündlichen Verhandlung liegen müssen. §§ 459, 481, 517, 567 Abs. 2. [6] § 30. [7] §§ 182 ff.

III. Wirkungen der Klageerhebung.

235. **Durch die Erhebung der Klage[1] wird die Rechtshängigkeit der Streitsache begründet.**

Die Rechtshängigkeit hat folgende Wirkungen:

1. **wenn während der Dauer der Rechtshängigkeit von einer Partei die Streitsache[2] anderweit anhängig gemacht wird, so kann der Gegner die Einrede der Rechtshängigkeit[3] erheben;**
2. **die Zuständigkeit des Prozeßgerichts wird durch eine Veränderung der sie begründenden Umstände nicht berührt;[4]**
3. **der Kläger ist nicht berechtigt, ohne Einwilligung des Beklagten[5] die Klage zu ändern.[6]**

[1] Anm. 1 zu § 4. Nicht auch durch Nachsuchung oder Erlaß eines Arrestbefehls oder einer einstweiligen Verfügung. RG 13, 363. Vgl. aber Anm. 2 zu 806. — Wegen Rechtshängigkeit der Gegenforderung vgl. Anm. 2 zu § 254.

[2] Dieselbe Sache. Die Klage auf Wiederaufhebung eines Vertrages wegen Betruges begründet nicht die Einrede der Rechtshängigkeit gegenüber einer später erhobenen Klage auf Erfüllung des Vertrages. RG 26, 368. Bei Verschiedenheit der thatsächlichen und rechtlichen Klagegründe liegt trotz Gleichheit des Klagebegehrens Rechtshängigkeit nicht vor. RG 27, 389. [3] § 247 Nr. 3. [4] § 4.

[5] In der Berufungsinstanz auch nicht mit Einwilligung des Beklagten. § 489. [6] §§ 240—243.

236. Die Rechtshängigkeit schließt das Recht der einen oder der andern Partei nicht aus, die in Streit befangene Sache[1] zu veräußern oder den geltend gemachten Anspruch zu zediren.

Die Veräußerung oder Zession hat auf den Prozeß keinen Einfluß. Der Rechtsnachfolger ist nicht berechtigt, ohne Zustimmung des Gegners[2] den Prozeß als Hauptpartei an Stelle des Rechtsvorgängers zu übernehmen[3] oder eine Hauptintervention zu erheben. Tritt der Rechtsnachfolger als Nebenintervenient auf, so findet der §. 66 keine Anwendung.[4]

Die Entscheidung ist in Ansehung der Sache selbst[5] auch gegen den Rechtsnachfolger wirksam und vollstreckbar.[6]

[1] Durch Vormerkung des rechtshängigen Anspruchs im Grundbuch wird (nach Preuß. Recht) das Grundstück zu einer im Streit befangenen Sache. RG 27, 238.

[2] Die Uebernahme geschieht durch Erklärung in der mündlichen Verhandlung. Die Zustimmung des Gegners kann ausdrücklich oder stillschweigend erfolgen. Im Unterlassen des Widerspruchs allein kann sie nicht gefunden werden. § 267 ist nicht anwendbar. RG 35, 391. [3] Oder sich eine

vollstreckbare Ausfertigung des vorläufig vollstreckbaren Urtheils ertheilen zu lassen. § 665. RG 35, 386.

4 Gilt auch für die Ueberweisung rechtshängiger Forderungen im Wege der Zwangsvollstreckung gemäß § 736. RG 20, 420. 5 Nicht in Ansehung der Kosten. 6 §§ 665 ff.

237. Ist über das Bestehen oder Nichtbestehen eines Rechts, welches für ein Grundstück in Anspruch genommen wird, oder einer Verpflichtung, welche auf einem Grundstücke ruhen soll, zwischen dem Besitzer und einem Dritten ein Rechtsstreit anhängig, so ist im Falle der Veräußerung des Grundstücks[1] der Rechtsnachfolger berechtigt und auf Antrag des Gegners verpflichtet, den Rechtsstreit in der Lage, in welcher er sich befindet, als Hauptpartei[2] zu übernehmen.[3]

1 Glaubhaftmachung der Veräußerung kann nicht verlangt werden. RG 21, 398. 2 In diesem Fall scheidet der Veräußerer aus dem Rechtsstreit völlig aus. RG 21, 396.

3 Die Feststellung der Verpflichtung des Rechtsnachfolgers zur Uebernahme des Rechtsstreits kann durch Zwischenurtheil erfolgen. RG 11, 317, 21, 397.

238. Die Bestimmungen des §. 236 Absatz 3 und des §. 237 kommen insoweit nicht zur Anwendung, als ihnen Vorschriften des bürgerlichen Rechts über den Erwerb beweglicher Sachen,[1] über den Erwerb auf Grund des Grund- oder Hypothekenbuchs und über den Erwerb in gutem Glauben entgegenstehen. In einem solchen Falle kann dem Kläger, welcher veräußert oder zedirt hat, der Einwand der nunmehr mangelnden Sachlegitimation entgegengesetzt werden. 1 Art. 306, 307 H.G.B.

239. Die Vorschriften des bürgerlichen Rechts über die sonstigen Wirkungen der Rechtshängigkeit bleiben unberührt. Diese Wirkungen, sowie alle Wirkungen, welche durch die Vorschriften des bürgerlichen Rechts an die Anstellung, Mittheilung oder gerichtliche Anmeldung der Klage, an die Ladung oder Einlassung des Beklagten geknüpft werden, treten unbeschadet der Vorschrift des §. 190 mit der Erhebung der Klage[1] ein.[2]

[1] Oder mit der Zustellung des Zahlungsbefehls. § 633. RG 24, 197. — Wegen Unterbrechung der Wechselverjährung vgl. Anm. 15 zu § 13 E.G. z. C.P.O. Unterbrechung der Verjährung erfolgt auch durch Erhebung der Klage bei einem unzuständigen Gerichte (gem. Recht): RG 24, 200; nicht auch durch Streitverkündung (Preuß. A.L.R.). RG 24, 210. — Ueber den Beginn und die Dauer einer neuen Verjährung entscheidet das bürgerliche Recht. RG 32, 356. Vgl. auch Anm. 3 zu § 243.

[2] Sachsen: § 1 Ges. v. 4./3. 79 (G.B.Bl. 69).

240. Als eine Aenderung der Klage ist es nicht anzusehen, wenn ohne Aenderung des Klagegrundes[1]

1. die thatsächlichen oder rechtlichen Anführungen ergänzt oder berichtigt werden;
2. der Klagantrag in der Hauptsache oder in Bezug auf Nebenforderungen erweitert[2] oder beschränkt wird;
3. statt des ursprünglich geforderten Gegenstandes wegen einer später eingetretenen Veränderung[3] ein anderer Gegenstand oder das Interesse gefordert wird.

[1] Klagegrund: diejenigen Thatsachen, welche in Verbindung

mit einem bestimmten Rechtsatze geeignet sind, den Anspruch des Klägers gegen den Beklagten als begründet erscheinen zu lassen. — Vgl. Anm. 3 zu § 230. — Eine Klagänderung geschieht durch Aenderung des Klagegrundes oder des Klagantrages. RG 14, 428. — Keine Aenderung des Klagegrundes, wenn aus baarem Darlehn geklagt war und später behauptet wird, die Darlehensforderung sei durch Novation einer Deliktsobligation entstanden. RG 10, 395. Unzulässige Klagänderung, wenn eine Anfechtung, die in der Klage auf § 24 Nr. 1 K.O. begründet ist, später auf § 23 oder 25 K.O. gestützt wird oder umgekehrt. RG 22, 390.

[2] So, wenn Zahlung einer zuerst nur zu Kompensationszwecken geltend gemachten Forderung verlangt wird. RG 14, 346, ferner wenn der Antrag, die Entschädigungspflicht festzustellen, auf Zuerkennung eines bestimmten Schadenbetrages ausgedehnt oder wenn der Antrag auf Schadensersatzleistung auf Feststellung der Entschädigungspflicht beschränkt wird. RG 23, 349, 419, oder wenn für einen als Konkursforderung erhobenen Anspruch demnächst die Befriedigung als Masseschuld verlangt wird. RG 32, 3. Vgl. § 13, Abs. 2 R.Ges. v. 21./7. 79 (R.G.B. 277).

[3] Es genügt, daß der Kläger von der Aenderung ohne eigenes Verschulden erst später Kenntniß erlangt hat. RG 26, 386.

241. **Die Einwilligung des Beklagten in die Aenderung der Klage ist anzunehmen, wenn derselbe, ohne der Aenderung zu widersprechen, sich in einer mündlichen Verhandlung auf die abgeänderte Klage eingelassen hat.**[1]

[1] Nicht, wenn er die Einlassung versäumt hat.

242. **Eine Anfechtung der Entscheidung, daß eine Aenderung der Klage nicht vorliege, findet nicht statt.**[1]

[1] Mag die Entscheidung in erster oder in zweiter Instanz getroffen, der Klage oder der Berufung im übrigen stattgegeben sein oder nicht. RG 3, 372, 415, 4, 392, 413.

IV. Zurücknahme der Klage.

243. Die Klage kann ohne Einwilligung des Beklagten nur bis zum Beginne der mündlichen Verhandlung des Beklagten zur Hauptsache[1] zurückgenommen werden.[2]

Die Zurücknahme der Klage erfolgt, wenn sie nicht bei der mündlichen Verhandlung erklärt wird, durch Zustellung eines Schriftsatzes. Abschrift desselben ist sofort nach erfolgter Zustellung auf der Gerichtsschreiberei niederzulegen.

Die Zurücknahme der Klage hat zur Folge, daß der Rechtsstreit als nicht anhängig geworden anzusehen ist;[3] sie verpflichtet den Kläger, die Kosten des Rechtsstreits zu tragen, sofern nicht über dieselben bereits rechtskräftig erkannt ist. Auf Antrag des Beklagten ist diese Verpflichtung durch Urtheil auszusprechen.[4]

Wird die Klage von neuem angestellt, so kann der Beklagte die Einlassung verweigern, bis die Kostenerstattung erfolgt ist.[5]

[1] Anm. 1 zu § 39, § 128 Abs. 1. [2] Verzicht auf den Anspruch: § 277. — Gebühren: des Gerichts ($^1/_{10}$) § 46 G.K.G. in der Fassung der Novelle v. 29./9. 81 (R.G.B. 178); des Anwalts (1) §. 13 Nr. 1 G.O. f. R.A.

[3] Dadurch werden nicht nur die Wirkungen der Rechtshängigkeit, sondern auch die übrigen Wirkungen der Klageerhebung (§ 239) derartig beseitigt, als ob keine Klage erhoben wäre. RG 33, 395. Eine Widerklage kann nicht mehr anhängig gemacht werden. RG 34, 367.

[4] Wenn der Kläger nicht erscheint durch Versäumnißurtheil. RG 24, 433, 31, 405. — Die bloße vor der mündlichen Ver-

handlung des Beklagten mit Zustimmung des Gegners zum gerichtlichen Protokoll gegebene Erklärung der Klagezurücknahme unter Uebernahme der Kosten bildet keinen vollstreckbaren Titel zur Kostenerstattung im Sinne des § 98 Abs. 1. RG 20, 414. [5] Auch gegenüber dem Rechtsnachfolger des Klägers, z. B. dem Assignatar aus § 736. RG 33, 360; auch wenn der Kläger im Armenrecht ist. § 108. RG 24, 422. — § 247 Nr. 5 u. Anm. 8 dazu. — Nicht auch, wenn die frühere Klage abgewiesen ist. RG 15, 382.

V. Klagebeantwortung und vorbereitende Schriftsätze.

244. Der Beklagte hat dem Kläger mittels vorbereitenden Schriftsatzes[1] die Klagebeantwortung innerhalb der ersten zwei Drittheile der Zeit, welche zwischen der Zustellung der Klageschrift und dem Termine zur mündlichen Verhandlung liegt, zustellen zu lassen.[2]

[1] §§ 121—124. [2] Sonst treffen ihn die Kosten der Terminsverlegung. § 90. — Ausnahme: § 204 Abs. 2.

245. Insoweit die Klageschrift und die Klagebeantwortung zur Vorbereitung der mündlichen Verhandlung nicht genügen, hat jede Partei dem Gegner solche thatsächliche Behauptungen, Beweismittel und Anträge, auf welche derselbe voraussichtlich ohne vorhergehende Erkundigung keine Erklärung abgeben kann, vor der mündlichen Verhandlung mittels ferneren vorbereitenden Schriftsatzes so zeitig[1] mitzutheilen, daß der Gegner die erforderliche Erkundigung noch einzuziehen vermag.[2]

Tritt eine Vertagung der mündlichen Verhandlung ein, so kann das Gericht die Fristen bestimmen, binnen welcher die noch erforderlichen vorbereitenden Schriftsätze mitzutheilen sind.[3]

[1] Ausnahme von § 123.
[2] Nachtheile, wenn dies nicht geschieht: Anm. 2 zu § 120.
[3] Benutzen die Parteien diese Frist nicht: §. 252.

VI. Mündliche Verhandlung.

246. Die mündliche Verhandlung erfolgt nach den allgemeinen Vorschriften.[1]

[1] §§ 127–150, 269, 270.

1. Vorverhandlung über prozeßhindernde Einreden.

247. Prozeßhindernde Einreden sind gleichzeitig und vor der Verhandlung des Beklagten zur Hauptsache vorzubringen.[1]

Als solche Einreden[2] sind nur[3] anzusehen:

1. die Einrede der Unzuständigkeit des Gerichts,[4]
2. die Einrede der Unzulässigkeit des Rechtswegs,[5]
3. die Einrede der Rechtshängigkeit,[6]
4. die Einrede der mangelnden Sicherheit für die Prozeßkosten,[7]
5. die Einrede, daß die zur Erneuerung des Rechtsstreits erforderliche Erstattung der Kosten des früheren Verfahrens noch nicht erfolgt sei,[8]
6. die Einrede der mangelnden Prozeßfähigkeit oder der mangelnden gesetzlichen Vertretung.[9]

Nach dem Beginne der mündlichen Verhandlung des Beklagten zur Hauptsache[10] können prozeßhindernde Einreden nur geltend gemacht werden, wenn dieselben entweder solche sind, auf welche der Beklagte wirksam nicht verzichten kann,[11] oder wenn der Beklagte glaubhaft macht,[12] daß er ohne sein Verschulden nicht im Stande gewesen sei, dieselben vor der Verhandlung zur Hauptsache geltend zu machen.

[1] In der Berufungsinstanz: § 490; in der Revisionsinstanz: § 529; im Urkunden- und Wechselprozeß: § 557; vor dem Amtsgericht: § 465. [2] Die Rüge des Fehlens anderer Prozeßvoraussetzungen (z. B. Mangel der Klagerhebung, der Parteifähigkeit, der Vollmacht des Vertreters) kann nicht die Verweigerung der Einlassung zur Hauptsache oder ein Zwischenurtheil im Sinne des § 248 Abs. 2 zur Folge haben. Wird sie neben prozeßhindernden Einreden im Sinne des Abs. 2 geltend gemacht, so hat das Gericht zunächst über diejenige Prozeßvoraussetzung zu entscheiden, welche für die weitere Entscheidung bedingend ist: die Einreden des Abs. 2 haben an sich keinen Vorrang vor den andern. RG 34, 398.
[3] Ferner Art. 190a Abs. 3, 222, 223a R.Ges. v. 18./7. 84 (RG.B. 139). [4] Anm. 1 zu § 1, §§ 12 ff., 38, 39.
[5] §§ 4, 5 E.G., § 11 E.G. zum G.B.G., §§ 9, 13, 17, G.B.G. — Dazu gehört nicht die Einrede der Zuständigkeit eines Schiedsgerichts. RG 8, 348, 398, 10, 367, 16, 336, 370. — Vgl. auch RG 28, 157.
[6] § 235 Nr. 1. Vgl. Anm. 2 zu § 139. [7] §§ 102 ff.
[8] § 243 Abs. 4. — Der Betrag, dessen Erstattung verlangt wird, ist klar zu legen. RG 4, 360. — Das RG 24, 423 hat die Einrede in einem Falle für unzutreffend erklärt, in welchem der klagenden Partei ein vexatorisches Benehmen nicht zur Last fiel; sie ist ferner dem Ehemann versagt worden gegenüber der mit ihm in allgemeiner Gütergemeinschaft lebenden Ehefrau. RG. 31, 421. [9] §§ 50—55. — Nicht auch die Einrede der mangelnden Parteifähigkeit, RG 12, 398, vgl. Bemerkung vor § 50, oder der mangelnden Sachlegitimation, RG 11, 390, 13, 332. [10] § 128 Abs. 1.
[11] Verzicht ist unzulässig bei Nr. 1 im Falle des § 40 Abs. 2, bei Nr. 2 und bei Nr. 6. [12] § 266.

248. [1] Ueber prozeßhindernde Einreden ist besonders zu verhandeln und durch Urtheil zu entscheiden,[2] wenn der Beklagte auf Grund derselben die Verhandlung zur Hauptsache verweigert, oder

wenn das Gericht auf Antrag oder von Amtswegen die abgesonderte Verhandlung anordnet.[3]

Das Urtheil, durch welches die prozeßhindernde Einrede verworfen wird,[4] ist in Betreff der Rechtsmittel als Endurtheil anzusehen;[5] das Gericht kann jedoch auf Antrag anordnen, daß zur Hauptsache zu verhandeln sei.[6]

1 Vor dem Amtsgericht: § 465 Abs. 3.

2 Vgl. Anm. 2 zu § 247. — Gebühren: des Gerichts ($^5/_{10}$) § 26 Nr. 1, 2 G.K.G.; des Anwalts ($^5/_{10}$) § 20 G.O. f. R.A. — Wegen der Entscheidung über die Kosten vgl. Anm. 1 zu § 87.

3 § 137.

4 Auch wenn die Einrede unrichtig begründet, z. B. die Einrede der Unzulässigkeit des Rechtswegs auf Vereinbarung eines Schiedsvertrages (vgl. Anm. 5 zu § 247) oder auf einen Umstand gestützt war, welcher nur eine materiell-rechtliche Bedingung der Klaganstellung enthält. RG 16, 336, 17, 416. — Wegen der Einrede der mangelnden Sicherheit vgl. §§ 104, 105.

5 §§ 472, 507. Wofern nämlich die Voraussetzungen des Abs. 1, Geltendmachung der Einrede und getrennte Verhandlung vorliegen; nicht auch wenn das Gericht das Vorhandensein einer der in § 247 bezeichneten Prozeßvoraussetzungen von Amtswegen untersucht und durch Zwischenurtheil festgestellt hat, oder wenn ohne Trennung der Verhandlung eine prozeßhindernde Einrede auf Grund des § 275 durch Zwischenurtheil verworfen ist. RG 11, 390, 15, 399.

6 Wird die dem Kläger günstige Vorabentscheidung demnächst rechtskräftig abgeändert (z. B. die Einrede für begründet erklärt), so verliert eine inzwischen ergangene Verurtheilung des Beklagten zur Hauptsache, auch wenn sie bereits die Rechtskraft beschritten hatte, ihre Wirkung. RG 5, 425, 15, 348. — Abweichend für den Fall, daß die Verurtheilung zur Hauptsache durch Versäumnißurtheil erfolgte: RG 14, 344.

249. [1] **Wird die Unzuständigkeit des Gerichts auf Grund der Bestimmungen über die sachliche Zuständigkeit der Gerichte ausgesprochen, so ist zugleich auf Antrag des Klägers der Rechtsstreit an ein bestimmtes Amtsgericht des Bezirks zu verweisen.**[2]

Ist das Urtheil rechtskräftig,[3] so gilt der Rechtsstreit als bei dem Amtsgerichte anhängig.[4]

[1] Vor dem Amtsgerichte: § 466.
[2] § 11. [3] § 645. [4] § 235.

2. Verhandlung zur Hauptsache.

a) Verfahren vor der Beweisaufnahme.

250. Nach Erledigung der prozeßhindernden Einreden kann das Gericht in Prozessen, welche die Richtigkeit einer Rechnung, eine Vermögensauseinandersetzung oder ähnliche Verhältnisse zum Gegenstande haben, unter Vertagung der mündlichen Verhandlung ein vorbereitendes Verfahren[1] anordnen.

[1] §§ 313—319.

Angriffs- und Vertheidigungsmittel.

251. Angriffs- und Vertheidigungsmittel (Einreden, Widerklage, Repliken u. s. w.) können bis zum Schlusse derjenigen mündlichen Verhandlung, auf welche das Urtheil ergeht, geltend gemacht werden.[1]

Das Gericht kann, wenn durch das nachträgliche[2] Vorbringen eines Angriffs- oder Vertheidigungsmittels die Erledigung des Rechtsstreits verzögert wird, der obsiegenden Partei, welche nach freier richterlicher Ueberzeugung im Stande war, das Angriffs- oder Vertheidigungsmittel zeitiger geltend zu machen, die Prozeßkosten ganz oder theilweise auferlegen.[3]

[1] Kosten erfolgloser Angriffs- und Vertheidigungsmittel: § 91. [2] Ob etwas als nachträglich vorgebracht anzusehen ist, steht im freien Ermessen des Gerichts. Begr. 37. [3] Ferner: Verzögerungsgebühr ($^2/_{10}$ bis 1), § 48 G.K.G.

252. Vertheidigungsmittel, welche von dem Beklagten nachträglich[1] vorgebracht werden, können auf Antrag zurückgewiesen werden, wenn durch deren Zulassung die Erledigung des Rechtsstreits verzögert werden würde, und das Gericht die Ueberzeugung gewinnt, daß der Beklagte in der Absicht, den Prozeß zu verschleppen, oder aus grober Nachlässigkeit die Vertheidigungsmittel nicht früher vorgebracht hat.

[1] Anm. 2 zu § 251.

Inzidentfeststellungsklage und Widerklage.

253. Bis zum Schlusse derjenigen mündlichen Verhandlung, auf welche das Urtheil ergeht, kann der Kläger durch Erweiterung des Klagantrags,[1] der Beklagte durch Erhebung einer Widerklage[2] beantragen, daß ein im Laufe des Prozesses streitig gewordenes Rechtsverhältniß, von dessen Bestehen oder Nichtbestehen die Entscheidung des Rechtsstreits ganz oder zum Theile abhängt, durch richterliche Entscheidung festgestellt werde.[3]

[1] Anm. 2 zu § 240. [2] Anm. 1 zu § 33. Anm. 1 zu § 230. [3] §§ 231, 467.

254. Die Rechtshängigkeit[1] eines erst im Laufe des Prozesses erhobenen Anspruchs[2] tritt mit dem

Zeitpunkte ein, in welchem der Anspruch in der mündlichen Verhandlung geltend gemacht wird.[3]

[1] § 235. [2] Die Rechtshängigkeit einer Gegenforderung tritt nur ein, wenn sie in Form der Widerklage oder der Erweiterung des Klagantrags, nicht auch wenn sie lediglich einredeweise zu Kompensationszwecken geltend gemacht wird. RG 16, 378, 18, 408. [3] Die Erhebung der Widerklage in der mündlichen Verhandlung ist auch zulässig, wenn der Kläger nicht erschienen ist. RG 28, 408. Dagegen nicht mehr nach Zurücknahme der Klage. RG 34, 366.

Beweisantretung.

255. Jede Partei hat unter Bezeichnung der Beweismittel, deren sie sich zum Nachweise oder zur Widerlegung thatsächlicher Behauptungen bedienen will, den Beweis anzutreten[1] und über die von der Gegenpartei angegebenen Beweismittel sich zu erklären.[2]

In Betreff der einzelnen Beweismittel wird die Beweisantretung und die Erklärung auf dieselbe durch die Vorschriften des sechsten bis zehnten Titels[3] bestimmt.

[1] Beweisantretung: Augenschein § 336, Zeugen § 338, Sachverständige § 368, Urkunden §§ 385, 386, 393, 397, Eid § 416. [2] Urkunden: §§ 404, 468, Eid: §§ 417, 420. [3] §§ 336 ff.

256. Beweismittel und Beweiseinreden können bis zum Schlusse derjenigen mündlichen Verhandlung, auf welche das Urtheil ergeht, geltend gemacht werden.

Auf das nachträgliche Vorbringen von Beweismitteln und Beweiseinreden findet die Vorschrift des §. 251 Abs. 2 entsprechende Anwendung.[1]

[1] §§ 332 Abs. 2, 339, 398. — Verzögerungsgebühr ($^{3}/_{10}$ bis 1): § 48 G.K.G.

b) **Beweisaufnahme und Verhandlung darüber.**

257. Die Beweisaufnahme und die Anordnung eines besonderen Beweisaufnahmeverfahrens durch Beweisbeschluß[1] wird durch die Vorschriften des fünften bis elften Titels[2] bestimmt.

[1] §§ 323—325. [2] §§ 320 ff.

258. Ueber das Ergebniß der Beweisaufnahme haben die Parteien unter Darlegung des Streitverhältnisses zu verhandeln.[1]

Ist die Beweisaufnahme nicht vor dem Prozeßgericht erfolgt, so haben die Parteien das Ergebniß derselben auf Grund der Beweisverhandlungen vorzutragen.

[1] § 335 Abs. 1. Ausbleiben der Parteien bei der Beweisaufnahme § 332 Abs. 1, bei der Verhandlung über das Ergebniß §§ 297 ff.

Freie Würdigung des Beweises.

259. Das Gericht hat unter Berücksichtigung des gesammten Inhalts der Verhandlungen und des Ergebnisses einer etwaigen Beweisaufnahme[1] nach freier Ueberzeugung zu entscheiden, ob eine thatsächliche Behauptung für wahr oder für nicht wahr zu erachten sei.[2] In dem Urtheile sind die Gründe anzugeben,[3] welche für die richterliche Ueberzeugung leitend gewesen sind.

An gesetzliche Beweisregeln[4] ist das Gericht nur in den durch dieses Gesetz bezeichneten Fällen gebunden.[5]

[1] Voraussetzung ist, daß ein in zulässiger Weise beantragter

Beweis über eine erhebliche Thatsache in der gesetzlich vorgeschriebenen Form erhoben, RG 10, 415, und festgestellt ist, RG 13, 421, vgl. Bem. vor § 340; weder darf ohne Beweisaufnahme ein Beweisantritt als geführter Beweis angenommen werden, RG 9, 323, noch darf die Beweisaufnahme als nicht zum Ziel führend abgelehnt werden, wenn nicht jede Möglichkeit, daß sie Sachdienliches ergeben werde, ausgeschlossen ist. RG 9, 378, 15, 336. — Anders: §§ 260, 265, 437 Anm. 2. [2] Wegen der Bedeutung dieser Ueberzeugung vgl. RG 15, 339. [3] Vgl. § 513 Nr. 7.

[4] Solche sind aufgestellt: bei Urkunden §§ 380—383, Eid §§ 428, 429, 439, ferner in §§ 150, 153 Abs. 2, 181 Abs. 2, 185 Abs. 2, 285, 402, 403 Abs. 2, 405 Abs. 2 und in den Fällen der Anm. 1 zu § 208, ferner in § 16 Nr. 1, 2 E.G. — Vgl. auch § 118 G.B.G. [5] Auch durch Vertrag der Parteien kann der Richter nicht an gewisse Beweisregeln oder Beweismittel gebunden werden. Dagegen ist es statthaft, zu vereinbaren, daß nur ein in bestimmt vorgeschriebener Weise festgestellter Schaden vergütet werden soll. RG 20, 402.

Ermittelung des Schadens.

260. Ist unter den Parteien streitig, ob ein Schaden entstanden sei, und wie hoch sich der Schaden oder ein zu ersetzendes Interesse[1] belaufe, so entscheidet hierüber[2] das Gericht unter Würdigung aller Umstände nach freier Ueberzeugung. Ob und inwieweit eine beantragte Beweisaufnahme[3] oder von Amtswegen die Begutachtung durch Sachverständige[4] anzuordnen sei, bleibt dem Ermessen des Gerichts überlassen.[5] Das Gericht kann anordnen, daß der Beweisführer den Schaden oder das Interesse eidlich schätze.[6] In diesem Falle hat das Gericht zugleich den Betrag zu bestimmen, welchen die eidliche Schätzung nicht übersteigen darf.

Die Vorschriften über den Schätzungseid werden aufgehoben.

[1] Nicht auszudehnen auf den bloßen Erfüllungsanspruch. RG 8, 224. Ebensowenig auf die Feststellung der im Falle der Enteignung zu gewährenden Entschädigung. RG. 12, 404. — Aber § 2 RG betr. Abzahlungsgeschäfte v. 16./5. 94 (R.G.B. 450). [2] Auch über die Frage des Kausalzusammenhangs. RG 6, 357, 9, 418, 10, 65, 21, 92.
[3] Anders: § 259. [4] §§ 367 ff.
[5] Gelangt das Gericht in Ermangelung bestimmter Anhaltspunkte auch nur im Allgemeinen zu der Ueberzeugung, daß ein Schaden entstanden ist, so darf es nicht wegen mangelnder Substanziirung eines bestimmten Betrages den ganzen Anspruch abweisen, sondern hat von Amtswegen Schritte zur Beschaffung der erforderlichen Grundlagen für die Schätzung der Höhe zu thun. RG 9, 418, 10, 78, 405, 25, 78. Freies Ermessen des Gerichts tritt auch ein, wenn eine durch strikten Beweis nicht zu beseitigende Unbestimmbarkeit eines entstandenen Schadens (z. B. in Ansehung der Zeit des Eintritts) vorliegt. RG 31, 88. [6] § 437.

Gerichtliches Geständniß.

Das gerichtliche Geständniß ist nicht Beweismittel, sondern ein Akt der Disposition über das streitige Recht durch Beweiserlaß. Begr. 210. — Das außergerichtliche Geständniß ist Indizium. RG 6, 197.

261. **Die von einer Partei behaupteten Thatsachen[1] bedürfen insoweit keines Beweises, als sie im Laufe des Rechtsstreits von dem Gegner[2] bei einer mündlichen Verhandlung oder zum Protokolle eines beauftragten oder ersuchten Richters[3] zugestanden sind.[4]**

Zur Wirksamkeit des gerichtlichen Geständnisses ist dessen Annahme nicht erforderlich.[5]

[1] Nicht anwendbar auf Rechtsbegriffe, sofern deren Ausführung nicht wegen ihrer Einfachheit der Zerlegung in die thatsächlichen Momente gleich steht. RG 10, 365. Wieweit dies der Fall, ist Thatfrage. Im Falle RG 32, 409 ist der Begriff des „Eigenthums“ nicht als ein derartig einfacher angesehen, dagegen im Falle RG 21, 403. Vgl. auch RG 35, 411. [2] Oder von dessen Bevollmächtigten oder Beistand. §§ 81, 86 Abs. 2. [3] Anm. 5 zu § 41 Nr. 6. [4] § 494. — Ausnahmen: §§ 577, 611, 620, 624, 626. [5] Protokollirung: §§ 270 Abs. 2, 470 Abs. 2.

262. Die Wirksamkeit des gerichtlichen Geständnisses wird dadurch nicht beeinträchtigt, daß demselben eine Behauptung hinzugefügt wird, welche ein selbständiges Angriffs- oder Vertheidigungsmittel[1] enthält.

Inwiefern eine vor Gericht erfolgte einräumende Erklärung ungeachtet anderer zusätzlicher oder einschränkender Behauptungen als ein Geständniß anzusehen sei, bestimmt sich nach der Beschaffenheit des einzelnen Falles.

[1] §§ 137, 251 Abs. 1.

263. Der Widerruf hat auf die Wirksamkeit des gerichtlichen Geständnisses nur dann Einfluß, wenn die widerrufende Partei beweist,[1] daß das Geständniß[2] der Wahrheit nicht entspreche und durch einen Irrthum[3] veranlaßt sei. In diesem Falle verliert das Geständniß seine Wirksamkeit.

[1] § 259. [2] Der Widerruf zugegebener rechtlicher Folgerungen ist unbeschränkt zulässig. Vgl. Anm. 1 zu § 261.
[3] Verschuldeter oder unverschuldeter, thatsächlicher oder Rechtsirrthum. RG. 11, 402.

Notorietät.

264. Thatsachen, welche bei dem Gericht offenkundig sind,[1] bedürfen keines Beweises.

[1] Die Eintragung einer Thatsache in ein öffentliches Register begründet deren Offenkundigkeit in diesem Sinne nicht: es kommt darauf an, daß die Thatsache selbst den Mitgliedern des Gerichts wirklich bekannt ist. RG 13, 371.

Ermittelung von fremdem Recht, Gewohnheitsrechten, Statuten.

265. Das in einem anderen Staate geltende Recht, die Gewohnheitsrechte und Statuten bedürfen des Beweises nur insofern, als sie dem Gericht unbekannt sind. Bei Ermittelung dieser Rechtsnormen ist das Gericht auf die von den Parteien beigebrachten Nachweise nicht beschränkt; es ist befugt,[1] auch andere Erkenntnißquellen zu benutzen und zum Zwecke einer solchen Benutzung das Erforderliche anzuordnen.

[1] Und verpflichtet, sofern es davon Erfolg erwarten kann. RG 21, 177. — Art des Beweisantrittes über ein Gewohnheitsrecht: RG 30, 367.

Glaubhaftmachung.

266. Wer eine thatsächliche Behauptung glaubhaft zu machen hat, kann sich aller Beweismittel,[1] mit Ausnahme der Eideszuschiebung, bedienen, auch zur eidlichen Versicherung der Wahrheit der Behauptung[2] zugelassen werden.[3]

Eine Beweisaufnahme, welche nicht sofort erfolgen kann, ist unstatthaft.

[1] Ohne Rücksicht auf die für das Beweisverfahren bestehenden Formvorschriften. Die unbeeidigte Aussage, die schriftliche Bescheinigung oder die eidesstattliche Versicherung

eines Dritten kann Berücksichtigung finden. RG 19, 425, 20, 241. RG 30, 376. [2] §§ 440 ff. Versicherung auf den Dienststeid: § 351 Abs. 2. — Eid ausgeschlossen: §§ 44, 371, 508.

[3] Gegenbeweis durch Eideszuschiebung ist unzulässig. RG 30, 415.

e) **Rüge der Verletzung einer Prozeßvorschrift.**

267. Die Verletzung einer das Verfahren und insbesondere die Form einer Prozeßhandlung[1] betreffenden Vorschrift kann nicht mehr gerügt werden,[2] wenn die Partei auf die Befolgung der Vorschrift verzichtet, oder wenn sie bei der nächsten mündlichen Verhandlung,[3] welche auf Grund des betreffenden Verfahrens stattgefunden hat oder in welcher auf dasselbe Bezug genommen ist,[4] den Mangel nicht gerügt hat, obgleich sie erschienen und ihr der Mangel bekannt war oder bekannt sein mußte.

Die vorstehende Bestimmung kommt nicht zur Anwendung, wenn Vorschriften verletzt sind, auf deren Befolgung eine Partei wirksam nicht verzichten kann.[5]

[1] Sowohl einer Parteihandlung, als einer gerichtlichen Prozeßhandlung. RG 3, 368. Auf Fehler bei der Urtheilsfällung ist § 267 nicht zu beziehen. RG 14, 382, 17, 348.

[2] Auch in den höheren Instanzen nicht. §§ 492, 521.

[3] Hat die Rüge rechtzeitig stattgefunden, ist aber in der mündlichen Schlußverhandlung nicht wiederholt worden, so hat der Vorsitzende durch Ausübung des Fragerechts (§ 130) klarzustellen, ob die Rüge aufrecht erhalten wird. RG 33, 373.

[4] Mängel der vor dem Prozeßgericht erfolgten Beweisaufnahme müssen in der sich unmittelbar daran anschließenden mündlichen Verhandlung gerügt werden. RG 12, 437.

[5] Z. B. in den Fällen des § 500, RG 22, 392, des § 513,

RG 6, 194. des § 556 Satz 2, RG 5, 352, der §§ 232, 575, RG 5, 167, oder wenn es sich um Einhaltung einer Nothfrist handelt. RG 10, 362, 14, 341. — Dagegen ist verzichtbar die Rüge gegen: Mängel in der Ausführung von Zustellungen und Ladungen, wie Beglaubigung, RG 6, 364, Abschrift, RG 9, 436, Person des Empfängers, RG 9, 69, 10, 69, 308, 14, 314; 34, 394; Aufnahme des Verfahrens ohne die förmliche Anzeige des § 221 Abs. 1, 14, 334; wesentliche Mängel der Klageschrift, § 230 Abs. 2, RG 22, 420; Anordnung der Eidesabnahme durch Beweisbeschluß statt durch Endurtheil, RG 3, 367, vor einem anderen als dem Prozeßgericht, RG 2, 374; Mängel in der Beeidigung, RG 9, 377, 17, 380; Verstoß gegen § 148, 12, 437.

d) Sühneversuch.

268. Das Gericht kann[1] in jeder Lage des Rechtsstreits[2] die gütliche Beilegung desselben oder einzelner Streitpunkte versuchen oder die Parteien zum Zwecke des Sühneversuchs vor einen beauftragten oder ersuchten Richter[3] verweisen.

Zum Zwecke des Sühneversuchs kann das persönliche Erscheinen der Parteien angeordnet werden.

[1] In Ehesachen obligatorisch: §§ 570 ff. [2] Vor Erhebung der Klage: § 471. [3] Anm. 5 zu § 41 Nr. 6.

e) Anträge und Erklärungen

269. Die Anträge[1] müssen aus den vorbereitenden Schriftsätzen[2] verlesen werden.

Soweit vorbereitende Schriftsätze nicht mitgetheilt oder die Anträge in solchen nicht enthalten sind, muß die Verlesung aus einem dem Protokolle als Anlage beizufügenden Schriftsatze erfolgen.[3]

Dasselbe gilt von Anträgen, welche von früher verlesenen in wesentlichen Punkten abweichen.

Die Nichtbeachtung dieser Vorschriften hat die Nichtberücksichtigung der Anträge zur Folge.

[1] § 128 Abs. 1. [2] § 121 Nr. 2.

[3] Anders im amtsgerichtlichen Verfahren: §§ 469, 470.

270. Soweit es sich nicht um Anträge (§. 269) handelt, sind wesentliche Erklärungen, welche in vorbereitenden Schriftsätzen nicht enthalten sind, oder wesentliche Abweichungen von dem Inhalte solcher Schriftsätze, mögen die Abweichungen in Zusätzen, Weglassungen oder sonstigen Abänderungen bestehen, auf Antrag durch Schriftsätze, welche dem Protokolle als Anlage beizufügen sind, festzustellen.

In gleicher Weise sind auf Antrag auch Geständnisse, sowie die Erklärungen über Annahme oder Zurückschiebung zugeschobener Eide festzustellen.[1]

[1] Anders im amtsgerichtlichen Verfahren: § 470.

VII. **Einsicht der Prozeßakten.**

271. Die Parteien können von den Prozeßakten Einsicht nehmen und sich aus denselben durch den Gerichtsschreiber Ausfertigungen, Auszüge und Abschriften ertheilen lassen.[1]

Dritten Personen kann der Vorstand des Gerichts ohne Einwilligung der Parteien die Einsicht der Akten[2] nur gestatten, wenn ein rechtliches Interesse glaubhaft gemacht[3] wird.

Die Entwürfe zu Urtheilen, Beschlüssen und Verfügungen, die zur Vorbereitung derselben gelieferten Arbeiten, sowie die Schriftstücke, welche Abstimmungen oder Strafverfügungen betreffen, werden weder vorgelegt noch abschriftlich mitgetheilt.

[1] Vgl. Anm. 2 zu § 107. [2] Nach Hause dürfen die Akten weder den Parteien noch den Anwälten verabfolgt werden. Pr. 548. Abweichend RG 7, 342.

[3] § 266.

Zweiter Titel.

Urtheil.

Gebühren des Gerichts (1): § 18 Nr. 3 G.K.G.

1. Endurtheil.

272. Ist der Rechtsstreit zur Endentscheidung reif, so hat das Gericht dieselbe durch Endurtheil[1] zu erlassen.

Dasselbe gilt, wenn von mehreren zum Zwecke gleichzeitiger Verhandlung und Entscheidung verbundenen Prozessen[2] nur der eine zur Endentscheidung reif ist.

[1] Endurtheile sind die Urtheile, welche den Rechtsstreit ganz oder theilweise, in unbedingter oder — durch Eid — bedingter Weise durch Zuerkennung oder Aberkennung des Anspruchs, Abweisung wegen prozeßhindernder Einreden, Zurückweisung an das nachgeordnete Gericht für die Instanz erledigen. Begr. 216, 217. RG 7, 427, 17, 359, 350. Vgl. auch Anm. 2 zu § 472. [2] § 138.

Theilurtheil.

273. Ist von mehreren in einer Klage geltend gemachten Ansprüchen nur der eine, oder ist nur ein Theil eines Anspruchs, oder bei erhobener Widerklage nur die Klage oder die Widerklage zur Endentscheidung reif, so hat das Gericht dieselbe durch Endurtheil (Theilurtheil)[1] zu erlassen.

Die Erlassung eines Theilurtheils kann unterbleiben, wenn das Gericht sie nach Lage der Sache nicht für angemessen erachtet.

[1] Das Theilurtheil ist ein Endurtheil über einen quantitativen Theil des Streitgegenstandes. Begr. 217. Dieser Theil muß ein nach Grund und Betrag derartig objektiv bestimmter sein, daß bezüglich desselben an sich sowohl eine Verurtheilung wie eine Abweisung möglich ist. RG 16, 423, 22, 401. Es ist selbständig durch Rechtsmittel anfechtbar. §§ 472, 507.

274. Ist von dem Beklagten mittels Einrede eine Gegenforderung geltend gemacht, welche mit der in der Klage geltend gemachten Forderung nicht in rechtlichem Zusammenhange steht, so kann, wenn nur die Verhandlung über die Forderung zur Endentscheidung reif ist,[1] diese unter Trennung der Verhandlungen[2] durch Theilurtheil erfolgen.

[1] Sind Klageforderung und Gegenforderung spruchreif, so darf die Trennung nicht mehr erfolgen. RG 24, 425. Vgl. Anm. 2, 5 zu § 136.

[2] Ueber die Kompensationseinrede ist in diesem Falle in derselben Instanz weiter zu verhandeln und zu entscheiden. RG 31, 1. Vgl. Anm. 6 zu § 491, Anm. 2 zu § 503. Dem debitor cessus steht diese Klage wegen seiner Gegenforderung an den Cedenten auch gegen den Cessionar zu, falls er den letzteren wegen der cedirten Forderung befriedigt hat (nach Preuß. Landrecht). RG 27, 207.

2. Zwischenurtheil.

275. Ist ein einzelnes selbständiges Angriffs- oder Vertheidigungsmittel[1] oder ein Zwischenstreit zur Entscheidung reif, so kann die Entscheidung durch Zwischenurtheil[2] erfolgen.[3] [4]

[1] §§ 137, 251 Abs. 1. — Prozeßhindernde Einreden, auch wenn die Voraussetzungen des § 248 Abs. 1 nicht zutreffen. RG 15, 399. Vgl. aber Anm. 5 zu § 248.

[2] Das Zwischenurtheil über ein selbständiges Angriffs-

oder Vertheidigungsmittel ist ein antizipirter Bestandtheil der Entscheidung, Begr. 217, nur zugleich mit dieser durch Rechtsmittel anfechtbar. §§ 473, 510. Vgl. auch Anm. 1 zu § 287. – Ausnahmen: §§ 248 Abs. 2, 276 Abs. 2, 502 Abs. 3, 562 Abs. 3. Die über einen Zwischenstreit zwischen einer Partei und einem Dritten erlassenen Zwischenurtheile sind durch sofortige Beschwerde anfechtbar. §§ 68, 126, 352.

[3] Durch Eid bedingt oder unbedingt: § 426 Abs. 2. Nur durch Eid kann ein Zwischenurtheil bedingt werden. RG 16, 329. — Versäumnißzwischenurtheil: §§ 312 Abs. 2, 430.

[4] Mag auch die Lage des Rechtsstreits die Erlassung eines Theilurtheils gestatten. RG 21, 343.

276. Ist ein Anspruch[1] nach Grund und Betrag streitig, so kann das Gericht über den Grund vorab entscheiden.[2]

Das Urtheil ist in Betreff der Rechtsmittel als Endurtheil anzusehen;[3] das Gericht kann jedoch, wenn der Anspruch für begründet erklärt ist, auf Antrag anordnen, daß über den Betrag zu verhandeln sei.[4]

[1] Auch bei Feststellungsklagen. RG 8, 362. Ueber den Grund der Kompensationseinrede kann nicht Zwischenurtheil gemäß § 276 ergehen, RG 6, 422; es ist nur ein Zwischenurtheil gemäß § 275 zulässig, wenn entweder der Grund der Gegenforderung verneint oder dieselbe nach Grund und Betrag festgestellt wird. RG 12, 303. Bei Widerklage: § 273.

[2] Voraussetzung ist die Feststellung, daß irgend ein Anspruch wirklich besteht, RG 34, 31: solange möglich bleibt, daß sich bei näherer Untersuchung der erhobene Anspruch als nicht vorhanden erweist, kann ein den Grund desselben für gerechtfertigt erklärendes Zwischenurtheil nicht erlassen werden, RG 16, 388; unter Umständen kann Zwischenurtheil gemäß § 275 ergehen. RG 31, 362. — Erachtet das Gericht den Anspruch für unbegründet, so hat es in allen Fällen ein wirk-

liches, die Klage abweisendes Endurtheil zu erlassen. RG 16, 311. Vgl. Anm. 5 zu § 500 Nr. 3. — Bedeutung der Vorabentscheidung über den Grund, wenn nur ein Theilbetrag eingeklagt, demnächst aber im Wege der Klagerweiterung der Restbetrag gefordert worden ist: RG 28, 427.

3 §§ 472, 507. Wegen der Entscheidung über die Kosten vgl. Anm. 1 zu § 87.

4 Versäumniß: § 312 Abs. 1. — Vgl. auch Anm. 6 zu § 248.

277. Verzichtet der Kläger bei der mündlichen Verhandlung auf den geltend gemachten Anspruch,[1] so ist er auf Grund des Verzichts mit dem Anspruch abzuweisen,[2] wenn der Beklagte die Abweisung beantragt.

1 Protokollirung: § 146 Nr. 1. 2 Gebühr des Gerichts (3/10): § 23 G.K.G. in der Fassung der Novelle v. 29./6. 81 (R.G.B. 178), vgl. auch §§ 21, 22 G.K.G.

278. Erkennt eine Partei den gegen sie geltend gemachten Anspruch bei der mündlichen Verhandlung ganz oder zum Theil an,[1] so ist[2] sie auf Antrag[3] dem Anerkenntnisse gemäß zu verurtheilen.[4]

1 Protokollirung: § 146 Nr. 1.

2 Nicht fakultativ, wie § 273 Abs. 2.

3 Ein besonderer die Verurtheilung auf Grund des Anerkenntnisses begehrender Antrag wird erfordert. RG 3, 200.

4 Das Urtheil ist ohne Antrag für vorläufig vollstreckbar zu erklären. § 648 Nr. 1. — Kosten: § 89. — Gebühr des Gerichts wie Anm. 2 zu § 277.

279. Das Gericht ist nicht befugt, einer Partei etwas zuzusprechen, was nicht beantragt ist.[1] Dies gilt insbesondere von Früchten, Zinsen und anderen Nebenforderungen.

Ueber die Verpflichtung, die Prozeßkosten zu

tragen, hat das Gericht auch ohne Antrag zu erkennen.[2]

[1] Gilt auch im Kostenfestsetzungsverfahren. RG 35, 427.
[2] § 292 Abs. 1.

280. Das Urtheil kann nur von denjenigen Richtern gefällt werden,[1] welche der dem Urtheile zu Grunde liegenden Verhandlung beigewohnt haben.[2]

[1] Berathung und Abstimmung: §§ 194 ff. G.V.G.
[2] Ebenso Beschlüsse. § 294 Abs. 2.

3. Verkündung.

281. Die Verkündung des Urtheils[1] erfolgt[2] in dem Termine, in welchem die mündliche Verhandlung geschlossen wird, oder in einem sofort anzuberaumenden Termine, welcher nicht über eine Woche hinaus angesetzt werden soll.[3]

[1] Auch der Beschlüsse. § 294 Abs. 2. [2] Stets öffentlich. § 174 G.V.G. [3] Instruktionell Anm. 2 zu § 67.

282. Die Verkündung des Urtheils erfolgt durch Vorlesung der Urtheilsformel. Versäumnißurtheile können verkündet werden, auch wenn die Urtheilsformel noch nicht schriftlich abgefaßt ist.

Wird die Verkündung der Entscheidungsgründe für angemessen erachtet, so erfolgt sie durch Vorlesung der Gründe oder durch mündliche Mittheilung des wesentlichen Inhalts.

283. Die Wirksamkeit der Verkündung eines Urtheils ist von der Anwesenheit der Parteien nicht abhängig.[1] Die Verkündung gilt auch derjenigen Partei gegenüber als bewirkt, welche den Termin versäumt hat.[2]

Die Befugniß einer Partei, auf Grund eines verkündeten Urtheils das Verfahren fortzusetzen oder von dem Urtheil in anderer Weise Gebrauch zu machen, ist von der Zustellung an den Gegner nicht abhängig, soweit nicht dieses Gesetz ein Anderes bestimmt.[3]

[1] Die Ausfertigung oder Zustellung nicht verkündeter Urtheile ist wirkungslos. RG 16, 331. [2] Gilt auch für Beschlüsse und Verfügungen. § 294 Abs. 2.

[3] Ausnahmen bei Nothfristen: §§ 304, 477, 514, 540, ferner §§ 292, 671.

4. Inhalt.

284. Das Urtheil enthält:

1. die Bezeichnung der Parteien und ihrer gesetzlichen Vertreter nach Namen,[1] Stand oder Gewerbe, Wohnort und Parteistellung;[2]
2. die Bezeichnung des Gerichts und die Namen der Richter, welche bei der Entscheidung mitgewirkt haben;
3. eine gedrängte Darstellung des Sach- und Streitstandes auf Grundlage der mündlichen Vorträge der Parteien unter Hervorhebung der gestellten Anträge (Thatbestand);[3]
4. die Entscheidungsgründe;
5. die von der Darstellung des Thatbestandes und der Entscheidungsgründe äußerlich zu sondernde Urtheilsformel.

Bei der Darstellung des Thatbestandes ist eine Bezugnahme auf den Inhalt der vorbereitenden Schriftsätze[4] und auf die zum Sitzungsprotokoll erfolgten Feststellungen[5] nicht ausgeschlossen.[6]

[1] Familiennamen mit Vornamen und Geburtsnamen. Preuß. Just.Min.Verf. v. 17./12. 83 (J.M.Bl. 363).

[2] In gleicher Weise die Namen der Prozeßbevollmächtigten. Preußen: Verf. v. 13./5. 82 (J.M.Bl. 135). — Bayern Bekanntm. v. 20./6. 82 (J.M.Bl. 158). — Sachsen: Ver. v. 2./2. 82 (J.M.Bl. 4). — Elsaß-Lothringen: Verf. v. 3./6. 82 (Samml. v. Ges. rc. 7, 155).

[3] § 291. [4] §§ 120 ff. [4] §§ 146, 269, 270.

[6] Sie darf nur ausnahmsweise — RG 2, 407, 4, 188, 232 — bezüglich einzelner bestimmt bezeichneter Punkte — RG 6, 350 — oder soweit die Schriftsätze sich auf eine gedrängte präcise Hervorhebung des Wesentlichen beschränken — RG 2, 423 —, nicht allgemein an Stelle oder neben einer Darstellung des Sach- und Streitstandes — RG 6, 350, 10, 75 — zur Anwendung kommen.

285. **Der Thatbestand des Urtheils[1] liefert rücksichtlich des mündlichen Parteivorbringens[2] Beweis.[3] Dieser Beweis kann nur durch das Sitzungsprotokoll[4] entkräftet werden.**

[1] Auch soweit sich die thatsächlichen Feststellungen in der Abtheilung „Entscheidungsgründe" finden. RG 2, 396.

[2] Nicht auch hinsichtlich der Aussagen der Zeugen und Sachverständigen. § 146 Nr. 3. RG 13, 421, 17, 348.

[3] Er beweist, daß eine Behauptung nicht bestritten ist, sobald er nichts enthält, woraus die Absicht der Partei, bestreiten zu wollen, hervorgeht. RG 4, 420.

[4] Anm. 5 zu § 284. Eines Berichtigungsverfahrens (§ 291) bedarf es zu diesem Zwecke nicht. RG 13, 423.

286. **Das Urtheil ist von den Richtern, welche bei der Entscheidung mitgewirkt haben, zu unterschreiben.[1] Ist ein Richter verhindert, seine Unterschrift beizufügen, so wird dies unter Angabe des Verhinderungsgrundes von dem Vorsitzenden und**

bei dessen Verhinderung von dem ältesten beisitzenden Richter unter dem Urtheile bemerkt.

Ein Urtheil, welches bei der Verkündung noch nicht in vollständiger Form abgefaßt war, ist vor Ablauf einer Woche, vom Tage der Verkündung an gerechnet, in vollständiger Abfassung dem Gerichtsschreiber zu übergeben.

Der Gerichtsschreiber hat auf dem Urtheile den Tag der Verkündung zu bemerken und diese Bemerkung zu unterschreiben.[2]

[1] Beschlüsse brauchen nicht von allen mitwirkenden Richtern unterschrieben zu werden. RG 3, 400. [2] Ferner: § 670.

5. Aushang.

287. Der Gerichtsschreiber hat die verkündeten und unterschriebenen Urtheile in ein Verzeichniß zu bringen. Das Verzeichniß wird an bestimmten, von dem Vorsitzenden im voraus festzusetzenden Wochentagen mindestens auf die Dauer einer Woche in der Gerichtsschreiberei ausgehängt.[1]

[1] § 291 Abs. 2.

6. Zustellung.

288. Die Zustellung der Urtheile[1] erfolgt auf Betreiben der Parteien.[2]

So lange das Urtheil nicht verkündet und nicht unterschrieben ist, dürfen Ausfertigungen, Auszüge und Abschriften desselben nicht ertheilt werden.[3]

Die Ausfertigungen und Auszüge der Urtheile sind von dem Gerichtsschreiber zu unterschreiben und mit dem Gerichtssiegel zu versehen.

[1] Ebenso der verkündeten Beschlüsse und Verfügungen § 294 Abs. 2, 3. — Vgl. auch Anm. 4 zu § 156.

[2] Von Amtswegen: § 582.

[3] Die Zustellung eines nicht vollständig unterschriebenen Urtheils ist wirkungslos. RG 29, 367.

289. Das Gericht ist an die Entscheidung, welche in den von ihm erlassenen End- und Zwischenurtheilen enthalten ist, gebunden.

7. Berichtigung des Urtheils.

290. Schreibfehler, Rechnungsfehler und ähnliche offenbare Unrichtigkeiten,[1] welche in dem Urtheile vorkommen, sind jederzeit[2] von dem Gerichte auch von Amtswegen zu berichtigen.[3]

Ueber die Berichtigung kann ohne vorgängige mündliche Verhandlung entschieden werden.[4] Der Beschluß, welcher eine Berichtigung ausspricht, wird auf dem Urtheil und den Ausfertigungen bemerkt.

Gegen den Beschluß, durch welchen der Antrag auf Berichtigung zurückgewiesen wird, findet kein Rechtsmittel; gegen den Beschluß, welcher eine Berichtigung ausspricht,[5] findet sofortige Beschwerde statt.[6]

[1] Flüchtigkeitsversehen, bei denen es sich nicht um einen Irrthum im Wollen, sondern in der Erklärung des Willens handelt, auch wenn sie sich nicht blos auf einzelne Worte oder Zahlen beziehen. RG 23, 402. [2] Auch noch in der Revisionsinstanz. RG 4, 210. [3] Im übrigen Anwaltszwang gemäß § 74 Abs. 1. RG 25, 405.

[4] Vgl. § 294 Abs. 3. — Gebühren: des Gerichts (frei, wenn nicht durch Muthwillen veranlaßt) § 47 Nr. 10 G.K.G.; des Anwalts ($^3/_{10}$) § 23 Nr. 1, vgl. jedoch auch § 29 Nr. 6, G.O. f. R.A. [5] Ist das Urtheil ohne Berichtigungs-

beschluß anders als verkündet abgefaßt worden, so findet deswegen nur das gegen das Urtheil zulässige Rechtsmittel statt. RG 5, 357. Ist dagegen ein Berichtigungsbeschluß in einem Falle, wo er nicht zulässig war, erlassen, so findet nur sofortige Beschwerde statt. RG 29, 405.

6 § 540. Gegen den abändernden Beschwerdebescheid ist Beschwerde zugelassen. RG 30, 324, 35, 421.

8. Berichtigung des Thatbestandes.

291. Enthält der Thatbestand des Urtheils Unrichtigkeiten, welche nicht unter die Bestimmung des vorstehenden Paragraphen fallen, Auslassungen Dunkelheiten oder Widersprüche, so kann die Berichtigung binnen einer einwöchigen Frist[1] durch Zustellung eines Schriftsatzes beantragt werden.

Die Frist beginnt mit dem Tage des Aushangs des Verzeichnisses, in welches das Urtheil eingetragen ist.

Der Schriftsatz muß den Antrag auf Berichtigung und die Ladung[2] des Gegners zur mündlichen Verhandlung enthalten.

Das Gericht entscheidet ohne vorgängige Beweisaufnahme.[3] Bei der Entscheidung wirken nur diejenigen Richter mit, welche bei dem Urtheil mitgewirkt haben. Ist ein Richter verhindert, so giebt bei Stimmengleichheit die Stimme des Vorsitzenden und bei dessen Verhinderung die Stimme des ältesten Richters den Ausschlag. Eine Anfechtung des Beschlusses findet nicht statt. Der Beschluß, welcher eine Berichtigung ausspricht, wird auf dem Urtheil und den Ausfertigungen bemerkt.

Die Berichtigung des Thatbestandes hat eine Aenderung des übrigen Theils des Urtheils nicht zur Folge.

[1] § 200. [2] §§ 191 ff.

[3] Gebühren: des Gerichts (frei, wenn nicht durch Muthwillen veranlaßt) § 47 Nr. 10 G.K.G.; des Anwalts: ($^{3}/_{10}$) § 23 Nr. 1, vgl. jedoch auch § 29 Nr. 6, G.O. f. R.A.

9. Ergänzung des Urtheils.

292. Wenn ein nach dem ursprünglich festgestellten oder nachträglich berichtigten Thatbestande von einer Partei geltend gemachter Haupt- oder Nebenanspruch, oder wenn der Kostenpunkt[1] bei der Endentscheidung ganz oder theilweise übergangen ist,[2] so ist auf Antrag das Urtheil durch nachträgliche Entscheidung zu ergänzen.[3]

Die nachträgliche Entscheidung muß binnen einer einwöchigen Frist,[4] welche mit der Zustellung des Urtheils beginnt, durch Zustellung eines Schriftsatzes beantragt werden.[5]

Der Schriftsatz muß den Antrag auf Ergänzung und die Ladung[6] des Gegners zur mündlichen Verhandlung enthalten.

Die mündliche Verhandlung hat nur den nicht erledigten Theil des Rechtsstreits zum Gegenstande.[7]

[1] § 279 Abs. 2. [2] § 14 Nr. 5 E.G.

[3] §§502, 562, 654. — Wegen der Gebühren: des Gerichts vgl. § 29 G.K.G.; des Anwalts vgl. §§ 10, 13 G.O. f. R.A.

[4] § 400.

[5] Dies kann in der Rechtsmittelinstanz nicht nachgeholt werden. Anm. 1 zu § 499. RG 11, 409, 23, 423. Vgl. jedoch Anm. 3 zu § 562. Auch die Ablehnung des Ergänzungs-

antrags hat durch Urtheil zu erfolgen. RG 30, 342. Der übergangene Anspruch auf Erstattung der Prozeßkosten kann in einem neuen Prozeß nicht geltend gemacht werden, auch nicht von Seiten eines Nebenintervenienten. RG 22, 421.

[6] §§ 191 ff. [7] An dem Ergänzungsurtheil brauchen nicht dieselben Richter Theil zu nehmen, wie an dem zu ergänzenden Urtheil. RG 30, 345. Das auf den Ergänzungsantrag ergehende Urtheil ist selbständig durch Rechtsmittel anzufechten: die Anfechtung kann nicht im Wege der Anschließung an das gegen das Haupturtheil vom Gegner eingelegte Rechtsmittel erfolgen. RG 23, 422.

10. Rechtskraft.

293. Urtheile[1] sind der Rechtskraft[2] nur insoweit fähig, als über den durch die Klage oder durch die Widerklage erhobenen Anspruch entschieden ist.[3]

Die Entscheidung über das Bestehen oder Nichtbestehen einer mittels Einrede geltend gemachten Gegenforderung ist der Rechtskraft fähig,[4] jedoch nur bis zur Höhe desjenigen Betrags, mit welchem aufgerechnet werden soll.[5]

[1] Bezieht sich nur auf die unter Herrschaft der C.P.O. ergangenen. RG 6, 415. [2] Formelle Rechtskraft: § 645.

[3] Die in den Entscheidungsgründen enthaltenen rechtlichen oder thatsächlichen Feststellungen werden nicht rechtskräftig. RG 7, 355, 11, 385. Doch ist eine Heranziehung der Urtheilsgründe zur Erläuterung der Urtheilsformel zulässig und geboten, RG 25, 214, insbesondere zur Klarstellung der rechtlichen Natur des Anspruchs, über den in der Urtheilsformel entschieden ist. RG 33, 4. Rechtskräftige Feststellung eines Saldo schafft nicht Rechtskraft hinsichtlich der einzelnen Rechnungsposten, aus denen er sich zusammensetzt. RG 27, 93. — Zur rechtskräftigen Entscheidung über das zu Grunde liegende Rechtsverhältniß führen die §§ 231, 253, 467. — Rechtskräftige Abweisung der negativen Feststellungsklage als

sachlich unbegründet wirkt als Feststellung des vom Kläger verneinten Rechtsverhältnisses. RG 29, 346. Abweichend: RG 6, 386. Vgl. auch Anm. 6 zu § 248. [4] Wegen der Rechtshängigkeit der Gegenforderung vgl. Anm. 2 zu § 254. [5] Der überschießende Theil kann in einem anderen Prozesse geltend gemacht werden, auch wenn in dem erst entschiedenen Rechtsstreit die Gegenforderung rechtskräftig als nicht bestehend verworfen ist. RG 16, 356.

II. Verkündung der Beschlüsse.

294. **Die auf Grund einer mündlichen Verhandlung ergehenden Beschlüsse des Gerichts müssen verkündet werden.**

Die Vorschriften der §§. 280, 281 finden auf Beschlüsse des Gerichts, die Vorschriften der §§. 283, 288 auf Beschlüsse des Gerichts und auf Verfügungen des Vorsitzenden, sowie eines beauftragten oder ersuchten Richters[1] entsprechende Anwendung.

Nicht verkündete Beschlüsse des Gerichts und nicht verkündete Verfügungen des Vorsitzenden und eines beauftragten oder ersuchten Richters sind den Parteien von Amtswegen[2] zuzustellen.[3]

[1] Anm. 5 zu § 41 Nr. 6. [2] Eine erforderliche Ladung ist gleichzeitig von Amtswegen zu erlassen. Begr. 159, Pr. 125. — Zustellung von Parteiwegen ist unwirksam. RG 3, 376. — Erfolgt statt der förmlichen Zustellung eine einfache Mittheilung, so ist darum die Entscheidung nicht unwirksam; die Rüge der mangelnden Zustellung steht nur dem zu, der ein rechtliches Interesse an der Beobachtung der Form hat. RG 11, 404.

[3] Ausnahme: §§ 452, 730 Abs. 2, 802 Abs. 2, 815. — Verkündete Beschlüsse werden von Amtswegen zugestellt in den Fällen der §§ 602, 619, ferner im Konkursverfahren, § 66 Abs. 2 K.O.

Dritter Titel.

Versäumnißurtheil.

Jedes gegen die ausbleibende Partei ergehende Urtheil ist Versäumnißurtheil. RG 6, 365, 10, 403, 24, 433, 28, 395.

Ferner enthalten Bestimmungen über das Versäumnißurtheil: §§ 144, 216 Abs. 2, 217 Abs. 4, 318 Abs. 2, 430, 504, 529, 563 Abs. 3, 578 Abs. 4, 611, 620, 624, 626, 640, 767.

Wegen der Gebühren des Gerichts (1) vgl. § 19 G.K.G., des Anwalts ($^5/_{10}$) §§ 13 Nr. 1, 16 G.O. f. R.A.

Voraussetzungen und Erlaß.

295. Erscheint der Kläger im Termine zur mündlichen Verhandlung nicht,[1] so ist auf Antrag das Versäumnißurtheil dahin zu erlassen, daß der Kläger mit der Klage abzuweisen sei.

[1] § 209 Abs. 2. — Vgl. Anm. 2 zu § 300.

296. Beantragt der Kläger gegen den im Termine zur mündlichen Verhandlung nicht erschienenen[1] Beklagten das Versäumnißurtheil, so ist das thatsächliche mündliche Vorbringen des Klägers als zugestanden anzunehmen.

Soweit dasselbe den Klagantrag rechtfertigt, ist nach dem Antrage zu erkennen;[2] soweit dies nicht der Fall, ist die Klage abzuweisen.

[1] § 209 Abs. 2. [2] Kosten: § 309 und Anm. 1 zu § 89.

297. Als Verhandlungstermine im Sinne der vorstehenden Paragraphen sind auch diejenigen Termine anzusehen, auf welche die mündliche Verhandlung vertagt ist, oder welche zur Fortsetzung derselben vor oder nach dem Erlasse eines Beweisbeschlusses[1] bestimmt sind. [1] § 335.

298. Als nicht erschienen ist auch diejenige Partei anzusehen, welche in dem Termine zwar erscheint, aber nicht verhandelt.[1]

[1] Erscheinen beide Theile nicht: § 228 Abs. 2.

299. Wenn eine Partei in dem Termine verhandelt,[1] sich jedoch über Thatsachen,[2] Urkunden[3] oder Eideszuschiebungen[4] nicht erklärt, so finden die Vorschriften dieses Titels keine Anwendung.

[1] § 128 Abs. 1. Die bloße Verlesung der Anträge ist ein Verhandeln, sofern in denselben eine wenn auch unvollständige Erwiderung auf die sachlichen Auslassungen des Gegners enthalten ist. RG 10, 392. Ueberhaupt ist, ob eine Partei verhandelt, nach dem Inhalt der von ihr abgegebenen Erklärungen und den sonstigen Umständen des einzelnen Falls zu beurtheilen. RG 31, 424. [2] § 129. [3] §§ 404, 468. [4] §§ 417, 420.

300. Der Antrag auf Erlassung eines Versäumnißurtheils ist zurückzuweisen, unbeschadet des Rechts der erschienenen Partei, die Vertagung der mündlichen Verhandlung zu beantragen:[1]

1. wenn die erschienene Partei die vom Gerichte wegen eines von Amtswegen zu berücksichtigenden Umstandes erforderte Nachweisung nicht zu beschaffen vermag;[2]
2. wenn die nicht erschienene Partei nicht ordnungsmäßig, insbesondere nicht rechtzeitig[3] geladen war;
3. wenn der nicht erschienenen Partei ein thatsächliches mündliches Vorbringen oder ein Antrag nicht rechtzeitig[4] mittels Schriftsatzes mitgetheilt war.[5]

Wird die Verhandlung vertagt, so ist die nicht erschienene Partei zu dem neuen Termine zu laden.[5]

[1] Beim Widerspruch des erschienenen Beklagten hat der Kläger kein Recht, wegen Mangels von Prozeßvoraussetzungen Vertagung zu verlangen. RG 13, 339. Die erschienene Partei hat beim Ausbleiben des Gegners ein Recht, Vertagung und sofortige Anberaumung eines neuen Termins zu verlangen. Gegen die Ablehnung Beschwerde. RG 23, 368.

[2] §§ 54, Abs. 2. — Dazu gehört — auch beim Ausbleiben des Klägers — der Nachweis, daß die Klage zugestellt ist. RG 21, 376. [3] §§ 194, 234, 459, 597 Abs. 2. — § 102 Abs. 1 G.K.G. [4] § 123. [5] Der Antrag auf Erlaß des Versäumnißurtheils braucht natürlich nicht vorher mitgetheilt zu sein. RG 31, 404. [6] Ausnahme von § 195.

301. Gegen den Beschluß, durch welchen der Antrag auf Erlassung des Versäumnißurtheils zurückgewiesen wird, findet sofortige Beschwerde[1] statt. Wird der Beschluß aufgehoben, so ist die nicht erschienene Partei zu dem neuen Termine nicht zu laden.

[1] § 540. — Auch wenn unrichtig für diese Entscheidung die Form des Urtheils gewählt ist, bezw. wenn die bezüglich eines Theils der Klageforderung das Versäumnißurtheil ablehnende Entscheidung in das im übrigen dem Klageantrage stattgebende Versäumnißurtheil mit aufgenommen war. RG 15, 391.

302. Das Gericht kann von Amtswegen die Verhandlung über den Antrag auf Erlassung des Versäumnißurtheils vertagen, wenn es dafür hält, daß die von dem Vorsitzenden bestimmte Einlassungs- oder Ladungsfrist[1] zu kurz bemessen, oder daß die Partei durch Naturereignisse oder durch andere unabwendbare Zufälle[2] am Erscheinen verhindert worden sei. Die nicht erschienene Partei ist zu dem neuen Termine zu laden.[3]

[1] §§ 204, 217, 234 Abs. 2. [2] § 211 Abs. 1. [3] Ausnahme von § 195.

Einspruch.

303. Der Partei, gegen welche ein Versäumnißurtheil erlassen ist,[1] steht gegen dasselbe[2] der Einspruch[3] zu.[4]

[1] Nicht dem abgewiesenen Kläger im Falle des § 296 Abs. 2.
[2] Auch wenn es vom erkennenden Gericht irrthümlich für ein kontradiktorisches Urtheil erklärt ist. RG 35, 345. Auch lediglich der Kosten wegen. Anm. 1 zu § 94. [3] Ausnahme: §§ 216 Abs. 2, 310. — Nicht Berufung: § 474 Abs. 1.
[4] Der Einspruch hemmt den Eintritt der Rechtskraft, nicht die angeordnete Vollstreckung. §§ 645, 647, 657.

304. Die Einspruchsfrist beträgt zwei Wochen;[1] sie ist eine Nothfrist[2] und beginnt mit der Zustellung des Versäumnißurtheils.[3]

Muß die Zustellung im Ausland[4] oder durch öffentliche Bekanntmachung[5] erfolgen, so hat das Gericht die Einspruchsfrist im Versäumnißurtheile oder nachträglich durch besonderen Beschluß, welcher ohne vorgängige mündliche Verhandlung erlassen werden kann,[6] zu bestimmen.

[1] § 200. [2] § 201 — Wiedereinsetzung: § 211 Abs. 2.
[3] Die Einlegung ist schon vor der Zustellung zulässig. RG 3, 408, 9, 421. — Vgl. dagegen §§ 477 Abs. 2, 514 Abs. 2.
[4] §§ 182 ff. [5] § 186. [6] Und in diesem Fall den Parteien von Amtswegen zugestellt werden muß. § 294 Abs. 3.

305. Die Einlegung des Einspruchs erfolgt durch Zustellung eines Schriftsatzes. Derselbe muß[1] enthalten:

1. die Bezeichnung des Urtheils, gegen welches der Einspruch gerichtet wird;
2. die Erklärung, daß gegen dieses Urtheil Einspruch eingelegt werde;
3. die Ladung[2] des Gegners zur mündlichen Verhandlung über die Hauptsache.[3]

Der Schriftsatz soll[4] zugleich dasjenige enthalten, was zur Vorbereitung der Verhandlung über die Hauptsache erforderlich ist.

[1] Imperativ. Anm. 2 zu § 67.

[2] Vgl. Anm. 5 zu § 230 und Anm. 3 zu § 479.

[3] Im Falle des § 640 Satz 3 nur zur Verhandlung über die Zulässigkeit des Einspruchs.

[4] Instruktionell. Anm. 2 zu § 67. — §§ 120, 245 Abs. 2.

306. Das Gericht hat von Amtswegen zu prüfen, ob der Einspruch an sich statthaft und ob er in der gesetzlichen Form und Frist eingelegt sei. Fehlt es an einem dieser Erfordernisse, so ist der Einspruch als unzulässig zu verwerfen.[1]

[1] Durch Urtheil nach mündlicher Verhandlung. §§ 272 Abs. 1, 500 Nr. 1. — Gebühren: des Gerichts ($^{5}/_{10}$) § 26 Nr. 6 u. Abs. 2, § 32 Abs. 1 G.K.G.; des Anwalts ($^{5}/_{10}$) §§ 20, 27 Abs. 1 G.O. f. R.A.

307. Ist der Einspruch zulässig, so wird der Prozeß in die Lage zurückversetzt, in welcher er sich vor Eintritt der Versäumniß befand.

308. Insoweit die Entscheidung, welche auf Grund der neuen Verhandlung zu erlassen ist, mit der in dem Versäumnißurtheil enthaltenen Entscheidung übereinstimmt, ist auszusprechen, daß diese

Entscheidung aufrecht zu erhalten sei. Insoweit diese Voraussetzung nicht zutrifft, wird das Versäumnißurtheil in dem neuen Urtheil aufgehoben.[1]

[1] § 655 Abs. 2.

309. Ist das Versäumnißurtheil in gesetzlicher Weise ergangen, so sind die durch die Versäumniß veranlaßten Kosten,[1] soweit sie nicht durch einen unbegründeten Widerspruch des Gegners entstanden sind, der säumigen Partei auch dann aufzuerlegen, wenn in Folge des Einspruchs eine abändernde Entscheidung erlassen wird.

[1] Gebühren: des Gerichts ($^5/_{10}$) § 26 Nr. 6, § 32 Abs. 2 G.K.G.; des Anwalts ($^5/_{10}$) §§ 20, 27 Abs. 2 G.O. f. R.A.

310. Einer Partei, die den Einspruch eingelegt hat, aber in der zur mündlichen Verhandlung bestimmten Sitzung[1] oder in derjenigen Sitzung, auf welche die Verhandlung vertagt ist, nicht erscheint oder nicht zur Hauptsache verhandelt,[2] steht gegen das Versäumnißurtheil, durch welches der Einspruch verworfen wird,[3] ein weiterer Einspruch nicht zu.[4]

[1] § 305 Nr. 3.

[2] Anm. 1 zu § 89. — Gebühren wie in Anm. 1 zu § 306.

[3] Wohl aber gegen andere in derselben Instanz ergehende Versäumnißurtheile; doch sind dieselben ohne Antrag für vorläufig vollstreckbar zu erklären. § 648 Nr. 3.

[4] Nur die Berufung gemäß § 474 Abs. 2.

311. In Betreff des Verzichts auf den Einspruch und der Zurücknahme desselben finden die Vorschriften über den Verzicht auf die Berufung und über die Zurücknahme derselben[1] entsprechende Anwendung.[2]

[1] §§ 475, 476. [2] Gebühren des Gerichts ($^1/_{10}$): § 46 G.K.G. in der Fassung der Novelle v. 29./6. 81 (R.G.Bl. 178), vgl. auch § 32 G.K.G.; des Anwalts ($^5/_{10}$): §§ 20, 27 Abs. 1 G.O. f. R.A.; wird Entscheidung nöthig, Gebühren des Gerichts ($^5/_{10}$): § 26 Nr. 6 G.K.G.

812. Die Vorschriften dieses Titels finden auf das Verfahren, welches eine Widerklage[1] oder die Bestimmung des Betrags eines dem Grunde nach bereits festgestellten Anspruchs[2] zum Gegenstande hat, entsprechende Anwendung.

War ein Termin lediglich zur Verhandlung über einen Zwischenstreit bestimmt, so beschränkt sich das Versäumnißverfahren und das Versäumnißurtheil auf die Erledigung dieses Zwischenstreits.[3] Die Vorschriften dieses Titels finden entsprechende Anwendung.

[1] Anm. 1 zu § 33. [2] § 276. Vgl. auch Anm. 6 zu § 248. [3] Versäumnißzwischenurtheil. Vgl. § 480.

Vierter Titel.

Vorbereitendes Verfahren in Rechnungssachen, Auseinandersetzungen und ähnlichen Prozessen.

Wegen der Gebühren des Gerichts vgl. § 20 Nr. 2 G.K.G.; des Anwalts § 16 G.O. f. R.A.

813. Stellt sich in Prozessen, welche die Richtigkeit einer Rechnung, eine Vermögensauseinandersetzung oder ähnliche Verhältnisse zum Gegenstande haben, eine erhebliche Zahl von streitigen Ansprüchen oder von streitigen Erinnerungen gegen eine Rechnung oder gegen ein Inventar heraus, so kann das Prozeßgericht[1] ein vorbereitendes Verfahren vor einem beauftragten Richter[2] anordnen.

[1] § 250. — Nicht im amtsgerichtlichen Verfahren, § 469; dagegen in Konsularsachen, § 15 R.Ges. v. 10./7.79 (R.G.B. 197), unten VIa. [2] Anm. 5 zu § 41 Nr. 6.

814. Bei der Verkündung des Beschlusses, durch welchen das vorbereitende Verfahren angeordnet wird, ist durch den Vorsitzenden der beauftragte Richter zu bezeichnen und der Termin zur Erledigung des Beschlusses zu bestimmen. Ist die Terminsbestimmung unterblieben, so erfolgt sie durch den beauftragten Richter; wird dieser verhindert, den Auftrag zu vollziehen, so ernennt der Vorsitzende ein anderes Mitglied.

815. In dem vorbereitenden Verfahren ist zu Protokoll festzustellen:[1]

1. welche Ansprüche erhoben und welche Angriffs- und Vertheidigungsmittel geltend gemacht werden;
2. welche Ansprüche und welche Angriffs- und Vertheidigungsmittel streitig oder unstreitig sind;
3. in Ansehung der bestrittenen Ansprüche und der bestrittenen Angriffs- und Vertheidigungsmittel das Sachverhältniß nebst den von den Parteien bezeichneten Beweismitteln, den geltend gemachten Beweiseinreden, den abgegebenen Erklärungen über Beweismittel und Beweiseinreden und den gestellten Anträgen.

Das Verfahren richtet sich nach den Vorschriften, welche zur Anwendung kommen würden, wenn der Rechtsstreit vor einem Amtsgerichte anhängig wäre;[2]

dasselbe ist fortzusetzen, bis der Rechtsstreit selbst oder ein Zwischenstreit zur Erlassung eines Urtheils oder eines Beweisbeschlusses reif erscheint.

[1] Durch Schriftsätze nur, wenn sie den Anforderungen der Nr. 1—3 entsprechen. Pr. 116. [2] §§ 456 ff.

316. Erscheint eine Partei in einem Termine vor dem beauftragten Richter nicht,[1] so hat dieser das Vorbringen der erschienenen Partei in Gemäßheit der Bestimmungen des vorstehenden Paragraphen zu Protokoll festzustellen und einen neuen Termin anzuberaumen. Die nicht erschienene Partei ist zu dem neuen Termine unter Mittheilung einer Abschrift des Protokolls zu laden.

Erscheint die Partei auch in dem neuen Termine nicht, so gelten die in dem zugestellten Protokolle enthaltenen thatsächlichen Behauptungen des Gegners als zugestanden und ist das vorbereitende Verfahren bezüglich derselben nicht weiter fortzusetzen.

[1] Erscheinen beide Parteien nicht: § 228 Abs. 2.

317. Nach dem Schlusse des vorbereitenden Verfahrens ist der Termin zur mündlichen Verhandlung vor dem Prozeßgerichte von Amtswegen zu bestimmen und den Parteien bekannt zu machen

318. Bei der mündlichen Verhandlung haben die Parteien das Ergebniß des vorbereitenden Verfahrens auf Grund des Protokolls vorzutragen.

Ist eine Partei nicht erschienen, so sind Ansprüche, welche sich in dem vorbereitenden Verfahren als unstreitig ergeben haben, durch Theilurtheil zu erledigen.[1] Im übrigen ist auf Antrag ein Versäumnißurtheil[2] zu erlassen.

1 § 273. 2 §§ 295, 296.

319. Eine vor dem beauftragten Richter unterbliebene oder verweigerte Erklärung über Thatsachen, Urkunden oder Eideszuschiebungen kann in der mündlichen Verhandlung nicht mehr nachgeholt werden. Erklärungen einer vor dem beauftragten Richter erschienenen Partei sind nur insoweit als unterblieben anzusehen, als die Partei von dem Richter zur Abgabe einer Erklärung aufgefordert worden ist.

Ansprüche, Angriffs- und Vertheidigungsmittel,[1] Beweismittel und Beweiseinreden, welche zum Protokolle des beauftragten Richters nicht festgestellt sind, können in der mündlichen Verhandlung nur geltend gemacht werden, wenn glaubhaft gemacht wird,[2] daß dieselben erst später entstanden oder der Partei bekannt geworden seien.[3]

1 §§ 137, 251 Abs. 1. 2 § 266.
2 Nachholung in der Berufungsinstanz? Anm. 2 zu § 491.

Fünfter Titel.

Allgemeine Bestimmungen über die Beweisaufnahme.

Materielle Vorschriften über den Beweis: §§ 255—266.

Gebühren: des Gerichts (1 bezw. $^1/_2$) § 18 Nr. 2, § 22 G.K.G. letzterer in der Fassung v. 29./6. 81 (R.G.B. 178); des Anwalts (1 bezw. $1^1/_4$ oder $1^1/_2$) § 13 Nr. 4, § 17 G.O. f. R.A. Vgl. auch § 13 R.Ges. betr. Binnenschiffahrt v. 15./6. 95 (R.G.B. 304) u. § 10 R.Ges. betr. Flößerei v. 15./6. 95 (R.G.B. 343).

320. Die Beweisaufnahme erfolgt vor dem Prozeßgerichte.[1] Sie ist nur in den durch dieses Gesetz bestimmten Fällen[2] einem Mitgliede des Prozeßgerichts oder einem anderen Gerichte[3] zu übertragen.[4]

Eine Anfechtung des Beschlusses, durch welchen die eine oder die andere Art der Beweisaufnahme angeordnet wird, findet nicht statt.[5]

[1] §§ 257, 335 Abs. 1. [2] §§ 337, 340, 367, 370, 399, 441.
[3] § 158 G.V.G. — Gemeint sind deutsche Gerichte. RG 2, 372. Im Auslande: §§ 318, 329, 334.
[4] Der betreffenden Anordnung braucht eine mündliche Verhandlung nicht vorherzugehen. § 119. RG 16, 411.
[5] Auch die Anordnung, daß die Beweisaufnahme vor dem Prozeßgericht stattzufinden habe, unterliegt nicht der Anfechtung. RG 11, 377.

321. Steht der Aufnahme des Beweises ein Hinderniß von ungewisser Dauer entgegen, so ist auf Antrag eine Frist zu bestimmen, nach deren fruchtlosem Ablaufe das Beweismittel nur benutzt werden kann, wenn dadurch das Verfahren nicht verzögert wird.[1]

[1] §§ 329, 396 Abs. 2. — Ohne Rücksicht, ob ein Verschulden der Partei vorliegt. RG 7, 391.

322. Den Parteien ist gestattet, der Beweisaufnahme beizuwohnen.[1]

[1] Ohne Vertretung durch Anwälte im Falle des § 74 Abs. 2, sonst mit Anwälten. § 128 Abs. 4. — §§ 362, 337. — Württemberg: Art. 2 Ges. v. 18./8. 79 (Reg.Bl. 176).

Beweisbeschluß.

323. Erfordert die Beweisaufnahme ein besonderes Verfahren,[1] so ist dasselbe durch Beweisbeschluß anzuordnen. [1] D. h. einen anderen Termin. RG 10, 371.

324. Der Beweisbeschluß enthält:

1. die Bezeichnung der streitigen Thatsachen, über welche der Beweis zu erheben ist;
2. die Bezeichnung der Beweismittel unter Benennung der zu vernehmenden Zeugen und Sachverständigen;[1]
3. die Bezeichnung der Partei, welche sich zum Nachweise oder zur Widerlegung thatsächlicher Behauptungen auf das Beweismittel berufen hat;
4. die Eidesnorm, wenn die Abnahme eines zugeschobenen oder zurückgeschobenen Eides angeordnet wird.[2]

[1] Ausnahme: § 370. [2] § 426.

325. Vor Erledigung des Beweisbeschlusses kann von keiner Partei eine Aenderung desselben[1] auf Grund der früheren Verhandlungen beantragt werden.[2]

[1] Eine Aenderung seines Inhalts. Die Rüge der Verletzung von Vorschriften des Verfahrens bei Erlaß des Beschlusses ist zulässig. RG 3, 369.

[2] Vom Gericht kann sie angeordnet werden. Begr. 245.

Beweisaufnahme durch den beauftragten oder ersuchten Richter.

326. Soll die Beweisaufnahme durch ein Mitglied des Prozeßgerichts erfolgen, so wird bei der Verkündung des Beweisbeschlusses durch den Vorsitzenden der beauftragte Richter bezeichnet und der Termin zur Beweisaufnahme[1] bestimmt.

Ist die Terminsbestimmung unterblieben, so erfolgt sie durch den beauftragten Richter;[2] wird

derselbe verhindert, den Auftrag zu vollziehen, so ernennt der Vorsitzende ein anderes Mitglied.

[1] Daneben zugleich der Termin zur mündlichen Verhandlung. § 385 Abs. 2. [2] Dieser veranlaßt die Ladung der Zeugen und Sachverständigen von Amtswegen. §§ 342, 367. — Die Parteien sind von Amtswegen zu benachrichtigen. § 294 Abs. 3. RG 6, 351.

327. Soll die Beweisaufnahme durch ein anderes Gericht erfolgen, so ist das Ersuchungsschreiben von dem Vorsitzenden zu erlassen.

Die auf die Beweisaufnahme sich beziehenden Verhandlungen werden in Urschrift von dem ersuchten Richter dem Gerichtsschreiber des Prozeßgerichts übersendet, welcher die Parteien von dem Eingange benachrichtigt.

Im Auslande.

328. Soll die Beweisaufnahme im Ausland erfolgen, so hat der Vorsitzende die zuständige Behörde[1] um Aufnahme des Beweises zu ersuchen.

Kann die Beweisaufnahme durch einen Reichskonsul[2] erfolgen, so ist das Ersuchen an diesen zu richten.

[1] D. i. diejenige, welche nach der Gerichtsverfassung des fremden Staats Ersuchungsschreiben dieser Art entweder selbst zu erledigen oder deren Erledigung zu veranlassen hat. Begr. 246. — Wegen des unmittelbaren Verkehrs mit ausländischen Gerichtsbehörden vgl. Anm. 3 zu § 182. [2] § 20 B.Ges. v. 8./11. 67 (B.G.B. 137). §§ 1, 12 R.Ges. v. 10./7. 79 (R.G.B. 197), oben S. 117. — Uebersicht der Konsuln, welche Zeugen vernehmen können: Pr. J.M.Bl. 1891 S. 344.

329. Wird eine ausländische Behörde ersucht,

den Beweis aufzunehmen, so kann das Gericht anordnen, daß der Beweisführer das Ersuchungsschreiben zu besorgen und die Erledigung des Ersuchens zu betreiben habe.

Das Gericht kann sich auf die Anordnung beschränken, daß der Beweisführer eine den Gesetzen des fremden Staates entsprechende öffentliche Urkunde über die Beweisaufnahme beizubringen habe.

In beiden Fällen ist in dem Beweisbeschlusse eine Frist zu bestimmen, binnen welcher von dem Beweisführer die Urkunde auf der Gerichtsschreiberei niederzulegen ist. Nach fruchtlosem Ablaufe dieser Frist kann die Urkunde nur benutzt werden, wenn dadurch das Verfahren nicht verzögert wird.[1]

Der Beweisführer hat den Gegner, wenn möglich, von dem Orte und der Zeit der Beweisaufnahme so zeitig in Kenntniß zu setzen,[2] daß derselbe seine Rechte in geeigneter Weise wahrzunehmen vermag. Ist die Benachrichtigung unterblieben, so hat das Gericht zu ermessen, ob und inwieweit der Beweisführer zur Benutzung der Beweisverhandlung berechtigt sei.

[1] § 321.

[2] Formlos, ohne Beurkundung. Anm. 1 zu § 152.

330. Der beauftragte oder ersuchte Richter ist[1] ermächtigt, falls sich später Gründe ergeben, welche die Beweisaufnahme durch ein anderes Gericht sachgemäß erscheinen lassen, dieses Gericht um die Aufnahme des Beweises zu ersuchen. Die Parteien sind von dieser Verfügung in Kenntniß zu setzen.[2]

[1] Anm. 5 zu § 41 Nr. 6.

[2] Formlos, ohne Beurkundung. Anm. 1 zu § 152.

331. Erhebt sich bei der Beweisaufnahme vor einem beauftragten oder ersuchten Richter ein Streit, von dessen Erledigung die Fortsetzung der Beweisaufnahme abhängig und zu dessen Entscheidung der Richter nicht berechtigt ist, so erfolgt die Erledigung durch das Prozeßgericht.

Der Termin zur mündlichen Verhandlung über den Zwischenstreit ist von Amtswegen zu bestimmen und den Parteien bekannt zu machen.[1]

[1] Die Verfügung ist den Parteien von Amtswegen zuzustellen. § 294 Abs. 3.

332. Erscheint eine Partei oder erscheinen beide Parteien in dem Termine zur Beweisaufnahme nicht, so ist die Beweisaufnahme gleichwohl insoweit zu bewirken,[1] als dies nach Lage der Sache geschehen kann.

Eine nachträgliche Beweisaufnahme oder eine Vervollständigung der Beweisaufnahme ist bis zum Schlusse derjenigen mündlichen Verhandlung, auf welche das Urtheil ergeht, auf Antrag anzuordnen, wenn das Verfahren dadurch nicht verzögert wird oder wenn die Partei glaubhaft macht,[2] daß sie ohne ihr Verschulden außer Stande gewesen sei, in dem früheren Termine zu erscheinen, und im Falle des Antrags auf Vervollständigung, daß durch ihr Nichterscheinen eine wesentliche Unvollständigkeit der Beweisaufnahme veranlaßt sei.

[1] Auch vor dem Prozeßgericht. Pr. 125. RG 1, 238. —

Voraussetzung ist, daß die ausgebliebene Partei vom Termine benachrichtigt ist. RG 6, 353. [2] § 266.

333. Wird ein neuer Termin zur Beweisaufnahme oder zur Fortsetzung derselben erforderlich, so ist dieser Termin, auch wenn der Beweisführer oder beide Parteien in dem früheren Termine nicht erschienen waren, von Amtswegen zu bestimmen.[1]

[1] Bei Abwesenheit der Parteien erfolgt die Zustellung der Verfügung von Amtswegen. § 294 Abs. 3.

334. Entspricht die von einer ausländischen Behörde vorgenommene Beweisaufnahme den für das Prozeßgericht geltenden Gesetzen, so kann daraus, daß sie nach den ausländischen Gesetzen mangelhaft ist, kein Einwand entnommen werden.[1]

[1] § 53. — Art. 85 W.O. — Umgekehrt genügt es auch, wenn sie den ausländischen Gesetzen entspricht, nach dem inländischen Recht aber mangelhaft ist. RG 2, 373.

Termin zur mündlichen Verhandlung.

335. Erfolgt die Beweisaufnahme vor dem Prozeßgerichte, so ist der Termin, in welchem die Beweisaufnahme stattfindet, zugleich zur Fortsetzung der mündlichen Verhandlung bestimmt.

In dem Beweisbeschlusse, welcher anordnet, daß die Beweisaufnahme vor einem beauftragten oder ersuchten Richter erfolgen solle, kann zugleich der Termin zur Fortsetzung der mündlichen Verhandlung vor dem Prozeßgerichte bestimmt werden. Ist dies nicht geschehen, so wird nach Beendigung der Beweisaufnahme dieser Termin von Amtswegen bestimmt und den Parteien bekannt gemacht.[1]

[1] Anm. 1 zu § 331.

Sechster Titel.

Beweis durch Augenschein.

Von Amtswegen: §§ 3, 135.

Beweisantretung.

336. Die Antretung des Beweises durch Augenschein erfolgt durch die Bezeichnung des Gegenstandes des Augenscheins und durch die Angabe der zu beweisenden Thatsachen.

Beweisaufnahme.

337. Das Prozeßgericht kann anordnen, daß bei der Einnahme des Augenscheins ein oder mehrere Sachverständige zuzuziehen seien.[1]

Es kann einem Mitgliede des Prozeßgerichts oder einem anderen Gerichte[2] die Einnahme des Augenscheins übertragen,[3] auch die Ernennung der zuzuziehenden Sachverständigen[4] überlassen.

[1] §§ 369, 370. [2] § 158 G.V.G. Anm. 3, 4 zu § 320.

[3] Das ganze Gericht kann sich an Ort und Stelle begeben und dort verhandeln. § 196 Abs. 1.

[4] Protokollirung: § 146 Nr. 4.

Siebenter Titel.

Zeugenbeweis.

Weder die Prozeßpartei (selbst wenn sie nicht prozeßfähig ist), noch der gesetzliche Vertreter einer nicht prozeßfähigen Partei, kann als Zeuge zugelassen werden. RG 2, 400, 12, 188; z. B. nicht der Ehemann, welcher — bei getrennten Gütern — im Prozesse der Frau als deren Beistand auftritt, selbst wenn er auf sein Verwaltungsrecht verzichtet hat, RG 34, 238, auch nicht die Gesellschafter im Prozesse einer in Liquidation befindlichen offenen Handelsgesellschaft, selbst wenn sie nicht Liquidatoren sind, RG 17, 365, ebensowenig die Kommanditisten im Prozesse einer Kommanditgesellschaft. RG 32, 398. Wohl aber der Nebenintervenient, sofern er nicht gemäß § 66 als Streitgenosse gilt. § 414. RG 20, 390. Ferner in der höheren Instanz der Streitgenosse erster Instanz, nachdem gegen ihn der Prozeß rechtskräftig entschieden ist. RG 29, 370. — Die Aussage eines Zeugen, der später Prozeßpartei wird, ist zu berücksichtigen. RG 29, 343. — Vgl. auch Anm. 4 § 358.

Sachverständige Zeugen: § 379.

1. Beweisantretung.

338. Die Antretung des Zeugenbeweises[1] erfolgt durch die Benennung der Zeugen und die Bezeichnung der Thatsachen, über welche die Vernehmung der Zeugen stattfinden soll.

[1] Auch über innere Thatsachen. RG 32, 375.

339. Die Vernehmung neuer Zeugen, welche nach Erlassung eines Beweisbeschlusses bezüglich der in demselben bezeichneten streitigen Thatsachen benannt werden, ist auf Antrag zurückzuweisen, wenn durch die Vernehmung die Erledigung des Rechtsstreits verzögert werden würde und das Gericht die Ueberzeugung gewinnt, daß die Partei in der Absicht, den Prozeß zu verschleppen, oder aus grober Nachlässigkeit die Zeugen nicht früher benannt hat.[1]

[1] § 256 Abs. 2.

2. Beweisaufnahme.

Die Aufnahme des Beweises kann nicht dadurch ersetzt werden, daß die in dem Thatbestande eines früheren Urtheils erfolgte Feststellung der Aussagen der Zeugen oder Sachverständigen zum Vortrag gebracht wird. RG 13, 418, 17, 345. Verwerthung der Aussagen in anderen Prozessen vernommener Zeugen: RG 15, 342. Eindrücke der Zeugen auf den mit der Beweisaufnahme beauftragten Richter dürfen nur berücksichtigt werden, soweit sie durch Aufnahme in das Protokoll zum Gegenstand der Beweisaufnahme und demnächst ferner zum Gegenstand der Verhandlung vor dem erkennenden Gericht gemacht sind. RG 17, 425.

340. Die Aufnahme des Zeugenbeweises kann einem Mitgliede des Prozeßgerichts oder einem anderen Gericht[1] übertragen werden:[2]

1. wenn zur Ausmittelung der Wahrheit die Vernehmung des Zeugen an Ort und Stelle dienlich erscheint;[3]
2. wenn die Beweisaufnahme vor dem Prozeßgericht erheblichen Schwierigkeiten[4] unterliegen würde;
3. wenn der Zeuge verhindert ist, vor dem Prozeßgerichte zu erscheinen;
4. wenn der Zeuge in großer Entfernung von dem Sitze des Prozeßgerichts sich aufhält.

Die Landesherren und die Mitglieder der landesherrlichen Familien sowie die Mitglieder der Fürstlichen Familie Hohenzollern sind durch ein Mitglied des Prozeßgerichts oder durch ein anderes Gericht in ihrer Wohnung zu vernehmen.[5]

[1] § 158 G.V.G. — Anm. 3, 4 zu § 320. [2] Nur wenn die Ausnahmen Nr. 1—4 klar vorliegen: als Regel ist immer die Vernehmung vor dem Prozeßgericht streng festzuhalten. Begr. 249. Pr. 668. [3] Anm. 3 zu § 337.

[4] Gemeint sind Schwierigkeiten in der Art der Beweisaufnahme, nicht solche in den Geschäftsverhältnissen des Gerichts, wie etwa Belastung mit Arbeit. Pr. 126, 668, 675.

[5] Anm. 4 zu § 5 E.G. — Sachsen: § 6 Ges. v. 20./8.

79 (G.V.Bl. 323.) — Württemberg: Art. 2 Ges. v. 18./8. 79 (Reg.Bl. 173).

341. [1] Oeffentliche Beamte, auch wenn sie nicht mehr im Dienste sind, dürfen über Umstände, auf welche sich ihre Pflicht zur Amtsverschwiegenheit bezieht,[2] als Zeugen nur mit Genehmigung ihrer vorgesetzten Dienstbehörde oder der ihnen zuletzt vorgesetzt gewesenen Dienstbehörde vernommen werden.[3] Für den Reichskanzler bedarf es der Genehmigung des Kaisers, für die Minister der Genehmigung des Landesherrn, für die Mitglieder der Senate der freien Hansestädte der Genehmigung des Senats.

Die Genehmigung darf nur versagt werden, wenn die Ablegung des Zeugnisses dem Wohle des Reichs oder eines Bundesstaates Nachtheil bereiten würde.[4]

Die Genehmigung ist durch das Prozeßgericht einzuholen und dem Zeugen bekannt zu machen.

[1] § 53 St.P.O. [2] Gerichtsvollzieher hinsichtlich der Zwangsvollstreckungen (Preußen): RG 35, 402.

[3] § 12 Abs. 2 R.Ges. v. 31./3. 73 (R.B.B. 61). Vgl. Preuß. Verf. v. 24./5. 86 (J.M.Bl. 173). — Daneben unter Umständen § 348 Nr. 5 (z. B. bei Notaren). RG 30, 356.

[4] Bayern: Nr. 3, 1 Bekanntm. v. 7./1. 82 (G.V.Bl. 39).

Ladung.

342. Die Ladung der Zeugen ist von dem Gerichtsschreiber unter Bezugnahme auf den Beweisbeschluß auszufertigen[1] und von Amtswegen zuzustellen.[2]

Die Ladung muß[3] enthalten:

1. die Bezeichnung der Parteien;

2. die Thatsachen, über welche die Vernehmung erfolgen soll;

3. die Anweisung, zur Ablegung des Zeugnisses bei Vermeidung der durch das Gesetz angedrohten Strafen[4] in dem nach Zeit und Ort zu bezeichnenden Termine zu erscheinen.

[1] Schreibgebühren sind dafür zu berechnen. RG 6, 355.

[2] §§ 152 ff. — Benachrichtigung der vorgesetzten Behörde von der Ladung der Landgendarmen: Preußen: Verf. v. 29./6. 80 (J.M.Bl. 186); von der Ladung der Beamten außerhalb des Wohnorts: Preußen: Verf. v. 17./5. 83 (J.M.Bl. 155), v. 13./3. 84 (J.M.Bl. 54) u. 19./2. 95 (J.M.Bl. 56); von der Ladung der Beamten überhaupt: Bayern: Ver. v. **25**./9. 79 (G.V.Bl. 1293), Bek. v. 7./1. 82 (G.V.Bl. 37) u. v. 31./8. 94 (G.V.Bl. 547).

[3] Imperativ. Anm. 2 zu § 67. [4] §§ 345, 355.

343. Die Ladung einer dem aktiven Heere oder der aktiven Marine angehörenden Person des Soldatenstandes[1] als Zeuge erfolgt durch Ersuchen der Militärbehörde.[2]

[1] § 38 Reichsmilit.-Ges. v. 2./5. 74 (R.G.B. 45), § 4 u. Anl. zum Mil.St.G.B. v. 20./6. 72 (R.G.B. 174, 204).

[2] Vgl. Bek. im Centr.Bl. f. d. D. R. von 1880 S. 480.

344. Das Gericht kann die Ladung davon abhängig machen,[1] daß der Beweisführer einen Vorschuß zur Deckung der Staatskasse wegen der durch die Vernehmung des Zeugen erwachsenden Auslagen[2] hinterlegt.

Erfolgt die Hinterlegung nicht binnen der bestimmten Frist, so unterbleibt die Ladung,[3] wenn die Hinterlegung nicht so zeitig nachgeholt wird, daß die Vernehmung ohne Verzögerung des Verfahrens erfolgen kann.

[1] Unter Berücksichtigung der Vermögensverhältnisse der Partei. Tritt eine neue Hauptpartei als Rechtsnachfolger an deren Stelle, so ist auf Verlangen der frühere Beschluß neu zu prüfen. RG 21, 399. [2] § 366. — § 84 G.K.G.
[3] Doch bleibt der Partei das Recht, das Beweismittel im Termine zu gestellen oder andere Beweismittel — vorbehaltlich der §§ 252, 389, 398 — geltend zu machen. RG 7, 392.

Folgen des Ausbleibens.

345.[1] Ein ordnungsmäßig geladener Zeuge, welcher nicht erscheint, ist, ohne daß es eines Antrags bedarf, in die durch das Ausbleiben verursachten Kosten sowie zu einer Geldstrafe bis zu dreihundert Mark und für den Fall, daß diese nicht beigetrieben werden kann, zur Strafe der Haft[2] bis zu sechs Wochen zu verurtheilen.[3]

Im Falle wiederholten Ausbleibens kann die Strafe noch einmal erkannt, auch die zwangsweise Vorführung des Zeugen angeordnet werden.

Gegen diese Beschlüsse findet die Beschwerde[4] statt.

Die Festsetzung und die Vollstreckung der Strafe gegen eine dem aktiven Heere oder der aktiven Marine angehörende Militärperson[5] erfolgt auf Ersuchen durch das Militärgericht, die Vorführung einer solchen Person durch Ersuchen der Militärbehörde.[6]

[1] § 50 St.P.O. [2] §§ 785—795. — Daneben § 138 St.G.B. [3] Gebühren: des Gerichts (frei) § 47 Nr. 8 G.K.G.; des Anwalts ($^3/_{10}$) § 23 Nr. 1, vgl. jedoch auch § 29 Nr. 6, G.O. f. R.A. [4] § 530; mit aufschiebender Wir-

kung, § 535; zum Protokoll des Gerichtsschreibers, § 582 Abs. 2. [5] Anm. 1 zu § 343 u. Ver. 13./8. 95 (R.G.B. 431). [6] Vgl. Bek. im Centralblatt f. d. D. R. von 1880 S. 481.

346. Die Verurtheilung in Strafe und Kosten unterbleibt, wenn das Ausbleiben des Zeugen genügend entschuldigt ist. Erfolgt nachträglich genügende Entschuldigung, so werden die gegen den Zeugen getroffenen Anordnungen wieder aufgehoben.[1]

Die Anzeigen und Gesuche des Zeugen können schriftlich oder zum Protokolle des Gerichtsschreibers[2] oder mündlich in dem zur Vernehmung bestimmten neuen Termine angebracht werden.

[1] Gebühren: des Gerichts (frei) § 47 Nr. 8 G.K.G.; des Anwalts ($^3/_{10}$) § 23 Nr. 1, vgl. jedoch auch § 29 Nr. 6, G.O. f. R.A. [2] § 74 Abs. 2.

347.[1] Der Reichskanzler, die Minister eines Bundesstaates, die Mitglieder der Senate der freien Hansestädte, die Vorstände der obersten Reichsbehörden und die Vorstände der Ministerien sind an ihrem Amtssitze oder, wenn sie sich außerhalb desselben aufhalten, an ihrem Aufenthaltsorte zu vernehmen.

Die Mitglieder des Bundesraths sind während ihres Aufenthalts am Sitze des Bundesraths an diesem Sitze, die Mitglieder einer deutschen gesetzgebenden Versammlung während der Sitzungsperiode und ihres Aufenthalts am Orte der Versammlung an diesem Orte zu vernehmen.

Zu einer Abweichung von den vorstehenden Bestimmungen bedarf es:

in Betreff des Reichskanzlers der Genehmigung des Kaisers,

in Betreff der Minister und der Mitglieder des Bundesraths der Genehmigung des Landesherrn,

in Betreff der Mitglieder der Senate der freien Hansestädte der Genehmigung des Senats,

in Betreff der übrigen vorbezeichneten Beamten der Genehmigung ihres unmittelbaren Vorgesetzten,

in Betreff der Mitglieder einer gesetzgebenden Versammlung der Genehmigung der letzteren.

[1] § 49 St.P.O.

Verweigerung des Zeugnisses.

348.[1] Zur Verweigerung des Zeugnisses sind berechtigt:

1. der Verlobte einer Partei;
2. der Ehegatte einer Partei, auch wenn die Ehe nicht mehr besteht;
3. diejenigen, welche mit einer Partei in gerader Linie verwandt, verschwägert oder durch Adoption verbunden, oder in der Seitenlinie bis zum dritten Grade verwandt oder bis zum zweiten Grade verschwägert sind, auch wenn die Ehe, durch welche die Schwägerschaft begründet ist, nicht mehr besteht;
4. Geistliche in Ansehung desjenigen, was ihnen bei der Ausübung der Seelsorge anvertraut ist;
5. Personen, welchen kraft ihres Amtes,[2] Standes oder Gewerbes Thatsachen anvertraut sind,[3]

deren Geheimhaltung durch die Natur derselben oder durch gesetzliche Vorschrift[4] geboten ist, in Betreff der Thatsachen, auf welche die Verpflichtung zur Verschwiegenheit sich bezieht.

Die unter Nr. 1—3 bezeichneten Personen sind vor der Vernehmung über ihr Recht zur Verweigerung des Zeugnisses zu belehren.[5]

Die Vernehmung der Nr. 4, 5 bezeichneten Personen ist, auch wenn das Zeugniß nicht verweigert wird, auf Thatsachen nicht zu richten, in Ansehung welcher erhellt, daß ohne Verletzung der Verpflichtung zur Verschwiegenheit ein Zeugniß nicht abgelegt werden kann.

[1] §§ 51, 52 St.P.O. [2] Daneben § 341.

[3] Nicht jede ihnen kraft des Amtes bekannte unter das Amtsgeheimniß fallende Thatsache. RG 33, 362, 35, 401.

[4] Art. 69 Nr. 5 H.G.B. § 200 G.B.G. — § 300 St.G.B.

[5] Nichteidliche Vernehmung: § 358 Nr. 3.

349. Das Zeugniß kann verweigert werden:[1]

1. über Fragen, deren Beantwortung dem Zeugen oder einer Person, zu welcher derselbe in einem der im §. 348 Nr. 1—3 bezeichneten Verhältnisse steht, einen unmittelbaren vermögensrechtlichen Schaden verursachen würde;[2]
2. über Fragen, deren Beantwortung dem Zeugen oder einem der im §. 348 Nr. 1—3 bezeichneten Angehörigen desselben zur Unehre gereichen oder die Gefahr strafgerichtlicher Verfolgung zuziehen würde;[3]
3. über Fragen, welche der Zeuge nicht würde

beantworten können, ohne ein Kunst- oder Gewerbegeheimniß zu offenbaren.

[1] Zu Nr. 1, 2 nichteidliche Vernehmung: § 358 Nr. 3.
[2] Daß der Zeuge in Folge seiner Aussage zur Erfüllung einer schon bestehenden Verbindlichkeit von den Berechtigten angehalten werden kann, begründet kein Recht zur Weigerung. RG 32, 382. [3] § 54 St.P.O. — Es wird nicht erfordert, daß die Beantwortung ohne Weiteres und mit Nothwendigkeit die wirkliche Bestrafung des Zeugen nach sich ziehen muß. RG 23, 134.

350. In den Fällen des §. 348 Nr. 1—3 und des §. 349 Nr. 1 darf der Zeuge das Zeugniß nicht verweigern:

1. über die Errichtung und den Inhalt eines Rechtsgeschäfts, bei dessen Errichtung er als Zeuge zugezogen war;
2. über Geburten, Verheirathungen oder Sterbefälle von Familiengliedern;
3. über Thatsachen, welche die durch das Familienverhältniß bedingten Vermögensangelegenheiten betreffen;
4. über diejenigen auf das streitige Rechtsverhältniß sich beziehenden Handlungen, welche von ihm selbst als Rechtsvorgänger oder Vertreter einer Partei vorgenommen sein sollen.

Die im §. 348 Nr. 4, 5 bezeichneten Personen dürfen das Zeugniß nicht verweigern, wenn sie von der Verpflichtung zur Verschwiegenheit entbunden sind.[1]

[1] § 52 Abs. 2 St.P.O.

351. Der Zeuge, welcher das Zeugniß verweigert, hat vor dem zu seiner Vernehmung bestimmten Termine schriftlich oder zum Protokolle des Gerichtsschreibers[1] oder in diesem Termine die Thatsachen, auf welche er die Weigerung gründet, anzugeben und glaubhaft zu machen.

Zur Glaubhaftmachung[2] genügt in den Fällen des §. 348 Nr. 4, 5 die mit Berufung auf einen geleisteten Diensteid abgegebene Versicherung.

Hat der Zeuge seine Weigerung schriftlich oder zum Protokolle des Gerichtsschreibers erklärt, so ist er nicht verpflichtet, in dem zu seiner Vernehmung bestimmten Termine zu erscheinen.

Von dem Eingange einer Erklärung des Zeugen oder von der Aufnahme einer solchen zum Protokolle hat der Gerichtsschreiber die Parteien zu benachrichtigen.[3]

[1] § 74 Abs. 2. [2] § 266.
[3] Formlos, ohne Beurkundung. Anm. 1 zu § 152.

352. Ueber die Rechtmäßigkeit der Weigerung wird von dem Prozeßgerichte nach Anhörung der Parteien entschieden.[1]

Der Zeuge ist nicht verpflichtet, sich durch einen Anwalt vertreten zu lassen.

Gegen das Zwischenurtheil[2] findet sofortige Beschwerde[3] statt.

[1] Zwischenstreit zwischen den Prozeßparteien einerseits und dem Zeugen andrerseits. Letzterer kann für sein Erscheinen in diesen Terminen Zeugengebühren nicht beanspruchen. RG 28, 437. — Gebühren: des Gerichts (frei, wenn nicht durch

Muthwillen veranlaßt) § 47 Nr. 7 G.K.G.; des Anwalts ($^{3}/_{10}$) § 23 Nr. 1, vgl. jedoch auch § 29 Nr. 6, G.O. f. R.A.

[2] § 275. [3] § 540. Und bezw. weitere Beschwerde. § 531. RG 32, 387. Gegen die die Zeugnißverweigerung für unrechtmäßig erklärende Entscheidung steht den Parteien ein Beschwerderecht nicht zu. RG 20, 378.

353. Hat der Zeuge seine Weigerung schriftlich oder zum Protokolle des Gerichtsschreibers erklärt und ist er in dem Termine nicht erschienen, so hat auf Grund seiner Erklärungen ein Mitglied des Prozeßgerichts Bericht zu erstatten.

354. Erfolgt die Weigerung vor einem beauftragten oder ersuchten Richter,[1] so sind die Erklärungen des Zeugen, wenn sie nicht schriftlich oder zum Protokolle des Gerichtsschreibers abgegeben sind, nebst den Erklärungen der Parteien in das Protokoll aufzunehmen.

Zur mündlichen Verhandlung vor dem Prozeßgerichte werden der Zeuge und die Parteien von Amtswegen geladen.

Auf Grund der von dem Zeugen und den Parteien abgegebenen Erklärungen hat ein Mitglied des Prozeßgerichts Bericht zu erstatten. Nach dem Vortrage des Berichterstatters können der Zeuge und die Parteien zur Begründung ihrer Anträge das Wort nehmen; neue Thatsachen oder Beweismittel dürfen nicht geltend gemacht werden.[2]

[1] Anm. 5 zu § 41 Nr. 6.

[2] Auch in diesem Falle hat zunächst die Entscheidung über die Rechtmäßigkeit der Weigerung durch Zwischenurtheil zu erfolgen. RG 18, 414.

Folgen unrechtmäßiger Weigerung.

355.[1] Wird das Zeugniß oder die Eidesleistung ohne Angabe eines Grundes oder, nachdem der vorgeschützte Grund rechtskräftig für unerheblich erklärt ist, verweigert, so ist der Zeuge, ohne daß es eines Antrags bedarf, in die durch die Weigerung verursachten Kosten sowie zu einer Geldstrafe bis zu dreihundert Mark und für den Fall, daß diese nicht beigetrieben werden kann, zur Strafe der Haft bis zu sechs Wochen zu verurtheilen.[2]

Im Falle wiederholter Weigerung ist auf Antrag zur Erzwingung des Zeugnisses die Haft[3] anzuordnen, jedoch nicht über den Zeitpunkt der Beendigung des Prozesses in der Instanz hinaus.[4] Die Vorschriften über die Haft im Zwangsvollstreckungsverfahren finden entsprechende Anwendung

Gegen diese Beschlüsse findet die Beschwerde[5] statt.

Die Festsetzung und die Vollstreckung der Strafe[6] gegen eine dem aktiven Heere oder der aktiven Marine angehörende Militärperson[7] erfolgt auf Ersuchen durch das Militärgericht.

[1] § 69 St.P.O. [2] Gebühren: des Gerichts (frei) § 47 Nr. 8 G.K.G.; des Anwalts ($^3/_{10}$) § 23 Nr. 1, vgl. jedoch auch § 29 Nr. 6, G.O. f. R.A. [3] §§ 785—795.

[4] In allen Instanzen zusammen wegen desselben Zeugnisses nicht über 6 Monate. § 794. Pr. 129.

[5] § 580; mit aufschiebender Wirkung, § 585; zum Protokoll des Gerichtsschreibers, § 532 Abs. 2.

[6] Auf Grund des Abs. 1; die Zwangshaft auf Grund von Abs. 2 wird durch das Gericht festgesetzt, durch die Militärbehörde vollstreckt. § 798. Pr. 181, 182.

[7] Anm. 1 zu § 343 und Ver. v. 13./8. 95 (R.G.B. 431).

Beeidigung.

356. Jeder Zeuge ist einzeln und vor seiner Vernehmung zu beeidigen;[1] die Beeidigung kann jedoch aus besonderen Gründen, namentlich wenn Bedenken gegen ihre Zulässigkeit obwalten,[2] bis nach Abschluß der Vernehmung ausgesetzt werden.[3]

Die Parteien können auf die Beeidigung verzichten.

[1] Nur in den Fällen des § 358 darf die Beeidigung unterbleiben. Soweit sie geboten war, darf ein unbeeidigtes Zeugniß nicht der Entscheidung zu Grunde gelegt werden. RG 8, 408. [2] § 358 Abs. 2. [3] § 60 St.P.O.

357.[1] Der vor der Vernehmung zu leistende Eid lautet:

daß Zeuge nach bestem Wissen die reine Wahrheit sagen, nichts verschweigen und nichts hinzusetzen werde;

der nach der Vernehmung zu leistende Eid lautet:

daß Zeuge nach bestem Wissen die reine Wahrheit gesagt, nichts verschwiegen und nichts hinzugesetzt habe.[2]

[1] § 61 St.P.O. [2] Abnahme des Eides: §§ 440—446.

358.[1] Unbeeidigt sind zu vernehmen:

1. Personen, welche zur Zeit der Vernehmung das sechzehnte Lebensjahr noch nicht vollendet oder wegen mangelnder Verstandesreife oder wegen Verstandesschwäche von dem Wesen und der Bedeutung des Eides keine genügende Vorstellung haben;

2. Personen, welche nach den Bestimmungen der Strafgesetze[2] unfähig sind, als Zeugen eidlich vernommen zu werden;
3. die nach §. 348 Nr. 1—3 und §. 349 Nr. 1, 2 zur Verweigerung des Zeugnisses berechtigten Personen, sofern sie von diesem Rechte keinen Gebrauch machen, die im §. 349 Nr. 1, 2 bezeichneten Personen jedoch nur dann, wenn sie lediglich über solche Thatsachen vorgeschlagen sind, auf welche sich das Recht zur Verweigerung des Zeugnisses bezieht;[3]
4. Personen, welche bei dem Ausgange des Rechtsstreits unmittelbar betheiligt sind.[4]

Das Prozeßgericht kann die nachträgliche Beeidigung der unter den beiden letzten Nummern bezeichneten Personen anordnen.

[1] § 56 Nr. 1, 2, St.P.O. — Ueber die Beeidigung bezw. nachträgliche Beeidigung ist auf Grund mündlicher Verhandlung zu entscheiden. RG 34, 359.

[2] § 161 St.G.B. [3] Ueber andere Thatsachen sind sie eidlich zu vernehmen. RG 23, 134.

[4] „Personen, deren Rechtskreis oder Pflichtenkreis in rechtlichem Zusammenhange mit dem Streitverhältnisse steht und durch den Ausgang des Rechtsstreits beeinflußt wird", z. B. der Gemeinschuldner in Prozessen des Verwalters. RG 8, 412, 29, 29. Zustellungsbeamte, wenn der Prozeß sich um die Ordnungsmäßigkeit der von ihnen bewirkten Zustellung dreht. RG 17, 405.

Vernehmung.

359. Jeder Zeuge ist einzeln und in Abwesenheit der später abzuhörenden Zeugen zu vernehmen.[1]

Zeugen, deren Aussagen sich widersprechen, können einander gegenüber gestellt werden.

[1] § 58 Abs. 1 St.P.O.

360.[1] Die Vernehmung beginnt damit, daß der Zeuge über Vornamen und Zunamen, Alter, Religionsbekenntniß, Stand oder Gewerbe und Wohnort befragt wird. Erforderlichenfalls sind ihm Fragen über solche Umstände, welche seine Glaubwürdigkeit in der vorliegenden Sache betreffen, insbesondere über seine Beziehungen zu den Parteien vorzulegen.

[1] § 67 St.P.O.

361.[1] Der Zeuge ist zu veranlassen, dasjenige, was ihm von dem Gegenstande seiner Vernehmung bekannt ist, im Zusammenhange anzugeben.[2]

Zur Aufklärung und zur Vervollständigung der Aussage, sowie zur Erforschung des Grundes, auf welchem die Wissenschaft des Zeugen beruht, sind nöthigenfalls weitere Fragen zu stellen.[3]

Der Vorsitzende hat jedem Mitgliede des Gerichts auf Verlangen zu gestatten, Fragen zu stellen.

[1] § 68 St.P.O. Der Zeuge darf nicht statt mündlicher Mittheilung auf ein über seine Kenntniß verfaßtes Schriftstück Bezug nehmen. RG 16, 116. [2] Protokollirung: §§ 146 Nr. 3, 147. [3] § 130 Abs. 1.

362. Die Parteien sind berechtigt, dem Zeugen diejenigen Fragen vorlegen zu lassen, welche sie zur Aufklärung der Sache oder der Verhältnisse des Zeugen für dienlich erachten.

Der Vorsitzende kann den Parteien gestatten, und hat ihren Anwälten auf Verlangen zu gestatten, an den Zeugen unmittelbar Fragen zu richten.

Zweifel über die Zulässigkeit einer Frage entscheidet das Gericht.

363. Das Prozeßgericht kann nach seinem Ermessen die wiederholte Vernehmung eines Zeugen anordnen.

Hat ein beauftragter oder ersuchter Richter[1] bei der Vernehmung die Stellung der von einer Partei angeregten Frage verweigert, so kann das Prozeßgericht die nachträgliche Vernehmung des Zeugen über diese Frage anordnen.[2]

Bei der wiederholten oder der nachträglichen Vernehmung kann der Richter statt der nochmaligen Beeidigung den Zeugen die Richtigkeit seiner Aussage unter Berufung auf den früher geleisteten Eid versichern lassen.[3]

[1] Anm. 5 zu § 41 Nr. 6. [2] Vgl. § 539.

[3] Eine seitens des Gerichts erfolgende Hinweisung auf den geleisteten Eid genügt nicht. RG 9, 377.

364. Die Partei kann auf einen Zeugen, welchen sie vorgeschlagen hat, verzichten, der Gegner kann aber verlangen, daß der erschienene Zeuge vernommen und, wenn die Vernehmung bereits begonnen hat, daß dieselbe fortgesetzt werde.[1]

[1] Vgl. 401.

365. Der mit der Beweisaufnahme betraute Richter ist ermächtigt, im Falle des Nichterscheinens oder der Zeugnißverweigerung die gesetzlichen Verfügungen zu treffen, auch dieselben, soweit dieses überhaupt zulässig ist, selbst nach Erledigung des Auftrags wieder aufzuheben, über die Zulässigkeit einer dem Zeugen vorgelegten Frage vorläufig[1] zu entscheiden und die nochmalige Vernehmung eines Zeugen vorzunehmen.

[1] § 539.

Gebühren.

366.[1] Jeder Zeuge hat nach Maßgabe der Gebührenordnung[2] auf Entschädigung für Zeitversäumniß und, wenn sein Erscheinen eine Reise erforderlich macht, auf Erstattung der Kosten Anspruch, welche durch die Reise und den Aufenthalt am Orte der Vernehmung verursacht werden.[3]

[1] § 70 St.P.O. [2] § 2 E.G. — Gebührenordnung für Zeugen und Sachverständige v. 30./6. 78 (R.G.B. 173).
[3] Vorschuß: § 166 Abs. 3 G.V.G.

Achter Titel.

Beweis durch Sachverständige.

Von Amtswegen: §§ 3, 135, 260, 337, 407.

367. Auf den Beweis durch Sachverständige finden die Vorschriften über den Beweis durch Zeugen entsprechende Anwendung, insoweit nicht in den nachfolgenden Paragraphen abweichende Bestimmungen enthalten sind.[1]

[1] Benachrichtigung der vorgesetzten Behörde von der Ladung eines Beamten: Preußen: Verf. v. 17./5. 83 (J.M.Bl. 155), v. 13./3. 84 (J.M.Bl. 54) u. 19./2. 95 (J.M.Bl. 56). — Bayern: Ver. v. 25./9. 79 (G.V.Bl. 1298), Bek. v. 7./1. 82 (G.V.Bl. 37) u. 31./8. 94 (G.V.Bl. 547).

1. Beweisantretung.

368. Die Antretung des Beweises erfolgt durch die Bezeichnung der zu begutachtenden Punkte.

369. Die Auswahl der zuzuziehenden Sachverständigen und die Bestimmung ihrer Anzahl erfolgt durch das Prozeßgericht. Dasselbe kann sich auf die Ernennung eines einzigen Sachverständigen beschränken.[1] Es kann an Stelle der zuerst ernannten Sachverständigen andere ernennen.

Sind für gewisse Arten von Gutachten Sachverständige öffentlich bestellt,[2] so sollen andere Personen nur dann gewählt werden, wenn besondere Umstände es erfordern.[3]

Das Gericht kann die Parteien auffordern, Personen zu bezeichnen, welche geeignet sind, als Sachverständige vernommen zu werden.

Einigen sich die Parteien über bestimmte Personen als Sachverständige, so hat das Gericht dieser Einigung Folge zu geben; das Gericht kann jedoch die Wahl der Parteien auf eine bestimmte Anzahl beschränken.

[1] Es kann die Ladung von einem Vorschuß abhängig machen. § 344. RG 7, 390 Wegen der Folge verspäteter Vorschußleistung s. daselbst Seite 392.

[2] §§ 372, 375 Abs. 2. — Sachverständigenvereine für Fragen des Urheberrechts: § 31 B.Ges. v. 11./6. 70 (B.G.B. 339), § 16 R.Ges. v. 9./1. 76 (R.G.B. 4), §§ 9, 10 R.Ges. v. 10./1. 76 (R.G.B. 8), § 14 R.Ges. v. 11./1. 76 (R.G.B. 11). Vgl. auch Preuß. Verf. v. 5./7. 82 (J.M.Bl. 199). Für Patentsachen: § 18 Patentges. v. 7./4. 91 (R.G.B. 84).

[3] § 73 St.P.O.

2. Beweisaufnahme.

370. Das Prozeßgericht kann den mit der Beweisaufnahme betrauten Richter zur Ernennung der Sachverständigen ermächtigen.[1] Derselbe hat in diesem Falle die in dem vorstehenden Paragraphen dem Prozeßgerichte beigelegten Befugnisse auszuüben.

[1] Anm. 4 zu § 320.

Ablehnung.

371.[1] Ein Sachverständiger kann aus denselben Gründen, welche zur Ablehnung eines Richters berechtigen,[2] abgelehnt werden. Ein Ablehnungsgrund kann jedoch nicht daraus entnommen werden, daß der Sachverständige als Zeuge vernommen worden ist.

Das Ablehnungsgesuch ist bei demjenigen Gericht oder Richter, von welchem die Ernennung des Sachverständigen erfolgt ist, vor der Vernehmung desselben, bei schriftlicher Begutachtung vor erfolgter Einreichung des Gutachtens anzubringen. Nach diesem Zeitpunkt ist die Ablehnung nur zulässig, wenn glaubhaft gemacht wird,[3] daß der Ablehnungsgrund vorher nicht geltend gemacht werden konnte. Das Ablehnungsgesuch kann vor dem Gerichtsschreiber zu Protokoll erklärt werden.[4]

Der Ablehnungsgrund ist glaubhaft zu machen; der Eid ist als Mittel der Glaubhaftmachung ausgeschlossen.

Die Entscheidung erfolgt von dem im zweiten Absatze bezeichneten Gericht oder Richter;[5] eine vorgängige mündliche Verhandlung der Betheiligten ist nicht erforderlich.[6]

Gegen den Beschluß, durch welchen die Ablehnung für begründet erklärt wird, findet kein Rechtsmittel; gegen den Beschluß, durch welchen dieselbe für unbegründet erklärt wird, findet sofortige Beschwerde[7] statt.

[1] § 74 St.P.O. [2] §§ 41, 42.
[3] § 266. [4] § 74 Abs. 2.
[5] Gebühren: des Gerichts (frei, wenn nicht durch Muthwillen veranlaßt) § 47 Nr. 4 G.K.G.; des Anwalts ($^3/_{10}$) § 28 Nr. 1, vgl. jedoch auch § 29 Nr. 6, G.O. f. R.A.
[6] Findet sie nicht statt, so wird die Entscheidung von Amtswegen zugestellt. § 294 Abs. 3.
[7] § 540. Gegen den abändernden Beschluß der Beschwerdeinstanz keine weitere Beschwerde. RG 35, 420.

Verweigerung des Gutachtens.

372.[1] Der zum Sachverständigen Ernannte hat der Ernennung Folge zu leisten, wenn er zur Erstattung von Gutachten der erforderten Art öffentlich bestellt ist oder wenn er die Wissenschaft, die Kunst oder das Gewerbe, deren Kenntniß Voraussetzung der Begutachtung ist, öffentlich zum Erwerbe ausübt oder wenn er zur Ausübung derselben öffentlich bestellt oder ermächtigt ist.

Zur Erstattung des Gutachtens ist auch derjenige verpflichtet, welcher sich zu derselben vor Gericht bereit erklärt hat.

[1] § 75 St.P.O.

373.[1] Dieselben Gründe, welche einen Zeugen berechtigen, das Zeugniß zu verweigern,[2] berechtigen einen Sachverständigen zur Verweigerung des Gutachtens. Das Gericht kann auch aus anderen Gründen einen Sachverständigen von der Verpflichtung zur Erstattung des Gutachtens entbinden.

Die Vernehmung eines öffentlichen Beamten als Sachverständigen findet nicht statt, wenn die vorgesetzte Behörde des Beamten erklärt, daß die Vernehmung den dienstlichen Interessen Nachtheile bereiten würde.[3]

[1] § 76 St.P.O. [2] §§ 348—350.
[3] Preußen: Verf. v. 10./3. 85 (J.M.Bl. 103). — Bayern: Nr. IV Bek. v. 7./1. 82 (G.V.Bl. 39).

Folgen des Nichterscheinens oder der Weigerung.

374.[1] Im Falle des Nichterscheinens oder der Weigerung eines zur Erstattung des Gutachtens verpflichteten Sachverständigen[2] wird dieser zum Ersatze der Kosten und zu einer Geldstrafe bis zu dreihundert Mark verurtheilt.[3] Im Falle wiederholten Ungehorsams kann noch einmal eine Geldstrafe bis zu sechshundert Mark erkannt werden.[4]

Gegen den Beschluß findet Beschwerde statt.[5]

Die Festsetzung und die Vollstreckung der Strafe gegen eine dem aktiven Heere oder der aktiven Marine angehörende Militärperson[6] erfolgt auf Ersuchen durch das Militärgericht.

[1] § 77 St.P.O. [2] Wer nicht verpflichtet ist, kann wegen Ausbleibens im Termin nicht bestraft werden, auch wenn er unterlassen hat, seine Weigerung vorher zu erklären. RG 23, 338. [3] Daneben § 138 St.G.B.
[4] Gebühren: des Gerichts (frei) § 47 Nr. 8; des Anwalts ($^3/_{10}$) § 23 Nr. 1, vgl. jedoch auch § 29 Nr. 6, G.O. f. R.A.

[5] § 530; mit aufschiebender Wirkung, § 535; zum Protokoll des Gerichtsschreibers, § 532 Abs. 2.

[6] Anm. 1 zu § 343 u. Ver. v. 13./8. 95 (R.G.B. 431).

Beeidigung.

375.[1] Der Sachverständige hat, wenn nicht beide Parteien auf seine Beeidigung verzichten,[2] vor Erstattung des Gutachtens einen Eid dahin zu leisten:[3]

daß er das von ihm geforderte Gutachten unparteiisch und nach bestem Wissen und Gewissen erstatten werde.[4]

Ist der Sachverständige für die Erstattung von Gutachten der betreffenden Art im Allgemeinen beeidigt, so genügt die Berufung auf den geleisteten Eid.[5]

[1] § 79 St.P.O. [2] Die Vorschriften des § 358 über die uneidliche Vernehmung von Zeugen finden auf die Vernehmung von Sachverständigen Anwendung. RG 20, 394.

[3] Abnahme des Eides: §§ 440—446.

[4] Der Eid deckt auch die Angaben über die Wahrnehmungen, welche der Sachverständige bei einer zum Zwecke des abzugebenden Gutachtens vorgenommenen Untersuchung gemacht hat. RG 9, 370. [5] Anm. 3 zu § 363.

376. Wird schriftliche[1] Begutachtung angeordnet, so hat der Sachverständige das von ihm unterschriebene Gutachten auf der Gerichtsschreiberei niederzulegen.[2]

Das Gericht kann das Erscheinen des Sachverständigen anordnen, damit derselbe das schriftliche Gutachten erläutere.[3]

[1] Empfohlen, falls der Sachverständige in einem andern Bundesstaat wohnt, durch Preuß. Verf. v. 10./7. 84 (J.M.Bl. 161). Vgl. auch Anm. 3 zu § 165 G.V.G.

[2] Einer Berufung auf den vorher geleisteten Eid bedarf es in diesem Falle nicht; anders in den Fällen der §§ 375 Abs. 2, 363 Abs. 3, 367. RG 9, 377.

[3] Es kann auch gemeinschaftliche Begutachtung durch mehrere Sachverständige anordnen. § 359 ist nicht anwendbar. RG 8, 345.

377. Das Gericht kann eine neue Begutachtung durch dieselben oder durch andere Sachverständige anordnen, wenn es das Gutachten für ungenügend erachtet.

Das Gericht kann die Begutachtung durch einen anderen Sachverständigen anordnen, wenn ein Sachverständiger nach Erstattung des Gutachtens mit Erfolg abgelehnt ist.[1]

[1] § 371 Abs. 2.

Gebühren.

378.[1] Der Sachverständige hat nach Maßgabe der Gebührenordnung[2] auf Entschädigung für Zeitversäumniß, auf Erstattung der ihm verursachten Kosten und außerdem auf angemessene Vergütung seiner Mühewaltung Anspruch.[3]

[1] § 84 St.P.O. [2] § 2 E.G. — Gebührenordnung für Zeugen und Sachverständige v. 30./6. 78 (R.G.B. 173).
[3] Vorschuß: § 166 Abs. 3 G.K.G.

Sachverständige Zeugen.

379.[1] Insoweit zum Beweise vergangener Thatsachen oder Zustände,[2] zu deren Wahrnehmung eine besondere Sachkunde erforderlich war, sachkundige Personen zu vernehmen sind, kommen die Vorschriften über den Zeugenbeweis zur Anwendung.[3]

[1] § 85 St.P.O. [2] Jedoch Anm. 4 zu § 375.

[3] Hat solcher Zeuge außerdem ein Gutachten abzugeben, so ist er gemäß § 375 zu beeidigen. RG 6, 8, 20, 385.

Neunter Titel.

Beweis durch Urkunden.

Betrifft nur schriftliche Urkunden. Begr. 261, 262. Für andere gilt § 259. — Aber nicht blos Urkunden, welche vom Aussteller unterzeichnet sind. § 404 Abs. 2. RG 2, 416.

1. Beweiskraft der Urkunden.

a) über Erklärungen.

380. Urkunden, welche von einer öffentlichen Behörde innerhalb der Grenzen ihrer Amtsbefugnisse oder von einer mit öffentlichem Glauben versehenen Person[1] innerhalb des ihr zugewiesenen Geschäftskreises in der vorgeschriebenen Form aufgenommen sind (öffentliche Urkunden), begründen, wenn sie über eine vor der Behörde oder der Urkundsperson abgegebene Erklärung errichtet sind, vollen Beweis des durch die Behörde oder die Urkundsperson beurkundeten Vorganges.

Der Beweis, daß der Vorgang unrichtig beurkundet sei, ist zulässig.

[1] D. i. eine Person, deren Beurkundung durch positives Gesetz öffentlicher Glaube beigelegt ist (öffentliche Urkundsperson). RG 14, 178.

381. Privaturkunden begründen, sofern sie von den Ausstellern unterschrieben oder mittels gerichtlich oder notariell beglaubigten Handzeichens unterzeichnet sind,[1] vollen Beweis dafür, daß[2] die in denselben enthaltenen Erklärungen von den Ausstellern abgegeben sind.[3]

[1] Für andere Schriftstücke gilt § 259.

[2] Der Zeitpunkt der Abgabe wird durch den Nachweis der Echtheit noch nicht erwiesen, auch nicht, wenn die Urkunde ein Ausstellungsdatum enthält. RG 16, 438. Für den Beweis des Datums gilt § 259. RG 15, 309.

[3] Unbeschadet des Nachweises, daß die Abgabe der Erklärung einen gültigen Rechtsakt nicht enthält. RG 5, 386.

b) über Anordnungen von Behörden.

382. Die von einer Behörde ausgestellten, eine amtliche Anordnung, Verfügung oder Entscheidung enthaltenden öffentlichen Urkunden begründen vollen Beweis ihres Inhalts.

c) über thatsächliche Vorgänge.

383. Oeffentliche Urkunden, welche einen anderen als den in den §§. 380, 382 bezeichneten Inhalt haben, begründen vollen Beweis der darin bezeugten Thatsachen.[1]

Der Beweis der Unrichtigkeit der bezeugten Thatsachen ist zulässig,[2] sofern nicht die Landesgesetze diesen Beweis ausschließen oder beschränken.[3]

Beruht das Zeugniß nicht auf eigener Wahrnehmung der Behörde oder der Urkundsperson, so findet die Vorschrift des ersten Absatzes nur dann Anwendung, wenn sich aus den Landesgesetzen[4] ergiebt, daß die Beweiskraft des Zeugnisses von der eigenen Wahrnehmung unabhängig ist.

[1] §§ 145, 174, 181 Abs. 2, 682. — Art. 87 W.O. — § 47 R.Ges. v. 28./10. 71 (R.G.B. 347).

[2] Der Gegenbeweis kann durch Eideszuschiebung nicht geführt werden. RG 15, 375.

[3] Elsaß-Lothringen: § 2 Ges. v. 8./7. 79 (Ges.Bl. 67).

[4] § 16 Nr. 2 E.G.; oder aus Reichsgesetzen: §§ 1, 11, 12 B.Ges. v. 4./5. 70 (B.G.B. 599), § 15 R.Ges. v. 6./2. 75 (R.G.B. 23).

384. Inwiefern Durchstreichungen, Radirungen, Einschaltungen oder sonstige äußere Mängel die Beweiskraft einer Urkunde ganz oder theilweise aufheben oder mindern, entscheidet das Gericht nach freier Ueberzeugung.[1]

[1] § 259. Auf solche fehlerhafte Urkunden finden die Beweisregeln der §§ 380—383 nicht Anwendung. Die freie Beweiswürdigung ist nicht auf die Frage der Unverfälschtheit der Urkunde beschränkt. RG 29, 431.

2. Beweisantretung. Vorlegung.

a) durch den Beweisführer.

385. Die Antretung des Beweises erfolgt durch die Vorlegung der Urkunde.[1]

[1] §§ 122, 125, 126, 133.

b) durch den Gegner.

386. Befindet sich die Urkunde nach der Behauptung des Beweisführers in den Händen des Gegners, so erfolgt die Antretung des Beweises durch den Antrag, dem Gegner die Vorlegung der Urkunde aufzugeben.

387. Der Gegner ist zur Vorlegung der Urkunde verpflichtet:

1. wenn der Beweisführer nach den Vorschriften des bürgerlichen Rechts die Herausgabe der Urkunde oder deren Vorlegung auch außerhalb des Prozesses verlangen kann;
2. wenn die Urkunde ihrem Inhalte nach eine für

den Beweisführer und den Gegner gemeinschaftliche ist.[1]

Als gemeinschaftlich gilt eine Urkunde insbesondere für die Personen, in deren Interesse sie errichtet ist oder deren gegenseitige Rechtsverhältnisse darin beurkundet sind. Als gemeinschaftlich gelten auch die über ein Rechtsgeschäft zwischen den Betheiligten oder zwischen einem derselben und dem gemeinsamen Vermittler des Geschäfts gepflogenen schriftlichen Verhandlungen.

[1] Für die Edition der Handelsbücher gilt Art. 37 Abs. 1 H.G.B. § 13 E.G. RG 15, 380.

388. Der Gegner ist auch zur Vorlegung derjenigen in seinen Händen befindlichen Urkunden verpflichtet, auf welche er im Prozesse zur Beweisführung[1] Bezug genommen hat, selbst wenn dieses nur in einem vorbereitenden Schriftsatze[2] geschehen ist.

[1] Bezugnahme auf den Inhalt von Schriftstücken unter gleichzeitiger Weigerung, den Verfasser zu nennen: RG 35, 109.
[2] §§ 120 ff.

389. Der Antrag soll[1] enthalten:

1. die Bezeichnung der Urkunde;
2. die Bezeichnung der Thatsachen, welche durch die Urkunde bewiesen werden sollen;
3. die möglichst vollständige Bezeichnung des Inhalts der Urkunde;
4. die Angabe der Umstände, auf welche die Behauptung sich stützt, daß die Urkunde sich in dem Besitze des Gegners befindet;

5. die Bezeichnung des Grundes, welcher die Verpflichtung zur Vorlegung der Urkunde ergiebt. Der Grund ist glaubhaft zu machen.[2]

[1] Instruktionell: Anm. 2 zu § 67, doch nur soweit es sich um die Vorbereitung des Antrages durch einen Schriftsatz handelt. In der mündlichen Verhandlung muß der Antrag den Erfordernissen der Nr. 1—5 entsprechen. Begr. 268.

[2] § 266.

390. Erachtet das Gericht die Thatsache, welche durch die Urkunde bewiesen werden soll, für erheblich und den Antrag für begründet, so ordnet es, wenn der Gegner zugesteht, daß die Urkunde sich in seinen Händen befinde, oder wenn der Gegner sich über den Antrag nicht erklärt, die Vorlegung der Urkunde an.

391. Bestreitet der Gegner, daß die Urkunde sich in seinem Besitze befinde, so hat er[1] einen Eid dahin zu leisten:[2]

> daß er nach sorgfältiger Nachforschung die Ueberzeugung erlangt habe, daß die Urkunde in seinem Besitze sich nicht befinde, daß er die Urkunde nicht in der Absicht abhanden gebracht habe, deren Benutzung dem Beweisführer zu entziehen, daß er auch nicht wisse, wo die Urkunde sich befinde.

Das Gericht kann eine der Lage der Sache entsprechende Aenderung der vorstehenden Eidesnorm beschließen.

Auf die Leistung des Eides durch Streitgenossen, gesetzliche Vertreter, Minderjährige und Verschwender finden die Vorschriften der §§. 434—436 entsprechende Anwendung.

Hat eine öffentliche Behörde Urkunden vorzulegen, so wird der Eid von dem Beamten geleistet, welchem die Verwahrung der Urkunden übertragen ist.

[1] Ohne ausdrücklichen Antrag des Beweisführers.

[2] Für einen Zeugenbeweis des Beweisführers, daß der Gegner die Urkunde besitze, ist kein Raum. RG 16, 395. — Abnahme des Eides: §§ 440 ff.

392. Kommt der Gegner der Anordnung, die Urkunde vorzulegen oder den Eid zu leisten, nicht nach, so ist, wenn der Beweisführer eine Abschrift der Urkunde beigebracht hat, diese Abschrift als richtig anzusehen. Ist eine Abschrift der Urkunde nicht beigebracht, so können die Behauptungen des Beweisführers über die Beschaffenheit und den Inhalt der Urkunde[1] als bewiesen angenommen werden.[2]

[1] § 389 Nr. 2. [2] § 409. — Anders § 406 Abs. 3.

c) durch einen Dritten.

393. Befindet sich die Urkunde nach der Behauptung des Beweisführers in den Händen eines Dritten, so erfolgt die Antretung des Beweises durch den Antrag, zur Herbeischaffung der Urkunde eine Frist zu bestimmen.

394. Der Dritte ist aus denselben Gründen wie der Gegner des Beweisführers zu Vorlegung einer Urkunde verpflichtet; er kann zur Vorlegung nur im Wege der Klage[1] genöthigt werden.[2]

[1] In seinem Gerichtsstand. — Zur Begründung der Klage

auf Grund von § 387 Nr. 2 gehört, daß vom Gericht gemäß § 396 Abs. 1 Frist zur Vorlegung bestimmt ist. RG 12, 418.

[2] Eid: § 769.

395. Zur Begründung des nach §. 393 zu stellenden Antrags hat der Beweisführer den Erfordernissen des §. 389 Nr. 1—3, 5 zu genügen und außerdem glaubhaft zu machen,[1] daß die Urkunde sich in den Händen des Dritten befinde.[2]

[1] § 266.

[2] Vorlegung von Vergleichungsschriften: § 406 Abs. 4.

396. Ist die Thatsache, welche durch die Urkunde bewiesen werden soll, erheblich, und der Antrag den Bestimmungen des vorstehenden Paragraphen entsprechend, so hat das Gericht eine Frist zur Vorlegung der Urkunde in einem von dem Beweisführer zu erwirkenden Termine[1] zu bestimmen.

Der Gegner kann die Fortsetzung des Verfahrens vor dem Ablaufe der Frist beantragen, wenn die Klage gegen den Dritten erledigt ist oder wenn der Beweisführer die Erhebung der Klage oder die Betreibung des Prozesses oder der Zwangsvollstreckung verzögert.[2]

[1] §§ 191 ff. [2] Legt der Beweisführer die Urkunde innerhalb der Frist nicht vor, so greift § 321 Platz.

d) durch eine öffentliche Behörde.

397. Befindet sich die Urkunde nach der Behauptung des Beweisführers in den Händen einer öffentlichen Behörde oder eines öffentlichen Beamten, so erfolgt die Antretung des Beweises durch den

Antrag, die Behörde oder den Beamten um die Mittheilung der Urkunde zu ersuchen.[1]

Diese Vorschrift findet auf Urkunden, welche die Parteien nach den gesetzlichen Vorschriften ohne Mitwirkung des Gerichts zu beschaffen im Stande sind, keine Anwendung.

Verweigert die Behörde oder der Beamte die Mittheilung der Urkunde in Fällen, in welchen eine Verpflichtung zur Vorlegung auf §. 387 gestützt wird, so finden die Bestimmungen der §§. 393–396 Anwendung.

[1] Verpflichtung derselben zur Mittheilung von Akten: § 169 G.V.G. — Bayern: Art. 3 Ges. v. 23./2. 79 (G.V.Bl. 63).

398. Wird nach Erlassung eines Beweisbeschlusses über die in demselben bezeichneten streitigen Thatsachen Beweis in Gemäßheit der §§. 393, 397 angetreten, so ist die Beweisantretung auf Antrag zurückzuweisen, wenn durch das zur Herbeischaffung der Urkunden erforderliche Verfahren die Erledigung des Rechtsstreits verzögert werden würde und das Gericht die Ueberzeugung gewinnt, daß die Partei in der Absicht, den Prozeß zu verschleppen, oder aus grober Nachlässigkeit den Beweis nicht früher angetreten hat.[1]

[1] § 256 Abs. 2.

3. Beweisaufnahme.

Die Beweisaufnahme geschieht durch mündlichen Vortrag des Urkundeninhalts seitens des Beweisführers. RG 4, 379, 8, 326, 327.

399. Wenn die Vorlegung einer Urkunde bei der

mündlichen Verhandlung wegen erheblicher Hindernisse nicht erfolgen kann oder wegen der Wichtigkeit der Urkunde und der Besorgniß des Verlustes oder der Beschädigung bedenklich erscheint, so kann das Prozeßgericht anordnen, daß die Vorlegung vor einem seiner Mitglieder oder vor einem anderen Gerichte[1] geschehe.

[1] § 158 G.V.G. — Anm. 3, 4 zu § 320.

400. Eine öffentliche Urkunde[1] kann in Urschrift oder in einer beglaubigten Abschrift, welche hinsichtlich der Beglaubigung die Erfordernisse einer öffentlichen Urkunde an sich trägt, vorgelegt werden; das Gericht kann jedoch anordnen, daß der Beweisführer die Urschrift vorlege oder die Thatsachen angebe und glaubhaft mache,[2] welche ihn an der Vorlegung der Urschrift verhindern. Bleibt die Anordnung erfolglos, so entscheidet das Gericht nach freier Ueberzeugung,[3] welche Beweiskraft der beglaubigten Abschrift beizulegen sei.

[1] § 380. [2] § 266. [3] § 259.

401. Der Beweisführer kann nach erfolgter Vorlegung einer Urkunde nur mit Zustimmung des Gegners auf dieses Beweismittel verzichten.[1]

[1] Vgl. § 364.

4. Echtheitsbeweis.

402. Urkunden, welche nach Form und Inhalt als von einer öffentlichen Behörde oder von einer mit öffentlichem Glauben versehenen Person errichtet sich darstellen, haben die Vermuthung der Echtheit für sich.

Das Gericht kann, wenn es die Echtheit für zweifelhaft hält, auch von Amtswegen die Behörde oder die Person, von welcher die Urkunde errichtet sein soll, zu einer Erklärung über die Echtheit veranlassen.

403. Ob eine Urkunde, welche als von einer ausländischen Behörde oder von einer mit öffentlichem Glauben versehenen Person des Auslandes errichtet sich darstellt, ohne näheren Nachweis als echt anzusehen sei, hat das Gericht nach den Umständen des Falles zu ermessen.

Zum Beweise der Echtheit einer solchen Urkunde genügt die Legalisation[1] durch einen Konsul oder Gesandten des Reichs.

[1] § 14 B.Ges. v. 8./11. 67 (B.G.B. 137). — Ausgedehnt über das Gebiet des Civilprozesses hinaus durch § 2 R.Ges. v. 1./5. 78 (R.G.B. 89). — Vertrag mit Oesterreich v. 25./2. 80 (R.G.B. 1881 S. 4) u. 13./6. 81 (R.G.B. 253), Bek. v. 2./2. u. 3./8. 81 (R.G.B. 8, 255, 256).

404. Ueber die Echtheit einer Privaturkunde hat sich der Gegner des Beweisführers nach Vorschrift des §. 129 zu erklären.[1]

Befindet sich unter der Urkunde eine Namensunterschrift, so ist die Erklärung auf die Echtheit der Unterschrift zu richten.

Erfolgt die Erklärung nicht, so ist die Urkunde als anerkannt anzusehen, wenn nicht die Absicht, die Echtheit bestreiten zu wollen, aus den übrigen Erklärungen der Partei hervorgeht.[2]

1 Im amtsgerichtlichen Verfahren: § 468.
2 § 129 Abs. 2.

405. Die Echtheit einer nicht anerkannten Privaturkunde ist zu beweisen.

Steht die Echtheit der Namensunterschrift fest oder ist das unter einer Urkunde befindliche Handzeichen gerichtlich oder notariell beglaubigt, so hat die über der Unterschrift oder dem Handzeichen stehende Schrift die Vermuthung der Echtheit für sich.[1]

1 Anm. 2 zu § 381.

Schriftvergleichung.

406. Der Beweis der Echtheit oder Unechtheit einer Urkunde kann auch durch Schriftvergleichung geführt werden.

In diesem Falle hat der Beweisführer zur Vergleichung geeignete Schriften vorzulegen oder deren Mittheilung in Gemäßheit der Bestimmung des §. 397 zu beantragen und erforderlichen Falls den Beweis der Echtheit derselben anzutreten.

Befinden sich zur Vergleichung geeignete Schriften in den Händen des Gegners, so ist dieser auf Antrag des Beweisführers zur Vorlegung verpflichtet. Die Bestimmungen der §§. 386—391 finden entsprechende Anwendung. Kommt der Gegner der Anordnung, die zur Vergleichung geeigneten Schriften vorzulegen oder den im §. 391 bestimmten Eid zu leisten, nicht nach, so gilt der Echtheitsbeweis als geführt.[1]

Macht der Beweisführer glaubhaft,[2] daß in den Händen eines Dritten geeignete Vergleichungsschriften sich befinden, deren Vorlegung er im Wege der Klage zu erwirken im Stande sei, so finden die Vorschriften des §. 396 entsprechende Anwendung.

[1] Anders §§ 392, 409. [2] § 266.

407. Ueber das Ergebniß der Schriftvergleichung hat das Gericht nach freier Ueberzeugung,[1] geeigneten Falls nach Anhörung von Sachverständigen[2] zu entscheiden. [1] § 259. [2] §§ 369, 370.

408. Urkunden, deren Echtheit bestritten ist oder deren Inhalt verändert sein soll, werden bis zur Erledigung des Rechtsstreits auf der Gerichtsschreiberei verwahrt, sofern nicht ihre Auslieferung an eine andere Behörde im Interesse der öffentlichen Ordnung erforderlich ist.[1] [1] § 133.

409. Ist eine Urkunde von einer Partei in der Absicht, deren Benutzung dem Gegner zu entziehen, beseitigt oder zur Benutzung untauglich gemacht, so können die Behauptungen des Gegners über die Beschaffenheit und den Inhalt der Urkunde als bewiesen angesehen werden.[1]

[1] § 392. — Anders § 406 Abs. 3.

Zehnter Titel.
Beweis durch Eid.

1. Zulässigkeit.

410. Die Eideszuschiebung ist nur über Thatsachen[1] zulässig, welche in Handlungen des Gegners, seiner Rechtsvorgänger[2] oder Vertreter[3] bestehen oder welche Gegenstand der Wahrnehmung dieser Personen gewesen sind.[4]

[1] Auch über innere Thatsachen. Begr. 276. Z. B. über die Kenntniß, das Wissen von einer anderweit festgestellten Thatsache. RG 8, 431. Wieweit Rechtsbegriffe und Urtheile als etwas Thatsächliches anzusehen sind, ist nach der Befähigung des Schwurpflichtigen im einzelnen Falle festzustellen. RG 7, 3. Vgl. Anm. 1 zu § 261. Hiernach ist, bei einfachen Verhältnissen, die Eideszuschiebung über Kenntniß des Eigenthums zugelassen, RG 21, 403, (anders im Falle RG 32, 409), ferner die Eideszuschiebung an einen Geschäftsmann über die Höhe des Werths eines von ihm erworbenen Waarenlagers, RG 15, 337, dagegen nicht die Eideszuschiebung, daß eine Schuld „vertragsmäßig" anerkannt sei. RG 25, 181. [2] In den Fällen des Anfechtungsrechts ist der Vertragsgenosse des Schuldners hinsichtlich des ihm an einer Sache des Schuldners gewährten Rechts als dessen Rechtsnachfolger anzusehen. RG 9, 85, 15, 370. — Eideszuschiebung über die Kenntniß von einer Zahlungseinstellung eines Gemeinschuldners ist, sofern die Zahlungseinstellung nicht anderweit bewiesen ist, für unstatthaft erklärt durch RG 8, 399. [3] Oder der Vertreter seiner Rechtsvorgänger. RG 8, 341. — Vertreter sind diejenigen Personen, welche im Namen der Partei oder für die Partei gehandelt haben, so daß dieselbe deren Handlungen als die ihrigen gelten läßt oder gelten lassen muß. RG 13, 357. [4] Norm: § 424.

411. Die Eideszuschiebung über eine Thatsache, deren Gegentheil das Gericht für erwiesen erachtet,[1] ist unzulässig.[2]

[1] Sei es auf Grund freier Beweiswürdigung, sei es auf Grund einer gesetzlichen Beweisregel, und selbst dann, wenn (wie nach § 382 Abs. 2) der Gegenbeweis zugelassen ist. RG 15, 375. — Es genügt aber nicht, daß das Gericht die Thatsache für ganz unwahrscheinlich erachtet. RG 5, 429. — Daß eine Beweisaufnahme stattgefunden habe, ist nicht nothwendig. § 259. RG 18, 163.

[2] Ferner ist Eideszuschiebung unzulässig in den Fällen der §§ 266, 544 Abs. 2, 555, 557 Abs. 2, 611.

412. Eine nicht beweispflichtige Partei übernimmt durch Eideszuschiebung nicht die Beweispflicht.[1]

[1] Die durch Beweisbeschluß erfolgte Leistung des von einer nicht beweispflichtigen Partei zugeschobenen Eides ist bedeutungslos. RG. 17, 335.

413. Die Zurückschiebung des Eides ist nur insofern zulässig, als nach den Bestimmungen des §. 410 die Zuschiebung desselben zulässig sein würde.

Sie findet nicht statt, wenn die Partei, welcher der Eid zugeschoben ist, nicht aber die Gegenpartei über ihre eigene Handlung oder Wahrnehmung zu schwören haben würde.

414. Der Eid kann nur der Partei, nicht einem Dritten[1] zugeschoben oder zurückgeschoben werden. Die Zuschiebung oder Zurückschiebung an einen Nebenintervenienten[2] findet nur statt, wenn dieser als Streitgenosse der Hauptpartei anzusehen ist (§. 66).

[1] Dritte sind auch die Rechtsvorgänger und Vertreter § 350 Nr. 4. — Jedoch §§ 435, 436.

[2] Und Litisdenunziaten. § 71.

415. Das Gericht kann anordnen, daß die in den §§. 410, 413, 414 enthaltenen Beschränkungen für die Zuschiebung und Zurückschiebung des Eides nicht zur Anwendung kommen sollen, wenn die Parteien in Betreff des zu leistenden Eides einig sind[1] und der Eid sich auf Thatsachen bezieht.

[1] Die Einigung liegt nicht schon in der unbedingten An-

nahme des Eides, sondern muß dem Gerichte besonders erklärt werden. RG. 10, 324.

2. Beweisantretung.

416. Die Antretung des Beweises erfolgt durch die Erklärung, daß dem Gegner über die bestimmt zu bezeichnende Thatsache der Eid zugeschoben werde.

Erklärung auf den Eid.

417. Die Partei, welcher der Eid zugeschoben ist, hat sich zu erklären, ob sie den Eid annehme oder zurückschiebe,[1] selbst wenn sie Einwendungen in Beziehung auf die Eideszuschiebung vorbringt.

Giebt die Partei keine Erklärung ab[2] oder schiebt sie in einem Falle, in welchem die Zurückschiebung unzulässig ist, den Eid zurück,[3] ohne denselben bedingt anzunehmen, so wird der Eid als verweigert angesehen.

[1] Protokollirung: §§ 270, 470. [2] Nach Aufforderung, § 420; bis zum Schluß der mündlichen Verhandlung, §§ 209 Abs. 2, 127 Abs. 4 [3] Anm. 1 zu § 419.

418. Durch die Zuschiebung, Annahme oder Zurückschiebung des Eides wird die Geltendmachung anderer Beweismittel[1] von Seiten der einen oder der anderen Partei nicht ausgeschlossen.

Werden andere Beweismittel geltend gemacht, so gilt der Eid nur für den Fall als zugeschoben, daß die Antretung des Beweises durch die anderen Beweismittel erfolglos bleibt.

[1] § 256 Abs. 1.

419. Werden andere Beweismittel geltend gemacht, so ist die Partei, welcher der Eid zugeschoben wurde, nicht verpflichtet, sich über die Eideszuschiebung früher zu erklären, als bis die Eideszuschiebung nach Aufnahme oder sonstiger Erledigung der anderen Beweismittel wiederholt ist.

Sind andere Beweise aufgenommen, so kann die vorher abgegebene Erklärung[1] widerrufen werden.[2]

[1] Auch die unzulässige Zurückschiebung (§ 417 Abs. 2). RG 25, 180.

[2] Auf Grund der Beweisaufnahme in der Berufungsinstanz kann die Erklärung aus der ersten Instanz widerrufen werden. RG 25, 181. — Widerruf der Zuschiebung nach Erlaß des bedingten Urtheils: § 432. — Vgl. auch §§ 423, 422.

420. Wegen unterbliebener Erklärung auf eine Eideszuschiebung kann der Eid nur dann als verweigert angesehen werden, wenn die Partei durch das Gericht zur Erklärung über den Eid aufgefordert ist.

421. Der zurückgeschobene Eid gilt auch ohne ausdrückliche Erklärung über die Annahme als von dem Beweisführer angenommen.[1]

[1] Jedoch § 413.

Widerruf der Erklärung.

422. Die Zurückschiebung des Eides[1] kann außer dem Falle des §. 419 Abs. 2 widerrufen werden, wenn der Schwurpflichtige wegen wissentlicher Verletzung der Eidespflicht[2] rechtskräftig verurtheilt oder wenn glaubhaft gemacht wird,[3] daß der Gegner erst nach erfolgter Zurückschiebung des Eides von einer solchen Verurtheilung Kenntniß erlangt habe.[4]

[1] Die Zuschiebung kann bis zum Erlaß des Urtheils unbedingt widerrufen werden. §§ 418, 423, 432.

[2] § 153 St.G.B. [3] § 266. [4] Anm. 2 zu § 419.

423. Die Annahme oder Zurückschiebung des Eides kann außer den Fällen des §. 419 Abs. 2 und des §. 422 nicht widerrufen werden.[1]

[1] Jedoch § 432.

Eidesnorm.

424. Ueber eine Thatsache, welche in einer Handlung des Schwurpflichtigen besteht oder Gegenstand seiner Wahrnehmung gewesen ist, wird der Eid dahin geleistet:[1]

daß die Thatsache wahr oder nicht wahr sei.

Ist eine solche Thatsache vom Gegner des Schwurpflichtigen behauptet und kann dem letzteren nach den Umständen des Falles nicht zugemuthet werden, daß er die Wahrheit oder Nichtwahrheit derselben beschwöre, so kann das Gericht auf Antrag die Leistung des Eides dahin anordnen:

daß der Schwurpflichtige nach sorgfältiger Prüfung und Erkundigung die Ueberzeugung erlangt habe, daß die Thatsache wahr oder nicht wahr sei.[2]

Ueber andere Thatsachen[3] wird der Eid dahin geleistet:

daß der Schwurpflichtige nach sorgfältiger Prüfung und Erkundigung die Ueberzeugung erlangt oder nicht erlangt habe, daß die Thatsache wahr sei.

[1] Abnahme des Eides: §§ 440—446. [2] Vgl. § 391.
[3] Handlungen des Rechtsvorgängers oder Vertreters. § 410, Handlungen der nicht prozeßfähigen Partei, über welche der gesetzliche Vertreter schwört, § 435.

3. **Beweisaufnahme.**

425. Auf die Leistung eines Eides ist durch bedingtes Endurtheil[1] zu erkennen.

Die Eidesleistung erfolgt erst nach Eintritt der Rechtskraft[2] des Urtheils.

[1] § 272. — Wegen der Gebühr des Gerichts (1) vgl. § 24 G.K.G. [2] § 645.

426. Sind die Parteien über die Erheblichkeit und die Norm des Eides einverstanden oder dient der Eid zur Erledigung eines Zwischenstreits, so kann die Leistung des Eides durch Beweisbeschluß[1] angeordnet werden.[2]

Hängt die Entscheidung über einzelne selbständige Angriffs- und Vertheidigungsmittel[3] von der Leistung eines Eides ab, so kann die Leistung des Eides durch Beweisbeschluß angeordnet[4] oder auf dieselbe durch bedingtes Zwischenurtheil[5] erkannt werden. In dem letzteren Falle erfolgt die Eidesleistung nur dann, wenn durch bedingtes Endurtheil rechtskräftig erkannt ist, daß es auf dieselbe für die Endentscheidung des Rechtsstreits noch ankomme.

[1] §§ 323, 324. — Im Urkundenprozeß obligatorisch: § 557 Abs. 4. [2] Versäumnißurtheil: § 430. — Vgl. Anm. 5 zu § 495. [3] §§ 137, 251 Abs. 1.
[4] Die Eidesleistung ist in diesem Falle auch dann zulässig, wenn über das Angriffs- oder Vertheidigungsmittel nicht durch Zwischenurtheil erkannt werden soll. RG 29, 117.
[5] § 275.

427. In dem bedingten Urtheil ist die Eidesnorm und die Folge sowohl der Leistung als der Nicht-

leistung des Eides so genau, als die Lage der Sache dies gestattet, festzustellen.[1]

Der Eintritt dieser Folge[2] **wird durch Endurtheil**[3] **ausgesprochen.**[4]

[1] Es ist unzulässig, ein bedingtes Endurtheil dahin zu erlassen, daß für den einen Fall in der Sache entschieden, für den anderen die weitere Verhandlung vorbehalten wird. RG 7, 429, 20, 395.

[2] Sachliche Einreden, auch wenn sie nach Eintritt der Rechtskraft des bedingten Endurtheils entstanden sind, finden im Läuterungsverfahren keine Berücksichtigung. RG 17, 341. Vgl. § 686. [3] § 272. Vgl. auch § 430.

[4] Das Urtheil ist ohne Antrag für vollstreckbar zu erklären. § 648 Nr. 2. — Wegen der Gebühr des Gerichts (1) vgl. § 24 G.K.G.; Gebühr des Anwalts ($^5/_{10}$) § 13 Nr. 4, §§ 17, 21 G.O. f. R.A.

428. Durch Leistung des Eides wird voller Beweis der beschworenen Thatsache begründet.[1]

Der Beweis des Gegentheils findet nur unter denselben Voraussetzungen statt, unter welchen ein rechtskräftiges Urtheil wegen Verletzung der Eidespflicht angefochten werden kann.[2]

[1] Für denselben Prozeß, RG 11, 421, vgl. auch Anm. 2 zu § 563, nicht auch für einen anderen, der nach der Eidesleistung mit demselben verbunden wurde. RG 18, 380.

[2] § 543 Nr. 1. — Gilt auch, wenn ein durch Beweisbeschluß auferlegter Eid geleistet ist. RG 17, 385. — Der Partei, welche die Wirkung der Eidesleistung durch Nachweis einer dem Gegner zur Last fallenden Verletzung der Eidespflicht beseitigt hat, kann bezüglich der vorher vom Gegner abgeschworenen Thatsachen nunmehr ein richterlicher Eid auferlegt werden. RG 14, 327.

429. Die Erlassung des Eides von Seiten des

Gegners hat dieselbe Wirkung, wie die Leistung des Eides.

Die Verweigerung der Eidesleistung hat zur Folge, daß das Gegentheil der zu beschwörenden Thatsache als voll bewiesen gilt.[1]

[1] Ausnahme: § 434 Abs. 2.

430. Erscheint der Schwurpflichtige in dem zur Eidesleistung bestimmten Termine nicht,[1] so ist[2] auf Antrag ein Versäumnißurtheil dahin zu erlassen, daß der Eid als verweigert anzusehen sei.[3]

[1] Erscheint er, ohne sich auf die Frage, ob er den Eid leisten wolle, zu erklären, so bedarf die Annahme der Eidesverweigerung besonderer Begründung aus dem sonstigen Verhalten des Schwurpflichtigen. RG 23, 388. [2] Wenn der Eid durch Beweisbeschluß auferlegt war, nur sofern das Gericht den Eid fortgesetzt für erheblich erachtet. RG 25, 370. [3] Das Verfahren, welches die Leistung des Eides betrifft, wird hier als Zwischenstreit angesehen. Die Folgen der Versäumung sind durch Versäumnißzwischenurtheil festzustellen. Begr. 237. Gegen das Versäumnißzwischenurtheil Einspruch, § 304 Abs. 1. Gegen das den Einspruch verwerfende Urtheil keine Berufung. RG 13, 398. Nach Ablauf der Einspruchsfrist Endurtheil. Wegen der Gebühren vgl. Anm. 1 zu § 309.

431. Der Schwurpflichtige, welcher frühere Behauptungen zurücknimmt oder früher bestrittene Thatsachen zugesteht, kann sich zur Leistung eines beschränkteren Eides erbieten, selbst wenn der Eid bereits durch bedingtes Urtheil auferlegt ist. Auch können unerhebliche Umstände, welche in die Eidesnorm[1] aufgenommen sind, berichtigt werden.

[1] Im amtlichen Text steht zufolge eines Druckfehlers „Eidesform". Vgl. Pr. 179, 787.

432. Ist der Eid durch bedingtes Urtheil auferlegt, so kann, auch nach Eintritt der Rechtskraft,[1] die Zuschiebung sowie die Zurückschiebung des Eides widerrufen werden, wenn der Schwurpflichtige wegen wissentlicher Verletzung der Eidespflicht[2] rechtskräftig verurtheilt oder wenn glaubhaft gemacht wird,[3] daß der Gegner erst nach erfolgter Zuschiebung oder Zurückschiebung des Eides von einer solchen Verurtheilung Kenntniß erlangt habe.

[1] § 645. — Widerruf vor der Auferlegung durch Urtheil: §§ 419 Abs. 2, 422. [2] § 153 St.G.B. [3] § 266.

433. Wenn der Schwurpflichtige[1] stirbt, wenn er zur Leistung des Eides unfähig wird[2] oder wenn er aufhört, gesetzlicher Vertreter zu sein, so können beide Parteien in Ansehung der betreffenden Beweisführung alle Rechte ausüben, welche ihnen vor der Zuschiebung des Eides zustanden.

Dasselbe gilt, wenn in Folge der Verurtheilung des Schwurpflichtigen wegen wissentlicher Verletzung der Eidespflicht die Zuschiebung oder Zurückschiebung des Eides widerrufen wird.

Ist der Eid durch bedingtes Urtheil auferlegt, so wird unter Aufhebung des Urtheils in der Sache anderweit erkannt.[3]

[1] Oder einer von mehreren Schwurpflichtigen. RG 32, 426.

[2] Nach RG 34, 413 auch, wenn ihm wegen Abwesenheit vom Vormundschaftsgericht ein Pfleger bestellt wird.

[3] War das bedingte Urtheil rechtskräftig geworden, so ist die neue Verhandlung auf die Ergebnisse der Beweisführung hinsichtlich des im Eidesthema des bedingten Urtheiles be-

zeichneten Beweissatzes zu beschränken. RG 13, 380. Der von einem von mehreren Schwurpflichtigen auf Grund des bedingten Urtheils geleistete Eid kann bei der Anwendung der freien Beweiswürdigung mitberücksichtigt werden. RG 32, 426. Beim Ausbleiben der zur anderweiten Beweisantretung berechtigten Partei im Termin Versäumnißverfahren gemäß §§ 295 ff. RG 23, 358.

434. Der Eid über eine Thatsache, welche für ein allen Streitgenossen gegenüber nur einheitlich festzustellendes Rechtsverhältniß[1] von Einfluß ist, muß allen Streitgenossen zugeschoben oder zurückgeschoben werden, sofern nicht rücksichtlich einzelner Streitgenossen die Zuschiebung oder Zurückschiebung unzulässig ist. In jedem Falle bedarf es zur Zuschiebung oder zur Zurückschiebung der übereinstimmenden Erklärung aller Streitgenossen. Ueber die Annahme des Eides haben sich nur diejenigen Streitgenossen zu erklären, welchen der Eid zugeschoben ist.

Ist der von allen oder von einigen Streitgenossen zu leistende Eid von einem oder mehreren derselben, oder ist der von einem Theile der Streitgenossen zu leistende Eid von allen Schwurpflichtigen verweigert oder als von ihnen verweigert anzusehen, so entscheidet das Gericht nach freier Ueberzeugung,[2] ob die Behauptung, deren Beweis durch Eideszuschiebung angetreten ist, für wahr zu erachten sei. Erklären einzelne Streitgenossen, daß sie den Eid nicht leisten werden, so ist in Ansehung der übrigen Streitgenossen die Leistung des Eides nicht anzuordnen oder der

Eid nicht abzunehmen, sofern das Gericht denselben für unerheblich erachtet.

1 § 59. 2 § 259.

435. Ist eine Partei nicht prozeßfähig,[1] so ist die Zuschiebung oder Zurückschiebung des Eides nur an ihren gesetzlichen Vertreter und nur insoweit zulässig, als die vertretene Partei, wenn sie den Prozeß in Person führte, oder der Vertreter, wenn er selbst Partei wäre, dieselbe zulassen müßte.[2]

Minderjährigen,[3] welche das sechzehnte Lebensjahr zurückgelegt haben,[4] oder Verschwendern[5] kann über Thatsachen, welche in Handlungen derselben bestehen oder Gegenstand ihrer Wahrnehmung gewesen sind, der Eid zugeschoben oder zurückgeschoben werden, sofern dies von dem Gericht auf Antrag des Gegners nach den Umständen des Falles für zulässig erklärt wird.[6]

1 §§ 50 ff. 2 Norm.: § 424 Abs. 3.
3 § 1 R.Ges. v. 17./2. 75 (R.G.B. 71).
4 § 358 Nr. 1. 5 § 621.
6 Zur Leistung zugeschobener und zurückgeschobener Eide sind auch die wegen wissentlicher Verletzung der Eidespflicht bestraften Personen befugt. § 161 St.G.B. § 432.

436. Sind mehrere gesetzliche Vertreter vorhanden, so finden die Vorschriften des §. 434 entsprechende Anwendung.[1] Betrifft der Eid die eigenen Handlungen oder Wahrnehmungen nur einiger oder eines der Vertreter, so ist er von den übrigen nicht zu leisten

1 Der einer offenen Handelsgesellschaft zugeschobene Eid ist nicht von solchen Gesellschaftern zu leisten, welche zur Zeit

der Eidesleistung aus der Gesellschaft ausgeschieden sind, mögen sie derselben auch zur Zeit der Annahme des Eides angehört haben. RG 14, 20. Im übrigen ist der einer offenen Handelsgesellschaft zugeschobene Eid allen zur Vertretung beberechtigten Gesellschaftern aufzuerlegen. RG 12, 13.

4. Richterlicher Eid.

437. Ist das Ergebniß der Verhandlungen und einer etwaigen Beweisaufnahme nicht ausreichend, um die Ueberzeugung des Gerichts von der Wahrheit oder Unwahrheit der zu erweisenden Thatsache zu begründen,[1] so kann das Gericht[2] der einen oder der anderen Partei[3] über eine streitige Thatsache[4] einen Eid auferlegen.[5]

[1] Auch wenn keine Beweisaufnahme stattgefunden oder eine solche kein Ergebniß geliefert hat und auch die Verhandlungen ein ganz negatives Ergebniß gehabt haben. RG 35, 110.

[2] Ohne verpflichtet zu sein, vorher den angetretenen Beweis aufzunehmen. Begr. 286. Pr. 130—182, 693, 694. Pr. Nr. 168 S. 4—6. So auch RG 35, 111.

[3] Ohne sich bei der Auswahl des Schwurpflichtigen durch Rücksicht auf die Beweispflicht leiten zu lassen. RG 21, 372.

[4] Ohne die Beschränkung des § 410. Begr. 287. RG 15, 340. Vgl. Anm. 1 zu § 439. — Auch der richterliche Eid darf nicht ein Urtheil über das eigene Verhalten des Schwurpflichtigen enthalten. RG 33, 172.

[5] Ausnahmen: §§ 560 Abs. 2, 561.

438. Der richterliche Eid kann allen Streitgenossen oder gesetzlichen Vertretern, er kann einigen oder einem derselben auferlegt werden.[1]

[1] Ohne die Beschränkung der §§ 434, 436. RG 12, 14.

439. Die Bestimmungen der §§. 422—433, 435 finden auf den richterlichen Eid entsprechende Anwendung.[1]

Ist der Schwurpflichtige wegen wissentlicher Verletzung der Eidespflicht rechtskräftig verurtheilt, so ist der Antrag des Gegners, den richterlichen Eid zurückzunehmen, gerechtfertigt, wenngleich der Gegner schon vor der Auferlegung des Eides von dieser Verurtheilung Kenntniß gehabt hat.[2]

Der richterliche Eid wird durch bedingtes Urtheil[3] auferlegt.

[1] Auch der richterliche Eid ist in den Formen des § 424 aufzuerlegen, doch hat der Richter freie Hand, den Wissenseid oder den Ueberzeugungseid und den letzteren in der Fassung des Abs. 2 oder des Abs. 3 des § 424 zu wählen, einerlei ob es sich um eigene Handlungen und Wahrnehmungen des Schwurpflichtigen handelt oder nicht. RG 22, 226. — Vgl. Anm. 4 zu § 437. [2] § 432.

[3] Endurtheil, § 425, oder Zwischenurtheil, § 426. — Gebühren wie Anm. 1 zu § 425 und Anm. 4 zu § 427.

Elfter Titel.

Verfahren bei der Abnahme von Eiden.

Eidesleistungen im Auslande: Anm. 1 zu § 334.

440. Der Eid[1] muß von dem Schwurpflichtigen in Person geleistet werden.

[1] Eid als Mittel der Glaubhaftmachung §§ 266, 829. Zeugeneid § 357; Sachverständigeneid § 375; Editionseid § 391; Parteieneid § 424; richterlicher Eid § 437; Offenbarungseid §§ 711, 769, 780.

441. Das Prozeßgericht kann anordnen, daß die Eidesleistung vor einem seiner Mitglieder oder vor einem anderen Gericht[1] erfolge, wenn der Schwurpflichtige am Erscheinen vor dem Prozeßgerichte verhindert ist oder in großer Entfernung von dem Sitze desselben sich aufhält.

Die Eidesleistung der Landesherren und der Mitglieder der landesherrlichen Familien sowie der Mitglieder der Fürstlichen Familie Hohenzollern erfolgt in der Wohnung derselben vor einem Mitgliede des Prozeßgerichts oder vor einem anderen Gerichte.[2]

[1] § 158 G.V.G. — Anm. 3, 4 zu § 320.

[2] Anm. 4 zu § 5 E.G. — Sachsen: § 7 Ges. v. 20./8. 79 (G.V.Bl. 323). — Württemberg: Art. 2 Ges. v. 18./8. 79 (Reg.Bl. 173).

442. Vor der Leistung des Eides hat der Richter den Schwurpflichtigen in angemessener Weise auf die Bedeutung des Eides hinzuweisen.

443.[1] Der Eid beginnt mit den Worten:

„Ich schwöre bei Gott dem Allmächtigen und Allwissenden"

und schließt mit den Worten:

„So wahr mir Gott helfe".[2]

[1] § 62 St.P.O.

[2] Wegen der Zulässigkeit der Beifügung konfessioneller Zusatzformeln vgl. Preuß. Verf. v. 18./12. 80 (J.M.Bl. 369).

444.[1] Der Eid wird mittels Nachsprechens oder Ablesens der die Eidesnorm enthaltenden Eidesformel geleistet. Der Schwörende soll[2] bei der Eidesleistung die rechte Hand erheben.[3]

Ist die Eidesnorm von großem Umfange, so genügt die Vorlesung der Eidesnorm und die Verweisung auf die letztere in der Eidesformel.

Die Landesherren und die Mitglieder der landesherrlichen Familien sowie die Mitglieder der Fürstlichen Familie Hohenzollern leisten den Eid mittels Unterschreibens der die Eidesnorm enthaltenden Eidesformel.[4]

[1] § 63 Abs. 1 St.P.O. [2] Instruktionell. Anm. 2 zu § 67. Pr. 701. [3] Daneben können mit Bewilligung des Schwörenden die außerdem hergebrachten Formen angewendet werden. Pr. 700. [4] Anm. 4 zu § 5 E.G.

445.[1] Stumme, welche schreiben können, leisten den Eid mittels Abschreibens und Unterschreibens der die Eidesnorm enthaltenden Eidesformel.

Stumme, welche nicht schreiben können, leisten den Eid mit Hülfe eines Dolmetschers durch Zeichen.

[1] § 63 Abs. 2, 3 St.P.O.

446.[1] Der Eidesleistung wird gleichgeachtet, wenn ein Mitglied einer Religionsgesellschaft, welcher das Gesetz den Gebrauch gewisser Betheuerungsformeln an Stelle des Eides gestattet, eine Erklärung unter der Betheuerungsformel dieser Religionsgesellschaft abgiebt.[2]

[1] § 64 St.P.O. [2] § 155 Nr. 1 St.G.B.

Zwölfter Titel.

Sicherung des Beweises.

Im Gebiet des Handelsrechts: § 13 Abs. 4 E.G.

Gebühr: des Gerichts ($^{3}/_{10}$ bezw. $^{5}/_{10}$) § 36 G.K.G. in der Fassung v. 29./6.81 (R.G.B. 178); des Anwalts ($^{5}/_{10}$) §§ 22, 30 Nr. 1, vgl. jedoch auch § 29 Nr. 3, G.O. f. R.A.

Die Frage der Kostenerstattung muß im Verfahren über die Hauptsache oder in einem besonderen Rechtsstreit entschieden werden. RG 13, 325.

447. Die Einnahme des Augenscheins und die Vernehmung von Zeugen und Sachverständigen[1] kann zur Sicherung des Beweises erfolgen, wenn zu besorgen ist, daß das Beweismittel verloren oder die Benutzung desselben erschwert werde.

[1] Für Urkunden § 231.

448. Das Gesuch ist bei dem Gericht anzubringen, vor welchem der Rechtsstreit anhängig ist; es kann vor dem Gerichtsschreiber zu Protokoll erklärt werden.[1]

In Fällen dringender Gefahr kann das Gesuch auch bei dem Amtsgericht angebracht werden, in dessen Bezirke die zu vernehmenden Personen sich aufhalten oder der in Augenschein zu nehmende Gegenstand sich befindet.

Bei dem bezeichneten Amtsgerichte muß[2] das Gesuch angebracht werden, wenn der Rechtsstreit noch nicht anhängig ist.

[1] § 74 Abs. 2.
[2] Imperativ. Anm. 2 zu § 67. — Anm. 1 zu § 12.

449. Das Gesuch muß[1] enthalten:

1. die Bezeichnung des Gegners;
2. die Bezeichnung der Thatsachen, über welche die Beweisaufnahme erfolgen soll;
3. die Bezeichnung der Beweismittel unter Benennung der zu vernehmenden Zeugen und Sachverständigen;
4. die Darlegung des Grundes, welcher die Besorgniß rechtfertigt, daß das Beweismittel ver-

loren oder die Benutzung desselben erschwert werde. Dieser Grund ist glaubhaft zu machen.[2]

[1] Imperativ. Anm. 2 zu § 67. [2] § 266.

450. Mit Zustimmung des Gegners kann die beantragte Beweisaufnahme angeordnet werden, auch wenn die Voraussetzungen des §. 447 nicht vorliegen.

451. Die Entscheidung über das Gesuch kann ohne vorgängige mündliche Verhandlung erfolgen.[1]

In dem Beschlusse, durch welchen dem Gesuche stattgegeben wird, sind die Thatsachen, über welche der Beweis zu erheben ist, und die Beweismittel unter Benennung der zu vernehmenden Zeugen und Sachverständigen zu bezeichnen. Eine Anfechtung dieses Beschlusses findet nicht statt.

[1] Alsdann erfolgt deren Zustellung an den Beweisführer von Amtswegen. § 294 Abs. 3.

452. Der Beweisführer ist verpflichtet, sofern es nach den Umständen des Falles geschehen kann, unter Zustellung des Beschlusses und einer Abschrift des Gesuchs zu dem für die Beweisaufnahme bestimmten Termine den Gegner so zeitig zu laden, daß derselbe in diesem Termine seine Rechte wahrzunehmen vermag.

Die Nichtbefolgung dieser Vorschrift steht der Beweisaufnahme nicht entgegen.[1]

[1] Aber ihrer Benutzung. § 454 Abs. 2.

453. Die Beweisaufnahme erfolgt nach den für die Aufnahme des betreffenden Beweismittels überhaupt geltenden Vorschriften.[1]

Das Protokoll über die Beweisaufnahme ist bei dem Gerichte, welches dieselbe angeordnet hat, aufzubewahren.

[1] §§ 337, 340 ff., 367, 370 ff.

454. Jede Partei hat das Recht, die Beweisverhandlungen in dem Prozesse zu benutzen.

War der Gegner in dem Termine nicht erschienen, in welchem die Beweisaufnahme erfolgte, so ist der Beweisführer zur Benutzung der Beweisverhandlungen nur dann berechtigt, wenn der Gegner zu dem Termine rechtzeitig geladen war[1] oder wenn der Beweisführer glaubhaft macht,[2] daß ohne sein Verschulden die Ladung unterblieben oder nicht rechtzeitig erfolgt sei.[3]

[1] § 452. [2] § 266.

[3] Anderenfalls soll nach RG 28, 413 die Beweisverhandlung als Indiz benutzt werden dürfen.

455. Wird von dem Beweisführer ein Gegner nicht bezeichnet, so ist das Gesuch nur dann zulässig, wenn der Beweisführer glaubhaft macht,[1] daß er ohne sein Verschulden außer Stande sei, den Gegner zu bezeichnen.

Wird dem Gesuche stattgegeben, so kann das Gericht dem unbekannten Gegner zur Wahrnehmung seiner Rechte bei der Beweisaufnahme einen Vertreter bestellen.[2]

[1] § 266. [2] Gebühren: des Gerichts (frei) § 47 Nr. 9 G.K.G.; des Anwalts ($^3/_{10}$) § 23 Nr. 1, vgl. jedoch auch § 29 Nr. 6, G.O. f. R.A.

Zweiter Abschnitt.
Verfahren vor den Amtsgerichten.

456. Auf das Verfahren vor den Amtsgerichten[1] finden die Vorschriften über das Verfahren vor den Landgerichten Anwendung, soweit nicht aus den allgemeinen Bestimmungen des ersten Buchs,[2] aus den nachfolgenden besonderen Bestimmungen und aus der Verfassung der Amtsgerichte sich Abweichungen ergeben.

[1] Und vor dem Konsul sowie vor dem Konsulargerichte. § 15 R.Ges. v. 10./7. 79 (R.G.B. 197), unten VIa; ferner vor dem Gewerbegerichte § 24 R.Ges. v. 29./7. 90 (R.G.B. 147). [2] §§ 45 Abs. 2, 75, 79 Abs. 2, 84 Abs. 2, 86 Abs. 1, 107 Nr. 3, 120 Abs. 2, 149 Abs. 2, 152 Abs. 2, 192, 194, 221 Abs. 1.

457. Die Klage kann bei dem Gerichte schriftlich eingereicht oder zum Protokolle des Gerichtsschreibers angebracht werden.

458. Nach erfolgter Bestimmung des Termins zur mündlichen Verhandlung[1] hat der Gerichtsschreiber für die Zustellung der Klage Sorge zu tragen,[2] sofern nicht der Kläger erklärt hat, dieses selbst thun zu wollen.

[1] § 193. [2] §§ 154, 179. — Anm. 5 zu § 152.

459. Die Einlassungsfrist[1] beträgt mindestens[2] drei Tage,[3] wenn die Zustellung im Bezirke des Prozeßgerichts; mindestens eine Woche,[4] wenn sie außerhalb desselben, jedoch im Deutschen Reich, erfolgt; in Meß- und Marktsachen[5] mindestens vierundzwanzig Stunden.

Ist die Zustellung im Auslande vorzunehmen,[6] so hat das Gericht bei Festsetzung des Termins die Einlassungsfrist zu bestimmen.

[1] Anm. 5 zu § 234. [2] Abkürzung: § 204. [3] § 199. [4] § 200. [5] § 30. [6] § 182 ff.

460. Die Klage wird durch Zustellung der Klageschrift oder des die Klage enthaltenden Protokolls erhoben.[1]

[1] § 235.

461. An ordentlichen Gerichtstagen können die Parteien zur Verhandlung des Rechtsstreits ohne Ladung und Terminsbestimmung vor Gericht erscheinen.

Die Erhebung der Klage[1] erfolgt in diesem Falle durch den mündlichen Vortrag derselben.

[1] § 235.

462. Die Vorschriften der §§. 457, 458 finden entsprechende Anwendung, wenn eine Partei im Laufe des Rechtsstreits zu laden ist,[1] insbesondere zur Verhandlung über einen Zwischenstreit,[2] über den Antrag auf Berichtigung oder Ergänzung eines Urtheils,[3] über den Einspruch,[4] über den Antrag auf Wiedereinsetzung in den vorigen Stand[5] oder über die Aufnahme eines unterbrochenen oder ausgesetzten Verfahrens,[6] oder wenn eine Intervention oder Streitverkündung erfolgen soll.[7]

[1] §§ 191 ff. [2] Unter den Parteien oder zwischen den Parteien und einem Dritten. §§ 68, 126 Abs. 2, 352. [3] §§ 290—202. [4] §§ 304 ff. [5] § 214. [6] § 227. [7] §§ 67, 71.

463. Auch wenn eine Partei nicht zu laden ist, können ihr Anträge und Erklärungen, auf welche sie ohne vorgängige Mittheilung voraussichtlich eine Erklärung in einer mündlichen Verhandlung nicht abzugeben vermag, durch Zustellung eines Protokolls des Gerichtsschreibers[1] mitgetheilt werden.

Diese Mittheilung kann auch unmittelbar und ohne besondere Form geschehen.

[1] §§ 154, 179.

464. Bei der mündlichen Verhandlung hat das Gericht dahin zu wirken, daß die Parteien über alle erheblichen Thatsachen sich vollständig erklären und die sachdienlichen[1] Anträge stellen.

[1] § 130 Abs. 1.

465. Die Vorschrift, daß prozeßhindernde Einreden gleichzeitig und vor der Verhandlung zur Hauptsache vorzubringen sind,[1] findet nur insoweit Anwendung, als die Einrede der Unzuständigkeit des Gerichts vor der Verhandlung zur Hauptsache geltend zu machen ist.

Ist das Amtsgericht sachlich unzuständig, so hat es vor der Verhandlung des Beklagten zur Hauptsache[2] denselben auf die Unzuständigkeit aufmerksam zu machen.

Auf Grund prozeßhindernder Einreden darf die Verhandlung zur Hauptsache nicht verweigert werden;[3] das Gericht kann jedoch die abgesonderte Verhandlung über diese Einreden auch von Amtswegen anordnen.

[1] § 247. [3] § 128 Abs. 1. [3] § 248.

466.[1] Wird die Unzuständigkeit des Gerichts auf Grund der Bestimmungen über die sachliche Zuständigkeit der Gerichte ausgesprochen,[2] so ist zugleich auf Antrag des Klägers der Rechtsstreit an das Landgericht[3] zu verweisen.[4]

Ist das Urtheil rechtskräftig,[5] so gilt der Rechtsstreit als bei dem Landgerichte anhängig.[6]

1 § 249. 2 §§ 38, 39.

3 Auf Antrag an die Kammer für Handelssachen. § 102 Abs. 2 G.V.G. 4 § 11. 5 § 645. 6 § 235.

467. Wird in einem bei dem Amtsgericht anhängigen Prozesse durch Widerklage[1] oder durch Erweiterung des Klagantrags (§. 240, Nr. 2, 3) ein Anspruch erhoben, welcher zur Zuständigkeit der Landgerichte gehört, oder wird in Gemäßheit des §. 253 die Feststellung eines Rechtsverhältnisses beantragt, für welches die Landgerichte zuständig sind, so hat das Amtsgericht, sofern eine Partei vor weiterer Verhandlung zur Hauptsache darauf anträgt,[2] seine Unzuständigkeit auszusprechen und den Rechtsstreit an das Landgericht[3] zu verweisen.[4]

Ist das Urtheil rechtskräftig,[5] so gilt der Rechtsstreit als bei dem Landgericht anhängig.[6] Die im Verfahren vor dem Amtsgerichte erwachsenen Kosten werden als Theil der bei dem Landgericht erwachsenen Kosten behandelt.[7]

1 Anm. 1 zu § 33. 2 § 128 Abs. 1.

3 Auf Antrag an die Kammer für Handelssachen. § 102 Abs. 2 G.V.G. 4 § 11. 5 § 645. 6 § 235.

7 Wegen der Gebühren vgl. § 30 Abs. 1 G.K.G., § 26

G.O. f. R.A. Wegen Anwaltszwanges im Festsetzungsverfahren vgl. Anm. 2 zu § 98, Anm. 4 zu § 532.

468. Wegen unterbliebener Erklärung ist eine Urkunde nur dann als anerkannt anzusehen, wenn die Partei durch das Gericht zur Erklärung über die Echtheit der Urkunde aufgefordert ist.[1]

[1] § 404.

469. Die Vorschriften der §§. 269, 313—319 finden auf das Verfahren vor den Amtsgerichten keine Anwendung.[1]

[1] §§ 313—319 aber in Konsularsachen. § 15 R.Ges. v. 10./7. 79 (R.G.B. 197), unten VIa.

470. Anträge und Erklärungen[1] einer Partei sind durch das Sitzungsprotokoll insoweit festzustellen, als das Gericht bei dem Schlusse derjenigen mündlichen Verhandlung, auf welche das Urtheil oder ein Beweisbeschluß ergeht, die Feststellung für angemessen erachtet.[2]

Geständnisse,[3] sowie die Erklärungen über Annahme oder Zurückschiebung zugeschobener Eide sind auf Antrag durch das Protokoll festzustellen.

[1] § 146 Nr. 2. [2] § 270. [3] § 261.

471. Wer eine Klage zu erheben beabsichtigt, kann unter Angabe des Gegenstandes seines Anspruchs zum Zwecke eines Sühneversuchs den Gegner vor das Amtsgericht laden, vor welchem dieser seinen allgemeinen Gerichtsstand hat.[1]

Erscheinen beide Parteien, und wird ein Vergleich geschlossen, so ist derselbe zu Protokoll festzustellen.[2] Kommt ein Vergleich nicht zu Stande, so wird auf Antrag beider Parteien der Rechtsstreit sofort verhandelt; die Erhebung der Klage[3] erfolgt in diesem Falle durch den mündlichen Vortrag derselben.

Ist der Gegner nicht erschienen, oder der Sühneversuch erfolglos geblieben, so werden die erwachsenen Kosten als Theil der Kosten des Rechtsstreits behandelt.[4]

[1] §§ 12 ff. [2] Vollstreckbar: 702 Nr. 2. — Gebühren: des Gerichts ($^3/_{10}$) § 41 G.K.G. in der Fassung v. 29./6. 81 (R.G.B. 178); des Anwalts (1) § 37 Abs. 3 G.O. f. R.A. [3] § 235. [4] Gebühren: des Gerichts ($^3/_{10}$) § 41 G.K.G. in der Fassung v. 29./6. 81 (R.G.B. 178); des Anwalts ($^3/_{10}$) § 37 Abs. 1, 2 G.O. f. R.A.

Drittes Buch.
Rechtsmittel.

Erster Abschnitt.
Berufung.

Wegen der Gebühren des Gerichts vgl. § 49 G.K.G.

1. Zulässigkeit.

472. Die Berufung[1] findet gegen die in erster Instanz erlassenen Endurtheile[2] statt.[3]

[1] Berufungsgerichte: Landgerichte, § 71 G.V.G. Oberlandesgerichte, § 123 Nr. 1 G.V.G.

[2] §§ 272—274; insbesondere Anm. 1 zu § 272. — Auch gegen die Urtheile der Gewerbegerichte, § 55 R.Ges. v. 29./7. 90 (R.G.B. 154). — Unvollständige oder sonst inkorrekte (z. B.

gegen Anm. 1 zu § 427 verstoßende) Endurtheile können mit der Berufung bzw. Revision angefochten werden. RG 7, 434, 18, 403, 16, 286. Ebenso auf Grund des § 276 ergangene Zwischenurtheile, wenn auch das Gericht den Fall des § 276 mit Unrecht als gegeben erachtet hat. RG 8, 360. Wegen der Versäumnißurtheile vgl. Anm. 2 zu § 303. — Dagegen findet gegen Entscheidungen, welche sich ausdrücklich als „Beschluß" bezeichnen und auch in der äußeren Form sich so darstellen, nicht die Berufung, sondern nur die Beschwerde, sofern deren Voraussetzungen vorliegen, statt, selbst wenn korrekter Weise ein Urtheil hätte erlassen werden müssen. RG 32, 429. — Vgl. auch §§ 248 Abs. 2, 276 Abs. 2, 425 Abs. 1, 427 Abs. 2, 439 Abs. 3, 562 Abs. 3.

[3] Ausnahmen: §§ 94, 834 Abs. 1. — Vgl. Anm. 5 zu § 491.

473. Der Beurtheilung des Berufungsgerichts unterliegen auch diejenigen Entscheidungen, welche dem Endurtheile vorausgegangen sind,[1] sofern nicht dieselben nach den Vorschriften dieses Gesetzes unanfechtbar[2] oder mit der Beschwerde anfechtbar[3] sind.

[1] Zwischenurtheile über einzelne selbständige Angriffs- und Vertheidigungsmittel: § 275. Ausnahme: § 248 Abs. 2, §§ 276, 562. RG 16, 353. [2] §§ 37 Abs. 2, 46, Abs. 2, 118, 143 Abs. 3, 160 Abs. 1, 203 Abs. 3, 242, 290 Abs. 3, 291 Abs. 4, 320 Abs. 2, 371 Abs. 5, 451 Abs 2, 631 Abs. 3, 647, Abs. 2, 656 Abs. 3, 689, 690 Abs. 3. — § 107 G.V.G.

[3] Anm. 1 zu § 530.

474. Ein Versäumnißurtheil[1] kann von der Partei, gegen welche es erlassen ist, mit der Berufung nicht angefochten werden.

Ein Versäumnißurtheil, gegen welches der Einspruch an sich nicht statthaft ist,[2] unterliegt der Berufung insoweit, als dieselbe darauf gestützt wird, daß der Fall der Versäumung nicht vorgelegen habe.[3]

[1] §§ 295, 296 und Bem. vor § 295. [2] §§ 216 Abs. 2, 310. [3] Gebühren: des Gerichts ($^5/_{10}$) § 26 Nr. 6 G.K.G.; des Anwalts ($^5/_{10}$) § 20 G.O. f. R.A.

475. Die Wirksamkeit eines nach Erlassung des Urtheils erklärten Verzichts auf das Recht der Berufung[1] ist nicht davon abhängig, daß der Gegner die Verzichtleistung angenommen hat.

[1] Es wird ein ausdrücklich erklärter Verzicht erfordert. RG 16, 346. — Anschließung trotz Verzichts: § 482.

476. Die Zurücknahme der Berufung ist ohne Einwilligung des Berufungsbeklagten nur bis zum Beginne der mündlichen Verhandlung des Berufungsbeklagten[1] zulässig.

Die Zurücknahme erfolgt, wenn sie nicht bei der mündlichen Verhandlung erklärt wird, durch Zustellung eines Schriftsatzes. Abschrift desselben ist sofort nach erfolgter Zustellung auf der Gerichtsschreiberei niederzulegen.

Die Zurücknahme hat den Verlust des Rechtsmittels und die Verpflichtung zur Folge, die durch das Rechtsmittel entstandenen Kosten zu tragen.[2] Auf Antrag des Gegners sind diese Wirkungen durch Urtheil auszusprechen.[3]

[1] § 128 Abs. 1. [2] § 98 Abs. 1. — Gebühren: des Gerichts ($^1/_{10}$) § 46 G.K.G. in der Fassung v. 29./6. 81 (R.G.B. 178), des Anwalts (1) § 13 Nr. 1 G.O. f. R.A.

[3] Beim Ausbleiben des Berufungsklägers durch Versäumnißurtheil, § 504, RG 6, 366, auch wenn der Antrag auf Verlustigkeitserklärung dem Berufungskläger vorher nicht mitgetheilt ist. RG 30, 405. Gebühren des Gerichts ($^5/_{10}$) § 26 Nr. 5 G.K.G.; des Anwalts ($^5/_{10}$) § 20 G.O. f. R.A.

2. Einlegung.

477. Die Berufungsfrist beträgt einen Monat;[1] sie ist eine Nothfrist[2] und beginnt mit der Zustellung des Urtheils.[3]

Die Berufung kann gleichzeitig mit der Zustellung des Urtheils eingelegt werden. Die Einlegung vor Zustellung des Urtheils ist wirkungslos.[4]

[1] § 200. [2] § 201.

[3] Auch gegen den betreibenden Theil. § 198.

[4] Im Falle der Zustellung von Amtswegen (§ 582) kann die Rechtsmittelschrift der Partei, gegen welche das Rechtsmittel eingelegt wird, zugestellt werden, bevor ihr das Urtheil zugestellt ist. RG 7, 364. Vgl. ferner Anm. 3 zu § 304.

478. Wird innerhalb der Berufungsfrist ein Urtheil in Gemäßheit des §. 292 durch eine nachträgliche Entscheidung ergänzt,[1] so beginnt mit der Zustellung der nachträglichen Entscheidung der Lauf der Berufungsfrist auch für die Berufung gegen das zuerst ergangene Urtheil von neuem. Wird gegen beide Urtheile von derselben Partei Berufung eingelegt, so sind beide Berufungen mit einander zu verbinden.

[1] Nicht auch im Falle der Berichtigung gemäß § 290. RG 29, 405.

479. Die Einlegung der Berufung erfolgt durch Zustellung eines Schriftsatzes.[1]

Derselbe muß[2] enthalten:

1. die Bezeichnung des Urtheils, gegen welches die Berufung gerichtet wird;
2. die Erklärung, daß gegen dieses Urtheil Berufung eingelegt werde;

3. die Ladung[3] des Berufungsbeklagten vor das Berufungsgericht zur mündlichen Verhandlung über die Berufung.

[1] An wen? § 164. — Einlegung der Berufung in Konsularsachen: § 20 R.Ges. v. 10./7. 79 (R.G.B. 197). — Die Zulässigkeit des Rechtsmittels richtet sich nach dem Zeitpunkt seiner Einlegung: Anm. 1 zu § 508. [2] Imperativ. Anm. 2 zu § 67. — Unterschrift des Anwalts: Anm. 5 zu § 121. [3] §§ 191 ff. — Aufforderung, Anwalt zu bestellen: § 192. — Die Terminsbestimmung durch den Vorsitzenden ersetzt das Fehlen der Ladung nicht. RG 2, 398. Vgl. auch Anm. 5 zu § 230, ferner RG 3, 391, 4, 356, 6, 349.

480. Die allgemeinen Bestimmungen über die vorbereitenden Schriftsätze[1] finden auch auf die Berufungsschrift Anwendung.

Als vorbereitender Schriftsatz soll[2] die Berufungsschrift insbesondere enthalten: die Erklärung, inwieweit das Urtheil angefochten werde und welche Abänderungen desselben beantragt werden (Berufungsanträge), sowie die Angabe derjenigen neuen Thatsachen und Beweismittel, welche die Partei geltend zu machen beabsichtigt.

[1] §§ 120 ff. [2] Instruktionell. Anm. 1 zu § 487. Nachtheile, wenn dies unterbleibt: Anm. 2 zu § 120.

481. In Betreff der Frist, welche zwischen der Zustellung der Berufungsschrift und dem Termine zur mündlichen Verhandlung liegen muß, finden die Vorschriften des §. 234 entsprechende Anwendung.[1]

[1] Abkürzung: § 204. — Vgl. auch § 20 R.Ges. v. 10./7. 79. (R.G.B. 197), unten VI a. — Wegen der Frist für das neue thatsächliche Vorbringen. Vgl. Anm. 1 zu § 234.

482. Der Berufungsbeklagte kann sich der Berufung anschließen,[1] selbst wenn er auf die Berufung verzichtet hat oder wenn die Berufungsfrist verstrichen ist.[2]

Die Vorschriften über die Anfechtung des Versäumnißurtheils durch Berufung[3] finden auch auf die Anfechtung desselben durch Anschließung Anwendung.

[1] Auch eventuell für den Fall, daß dem Antrage auf Zurückweisung der Berufung nicht stattgegeben werden sollte. RG 13, 358, 29, 377. Auch im Falle der Versäumniß des Berufungsklägers. RG 8, 384, 12, 434. Die Anschließung erfolgt in der mündlichen Verhandlung. RG 7, 345, 8, 381. — Vgl. auch Anm. 7 zu § 292. [2] Auch nur wegen der Kosten: § 94. Begr. 116, 304. [3] § 474 Abs. 2.

483. Die Anschließung verliert ihre Wirkung, wenn die Berufung zurückgenommen[1] oder als unzulässig verworfen wird.

Hat der Berufungsbeklagte innerhalb der Berufungsfrist[2] sich der erhobenen Berufung angeschlossen, so wird es so angesehen, als habe er die Berufung selbständig eingelegt.

[1] § 476. — Der Zurücknehmende hat auch die Kosten der gegnerischen Anschließung bezw. ihrer Vorbereitung zu tragen. RG 7, 345. [2] § 477.

484. Der Berufungsbeklagte hat dem Berufungskläger die Beantwortung der Berufung innerhalb der ersten zwei Drittheile der Zeit, welche zwischen der Zustellung der Berufungsschrift[1] und dem Termine zur mündlichen Verhandlung liegt, mittelst vorbereitenden Schriftsatzes zustellen zu lassen.

Der Schriftsatz soll[2] insbesondere die Anträge sowie die Angaben der neuen Thatsachen und Beweismittel enthalten, welche der Berufungsbeklagte geltend zu machen beabsichtigt.[3]

[1] Vgl. auch § 20 R.Ges. v. 10./7.79 (R.G.B. 197), unten VIa. [2] Anm. 2 zu § 480. [3] Für die thatsächlichen Erklärungen gilt die Frist des § 123 Abs. 2. RG 31, 389.

3. Verfahren vor dem Berufungsgericht.

485. Auf das weitere Verfahren finden die in erster Instanz für das Verfahren vor den Landgerichten geltenden Vorschriften[1] entsprechende Anwendung, soweit nicht Abweichungen aus den Bestimmungen dieses Abschnitts sich ergeben.

[1] §§ 230—455. — In Ehesachen vgl. Anm. 1 zu § 578.

486. Die mündliche Verhandlung ist, wenn an dem für dieselbe bestimmten Tage die Berufungsfrist noch nicht verstrichen ist,[1] auf Antrag des Berufungsbeklagten bis zum Ablaufe der Frist, und wenn der Berufungsbeklagte gegen das Urtheil den Einspruch erhoben hat, auch von Amtswegen bis zur Erledigung des Einspruchs zu vertagen.[2]

[1] § 204. [2] Ausnahmen: §§ 656, 689.

487. Vor dem Berufungsgerichte wird der Rechtsstreit in den durch die Anträge bestimmten Grenzen[1] von neuem verhandelt.

[1] Maßgebend sind nicht die in vorbereitenden Schriftsätzen — §§ 479 Abs. 2, 484 Abs. 2 —, sondern die in der mündlichen Verhandlung gestellten Anträge. RG 8, 163. Zur gleichzeitigen Verhandlung über wechselseitig eingelegte Rechtsmittel ist kein Verbindungsbeschluß (§ 138 C.P.O.) erforderlich. RG 29, 350.

488. Bei der mündlichen Verhandlung haben die Parteien das durch die Berufung angefochtene Urtheil sowie die dem Urtheile vorausgegangenen Entscheidungen nebst den Entscheidungsgründen[1] und den Beweisverhandlungen[2] insoweit vorzutragen, als dies zum Verständnisse der Berufungsanträge und zur Prüfung der Richtigkeit der angefochtenen Entscheidung erforderlich ist.[3]

Im Falle der Unrichtigkeit oder Unvollständigkeit des Vortrags hat der Vorsitzende dessen Berichtigung oder Vervollständigung, nöthigenfalls unter Wiedereröffnung der Verhandlung zu veranlassen.

[1] Der Thatbestand des ersten Urtheils ist in der höheren Instanz nur insoweit zu berücksichtigen, als er in derselben mündlich vorgetragen ist. RG 4, 370, 5, 404.

[2] Urkunden müssen von neuem mündlich vorgetragen werden. Vgl. Bem. vor § 399. RG 8, 327.

[3] Wiederholung der Vernehmung von Zeugen und Sachverständigen ist zulässig. §§ 363 Abs. 1, 377 Abs. 1.

489. Eine Aenderung der Klage ist selbst mit Einwilligung des Gegners unstatthaft.[1]

[1] §§ 235 Nr. 3, 240. — Ausnahme: § 574. — Vgl. auch § 242.

490. Prozeßhindernde Einreden, auf welche die Partei wirksam verzichten kann,[1] dürfen nur geltend gemacht werden, wenn die Partei glaubhaft macht,[2] daß sie ohne ihr Verschulden außer Stande gewesen sei, dieselben in erster Instanz vorzubringen.

Die Verhandlung zur Hauptsache darf auf Grund prozeßhindernder Einreden nicht verweigert werden;

das Gericht kann jedoch die abgesonderte Verhandlung über solche Einreden auch von Amtswegen anordnen.[3]

[1] Anm. 1 zu § 247. [2] § 266. [3] § 248.

491. Die Parteien können Angriffs- und Vertheidigungsmittel,[1] welche in erster Instanz nicht geltend gemacht sind, insbesondere neue Thatsachen und Beweismittel vorbringen.[2]

Neue Ansprüche[3] dürfen, abgesehen von den Fällen des §. 240 Nr. 2, 3, nur erhoben werden, wenn mit denselben kompensirt werden soll und wenn zugleich glaubhaft gemacht wird,[4] daß die Partei ohne ihr Verschulden außer Stande gewesen sei, dieselben in erster Instanz geltend zu machen.[5] [6]

[1] §§ 137, 251 Abs. 1. Darunter auch Retentionseinreden, ohne die Einschränkung des Abs. 2. RG 8, 364, 15, 421. — Jedoch Widerklagen nicht: Abs. 2. Begr. 306. Ausnahme: § 574. [2] Kosten: § 92 Abs. 2. — Auch wenn in erster Instanz ein vorbereitendes Verfahren stattgefunden hat? § 319. Pr. Nr. 168 S. 7, 8, Nr. 169 S. 11. — Widerruf in erster Instanz abgegebener Erklärung über Eidesanträge: Anm. 2 zu § 419. [3] Gegenforderungen, welche in erster Instanz zur Kompensation mit einzelnen Klageforderungen geltend gemacht sind, können ohne die Einschränkung des Abs. 2 in der Berufungsinstanz zur Aufrechnung gegen andere Klageforderungen verwendet werden, RG 13, 376; desgleichen können Gegenforderungen ohne Einschränkung erhoben werden, welche zwar in erster Instanz geltend gemacht, aber wegen eines ihnen damals entgegenstehenden, inzwischen aber behobenen Hindernisses (Rechtshängigkeit) oder wegen § 252 von der ersten Instanz ohne Eingehen auf die Sache zurückgewiesen sind. RG 20, 410, 31, 364. [4] § 266.

[5] Ist in der ersten Instanz — abgesehen vom Kostenpunkt — völlig nach dem Antrag entschieden, so ist die Berufung überhaupt, und also auch eine Erweiterung oder Aenderung des Klagantrags gemäß § 240 Nr. 2, 3 von Seiten des Berufungsklägers unzulässig. RG 13, 391. Dagegen ist eine Erweiterung im Wege der Anschlußberufung in solchem Falle zulässig. RG 29, 377. [5] In diesem Falle bleibt die gemäß §§ 136 Abs. 2, 274 ad separatum verwiesene Gegenforderung in der Berufungsinstanz anhängig. RG 28, 415. Vgl. Anm. 2 zu § 503.

492. Die Verletzung einer das Verfahren erster Instanz betreffenden Vorschrift kann in der Berufungsinstanz nicht mehr gerügt werden, wenn in Gemäßheit der Bestimmung des §. 267 die Partei das Rügerecht bereits in erster Instanz verloren hat.

493. Die in erster Instanz unterbliebenen oder verweigerten Erklärungen über Thatsachen, Urkunden und Eideszuschiebungen[1] können in der Berufungsinstanz nachgeholt werden.

[1] §§ 129, 404, 417, 468. Vgl. auch Anm. 2 zu § 495. — Ein in der ersten Instanz unzulässiger Weise zurückgeschobener Eid kann in der Berufungsinstanz noch angenommen werden, wenn der Delat sich in der ersten Instanz über die bedingte Annahme desselben nicht erklärt hatte. RG 17, 424.

494. Das in erster Instanz abgelegte gerichtliche Geständniß[1] behält seine Wirksamkeit auch für die Berufungsinstanz.

[1] §§ 261—263.

495. Die in erster Instanz erfolgte Annahme oder Zurückschiebung eines Eides behält ihre Wirksamkeit[1] auch für die Berufungsinstanz.

Dasselbe gilt von der Leistung,[2] von der Verweigerung der Leistung[3] und von der Erlassung[4] eines Eides, wenn die Entscheidung, durch welche die Leistung des Eides angeordnet ist, von dem Berufungsgerichte für gerechtfertigt erachtet wird.[5]

[1] §§ 419, 422, 423. Vgl. Anm. 1 zu § 493.

[2] § 428 Abs. 1. [3] § 429 Abs. 2. Die Verweigerung der Annahme des Eides kann in zweiter Instanz widerrufen werden. RG 35, 373. [4] § 429 Abs. 1.

[5] Die Leistung eines unzulässiger Weise durch Beschluß statt durch Urtheil auferlegten Eides steht einer freien Beweiswürdigung durch die höhere Instanz — event. nach Beweisaufnahme — nicht entgegen. (Vgl. auch Anm. 1 zu § 412). Erachtet dieselbe demnächst ebenfalls den Eid für erheblich, so bedarf es einer wiederholten Ableistung desselben nicht. RG 9, 345.

496. Ein nicht oder nicht unbedingt für vorläufig vollstreckbar erklärtes Urtheil erster Instanz ist, insoweit dasselbe durch die Berufungsanträge nicht angefochten wird, auf den im Laufe der mündlichen Verhandlung gestellten Antrag von dem Berufungsgerichte für vorläufig vollstreckbar zu erklären.[1]

Eine Anfechtung dieser Entscheidung findet nicht statt.

[1] § 656. — Gebühren: des Gerichts (frei) § 47 Nr. 11 G.K.G.; des Anwalts ($^3/_{10}$) § 23 Nr. 1, vgl. jedoch auch § 29 Nr. 6, G.O. f. R.A.

497. Das Berufungsgericht hat von Amtswegen zu prüfen, ob die Berufung an sich statthaft und ob sie in der gesetzlichen Form und Frist eingelegt sei.[1]

Mangelt[2] es an einem dieser Erfordernisse, so ist die Berufung als unzulässig zu verwerfen.[3]

[1] Der Berufungsbeklagte hat bei Versäumniß des Berufungsklägers behufs Erwirkung des Versäumnißurtheils (Anm. 3 zu § 476) nur nachzuweisen, daß vor der auf Einreichung der Berufungsschrift erfolgten Terminsbestimmung das Urtheil erster Instanz zugestellt ist. RG 12, 364. Eines besonderen durch Vorlegung der Berufungsschrift bezw. der Zustellungsurkunde zu führenden Nachweises der Ladung des Berufungsbeklagten bedarf es in der Regel nicht. RG 31, 433. Das RG 21, 375 verlangt indeß einen solchen in einem Falle, wo Nebeninterveniernten auf Verwerfung der Berufung durch Versäumnißurtheil antrugen.

[2] Mängel der Einlegung sind durch Zustimmung des Gegners nicht zu heilen. RG 10, 401.

[3] Gebühren: des Gerichts ($^5/_{10}$) § 26 Nr. 5 G.K.G.; des Anwalts ($^5/_{10}$) § 20 G.O. f. R.A.

498. Das Urtheil erster Instanz darf nur insoweit abgeändert werden, als eine Abänderung beantragt ist.[1]

[1] Vgl. Anm. 1 zu § 487. — Wird eine in erster Instanz zum richterlichen Eide verstellte Thatsache in zweiter Instanz für erwiesen erachtet, so darf das Berufungsgericht, wenn ein Rechtsmittel nur von dem Gegner des Schwurpflichtigen erlegt war, den Eid nicht ohne Weiteres beseitigen. RG 29, 426. Anders in einem Falle, wo der Gegner in zweiter Instanz von der ersten abweichende Behauptungen aufgestellt und eine neue Beweisaufnahme stattgefunden hatte. RG 15, 211. — Ist an Stelle eines dem Beklagten auferlegten Eides in Folge der Berufung des Klägers auf einen Eid für diesen erkannt, so ist für den Nichtleistungsfall Abweisung auszusprechen, ohne daß es noch auf den Eid des Beklagten ankommt. RG 4, 422, vgl. auch RG 25, 431. — Ist ein Berufungsurtheil, durch welches ein Eid auferlegt war, auf Revision des Gegners

des Schwurpflichtigen aufgehoben, so ist das Berufungsgericht nicht gehindert, nunmehr ohne Eid nach den Anträgen der zuvor für schwurpflichtig erklärten Partei zu entscheiden. RG 12, 409. Das RG 22, 399 hat sogar zugelassen, daß der Kläger, welcher in erster Instanz nur zum Theil abgewiesen war, zum Theil dagegen unter Eidesbedingung obgesiegt und demnächst allein Berufung eingelegt hatte, in der Berufungsinstanz mit dem ganzen Klaganspruch wegen Unzulässigkeit des Rechtswegs abgewiesen wurde. RG 22, 7.

499. Gegenstand der Verhandlung und Entscheidung des Berufungsgerichts sind alle einen zuerkannten oder aberkannten Anspruch[1] betreffenden Streitpunkte, über welche in Gemäßheit der Anträge eine Verhandlung und Entscheidung erforderlich ist, selbst wenn über diese Streitpunkte in erster Instanz nicht verhandelt oder nicht entschieden ist. Das Berufungsgericht hat ein von ihm erlassenes bedingtes Urtheil[2] zu erledigen.[3] Dasselbe kann ein in erster Instanz erlassenes bedingtes Urtheil erledigen, wenn die Berufung zurückgewiesen ist.

[1] Für übergangene Ansprüche nur § 292. — Eine selbständige eventuelle Klage, über welche die erste Instanz nicht entschieden hat, weil sie der prinzipalen Klage, mit welcher jene verbunden war, stattgegeben hatte, kann, falls gegen das ergangene Urtheil vom Beklagten Berufung eingelegt wird, nicht in die Berufungsinstanz erwachsen. RG 18, 387. — Vgl. Anm. 3 zu § 562.

[2] Dasselbe hat über die Sache selbst, nicht über die Berufung bedingt zu erkennen. RG 12, 359.

[3] §§ 425, 427 Abs 3, 439. Wichtig für die Zulässigkeit von Rechtsmitteln gegen das Läuterungsurtheil.

500. Das Berufungsgericht hat die Sache, insofern eine weitere Verhandlung derselben erforderlich ist,[1] an das Gericht erster Instanz zurückzuverweisen:[2]

1. wenn durch das angefochtene Urtheil ein Einspruch als unzulässig verworfen ist;[3]
2. wenn durch das angefochtene Urtheil nur über prozeßhindernde Einreden entschieden ist;[4]
3. wenn im Falle eines nach Grund und Betrag streitigen Anspruchs durch das angefochtene Urtheil über den Grund des Anspruchs vorab entschieden ist;[5]
4. wenn das angefochtene Urtheil im Urkunden- oder Wechselprozesse unter Vorbehalt der Rechte erlassen ist;[6]
5. wenn das angefochtene Urtheil ein Versäumnißurtheil ist.[7]

Im Falle der Nr. 2 hat das Berufungsgericht die sämmtlichen prozeßhindernden Einreden zu erledigen.

[1] Soweit die Voraussetzungen der Nr. 1—5 vorliegen, findet die Zurückweisung immer statt, wenn nicht die zweitinstanzliche Entscheidung die Sache erledigt, einerlei ob die Hauptsache in der ersten Instanz bereits vollständig verhandelt war oder nicht. RG 12, 377. Die Zurückverweisung ist von Amtswegen, unabhängig von den Anträgen der Parteien, auszusprechen. RG 22, 392.

[2] Wegen der Gebühren des Gerichts vgl. §§ 31—33 G.K.G., des Anwalts vgl. §§ 26—28 G.O. f. R.A. [3] § 306.

[4] § 248. — Einerlei ob das Berufungsgericht die den Einwand verwerfende erstinstanzliche Entscheidung bestätigt oder abändernd den in erster Instanz für begründet angenommenen Einwand verwirft, in letzterem Falle selbst dann, wenn die Verhandlung erster Instanz sich auf die Prüfung des mate-

riellen Klagegrundes erstreckt hat. RG 12, 377, 28, 421. Dagegen nicht, wenn der Rechtsweg erst in zweiter Instanz in Folge statthafter Aenderung des Klagantrags zulässig wird RG 29, 419, ferner nicht, wenn das Gericht erster Instanz von Amtswegen wegen Mangels einer Prozeßvoraussetzung abgewiesen hat, das Berufungsgericht aber die Klage für zulässig erachtet. RG 27, 348. Vgl. auch RG 34, 397.

[5] Vorausgesetzt nämlich, daß in der ersten Instanz der Anspruch für begründet erklärt ist. Ist der Anspruch abgewiesen, so hat das Berufungsgericht, welches den Anspruch für begründet erachtet, den Rechtsstreit selbst zu erledigen. RG 16, 311, 17, 349, 19, 247. [6] § 592. Nicht auch, wenn in erster Instanz abgewiesen, in zweiter unter Vorbehalt verurtheilt ist. RG 29, 368. [7] § 474 Abs. 2.

501. Leidet das Verfahren erster Instanz[1] an einem wesentlichen Mangel,[2] so kann das Berufungsgericht unter Aufhebung des Urtheils und des Verfahrens, soweit das letztere durch den Mangel betroffen wird, die Sache an das Gericht erster Instanz zurückverweisen.[3]

[1] Nicht blos die Entscheidung. RG 9, 325.

[2] § 267 Abs. 2. — Z. B. in den Fällen des § 513. Ferner wenn das Urtheil keinen gehörigen Thatbestand aufweist. RG 2, 407, 17, 361.

[3] Wegen der Gebühren vgl. § 31 G.K.G., § 26 G.O. f. R.A.

502. Werden nach Vorschrift des §. 252 Vertheidigungsmittel[1] zurückgewiesen, so ist die Geltendmachung derselben dem Beklagten vorzubehalten.[2]

Enthält das Urtheil keinen Vorbehalt, so kann die Ergänzung des Urtheils nach Vorschrift des §. 292 beantragt werden.[3]

Das Urtheil, welches unter Vorbehalt der Geltendmachung von Vertheidigungsmitteln ergeht, ist in Betreff der Rechtsmittel und der Zwangsvollstreckung als Endurtheil[4] anzusehen.

[1] Des Beklagten, einerlei ob er Berufungskläger oder Berufungsbeklagter ist. Begr. 311. [2] Ausnahmen: im Urkunden- und Wechselprozeß, § 564, und in Ehesachen, § 583. [3] Oder durch Einlegung der Revision. Vgl. Anm. 3 zu § 562. [4] §§ 472, 507, 644.

503. In Betreff der Vertheidigungsmittel, deren Geltendmachung dem Beklagten vorbehalten ist, bleibt der Rechtsstreit in der Berufungsinstanz anhängig.[1]

Insoweit sich in dem weiteren Verfahren ergiebt, daß der klagend geltend gemachte Anspruch unbegründet war,[2] ist das frühere Urtheil aufzuheben, der Kläger mit dem Anspruch abzuweisen und auf Antrag zur Erstattung des von dem Beklagten auf Grund des Urtheils Gezahlten oder Geleisteten zu verurtheilen,[3] sowie über die Kosten[4] anderweit zu entscheiden.

[1] Andere Beweismittel des Beklagten, als die vorbehaltenen, sind unzulässig. Gelingt der vorbehaltene Beweis, so wird der ganze Sach- und Streitstoff für eine anderweitige Beurtheilung frei. RG 10, 408, 409.

[2] Ebenso, wenn im Falle des § 136 Abs. 2 und § 274 die ad separatum verwiesene Gegenforderung für begründet erkannt wird. RG 31, 8. [3] Vgl. Anm. 2 zu § 697.

[4] §§ 92 Abs. 2, 251 Abs. 2. — Ferner § 48 G.K.G.

Versäumnißverfahren.

504. Die Vorschriften über das Versäumnißverfahren in erster Instanz[1] finden entsprechende Anwendung.

Beantragt der Berufungskläger gegen den im Termine zur mündlichen Verhandlung nicht erschienenen Berufungsbeklagten[2] das Versäumnißurtheil, so ist, soweit das festgestellte Sachverhältniß[3] nicht entgegensteht, das thatsächliche mündliche Vorbringen des Berufungsklägers für zugestanden zu erachten[4] und in Ansehung einer zulässigerweise[5] beantragten Beweisaufnahme anzunehmen, daß sie das in Aussicht gestellte Ergebniß gehabt habe.

[1] §§ 295 ff. [2] Die Berufung des nicht erschienenen Berufungsklägers wird auf Antrag abgewiesen. § 295. Vgl. Anm. 1 zu § 497. [3] §§ 284 Nr. 3, 285, 488 Abs. 1.

[4] Soweit es durch vorbereitende Schriftsätze dem Berufungsbeklagten mitgetheilt ist. §§ 300 Nr. 3, 480.

[5] Im amtlichen Text steht „zuverlässigerweise".

505. Bei der Darstellung des Thatbestandes im Urtheil ist eine Bezugnahme auf das Urtheil voriger Instanz[1] nicht ausgeschlossen.

[1] Auf dessen Thatbestand nur zulässig, sofern er den gesetzlichen Anforderungen entspricht. Vgl. Anm. 6 zu § 284. RG 4, 432.

506. Der Gerichtsschreiber des Berufungsgerichts hat innerhalb vierundzwanzig Stunden, nachdem die Berufungsschrift zum Zwecke der Terminsbestimmung eingereicht ist,[1] von dem Gerichtsschreiber des Gerichts erster Instanz die Prozeßakten einzufordern.

Nach Erledigung der Berufung sind die Akten dem Gerichtsschreiber des Gerichts erster Instanz nebst einer beglaubigten Abschrift des in der Berufungsinstanz erlassenen Urtheils zurückzusenden.[2]

[1] §§ 193, 479 Nr. 3. [2] § 646.

Zweiter Abschnitt.
Revision.

Wegen der Gebühren des Gerichts vgl. § 49 G.K.G.; des Anwalts vgl. § 52 G.O. f. R.A.

1. Zulässigkeit.

507. Die Revision[1] findet gegen die in der Berufungsinstanz von den Oberlandesgerichten erlassenen[2] Endurtheile[3] statt.

[1] Revisionsgerichte: Reichsgericht, § 135 G.V.G.: oberstes Landesgericht, § 8 E.G. zum G.V.G.; Bayern: Art. 42 Ges. v. 23./2. 79 (G.V.Bl. 273).

[2] Auch gegen die von ihnen in erster Instanz erlassenen. §§ 547, 821. RG 5, 430.

[3] Anm. 2 zu § 472. -- Endurtheile sind auch Urtheile, welche auf Grund der §§ 500, 501 die Zurückverweisung in die erste Instanz aussprechen. RG 17, 359, 24, 431.

508. In Rechtsstreitigkeiten über vermögensrechtliche Ansprüche ist die Zulässigkeit der Revision durch einen den Betrag von fünfzehnhundert Mark übersteigenden Werth des Beschwerdegegenstandes bedingt.[1]

In Betreff des Werths des Beschwerdegegenstandes kommen die Vorschriften der §§. 3—9[2] zur Anwendung.

Der Revisionskläger hat diesen Werth glaubhaft zu machen.[3] Der Eid als Mittel der Glaubhaftmachung ist ausgeschlossen.

[1] Die Zulässigkeit des Rechtsmittels richtet sich nach dem Zeitpunkt seiner Einlegung, §§ 520, 235. RG 5, 387, 15, 75, 407, 18, 430, 20, 420. Abweichend RG 11, 388. Bei wiederkehrenden Leistungen (§ 9) werden Rückstände seit der Klage-

erhebung nicht besonders berechnet. RG 23, 360. Die Revision ist unzulässig, wenn zwar im Antrag mehr als 1500 Mark gefordert ist, die zu dessen Begründung aufgestellte Rechnung aber einen Betrag von nicht mehr als 1500 Mk. ergiebt. RG 34, 417.

2 Und des § 136 K.O. RG 10, 68. Maßgebend für die Werthberechnung ist immer (auch im Falle des § 7) nur das Interesse des Revisionsklägers. RG 16, 343. — Wenn die Revisionsbeschwerde Klage und Widerklage betrifft oder der Revisionsbeklagte sich der zulässigen Revision anschließt, ist der Werth nach der Gesammtheit der Beschwerdegegenstände zu berechnen. RG 7, 385, 388. Es ist nicht zulässig, den Werth der gegen mehrere Theilurtheile eingelegten Revisionsbeschwerden zusammenzurechnen. RG 13, 352, 17, 47.

3 § 266.

509. Ohne Rücksicht auf den Werth des Beschwerdegegenstandes findet die Revision statt:

1. insoweit es sich um die Unzuständigkeit des Gerichts[1] oder die Unzulässigkeit des Rechtswegs[2] oder die Unzulässigkeit der Berufung[3] handelt;[4]
2. in den Rechtsstreitigkeiten über Ansprüche, für welche die Landgerichte ohne Rücksicht auf den Werth des Streitgegenstandes ausschließlich zuständig sind.[5]

1 § 247 Nr. 1. 2 Vgl. Anm. 5 zu § 247 Nr. 2.

3 § 497. Bezw. die Wiedereinsetzung in den vorigen Stand gegen die Versäumung der Berufungsfrist. RG 30, 347.

4 Einerlei, ob diese Fragen vom Berufungsgericht bejaht oder verneint sind. RG 3, 432. Die Prüfung des Revisionsgerichts ist bei einem Beschwerdegegenstande von nicht über 1500 M. im Falle der Nr. 1 auf diese Frage beschränkt. RG ebendas. 5 § 70 Abs. 2, 3 G.V.G. Die Entscheidung des Amtsgerichts, welches rechtskräftig die Zuständigkeit des Landgerichts auf Grund dieser Bestimmungen ausgesprochen

hat, ist für das Revisionsgericht nicht bindend. § 11. RG 17, 383. — Preußen: § 39 Ges. 24./4. 78 (G.S. 230). — Bayern: Art. 26 Ges. v. 23./2. 79 (G.B.Bl. 273). — Sachsen: § 27 Ges. v. 1./3. 79 (G.B.Bl. 59). — Württemberg: Art. 8 Ges. v. 24./1. 79 (Reg.Bl. 3). — Baden: § 8 Ges. v. 3./3. 79 (G.B.Bl. 91). — Elsaß-Lothringen: § 16 Ges. v. 4./11. 78 (Ges.Bl. 65). — Kosten: § 92 Abs. 3.

510. Der Beurtheilung des Revisionsgerichts unterliegen auch diejenigen Entscheidungen, welche dem Endurtheile vorausgegangen sind,[1] sofern nicht dieselben nach den Vorschriften dieses Gesetzes unanfechtbar[2] oder mit der Beschwerde anfechtbar sind.[3]

[1] Zwischenurtheile: § 275. [2] Anm. 2 zu § 473; § 496 Abs. 2. [3] Anm. 1 zu § 530.

511.[1] Die Revision kann nur darauf gestützt werden, daß die Entscheidung auf der Verletzung eines Reichsgesetzes[2] oder eines Gesetzes, dessen Geltungsbereich sich über den Bezirk des Berufungsgerichts hinaus erstreckt,[3] beruhe.[4]

[1] § 6 E.G. — Ver. v. 28./9. 79 (R.G.B. 299), Bek. v. 11./4. 80 (R.G.B. 102), R.Ges. v. 15./3. 81 (R.G.B. 38), v. 24./6. 86 (R.G.B. 207) u. v. 30./3. 93 (R.G.B. 139), unten VI b—f. [2] Nicht eines Landesgesetzes für Elsaß-Lothringen. Pr. 263. [3] Das Gesetz muß im Bezirke des Berufungsgerichts Geltung haben. Begr. 322. RG 6, 89, 413. Aufgehobene Gesetze, welche nur noch in Folge der Nichtrückwirkung des neuen Rechts auf vorangegangene Fälle Anwendung finden, sind nach RG 5, 417 nicht revisibel. Indeß sind in den vor der C.P.O. anhängig gewordenen Prozessen die für diese aufrecht erhaltenen älteren Prozeßgesetze als geltendes Recht anzusehen. RG 7, 367, 8, 115. — Die Identität eines an verschiedenen Orten geltenden Rechts ist nicht schlechthin an die Voraussetzung der Identität

der Rechtsquelle gebunden. RG 5, 361. Insbes. sind partikularrechtlich kodificirte Normen des gemeinen Rechts revisibel. RG 5, 405, 29, 101. — Vorentscheidungen, welche sich nicht darauf beschränken, dem Landesgesetz einen bestimmten Inhalt zu geben, sondern unter Zuhülfenahme allgemeiner Rechtsbegriffe oder Rechtssätze Folgerungen aus der Auslegung desselben gewinnen, binden das Revisionsgericht nicht. RG 2, 70, 3, 205, 5, 372, 6, 395, 10, 124. Insbes. unterliegt die Entscheidung über das Bestehen eines partikularen Rechtssatzes insofern der Nachprüfung, als der Bejahung oder Verneinung Rechtsregeln zu Grunde liegen, die selbst revisibel sind, RG 2, 184, 5, 361, verb. mit 3, 150, 4, 202, 5, 135, 6, 135, z. B. soweit ein Konflikt des Partikularrechts mit dem Reichsrecht behauptet wird. RG 2, 94, 15, 28.

[4] §§ 525, 528 Abs. 4. — Ein Berufungsurtheil kann nicht lediglich wegen Mangel des Verfahrens erster Instanz angefochten werden. RG 6, 194.

512. Das Gesetz[1] ist verletzt, wenn eine Rechtsnorm[2] nicht oder nicht richtig angewendet worden ist.[3]

[1] § 12 E.G. Gesetz: „eine nach den Grundsätzen des öffentlichen Rechts des deutschen Reiches und seiner Mitgliedstaaten „über die Quellen des objektiven Rechts in gültiger Weise „geschaffene Norm des objektiven Rechts.“ RG 13, 215.

[2] Gewohnheitsrecht: § 265.

[3] Arten der Gesetzesverletzung: § 516 Nr. 1—3.

513. Eine Entscheidung ist stets als auf einer Verletzung des Gesetzes beruhend anzusehen:

1. wenn das erkennende Gericht nicht vorschriftsmäßig besetzt war;[1]
2. wenn bei der Entscheidung ein Richter mitgewirkt hat, welcher von der Ausübung des Richteramts kraft Gesetzes ausgeschlossen war,[2] sofern nicht dieses Hinderniß mittels eines

Ablehnungsgesuchs ohne Erfolg[3] geltend gemacht ist;

3. wenn bei der Entscheidung ein Richter mitgewirkt hat, obgleich derselbe wegen Besorgniß der Befangenheit abgelehnt[4] und das Ablehnungsgesuch für begründet erklärt war;
4. wenn das Gericht seine Zuständigkeit oder Unzuständigkeit mit Unrecht angenommen hat;[5]
5. wenn eine Partei in dem Verfahren nicht nach Vorschrift der Gesetze vertreten war,[6] sofern sie nicht die Prozeßführung ausdrücklich oder stillschweigend genehmigt hat;[7]
6. wenn die Entscheidung auf Grund einer mündlichen Verhandlung ergangen ist, bei welcher die Vorschriften über die Oeffentlichkeit des Verfahrens[8] verletzt sind;
7. wenn die Entscheidung nicht mit Gründen versehen ist.[9]

[1] § 280 C.P.O. §§ 77, 109, 124 G.V.G. — Vgl. § 542 Nr. 1. [2] § 41 [3] § 46 Abs. 2. — Vgl. § 542 Nr. 2. [4] § 42. — Vgl. § 542 Nr. 3.

[5] Anm. 1 zu § 1. — §§ 12 ff. — §§ 38, 39.

[6] §§ 50, 54, 76, 84. [7] § 85 Abs. 2. — Vgl. § 542 Nr. 4. [8] §§ 170 ff. G.V.G. Auch in der unterbliebenen Ausschließung der Oeffentlichkeit liegt ein Revisionsgrund. RG 16, 393.

[9] Dies ist auch der Fall, soweit die Gründe sich nicht auf alle nach Maßgabe des Parteivorbringens darbietenden Streitpunkte erstrecken, und soweit sie außer Zweifel lassen, ob eine thatsächliche Feststellung vorliegt oder die Entscheidung auf Rechtsgründen beruht. RG 3, 389. auch RG 4, 212, 6, 138. 7, 78, 11, 346, 13, 301.

2. Einlegung.

514. Die Revisionsfrist beträgt einen Monat;[1] sie ist eine Nothfrist[2] und beginnt mit der Zustellung des Urtheils.[3]

Die Revision kann gleichzeitig mit der Zustellung des Urtheils eingelegt werden. Die Einlegung vor Zustellung des Urtheils ist wirkungslos.[4]

[1] § 200. [2] § 201.

[3] Auch gegen den betreibenden Theil. § 198.

[4] Vgl. Anm. 4 zu § 478.

515. Die Einlegung der Revision erfolgt durch Zustellung eines Schriftsatzes.[1] Derselbe muß[2] enthalten:

1. die Bezeichnung des Urtheils, gegen welches die Revision gerichtet wird;
2. die Erklärung, daß gegen dieses Urtheil die Revision eingelegt werde;
3. die Ladung[3] des Revisionsbeklagten vor das Revisionsgericht zur mündlichen Verhandlung über die Revision.

[1] An wen? § 164. — Einlegung beim obersten Landesgericht: § 7 Abs. 1—3 E.G.

[2] Imperativ. Anm. 2 zu § 67. — Unterschrift des Anwalts: Anm. 5 zu § 121. [3] Vgl. Anm. 3 zu § 479.

516. Die allgemeinen Bestimmungen über die vorbereitenden Schriftsätze[1] finden auch auf die Revisionsschrift Anwendung.

Als vorbereitender Schriftsatz soll[2] die Revisionsschrift insbesondere die Erklärung, inwieweit das Urtheil angefochten und dessen Aufhebung beantragt werde (Revisionsanträge),[3] und zur Begründung der Revisionsanträge enthalten:

1. insoweit die Revision darauf gestützt wird, daß eine Rechtsnorm nicht oder nicht richtig angewendet sei, die Bezeichnung der Rechtsnorm;[4]
2. insoweit die Revision darauf gestützt wird, daß das Gesetz in Bezug auf das Verfahren verletzt sei, die Bezeichnung der Thatsachen, welche den Mangel ergeben;[5]
3. insoweit die Revision darauf gestützt wird, daß unter Verletzung des Gesetzes Thatsachen festgestellt, übergangen oder als vorgebracht angenommen seien, die Bezeichnung dieser Thatsachen.[6]

In der Revisionsschrift soll ferner der Werth des nicht in einer bestimmten Geldsumme bestehenden Beschwerdegegenstandes angegeben werden, wenn die Zulässigkeit der Revision von diesem Werthe abhängt.

[1] §§ 120 ff. [2] Instruktionell. Anm. 2 zu § 67.

[3] Maßgebend sind die bei der mündlichen Verhandlung gestellten Anträge, welche über diejenigen in den vorbereitenden Schriftsätzen hinausgehen können. RG 16, 345.

[4] § 528 Abs. 3 Nr. 1. Gesetzesverletzung bei Anwendung des Gesetzes auf das festgestellte Sachverhältniß.

[5] §§ 527 Abs. 2, 528 Abs. 1. Verletzung einer Vorschrift über das Verfahren. — Vgl. Anm. 4 zu § 511.

[6] § 528 Abs. 1. Gesetzesverletzung bei Feststellung des Sachverhältnisses. — Die Uebergehung einer Thatsache im Thatbestande kann nur dann als Gesetzesverletzung anerkannt werden, wenn dieser mit dem Sitzungsprotokoll im Widerspruch steht. § 285. RG 9, 367.

517. In Betreff der Frist, welche zwischen der Zustellung der Revisionsschrift und dem Termine zur mündlichen Verhandlung liegen muß, finden die Vorschriften des §. 234 entsprechende Anwendung.[1]

[1] Abkürzung: § 204. — Im Falle der Einlegung beim obersten Landesgericht: § 7 Abs. 4 E.G.

518. Der Revisionsbeklagte kann sich der Revision anschließen. Auf diese Anschließung finden die Vorschriften über die Anschließung des Berufungsbeklagten an die Berufung entsprechende Anwendung.[1]

[1] §§ 482 Abs. 1, 483. — Auf Seiten des Anschließenden braucht nicht die Revisionssumme vorhanden zu sein. RG 7, 346.

519. Der Revisionsbeklagte hat dem Revisionskläger die Beantwortung der Revision innerhalb der ersten zwei Drittheile der Zeit,[1] welche zwischen der Zustellung der Revisionsschrift und dem Termine zur mündlichen Verhandlung liegt, mittels vorbereitenden Schriftsatzes zustellen zu lassen.

Der Schriftsatz soll[2] insbesondere die Anträge und im Falle der Anschließung deren Begründung nach Vorschrift des §. 516 enthalten.

[1] Im Falle der Einlegung beim obersten Landesgericht: § 7 Abs. 4 E.G. [2] Anm. 2 zu § 516.

3. Verfahren vor dem Revisionsgericht.

520. Auf das weitere Verfahren finden die in erster Instanz für das Verfahren vor den Landgerichten geltenden Vorschriften[1] entsprechende Anwendung, soweit nicht Abweichungen aus den Bestimmungen dieses Abschnitts sich ergeben.

[1] §§ 230—455. Vgl. auch Anm. 8 zu § 140. In Ehesachen vgl. Anm. 1 zu § 578.

521. Die Verletzung einer das Verfahren der Berufungsinstanz betreffenden Vorschrift kann in der Revisionsinstanz nicht mehr gerügt werden, wenn in Gemäßheit der Bestimmung des §. 267 die Partei das Rügerecht bereits in der Berufungsinstanz verloren hat.[1]

[1] § 492.

522. Der Prüfung des Revisionsgerichts unterliegen nur die von den Parteien gestellten Anträge.[1]

[1] §§ 516 Abs. 2, 519 Abs. 5.

523. Ein nicht oder nicht unbedingt für vorläufig vollstreckbar erklärtes Urtheil des Berufungsgerichts ist, insoweit dasselbe durch die Revisionsanträge nicht angefochten wird, auf den im Laufe der mündlichen Verhandlung gestellten Antrag von dem Revisionsgerichte für vorläufig vollstreckbar zu erklären.[1]

[1] §§ 486, 529, 656 Abs. 2. — Gebühren: des Gerichts (frei) § 47 Nr. 11 G.K.G.; des Anwalts ($^3/_{10}$) § 23 Nr. 1, vgl. jedoch auch § 29 Nr. 6, G.O. f. R.A.

524. Für die Entscheidung des Revisionsgerichts sind die in dem angefochtenen Urtheile gerichtlich festgestellten Thatsachen maßgebend.[1] Außer denselben können nur die im §. 516 Nr. 2, 3 erwähnten Thatsachen berücksichtigt werden.[2] [3]

[1] § 285 Satz 1. — Soweit der Einwand der res judicata in Frage steht, ist das Revisionsgericht befugt, den Sinn des früheren Urtheils frei zu prüfen. RG 7, 351. Auch ist das

Revisionsgericht bezüglich der Bedeutung des Urtheils erster Instanz nicht an die Auslegung des Berufungsgerichts gebunden. RG 13, 404. Wieweit Urkundenauslegung revisibel vgl. RG 2, 380, 3, 427. [2] Beweis derselben durch das Sitzungsprotokoll: § 285 Satz 2; auch § 150, ferner Anm. 5 zu § 516. — Vgl. auch § 553 Abs. 3.

[3] Ferner Thatsachen, welche die Zulässigkeit der Revision oder der Aufnahme des Verfahrens in der Revisionsinstanz betreffen. RG 11, 401, 15, 410. Ueberhaupt Thatsachen, welche das Vorhandensein von Amtswegen zu berücksichtigender Prozeßvoraussetzungen betreffen. RG 27, 187.

525. **Die Entscheidung des Berufungsgerichts über das Bestehen und den Inhalt von Gesetzen, auf deren Verletzung die Revision nach §. 511 nicht gestützt werden kann, ist für die auf die Revision ergehende Entscheidung maßgebend.**[1]

[1] Vorausgesetzt, daß die anzuwendende Rechtsnorm dem Partikularrecht (§ 511) entnommen werden muß. Begr. 322.

526. **Ergeben die Entscheidungsgründe zwar eine Gesetzesverletzung, stellt die Entscheidung selbst aber aus anderen Gründen[1] sich als richtig dar[2], so ist die Revision zurückzuweisen.**

[1] Wenn auch nach solchen vom Berufungsgericht nicht angewendeten Normen, welche zufolge § 511 nicht revisibel sind. RG 24, 301. [2] Dies ist auch dann der Fall, wenn die Berufung als unbegründet statt als unzulässig zurückgewiesen war. RG 5, 415.

527. **Insoweit die Revision für begründet erachtet wird, ist das angefochtene Urtheil aufzuheben.**

Erfolgt die Aufhebung des Urtheils wegen eines Mangels des Verfahrens,[1] so ist zugleich das Ver-

fahren insoweit aufzuheben, als es durch den Mangel betroffen wird.

[1] § 516 Nr. 2.

528. Im Falle der Aufhebung des Urtheils ist die Sache zur anderweiten Verhandlung und Entscheidung an das Berufungsgericht[1] zurückzuverweisen.[2]

Dasselbe hat die rechtliche Beurtheilung, welche der Aufhebung zu Grunde gelegt ist, auch seiner Entscheidung zu Grunde zu legen.[3]

Das Revisionsgericht hat jedoch in der Sache selbst zu entscheiden:

1. wenn die Aufhebung des Urtheils nur wegen Gesetzesverletzung bei Anwendung des Gesetzes auf das festgestellte Sachverhältniß erfolgt[4] und nach letzterem die Sache zur Endentscheidung reif ist;
2. wenn die Aufhebung des Urtheils wegen Unzuständigkeit des Gerichts[5] oder wegen Unzulässigkeit des Rechtswegs erfolgt.

Kommt in den Fällen der Nr. 1 und 2 für die in der Sache selbst zu erlassende Entscheidung die Anwendbarkeit von Gesetzen, auf deren Verletzung die Revision nach §. 511 nicht gestützt werden kann, in Frage, so kann die Sache zur anderweiten Verhandlung und Entscheidung an das Berufungsgericht zurückverwiesen werden.

[1] An das Gericht erster Instanz, wenn anderenfalls das Berufungsgericht an diese zurückverweisen müßte. § 500. RG 5,94.

[2] Wegen der Gebühren vgl. § 81 G.K.G., § 26 G.O.f.R.A.

[3] Im übrigen wird die Sache in die Lage zurückversetzt, als wenn das Berufungsgericht zum ersten Male mit der Sache befaßt wäre. RG 26, 410. Doch bleibt es an die von ihm im früheren Verfahren erlassenen Zwischenurtheile gebunden, soweit diese nicht durch das Revisionsgericht in erkennbarer Weise mit aufgehoben sind. RG 35, 407.
[4] § 516 Nr. 1. [5] § 249.

529. Die für die Berufung geltenden Vorschriften über die Anfechtbarkeit der Versäumnißurtheile,[1] über die Verzichtleistung auf das Rechtsmittel und die Zurücknahme desselben,[2] über die Vertagung der mündlichen Verhandlung,[3] über die Verhandlung prozeßhindernder Einreden,[4] über die Prüfung der Zulässigkeit des Rechtsmittels,[5] über den Vortrag der Parteien bei der mündlichen Verhandlung[6] und über die Einforderung und Zurücksendung der Prozeßakten[7] finden auf die Revision entsprechende Anwendung.

[1] §§ 474, 482 Abs. 2. [2] §§ 475, 476.
[3] §§ 486, 656 Abs. 2, 689. [4] § 490.
[5] § 497. [6] § 488 [7] § 506.

Dritter Abschnitt.
Beschwerde.

Gebühren: des Gerichts ($^3/_{10}$) § 45 G.K.G.; des Anwalts ($^3/_{10}$) § 41 Nr. 1 G.O. f. R.A.

1. Zulässigkeit.

530. Das Rechtsmittel der Beschwerde findet in den in diesem Gesetze besonders hervorgehobenen Fällen[1] und gegen solche eine vorgängige mündliche Verhandlung nicht erfordernde Entscheidungen statt, durch welche

ein das Verfahren betreffendes Gesuch zurückgewiesen ist.[2]

[1] Gegen Beschlüsse: Beschwerde §§ 118, 229, 345, 355, 374, 579; ferner §§ 4, 16, 47, 48 G.K.G., § 22 G.O. f.G.V., § 17 G.O. f. Z. u. S., §§ 35. 86 R.A.O., §§ 12, 58 G.O. f. R.A.; sofortige Beschwerde: §§ 46, 49, 97, 99, 229, 290, 301, 371, 604, 619, 621, 639, 701, 813, 815, 829; ferner § 66 K.O. Vgl. auch Anm. 2 zu § 472. — Gegen Zwischenurtheile: sofortige Beschwerde: §§ 68, 126, 352. — Beschwerde gegen die Entscheidungen der Gewerbegerichte: § 55 R.Ges. v. 29./7. 90 (R.G.B. 154).

[2] Ausnahmen: Anm. 2 zu § 473, 496 Abs. 2. Gegen die Ablehnung eines Vertagungsantrags Beschwerde. RG 28, 369. Gegen die Verlegung eines Termins oder die Vertagung einer Verhandlung keine Beschwerde. RG 15, 422.

581. Ueber die Beschwerde entscheidet das im Instanzenzuge zunächst höhere Gericht.[1]

Gegen die Entscheidung des Beschwerdegerichts findet, soweit nicht in derselben[2] **ein neuer**[3] **selbständiger**[4] **Beschwerdegrund**[5] **enthalten ist, eine weitere Beschwerde nicht statt.**[6]

[1] Beschwerdegerichte: Landgericht, § 71 G.V.G.; Oberlandesgericht, § 123 Nr. 4; Reichsgericht, § 135 Nr. 2; oberstes Landesgericht, § 8 E.G. zum G.V.G. Bayern: Art. 42 Ges. v. 23./2. 79 (G.V.Bl. 273).

[2] Im Inhalt und der Bedeutung der Entscheidung, nicht blos in deren Gründen. RG 1, 224, 235, 16, 317.

[3] Nicht, sobald duae conformes vorliegen; insbes. auch nicht, wenn das Oberlandesgericht eine vom Landgericht abgeänderte Entscheidung des Amtsgerichts wiederhergestellt hat. RG 2, 414. [4] Dies ist der Fall, wenn das Beschwerdegericht durch seine Entscheidung eine dem Beschwerdeführer ungünstigere oder in anderer Weise ungünstige Rechts-

wirkung hat herbeiführen wollen, als die Vorinstanz. RG 13, 324, 16, 318, 34, 378. So, wenn das Beschwerdegericht die aus materiellen Gründen ablehnende angefochtene Entscheidung um deswillen aufrecht erhalten hat, weil die Vorinstanz unzuständig gewesen, RG 12, 395, 35, 375, oder wenn es einen Antrag als überhaupt unbegründet abgewiesen hat, während die angegriffene Entscheidung ihn nur bis zur Beibringung gewisser Nachweise ablehnte. RG 32, 57, oder wenn es die aus formellen Gründen ergangene Entscheidung aus materiellen Gründen bestätigt hat, RG 21, 334, oder wenn die Beschwerde — aus einem sachlich mit der angegriffenen Entscheidung nicht zusammenhängenden Grunde — wegen Unzulässigkeit (wenn auch dem Wortlaut nach als unbegründet RG 30, 335) verworfen ist, RG 4, 362, 431, oder wenn das Beschwerdegericht aus einem anderen Grunde die materielle Prüfung der neuen Rechtsbehelfe abgelehnt, RG 17, 372, oder einen Angriff der Partei gegen den beschwerenden Beschluß übersehen hat. RG 18, 427: (letzteres kann aber nicht lediglich deshalb angenommen werden, weil der Angriff in den Gründen des Beschwerdebescheides nicht ausdrücklich erörtert ist. RG 30, 339). [5] Dies setzt voraus, daß die Entscheidung des Beschwerdegerichts ihrem Inhalt nach gemäß § 530 überhaupt der Anfechtung mit der Beschwerde unterliegt. RG 31, 411, 35, 420. Vgl. aber Anm. 6 zu § 290. Liegt in der Entscheidung des Oberlandesgerichts ein neuer selbständiger Beschwerdegrund, so kann die Beschwerde an das Reichsgericht auch dann erwachsen, wenn in erster Instanz das Amtsgericht entschieden hat RG 1, 230.

[6] Weitere Beschwerde ist ausgeschlossen im Falle des § 174 K.O. — Im Kostenpunkt weitere Beschwerde nur, soweit solche in der Hauptsache zulässig ist. § 94. RG 6, 339.

2. Einlegung.

532. Die Beschwerde wird bei dem Gericht eingelegt, von welchem oder von dessen Vorsitzenden die angefochtene Entscheidung erlassen ist; sie kann in dringenden Fällen auch bei dem Beschwerdegericht eingelegt werden.[1]

Die Einlegung erfolgt durch Einreichung einer Beschwerdeschrift;[2] die Einlegung kann auch durch Erklärung zum Protokolle des Gerichtsschreibers erfolgen,[3] wenn der Rechtsstreit bei einem Amtsgericht anhängig ist oder anhängig war,[4] wenn die Beschwerde das Armenrecht betrifft[5] oder von einem Zeugen oder Sachverständigen erhoben wird.[6]

[1] Einlegung beim obersten Landesgericht: § 7 Abs. 5 E.G.

[2] Anm. 1 zu § 74. — Unterschrift des Anwalts (soweit Anwaltszwang): Anm. 5 zu § 121. Einen formulirten Antrag braucht sie nicht zu enthalten. RG 24, 395.

[3] Oder durch Beschwerdeschrift ohne Anwaltszwang. § 74 Abs. 2. RG 3, 373. [4] Dahin gehört auch ein nur die Zwangsvollstreckung oder die Rechtshülfe betreffendes Verfahren beim Amtsgericht. RG 12, 355. Ferner die Beschwerde gegen die gemäß § 45 Abs. 2 beim Landgericht erlassene Entscheidung. RG 35, 348. Nicht dagegen der Fall des § 467 Abs. 2. RG 35, 384. [5] § 118. [6] §§ 345, 355, 374, 579.

533. Die Beschwerde kann auf neue Thatsachen und Beweise gestützt werden.[1]

[1] Voraussetzung ist, daß ein in der vorigen Instanz gestellter Antrag aberkannt ist. RG 35, 428.

534. Erachtet das Gericht oder der Vorsitzende, dessen Entscheidung angefochten wird, die Beschwerde für begründet, so haben sie derselben abzuhelfen;[1] anderenfalls ist die Beschwerde vor Ablauf einer Woche dem Beschwerdegerichte vorzulegen.

[1] Das Beschwerdegericht selbst dann, wenn schon zwei gleichlautende Entscheidungen vorliegen und die eingelegte weitere Beschwerde daher unzulässig ist. RG 33, 377.

535. Die Beschwerde hat nur dann aufschiebende Wirkung, wenn sie gegen eine der in den §§. 345, 355, 374, 579, 619 erwähnten Entscheidungen gerichtet ist.[1]

Das Gericht oder der Vorsitzende, dessen Entscheidung angefochten wird, kann anordnen, daß die Vollziehung derselben auszusetzen sei.

Das Beschwerdegericht kann vor der Entscheidung eine einstweilige Anordnung erlassen; es kann insbesondere anordnen, daß die Vollziehung der angefochtenen Entscheidung auszusetzen sei.[2]

[1] § 702 Nr. 3. [2] Gegen solche einstweilige Anordnung keine Beschwerde. RG 35, 341.

3. Verfahren vor dem Beschwerdegericht.

536. Die Entscheidung über die Beschwerde kann ohne vorgängige mündliche Verhandlung erfolgen.[1]

Ordnet das Gericht eine schriftliche Erklärung an, so kann dieselbe in den Fällen, in welchen die Beschwerde zum Protokolle des Gerichtsschreibers eingelegt werden darf, zum Protokolle des Gerichtsschreibers abgegeben werden.[2]

[1] Alsdann ist die Entscheidung von Amtswegen zuzustellen. § 294 Abs. 2. [2] § 532 Abs. 2.

537. Das Beschwerdegericht hat von Amtswegen zu prüfen, ob die Beschwerde an sich statthaft und ob sie in der gesetzlichen Form[1] und Frist[2] eingelegt sei. Mangelt es an einem dieser Erfordernisse, so ist die Beschwerde als unzulässig zu verwerfen.

[1] §§ 532 Abs. 1, 540 Abs. 2. [2] § 540 Abs. 2.

538. Erachtet das Beschwerdegericht die Beschwerde für begründet, so kann es demjenigen Gericht oder Vorsitzenden, von welchem die beschwerende Entscheidung erlassen war, die erforderliche Anordnung übertragen.[1]

[1] Die Frage, ob das höhere Gericht, welches auf weitere Beschwerde den eine Beschwerde als unzulässig verwerfenden Beschluß der zweiten Instanz aufhebt, gleichzeitig materiell in der Sache entscheiden darf, oder ob es die Sache zur materiellen Entscheidung an die Vorinstanz zurückverweisen muß, ist im Sinne der ersten Alternative durch RG 16, 323, im Sinne der zweiten durch RG 14, 387 entschieden.

539. Wird die Aenderung einer Entscheidung des beauftragten oder ersuchten Richters[1] oder des Gerichtsschreibers verlangt, so ist die Entscheidung des Prozeßgerichts nachzusuchen.[2]

Die Beschwerde[3] findet gegen die Entscheidung des Prozeßgerichts statt.

Die Bestimmung des ersten Absatzes gilt auch für das Reichsgericht.

[1] Anm. 5 zu § 41 Nr. 6. — §§ 207, 326, 327, 330, 365. — Vgl. § 363 Abs. 2. [2] Gebühren: des Gerichts ($^3/_{10}$) § 45 G.K.G.; des Anwalts ($^3/_{10}$) § 41 Nr. 2, vgl. jedoch auch § 29 Nr. 5, G.O. f. R.A. [3] §§ 530, 531 Abs. 1. Nicht bedingt durch das Vorhandensein eines neuen selbständigen Beschwerdegrundes. RG 9, 385.

540. Für die Fälle der sofortigen Beschwerde[1] gelten die nachfolgenden besonderen Bestimmungen.

Die Beschwerde ist binnen einer Nothfrist[2] von zwei Wochen,[3] welche mit der Zustellung,[4] in den Fällen der §§. 301 und 329 Abs. 3 mit der Verkündung der Entscheidung beginnt,[5] einzulegen. Die Einlegung bei dem Beschwerdegerichte genügt zur Wahrung der Nothfrist, auch wenn der Fall für dringlich nicht erachtet wird.[6] Liegen die Erfordernisse der Nichtigkeits- oder der Restitutionsklage vor,[7] so kann die Beschwerde auch nach Ablauf der Nothfrist innerhalb der für diese Klagen geltenden Nothfristen[8] erhoben werden.

Das Gericht ist zu einer Abänderung seiner durch Beschwerde angegriffenen Verfügung nicht befugt.[9]

In den Fällen des §. 539 muß auf dem für die Einlegung der Beschwerde vorgeschriebenen Wege die Entscheidung des Prozeßgerichts binnen der Nothfrist nachgesucht werden. Das Prozeßgericht hat das Gesuch, wenn es demselben nicht entsprechen will, dem Beschwerdegerichte vorzulegen.[10]

1 In den in Anm. 1 zu § 530 bezeichneten Fällen, und zwar gleichviel ob an sich nach dem Schlußsatz des § 530 Beschwerde gegeben sein würde. RG 15, 432.

2 § 201. 3 § 200.

4 Einlegung schon vor der Zustellung zulässig. RG 29, 341. Vgl. Anm. 8 zu § 304. Nach RG 9, 386 kann Beschwerde sogar schon vor der Entscheidung eventuell eingelegt werden.

5 Desgleichen im Falle des § 174 K.O.; mit der Niederlegung der Entscheidung auf der Gerichtsschreiberei im Falle des § 146 K.O. 6 Wiedereinsetzung gegen Ablauf dieser Nothfrist: § 214 Abs. 2. 7 §§ 542—545. 8 § 549.

9 Nicht anwendbar, wenn die angegriffene Verfügung vom Konsul erlassen ist. § 19 R.Ges. v. 10./7. 79 (R.G.B. 197), unten VI a. — Vgl. auch Anm. 8 zu § 685.

10 Sofern nämlich der Beschluß des Prozeßgerichts der sofortigen Beschwerde unterliegen würde. RG 25, 390.

Viertes Buch.

Wiederaufnahme des Verfahrens.

541. Die Wiederaufnahme eines durch rechtskräftiges Endurtheil[1] geschlossenen Verfahrens kann durch Nichtigkeitsklage und durch Restitutionsklage erfolgen.[2]

Werden beide Klagen von derselben Partei oder von verschiedenen Parteien erhoben, so ist die Verhandlung und Entscheidung über die Restitutionsklage bis zur rechtskräftigen Entscheidung über die Nichtigkeitsklage auszusetzen.

[1] Auch durch rechtskräftiges Zwischenurtheil in den Fällen der §§ 248 Abs. 2, 276 Abs. 2, 502 Abs. 3, 562 Abs. 3. RG 35, 418. — Wegen Aussetzung des Hauptverfahrens nach Erhebung der Klage. Vgl. RG ebenda. [2] § 20 E.G.

1. Zulässigkeit.

a) Nichtigkeitsklage.

542. Die Nichtigkeitsklage findet statt:

1. wenn das erkennende Gericht nicht vorschriftsmäßig besetzt war;[1]
2. wenn ein Richter bei der Entscheidung mitgewirkt hat, welcher von der Ausübung des Richteramts kraft des Gesetzes ausgeschlossen war,[2] sofern nicht dieses Hinderniß mittels eines Ablehnungsgesuchs oder eines Rechtsmittels ohne Erfolg geltend gemacht ist;[3]
3. wenn bei der Entscheidung ein Richter mitgewirkt hat, obgleich derselbe wegen Besorgniß

der Befangenheit abgelehnt[4] und das Ablehnungsgesuch für begründet erklärt war;

4. wenn eine Partei in dem Verfahren nicht nach Vorschrift der Gesetze vertreten war,[5] sofern sie nicht die Prozeßführung ausdrücklich oder stillschweigend genehmigt hat.[6]

In den Fällen Nr. 1, 3 findet die Klage nicht statt, wenn die Nichtigkeit mittels eines Rechtsmittels geltend gemacht werden konnte.[7]

1 § 280 C.P.O. §§ 77, 109, 124, 140 G.V.G. — Vgl. auch Anm. 1 zu § 66 und zu § 69 G.V.G.
2 § 41. 3 § 46 Abs. 2. 4 § 42.
5 §§ 50, 54, 76, 84. — Nicht auch, weil sie nicht geladen war. RG 7, 361. 6 § 85 Abs. 2. 7 § 513 Nr. 1, 3.

b) Restitutionsklage.

543. Die Restitutionsklage findet statt:

1. wenn der Gegner durch Leistung eines Parteieides,[1] auf welche das Urtheil gegründet ist,[2] sich einer vorsätzlichen oder fahrlässigen Verletzung der Eidespflicht[3] schuldig gemacht hat;
2. wenn eine Urkunde, auf welche das Urtheil gegründet ist, fälschlich angefertigt oder verfälscht war;[4]
3. wenn durch Beeidigung eines Zeugnisses oder eines Gutachtens, auf welche das Urtheil gegründet ist, der Zeuge oder der Sachverständige sich einer vorsätzlichen oder fahrlässigen Verletzung der Eidespflicht schuldig gemacht hat;
4. wenn das Urtheil von dem Vertreter der Partei oder von dem Gegner oder dessen Vertreter

durch eine in Beziehung auf den Rechtsstreit verübte Handlung erwirkt ist, welche mit einer im Wege des gerichtlichen Strafverfahrens zu verhängenden öffentlichen Strafe bedroht ist;

5. wenn ein Richter bei dem Urtheile mitgewirkt hat, welcher sich in Beziehung auf den Rechtsstreit einer Verletzung seiner Amtspflichten gegen die Partei schuldig gemacht hat, sofern diese Verletzung mit einer im Wege des gerichtlichen Strafverfahrens zu verhängenden öffentlichen Strafe bedroht ist;[5]

6. wenn ein strafgerichtliches Urtheil, auf welches das Urtheil gegründet ist, durch ein anderes rechtskräftig gewordenes Urtheil aufgehoben ist;[6]

7. wenn die Partei
   a) ein in derselben Sache erlassenes, früher rechtskräftig gewordenes Urtheil, oder
   b) eine andere Urkunde auffindet oder zu benutzen in den Stand gesetzt wird, welche[7] eine ihr günstigere Entscheidung herbeigeführt haben würde.

Diese Bestimmung kommt in dem unter b bezeichneten Falle nicht zur Anwendung, wenn das angefochtene Urtheil darauf beruht, daß auf Grund einer Eidesleistung des Gegners die betreffende Thatsache oder deren Gegentheil für bewiesen erachtet ist.

[1] §§ 391, 410 ff., 487. Es genügt Verletzung der Eides-

pflicht in Bezug auf irgend einen Theil des Eides. RG 14, 324. Vgl. Anm. 2 zu § 428.

2 Aufgehoben wird das auf Grund der Eidesleistung erlassene, nicht das den Eid auferlegende Urtheil. RG 10, 384, 30, 362. Vgl. §§ 432, 439 Abs. 2.

3 §§ 153, 163 St.G.B. 4 §§ 267 ff. St.G.B.

5 §§ 331 ff. St.G.B. 6 §§ 399—413 St.P.O.

7 Allein oder in Verbindung mit den Ergebnissen des früheren Verfahrens. RG 7, 320. Gleichgültig auch, ob die neu zu beweisende Thatsache im früheren Verfahren bereits vorgebracht war oder nicht. Widerruf gerichtlicher Geständnisse nur gemäß § 263. RG 35, 410. Die Ausstellungszeit der Privaturkunden und ihre Echtheit können durch Beweismittel jeder Art — mit Ausnahme der Eideszuschiebung — bewiesen werden. RG 16, 437, dagegen nicht auch andere, außerhalb der Urkunde liegende Thatsachen. RG 14, 329. Vgl. auch Anm. 3 zu § 551.

544. In den Fällen des vorhergehenden Paragraphen Nr. 1—5 findet die Restitutionsklage nur statt, wenn wegen der strafbaren Handlung eine rechtskräftige Verurtheilung ergangen ist,[1] oder wenn die Einleitung oder Durchführung eines Strafverfahrens aus anderen Gründen, als wegen Mangels an Beweis nicht erfolgen kann.[2]

Der Beweis der Thatsachen, welche die Restitutionsklage begründen, kann durch Eideszuschiebung nicht geführt werden.

1 Das Strafurtheil bindet den Civilrichter nicht. § 14 Nr. 1 E.G. 2 Z. B. Abwesenheit: § 319 St.P.O.

545. Die Restitutionsklage ist nur zulässig, wenn die Partei ohne ihr Verschulden außer Stande war, den Restitutionsgrund in dem früheren Verfahren, insbesondere durch Einspruch oder Berufung oder mittels Anschließung an eine Berufung[1] geltend zu machen.[2]

[1] In der Revisionsinstanz kann ein Restitutionsgrund nicht geltend gemacht werden. RG 11, 366.

[2] Im Falle des § 543 Nr. 7b die Urkunde selbst zu benutzen. Daß für die durch die Urkunde zu beweisende Thatsache schon früher anderer Beweis hätte angetreten werden können, steht nicht entgegen. RG 32, 371

546. Mit den Klagen können Anfechtungsgründe, durch welche eine dem angefochtenen Urtheile vorausgegangene Entscheidung derselben oder einer unteren Instanz betroffen wird, geltend gemacht werden,[1] sofern das angefochtene Urtheil auf dieser Entscheidung beruht.

[1] §§ 553, 510.

2. Zuständigkeit.

547. Für die Klagen ist ausschließlich zuständig:[1] das Gericht, welches in erster Instanz erkannt hat; wenn das angefochtene Urtheil oder auch nur eines von mehreren angefochtenen Urtheilen von dem Berufungsgericht erlassen wurde, oder wenn ein in der Revisionsinstanz erlassenes Urtheil auf Grund des §. 543 Nr. 1—3, 6, 7 angefochten wird, das Berufungsgericht;[2] wenn ein in der Revisionsinstanz erlassenes Urtheil auf Grund der §§. 542, 543 Nr. 4, 5 angefochten wird, das Revisionsgericht.

Sind die Klagen gegen einen Vollstreckungsbefehl[3] gerichtet, so gehören sie ausschließlich vor das Amtsgericht, welches den Befehl erlassen hat; wenn der

Anspruch nicht zur Zuständigkeit der Amtsgerichte gehört, vor das für den Rechtsstreit über den Anspruch zuständige Gericht.

[1] § 20 Abs. 2 E.G. [2] Auch wenn durch das Berufungsurtheil die Berufung gegen das erstinstanzliche Urtheil zurückgewiesen war. RG 15, 389. [3] §§ 639, 640.

3. Verfahren.

548. Auf die Erhebung der Klagen und das weitere Verfahren finden die allgemeinen Vorschriften[1] entsprechende Anwendung, sofern nicht aus den Bestimmungen dieses Gesetzes sich eine Abweichung ergiebt.[2] [1] §§ 230 ff., 456 ff.

[2] Vollmacht: § 77; Zustellungen: §§ 162, 164.

549. Die Klagen sind vor Ablauf der Nothfrist[1] eines Monats[2] zu erheben.

Die Frist beginnt mit dem Tage, an welchem die Partei von dem Anfechtungsgrunde Kenntniß erhalten hat, jedoch nicht vor eingetretener Rechtskraft[3] des Urtheils. Nach Ablauf von fünf Jahren, von dem Tage der Rechtskraft des Urtheils[4] an gerechnet, sind die Klagen unstatthaft.

Die Vorschriften des vorstehenden Absatzes finden auf die Nichtigkeitsklage wegen mangelnder Vertretung[5] keine Anwendung; die Frist für Erhebung der Klage läuft von dem Tage, an welchem der Partei und bei mangelnder Prozeßfähigkeit dem gesetzlichen Vertreter derselben das Urtheil zugestellt ist.

[1] § 201. [2] § 200. [3] § 645.

[4] Unabhängig vom Zeitpunkt der erlangten Kenntniß des Anfechtungsgrundes. RG 15, 383. [5] § 542 Nr. 4.

550. In der Klage muß[1] die Bezeichnung des Urtheils, gegen welches die Nichtigkeits- oder Restitutionsklage gerichtet wird, und die Erklärung, welche dieser Klagen erhoben werde, enthalten sein.

[1] Imperativ. Anm. 2 zu § 67. — Im übrigen: § 280.

551. Als vorbereitender Schriftsatz soll[1] die Klage enthalten:

1. die Bezeichnung des Anfechtungsgrundes;[2]
2. die Angabe der Beweismittel für die Thatsachen, welche den Grund und die Einhaltung der Nothfrist ergeben;
3. die Erklärung, inwieweit die Beseitigung des angefochtenen Urtheils und welche andere Entscheidung in der Hauptsache beantragt werde.

Dem Schriftsatze, durch welchen eine Restitutionsklage erhoben wird, sind die Urkunden, auf welche dieselbe gestützt wird, in Urschrift oder in Abschrift beizufügen. Befinden sich die Urkunden nicht in den Händen des Klägers, so hat er zu erklären, welchen Antrag er wegen Herbeischaffung derselben zu stellen beabsichtigt.[3]

[1] Instruktionell. Anm. 2 zu § 67. — Im übrigen §§ 120 ff.
[2] Während des Prozesses entstehende neue Anfechtungsgründe können innerhalb der Nothfrist im bereits anhängigen Verfahren geltend gemacht werden. RG 8, 395. Vgl. auch RG 14, 332. [3] Die Beweisantretung kann lediglich nach Maßgabe der §§ 386 ff., 393 ff., 397 erfolgen. RG 16, 395.

552. Das Gericht hat von Amtswegen zu prüfen, ob die Klage an sich statthaft und ob sie in der gesetzlichen Form und Frist erhoben sei. Mangelt es an einem dieser Erfordernisse, so ist die Klage als unzulässig zu verwerfen.[1]

Die Thatsachen, welche ergeben, daß die Klage vor Ablauf der Nothfrist erhoben ist, sind glaubhaft[2] zu machen.

[1] Gebühren: des Gerichts ($^{3}/_{10}$) § 26 Nr. 5 G.K.G.; des Anwalts ($^{3}/_{10}$) § 20 G.O. f. R.A. [2] § 266.

553. Die Hauptsache wird, insoweit sie von dem Anfechtungsgrunde betroffen ist,[1] von neuem verhandelt.

Das Gericht kann anordnen, daß die Verhandlung und Entscheidung über Grund und Zulässigkeit der Wiederaufnahme des Verfahrens vor der Verhandlung über die Hauptsache erfolge. In diesem Falle ist die Verhandlung über die Hauptsache als Fortsetzung der Verhandlung über Grund und Zulässigkeit der Wiederaufnahme des Verfahrens anzusehen.

Das für die Klagen zuständige Revisionsgericht hat die Verhandlung über Grund und Zulässigkeit der Wiederaufnahme des Verfahrens zu erledigen, auch wenn diese Erledigung von der Feststellung und Würdigung bestrittener Thatsachen abhängig ist.

[1] In den Fällen der §§ 542, 543 Nr. 5 vollständig. — Wird die Restitution aus einem lediglich ein Beweismittel betreffenden Grunde beantragt, so hat sich die Verhandlung zur Hauptsache auch lediglich auf diesen Punkt des Rechtsstreits zu beschränken. RG 13, 385.

554. Rechtsmittel sind insoweit zulässig, als sie gegen die Entscheidungen der mit den Klagen befaßten Gerichte überhaupt stattfinden.[1]

[1] §§ 447, 472, 507, 580.

Fünftes Buch.

Urkunden- und Wechselprozeß.

Aus gerichtlichen und notariellen Urkunden findet im Falle des § 702 Nr. 5 Zwangsvollstreckung ohne Klage statt. Vgl. auch § 706.

Gebühren: des Gerichts ($^6/_{10}$) § 25 G.K.G.; des Anwalts ($^6/_{10}$) § 19 G.O. f. R.A.

Zulässigkeit des Urkundenprozesses.

555. Ein Anspruch, welcher die Zahlung einer bestimmten Geldsumme oder die Leistung einer bestimmten Quantität anderer vertretbarer Sachen[1] oder Werthpapiere zum Gegenstande hat, kann im Urkundenprozesse geltend gemacht werden, wenn die sämmtlichen zur Begründung des Anspruchs erforderlichen Thatsachen[2] durch Urkunden[3] bewiesen werden können.[4]

1 Nicht, sobald die an sich vertretbaren Sachen durch Individualisirung zur species geworden. RG 10, 341.

2 Einschließlich der nachträglich gemäß § 240 Nr. 1 vorgebrachten. RG 5, 383. Vgl. auch Anm. 1 zu § 560.

3 §§ 380 ff. Auch durch nicht unterschriebene Privaturkunden. RG 2, 416. Eid nur gemäß § 558 Abs. 2 zulässig.

4 Gegenüber der Klage im Urkundenprozesse kann die Einrede der Rechtshängigkeit nicht darauf gestützt werden, daß eine auf Feststellung des Nichtbestehens des dem Klaganspruche zu Grunde liegenden Rechtsverhältnisses gerichtete Klage anhängig sei. RG 21, 392.

Verfahren.

556. Die Klage muß[1] die Erklärung enthalten, daß im Urkundenprozesse geklagt werde. Die Urkunden müssen[1] in Urschrift oder in Abschrift der Klage beigefügt[2] werden.[3]

1 Imperativ. Anm. 2 zu § 67. Im übrigen: § 280. Nach RG 5, 352 kann das Fehlen der Urkunden überhaupt nicht nachgeholt werden. Lücken in der dem Beklagten zugestellten Abschrift können nach RG 3, 379 im Falle der Rüge nicht, dagegen nach RG 9, 434 wohl, wenn keine Rüge erfolgt ist, nachträglich ergänzt werden.

2 Hinterlegung auf der Gerichtsschreiberei gemäß § 124 genügt nicht. RG 5, 352. Ebensowenig Bezeichnung gemäß § 122 Abs. 3.

3 Sicherheitsleistung für die Kosten ist nicht erforderlich, § 102 Nr. 2; Abkürzung der Einlassungsfrist: § 204.

557. **Auf Grund prozeßhindernder Einreden[1] darf die Verhandlung zur Hauptsache nicht verweigert werden; das Gericht kann jedoch die abgesonderte Verhandlung über diese Einreden auch von Amtswegen anordnen.**

1 §§ 247, 248.

558. **Widerklagen sind nicht statthaft.**

Als Beweismittel sind bezüglich der Echtheit oder Unechtheit einer Urkunde, sowie bezüglich anderer als der im §. 555 erwähnten Thatsachen[1] nur Urkunden und Eideszuschiebung zulässig.[2]

Die Antretung des Urkundenbeweises kann nur durch Vorlegung der Urkunden[3] erfolgen.

Die Leistung eines Eides ist durch Beweisbeschluß[4] anzuordnen.

1 Also bezüglich der Einwendungen und Repliken.

2 § 410. Nicht Schriftvergleichung, § 406. — Vgl. Anm. 3 zu § 140. 3 § 385; nicht gemäß §§ 386, 393. — Durch einen Antrag gemäß § 397 nur, soweit sich die Urkunden in den Händen des urtheilenden Gerichts befinden. RG 8, 45.

Auch schon vor dem Termin zur mündlichen Verhandlung: §§ 125, 126. 4 § 426.

559. Der Kläger kann, ohne daß es der Einwilligung des Beklagten bedarf, bis zum Schlusse der mündlichen Verhandlung[1] von dem Urkundenprozesse in der Weise abstehen,[2] daß der Rechtsstreit im ordentlichen Verfahren anhängig bleibt.[3]

1 Nur in erster Instanz. RG 5, 353. 2 Durch eine bestimmte Erklärung; Anheimgabe der Ueberleitung an das richterliche Ermessen genügt nicht. RG 4, 352.

3 Wegen der Gebühren des Gerichts vgl. § 23 G.K.G., des Anwalts vgl. § 28 G.O. f. R.A.

560. Insoweit der in der Klage geltend gemachte Anspruch an sich oder in Folge einer Einrede des Beklagten als unbegründet sich darstellt, ist der Kläger mit dem Anspruche abzuweisen.

Ist der Urkundenprozeß unstatthaft, ist insbesondere ein dem Kläger obliegender Beweis[1] nicht mit den im Urkundenprozesse zulässigen Beweismitteln angetreten oder mit solchen Beweismitteln nicht vollständig[2] geführt, so wird die Klage als in der gewählten Prozeßart unstatthaft abgewiesen, selbst wenn in dem Termine zur mündlichen Verhandlung der Beklagte nicht erschienen ist[3] oder der Klage nur auf Grund von Einwendungen widersprochen hat, welche rechtlich unbegründet oder im Urkundenprozesse unstatthaft sind.

1 Unstreitige oder offenkundige Thatsachen (§ 264) bedürfen auch im Urkundenprozesse keines Beweises. RG 12, 133, 13, 370, 30, 408. 2 Der richterliche Eid (§ 437) ist unstatthaft. 3 § 296.

561. Einwendungen des Beklagten sind, wenn der dem Beklagten obliegende Beweis derselben nicht mit den im Urkundenprozesse zulässigen Beweismitteln angetreten oder mit solchen Beweismitteln nicht vollständig[1] geführt ist, als im Urkundenprozesse unstatthaft zurückzuweisen.

[1] Anm. 2 zu § 560.

Vorbehalt der Rechte.

562. Dem Beklagten, welcher dem geltend gemachten Anspruche widersprochen hat,[1] ist in allen Fällen, in denen er verurtheilt wird, die Ausführung seiner Rechte[2] vorzubehalten.

Enthält das Urtheil keinen Vorbehalt, so kann die Ergänzung des Urtheils nach Vorschrift des §. 292[3] beantragt werden.

Das Urtheil, welches unter Vorbehalt der Rechte ergeht, ist in Betreff der Rechtsmittel und der Zwangsvollstreckung als Endurtheil[4] anzusehen.

[1] Versäumnißurtheil ergeht ohne Vorbehalt der Rechte.
[2] Nicht blos die Geltendmachung bestimmter Vertheidigungsmittel. [3] Oder durch Einlegung der Berufung. RG 10, 348. [4] §§ 472, 507, 644. Es ist ohne Antrag für vorläufig vollstreckbar zu erklären. § 648 Nr. 4.

563. Wird dem Beklagten die Ausführung seiner Rechte vorbehalten, so bleibt der Rechtsstreit im ordentlichen Verfahren anhängig.[1]

Insoweit sich in diesem Verfahren ergiebt, daß der klagend geltend gemachte Anspruch unbegründet war,[2] ist das frühere Urtheil aufzuheben, der Kläger mit dem Anspruche abzuweisen und zur vollen oder theilweisen Erstattung der verursachten Kosten, sowie auf Antrag zur Erstattung des von dem Beklagten auf Grund des Urtheils Gezahlten oder Geleisteten zu verurtheilen.[3]

Erscheint in diesem Verfahren eine Partei nicht, so finden die Vorschriften über das Versäumnißurtheil[4] entsprechende Anwendung.

[1] Vgl. Anm. 6 zu § 500.

[2] Im Nachverfahren kann nicht ein neuer Klagegrund, RG 11, 4, dagegen können sowohl neue Einwendungen, RG 14, 105, als solche geltend gemacht werden, welche im Urkundenprozeß wegen mißlungenen Beweises verworfen sind. RG 14, 323. Jedoch behält der im Urkundenprozeß geleistete Eid auch im Nachverfahren seine Bedeutung. RG 13, 309, 14, 220, 18, 380.

[3] Vgl. Anm. 2 zu § 697. [4] §§ 295 ff.

564. Die Vorschriften der §§. 502, 503 finden im Urkundenprozesse keine Anwendung.

Wechselprozeß.

565. Werden im Urkundenprozesse Ansprüche aus Wechseln im Sinne der Wechselordnung[1] geltend gemacht (Wechselprozeß), so kommen die nachfolgenden besonderen Vorschriften zur Anwendung.

[1] Art. 4, 96 W.O. Nach RG 9, 437 auch aus solchen ausländischen Wechseln, welche nach den Gesetzen des Orts, nach welchen sie gemäß Art. 85 W.O. zu beurtheilen sind, als Wechsel angesehen werden. — Vgl. auch Nürnberger Nov. 6 zu Art. 29 W.O., § 13 Abs. 1 E.G.

566. Wechselklagen können sowohl bei dem Gerichte des Zahlungsorts als bei dem Gericht angestellt werden, bei welchem der Beklagte seinen allgemeinen Gerichtsstand[1] hat.

Wenn mehrere Wechselverpflichtete gemeinschaftlich[2] verklagt werden, so ist außer dem Gerichte des Zahlungsorts jedes Gericht zuständig, bei welchem einer der Beklagten seinen allgemeinen Gerichtsstand hat.

[1] §§ 13—20. Vgl. auch Anm. 4 zu § 29. [2] § 57.

567. Die Klage muß die Erklärung enthalten, daß im Wechselprozesse geklagt werde.

Die Einlassungsfrist[1] beträgt, wenn die Klage am Sitze des Gerichts zugestellt wird, mindestens vierundzwanzig Stunden; wenn sie an einem anderen Orte im Bezirke des Gerichts zugestellt wird, mindestens drei Tage; wenn sie an einem anderen deutschen Orte zugestellt wird, mindestens eine Woche.

[1] § 234. — Abkürzung: § 204.

Sechstes Buch.

Ehesachen und Entmündigungssachen.

Erster Abschnitt.

Verfahren in Ehesachen.

Aufhebung der geistlichen Gerichtsbarkeit: § 15 Abs. 3 G.V.G. Beschränkung der Oeffentlichkeit: § 171 G.V.G. Aufrechterhaltung landesgesetzlicher Vorschriften: § 16 Nr. 5 bis 8 E.G.

Gerichtsstand.

568. Für die Rechtsstreitigkeiten, welche die Trennung, Ungültigkeit oder Nichtigkeit einer Ehe[1] oder die Herstellung des ehelichen Lebens zum

Gegenstande haben (Ehesachen), ist das Landgericht, bei welchem der Ehemann seinen allgemeinen Gerichtsstand hat, ausschließlich zuständig.

Gegen den Ehemann, welcher seine Frau verlassen und seinen Wohnsitz nur im Auslande hat, kann von der Ehefrau die Klage[2] bei dem Landgerichte seines letzten Wohnsitzes im Deutschen Reiche erhoben werden, sofern der Beklagte zur Zeit, als er die Klägerin verließ, ein Deutscher[3] war.

[1] Ehescheidungsklage, Ungültigkeitsklage, Nichtigkeitsklage. § 592. Auch § 171 St.G.B.

[2] Auch wegen anderer Klagegründe als böslicher Verlassung. RG 9, 400. [3] §§ 1 ff. B.Ges. v. 1./6. 70 (B.G.B. 355). — Einerlei ob die Ehegatten ein Ehedomizil im Deutschen Reiche hatten und ob der Ehemann seine Frau im Deutschen Reiche verlassen hat. RG 9, 397.

Staatsanwaltschaft.

569. In Ehesachen ist die Staatsanwaltschaft[1] zur Mitwirkung befugt.

Der Verhandlung vor dem erkennenden Gerichte sowie vor einem beauftragten oder ersuchten Richter[2] kann der Staatsanwalt beiwohnen. Er ist von allen Terminen von Amtswegen in Kenntniß zu setzen.

Er kann sich über die zu erlassende Entscheidung gutachtlich äußern und, sofern es sich um die Aufrechterhaltung einer Ehe handelt, neue Thatsachen und Beweismittel vorbringen.[3]

Im Sitzungsprotokoll[4] ist der Name des Staatsanwalts anzugeben, auch sind in dasselbe die von dem Staatsanwalte gestellten Anträge aufzunehmen.

[1] §§ 142 ff. G.VG. [2] Anm. 5 zu § 41 Nr. 6.
[3] Nicht selbständige Anträge stellen und Rechtsmittel einlegen. Anders § 589. — Bayern: Art. 149 Ges. v. 23./3. 79 (G.V.Bl. 63). [4] §§ 145, 146.

Sühneversuch.

570. Der Vorsitzende darf den Termin zur mündlichen Verhandlung über eine Ehescheidungsklage oder über eine Klage auf Herstellung des ehelichen Lebens[1] erst festsetzen, wenn den nachfolgenden Vorschriften über den Sühneversuch genügt ist.

[1] Nicht anwendbar auf Ungültigkeits- und Nichtigkeitsklage. § 592.

571. Der Kläger hat bei dem Amtsgerichte, vor welchem der Ehemann seinen allgemeinen Gerichtsstand hat,[1] die Anberaumung eines Sühnetermins zu beantragen und zu diesem Termine den Beklagten zu laden.[2]

Durch die Zustellung der Ladung wird die Verjährung unterbrochen.

[1] Zur Zeit der Antragstellung. RG 18, 364.
[2] Gebühr des Anwalts ($^{3}/_{10}$) § 37 G.O. f. R.A. — Mittheilung an den Geistlichen: Preußen: Verf. v. 27./8. 79 (J.M.Bl. 260).

572. Die Parteien müssen in dem Sühnetermine persönlich erscheinen; Beistände[1] können zurückgewiesen werden.

Erscheint der Kläger oder erscheinen beide Parteien in dem Sühnetermine nicht, so verliert die Ladung ihre Wirkung. Erscheint der Kläger, aber nicht der Beklagte, so ist der Sühneversuch als mißlungen anzusehen.

[1] § 86.

573. Der Sühneversuch ist nicht erforderlich, wenn der Aufenthalt des Beklagten unbekannt oder im Auslande ist, wenn dem Sühneversuche ein anderes schwer zu beseitigendes Hinderniß entgegensteht, welches von dem Kläger nicht verschuldet ist, oder wenn die Erfolglosigkeit des Sühneversuchs mit Bestimmtheit vorauszusehen ist.

Ueber das Vorhandensein dieser Voraussetzungen entscheidet der Vorsitzende des Landgerichts ohne vorgängiges Gehör des Beklagten.[1]

[1] Seine Entscheidung bindet das Gericht; kein Rechtsmittel dagegen. Ist entgegen §§ 570 ff. der Sühnetermin unterblieben, so kann das Gericht den Mangel gemäß § 268 durch nachträglichen Sühneversuch ausgleichen. RG 18, 364.

Häufung der Klagegründe.

574. Bis zum Schlusse derjenigen mündlichen Verhandlung, auf welche das Urtheil ergeht, können andere als die in der Klage vorgebrachten Klagegründe geltend gemacht werden.[1]

Das neue Vorbringen und die Erhebung einer Widerklage[2] ist von einem Sühneversuche nicht abhängig.

[1] Ausnahme von §§ 235 Nr. 3, 240, 489.

[2] Anm. 1 zu § 33. — Auch noch in der Berufungsinstanz zulässig. RG 8, 351, 25, 339, 31, 10. Vgl. Anm. 3 zu § 575.

575. Die Klage auf Herstellung des ehelichen Lebens, die Ehescheidungsklage[1] und die Ungültigkeitsklage[2] können verbunden werden.[3]

Die Verbindung einer anderen Klage[4] mit den

erwähnten Klagen sowie die Erhebung einer Widerklage anderer Art ist unstatthaft.[5]

[1] Nebst den Anträgen wegen der Schuldfrage und der Wiederverheirathung. RG 6, 370. — Ist nur die Ehescheidungsklage erhoben, so kann die Entscheidung nicht auf Gründe, welche die Ungültigkeitsklage rechtfertigen würden, gestützt werden, RG 9, 193, dagegen kann, soweit dies nach bürgerl. Recht zulässig ist, auf zeitweilige Trennung von Tisch und Bett erkannt werden. RG 11, 414.

[2] § 592. [3] Auch im Laufe des Prozesses, selbst in der Berufungsinstanz. RG 31, 11.

[4] Z. B. auf die vermögensrechtlichen Folgen der Ehescheidung, RG 5, 416, auf Zuerkennung des Rechts der Kindererziehung. RG 6, 370, 9, 381. — Die Entscheidung über die Schuldfrage kann (im Gebiet des Preuß. Landrechts) mit der über die Ehescheidungsklage, nicht auch mit der über die Ungültigkeitsklage verbunden werden. RG 31, 281.

[5] § 232 Abs. 1.

576. Der mit einer Ehescheidungsklage oder einer Ungültigkeitsklage abgewiesene Kläger kann Thatsachen, welche er in dem früheren Rechtsstreit oder welche er durch Verbindung der Klagen hätte geltend machen[1] können, als selbständigen Klagegrund nicht mehr geltend machen.[2] Ein gleiches gilt für den Beklagten in Ansehung der Thatsachen, auf welche er eine Widerklage zu gründen im Stande war.[3]

[1] Und beweisen. RG 35, 343.

[2] Gilt auch im Fall der Zurücknahme der Klage oder Widerklage. Ein Vorbehalt ist wirkungslos. RG 5, 377.

[3] Ist das im früheren Rechtsstreit ergangene abweisende Urtheil noch nicht rechtskräftig, so kann doch schon eine neue Ehescheidungsklage auf Grund der nach Erlaß jenes Urtheils entstandenen oder fortwirkenden Scheidungsgründe erhoben werden. RG 19, 410.

Verfahren.

577.[1] Die Vorschriften über die Folgen der unterbliebenen oder verweigerten Erklärung über Thatsachen[2] oder über die Echtheit von Urkunden,[3] die Vorschriften über den Verzicht der Parteien auf die Beeidigung der Zeugen und Sachverständigen,[4] sowie die Vorschriften über die Wirkungen eines Anerkenntnisses,[5] eines gerichtlichen Geständnisses[6] und die Erlassung eines Eides[7] kommen nicht zur Anwendung.[8]

Die Eideszuschiebung[9] und der Antrag, dem Gegner die Vorlegung einer Urkunde aufzugeben,[10] sind nicht zulässig, soweit es sich um Thatsachen handelt, welche die Trennung, Ungültigkeit oder Nichtigkeit der Ehe begründen sollen.[11]

1 § 577 gilt nicht, wenn in anderen als Ehesachen Ehetrennungsgründe geltend gemacht werden. RG 34, 370.
2 § 129 Abs. 2, 3. 3 § 404 Abs. 3.
4 §§ 356 Abs. 2, 275. 5 § 278.
6 § 261. 7 §§ 429, 439.
8 Die Partei ist entgegen dem § 81 an Erklärungen und Anträge ihres Vertreters nicht gebunden, wenn sie ihrem wirklichen Willen nicht entsprechen. RG 27, 372.
9 § 410. Richterlicher Eid ist unbedingt zulässig. § 437.
10 §§ 386—392. 11 Sie sind zulässig, soweit die Thatsachen nur zur Begründung eines Einwandes gegen die Klage auf Herstellung des ehelichen Lebens dienen sollen, mag auch daneben noch eine Widerklage auf Ehescheidung auf dieselben gestützt sein. RG 17, 387. In solchem Falle richten sich die Wirkungen der Eidesleistung oder Eidesweigerung nur hinsichtlich des Einwandes nach § 428, 429, dagegen bleibt ihre Verwerthung für die Widerklage der freien richterlichen Beweiswürdigung überlassen. RG 34, 351.

578. Erscheint der Beklagte in dem auf die Klage zur mündlichen Verhandlung anberaumten Termine nicht,[1] so kann erst in einem neuen, auf Antrag des Klägers zu bestimmenden Termine verhandelt werden.[2]

Der Beklagte ist zu jedem Termine, welcher nicht in seiner Gegenwart anberaumt wurde, zu laden.[3]

Diese Vorschriften finden keine Anwendung, wenn der Beklagte durch öffentliche Zustellung[4] geladen, aber nicht erschienen ist.

Ein Versäumnißurtheil gegen den Beklagten ist nur in dem Falle zu erlassen, wenn der Beklagte in dem zur Leistung eines richterlichen Eides bestimmten Termine nicht erscheint.[5]

Die Vorschriften dieses Paragraphen finden auf den Wiederbeklagten entsprechende Anwendung.

1 § 298. — Bezieht sich nur auf den ersten Termin in erster Instanz. RG. 9, 393.

2 Wegen der Gebühren des Gerichts vgl. § 20 Nr. 1 G.K.G., des Anwalts vgl. § 16 G.O. f. R.A.

3 Ausnahme von § 195. 4 §§ 186 ff.

5 §§ 430, 439. — Gilt auch für den Beklagten als Berufungs- oder Revisionsbeklagten, dagegen nicht, soweit er als Berufungs- oder Revisionskläger auftritt, RG 27, 362, ebensowenig für den Kläger als Berufungs- oder Revisionsbeklagten. RG 28, 394, 35, 347.

579. Das Gericht kann das persönliche Erscheinen einer Partei anordnen und dieselbe über die von ihr, von dem Gegner oder von dem Staatsanwalte behaupteten Thatsachen vernehmen.[1]

Ist die zu vernehmende Partei am Erscheinen

vor dem Prozeßgerichte verhindert oder hält sie sich in großer Entfernung von dem Sitze desselben auf, so kann die Vernehmung durch einen beauftragten oder ersuchten Richter erfolgen.[2]

Gegen die nicht erschienene Partei ist wie gegen einen im Vernehmungstermine nicht erschienenen Zeugen zu verfahren;[3] auf Haft darf nicht erkannt werden.

[1] § 132. Neuer Sühneversuch vor dem Landgericht: § 268. [2] Anm. 5 zu § 41 Nr. 6. [3] § 345.

580. Das Gericht kann die Aussetzung des Verfahrens über eine Ehescheidungsklage oder über eine Klage auf Herstellung des ehelichen Lebens von Amtswegen anordnen,[1] wenn es die Aussöhnung der Parteien für nicht unwahrscheinlich erachtet.

Auf Grund dieser Bestimmung darf die Aussetzung im Laufe des Rechtsstreits nur einmal und höchstens auf ein Jahr angeordnet werden.[2]

Die Aussetzung findet nicht statt, wenn die Ehescheidung auf Grund eines Ehebruchs beantragt ist.

[1] §§ 226, 227. [2] Beschwerde: § 229. RG 30, 417.

581. Zum Zwecke der Aufrechterhaltung der Ehe kann das Gericht Thatsachen, welche von den Parteien nicht vorgebracht sind, berücksichtigen und die Aufnahme von Beweisen von Amtswegen anordnen.[1] Vor der Entscheidung sind die Parteien zu hören.[2]

[1] Auch ohne Antrag die Folgerungen daraus ziehen, welche das Recht im Interesse der Aufrechterhaltung der Ehe an sie knüpft. RG 23, 148. [2] Schriftlich oder mündlich.

582. **Urtheile, durch welche auf Trennung, Ungültigkeit oder Nichtigkeit der Ehe erkannt ist,[1] sind den Parteien von Amtswegen zuzustellen.**

[1] Auch Urtheile, durch welche die Berufung gegen ein Trennungsurtheil zurückgewiesen ist. RG 7, 363. — Vgl. auch Anm. 4 zu § 477. — Nicht auch Urtheile, welche die Trennung nur für den Fall einer Eidesleistung aussprechen. RG 4, 403; dagegen Urtheile, welche sowohl für den Schwörungs- wie für den Nichtschwörungsfall auf Trennung lauten. RG 32, 418.

583. **Die Vorschrift des §. 252 findet in der Berufungsinstanz keine Anwendung.[1]**

[1] Die im Ehescheidungsurtheil erster Instanz für den schuldigen Theil erklärte Partei kann die Entscheidung der Schuldfrage ohne gleichzeitige Anfechtung der Ehescheidung nur dann mit Erfolg angreifen, wenn Gründe vorliegen, welche sowohl die im angefochtenen Urtheil enthaltene Ehescheidung als auch die mit dem Rechtsmittel begehrte Entscheidung über die Schuldfrage rechtfertigen. (Preuß. Landrecht). RG 27, 195. Aehnlich für das gem. Recht. RG 33, 202.

584. **In Betreff einstweiliger Verfügungen, insbesondere in den Fällen, wenn ein Ehegatte die Gestattung der vorläufigen Trennung und die Entrichtung von Alimenten[1] beantragt, kommen die Bestimmungen der §§. 815—822 zur Anwendung.[2]**

[1] Oder die Regelung der Kindererziehung, RG 18, 189, oder die Vorschießung der Prozeßkosten. RG 5, 415.

[2] Vgl. § 16 Nr. 4 E.G. — Preußen: § 7 Ges. v. 24./3. 79 (G.S. 281). — Sachsen: § 2 Abs. 3 Ges. v. 4./3. 79 (G.B.Bl. 69).

Nichtigkeitsklage.

Nichtigkeits- und Ungültigkeitsklage sind Feststellungsklagen, welche auch für die vermögensrechtlichen Verhältnisse maßgebende Bedeutung haben. RG 9, 214.

585. Für die Nichtigkeitsklage gelten die in den nachfolgenden Paragraphen enthaltenen besonderen Vorschriften.

586. Die Klage kann auch von der Staatsanwaltschaft erhoben werden.[1] Inwiefern zur Erhebung der Klage ein Ehegatte oder ein Dritter befugt ist, bestimmt sich nach den Vorschriften des bürgerlichen Rechts.[2]

Die von dem Staatsanwalt oder einem Dritten erhobene Klage ist gegen beide Ehegatten, die von einem Ehegatten erhobene Klage ist gegen den anderen Ehegatten zu richten.

[1] Nur solange beide Ehegatten leben. RG 28, 290.

[2] Bayern: Art. 93 Ges. v. 23./2. 79 (G.B.Bl. 63). — Sachsen: § 2 Ges. v. 4./3. 79 (G.B.Bl. 69).

587. Mit der Nichtigkeitsklage kann eine andere Klage nicht verbunden werden.

Eine Widerklage[1] ist nur statthaft, wenn sie eine Nichtigkeitsklage ist.

[1] Anm. 1 zu § 33.

588. So lange die Ehegatten leben, kann die Nichtigkeit einer Ehe aus einem Grunde, welcher auch von Amtswegen geltend gemacht werden kann, nur auf Grund einer Nichtigkeitsklage ausgesprochen werden.

589. Der Staatsanwalt kann, auch wenn er die Klage nicht erhoben hat, den Rechtsstreit betreiben, insbesondere selbständig Anträge stellen und Rechtsmittel einlegen.

590. Wird ein Rechtsmittel von dem Staatsanwalt oder einer Privatpartei eingelegt, so sind im ersteren Falle die Privatparteien, im letzteren Falle die übrigen Privatparteien und der Staatsanwalt, sofern derselbe Partei ist, für das Rechtsmittelverfahren als die Gegner anzusehen.

591. In den Fällen, in welchen der als Partei auftretende Staatsanwalt unterliegt, ist die Staatskasse zur Erstattung der dem obsiegenden Gegner erwachsenen Kosten in Gemäßheit der Bestimmungen des fünften Titels des zweiten Abschnitts des ersten Buchs[1] zu verurtheilen.

[1] §§ 87—100.

592. Im Sinne dieses Abschnitts ist unter Ehescheidungsklage zu verstehen die Klage auf Auflösung des Bandes der Ehe[1] oder auf zeitweilige Trennung von Tisch und Bett; unter Ungültigkeitsklage die Klage auf Anfechtung einer Ehe aus irgend einem Grunde, welcher nicht von Amtswegen geltend gemacht werden kann; unter Nichtigkeitsklage die Klage auf Anfechtung einer Ehe aus einem Grunde, welcher auch von Amtswegen geltend gemacht werden kann.

[1] Auf beständige Trennung von Tisch und Bett dürfen die deutschen Gerichte nicht mehr erkennen, § 77 Abs. 1 R.Ges. v. 6./2. 75 (R.G.B. 23), auch nicht in Ehestreitigkeiten von Ausländern. RG 3, 29, 11, 29.

Zweiter Abschnitt.

Verfahren in Entmündigungssachen.

Beschränkung der Oeffentlichkeit: § 172 G.V.G. Bestellung von Beiständen für Geisteskranke und Verschwender: § 10 E.G.

I. Geisteskranke.

1. Entmündigung.

593. Eine Person kann für geisteskrank[1] (wahnsinnig, blödsinnig u. s. w.) nur durch Beschluß des Amtsgerichts erklärt werden.[2]

Der Beschluß wird nur auf Antrag erlassen.

[1] Sachsen: Nr. 1 Ges. v. 20./2. 82 (G.V.Bl. 59).
[2] Vorläufige Kuratel: Anm. 2 zu § 600.

594. Das Amtsgericht, bei welchem der zu Entmündigende seinen allgemeinen Gerichtsstand[1] hat, ist ausschließlich zuständig.[2]

Gegen einen Deutschen,[3] welcher seinen Wohnsitz nur im Auslande hat, kann der Antrag bei dem Amtsgerichte seines letzten Wohnsitzes im Deutschen Reich gestellt werden.

[1] §§ 13—18. [2] In Bezug auf die Entmündigung; handelt es sich dagegen um andere Rechtsfolgen des Geisteszustandes, so ist anderen Gerichten dessen Untersuchung und Beurtheilung nicht entzogen. RG 30, 187.
[3] §§ 1 ff. B.Ges. v. 1./6. 70 (B.G.B. 355).

595. Der Antrag kann von dem Ehegatten, einem Verwandten oder dem Vormunde des zu Entmündigenden gestellt werden. Gegen eine Ehefrau kann nur von dem Ehemanne, gegen eine Person, welche unter väterlicher Gewalt oder unter Vormundschaft steht, nur von dem Vater oder dem Vormunde der Antrag gestellt werden. Die Bestimmungen des bürgerlichen Rechts, nach welchen noch andere Personen den Antrag stellen können, bleiben unberührt.[1]

In allen Fällen ist auch der Staatsanwalt bei dem vorgesetzten Landgerichte[2] zur Stellung des Antrags befugt.

[1] Vgl. Anm. 1 zu § 15 E.G. [2] § 143 Nr. 2 G.V.G.

596. Der Antrag kann bei dem Gerichte schriftlich eingereicht oder zum Protokolle des Gerichtsschreibers angebracht werden.[1] Er soll[2] eine Angabe der ihn begründenden Thatsachen und die Bezeichnung der Beweismittel enthalten.

[1] § 74 Abs. 2. [2] Instruktionell. Anm. 2 zu § 67.

597. Das Gericht hat unter Benutzung der in dem Antrag angegebenen Thatsachen und Beweismittel von Amtswegen die zur Feststellung des Geisteszustandes erforderlichen Ermittelungen zu veranstalten und die geeignet erscheinenden Beweismittel aufzunehmen.

Das Gericht kann vor Einleitung des Verfahrens die Beibringung eines ärztlichen Zeugnisses anordnen.

Der Staatsanwalt kann in allen Fällen das Verfahren durch Stellung von Anträgen betreiben.

Für die Vernehmung und Beeidigung der Zeugen und Sachverständigen kommen die Bestimmungen im siebenten[1] und achten Titel[2] des ersten Abschnitts des zweiten Buchs zur Anwendung. Die Anordnung der Haft im Falle des §. 355 kann von Amtswegen erfolgen.

[1] Zeugen: §§ 340 ff.
[2] Sachverständige: §§ 367, 370 ff.

598. Der zu Entmündigende ist persönlich unter

Zuziehung eines oder mehrerer Sachverständigen[1] zu vernehmen.

Die Vernehmung kann auch durch einen ersuchten Richter[2] erfolgen.

Die Vernehmung kann unterbleiben, wenn sie nach Ansicht des Gerichts schwer ausführbar oder für die Entscheidung unerheblich oder für den Gesundheitszustand des zu Entmündigenden nachtheilig ist.

[1] 369, 597 Abs. 1. Preußen: Verf. v. 10./5. 87 (J.M.Bl. 129) u. 8./8. 94 (J.M.Bl. 241).

[2] § 158 G.V.G.

599. Die Entmündigung darf nicht ausgesprochen werden, bevor das Gericht einen oder mehrere Sachverständige über den Geisteszustand des zu Entmündigenden gehört hat.

600. Sobald das Gericht die Anordnung einer Fürsorge für die Person oder das Vermögen des zu Entmündigenden für erforderlich hält, ist der Vormundschaftsbehörde[1] zum Zwecke dieser Anordnung Mittheilung zu machen.[2]

[1] Bayern: Art. 176 Ges. v. 23./2. 79 (G.V.Bl. 63). — Sachsen: Nr. II § 2 Ges. v. 20./2. 82 (G.V.Bl. 59). Ver. v. 28./9. 94 (J.M.Bl. 54). — Elsaß-Lothringen: § 14 Ges. v. 8./7. 79 (Ges.Bl. 67).

[2] Das Landesrecht kann eine vorläufige Kuratel für die Dauer des Entmündigungsverfahrens anordnen. RG 9, 182.

601. Die Kosten des Verfahrens sind, wenn die Entmündigung erfolgt, von dem Entmündigten, anderenfalls von der Staatskasse zu tragen.[1]

Insoweit einen der im §. 595 Abs. 1 bezeichneten Antragsteller bei Stellung des Antrags nach dem Ermessen des Gerichts ein Verschulden trifft, können demselben die Kosten ganz oder theilweise zur Last gelegt werden.

1 Gebühren des Gerichts ($^3/_{10}$) § 34 Nr. 1 G.K.G. Preußen: Verf. v. 31./3. 94 (J.M.Bl. 27).

602. Der über die Entmündigung zu erlassende Beschluß ist dem Antragsteller und dem Staatsanwalte von Amtswegen zuzustellen.[1]

1 Der Beschluß hat die für erwiesen erachtete Form der Geisteskrankheit (§ 593) zu bezeichnen, wo dies für die materiellrechtlichen Wirkungen der Entmündigung von Einfluß ist. RG 16, 236.

603. Der die Entmündigung aussprechende Beschluß ist von Amtswegen der Vormundschaftsbehörde[1] und, wenn eine gesetzliche Vormundschaft stattfindet, auch dem gesetzlichen Vormunde mitzutheilen.

Mit der Mittheilung des Beschlusses an die Vormundschaftsbehörde[2] tritt die Entmündigung in Wirksamkeit.

1 Ferner dem Vorsteher der Irrenanstalt, in welcher der Entmündigte untergebracht ist. Preuß. Verf. v. 27./11. 82 (J.M.Bl. 372). 2 Anm. 1 zu § 600.

604. Gegen den Beschluß, durch welchen die Entmündigung abgelehnt wird, steht dem Antragsteller und dem Staatsanwalte die sofortige Beschwerde zu.[1]

In dem Verfahren vor dem Beschwerdegerichte[2] finden die Vorschriften des §. 597 entsprechende Anwendung. 1 § 540. 2 Anm. 1 zu § 581.

Anfechtungsklage.

605. Der die Entmündigung aussprechende Beschluß kann im Wege der Klage binnen der Frist eines Monats[1] angefochten werden.

Das Recht zur Erhebung der Klage steht dem Entmündigten selbst,[2] dem Vormunde desselben und den im §. 595 bezeichneten Personen zu.

Die Frist beginnt für den Entmündigten mit dem Tage, an welchem er von der Entmündigung Kenntniß erhalten hat, für die übrigen Personen mit der Bestellung des Vormundes und im Falle einer gesetzlichen Vormundschaft mit der Mittheilung des Beschlusses an den gesetzlichen Vormund.

[1] § 200. [2] Die erfolgte Entmündigung schließt seine Prozeßfähigkeit für dies Verfahren nicht aus. RG 35, 352.

606. Für die Klage ist das Landgericht, in dessen Bezirke das Amtsgericht seinen Sitz hat, ausschließlich zuständig.

607. Die Klage ist gegen den Staatsanwalt[1] zu richten.

Erhebt der Staatsanwalt die Klage, so ist dieselbe gegen den Vormund des Entmündigten als Vertreter desselben zu richten.

Hat eine der im §. 595 Abs. 1 bezeichneten Personen die Entmündigung beantragt, so ist dieselbe unter Mittheilung der Klage zum Termine zur mündlichen Verhandlung zu laden. Dieselbe gilt im Falle des Beitritts im Sinne des §. 59 als Streitgenosse der Hauptpartei.

1 Die Vertretung in dem Verfahren vor dem Landgericht steht dem Staatsanwalt bei diesem, vor dem Oberlandesgericht dem Staatsanwalt bei dem Oberlandesgericht, vor dem Reichsgericht dem Ober-Reichsanwalt zu. In Folge dessen kann die Berufung nur von dem Staatsanwalt beim Oberlandesgericht, die Revision nur von dem Ober-Reichsanwalt eingelegt, die Berufungsschrift nur dem ersteren, die Revisionsschrift nur dem letzteren zugestellt werden. RG 13, 405, 497 25, 419.

608. Mit der die Entmündigung anfechtenden Klage kann eine andere Klage nicht verbunden werden.

Eine Widerklage[1] ist unzulässig.

1 Anm. 1 zu § 33.

609. Will der Entmündigte die Klage erheben so ist ihm auf seinen Antrag[1] von dem Vorsitzenden des Prozeßgerichts ein Rechtsanwalt als Vertreter[2] beizuordnen.

1 Er kann den Rechtsstreit aber auch selbst oder durch einen gewählten Vertreter betreiben. RG 34, 386.

2 Dieser Vertreter hat nicht die Stellung eines gesetzlichen Vertreters, sondern die eines Prozeßvertreters. RG 35, 358. Vgl. auch Anm. 2 zu § 605. Anders § 620. Er hat auch für die Vertretung in der Rechtsmittelinstanz — § 77 C.P.O., § 33 R.A.O. — zu sorgen. RG 21, 370.

3 Gebühren: des Gerichts (frei) § 47 Nr. 9 G.K.G.; des Anwalts ($^{3}/_{10}$) § 23 Nr. 1, vgl. jedoch auch § 29 Nr. 6 G.O. f. R.A.

610. Bei der mündlichen Verhandlung haben die Parteien die Ergebnisse der bei dem Amtsgerichte stattgehabten Sachuntersuchung, soweit es zur Prüfung der Richtigkeit des angefochtenen Beschlusses erforderlich ist, vollständig vorzutragen.

Im Falle der Unrichtigkeit oder Unvollständigkeit des Vortrags hat der Vorsitzende dessen Berichtigung oder Vervollständigung, nöthigenfalls unter Wiedereröffnung der Verhandlung, zu veranlassen.[1]

[1] § 127 Abs. 3.

611. Die Vorschriften der §§. 577, 578 finden entsprechende Anwendung.[1]

Der Parteieid ist ausgeschlossen.

[1] Wegen der Gebühren: des Gerichts vgl. § 20 Nr. 1 G.K.G., des Anwalts vgl. § 16 G.O. f. R.A.

612. Die Bestimmungen der §§. 598, 599 finden in dem Verfahren über die Anfechtungsklage entsprechende Anwendung.

Von der Vernehmung Sachverständiger darf das Gericht Abstand nehmen, wenn es das vor dem Amtsgericht abgegebene Gutachten für genügend erachtet.

613. Wird die Anfechtungsklage für begründet erachtet, so ist der die Entmündigung aussprechende Beschluß aufzuheben. Die Aufhebung tritt erst mit der Rechtskraft des Urtheils[1] in Wirksamkeit. Auf Antrag können jedoch zum Schutze der Person oder des Vermögens des Entmündigten einstweilige Verfügungen nach Maßgabe der §§. 815—822 getroffen werden.

Die Aufhebung hat zur Folge, daß die Gültigkeit der bisherigen Handlungen des Entmündigten auf Grund des Beschlusses, welcher die Entmündigung ausgesprochen hatte, nicht in Frage gestellt werden kann. Auf die Gültigkeit der bisherigen Handlungen des bestellten oder gesetzlichen Vormundes hat die Aufhebung keinen Einfluß. [1] § 645.

614. Unterliegt der Staatsanwalt, so ist die Staatskasse zur Erstattung der dem obsiegenden Gegner erwachsenen Kosten in Gemäßheit der Bestimmungen des fünften Titels des zweiten Abschnitts des ersten Buchs[1] zu verurtheilen.

Ist die Klage von dem Staatsanwalt erhoben, so hat die Staatskasse in allen Fällen die Kosten des Rechtsstreits zu tragen.

[1] §§ 87—100.

615. Das Prozeßgericht hat der Vormundschaftsbehörde[1] und dem Amtsgerichte von jedem in der Sache erlassenen Endurtheile Mittheilung zu machen.

[1] Anm. 1 zu § 600.

2. Wiederaufhebung der Entmündigung.

616. Die Wiederaufhebung der Entmündigung erfolgt auf Antrag des Entmündigten oder seines Vormundes oder des Staatsanwalts[1] durch Beschluß des Amtsgerichts.

[1] § 595 Abs. 2.

617. Für die Wiederaufhebung der Entmündigung ist das Amtsgericht ausschließlich zuständig, bei welchem der Entmündigte seinen allgemeinen Gerichtsstand[1] hat.

Ist der Entmündigte ein Deutscher[2] und hat er seinen Wohnsitz nur im Auslande, so kann der Antrag bei dem Amtsgerichte seines letzten Wohnsitzes im Deutschen Reiche gestellt werden, sofern die Entmündigung von einem deutschen Gericht ausgesprochen ist.

Die Bestimmungen der §§. 596—599 finden entsprechende Anwendung.

[1] §§ 13—18.

[2] §§ 1 ff. B.Ges. v. 1./6. 70 (B.G.B. 355.)

618. Die Kosten des Verfahrens sind von dem Entmündigten, wenn das Verfahren von dem Staatsanwalt ohne Erfolg beantragt ist, von der Staatskasse zu tragen.[1]

[1] Gebühren des Gerichts ($^3/_{10}$) § 34 Nr. 1 G.K.G. in der Fassung v. 29./6. 81 (R.G.B. 178).

619. Der über die Wiederaufhebung der Entmündigung zu erlassende Beschluß ist dem Antragsteller und im Falle der Wiederaufhebung dem Entmündigten sowie dem Staatsanwalte[1] von Amtswegen zuzustellen.

Gegen den Beschluß, durch welchen die Entmündigung aufgehoben wird, steht dem Staatsanwalte die sofortige Beschwerde[2] zu.

Die rechtskräftig erfolgte Wiederaufhebung ist der Vormundschaftsbehörde[3] mitzutheilen.

[1] Im amtlichen Text steht „Statsanwalte".

[2] § 540; mit aufschiebender Wirkung, § 535.

[3] Anm. 1 zu § 600.

Aufhebungsklage.

620. Wird der Antrag auf Wiederaufhebung von dem Amtsgericht abgelehnt, so kann dieselbe im Wege der Klage beantragt werden.

Zur Erhebung der Klage ist der dem Entmündigten bestellte Vormund und der Staatsanwalt[1] befugt.

Will der Vormund die Klage nicht erheben, so kann der Vorsitzende des Prozeßgerichts dem Entmündigten einen Rechtsanwalt als Vertreter beiordnen.[2]

Auf das Verfahren finden die Vorschriften der §§. 606—615 entsprechende Anwendung.[3]

[1] Anm. 1 zu § 607. [2] Dieser ist der gesetzliche Vertreter des Entmündigten. RG 35, 357. Vgl. auch Anm. 2 zu § 609. — Gebühren: des Gerichts (frei) § 47 Nr. 9 G.K.G.; des Anwalts ($^3/_{10}$) § 23 Nr. 1, vgl. jedoch auch § 29 Nr. 6, G.O. f. R.A. [3] Wegen der Gebühren: des Gerichts vgl. § 20 Nr. 1 G.K.G., des Anwalts vgl. § 16 G.O. f. R.A.

II. Verschwender.

1. Entmündigung.

Bayern: Art. 144, 145 Ges. v. 23./2. 79 (G.B.Bl. 63). — Sachsen: Nr. I, II § 3 Ges. v. 20./2. 82 (G.B.Bl. 59). — Württemberg: Art. 17 Ges. v. 18./8. 79 (Reg.Bl. 173).

621. Eine Person kann für einen Verschwender nur durch Beschluß des Amtsgerichts erklärt werden.

Der Beschluß wird nur auf Antrag erlassen.

Auf das Verfahren finden die Vorschriften der §§. 594, 595 Abs. 1, der §§. 596, 597 Abs. 1, 4 und des §. 604 entsprechende Anwendung.

Eine Mitwirkung der Staatsanwaltschaft findet nicht statt.

622. Die Kosten des amtsgerichtlichen Verfahrens sind, wenn die Entmündigung erfolgt, von dem Entmündigten, anderenfalls von dem Antragsteller zu tragen.[1]

[1] Gebühren des Gerichts ($^3/_{10}$) § 34 Nr. 1 G.K.G. in der Fassung v. 29./6. 81 (R.G.B. 178).

623. Der über die Entmündigung zu erlassende Beschluß ist dem Antragsteller und dem zu Entmündigenden von Amtswegen zuzustellen.

Der die Entmündigung aussprechende Beschluß tritt mit der Zustellung an den Entmündigten in Wirksamkeit. Der Vormundschaftsbehörde[1] ist ein solcher Beschluß von Amtswegen mitzutheilen.

[1] Anm. 1 zu § 600.

Anfechtungsklage.

624. Der die Entmündigung aussprechende Beschluß kann binnen der Frist eines Monats[1] von dem Entmündigten im Wege der Klage angefochten werden.

Die Frist beginnt mit der Zustellung des Beschlusses an den Entmündigten.

Die Klage ist gegen denjenigen, welcher die Entmündigung beantragt hatte, falls aber dieser verstorben, oder sein Aufenthalt unbekannt oder im Auslande ist, gegen den Staatsanwalt[2] zu richten.

Auf das Verfahren finden die Vorschriften der §§. 606, 608, 610, 611, 613—615 entsprechende Anwendung.[3]

[1] § 200. [2] Anm. 1 zu § 607.

[3] Wegen der Gebühren: des Gerichts vgl. § 20 Nr. 1 G.K.G., des Anwalts vgl. § 16 G.O. f. R.A.

2. Wiederaufhebung der Entmündigung.

625. Die Wiederaufhebung der Entmündigung erfolgt auf Antrag des Entmündigten oder seines Vormundes unter entsprechender Anwendung der Vorschriften der §§. 616—619.[1]

Eine Anfechtung des Beschlusses, durch welchen die Entmündigung aufgehoben wird, findet nicht statt.

1 Gebühren des Gerichts ($^3/_{10}$) § 84 Nr. 1 G.K.G. in der Fassung v. 29./6. 81 (R.G.B. 178).

Aufhebungsklage.

626. Wird der Antrag auf Wiederaufhebung von dem Amtsgericht abgelehnt, so kann dieselbe im Wege der Klage beantragt werden.

Zur Erhebung der Klage ist der Vormund des Entmündigten befugt. Will dieser die Klage nicht erheben, so kann der Vorsitzende des Prozeßgerichts dem Entmündigten einen Rechtsanwalt als Vertreter beiordnen.[1]

Die Klage ist gegen denjenigen, welcher die Entmündigung beantragt hatte, falls aber dieser verstorben, oder sein Aufenthalt unbekannt oder im Auslande ist, gegen den Staatsanwalt[2] zu richten.

Auf das Verfahren finden die Vorschriften der §§. 606, 608, 610, 611, 614, 615 entsprechende Anwendung.[3]

1 Gebühren: des Gerichts (frei) § 47 Nr. 9 G.K.G.; des Anwalts ($^3/_{10}$) § 23 Nr. 1, vgl. jedoch auch § 29 Nr. 6, G.O. f. R.A. 2 Anm. 1 zu § 607.

3 Wegen der Gebühren: des Gerichts vgl. § 20 Nr. 1 G.K.G., des Anwalts vgl. § 16 G.O. f. R.A.

627. Die Entmündigung einer Person wegen Verschwendung, sowie die Wiederaufhebung einer solchen Entmündigung ist von dem Amtsgericht öffentlich bekannt zu machen.

Siebentes Buch.

Mahnverfahren.

Zahlungsbefehl.

628. Wegen eines Anspruchs, welcher die Zahlung einer bestimmten Geldsumme oder die Leistung einer bestimmten Quantität anderer vertretbarer Sachen[1] oder Werthpapiere zum Gegenstande hat, ist auf Gesuch des Gläubigers ein bedingter Zahlungsbefehl zu erlassen.[2]

Das Mahnverfahren findet nicht statt, wenn nach Inhalt des Gesuchs die Geltendmachung des Anspruchs von einer noch nicht erfolgten Gegenleistung abhängig ist oder wenn die Zustellung des Zahlungsbefehls im Auslande[3] oder durch öffentliche Bekanntmachung[4] erfolgen müßte.

[1] Vgl. Anm. 1 zu § 555. [2] Auch in den zur ausschließlichen Zuständigkeit der Landgerichte gehörigen Sachen. § 70 G.V.G. RG 24, 198.
[3] §§ 182 ff. [4] §§ 186 ff.

629. Die Zahlungsbefehle werden von den Amtsgerichten erlassen.

Ausschließlich zuständig ist das Amtsgericht, bei welchem der allgemeine persönliche Gerichtsstand[1] oder der dingliche Gerichtsstand[2] für die im ordentlichen Verfahren erhobene Klage begründet sein würde, wenn die Amtsgerichte in erster Instanz sachlich unbeschränkt zuständig wären.

[1] §§ 18—20. [2] §§ 26, 27.

630. Das Gesuch[1] muß[2] enthalten:

1. die Bezeichnung der Parteien nach Namen, Stand oder Gewerbe und Wohnort;[3]
2. die Bezeichnung des Gerichts;
3. die bestimmte Angabe des Betrags oder Gegenstandes und des Grundes[4] des Anspruchs;[5]
4. das Gesuch um Erlassung des Zahlungsbefehls.

[1] Form: § 642. [2] Imperativ. Anm. 2 zu § 67. Sonst § 631. [3] Die Bezeichnung der gesetzlichen Vertreter ist nicht vorgeschrieben. Hierüber und wegen Anwendung des § 54 im Mahnverfahren vgl. Ver. des Sächs. Just.Min. v. 11./2. 88 (J.M.Bl. 1890 S. 17).

[4] Anm. 1 zu § 240. [5] Bei Ansprüchen aus zweiseitigen Verträgen muß ferner aus dem Gesuch ersichtlich werden, daß die dem Nachsuchenden obliegende Leistung erfolgt sei. § 628 Abs. 2. Begr. 380, 381.

631. Entspricht das Gesuch nicht den Bestimmungen der vorstehenden Paragraphen oder ergiebt sich aus dem Inhalte des Gesuchs, daß der Anspruch überhaupt oder zur Zeit nicht begründet ist, so wird dasselbe zurückgewiesen.

Das Gesuch ist auch dann zurückzuweisen, wenn der Zahlungsbefehl nur in Ansehung eines Theils des Anspruchs[1] nicht erlassen werden kann.[2]

Eine Anfechtung der zurückweisenden Verfügung findet nicht statt.

[1] Nicht auch, wenn er wegen eines von mehreren Ansprüchen nicht erlassen werden kann. Begr. 382.

[2] Wegen der Gebühren des Gerichts vgl. § 37 Abs. 2 G.K.G.

632. Der Zahlungsbefehl enthält die im §. 630 Nr. 1—3 bezeichneten Erfordernisse des Gesuchs[1] und außerdem den Befehl an den Schuldner, binnen einer vom Tage der Zustellung laufenden Frist von zwei Wochen[2] bei Vermeidung sofortiger Zwangsvollstreckung den Gläubiger wegen des Anspruchs nebst den dem Betrage nach zu bezeichnenden Kosten des Verfahrens und den geforderten Zinsen zu befriedigen oder bei dem Gerichte Widerspruch zu erheben.[3]

[1] Nicht Abschrift des Gesuchs. § 642. — Vgl. auch Anm. 1 zu § 284. [2] § 200.

[3] Gebühren: des Gerichts ($^2/_{10}$) § 37 Nr. 1 G.K.G. in der Fassung v. 29./6. 81 (R.G.B. 178); des Anwalts ($^3/_{10}$) § 38 Nr. 1 G.O. f. R.A.

633. Mit der Zustellung[1] des Zahlungsbefehls an den Schuldner treten die Wirkungen der Rechtshängigkeit[2] ein.

[1] §§ 152 Abs. 2, 154, 179.

[2] § 235. — Vgl. jedoch Anm. 15 zu § 13 E.G.

Widerspruch.

634. Der Schuldner kann gegen den Anspruch oder einen Theil desselben Widerspruch erheben,[1] so lange der Vollstreckungsbefehl nicht verfügt ist.

Das Gericht hat den Gläubiger von dem rechtzeitig erhobenen Widerspruche in Kenntniß zu setzen[2] und dem Schuldner auf Verlangen eine Bescheinigung darüber zu ertheilen, daß er rechtzeitig Widerspruch erhoben habe.

Einer Zurückweisung des nicht rechtzeitig erhobenen Widerspruchs bedarf es nicht.

[1] Form: § 642. — Gebühren des Anwalts ($^2/_{10}$) § 38 Nr. 2 G.O. f. R.A. — Keine gerichtliche Schreibgebühr: § 80a G.K.G. nach der Novelle v. 29./6. 81 (R.G.B. 178).

[2] Formlos, ohne Beurkundung. Anm. 1 zu § 152.

635. Durch die rechtzeitige Erhebung des Widerspruchs gegen den Anspruch oder einen Theil desselben verliert der Zahlungsbefehl seine Kraft. Die Wirkungen der Rechtshängigkeit bleiben bestehen.

636. Gehört eine wegen des Anspruchs zu erhebende Klage vor die Amtsgerichte,[1] so wird, wenn rechtzeitig Widerspruch erhoben ist, die Klage als mit der Zustellung des Zahlungsbefehls bei dem Amtsgericht erhoben angesehen, welches den Befehl erlassen hat.

Jede Partei kann den Gegner zur mündlichen Verhandlung laden; die Ladungsfrist[2] beträgt mindestens drei Tage.

[1] Maßgebend ist der Werth des Streitgegenstandes zur Zeit der Zustellung des Zahlungsbefehls. §§ 235 Nr. 2, 633. RG. 25, 399. [2] §§ 194, 199.

637. Gehört eine wegen des Anspruchs zu erhebende Klage vor die Landgerichte,[1] so erlöschen die Wirkungen der Rechtshängigkeit, wenn nicht binnen einer sechsmonatigen Frist,[2] welche von dem Tage der Benachrichtigung von der Erhebung des Widerspruchs[3] läuft, die Klage bei dem zuständigen Gericht erhoben wird.

[1] Vgl. Anm. 1 zu § 636. [2] § 200.
[3] § 634 Abs. 2, § 640.

638. Die Kosten des Mahnverfahrens sind im Falle der rechtzeitigen Erhebung des Widerspruchs als ein Theil der Kosten des entstehenden Rechtsstreits anzusehen.[1]

Wird im Falle des §. 637 die Klage nicht binnen

der bestimmten Frist erhoben, so hat der Gläubiger die Kosten des Mahnverfahrens zu tragen.

[1] Wegen der Gebühren des Gerichts vgl. § 37 Abs. 3 G.K.G. in der Fassung v. 29./6. 81 (R.G.B. 178), auch RG 34, 373.

Vollstreckungsbefehl.

639. Der Zahlungsbefehl ist nach Ablauf der darin bestimmten Frist auf Gesuch des Gläubigers[1] für vorläufig vollstreckbar zu erklären,[2] sofern nicht vor der Vollstreckbarkeitserklärung von dem Schuldner Widerspruch erhoben ist. Die Vollstreckbarkeitserklärung erfolgt durch einen auf den Zahlungsbefehl zu setzenden Vollstreckungsbefehl. In den Vollstreckungsbefehl sind die von dem Gläubiger zu berechnenden Kosten des bisherigen Verfahrens aufzunehmen.

Gegen den Beschluß, durch welchen das Gesuch des Gläubigers zurückgewiesen wird, findet sofortige Beschwerde[3] statt.

[1] Form: § 642.

[2] Gebühren: des Gerichts ($^1/_{10}$) § 37 Nr. 2 G.K.G. in der Fassung v. 29./6. 81 (R.G.B. 178); des Anwalts ($^2/_{10}$) § 38 Nr. 3 G.O. f. R.A.

[3] § 540.

640. Der Vollstreckungsbefehl steht einem für vorläufig vollstreckbar erklärten auf Versäumniß erlassenen Endurtheile gleich.[1] Gegen denselben findet der Einspruch nach den Vorschriften der §§. 303 bis 311 statt.[2] Gehört der Anspruch nicht vor die Amtsgerichte, so wird bei dem Amtsgerichte nur darüber verhandelt und entschieden, ob der Einspruch in der gesetzlichen Form und Frist eingelegt sei.[3] Die im §. 637 bestimmte Frist beginnt in diesem Falle mit

der Rechtskraft des Urtheils, durch welches der Einspruch für zulässig erklärt ist.

[1] Er bedarf der Vollstreckungsklausel (§ 663) nur im Falle des § 704. [2] Die Vollstreckung wird dadurch nicht gehemmt. §§ 657, 647.

[3] Gebühren: des Gerichts ($^5/_{10}$) § 26 Nr. 6, § 30 Abs. 2 G.K.G.; des Anwalts ($^5/_{10}$) §§ 20, 26 G.O. f. R.A.

641. Wird in dem Falle, wenn Widerspruch nicht erhoben ist, die Erlassung des Vollstreckungsbefehls nicht binnen einer sechsmonatigen Frist,[1] welche mit Ablauf der im Zahlungsbefehle bestimmten Frist beginnt, nachgesucht, so verliert der Zahlungsbefehl dergestalt seine Kraft, daß auch die Wirkungen der Rechtshängigkeit erlöschen. Dasselbe gilt, wenn die Erlassung des Vollstreckungsbefehls rechtzeitig nachgesucht ist, das Gesuch aber zurückgewiesen wird.

[1] § 200.

642. Das Gesuch um Erlassung eines Zahlungsbefehls oder eines Vollstreckungsbefehls, sowie die Erhebung eines Widerspruchs werden der anderen Partei abschriftlich nicht mitgetheilt; im Falle ihrer mündlichen Anbringung ist die Aufnahme eines Protokolls nicht erforderlich.

643. Des Nachweises einer Vollmacht bedarf es nicht, wenn für den Gläubiger die Erlassung eines Zahlungsbefehls nachgesucht oder für den Schuldner Widerspruch gegen einen Zahlungsbefehl erhoben wird.[1]

[1] Wohl aber für die Nachsuchung eines Vollstreckungsbefehles und für den Einspruch dagegen.

Achtes Buch.

Zwangsvollstreckung.

Die Vorschriften gelten auch für die Vollziehung des Arrestes. § 808. Vollmacht für die durch die Zwangsvollstreckung veranlaßten Prozeßhandlungen: § 77.

Gebühren des Anwalts ($^3/_{10}$) § 23 Nr. 2 G.O. f. R.A., soweit nicht für die einzelnen Akte besondere Bestimmungen getroffen sind. Vgl. auch §§ 31, 32 G.O f. R.A.

Erster Abschnitt.

Allgemeine Bestimmungen

I. **Endurtheile.**

644. Die Zwangsvollstreckung findet statt aus Endurtheilen,[1] welche rechtskräftig oder für vorläufig vollstreckbar erklärt sind.

Urtheile in Ehesachen[2] dürfen nicht für vorläufig vollstreckbar erklärt werden.

[1] §§ 272, 273. [2] §§ 568 ff.

1. **Rechtskraft.**

645. Die Rechtskraft[1] der Urtheile tritt vor Ablauf der für die Einlegung des zulässigen Rechtsmittels oder des zulässigen Einspruchs bestimmten Frist[2] nicht ein. Der Eintritt der Rechtskraft wird durch rechtzeitige Einlegung des Rechtsmittels oder des Einspruchs gehemmt.

[1] Umfang der Rechtskraft: §§ 293.

[2] §§ 477, 514, 540. — § 304. — Oberlandesgerichtliche Berufungsurtheile werden, auch wenn die Beschwerdesumme des § 508 nicht vorliegt, erst nach Ablauf der Revisionsfrist

rechtskräftig, sofern die Einlegung der Revision aus § 509 Nr. 1 rechtlich möglich ist. RG 6, 381, 8, 357.

646. **Zeugnisse über die Rechtskraft der Urtheile**[1] **sind auf Grund der Prozeßakten vom Gerichtsschreiber erster Instanz und, so lange der Rechtsstreit in einer höheren Instanz anhängig ist,**[2] **von dem Gerichtsschreiber dieser Instanz zu ertheilen.**[3]

Insoweit die Ertheilung des Zeugnisses davon abhängt, daß gegen das Urtheil[1] **ein Rechtsmittel nicht eingelegt ist, genügt**[4] **ein Zeugniß des Gerichtsschreibers des für das Rechtsmittel zuständigen Gerichts,**[5] **daß innerhalb der Nothfrist ein Schriftsatz zum Zwecke der Terminsbestimmung nicht eingereicht sei.**[5]

[1] Oder der sonstigen Entscheidungen. RG 25, 392.

[2] D. h. hier, sobald die Rechtsmittelschrift zur Terminsbestimmung eingereicht ist. RG 9, 386. — Ist der Rechtsstreit nur bezüglich eines Theiles des Klaganspruchs in die höhere Instanz gediehen, bezüglich eines anderen Theils in der Vorinstanz rechtskräftig entschieden worden, so ist das Zeugniß auch bezüglich dieses Theils von dem Gerichtsschreiber der höheren Instanz zu ertheilen. RG 18, 424.

[3] Gegen den ablehnenden Bescheid: § 539. Vgl. auch Anm. 1 zu § 701. [4] Die Partei kann aber auch ein Zeugniß der Rechtskraft verlangen. RG 30, 336.

[5] Gebühren: des Gerichts (frei) § 47 Nr. 16, § 80a Nr. 4 G.K.G. in der Fassung v. 29./6. 81 (R.G.B. 178); des Anwalts ($^2/_{10}$) § 24, vgl. jedoch auch § 35 G.O. f. R.A.

647. **Wird die Wiedereinsetzung in den vorigen Stand**[1] **oder eine Wiederaufnahme des Verfahrens**[2] **beantragt, so kann das Gericht**[3] **auf Antrag anordnen, daß die Zwangsvollstreckung gegen oder ohne Sicher-**

heitsleistung[4] einstweilen eingestellt werde oder nur gegen Sicherheitsleistung stattfinde, und daß die erfolgten Vollstreckungsmaßregeln gegen Sicherheitsleistung aufzuheben seien.[5] Die Einstellung der Zwangsvollstreckung ohne Sicherheitsleistung ist nur zulässig, wenn glaubhaft gemacht wird,[6] daß die Vollstreckung einen nicht zu ersetzenden Nachtheil bringen würde.

Die Entscheidung kann ohne vorgängige mündliche Verhandlung erfolgen.[7] Eine Anfechtung des Beschlusses findet nicht statt.[8]

1 §§ 211 ff. 2 §§ 541 ff. — Ferner im Falle des § 657.

3 Das über die Wiedereinsetzung oder Wiederaufnahme entscheidende Gericht. Begr. 395. §§ 215, 547. — Auch schon vor Beginn der Zwangsvollstreckung. RG 32, 394.

4 §§ 101 ff. — Die Sicherheit haftet wie ein Pfand für das, wozu der Beklagte verurtheilt ist (einschl. des durch Verzögerung der Vollstreckung entstandenen Schadens), soweit die Entscheidung demnächst bestehen bleibt. RG 25, 376.

5 Nach beendeter Vollstreckung nicht mehr. RG 23, 336. — Gebühren: des Gerichts ($^2/_{10}$) § 35 Nr. 1 G.K.G. in der Fassung v. 29./6. 81 (R.G.B. 178); des Anwalts ($^3/_{10}$) § 23 Nr. 2, § 30 Nr. 2, vgl. jedoch auch § 29 Nr. 4, G.O. f. R.A.

6 § 266. 7 Alsdann wird sie von Amtswegen den Parteien zugestellt. § 294 Abs. 3.

8 Das RG 25, 402 erklärt die Anrufung der höheren Instanz darüber für zulässig, ob das Vorhandensein der Voraussetzungen des § 647 mit Recht angenommen ist; ebenso, wenn das Gericht deren Vorhandensein verneint und in Folge dessen sein Ermessen nicht hat walten lassen, RG 32, 394.

2. Vorläufige Vollstreckbarkeit.[1]

1 Die vorläufige Vollstreckbarkeit darf nicht um deswillen versagt werden, weil in dem Urtheil keine der Zwangsvollstreckung fähige Entscheidung enthalten sei. RG 25, 377.

648. Auch ohne Antrag sind für vorläufig vollstreckbar zu erklären:

1. Urtheile, welche auf Grund eines Anerkenntnisses eine Verurtheilung aussprechen (§. 278);
2. Urtheile, welche den Eintritt der in einem bedingten Endurtheile ausgedrückten Folgen aussprechen;[1]
3. ein zweites oder ferneres in derselben Instanz gegen dieselbe Partei zur Hauptsache erlassenes Versäumnißurtheil;[2]
4. Urtheile, welche im Urkunden- oder Wechselprozesse erlassen werden;[3]
5. Urtheile, durch welche Arreste oder einstweilige Verfügungen aufgehoben werden;[4]
6. Urtheile, welche die Verpflichtung zur Entrichtung von Alimenten aussprechen, soweit die Alimente für die Zeit nach der Erhebung der Klage[5] und für das diesem Zeitpunkte vorausgehende letzte Vierteljahr zu entrichten sind.

[1] § 427 Abs. 2. [2] § 310. [3] § 562 Abs. 3.
[4] §§ 805—807, 815. Diese treten, soweit sie nicht etwa einer besonderen Vollstreckung bedürfen, sofort mit der Verkündung, nicht erst mit der Zustellung in Kraft. RG 32, 421. Soweit das aufhebende Urtheil eine Vollstreckung zuläßt (z. B. Löschung einer Vormerkung), finden auch hier die §§ 657, 647 Anwendung. RG 25, 403.
[5] Anm. 1 zu § 4.

649. Urtheile sind auf Antrag für vorläufig vollstreckbar zu erklären, wenn sie betreffen:[1]

1. Streitigkeiten zwischen Vermiethern und Miethern

von Wohnungs- und anderen Räumen wegen Ueberlassung, Benutzung und Räumung derselben sowie wegen Zurückhaltung der vom Miether in die Miethsräume eingebrachten Sachen;[2]

2. Streitigkeiten zwischen Dienstherrschaft und Gesinde, zwischen Arbeitgebern und Arbeitern hinsichtlich des Dienst- und Arbeitsverhältnisses, sowie die im §. 108 der Gewerbeordnung[3] bezeichneten Streitigkeiten, insofern dieselben während der Dauer des Dienst-, Arbeits- oder Lehrverhältnisses entstehen;
3. Streitigkeiten zwischen Reisenden und Wirthen, Fuhrleuten, Schiffern, Flößern oder Auswanderungsexpedienten[4] in den Einschiffungshäfen, welche über Wirthszechen, Fuhrlohn, Ueberfahrtsgelder, Beförderung der Reisenden und ihrer Habe und über Verlust und Beschädigung der letzteren, sowie Streitigkeiten zwischen Reisenden und Handwerkern, welche aus Anlaß der Reise entstanden sind;
4. andere vermögensrechtliche Ansprüche, sofern der Gegenstand der Verurtheilung an Geld oder Geldeswerth die Summe von dreihundert Mark nicht übersteigt; in Betreff des Werthes des Gegenstandes kommen die Vorschriften der §§. 3—9 zur Anwendung.

[1] § 23 Nr. 2 G.V.G. [2] Nicht auf Pachtverhältnisse zu beziehen. [3] Jetzt § 3 Abs. 1, § 78 R.Ges. v. 29./7.

90 (R.G.B. 142). [4] D. h. Personen, welche das Engagement von Auswanderern für fremde Rechnung oder als Unternehmer betreiben. Pr. zum G.B.G. 177.

650. Urtheile sind auf Antrag für vorläufig vollstreckbar zu erklären, wenn glaubhaft gemacht wird,[1] daß die Aussetzung der Vollstreckung dem Gläubiger einen schwer zu ersetzenden oder einen schwer zu ermittelnden Nachtheil bringen würde oder wenn sich der Gläubiger erbietet, vor der Vollstreckung Sicherheit zu[2] leisten.

[1] § 266. [2] §§ 101 ff.

651. Wird glaubhaft gemacht,[1] daß die Vollstreckung des Urtheils dem Schuldner einen nicht zu ersetzenden Nachtheil bringen würde, so ist in den Fällen des §. 648 auf Antrag des Schuldners auszusprechen, daß dasselbe nicht vorläufig vollstreckbar sei; in den Fällen der §§. 649, 650 ist der Antrag des Gläubigers zurückzuweisen.

[1] § 266.

652. Das Gericht kann auf Antrag die vorläufige Vollstreckbarkeit von einer vorgängigen Sicherheitsleistung[1] abhängig machen.

Das Gericht hat auf Antrag dem Schuldner nachzulassen, durch Sicherheitsleistung oder durch Hinterlegung die Vollstreckung abzuwenden,[2] wenn nicht der Gläubiger sich erbietet, vor der Vollstreckung Sicherheit zu leisten.

[1] §§ 101 ff. Die Bestellung einer Sicherheit bedeutet nicht, daß damit für allen aus der Vollstreckung hervorgehenden Schaden, sondern nur, daß für denjenigen daraus entstehen-

den Schaden aufzukommen sei, der nach den Vorschriften des bürgerlichen Rechts zu ersetzen ist. RG 7, 357, 30, 422. Vgl. Anm. 2 zu § 697. [2] §§ 659, 716, 720, 738.

653. Die in den §§. 649—652 erwähnten Anträge sind vor dem Schlusse der mündlichen Verhandlung zu stellen, auf welche das Urtheil ergeht.[1]

[1] Der Antrag, die Abwendung der Vollstreckung durch Sicherheitsleistung oder Hinterlegung nachzulassen, muß vor Erlaß des die vorläufige Vollstreckbarkeit aussprechenden Urtheils gestellt werden. RG 20, 424.

654. Ist der Antrag, das Urtheil für vorläufig vollstreckbar zu erklären, übergangen oder ist in Fällen, in welchen ein Urtheil ohne Antrag für vorläufig vollstreckbar zu erklären ist, eine Entscheidung über die vorläufige Vollstreckbarkeit nicht erfolgt, so kommen wegen Ergänzung des Urtheils die Vorschriften des §. 292 zur Anwendung.

655. Die vorläufige Vollstreckbarkeit tritt mit der Verkündung eines Urtheils, welches die Entscheidung in der Hauptsache oder die Vollstreckbarkeitserklärung aufhebt oder abändert,[1] insoweit außer Kraft, als die Aufhebung oder Abänderung erfolgt.[2]

Soweit ein für vorläufig vollstreckbar erklärtes Urtheil[3] aufgehoben oder abgeändert wird, ist der Kläger auf Antrag des Beklagten zur Erstattung des von diesem auf Grund des Urtheils Gezahlten oder Geleisteten[4] zu verurtheilen.[5]

[1] §§ 308, 498, 500, 503 Abs. 2, 527, 528, 538, 540, 563 Abs. 2. [2] Einstellung und Aufhebung der Zwangsvollstreckung: § 691 Nr. 1, § 692.

³ In der Hauptsache, nicht blos die vorläufige Vollstreckbarkeit. Begr. 417. RG 25, 425.

⁴ An den Kläger, in Folge oder zur Abwendung der Zwangsvollstreckung. RG 25, 426, 30, 420. — Die Verzinsung des Gezahlten kann hierbei nicht auferlegt werden. RG 21, 404. Vgl. Anm. 2 zu § 697. — Kompensationseinreden oder andere Einwendungen finden gegen diesen Erstattungsanspruch nicht statt. RG 34, 354.

⁵ Werth des Streitgegenstandes. RG 31, 380. — Die Entscheidung über die Erstattung ist ein Endurtheil, welches in derselben Weise der Anfechtung durch Rechtsmittel unterliegt, wie die Entscheidung in der Hauptsache. RG 25, 423. — Kann auch in der Revisionsinstanz beantragt werden, selbst wenn das vollstreckbare Urtheil bereits in der Berufungsinstanz aufgehoben war, RG 34, 385; sind aber thatsächliche Feststellungen erforderlich, so erfolgt zu diesem Punkt Zurückverweisung an das Berufungsgericht. RG 27, 44.

656. **In der Berufungsinstanz ist über die vorläufige Vollstreckbarkeit[1] auf Antrag vorab zu verhandeln und zu entscheiden.[2]**

Die Bestimmung des §. 486 über die Vertagung der mündlichen Verhandlung findet in diesem Falle keine Anwendung.

Eine Anfechtung der in der Berufungsinstanz über die vorläufige Vollstreckbarkeit erlassenen Entscheidung findet nicht statt.

¹ Vgl. §§ 496, 523.

² Zwischenurtheil: § 275. — Gebühren: des Gerichts (5/10) § 26 Nr. 7, vgl. jedoch auch § 28, G.K.G.; des Anwalts (5/10) § 20, vgl. jedoch § 25, G.O. f. R.A.

657. **Wird gegen ein für vorläufig vollstreckbar erklärtes Urtheil der Einspruch oder ein Rechtsmittel**

eingelegt, so finden die Vorschriften des §. 647 entsprechende Anwendung.[1]

[1] Die vorläufige Zwangsvollstreckung kann auch von einer anderen oder höheren Sicherheit, als in der Vorentscheidung, abhängig gemacht werden. RG 27, 364.

658. Ist auf Bewirkung einer Eintragung im Grund- oder Hypothekenbuche erkannt, so darf das für vorläufig vollstreckbar erklärte Urtheil nur in der Weise vollzogen werden, daß die Eintragung in der zur Sicherstellung eines Anspruchs auf Eintragung vorgeschriebenen Form (Vormerkung, Protestation, arrestatorische Verfügung, Dispositionsbeschränkung u. s. w.) erfolgt.

659. Ist in Gemäßheit des §. 652 Abs. 2 dem Schuldner nachgelassen, durch Sicherheitsleistung[1] oder durch Hinterlegung die Vollstreckung abzuwenden, so ist gepfändetes Geld oder der Erlös gepfändeter Gegenstände zu hinterlegen.

[1] §§ 101 ff.

3. Vollstreckung ausländischer Urtheile.[1]

[1] Gilt auch für die vor dem Inkrafttreten der C.P.O. erlassenen ausländischen Urtheile. RG 9, 371.

660. Aus dem Urtheil eines ausländischen Gerichts[1] findet die Zwangsvollstreckung nur statt, wenn ihre Zulässigkeit durch ein Vollstreckungsurtheil ausgesprochen ist.[2]

Für die Klage auf Erlassung desselben ist das Amtsgericht oder Landgericht, bei welchem der Schuldner seinen allgemeinen Gerichtsstand[3] hat, und in Ermangelung eines solchen das Amtsgericht oder Landgericht zuständig, bei welchem in Gemäßheit des §. 24 gegen den Schuldner Klage erhoben werden kann.[4]

[1] Urtheil: „gerichtliche Entscheidung, welche einen Rechtsstreit zwischen Parteien auf Grund eines beiden Parteien Gehör gewährenden, ordentlichen oder summarischen prozessualen Verfahrens erledigt." RG 16, 428. Wegen ausländischer Schiedssprüche vgl. Anm. 1 zu § 868.

[2] Es ist nicht zulässig, auf Grund des ausländischen Urtheils im Inlande die auf Zahlung gerichtete Judikatsklage zu erheben. RG 16, 131, 26, 130.

[3] §§ 13—20.

[4] Gebühren: des Gerichts ($^5/_{10}$) § 26 Nr. 8 G.K.G.; des Anwalts ($^5/_{10}$) § 20 G.O. f. R.A.

661. Das Vollstreckungsurtheil ist ohne Prüfung der Gesetzmäßigkeit der Entscheidung zu erlassen.[1]

Dasselbe ist nicht zu erlassen:[2]

1. wenn das Urtheil des ausländischen Gerichts nach dem für dieses Gericht geltenden Rechte die Rechtskraft noch nicht erlangt hat;
2. wenn durch die Vollstreckung eine Handlung erzwungen werden würde, welche nach dem Rechte des über die Zulässigkeit der Zwangsvollstreckung urtheilenden deutschen Richters nicht erzwungen werden darf;
3. wenn nach dem Rechte des über die Zulässigkeit der Zwangsvollstreckung urtheilenden deutschen Richters die Gerichte desjenigen Staates nicht zuständig waren, welchem das ausländische Gericht angehört;[3]
4. wenn der verurtheilte Schuldner ein Deutscher[4] ist und sich auf den Prozeß nicht eingelassen

hat, sofern die den Prozeß einleitende Ladung oder Verfügung ihm weder in dem Staate des Prozeßgerichts in Person noch durch Gewährung der Rechtshülfe im Deutschen Reiche zugestellt ist;

5. **wenn die Gegenseitigkeit nicht verbürgt ist.**[5]

[1] Das inländische Gericht hat dabei auch über Einwendungen aus §§ 686, 687 zu entscheiden, RG 13, 347, und das Vorhandensein einer behaupteten Rechtsnachfolge zu prüfen. RG 9, 374. Das Vollstreckungsurtheil darf nicht um deswillen versagt werden, weil das ausländische Urtheil keinen Grund zu Vollstreckungshandlungen bietet. RG 16, 422.

[2] Insoweit findet auch die exc. rei judicatae nicht statt. RG 8, 386.

[3] Der deutsche Richter hat zu prüfen, ob die vorliegenden Thatsachen nach seinem Recht die örtliche Zuständigkeit des ausländischen Gerichts begründeten, Pr. 469, und zwar des konkreten Gerichts, welches entschieden hat. RG 27, 410.

[4] §§ 1 ff. B.Ges. v. 1./6. 70 (B.G.B. 355). Zur Zeit, als die den Prozeß einleitende Ladung oder Verfügung des ausländischen Gerichts erging. Wo der Wohnsitz des Schuldners war, ist gleichgültig. RG 16, 429.

[5] Durch Gesetze, Staatsverträge, Deklarationen, konstante Uebung der Gerichte. Pr. 447, 448. Es kommt darauf an, ob nach ausländischem Rechte überhaupt eine Anfechtung der Gesetzmäßigkeit deutscher Urtheile aus andern Gründen als Nr. 1—4 zugelassen wird. RG 7, 410. Gegenseitigkeit ist nicht verbürgt in Bezug auf England, RG ebendas., Rußland, RG 26, 130, Schweden, RG 8, 390, Ungarn (Württemb.Reg.Bl. v. 1882 S. 459).

4. Vollstreckbare Ausfertigung.

662. Die Zwangsvollstreckung erfolgt auf Grund einer mit der Vollstreckungsklausel versehenen Ausfertigung **des Urtheils** (vollstreckbare Ausfertigung).[1]

Die vollstreckbare Ausfertigung wird von dem Gerichtsschreiber[2] des Gerichts erster Instanz und, wenn der Rechtsstreit bei einem höheren Gericht anhängig ist,[3] von dem Gerichtsschreiber dieses Gerichts ertheilt.[4]

[1] Auch im Falle der §§ 648, 649, 661, 868. — Ausnahmen: §§ 704 Abs. 1, 809 Abs. 1.

[2] Auf Anordnung im Falle des § 666.

[3] Vgl. Anm. 2 zu § 646. [4] Wird sie versagt: Entscheidung des Prozeßgerichts, § 539; sofortige Beschwerde dagegen: § 701. — Wird sie ertheilt: §§ 668, 701. — Gebühren: des Gerichts (frei) § 47 Nr. 15, § 80a Nr. 4. G.K.G. in der Fassung v. 29./6. 81 (R.G.B. 178); des Anwalts (²/₁₀) § 24, vgl. jedoch auch § 35, G.O. f. R.A.

663. Die Vollstreckungsklausel:

„Vorstehende Ausfertigung wird dem u. s. w. (Bezeichnung der Partei) zum Zwecke der Zwangsvollstreckung ertheilt."[1]

ist der Ausfertigung des Urtheils am Schlusse beizufügen, von dem Gerichtsschreiber zu unterschreiben und mit dem Gerichtssiegel zu versehen.

[1] Zusätze: §§ 665 Abs. 2, 666 Abs. 3, 669 Abs. 4.

664. Von Urtheilen, deren Vollstreckung nach ihrem Inhalte von dem durch den Gläubiger zu beweisenden Eintritt einer anderen Thatsache[1] als einer dem Gläubiger obliegenden Sicherheitsleistung[2] abhängt, darf eine vollstreckbare Ausfertigung nur ertheilt werden, wenn der Beweis durch öffentliche Urkunden[3] geführt wird.[4]

[1] Z. B. von einer Vorleistung des Gläubigers; auf den

Fall einer Zug um Zug zu gewährenden Gegenleistung ist § 664 nicht anwendbar. Begr. 411.

[2] Oder als vom Eintritt eines Kalendertages. § 672.

[3] § 380. Nicht durch Privaturkunden, deren Unterschrift gerichtlich oder notariell beglaubigt ist. RG 13, 331.

[4] Beginn der Vollstreckung: § 671 Abs. 2.

665. Eine vollstreckbare Ausfertigung kann für den Rechtsnachfolger[1] des in dem Urtheile bezeichneten Gläubigers sowie gegen die allgemeinen Rechtsnachfolger des in dem Urtheile bezeichneten Schuldners[2] und unter Berücksichtigung der §§. 236, 238 gegen denjenigen Rechtsnachfolger dieses Schuldners ertheilt werden, an welchen die in Streit befangene Sache während der Rechtshängigkeit[3] oder nach Beendigung des Rechtsstreits veräußert ist, sofern die Rechtsnachfolge bei dem Gericht offenkundig ist[4] oder durch öffentliche Urkunden[5] nachgewiesen wird.

Ist die Rechtsnachfolge bei dem Gericht offenkundig, so ist dies in der Vollstreckungsklausel zu erwähnen.[6]

[1] Auch wenn die Rechtsnachfolge durch Abtretung oder Veräußerung schon im Laufe des Rechtsstreits eingetreten ist. RG 7, 333. Vor der Rechtskraft wird diese Ausfertigung nur mit Zustimmung des Gegners ertheilt. § 236 Abs. 2. RG 35, 386. [2] Sind die mehreren Rechtsnachfolger nach bürgerl. Recht nur gemeinschaftlich verpflichtet, so kann auch nur gegen alle zusammen die vollstreckbare Ausfertigung ertheilt werden. RG 28, 400. — Bei ruhender Erbschaft und wenn der Erbe oder sein Aufenthalt unbekannt ist: § 694.

[3] § 235. [4] § 264. [5] Vgl. Anm. 3 zu § 664.

[6] Beginn der Vollstreckung: § 671.

666. In den Fällen der §§. 664, 665 darf die

vollstreckbare Ausfertigung nur auf Anordnung des Vorsitzenden ertheilt werden.[1]

Vor der Entscheidung kann der Schuldner gehört werden.[2]

Die Anordnung ist in der Vollstreckungsklausel zu erwähnen.

1 Gegen die Entscheidung: Gegenvorstellung beim Prozeßgericht, §§ 539, 668 Abs. 1, RG 20, 375; gegen dessen Entscheidung sofortige Beschwerde, § 701, und Klage, §§ 667, 687. — Gebühr des Gerichts ($^1/_{10}$) § 38 Nr. 2 G.K.G., vgl. auch § 80 a Nr. 4, in der Fassung v. 29./6. 81 (R.G.B. 178).

2 Schriftlich oder mündlich.

667. Kann der nach den §§. 664, 665 erforderliche Nachweis durch öffentliche Urkunden nicht geführt werden, so hat der Kläger[1] bei dem Prozeßgericht erster Instanz[2] aus dem Urtheil auf Ertheilung der Vollstreckungsklausel Klage zu erheben.[3]

1 Soll heißen: „Gläubiger". 2 Vgl. auch § 152 K.O.

3 In diesem Verfahren können auch die noch zulässigen Einwendungen gegen den Anspruch selbst (§ 686 Abs. 2) geltend gemacht werden. RG 34, 348. Vgl. aber Anm. 5 zu § 686. — Gebühren: des Gerichts ($^5/_{10}$) § 26 Nr. 8 G.K.G.; des Anwalts ($^5/_{10}$) § 20 G.O. f. R.A.

Einwendungen gegen Zulässigkeit der Vollstreckungsklausel.

668. Ueber Einwendungen des Schuldners, welche die Zulässigkeit der Vollstreckungsklausel betreffen,[1] entscheidet das Gericht, von dessen Gerichtsschreiber die Vollstreckungsklausel ertheilt ist. Die Entscheidung kann ohne vorgängige mündliche Verhandlung[2] erfolgen.[3]

Das Gericht kann vor der Entscheidung eine

einstweilige Anordnung erlassen; es kann insbesondere anordnen, daß die Zwangsvollstreckung gegen oder ohne Sicherheitsleistung[4] einstweilen einzustellen oder nur gegen Sicherheitsleistung fortzusetzen sei.

[1] Einwendungen des Gläubigers gegen Versagung durch den Gerichtsschreiber: § 539; sofortige Beschwerde: § 701.

[2] Alsdann wird sie den Parteien von Amtswegen zugestellt, § 294 Abs. 3.

[3] Gebühren: des Gerichts ($^1/_{10}$) § 38 Nr. 1 K.G.K. in der Fassung v. 29./6. 81 (R.G.B. 178); des Anwalts ($^2/_{10}$) § 24 G.O. f. R.A. Sofortige Beschwerde: § 701. — Gegen die die Einwendung verwerfende Entscheidung Klage des Schuldners: § 687. [4] §§ 101 ff.

669. Eine weitere vollstreckbare Ausfertigung darf derselben Partei, sofern nicht die zuerst ertheilte Ausfertigung zurückgegeben wird, nur auf Anordnung des Vorsitzenden ertheilt werden.[1]

Vor der Entscheidung kann der Schuldner gehört werden.[2]

Der Gerichtsschreiber hat von der Ertheilung der weiteren Ausfertigung, wenn die Entscheidung, durch welche dieselbe angeordnet wird, nicht verkündet ist, den Gegner in Kenntniß zu setzen.[3]

Die weitere Ausfertigung ist als solche unter Erwähnung der Entscheidung ausdrücklich zu bezeichnen.

[1] Gebühren des Gerichts ($^1/_{10}$) § 38 Nr. 2 G.K.G. in der Fassung v. 29./6. 81 (R.G.B. 178); des Anwalts ($^2/_{10}$) §§ 24, 32 G.O. f. R.A. [2] Schriftlich oder mündlich. — Gegen die Entscheidung sofortige Beschwerde: § 701.

[3] Formlos, ohne Beurkundung. Anm. 1 zu § 152.

670. Vor der Aushändigung einer vollstreckbaren Ausfertigung ist auf der Urschrift des Urtheils[1] zu bemerken, für welche Partei und zu welcher Zeit die Ausfertigung ertheilt ist. [1] §§ 286, 288.

5. Beginn der Zwangsvollstreckung.

671. Die Zwangsvollstreckung darf nur[1] beginnen, wenn die Personen, für und gegen welche sie stattfinden soll, in dem Urtheil oder in der demselben beigefügten Vollstreckungsklausel namentlich bezeichnet sind und das Urtheil bereits zugestellt ist oder gleichzeitig zugestellt wird.[2]

Hängt die Vollstreckung eines Urtheils seinem Inhalte nach von dem durch den Gläubiger zu beweisenden Eintritt einer Thatsache ab[3] oder handelt es sich um die Vollstreckung eines Urtheils für die Rechtsnachfolger des in demselben bezeichneten Gläubigers oder gegen die Rechtsnachfolger des in demselben bezeichneten Schuldners,[4] so muß außer dem zu vollstreckenden Urtheil auch die demselben beigefügte Vollstreckungsklausel und, sofern die Vollstreckungsklausel auf Grund öffentlicher Urkunden ertheilt ist, auch eine Abschrift dieser Urkunden vor Beginn der Zwangsvollstreckung zugestellt sein oder gleichzeitig mit Beginn derselben zugestellt werden.

[1] Im Falle der Zuwiderhandlung ist die Zwangsvollstreckung ungültig, RG 6, 388. RG 14, 152, sofern nicht der Schuldner auf die Zustellung verzichtet hat. RG 20, 436. Der Mangel der Zustellung wird gegenüber dem Schuldner und Dritten, die noch nicht haben pfänden lassen, durch Nachholung der Zustellung geheilt. RG 25, 368.

2 § 288. Die Zustellung muß an den für die Instanz bestellten Prozeßbevollmächtigten erfolgen. § 162. RG 16, 276.
3 § 664. 4 § 665.

672. Ist die Geltendmachung des Anspruchs von dem Eintritt eines Kalendertages abhängig, so darf die Zwangsvollstreckung nur beginnen, wenn der Kalendertag abgelaufen ist.

Hängt die Vollstreckung von einer dem Gläubiger obliegenden Sicherheitsleistung ab, so darf der Beginn der Zwangsvollstreckung nur[1] erfolgen, wenn die Sicherheitsleistung durch eine öffentliche Urkunde[2] nachgewiesen und eine Abschrift dieser Urkunde bereits zugestellt ist oder gleichzeitig zugestellt wird.

1 Eine dem zuwider vorgenommene Zwangsvollstreckung ist ungültig. RG 25, 368. Konvaleszenz durch nachträgliche Zustellung: Anm. 1 zu § 672. 2 Vgl. Anm. 3 zu § 664.

673. Gegen eine dem aktiven Heere oder der aktiven Marine angehörende Militärperson[1] darf die Zwangsvollstreckung erst beginnen,[2] nachdem von derselben die vorgesetzte Militärbehörde[3] Anzeige erhalten hat.

Dem Gläubiger ist auf Verlangen der Empfang der Anzeige von der Militärbehörde zu bescheinigen.

1 § 38 Reichsmilit.Ges. v. 2./5. 74 (R.G.B. 45), § 4 und Anl. zum Milit.St.G.B. v. 20./6 72 (R.G.B. 174, 204) u. Ver. v. 13./8. 95 (R.G.B. 431).
2 Durchführung: § 699. 3 Vgl. die Bek. im Centr.Bl. f. d. D.R. von 1880 S. 482.

6. Thätigkeit des Gerichtsvollziehers.

Instruktionen: Preußen: §§ 46—108 Geschäftsanweisung für die Gerichtsvollz. v. 24./7. 79 (J.M.Bl. 206).

— Bayern: §§ 1—77 Bek. v. 30./9. 79 (J.M.Bl. 1494), u. 1./4. 95 (J.M.Bl. 85). — Sachsen: §§ 66—190 Instr. für den Gerichtsvollz. v. 2./9. 79 (J.M.Bl. 70), §§ 8—16 Ver. v. 2./8. 82 (J.M.Bl. 84), Ver. v. 4./6. 90 (J.M.Bl. 15), v. 22./12. 91 (J.M.Bl. 86), v. 8./3. 92 (J.M.Bl. 10) u. v. 2./12. 92 (J.M.Bl. 70, 87). — Baden: §§ 56 bis 147. Dienstweisung für Gerichtsvollz. v. 1./12. 84 (G.V.Bl. 501), Ver. v. 10./5. 86 (G.V.Bl. 283). — Elsaß-Lothringen: §§ 35—92 Geschäftsanweisung für die Gerichtsvollz. v. 16./9. 79 (Samml. der Ges. 2c. 4, 357).

674. Die Zwangsvollstreckung erfolgt, soweit sie nicht den Gerichten zugewiesen ist,[1] durch Gerichtsvollzieher,[2] welche dieselbe im Auftrage des Gläubigers zu bewirken haben.[3]

Der Gläubiger[4] kann wegen Ertheilung des Auftrags zur Zwangsvollstreckung die Mitwirkung des Gerichtsschreibers in Anspruch nehmen. Der von dem Gerichtsschreiber beauftragte Gerichtsvollzieher gilt als von dem Gläubiger beauftragt.[5]

[1] §§ 678 Abs. 3, 684—690, 698, 699 Abs. 1, 700, 729' 730, 736, 743, 745, 751, 752, 754, 755, 759—762, 765' 768, 771, 772—775, 780, 782, 789, 793.

[2] §§ 155, 156 G.V.G. — §§ 699 Abs. 2, 712—728, 732, 744, 746, 751, 769, 771, 777, 790.

[3] Der Gerichtsvollzieher haftet dem Gläubiger civilrechtlich für Versehen bei Ausführung eines Vollstreckungsauftrags nach den Grundsätzen vom Auftrag, nicht lediglich wie ein Beamter. RG 16, 399. Dritten haftet er als Beamter. Reichsgericht v. 12./1. 91 (Preuß. J.M.Bl. 194).

[4] Ebenso die Gerichte, Staatsanwaltschaften und Gerichtsschreiber. § 162 G.V.G.

[5] § 152 Abs. 2.

675. In dem schriftlichen oder mündlichen Auftrage[1] zur Zwangsvollstreckung in Verbindung mit der Uebergabe der vollstreckbaren Ausfertigung[2] liegt die Beauftragung des Gerichtsvollziehers, die Zahlungen oder sonstigen Leistungen in Empfang zu nehmen, über das Empfangene wirksam zu quittiren und dem Schuldner, wenn dieser seiner Verbindlichkeit genügt hat, die vollstreckbare Ausfertigung auszuliefern.[3]

[1] Des Gläubigers oder seines Prozeßbevollmächtigten: § 77. [2] §§ 662 ff. [3] Der Gerichtsvollzieher ist nicht befugt, gepfändete Sachen ohne Zustimmung des Gläubigers oder Anweisung des Gerichts als für den Schuldner unentbehrlich freizugeben. Nur § 685. RG 18, 391.

676. Dem Schuldner und Dritten gegenüber wird der Gerichtsvollzieher zur Vornahme der Zwangsvollstreckung und der im §. 675 bezeichneten Handlungen durch den Besitz der vollstreckbaren Ausfertigung ermächtigt. Der Mangel oder die Beschränkung des Auftrags kann diesen Personen gegenüber von dem Gläubiger nicht geltend gemacht werden.[1]

[1] § 79.

677. Der Gerichtsvollzieher hat nach Empfang der Leistungen dem Schuldner die vollstreckbare Ausfertigung nebst einer Quittung auszuliefern, bei theilweiser Leistung diese auf der vollstreckbaren Ausfertigung zu bemerken und dem Schuldner Quittung zu ertheilen.

Das Recht des Schuldners, nachträglich eine Quittung des Gläubigers selbst zu fordern, wird durch diese Bestimmungen nicht berührt.

678. Der Gerichtsvollzieher ist befugt, die Wohnung und die Behältnisse des Schuldners[1] zu durchsuchen, soweit der Zweck der Vollstreckung dies erfordert.

Er ist befugt, die verschlossenen Hausthüren, Zimmerthüren und Behältnisse öffnen zu lassen.

Er ist, wenn er Widerstand findet,[2] zur Anwendung von Gewalt befugt und kann zu diesem Zwecke die Unterstützung der polizeilichen Vollzugsorgane nachsuchen.[3] Ist militärische Hülfe erforderlich, so hat er sich an das Vollstreckungsgericht[4] zu wenden.[5]

[1] Einschließlich der Taschen in den Kleidern am Leibe des Schuldners. RG 16, 220. [2] Kann schon durch mündliche Aeußerung geschehen. RG 7, 371. [3] Bayern: Bek. v. 16./8. 79 (G.V.Bl. 1001). [4] §§ 684, 698. [5] Dies entscheidet gebührenfrei, § 47 Nr. 13 G.K.G. — Wegen der Gebühren des Gerichtsvollziehers vgl. § 12 Nr. 1 G.O. f. G.V.

679. Wird bei einer Vollstreckungshandlung Widerstand geleistet[1] oder ist bei einer in der Wohnung des Schuldners erfolgenden Vollstreckungshandlung weder der Schuldner noch eine zur Familie desselben gehörige oder in dieser Familie dienende erwachsene Person gegenwärtig, so hat[2] der Gerichtsvollzieher zwei großjährige[3] Männer oder einen Gemeinde- oder Polizeibeamten[4] als Zeugen zuzuziehen.[5]

[1] Vgl. Anm. 2 zu § 678. [2] Sonst ist seine Amtshandlung eine unrechtmäßige. RG 7, 372. [3] R.Ges. v. 17./2. 75 (R.G.B. 71). [4] Bayern: Bek. v. 16./8. 79 (G.V.Bl. 1001). [5] Zeugengebühr bis zum Betrage von

je 1 M. § 15, G.O. f. G.V. in der Fassung v. 29./6. 81 (R.G.B. 178); vgl. auch § 12 Nr. 1 G.O. f. G.V.

680. Jeder Person, welche bei dem Vollstreckungsverfahren betheiligt ist, muß auf Begehren Einsicht der Akten des Gerichtsvollziehers gestattet und Abschrift einzelner Aktenstücke ertheilt werden.

681. Zur Nachtzeit, sowie an Sonntagen und allgemeinen Feiertagen[1] darf[2] eine Vollstreckungshandlung nur mit Erlaubniß des Amtsrichters erfolgen, in dessen Bezirke die Handlung vorgenommen werden soll.[3]

Die Verfügung, durch welche die Erlaubniß ertheilt wird, ist bei der Zwangsvollstreckung vorzuzeigen.

Die Nachtzeit umfaßt in dem Zeitraume vom 1. April bis 30. September die Stunden von neun Uhr Abends bis vier Uhr Morgens und in dem Zeitraume vom 1. Oktober bis 31. März die Stunden von neun Uhr Abends bis sechs Uhr Morgens.[4]

[1] Anm. 1 zu § 171. [2] Vgl. Anm. 2 zu § 679.
[3] Gebühren: des Gerichts (frei) § 47 Nr. 12 G.K.G.; des Anwalts ($^3/_{10}$) § 23 Nr. 1, vgl. jedoch auch § 29 Nr. 6, G.O. f. R.A. [4] § 104 Abs. 3 St.P.O.

682. Der Gerichtsvollzieher hat über jede Vollstreckungshandlung ein Protokoll aufzunehmen.

Das Protokoll muß[1] enthalten:

1. Ort und Zeit der Aufnahme;
2. den Gegenstand der Vollstreckungshandlung unter kurzer Erwähnung der wesentlichen Vorgänge;

3 die Namen der Personen, mit welchen verhandelt ist;

4. die Unterschrift dieser Personen und die Bemerkung, daß die Unterzeichnung nach vorgängiger Vorlesung oder Vorlegung zur Durchsicht und nach vorgängiger Genehmigung erfolgt sei;

5. die Unterschrift des Gerichtsvollziehers.

Hat einem der unter Nr. 4 bezeichneten Erfordernisse nicht genügt werden können, so ist der Grund anzugeben.

1 Imperativ. Anm. 2 zu § 67. Doch vernichtet nicht jeder Verstoß gegen diese Vorschrift die Eigenschaft des Protokolls als einer öffentlichen Urkunde. RG 12, 324.

683. Die Aufforderungen und sonstigen Mittheilungen, welche zu den Vollstreckungshandlungen gehören, sind von dem Gerichtsvollzieher mündlich zu erlassen und vollständig in das Protokoll aufzunehmen.

Kann die mündliche Ausführung nicht erfolgen, so ist eine Abschrift des Protokolls unter entsprechender Anwendung der §§. 158, 166—170 zuzustellen oder, wenn demjenigen, an welchen die Aufforderung oder Mittheilung zu richten ist,[1] am Orte der Zwangsvollstreckung nicht zugestellt werden kann, durch die Post zu übersenden. Die Befolgung dieser Vorschrift muß[2] zum Protokolle bemerkt werden. Eine öffentliche Zustellung[3] findet nicht statt.

1 Oder seinem Zustellungsbevollmächtigten, §§ 160, 161.
2 Imperativ. Anm. 2 zu § 67. 3 §§ 186 ff.

7. Vollstreckungsgericht.

684. Die den Gerichten zugewiesene Anordnung von Vollstreckungshandlungen und Mitwirkung bei solchen[1] gehört zur Zuständigkeit der Amtsgerichte als Vollstreckungsgerichte.

Als Vollstreckungsgericht ist, sofern nicht das Gesetz ein anderes Amtsgericht bezeichnet,[2] dasjenige Amtsgericht anzusehen, in dessen Bezirke das Vollstreckungsverfahren stattfinden soll oder stattgefunden hat.

Die Entscheidungen des Vollstreckungsgerichts können ohne vorgängige mündliche Verhandlung erfolgen.[3]

[1] Anm. 1 zu § 674. [2] §§ 729 Abs. 2, 750—752, 755, 756, 759, 780, 799, 810, 816.

[3] Alsdann erfolgt deren Zustellung an die Parteien von Amtswegen, § 294 Abs. 3; sofortige Beschwerde: § 701.

8. Einwendungen gegen Art und Weise der Vollstreckung.

685. Ueber Anträge, Einwendungen und Erinnerungen,[1] welche die Art und Weise der Zwangsvollstreckung oder das bei derselben vom Gerichtsvollzieher zu beobachtende Verfahren betreffen,[2] entscheidet das Vollstreckungsgericht.[3] Dasselbe ist befugt, die im §. 668 Abs. 2 bezeichneten Anordnungen zu erlassen.[4]

Dem Vollstreckungsgerichte steht auch die Entscheidung zu, wenn ein Gerichtsvollzieher sich weigert, einen Vollstreckungsauftrag zu übernehmen oder eine Vollstreckungshandlung dem Auftrage gemäß auszuführen,[5] oder wenn in Ansehung der von dem Gerichtsvollzieher in Ansatz gebrachten Kosten Erinnerungen erhoben werden.[6]

[1] Des Gläubigers, des Schuldners oder eines an der Zwangsvollstreckung interessirten Dritten. RG 34, 378.

[2] Dahin gehören auch solche, welche die Pfändbarkeit von Sachen oder Forderungen des Schuldners betreffen. RG 16, 319, 25, 335. [3] Auch wenn die Vollstreckungsmaßregel vom Gericht selbst erlassen ist. Das Gericht ist auf die Erinnerung zur Abänderung seiner Entscheidung befugt. Die Beschwerde findet erst statt, nachdem (§ 701) eine Erinnerung erfolglos geblieben ist. RG 16, 319. Dies gilt nicht in den Fällen, in denen (z. B. § 743 Abs. 2) vorgängige Anhörung des Gegners vorgeschrieben ist und stattgefunden hat. RG 18, 433.

[4] Gebühren: des Gerichts ($^{2}/_{10}$) § 35 Nr. 4, vgl. jedoch auch § 47 Nr. 14 G.K.G. in der Fassung v. 29./6. 81 (R.G.B. 178).

[5] In diesen Fällen steht dem Gerichtsvollzieher keine Beschwerde zu. Reichsgericht v. 3./1. 95 (Preuß. J.M.Bl. 121).

[6] In den Fällen des § 685 ist die Geltendmachung der Einwendungen 2c. im Wege der Klage ausgeschlossen. RG 34, 380.

9. Einwendungen gegen den Anspruch.

686. Einwendungen, welche den durch das Urtheil festgestellten Anspruch selbst betreffen,[1] sind von dem Schuldner im Wege der Klage bei dem Prozeßgericht erster Instanz[2] geltend zu machen.[3]

Dieselben sind nur insoweit zulässig,[4] als die Gründe, auf denen sie beruhen, erst nach dem Schlusse derjenigen mündlichen Verhandlung, in welcher Einwendungen in Gemäßheit der Bestimmungen dieses Gesetzes spätestens hätten geltend gemacht werden müssen,[5] entstanden sind und durch Einspruch nicht mehr geltend gemacht werden können.[6]

Der Schuldner muß in der von ihm zu erheben-

den Klage alle Einwendungen geltend machen, welche er zur Zeit der Erhebung der Klage[7] geltend zu machen im Stande war.

[1] Trifft nicht zu, wenn der zu wiederholten Leistungen verurtheilte Beklagte den Eintritt des Wiederholungsfalles bestreitet: hier muß der Kläger den Eintritt der Voraussetzung der Zwangsvollstreckung darthun. RG 26, 392; dagegen wohl, wenn der zur alternativen Leistung verurtheilte Schuldner einwendet, daß er einen anderen als den vom Gläubiger beigetriebenen Gegenstand gewählt und geleistet habe. RG 27, 384. Auch im Falle der Berufung auf das beneficium competentiae. RG 33, 378.

[2] Bei der Kammer des Gerichts, welche das Urtheil im Hauptprozeß erlassen hat, gegebenenfalls also bei der Kammer für Handelssachen ohne Anwendung der §§ 102 ff. G.V.G. RG 33, 356. Vgl. auch § 152 K.O.

[3] § 686 trifft nicht zu für Einwendungen, welche die Rechtsgültigkeit des Verfahrens betreffen, z. B. der mangelnden Geschäftsfähigkeit der Prozeßpartei. RG 35, 398.

[4] Diese Beschränkung gilt nicht für das benef. excussionis reale (aus § 46 A.L.R. I, 20) und nicht für den Einwand, daß der Vollstreckungstitel nicht auf die Leistung, deren Erzwingung beantragt werde, gerichtet sei. RG 25, 362.

[5] Bei den durch Eid bedingten Urtheilen nach Erlaß des bedingten Endurtheils. RG 17, 348. — Vom RG 11, 435 ist der Schuldner für nicht verpflichtet erachtet, in dem aus § 667 eingeleiteten Verfahren die Einwendungen gegen den Anspruch geltend zu machen. Vgl. aber RG 34, 348.

[6] Gegen Vollstreckungsbefehle: § 704 Abs. 2. – Werthberechnung: RG 28, 429; Gebühren: des Gerichts ($^{5}/_{10}$) § 26 Nr. 8 G.K.G.; des Anwalts ($^{5}/_{10}$) § 20 G.O. f. R.A.

[7] Anm. 1 zu § 4.

10. Klage wegen Unzulässigkeit der Vollstreckungsklausel.

687. **Die Bestimmungen des §. 686 Abs. 1, 3 finden entsprechende Anwendung, wenn in den Fällen**

der §§. 664, 665 der Schuldner den bei Ertheilung der Vollstreckungsklausel als bewiesen angenommenen Eintritt der Thatsache, von welcher das Urtheil die Vollstreckung abhängig macht, oder die als eingetreten angenommene Rechtsnachfolge bestreitet, unbeschadet der Befugniß des Schuldners, in diesen Fällen Einwendungen gegen die Zulässigkeit der Vollstreckungsklausel in Gemäßheit des §. 668 zu erheben.[1]

[1] Gebühren: des Gerichts ($^5/_{10}$) § 26 Nr. 8 G.K.G.; des Anwalts ($^5/_{10}$) § 20 G.O. f. R.A.

688. Das Prozeßgericht[1] kann auf Antrag anordnen, daß bis zur Erlassung des Urtheils über die in den §§. 686, 687 bezeichneten Einwendungen die Zwangsvollstreckung gegen oder ohne Sicherheitsleistung eingestellt[2] oder nur gegen Sicherheitsleistung fortgesetzt werde und daß die erfolgten Vollstreckungsmaßregeln gegen Sicherheitsleistung aufzuheben seien.[3] Die thatsächlichen Behauptungen, welche den Antrag begründen, sind glaubhaft zu machen.[4]

In dringenden Fällen kann das Vollstreckungsgericht eine solche Anordnung erlassen, unter Bestimmung einer Frist, innerhalb welcher die Entscheidung des Prozeßgerichts beizubringen sei. Nach fruchtlosem Ablaufe der Frist wird die Zwangsvollstreckung fortgesetzt.

Die Entscheidung über diese Anträge kann ohne vorgängige mündliche Verhandlung erfolgen.[5]

[1] Als solches auch das Berufungsgericht. Der Nachweis der Klagezustellung, bezw. Einlegung der Berufung muß

längstens bis zur Vollziehung der Anordnung erbracht werden. RG 10, 315, 33, 386. [2] §§ 101 ff., oder daß der Erlös hinterlegt werde. RG 30, 397. [3] Gebühren: des Gerichts ($^2/_{10}$) § 35 Nr. 1 G.K.G. in der Fassung v. 29./6. 81 (R.G.B. 178): des Anwalts ($^3/_{10}$) § 23 Nr. 1, § 30 Nr. 2, vgl. jedoch auch § 29 Nr. 4, G.O. f. R.A.

[4] § 266.

[5] Alsdann erfolgt die Zustellung an die Parteien von Amtswegen § 294 Abs. 3; sofortige Beschwerde: § 701.

689. Das Prozeßgericht kann in dem Urtheile, durch welches über die Einwendungen entschieden wird, die in dem vorstehenden Paragraphen bezeichneten Anordnungen erlassen oder die bereits erlassenen Anordnungen aufheben, abändern oder bestätigen. In Betreff der Anfechtung einer solchen Entscheidung finden die Vorschriften des §. 656 entsprechende Anwendung.[1]

[1] Auf den vom Berufungsgericht als Prozeßgericht erlassenen Beschluß findet § 656 Abs. 3 nicht Anwendung. RG 33, 386.

11. Widerspruch Dritter.

690. Behauptet ein Dritter,[1] daß ihm an dem Gegenstande der Zwangsvollstreckung[2] ein die Veräußerung hinderndes Recht zustehe,[3] so ist der Widerspruch gegen die Zwangsvollstreckung im Wege der Klage bei dem Gerichte geltend zu machen, in dessen Bezirke die Zwangsvollstreckung erfolgt.[4]

Wird die Klage gegen den Gläubiger und den Schuldner gerichtet, so sind diese als Streitgenossen[5] anzusehen.

Auf die Einstellung der Zwangsvollstreckung und

die Aufhebung der bereits erfolgten Vollstreckungsmaßregeln finden die Vorschriften der §§. 688, 689 entsprechende Anwendung.[6] Die Aufhebung einer Vollstreckungsmaßregel ist auch ohne Sicherheitsleistung zulässig.

[1] D. i. jeder, gegen den das Urtheil nicht vollstreckt worden ist, RG 30, 386, z. B. der Ehemann wegen einer auf Grund eines nur gegen die Ehefrau gerichteten Vollstreckungtitels ergehenden Zwangsvollstreckung in das Frauengut, wenn dadurch sein Nießbrauchs- und Verwaltungsrecht berührt wird. RG 32, 291. Eine Ehefrau, deren Vermögen entsprechend dem bürg. Recht ohne Weiteres als Vollstreckungsobjekt für die Schulden ihres Mannes behandelt ist, kann nicht auf Grund von § 690 interveniren. RG 16, 347. — Wegen des Einspruchsrechts von Mitschuldnern vgl. RG 30, 388.

[2] Den er nicht besitzt, §§ 712, 713: gegen den dritten Besitzer hat der Gläubiger nur einen Anspruch auf Herausgabe gemäß §§ 745, 746, 772. Vgl. RG 14, 362, 34, 423.

[3] D. i. jedes Recht, welches der Zwangsvollstreckung entgegensteht. RG 31, 382. Vgl. Anm. 1 zu § 709. — Nimmt der Gläubiger ein Pfand- oder Vorzugsrecht in Anspruch, so gilt § 710. — Die Klage steht auch dem Forderungsberechtigten wegen Pfändung seiner Forderung zu. RG 4, 112, 12, 380, 31, 382. — Ein blos obligatorischer Anspruch auf Uebertragung der gepfändeten Sachen genügt nicht. RG 18, 366. Dagegen ein Recht auf Anfechtung der Pfändung gemäß §§ 22 ff. K.O. RG 30, 397.

[4] Bezw. beginnt. RG 35, 405; bei der Pfändung einer Forderung das Vollstreckungsgericht, bezw. das übergeordnete Landgericht. RG 12, 380. [5] §§ 56 ff.

[6] Glaubhaftmachung des Anspruchs: § 688 Abs. 1. — Gebühren des Gerichts ($^{2}/_{10}$) § 35 Nr. 1 G.K.G. in der Fassung v. 29./6. 81 (R.G.B. 178); des Anwalts ($^{3}/_{10}$) § 23 Nr. 1, § 30 Nr. 2, vgl. jedoch auch § 29 Nr. 4, G.O. f. R.A.

12. Einstellung oder Einschränkung der Vollstreckung.

691. Die Zwangsvollstreckung ist[1] einzustellen oder zu beschränken:

1. wenn die Ausfertigung einer vollstreckbaren Entscheidung[2] vorgelegt wird, aus welcher sich ergiebt, daß das zu vollstreckende Urtheil oder dessen vorläufige Vollstreckbarkeit aufgehoben, oder daß die Zwangsvollstreckung für unzulässig erklärt oder deren Einstellung angeordnet ist;
2. wenn die Ausfertigung einer gerichtlichen Entscheidung[3] vorgelegt wird, aus welcher sich ergiebt, daß die einstweilige Einstellung der Vollstreckung oder einer Vollstreckungsmaßregel angeordnet ist;
3. wenn eine öffentliche Urkunde[4] vorgelegt wird, aus welcher sich ergiebt, daß die zur Abwendung der Vollstreckung nachgelassene Sicherheitsleistung oder Hinterlegung erfolgt ist;
4. wenn eine öffentliche Urkunde oder eine von dem Gläubiger ausgestellte Privaturkunde vorgelegt wird, aus welcher sich ergiebt, daß der Gläubiger nach Erlassung des zu vollstreckenden Urtheils befriedigt ist oder Stundung bewilligt hat;
5. wenn ein Postschein vorgelegt wird, aus welchem sich ergiebt, daß nach Erlassung des Urtheils die zur Befriedigung des Gläubigers erforderliche Summe zur Auszahlung an den letzteren bei der Post eingezahlt ist.

[1] Von den Vollstreckungsorganen ohne weitere gerichtliche Anordnung. Wegen der Gebühren des Gerichtsvollziehers vgl. § 10 G.O. f. G.V. [2] §§ 644 Abs. 1, 702. Auch wenn die Ausfertigung selbst nicht für vollstreckbar erklärt ist (§§ 662, 663). Pr. 366. — Vgl. auch § 655 Abs. 2.
[3] §§ 668 Abs. 2, 685, 688—690. [4] Anm. 3 zu § 664.

692. In den Fällen des §. 691 Nr. 1, 3 sind zugleich die bereits erfolgten Vollstreckungsmaßregeln aufzuheben. In den Fällen der Nr. 4, 5 bleiben diese Maßregeln einstweilen bestehen;[1] dasselbe gilt in den Fällen der Nr. 2, sofern nicht durch die betreffende Entscheidung auch die Aufhebung der bisherigen Vollstreckungshandlungen angeordnet ist.

[1] Die Vollstreckung ist in den Fällen Nr. 4, 5 auf Verlangen des Gläubigers fortzusetzen und sind die Einwendungen des Schuldners abzuwarten. Begr. 414, 415. Anders in den Fällen Nr. 1—3. RG 33, 292.

13. Tod des Schuldners nach Beginn der Vollstreckung.

693. Eine Zwangsvollstreckung, welche zur Zeit des Todes des Schuldners gegen diesen bereits begonnen hatte,[1] wird in den Nachlaß desselben fortgesetzt.

Ist bei einer Vollstreckungshandlung die Zuziehung des Schuldners nöthig, so hat bei ruhender Erbschaft oder wenn der Erbe oder dessen Aufenthalt unbekannt ist, das Vollstreckungsgericht auf Antrag des Gläubigers dem Nachlasse oder dem Erben einen einstweiligen besonderen Vertreter zu bestellen.

[1] Hatte die Vollstreckung noch nicht begonnen: §§ 665, 694. War die Vollstreckung noch nicht zulässig: §§ 217, 223, 226, 695.

694. Ist der Schuldner vor Beginn der Zwangsvollstreckung gestorben, so hat bei ruhender Erbschaft oder wenn der Erbe oder dessen Aufenthalt unbekannt ist, das nach den Landesgesetzen zuständige Nachlaßgericht auf Antrag des Gläubigers dem Nachlasse oder dem Erben einen Kurator zu bestellen.[1]

[1] Württemberg: Art. 22 Ges. v. 18./8. 79 (Reg.Bl. 173).

695. Der als Erbe des Schuldners verurtheilte Beklagte kann die Rechtswohlthat des Inventars nur geltend machen, wenn ihm dieselbe im Urtheile vorbehalten ist.[1]

[1] Auf das Feststellungsurtheil und Vertheilungsverfahren im Konkurse der Benefizialerben nicht anwendbar. RG 24, 63.

696. Bei der Zwangsvollstreckung gegen einen Schuldner, welcher als Benefizialerbe[1] oder als Erbe unter Vorbehalt der Rechtswohlthat des Inventars verurtheilt ist, oder gegen welchen als Erben des verurtheilten Schuldners die Zwangsvollstreckung begonnen hat, bleibt die Rechtswohlthat unberücksichtigt, bis auf Grund derselben gegen die Zwangsvollstreckung von dem Erben Einwendungen erhoben werden.[2]

Inwieweit der Benefizialerbe berechtigt ist, auf Grund der Rechtswohlthat die Aussetzung, Aufhebung oder Beschränkung der Zwangsvollstreckung zu verlangen, bestimmt sich nach den Vorschriften des bürgerlichen Rechts.[3]

Die Erledigung der Einwendungen erfolgt nach den Bestimmungen der §§. 686, 688, 689.

[1] Oder „zur Zahlung aus dem Nachlasse". RG. 8, 273. — Der Einwand kann auch schon während des Prozesses behufs Abweisung des Klaganspruchs geltend gemacht werden (Preuß. Landrecht) RG. 34, 277.

[2] Lediglich auf Grund des § 696 können sie nur erhoben werden, solange die Schuldsumme nicht gezahlt oder durch Zwangsvollstreckung beigetrieben ist. RG 8, 270.

[3] Erbschaftliches Liquidationsverfahren: § 15 Nr. 3 E.G. — Preußen: §§ 1, 11 Abs. 2, §§ 13, 15 Ges. v. 28./3. 79 (G.S. 293). — Bayern: Art. 154 Ges. v. 23./2. 79 (G.V.Bl. 63). — Württemberg: Art. 23 Ges. v. 18./8. 79 (Reg.Bl. 173).

14. Kosten der Vollstreckung.

697. Die Kosten der Zwangsvollstreckung fallen, soweit sie nothwendig waren (§. 87), dem Schuldner zur Last; sie sind zugleich mit dem zur Zwangsvollstreckung stehenden Anspruche beizutreiben.

Die Kosten der Zwangsvollstreckung sind dem Schuldner zu erstatten, wenn das Urtheil,[1] aus welchem dieselbe erfolgt ist, aufgehoben wird.[2]

[1] Nicht blos die vorläufige Vollstreckbarkeit. Begr. 417.

[2] Ob der Gläubiger auch den durch eine ungerechtfertigte Zwangsvollstreckung entstandenen Nachtheil zu ersetzen hat, bestimmt sich nach Landesrecht. Nach gem. Recht besteht die Ersatzpflicht nur im Fall eines Verschuldens des Gläubigers, RG 11, 416, ebenso nach preußischem Landrecht, RG 30, 423. Wegen des Rhein. Rechts vgl. RG 13, 301.

15. Ersuchen an eine Behörde.

698. Wird zum Zwecke der Vollstreckung das Einschreiten einer Behörde erforderlich, so hat das Gericht die Behörde um ihr Einschreiten zu ersuchen.

699. Soll die Zwangsvollstreckung gegen eine dem aktiven Heere oder der aktiven Marine angehörende Person des Soldatenstandes[1] in Kasernen und anderen militärischen Dienstgebäuden oder auf Kriegsfahrzeugen erfolgen, so hat auf Antrag des Gläubigers das Vollstreckungsgericht die zuständige Militärbehörde[2] um die Zwangsvollstreckung zu ersuchen.[3]

Die gepfändeten Gegenstände sind einem von dem Gläubiger zu beauftragenden Gerichtsvollzieher zu übergeben.[4]

1 § 38 Reichsmilit.-Ges. v. 2./5. 74 (R.G.B. 45), § 4 u. Anl. z. Milit.St.G.B. v. 20./6. 72 (R.G.B. 174, 204).

2 Vgl. die Bek. im Centralbl. f. d. D. Reich 1880 S. 493.

3 Gebühren des Gerichts (frei) § 47 Nr. 13 G.K.G.

4 Gebühren des Gerichtsvollziehers: § 5 G.O. f. G.V.

700. Soll die Zwangsvollstreckung in einem ausländischen Staate erfolgen, dessen Behörden im Wege der Rechtshülfe die Urtheile deutscher Gerichte vollstrecken, so hat auf Antrag des Gläubigers das Prozeßgericht erster Instanz die zuständige Behörde des Auslandes[1] um die Zwangsvollstreckung zu ersuchen.[2]

Kann die Vollstreckung durch einen Reichskonsul erfolgen,[3] so ist das Ersuchen an diesen zu richten.

1 Wegen des unmittelbaren Verkehrs mit ausländischen Gerichtsbehörden vgl. Anm. 3 zu § 182.

2 Gebühren: des Gerichts ($^2/_{10}$) § 35 Nr. 2 G.K.G. in der Fassung v. 29./6. 81 (R.G.B. 178); des Anwalts ($^3/_{10}$) § 23 Nr. 2 G.O. f. R.A.

3 §§ 1, 10 R.Ges. v. 10./7. 79 (R.G.B. 197), oben S. 117.

16. Beschwerde.

701. Gegen Entscheidungen, welche im Zwangsvollstreckungsverfahren[1] ohne vorgängige mündliche

Verhandlung erfolgen können, findet sofortige Beschwerde statt.[2]

[1] Bezieht sich nicht auf Entscheidungen, welche zur Vorbereitung des Vollstreckungsverfahrens dienen (z. B. §§ 646, 669). RG. 25, 391, 31, 411. Vgl. auch Anm. 2 zu § 535.
[2] Sie sind also vollstreckbar: § 702 Nr. 3.

II. Andere vollstreckbare Titel.

702. Die Zwangsvollstreckung findet ferner statt:

1. aus Vergleichen, welche nach Erhebung der Klage[1] zur Beilegung des Rechtsstreits seinem ganzen Umfange nach oder in Betreff eines Theils des Streitgegenstandes vor einem deutschen Gericht abgeschlossen sind;
2. aus Vergleichen, welche im Falle des §. 471 vor dem Amtsgericht abgeschlossen sind;
3. aus Entscheidungen, gegen welche das Rechtsmittel der Beschwerde stattfindet;[2]
4. aus Vollstreckungsbefehlen;[3]
5. aus Urkunden, welche von einem deutschen Gericht oder von einem deutschen Notar innerhalb der Grenzen seiner Amtsbefugnisse in der vorgeschriebenen Form aufgenommen sind, sofern die Urkunde über einen Anspruch errichtet ist, welcher die Zahlung einer bestimmten Geldsumme oder die Leistung einer bestimmten Quantität anderer vertretbarer Sachen oder Werthpapiere zum Gegenstande hat, und der Schuldner sich in der Urkunde der sofortigen Zwangsvollstreckung[4] unterworfen hat.[5]

[1] Anm. 1 zu § 4.

[2] Anm. 1 zu § 530. — Ausnahmen: § 535. [3] § 639.
[4] Wenn auch abhängig vom Eintritt einer anderen Thatsache. Begr. 419. — §§ 664, 671 Abs. 2. — Zulässigkeit der Klage aus einer solchen vollstreckbaren Urkunde: RG 35, 359.
[5] § 22 E.G. — Württemberg: Art. 29 Ges. v. 18./8. 79 (Reg.Bl. 173).

703. Auf die Zwangsvollstreckung aus den in dem vorstehenden Paragraphen erwähnten Schuldtiteln finden die Bestimmungen der §§. 662—701 entsprechende Anwendung, soweit nicht in den §§. 704, 705 abweichende Vorschriften enthalten sind.

704. Vollstreckungsbefehle[1] bedürfen der Vollstreckungsklausel[2] nur in dem Falle, wenn nach Erlassung der Befehle eine Rechtsnachfolge[3] auf Seiten des Gläubigers oder des Schuldners eingetreten ist.[4]

Einwendungen, welche den Anspruch selbst betreffen, sind nur insoweit zulässig,[5] als die Gründe, auf denen sie beruhen, nach Zustellung des Vollstreckungsbefehls entstanden sind.[6]

Für Klagen auf Ertheilung der Vollstreckungsklausel,[7] sowie für Klagen, durch welche die den Anspruch selbst betreffenden Einwendungen geltend gemacht werden[8] oder die bei der Ertheilung der Vollstreckungsklausel als eingetreten angenommene Rechtsnachfolge bestritten wird,[9] ist das Amtsgericht zuständig, welches den Vollstreckungsbefehl erlassen hat. Gehört der Anspruch nicht vor die Amtsgerichte, so sind die Klagen bei dem zuständigen Landgerichte zu erheben.

[1] § 639. [2] § 663. [3] §§ 665, 671 Abs. 2.

[4] Gebühren: des Gerichts ($^1/_{10}$) § 38 Nr. 2 G.K.G. in der Fassung v. 29./6. 81 (R.G.B. 178); des Anwalts ($^2/_{10}$) § 24, vgl. jedoch auch § 35, G.O. f. R.A.

[5] Auch wenn sie noch durch Einspruch geltend gemacht werden konnten. § 686 Abs. 2. — Gebühren: des Gerichts ($^5/_{10}$) § 26 Nr. 8 G.K.G.: des Anwalts ($^5/_{10}$) § 20 G.O. f. R.A.

[6] Für vorher entstandene Gründe Einspruch. § 640.

[7] § 667. [8] § 686. [9] § 687.

705. Die vollstreckbare Ausfertigung gerichtlicher Urkunden[1] wird von dem Gerichtsschreiber des Gerichts ertheilt, welches die Urkunde aufgenommen hat.[2]

Die vollstreckbare Ausfertigung notarieller Urkunden wird von dem Notar ertheilt, welcher die Urkunde verwahrt.[3] Befindet sich die Urkunde in der Verwahrung einer Behörde, so hat diese die vollstreckbare Ausfertigung zu ertheilen.

Die Entscheidung über Einwendungen, welche die Zulässigkeit der Vollstreckungsklausel betreffen,[4] sowie die Entscheidung über Ertheilung einer weiteren vollstreckbaren Ausfertigung[5] erfolgt bei gerichtlichen Urkunden von dem im ersten Absatze bezeichneten Gerichte, bei notariellen Urkunden von dem Amtsgerichte, in dessen Bezirke der im zweiten Absatze bezeichnete Notar oder die daselbst bezeichnete Behörde den Amtssitz hat.

Auf die Geltendmachung von Einwendungen, welche den Anspruch selbst betreffen, findet die beschränkende Vorschrift des §. 686 Abs. 2 keine Anwendung.

Für Klagen auf Ertheilung der Vollstreckungsklausel,[6] sowie für Klagen, durch welche die den

Anspruch selbst betreffenden Einwendungen geltend gemacht werden[7] oder der bei der Ertheilung der Vollstreckungsklausel als bewiesen angenommene Eintritt der Thatsache, von welcher die Vollstreckung aus der Urkunde abhängt, oder die als eingetreten angenommene Rechtsnachfolge bestritten wird,[8] ist das Gericht, bei welchem der Schuldner im Deutschen Reiche seinen allgemeinen Gerichtsstand hat,[9] und in Ermangelung eines solchen das Gericht zuständig, bei welchem in Gemäßheit des §. 24 gegen den Schuldner Klage erhoben werden kann.

[1] Einschl. der in § 702 Nr. 1 u. 2 erwähnten Vergleichsurkunden. RG 21, 346.

[2] Gebühren: des Gerichts (frei) § 47 Nr. 15, § 80a Nr. 4 G.K.G. in der Fassung v. 29./6. 81 (R.G.B. 178); des Anwalts ($^{2}/_{10}$) § 24, vgl. jedoch auch § 35, G.O f. R.A.

[3] Sachsen: Ver. v. 9./9. 79 (G.V.Bl. 334).

[4] §§ 668, 687. [5] § 669. [6] § 667.

[7] § 686. [8] § 687. [9] §§ 13—20.

706. Die Landesgesetzgebung ist nicht gehindert, auf Grund anderer als der in den §§. 644, 702 bezeichneten Schuldtitel die gerichtliche Zwangsvollstreckung zuzulassen und insoweit abweichende Vorschriften von den Bestimmungen dieses Gesetzes über die Zwangsvollstreckung zu treffen.[1]

Die vorstehende Bestimmung findet auch auf Hypothekenurkunden (Hypothekenschuldbriefe, Hypothekenscheine u. s. w.) Anwendung.

[1] Zulässigkeit der Klage aus einer solchen vollstreckbaren

Urkunde: RG 35, 359. Preußen: §§ 10, 12, 29 Abs. 4 Ges. v. 24./3. 79 (G.S. 281). §§ 32, 34 Schiedsm.Ord. v. 29./3. 79 (G.S. 321). — Bayern: Art. 4—8, 127—139, 220, 221 Ges. v. 23./2. 79 (G.V.Bl. 63). Art. 42 Ges. v. 29./5. 86 (G.V.Bl. 255). — Württemberg: Art 9, 12, 13, 30. Ges. v. 18./8. 79 (Reg.Bl. 173). Verf. v. 12./7. 80 (Reg.Bl. 187). — Elsaß-Lothringen: §§ 16, 44 Ges. v. 8./7. 79 (Ges.Bl. 67). — Vgl. auch § 21 E.G.

III. Ausschließlichkeit des Gerichtsstandes.

707. Die in diesem Buche angeordneten Gerichtsstände[1] sind ausschließliche.

[1] Nicht auch auf die sachliche Zuständigkeit zu beziehen. RG 13, 368.

Zweiter Abschnitt.

Zwangsvollstreckung wegen Geldforderungen.

Erster Titel.

Zwangsvollstreckung in das bewegliche Vermögen.

I. Allgemeine Bestimmungen.

Pfändung.

708. Die Zwangsvollstreckung in das bewegliche Vermögen erfolgt durch Pfändung.[1] Sie darf nicht weiter ausgedehnt werden, als zur Befriedigung des Gläubigers und zur Deckung der Kosten der Zwangsvollstreckung erforderlich ist.

Die Pfändung hat zu unterbleiben, wenn sich von der Verwerthung der zu pfändenden Gegenstände ein Ueberschuß über die Kosten der Zwangsvollstreckung nicht erwarten läßt.

[1] Pfändung der körperlichen Sachen: §§ 712, 727; der Ansprüche: § 730 Abs. 3, auch § 744; anderer Vermögensrechte: § 754.

Wirkung der Pfändung.

709. Durch die Pfändung erwirbt der Gläubiger ein Pfandrecht an dem gepfändeten Gegenstande.

Das Pfandrecht gewährt dem Gläubiger im Verhältniß zu anderen Gläubigern[1] dieselben Rechte wie ein durch Vertrag erworbenes Faustpfandrecht; es geht Pfand- und Vorzugsrechten vor, welche für den Fall eines Konkurses den Faustpfandrechten nicht gleichgestellt sind.[2]

Das durch eine frühere Pfändung begründete Pfandrecht[3] geht demjenigen vor, welches durch eine spätere Pfändung begründet wird.[4]

[1] Inwieweit das Pfändungspfandrecht dem Dritteigenthümer gegenüber wirkt, bestimmt das bürgerliche Recht. Art. 306 H.G.B. findet auf das durch Pfändung erworbene Pfandrecht nicht Anwendung. RG 26, 103. Vgl. auch (für das Allg. Landrecht) RG 20, 270, 29, 244.

[2] § 41 K.O. Vgl. §§ 40, 117 K.O. §§ 14—17 E.G. zur K.O. — Preußen: §§ 6, 7 Ges. v. 6./3. 79 (G.S. 109). — Bayern: Art. 140 Ges. v. 23./2. 79 (G.V.Bl. 63). — Elsaß-Lothringen: § 20 Ges. v. 8./7. 79 (Ges.Bl. 67).

[3] Gleichzeitige Pfändung für mehrere Gläubiger; § 728 Abs. 3. [4] Konkurrenz mit Pfandrechten, welche vor dem Inkraftreten der Civilprozeßordnung entstanden sind: § 28 E.G. Vgl. auch §§ 12, 13 E.G. zur K.O.

710. Der Pfändung einer Sache kann ein Dritter, welcher sich nicht im Besitze[1] der Sache befindet,[2] auf Grund eines Pfand- oder Vorzugsrechts[3] nicht widersprechen;[4] er kann jedoch seinen Anspruch auf vorzugsweise Befriedigung aus dem Erlöse im Wege der Klage geltend machen, ohne Rücksicht darauf, ob seine Forderung fällig ist oder nicht.

Die Klage ist bei dem Vollstreckungsgericht[5] und, wenn der Streitgegenstand zur Zuständigkeit der Amtsgerichte nicht gehört, bei dem Landgerichte zu erheben, in dessen Bezirke das Vollstreckungsgericht seinen Sitz hat.[6]

Wird die Klage gegen den Gläubiger und den Schuldner gerichtet, so sind diese als Streitgenossen[7] anzusehen.

Wird der Anspruch glaubhaft gemacht,[8] so hat das Gericht die Hinterlegung des Erlöses anzuordnen. Die Vorschriften der §§. 688, 689 finden hierbei entsprechende Anwendung.[9]

1 Juristischer Besitz oder Gewahrsam. Auch wer durch Ladeschein (Art. 413, 416, 417 H.G.B.) zu verfügen berechtigt ist, hat ein Widerspruchsrecht. RG 9, 426.

2 Gegen den nicht zur Herausgabe bereiten dritten alleinigen Besitzer oder Mitbesitzer kann der Gläubiger nur einen Anspruch auf Herausgabe gemäß §§ 745, 746, 772 geltend machen. — Ist trotzdem die im Besitze des Dritten befindliche Sache gepfändet, so ist die Pfändung eine unrechtmäßige, RG 19, 70, und der Dritte — nach gem. Recht — befugt, gegen den Gläubiger die Spolienklage zu erheben. RG 14, 362.

3 Bezieht sich nur auf Pfand- und Vorzugsrechte, welche an den beweglichen Sachen als solchen zustehen. Wer ein Recht daran, als an Zubehörstücken einer unbeweglichen Sache, auf Grund einer Hypothek in Anspruch nimmt, hat gemäß § 690 Widerspruch zu erheben. RG 17, 325.

4 Behauptet der nicht besitzende Dritte ein die Zwangsvollstreckung hinderndes Recht zu haben: § 690. 5 § 684.

[6] Ist der Erlös dem pfändenden Gläubiger ausgezahlt, so ist das ordentliche Gericht zuständig. RG 12, 371.

[7] §§ 56 ff. [8] § 266. [9] Gebühren: des Gerichts ($^2/_{10}$) § 35 Nr. 1 G.K.G. in der Fassung v. 29./6. 81 (R.G.B. 178); des Anwalts ($^3/_{10}$) § 23 Nr. 1, § 30 Nr. 2, vgl. jedoch auch § 29 Nr. 4, G.O. f. R.A.

Offenbarungseid.

711. Hat die Pfändung zu einer vollständigen Befriedigung des Gläubigers nicht geführt oder macht dieser glaubhaft,[1] daß er durch Pfändung seine Befriedigung nicht vollständig erlangen könne,[2] so ist der Schuldner auf Antrag verpflichtet, ein Verzeichniß seines Vermögens[3] vorzulegen, in Betreff seiner Forderungen den Grund und die Beweismittel zu bezeichnen, sowie den Offenbarungseid[4] dahin zu leisten:[5]

> daß er sein Vermögen vollständig angegeben und wissentlich nichts verschwiegen habe.

[1] § 266.

[2] Mag auch unbewegliches Vermögen vorhanden sein. Begr. 426. [3] Einerlei, ob es der Pfändung unterliegt, oder nicht. RG 6, 210. Zum Vermögen gehört auch die Betheiligung an einer offenen Handelsgesellschaft. RG 24, 74.

[4] §§ 780 ff. [5] Abnahme des Eides: §§ 440 ff.

II. Zwangsvollstreckung in körperliche Sachen.

Besondere Bestimmungen für die Zwangsvollstreckung in Flußschiffe: § 136 R.Ges. v. 15./6. 95 (R.G.B. 337).

1. Pfändung.

712. Die Pfändung der im Gewahrsam des Schuldners befindlichen körperlichen Sachen wird dadurch bewirkt, daß der Gerichtsvollzieher dieselben in Besitz nimmt.[1]

Im Gewahrsam des Schuldners sind die Sachen nur, wenn der Gläubiger einwilligt oder wenn ein anderes Verfahren mit erheblichen Schwierigkeiten verbunden ist, zu belassen. In demselben Falle ist die Wirksamkeit der Pfändung dadurch bedingt, daß durch Anlegung von Siegeln oder auf sonstige Weise die Pfändung ersichtlich gemacht ist.[2]

Der Gerichtsvollzieher hat den Schuldner von der geschehenen Pfändung in Kenntniß zu setzen.[3]

[1] Gebühr des Gerichtsvollziehers: § 4 G.O. f. G.V.

[2] Ebendadurch ist auch die Fortdauer der Pfändung bedingt, wenn die Sachen erst nach erfolgter Pfändung wieder in den Gewahrsam des Schuldners zurückgebracht werden. RG 16, 273. Der Mangel der Erkennbarkeit wird nicht durch den nachfolgenden Verkauf (§ 717) geheilt. RG 32, 420. Ob ein wirksam begründetes Pfandrecht durch die Beseitigung der Pfandzeichen hinfällig wird, richtet sich nach dem bürgerlichen Recht. RG 18, 165 (gem. Recht), RG 35, 336 (bad. Landrecht).

[3] § 683.

713. Die vorstehenden Bestimmungen finden entsprechende Anwendung auf die Pfändung von Sachen, welche sich im Gewahrsam des Gläubigers oder eines zur Herausgabe bereiten Dritten befinden.[1]

[1] Anm. 2 zu § 710.

Früchte auf dem Halme.

714. Früchte[1] können, auch bevor sie von dem Boden getrennt sind, gepfändet werden.[2] Die Pfändung[3] darf nicht früher als einen Monat vor der gewöhnlichen Zeit der Reife erfolgen.[4]

[1] Holz auf dem Stamme unterliegt nur der Immobiliarvollstreckung. RG 3, 175. [2] Durch Verschließung der Grundstücksumfriedigung, Anbringung von Plakaten, Tafeln, Bestellung eines Hüters u. dgl. Pr. 385. — Vgl. auch Anm. 1 zu § 725. [3] Versteigerung: § 725.
[4] Gebühr: des Gerichtsvollziehers: § 4 G.O. f. G.V.

Unpfändbare Sachen.

715. Folgende Sachen sind der Pfändung[1] nicht unterworfen:

1. die Kleidungsstücke, die Betten, das Haus- und Küchengeräth, insbesondere die Heiz- und Kochöfen, soweit diese Gegenstände für den Schuldner, seine Familie und sein Gesinde unentbehrlich sind;
2. die für den Schuldner, seine Familie und sein Gesinde auf zwei Wochen erforderlichen[2] Nahrungs- und Feuerungsmittel;
3. eine Milchkuh oder nach der Wahl des Schuldners statt einer solchen zwei Ziegen oder zwei Schafe nebst dem zum Unterhalt und zur Streu für dieselben auf zwei Wochen erforderlichen[2] Futter und Stroh, sofern die bezeichneten Thiere für die Ernährung des Schuldners, seiner Familie und seines Gesindes unentbehrlich[2] sind;
4. bei Künstlern, Handwerkern, Hand- und Fabrikarbeitern, sowie bei Hebammen die zur persönlichen Ausübung des Berufs unentbehrlichen[2] Gegenstände;[3]
5. bei Personen, welche Landwirthschaft betreiben,

das zum Wirthschaftsbetriebe unentbehrliche[2] Geräth, Vieh- und Feldinventarium nebst dem nöthigen Dünger, sowie die landwirthschaftlichen Erzeugnisse, welche zur Fortsetzung der Wirthschaft bis zur nächsten Ernte unentbehrlich[2] sind;[4]

6. bei Offizieren, Deckoffizieren,[5] Beamten,[6] Geistlichen, Lehrern an öffentlichen Unterrichtsanstalten, Rechtsanwälten, Notaren und Aerzten[7] die zur Verwaltung des Dienstes oder Ausübung des Berufs erforderlichen[2] Gegenstände, sowie anständige Kleidung;
7. bei Offizieren, Militärärzten, Deckoffizieren, Beamten, Geistlichen und Lehrern an öffentlichen Unterrichsanstalten ein Geldbetrag, welcher dem der Pfändung nicht unterworfenen Theile des Diensteinkommens oder der Pension[8] für die Zeit von der Pfändung bis zum nächsten Termine der Gehalts- oder Pensionszahlung gleichkommt;
8. die zum Betriebe einer Apotheke unentbehrlichen[2] Geräthe, Gefäße und Waaren;[4]
9. Orden und Ehrenzeichen;
10. die Bücher, welche zum Gebrauche des Schuldners und seiner Familie in der Kirche oder Schule bestimmt sind.[9]

[1] Auch nicht dem Konkursverfahren. § 1 K.O. — Ausnahme Anm. 4. — Geltendmachung der Unpfändbarkeit: § 685. — Dem Zurückbehaltungsrechte des Vermiethers sind

diese Sachen in Preußen nicht unterworfen. § 1 Ges. v. 12./6. 94 (G.S. 113), ebensowenig in Baden, RG 24, 120; wohl aber sonst im Gebiet des gem. Rechts. RG 4, 201, 20, 419, desgleichen in Bayern (rechtsrhein). RG 11, 227.

[2] Dadurch, daß der Gerichtsvollzieher sein Ermessen unrichtig anwendet, wird die Pfändung keine unrechtmäßige. Nur § 685. RG 19, 165. [3] Z. B. Nähmaschinen, Nähtische, Drehbänke, Webstühle ꝛc. ꝛc. Preuß. Verf. v. 22./11. 82 (J.M.Bl. 368) u. v. 21./8. 84 (J.M.Bl. 208). Nicht auch Vorräthe an Materialien. RG 35, 382.

[4] Diese unterliegen jedoch dem Konkursverfahren. § 1 Abs. 3 K.O. [5] Anl. zum Milit.-St.G.B. v. 20./6. 72 (R.G.B. 204). [6] § 359 St.G.B. [7] § 29 Gew.O. (R.G.B. v. 1883 S. 177). [8] § 749 Abs. 2.

[9] Ferner: Inventar der Posthaltereien, § 20 R.Ges. v. 28./10. 71 (R.G.B. 347), § 13 Abs. 1 E.G.; es unterliegt jedoch dem Konkursverfahren: § 1 Abs. 3 K.O. — Mit der gleichen Einschränkung Fahrbetriebsmittel der Eisenbahnen. R.Ges. v. 3./5. 86 (R.G.B. 131); dazu betr. Oesterreich-Ungarn Erklärung v. 17./3. 87 (R.G.B. 153). Ferner Art. 23 Abs. 5 des Internat. Uebereinkommens über den Eisenbahnfrachtverkehr v. 14./10. 90 (R.G.B. 1892 S. 814).

2. Versteigerung.[1]

[1] Bayern: Art. 23 Ges. v. 23./2. 79 (G.V.Bl. 63). — Württemberg: Art. 31, 32 Ges. v. 18./3. 79 (Reg.Bl. 173).

716. Die gepfändeten Sachen sind von dem Gerichtsvollzieher öffentlich zu versteigern,[1] Kostbarkeiten sind vor der Versteigerung durch einen Sachverständigen abzuschätzen.[2]

Gepfändetes Geld ist dem Gläubiger abzuliefern. Die Wegnahme des Geldes durch den Gerichtsvollzieher gilt als Zahlung von Seiten des Schuldners,[3] sofern nicht dem Schuldner nachgelassen ist, durch Sicherheitsleistung oder durch Hinterlegung die Vollstreckung abzuwenden.[4]

[1] Gebühr des Gerichtsvollziehers: § 7 G.O. f. G.V.

[2] Entschädigung der Sachverständigen: § 16, vgl. auch § 12 Nr. 1, § 13 Nr. 4 G.O. f. G.V. [3] Quittung und Auslieferung der vollstreckbaren Ausfertigung: §§ 675, 677.

[4] § 652 Abs. 2. Hinterlegung des gepfändeten Geldes: § 659.

717. Die Versteigerung der gepfändeten Sachen darf nicht vor Ablauf einer Woche[1] seit dem Tage der Pfändung geschehen, sofern nicht der Gläubiger und der Schuldner über eine frühere Versteigerung sich einigen oder dieselbe erforderlich ist, um die Gefahr einer beträchtlichen Werthsverringerung der zu versteigernden Sache abzuwenden oder um unverhältnißmäßige Kosten einer längeren Aufbewahrung zu vermeiden.

Die Versteigerung erfolgt in der Gemeinde, in welcher die Pfändung geschehen ist, sofern nicht der Gläubiger und der Schuldner über einen anderen Ort sich einigen.

Zeit und Ort der Versteigerung sind unter allgemeiner Bezeichnung der zu versteigernden Sachen öffentlich bekannt zu machen.

[1] § 200.

718. Der Zuschlag an den Meistbietenden erfolgt nach dreimaligem Aufrufe.

Die Ablieferung einer zugeschlagenen Sache darf nur gegen baare Zahlung geschehen.

Hat der Meistbietende nicht zu der in den Versteigerungsbedingungen bestimmten Zeit oder in Ermangelung einer solchen Bestimmung nicht vor dem Schlusse des Versteigerungstermins die Ablieferung gegen Zahlung des Kaufgeldes verlangt, so wird die Sache anderweit versteigert.[1] Der Meistbietende wird zu einem weiteren Gebote nicht zugelassen; er haftet für den Ausfall, auf den Mehrerlös hat er keinen Anspruch.

[1] Der Meistbietende, welcher die Bedingungen nicht erfüllt, wird überhaupt nicht Eigenthümer, auch dann nicht, wenn die anderweite Versteigerung nicht zu Stande kommt. RG 13, 275.

719. Die Versteigerung wird eingestellt, sobald der Erlös zur Befriedigung des Gläubigers und zur Deckung der Kosten der Zwangsvollstreckung hinreicht.[1]

[1] § 697.

720. Die Empfangnahme des Erlöses durch den Gerichtsvollzieher gilt als Zahlung von Seiten des Schuldners, sofern nicht dem Schuldner nachgelassen ist, durch Sicherheitsleistung oder durch Hinterlegung die Vollstreckung abzuwenden.[1]

[1] § 652 Abs. 2. Hinterlegung des Erlöses: § 659.

Gold- und Silbersachen.

721. Gold- und Silbersachen dürfen nicht unter ihrem Gold- oder Silberwerthe[1] zugeschlagen werden. Wird ein den Zuschlag gestattendes Gebot nicht abgegeben, so kann der Gerichtsvollzieher den Verkauf aus freier Hand zu dem Preise bewirken, welcher den Gold- oder Silberwerth erreicht.

[1] § 716 Abs. 1.

Werthpapiere.

722. Gepfändete Werthpapiere[1] sind, wenn sie einen Börsen- oder Marktpreis haben,[2] von dem Gerichtsvollzieher aus freier Hand zum Tageskurse zu verkaufen und, wenn sie einen solchen Preis nicht haben, nach den allgemeinen Bestimmungen zu versteigern.[3]

1 Wechsel und indossable Papiere: § 782. Beweisurkunden: § 737 Abs. 2. 2 Art. 343 Abs. 2, 357 Abs. 3 H.G.B.

3 Gebühren des Gerichtsvollziehers: § 7 G.O. f. G.V.

723. Lautet ein Werthpapier auf Namen,[1] so kann der Gerichtsvollzieher durch das Vollstreckungsgericht[2] ermächtigt werden, die Umschreibung auf den Namen des Käufers zu erwirken und die hierzu erforderlichen Erklärungen an Stelle des Schuldners abzugeben.[3]

1 Indossable Forderungspapiere: §§ 782, 737.

2 § 684. — Gebühren: des Gerichts ($^2/_{10}$) § 35 Nr. 2 G.K.G. in der Fassung v. 29./6. 81 (R.G.B. 178); des Anwalts ($^3/_{10}$) § 23 Nr. 2 G.O. f. R.A.

3 Wegen der Gebühren des Gerichtsvollziehers vgl. § 12 Nr. 3, § 13 Nr. 6 G.O. f. G.V.

724. Ist ein Inhaberpapier durch Einschreibung auf den Namen oder in anderer Weise außer Kurs gesetzt, so kann der Gerichtsvollzieher durch das Vollstreckungsgericht[1] ermächtigt werden, die Wiederinkurssetzung zu erwirken und die hierzu erforderlichen Erklärungen an Stelle des Schuldners abzugeben.[2]

1 Anm. 2 zu § 723. 2 Anm. 3 zu § 723.

Früchte auf dem Halme.

725. Die Versteigerung gepfändeter, von dem Boden noch nicht getrennter Früchte[1] ist erst nach der Reife zulässig. Sie kann vor oder nach der Trennung der Früchte erfolgen; im letzteren Falle hat der Gerichtsvollzieher die Aberntung bewirken zu lassen.[2]

[1] § 714. — Durch die Pfändung und Versteigerung der Früchte auf dem Halme wird dem Besitzer der Gewahrsam nicht entzogen. RG 20, 428. Der Ersteher erlangt nur das Eigenthum und den juristischen Besitz. RG 23, 72.

[2] Wegen der Auslagen vgl. 13 Nr. 7 G.O. f. G.V.

726. Auf Antrag des Gläubigers oder des Schuldners kann das Vollstreckungsgericht[1] anordnen, daß die Verwerthung einer gepfändeten Sache in anderer Weise oder an einem anderen Orte, als in den vorstehenden Paragraphen bestimmt ist, stattzufinden habe oder daß die Versteigerung durch eine andere Person als den Gerichtsvollzieher vorzunehmen sei.

[1] Anm. 2 zu § 723.

3. Anschlußpfändung.

727. Die Pfändung bereits gepfändeter Sachen wird durch die in das Protokoll aufzunehmende Erklärung des Gerichtsvollziehers, daß er die Sachen für seinen Auftraggeber pfände, bewirkt.[1]

Ist die erste Pfändung durch einen anderen Gerichtsvollzieher bewirkt, so ist diesem eine Abschrift des Protokolls zuzustellen.

Der Schuldner ist von den weiteren Pfändungen in Kenntniß zu setzen.[2]

[1] Vorausgesetzt, daß der Pfandbesitz des früheren Pfändungsgläubigers (§ 712) fortbesteht. RG 35, 339. Gebühren des Gerichtsvollziehers: § 5 G.O. f. G.V. [2] § 683. — Die Gültigkeit der Pfändung ist nicht durch die Befolgung der Vorschriften in Abs. 2. u. 3 bedingt. RG 13, 345.

728. Auf den Gerichtsvollzieher, von welchem die erste Pfändung bewirkt ist, geht der Auftrag des zweiten Gläubigers kraft Gesetzes über, sofern nicht das Vollstreckungsgericht[1] auf Antrag eines betheiligten Gläubigers oder des Schuldners anordnet,[2] daß die Verrichtungen jenes Gerichtsvollziehers von einem anderen zu übernehmen seien. Die Versteigerung erfolgt für alle betheiligten Gläubiger.

Ist der Erlös zur Deckung der Forderungen nicht ausreichend und verlangt der Gläubiger, für welchen die zweite oder eine spätere Pfändung erfolgt ist, ohne Zustimmung der übrigen betheiligten Gläubiger eine andere Vertheilung als nach der Reihenfolge der Pfändungen, so hat der Gerichtsvollzieher die Sachlage unter Hinterlegung des Erlöses dem Vollstreckungsgericht anzuzeigen.[3] Dieser Anzeige sind die auf das Verfahren sich beziehenden Schriftstücke beizufügen.

In gleicher Weise ist zu verfahren, wenn die Pfändung für mehrere Gläubiger gleichzeitig bewirkt ist.[4]

[1] § 684. [2] Gebühren: des Gerichts (frei)

§ 47 Nr. 3 G.K.G.; des Anwalts ($^3/_{10}$) § 23 Nr. 1, vgl. jedoch auch § 29 Nr. 6, G.O. f. R.A.

3 Schreibgebühren des Gerichtsvollziehers: § 14 Nr. 2 G.O. f. G.V. 4 Vertheilungsverfahren: §§ 758 ff.

III. Zwangsvollstreckung in Forderungen und andere Vermögensrechte.

729. Die gerichtlichen Handlungen, welche die Zwangsvollstreckung in Forderungen und andere Vermögensrechte zum Gegenstande haben, erfolgen durch das Vollstreckungsgericht.

Als Vollstreckungsgericht ist das Amtsgericht, bei welchem der Schuldner im Deutschen Reiche seinen allgemeinen Gerichtsstand hat,[1] und in Ermangelung eines solchen das Amtsgericht zuständig, bei welchem in Gemäßheit des §. 24 gegen den Schuldner Klage erhoben werden kann.[2]

1 §§ 13—30.

2 Zuständigkeit des gemäß § 685 angerufenen Gerichts in den Fällen der §§ 732, 746, 747: RG 35, 374.

1. Geldforderungen.

Pfändung.

730. Soll eine Geldforderung gepfändet werden, so hat das Gericht dem Drittschuldner[1] zu verbieten, an den Schuldner zu zahlen. Zugleich hat das Gericht an den Schuldner das Gebot zu erlassen, sich jeder Verfügung über die Forderung,[2] insbesondere der Einziehung derselben zu enthalten.[3]

Der Gläubiger hat den Beschluß dem Drittschuldner[4] zustellen zu lassen.[5] Der Gerichtsvoll=

zieher hat den Beschluß mit einer Abschrift der Zustellungsurkunde dem Schuldner sofort zuzustellen, sofern nicht eine öffentliche Zustellung erforderlich wird.[6] Ist die Zustellung an den Drittschuldner auf unmittelbares Ersuchen des Gerichtsschreibers durch die Post erfolgt,[7] so hat der Gerichtsschreiber für die Zustellung an den Schuldner in gleicher Weise Sorge zu tragen. An Stelle einer an den Schuldner im Auslande zu bewirkenden Zustellung erfolgt die Zustellung durch Aufgabe zur Post.[8]

Mit der Zustellung des Beschlusses an den Drittschuldner ist die Pfändung als bewirkt anzusehen.[9]

1 Nachweisung der Militärbehörden und Personen, welchen bei Pfändung des Diensteinkommens oder der Pensionen der Offiziere und Beamten im Ressort der Preuß. Militärverwaltung zuzustellen ist: Centr.Bl. 1894 S. 388; im Ressort der Bayr., Sächs. u. Württemb. Militärverwaltung: Centr.Bl. 1895 S. 18. — Für den Bereich der Kgl. Bayr. Verkehrsanstalten: Bek. v. 12./5. 95 (J.M.Bl. 93). — Für den Bereich der Sächs. Justizverwaltung: Ver. v. 23./11. 94 (G.V.Bl. 180) u. v. 26./11. 94 (J.M.Bl. 77).

2 Die Wirksamkeit der Pfändung verbriefter Forderungen (Hypotheken 2c. 2c.) ist nicht durch die (landesgesetzlich) für deren Verpfändung vorgeschriebene Aushändigung der darüber vorhandenen Urkunde bedingt. RG 20, 309. — Die Pfändung einer Forderung ergreift auch die über die Forderung vorhandene Urkunde, soweit dieselbe Zubehör der Forderung ist, RG 7, 367; vgl. § 737 Abs. 2. — Der Schuldner kann — nach Preuß. Allg. Landrecht — gegen den Drittschuldner trotz der Pfändung auf Zahlung zur Hinterlegungsstelle klagen. RG 17, 292. 3 Gebühren: des Gerichts ($^2/_{10}$) § 35 Nr. 2 G.K.G. in der Fassung v. 29./6. 81 (R.G.B. 178); des Anwalts ($^3/_{10}$) § 23 Nr. 2 G.O. f. R.A.

[4] Bezw. sich selbst, wenn er eine Forderung des Schuldners gegen ihn hat pfänden lassen. RG 20, 371.

[5] Vorher muß der vollstreckbare Schuldtitel dem Schuldner zugestellt sein. RG 8, 431. Ob schon vor Erlaß des Pfändungsbeschlusses? vgl. RG 25, 370. Konvaleszenz durch nachträgliche Zustellung: Anm. 1 zu § 671. — Die Zustellung an den Drittschuldner im Auslande kann nur gemäß §§ 182 bis 185, nicht gemäß § 186 Abs. 2 durch öffentliche Bekanntmachung erfolgen. RG 22, 405. [6] § 186. [7] § 179. [8] § 161. [9] Das Pfandrecht ist nicht von der erfolgten Zustellung des Pfändungsbeschlusses an den Schuldner abhängig. RG 8, 419. Vgl. auch § 15 Nr. 1 E.G. z. K.O. Feststellungsklage des Pfändungsgläubigers gegen den Drittschuldner schon vor der Ueberweisung: RG 27, 345.

731. Inwieweit die Pfändung einer Forderung in das Hypothekenbuch einzutragen und wie eine solche Eintragung zu erwirken ist, bestimmt sich nach den Landesgesetzen.[1]

[1] Preußen: § 16 Ges. v. 24./3. 79 (G.S. 281). — Bayern: Art. 125 Ges. v. 23./2. 79 (G.V.Bl. 63). — Sachsen: §§ 4—8 Ges. v. 4./3. 79 (G.V.Bl. 69). §§ 1—8, 11 Ver. v. 16./9. 79 (G.V.Bl. 365). — Württemberg: Art. 25 Ges. v. 18./8. 79 (Reg.Bl. 173).

732. Die Pfändung von Forderungen aus Wechseln und anderen Papieren, welche durch Indossament übertragen werden können,[1] wird dadurch bewirkt, daß der Gerichtsvollzieher diese Papiere in Besitz nimmt.[2]

[1] Art. 36 W.O. Art. 303, 304 H.G.B. Verwerthung: § 736 Anm. 1. Grundschulden gehören dahin nicht (nach Preuß. Recht). RG 20, 308. Beweisurkunden: § 737 Abs. 2. Ueber Einwendungen aus § 685 entscheidet das in § 684 Abs. 2 bezeichnete Amtsgericht. RG 35, 374.

[2] Vgl. § 15 Nr. 2 E.G. z. K.O. — Gebühren des Gerichtsvollziehers: § 4 G.O. f. G.V. in der Fassung v. 29./6. 81 (R.G.B. 178). — Pfändung von Werthpapieren: §§ 712, 722, 723.

733. Das Pfandrecht, welches durch die Pfändung einer Gehaltsforderung[1] oder einer ähnlichen in fortlaufenden Bezügen bestehenden Forderung erworben wird, erstreckt sich auch auf die nach der Pfändung fällig werdenden Beträge.

[1] § 749 Nr. 8 und Abs. 3.

734. Durch die Pfändung eines Diensteinkommens[1] wird auch dasjenige Einkommen betroffen, welches der Schuldner in Folge der Versetzung in ein anderes Amt, der Uebertragung eines neuen Amts oder einer Gehaltserhöhung zu beziehen hat.

Diese Bestimmung findet auf den Fall der Aenderung des Dienstherrn keine Anwendung.

[1] § 749 Nr. 8 und Abs. 3.

735. Vor der Pfändung ist der Schuldner über das Pfändungsgesuch nicht zu hören.

Ueberweisung.

736. Die gepfändete Geldforderung ist dem Gläubiger nach seiner Wahl zur Einziehung oder an Zahlungsstatt zum Nennwerthe zu überweisen.[1]

Im letzeren Falle geht die Forderung auf den Gläubiger mit der Wirkung über, daß derselbe, soweit die Forderung besteht, wegen seiner Forderung an den Schuldner als befriedigt anzusehen ist.[2]

Die Bestimmungen des §. 730 Abs. 2 finden entsprechende Anwendung.

1 Auf Antrag mit dem Vorzugsrecht vor dem Ueberrest. Begr. 434. — Der Ueberweisung bedarf es auch zur Einziehung in blanco girirter Wechsel, welche gepfändet sind. RG 35, 75. — Ueberweisung rechtshängiger Forderungen: Anm. 4 zu § 236. — Gebühren: des Gerichts ($^2/_{10}$) § 35 Nr. 2 in der Fassung v. 29./6. 81 (R.G.B. 178), § 39 Abs. 2 G.K.G.; des Anwalts ($^3/_{10}$) § 23 Nr. 2 G.O. f. R.A.

2 Bei der Ueberweisung zur Einziehung bleibt die Forderung im Vermögen des Schuldners. RG 11, 50, 27, 294, 30, 290. Verfügungen des Schuldners über die Forderung sind zwar rechtsgültig, aber dem Gläubiger gegenüber unwirksam. RG 21, 366.

737. **Die Ueberweisung ersetzt die förmlichen Erklärungen des Schuldners, von welchen nach den Vorschriften des bürgerlichen Rechts die Berechtigung zur Einziehung der Forderung abhängig ist.**[1]

Der Schuldner ist verpflichtet, dem Gläubiger die über die Forderung vorhandenen Urkunden herauszugeben.[2] **Die Herausgabe kann von dem Gläubiger im Wege der Zwangsvollstreckung**[3] **erwirkt werden.**

1 Die Ueberweisung ersetzt nur die Ermächtigung zur Einziehung bezw. die Cession, nicht das Indossament. Pr. 398—400. Die Einwendungen des Drittschuldners bleiben erhalten. RG 8, 279. Bei zweiseitigen Verträgen hat der Gläubiger, dem überwiesen ist, die Gegenleistung zu beschaffen. RG 6, 379. Persönlichen Ansprüchen Dritter auf die Forderung steht das durch die vorgängige Pfändung erlangte dingliche Recht des Gläubigers entgegen. RG 6, 238.

2 Ist nur ein Theil der Forderung überwiesen, so muß die über die ganze Forderung lautende Urkunde zur Einziehung des überwiesenen Theils unter der Verpflichtung zur Rückgabe herausgegeben werden. RG 21, 368.

3 §§ 769 ff. — Der Gläubiger ist durch die Ueberweisung der Forderung legitimirt, aus dem Rechte des Schuldners

gegen einen dritten Besitzer der Urkunde auf deren Herausgabe zu klagen. RG 21, 364. Eine selbständige Pfändung der Beweisurkunden ohne vorgängige Pfändung der Forderung (§ 730) findet nicht statt. RG 26, 10.

738. Ist in Gemäßheit des §. 652 Abs. 2 dem Schuldner nachgelassen, durch Sicherheitsleistung oder durch Hinterlegung die Vollstreckung abzuwenden, so findet die Ueberweisung gepfändeter Geldforderungen nur zur Einziehung und nur mit der Wirkung statt, daß der Drittschuldner den Schuldbetrag hinterlege.[1]

[1] § 659.

739. Auf Verlangen des Gläubigers hat der Drittschuldner binnen zwei Wochen,[1] von der Zustellung des Pfändungsbeschlusses[2] an gerechnet, dem Gläubiger zu erklären:

1. ob und inwieweit er die Forderung als begründet anerkenne und Zahlung zu leisten bereit sei;[3]
2. ob und welche Ansprüche andere Personen an die Forderung machen;
3. ob und wegen welcher Ansprüche die Forderung bereits für andere Gläubiger gepfändet sei.

Die Aufforderung zur Abgabe dieser Erklärungen muß[4] in die Zustellungsurkunde[5] aufgenommen werden. Der Drittschuldner haftet dem Gläubiger für den aus der Nichterfüllung seiner Verpflichtung entstehenden Schaden.

Die Erklärungen des Drittschuldners können bei Zustellung des Pfändungsbeschlusses oder innerhalb der im ersten Absatze bestimmten Frist an den Gerichtsvollzieher erfolgen. Im ersteren Falle sind dieselben in die Zustellungsurkunde aufzunehmen[6] und von dem Drittschuldner zu unterschreiben.

[1] § 200. [2] § 730 Abs. 2. [3] Wer diese Frage bejaht hat, kann nicht mehr kompensiren. RG 29, 338.
[4] Imperativ. Anm. 2 zu § 67. [5] § 174.
[6] Schreibgebühr des Gerichtsvollz.: § 14 Nr. 3 G.O.f.G.V.

Beitreibung.

740. Der Gläubiger, welcher die Forderung einklagt, ist verpflichtet, dem Schuldner gerichtlich den Streit zu verkünden,[1] sofern nicht eine Zustellung im Ausland oder eine öffentliche Zustellung erforderlich wird.[2]

[1] §§ 69, 70. [2] §§ 182, 186.

741. Der Gläubiger, welcher die Beitreibung einer ihm zur Einziehung überwiesenen Forderung verzögert, haftet dem Schuldner für den daraus entstehenden Schaden.

742. Der Gläubiger kann auf die durch Pfändung und Ueberweisung zur Einziehung erworbenen Rechte unbeschadet seines Anspruchs verzichten.[1] Die Verzichtleistung erfolgt durch eine dem Schuldner zuzustellende Erklärung. Die Erklärung ist auch dem Drittschuldner zuzustellen.

[1] Kosten der Vollstreckung: § 697.

Anderweite Verwerthung.

743. Ist die gepfändete Forderung eine bedingte oder eine betagte, oder ist ihre Einziehung wegen der Abhängigkeit von einer Gegenleistung oder aus anderen Gründen mit Schwierigkeiten verbunden, so kann das Gericht auf Antrag an Stelle der Ueberweisung eine andere Art der Verwerthung anordnen.[1]

Vor dem Beschlusse, durch welchen dem Antrage stattgegeben wird, ist der Gegner zu hören,[2] sofern nicht eine Zustellung im Ausland oder eine öffentliche Zustellung erforderlich wird.[3]

[1] Gebühren: des Gerichts: ($^2/_{10}$) § 38 Nr. 2 G.K.G. in der Fassung v. 29./6. 81 (R.G.B. 178), des Anwalts ($^3/_{10}$) § 23 Nr. 2 G.O. f. R.A.

[2] Schriftlich oder mündlich. [3] §§ 182, 186.

Ankündigung der Pfändung.

744. Schon vor der Pfändung kann der Gläubiger auf Grund eines vollstreckbaren Schuldtitels[1] durch den Gerichtsvollzieher dem Drittschuldner und dem Schuldner die Benachrichtigung, daß die Pfändung bevorstehe, zustellen lassen mit der Aufforderung an den Drittschuldner, nicht an den Schuldner zu zahlen und mit der Aufforderung an den Schuldner, sich jeder Verfügung über die Forderung, insbesondere der Einziehung derselben zu enthalten.

Die Benachrichtigung an den Drittschuldner[2] hat die Wirkung eines Arrestes (§. 810), sofern die Pfändung der Forderung innerhalb drei Wochen[3] bewirkt wird.[4] Die Frist beginnt mit dem Tage, an welchem die Benachrichtigung zugestellt ist.

[1] §§ 644, 702. Auch Arrestbefehls. RG 8, 430.

[2] Von der Benachrichtigung des Schuldners ist die rechtliche Wirkung nicht abhängig. RG 8, 419. [3] § 200.

[4] Nicht nur nach der Konkurseröffnung (§ 11 K.O.), sondern

schon nach Erlaß des allgemeinen Veräußerungsverbots (§ 98 K.O.) ist die Pfändung nicht mehr zulässig. RG 26, 426.

2. **Ansprüche auf Herausgabe oder Leistung körperlicher Sachen.**[1]

1 Durch Pfändung des Anspruchs auf Herausgabe einer Sache wird nicht die Sache selbst gepfändet, RG 7, 298: das Pfandrecht an der Sache beginnt erst mit dem Zeitpunkt der Herausgabe der Sache an den Gerichtsvollzieher und steht den inzwischen durch körperliche Pfändung der Sache erworbenen Pfandrechten nach. RG 13, 344.

745. Die Zwangsvollstreckung in Ansprüche, welche die Herausgabe oder Leistung körperlicher Sachen zum Gegenstande haben, erfolgt nach den Vorschriften der §§. 730—744 unter Berücksichtigung der nachfolgenden Bestimmungen.[1]

1 Gebühren: des Gerichts ($^2/_{10}$) § 35 Nr. 2 G.K.G. in der Fassung v. 29./6. 81 (R.G.B. 178); des Anwalts ($^3/_{10}$) § 23 Nr. 2 G.O. f. R.A.

746. Bei der Pfändung eines Anspruchs, welcher eine bewegliche körperliche Sache betrifft, ist anzuordnen, daß die Sache an einen vom Gläubiger zu beauftragenden Gerichtsvollzieher herauszugeben sei.[1]

Auf die Verwerthung der Sache finden die Vorschriften über die Verwerthung gepfändeter Sachen[2] Anwendung.

1 Erwirkung der Herausgabe: § 772. — Gebühren des Gerichtsvollziehers: § 5 G.O. f. G.V.

2 §§ 716—726; auch § 684. RG 35, 378.

747. Bei Pfändung eines Anspruchs, welcher eine unbewegliche Sache[1] betrifft, ist anzuordnen, daß die Sache an einen auf Antrag des Gläubigers

vom Amtsgerichte der belegenen Sache[2] zu bestellenden Sequester[3] herauszugeben sei.[4]

Die Zwangsvollstreckung in die herausgegebene Sache wird nach den für die Zwangsvollstreckung in unbewegliche Sachen geltenden Vorschriften bewirkt.[5]

[1] § 757 Abs. 2. [2] § 755 Abs. 1.
[3] Gebühren: des Gerichts für die Bestellung (frei) § 47 Nr. 3 G.K.G.; des Anwalts ($^3/_{10}$) § 23 Nr. 1, vgl. jedoch auch § 31, G.O. f. R.A. [4] Erwirkung der Herausgabe: § 772. — Uebertragung des Eigenthums: Preußen: § 17 Ges. v. 24./3. 79 (G.S. 281). [5] §§ 755—757. — Wegen Zuständigkeit des Gerichts vgl. RG 35, 378.

748. Eine Ueberweisung der im §. 745 bezeichneten Ansprüche an Zahlungsstatt ist unzulässig.[1]

[1] § 772.

Unpfändbare Ansprüche.

749. Der Pfändung sind nicht unterworfen:[1]

1. der Arbeits- oder Dienstlohn nach den Bestimmungen des Reichsgesetzes vom 21. Juni 1869 (Bundes-Gesetzbl. 1869 S. 242 und 1871 S. 63);
2. die auf gesetzlicher Vorschrift beruhenden Alimentenforderungen;[2]
3. **die fortlaufenden Einkünfte, welche ein Schuldner aus Stiftungen oder sonst auf Grund der Fürsorge und Freigebigkeit eines Dritten[3] bezieht, insoweit[4] der Schuldner zur Bestreitung des nothdürftigen Unterhalts für sich, seine Ehefrau und seine noch unversorgten Kinder dieser Einkünfte bedarf;[5]**

4. die aus Kranken-, Hülfs- oder Sterbekassen, insbesondere aus Knappschaftskassen und Kassen der Knappschaftsvereine zu beziehenden Hebungen;[6]
5. der Sold und die Invalidenpension[7] der Unteroffiziere und der Soldaten;
6. das Diensteinkommen der Militärpersonen,[8] welche zu einem mobilen Truppentheil oder zur Besatzung eines in Dienst gestellten Kriegsfahrzeuges gehören;
7. die Pensionen der Wittwen und Waisen und die denselben aus Wittwen- und Waisenkassen zukommenden Bezüge,[9] die Erziehungsgelder und die Studienstipendien, sowie die Pensionen invalider Arbeiter;[6]
8. das Diensteinkommen[10] der Offiziere, Militärärzte und Deckoffiziere,[11] der Beamten,[12] der Geistlichen und der Lehrer an öffentlichen Unterrichtsanstalten; die Pension[13] dieser Personen nach deren Versetzung in einstweiligen oder dauernden Ruhestand, sowie der nach ihrem Tode den Hinterbliebenen zu gewährende Sterbe- oder Gnadengehalt.

Uebersteigen in den Fällen Nr. 7 und 8 das Diensteinkommen, die Pension oder die sonstigen Bezüge die Summe von fünfzehnhundert Mark für das Jahr, so ist der dritte Theil des Mehrbetrags der Pfändung unterworfen.

Der Gehalt und die Dienstbezüge der im Privatdienste dauernd angestellten Personen (§. 4 Nr. 4 des Reichsgesetzes vom 21. Juni 1869) sind nur soweit der Pfändung unterworfen, als der Gesammtbetrag die Summe von fünfzehnhundert Mark für das Jahr übersteigt.

In den Fällen der beiden vorhergehenden Absätze ist die Pfändung ohne Rücksicht auf den Betrag zulässig, wenn sie zur Befriedigung der Ehefrau und der ehelichen Kinder des Schuldners wegen solcher Alimente beantragt wird, welche für die Zeit nach Erhebung der Klage[14] und für das diesem Zeitpunkte vorausgehende letzte Vierteljahr zu entrichten sind.

Die Einkünfte, welche zur Bestreitung eines Dienstaufwandes bestimmt sind, und der Servis der Offiziere, Militärärzte und Militärbeamten sind weder der Pfändung unterworfen noch bei der Ermittelung, ob und zu welchem Betrage ein Diensteinkommen der Pfändung unterliege, zu berechnen.

[1] Auch nicht dem Konkursverfahren. § 1 K.O. Ferner Forderungen ausländischer Eisenbahnen aus dem internationalen Transporte. Art. 23 Abs. 4 des Internat. Uebereinkommens über den Eisenbahnfrachtverkehr v. 14./10. 90 (R.G.B. 1892 S. 814); wegen älterer Pfändungen vgl. RG 34, 93. — Das Verbot der Pfändung schließt an sich weder eine Kompensation gegenüber unpfändbaren Forderungen, RG 21, 187, noch deren freiwillige Veräußerung aus. RG 4, 143. — Geltendmachung der Unpfändbarkeit: Anm. 2 zu § 685. [2] Die den Verletzten auf Grund des Haftpflichtgesetzes zuerkannten Renten gehören dazu nicht. RG 1, 231.

[3] Auch durch Testament. RG 12, 384, 14, 281.

[4] Darüber hinaus kann die Pfändung nur insoweit aus-

geschlossen werden, als der Schuldner selbst in der Verfügung über die Einkünfte beschränkt ist. RG 14, 281.

[5] Nach Maßgabe seiner wirklichen Einkünfte, unabhängig davon, ob er mehr zu verdienen im Stande ist. RG 12, 386.

[6] Eingeschriebene Hülfskassen: Art. 8 R.Ges. v. 1./6. 84 (R.G.B. 55). Forderungen auf Grund des Krankenversicherungsgesetzes, § 56 dieses Gesetzes (R.G.B. 1892 S. 448), desgl. auf Grund der Unfallversicherungsgesetze, § 68 R.Ges. v. 6./7. 84 (R.G.B. 69), § 1 R.Ges. v. 28./5. 85 (R.G.B. 159), § 73 R.Ges. v. 5./5. 86 (R.G.B. 158), § 68 R.Ges. v. 11./7. 87 (R.G.B. 302), § 76 R.Ges. v. 13./7. 87 (R.G.B. 358). Invaliden- und Altersrente: § 40 R.Ges. v. 22./5. 89 (R.G.B. 110). [7] §§ 58—88 R.Ges. v. 27./6. 71 (R.G.B. 275), §§ 10—17 R.Ges. v. 4./4. 74 (R.G.B. 25). Dienstprämien und Verstümmelungszulagen: Art. 18 R.Ges. v. 22./5. 93 (R.G.Bl. 181). [8] §§ 4, 5 und Anl. zum Mil.St.B. v. 20./6. 72 (R.G.B. 174, 204) u. Verord. v. 13./8. 95 (R.G.B. 431). [9] §§ 94—96 R.Ges. v. 27./6. 71 (R.G.B. 275); ferner Wittwen- u. Waisengelder: § 17 R.Ges. v. 20./4. 81 (R.G.B. 85), §§ 2, 7 R.Ges. v. 15./3. 86 (R.G.B. 54), § 19 R.Ges. v. 17./6. 87 (R.G.B. 241).

[10] Der Wohnungsgeldzuschuß gilt als Theil der Besoldung. § 8. R.Ges. v. 30./6. 73 (R.G.B. 166). Pr. 405, 406.

[11] Anl. zum Milit.St.G.B. v. 20./6. 72 (R.G.B. 204).

[12] § 359 St.G.B. Pfändung des Diensteinkommens der Justizbeamten in Preußen: Verf. 29./6. 86 (J.M.Bl. 192).

[13] §§ 2—57 R.Ges. v. 27./6. 71 (R.G.B. 275). §§ 2—9 R.Ges. v. 4./4. 74 (R.G.B. 25). §§ 1, 7 R.Ges. v. 15./3. 86 (R.G.B. 53). Art. I R.Ges. v. 21./4. 86 (R.G.B. 78). Art. II R.Ges. v. 21./4. 86 (R.G.B. 80). Verstümmelungszulagen: Art. 18 R.Ges. v. 22./5. 93 (R.G.B. 181).

[14] Anm. 1 zu § 4.

Pfändung für mehrere Gläubiger.

750. Ist eine Geldforderung für mehrere Gläubiger gepfändet, so ist der Drittschuldner berechtigt und auf Verlangen eines Gläubigers, welchem die Forderung überwiesen wurde, verpflichtet, unter Anzeige der Sachlage und unter Aushändigung der ihm zugestellten Beschlüsse an das Amtsgericht, dessen Beschluß ihm zuerst zugestellt ist, den Schuldbetrag zu hinterlegen.[1]

[1] Vertheilung gemäß §§ 758 ff.

751. Ist ein Anspruch, welcher eine bewegliche körperliche Sache betrifft, für mehrere Gläubiger gepfändet, so ist der Drittschuldner berechtigt und auf Verlangen eines Gläubigers, welchem der Anspruch überwiesen wurde, verpflichtet, die Sache unter Anzeige der Sachlage und unter Aushändigung der ihm zugestellten Beschlüsse dem Gerichtsvollzieher herauszugeben,[1] welcher nach dem ihm zuerst zugestellten Beschlusse zur Empfangnahme der Sache ermächtigt ist. Hat der Gläubiger einen solchen Gerichtsvollzieher nicht bezeichnet, so erfolgt dessen Ernennung auf Antrag des Drittschuldners von dem Amtsgerichte des Orts, wo die Sache herauszugeben ist.[2]

Ist der Erlös zur Deckung der Forderungen nicht ausreichend und verlangt der Gläubiger, für welchen die zweite oder eine spätere Pfändung erfolgt ist, ohne Zustimmung der übrigen betheiligten Gläubiger eine andere Vertheilung als nach der Reihenfolge der Pfändungen, so hat der Gerichtsvollzieher die Sachlage unter Hinterlegung des Erlöses dem Amtsgericht anzuzeigen,[3] dessen Beschluß dem Drittschuldner zuerst zugestellt ist. Dieser Anzeige sind die auf das Verfahren sich beziehenden Schriftstücke beizufügen.

In gleicher Weise ist zu verfahren, wenn die Pfändung für mehrere Gläubiger gleichzeitig bewirkt ist.[4]

[1] Gebühren des Gerichtsvollziehers: § 5 G.O. f. G.V. — Versteigerung gemäß §§ 716—726.

[2] Gebühren des Gerichts für die Ernennung (frei) § 47 Nr. 3 G.K.G., des Anwalts ($^3/_{10}$) § 23 Nr. 1, vgl. jedoch auch § 81, G.O. f. R.A. [3] Schreibgebühr des Gerichtsvollz.: § 14 Nr. 2 G.O. f. G.V.. [4] Vertheilung gemäß §§ 758 ff.

752. Betrifft der Anspruch eine unbewegliche Sache,[1] so ist der Drittschuldner berechtigt und auf Verlangen eines Gläubigers, welchem der Anspruch überwiesen wurde, verpflichtet, die Sache unter Anzeige der Sachlage und unter Aushändigung der ihm zugestellten Beschlüsse an den von dem Amtsgerichte der belegenen Sache[2] ernannten oder auf seinen Antrag zu ernennenden[3] Sequester herauszugeben.[4]

[1] § 747 Abs. 2. [2] § 755 Abs. 1. [3] Anm. 2 zu § 751. [4] Versteigerung und Vertheilung: § 757.

753. Jeder Gläubiger, welchem der Anspruch überwiesen wurde, ist berechtigt, gegen den Drittschuldner Klage auf Erfüllung der nach den Bestimmungen der §§ 750—752 diesem obliegenden Verpflichtungen zu erheben.

Jeder Gläubiger, für welchen der Anspruch gepfändet ist, kann sich dem Kläger in jeder Lage des Rechtsstreits als Streitgenosse[1] anschließen.

Der Drittschuldner hat die Gläubiger, welche die Klage nicht erhoben und dem Kläger sich nicht angeschlossen haben, zum Termine zur mündlichen Verhandlung zu laden.

Die Entscheidung, welche in dem Rechtsstreite über den in der Klage erhobenen Anspruch erlassen wird, ist für und gegen sämmtliche Gläubiger wirksam.

Gegen einen Gläubiger, welcher nicht zum Termine zur mündlichen Verhandlung geladen ist, obgleich er von dem Drittschuldner hätte geladen werden sollen, kann der Drittschuldner sich auf die ihm günstige Entscheidung nicht berufen. [1] §§ 56 ff.

3. Andere Vermögensrechte.

754. Auf die Zwangsvollstreckung in andere Vermögensrechte, welche nicht Gegenstand der Zwangsvollstreckung in das unbewegliche Vermögen sind, finden die vorstehenden Bestimmungen entsprechende Anwendung.

Ist ein Drittschuldner nicht vorhanden, so ist die Pfändung mit dem Zeitpunkt als bewirkt anzusehen, in welchem dem Schuldner das Gebot, sich jeder Verfügung über das Recht zu enthalten, zugestellt ist.[1]

Das Gericht[2] kann bei der Zwangsvollstreckung in Rechte, welche nur in Ansehung der Ausübung veräußerlich sind, besondere Anordnungen erlassen.[3] Es kann insbesondere bei der Zwangsvollstreckung in Nutzungsrechte eine Verwaltung anordnen. In diesem Falle wird die Pfändung durch Uebergabe der zu benutzenden Sache an den Verwalter bewirkt, sofern sie nicht durch Zustellung des Beschlusses bereits vorher bewirkt ist.

Ist die Veräußerung des Rechts selbst zulässig, so kann auch diese Veräußerung von dem Gericht angeordnet werden.

[1] Gilt nicht bei der Pfändung von Geldforderungen und Ansprüchen auf Herausgabe körperlicher Sachen. RG 20, 368. Vgl. Anm. 4 zu § 730. [2] § 729 Abs. 2.

[3] Gebühren: des Gerichts ($^2/_{10}$) § 35 Nr. 2 G.K.G. in der Fassung v. 29./6. 81 (R.G.B. 178); des Anwalts ($^3/_{10}$) § 23 Nr. 2, § 32 G.O. f. R.A.

Zweiter Titel.

Zwangsvollstreckung in das unbewegliche Vermögen.

Pfändung des Anspruchs auf Herausgabe einer unbeweglichen Sache: §§ 747, 752. — Erwirkung der Herausgabe: § 771 Abs. 1.

Ausführungsgesetze: Preußen: Ges. v. 4./3. 79 (G.S. 102). Jetzt im Bereiche der Grundbuchordnung: Ges. v. 13./7. 83 (G.S. 131) u. v. 30./5. 93 (G.S. 97). — Bayern: Ges. v. 23./2. 79 (G.V.Bl. 203) u. 29./5. 86 (G.V.Bl. 239). — Sachsen: Ges. v. 15./8. 84 (G.V.Bl. 223). — Württemberg: Ges. v. 18./8. 79 (Reg. Bl. 191). Verf. v. 1./10. 79 (Reg.Bl. 423). — Baden: §§ 41—97 Ges. v. 3./3. 79 (G.V.Bl. 91). Bek. v. 10./7. 91 (G.V.Bl. 127). Elsaß-Lothringen: Ges. v. 30./4. 80 (G.B. 93).

755. Für die Zwangsvollstreckung in ein Grundstück[1] ist als Vollstreckungsgericht das Amtsgericht zuständig, in dessen Bezirke das Grundstück belegen ist.

Die Zwangsvollstreckung wird von diesem Gericht auf Antrag angeordnet.[2]

[1] Ferner Preußen: § 155 Ges. v. 13./7. 83. — Bayern: Art. 3 Ges. v. 23./2. 79. — Sachsen: § 3 des Ges.

[2] Gebühren: des Gerichts ($^1/_{10}$) § 35 Nr. 2 G.K.G. in der Fassung v. 29./6. 81 (R.G.B. 178); des Anwalts ($^3/_{10}$) § 23 Nr. 2 G.O. f. R.A.

756. Ist es mit Rücksicht auf die Grenzen verschiedener Amtsgerichtsbezirke ungewiß, welches Amtsgericht zuständig sei, oder ist das Grundstück[1] in den Bezirken verschiedener Amtsgerichte belegen, so ist auf Antrag eines Betheiligten von dem zunächst höheren Gericht unter Berücksichtigung der im §. 36[2] enthaltenen Vorschriften eines dieser Gerichte zum Vollstreckungsgerichte zu bestellen.[3]

Dieselbe Anordnung kann getroffen werden, wenn die Zwangsvollstreckung in mehrere Grundstücke[1] desselben Schuldners, welche in verschiedenen Amtsgerichtsbezirken belegen sind, beantragt wird.

[1] Ferner: Preußen: § 156 Ges. v. 13./7. 83 — Bayern: Art. 3, 14 Ges. v. 23./2. 79. [2] Und im § 37. So ausdrücklich Preußen: § 3 Ges. v. 13./7. 83. — Die hiernach unter Umständen eintretende Zuständigkeit des Reichsgerichts greift nicht für die (landesrechtlich angeordnete) Zwangsversteigerung zum Zwecke der Auseinandersetzung von Miteigenthümern Platz. RG 23, 357. [3] Gebühren: des Gerichts (frei) § 47 Nr. 3 G.K.G.; des Anwalts ($^3/_{10}$) § 23 Nr. 1, vgl. jedoch auch § 29 Nr. 6, G.O. f. R.A.

757. Die Zwangsvollstreckung in das unbewegliche Vermögen einschließlich des mit derselben verbundenen Aufgebots- und Vertheilungsverfahrens bestimmt sich nach den Landesgesetzen.[1]

Nach den Landesgesetzen bestimmt sich insbesondere

auch, welche Sachen und Rechte in Ansehung der Zwangsvollstreckung zum unbeweglichen Vermögen gehören,[2] inwiefern der Gläubiger berechtigt ist, seine Forderung in das Hypothekenbuch eintragen zu lassen, und wie die Eintragung zu bewirken ist.[3]

Entstehen in dem die Zwangsvollstreckung betreffenden Verfahren Rechtsstreitigkeiten, welche in einem besonderen Prozesse zu erledigen sind, so erfolgt die Erledigung nach den Bestimmungen dieses Gesetzes. Auf Vertheilungsstreitigkeiten finden die §§. 765—768 entsprechende Anwendung.[4]

[1] Für die nach § 701 zulässige Beschwerde ist in letzter Instanz das Reichsgericht zuständig. RG 3, 374. — Vgl. auch § 31 Abs. 2 G.O. f. R.A. — Preußen: § 29 Abs. 3 Ges. v. 10./3. 79 (G.S. 145), §§ 2 ff. Ges. v. 13./7. 83. — Bayern: Art. 20—188 Ges. v. 23./2. 79, §§ 1 ff. Ges. v. 29./5. 86. — Sachsen: §§ 46 ff. des Ges. — Württemberg: Abs. 1—32 des Ges., §§ 1, 3—58 der Verf. — Baden: §§ 42—97 des Ges., §§ 1—101 der Bek. — Elsaß-Lothringen: §§ 1—30, 65—69 des Ges. [2] Ebenso § 39 Abs. 2 K.O. — Preußen: §§ 1, 16 Abs. 2, 140 Abs. 1, 206 Ges. v. 13./7. 83. — Bayern: Art. 2, 8 Ges. v. 23./2. 79, Art. 45 Ges. v. 29./5. 86. — Sachsen: §§ 2, 3, 194 des Ges. — Württemberg: § 2 der Verf. — Baden: § 41 des Ges. — Vgl. Anm. 3 zu § 710.

[3] Preußen: § 29 Abs. 2 Ges. v. 10./3. 79 (G.S. 145). §§ 6—12 Ges. v. 13./7. 83. — Sachsen: §§ 10, 11 Ges. v. 4./3. 79 (G.V.Bl. 71).

[4] Preußen: §§ 113, 114 Ges. v. 13./7. 83. — Bayern: Art. 117 Ges. v. 23./2. 79. — Württemberg: Art. 25 des Ges. — Baden: § 72 Ver. v. 25./7. 79. — Elsaß-Lothringen: §§ 42—64 des Ges.

Dritter Titel.

Vertheilungsverfahren.

Gebühren: des Gerichts ($^5/_{10}$ bzw. $^3/_{10}$) § 42 G.K.G.; des Anwalts ($^5/_{10}$ bezw. $^3/_{10}$) § 39 G.O. f. R.A.

758. Das Vertheilungsverfahren tritt ein, wenn bei der Zwangsvollstreckung in das bewegliche Vermögen ein Geldbetrag hinterlegt ist,[1] welcher zur Befriedigung der betheiligten Gläubiger[2] nicht hinreicht.

1 §§ 728, 750, 751.

2 Betheiligt sind außer den die Zwangsvollstreckung betreibenden auch diejenigen Gläubiger, denen ein Pfandrecht auf Grund des Arrestes zusteht. § 810. Pr. 408—410.

759. Das zuständige Amtsgericht (§§. 728, 750 bis 752)[1] hat nach Eingang der Anzeige[2] über die Sachlage an jeden der betheiligten Gläubiger die Aufforderung zu erlassen, binnen zwei Wochen[3] eine Berechnung der Forderung an Kapital, Zinsen, Kosten und sonstigen Nebenforderungen einzureichen.

1 Statt „752" muß es heißen „751". Vgl. § 747 Abs. 2.

2 Des Gerichtsvollziehers, §§ 728 Abs. 2, 751 Abs. 2, oder des Drittschuldners, § 750. 3 § 200.

Theilungsplan.

760. Nach Ablauf der zweiwöchigen Fristen wird von dem Gericht ein Theilungsplan angefertigt.

Der Betrag der Kosten des Verfahrens ist von dem Bestande der Masse vorweg in Abzug zu bringen.

Die Forderung eines Gläubigers, welcher bis zur Anfertigung des Theilungsplans der an ihn gerichteten Aufforderung nicht nachgekommen ist, wird nach der Anzeige und deren Unterlagen berechnet. Eine nachträgliche Ergänzung der Forderung findet nicht statt.

761. Das Gericht hat zur Erklärung über den Theilungsplan sowie zur Ausführung der Vertheilung einen Termin zu bestimmen.[1] Der Theilungsplan muß spätestens drei Tage vor dem Termine auf der Gerichtsschreiberei zur Einsicht der Betheiligten niedergelegt werden.

Die Ladung des Schuldners zu dem Termin ist nicht erforderlich, wenn sie durch Zustellung im Ausland oder durch öffentliche Zustellung erfolgen müßte.[2]

1 Die Ladung ergeht von Amtswegen. § 294 Abs. 3.
2 §§ 182, 186.

762. Wird in dem Termin[1] ein Widerspruch gegen den Plan nicht erhoben, so ist dieser zur Ausführung zu bringen.[2] Erfolgt ein Widerspruch,[3] so hat sich jeder bei demselben betheiligte Gläubiger sofort zu erklären. Wird der Widerspruch von den Betheiligten[4] als begründet anerkannt oder kommt anderweit eine Einigung zu Stande, so ist der Plan demgemäß zu berichtigen. Wenn ein Widerspruch sich nicht erledigt, so erfolgt die Ausführung des Plans insoweit, als der Plan durch den Widerspruch nicht betroffen wird.

1 Oder vorher. § 763 Abs. 1.
2 Der Erlös für die Gläubiger, denen ein Pfandrecht auf Grund des Arrestes zusteht, wird hinterlegt. § 810 Abs. 2.

[3] Der Widerspruch kann sowohl gegen den Vorrang als gegen die Richtigkeit der Forderung erhoben werden. RG 27, 305. Durch Erhebung des Widerspruchs wahrt sich der Widersprechende auch die nicht ausdrücklich geltend gemachten Einwendungen. § 267 ist auf diesen Termin nicht anwendbar, da er nicht zur mündlichen Verhandlung bestimmt ist. RG 11, 403. Die nicht widersprechenden Gläubiger sind für das ganze weitere Verfahren des Widerspruchs verlustig. RG 26, 421.

[4] Vgl. Anm. 2 zu § 763.

763. Gegen einen Gläubiger, welcher in dem Termine weder erschienen ist noch vor dem Termine bei dem Gerichte Widerspruch erhoben hat,[1] wird angenommen, daß er mit der Ausführung des Plans einverstanden sei.

Ist ein in dem Termine nicht erschienener Gläubiger bei dem Widerspruche betheiligt,[2] welchen ein anderer Gläubiger erhoben hat, so wird angenommen, daß er diesen Widerspruch nicht als begründet anerkenne.

[1] Oder welcher erschienen ist und nicht widersprochen hat. RG 26, 424.

[2] D. h. wird seine Befriedigung durch den Widerspruch, falls er begründet sein sollte, vereitelt. RG 26, 424.

Streitigkeiten.

764. Der widersprechende Gläubiger muß ohne vorherige Aufforderung binnen einer Frist von einem Monate,[1] welche mit dem Terminstage beginnt, dem Gerichte nachweisen, daß er gegen die betheiligten Gläubiger Klage erhoben[2] habe.[3] Nach fruchtlosem Ablaufe dieser Frist wird die Ausführung des Plans ohne Rücksicht auf den Widerspruch angeordnet.

Die Befugniß des Gläubigers, welcher dem Plane widersprochen hat, ein besseres Recht gegen den Gläubiger, welcher einen Geldbetrag nach dem Plane erhalten hat, im Wege der Klage geltend zu machen, wird durch die Versäumung der Frist und durch die Ausführung des Plans nicht ausgeschlossen.

[1] § 290. [2] Anm. 1 zu § 4. [3] Die Zulässigkeit des Rechtsweges über den streitigen Anspruch vorausgesetzt. Anderenfalls ist der Widerspruch vor den dafür zuständigen Behörden zu verfolgen. RG 32, 349, 34, 246.

765. Die Klage[1] ist bei dem Vertheilungsgericht und, wenn der Streitgegenstand zur Zuständigkeit der Amtsgerichte nicht gehört, bei dem Landgerichte zu erheben, in dessen Bezirke das Vertheilungsgericht seinen Sitz hat.

Das Landgericht ist für sämmtliche Klagen zuständig, wenn seine Zuständigkeit nach dem Inhalte der erhobenen und in dem Termine nicht zur Erledigung gelangten Widersprüche auch nur in Betreff einer Klage begründet ist, sofern nicht die sämmtlichen betheiligten Gläubiger vereinbaren, daß das Vertheilungsgericht über alle Widersprüche entscheiden solle.

[1] § 764 Abs. 1. — Ist die Frist von einem Monat nicht eingehalten, so ist dieser Gerichtsstand nicht mehr begründet. RG 21, 358.

766. In dem Urtheile, durch welches über einen erhobenen Widerspruch entschieden wird, ist zugleich zu bestimmen, an welche Gläubiger und in welchen

Beträgen der streitige Theil der Masse auszuzahlen sei. Wird dies nicht für angemessen erachtet, so ist die Anfertigung eines neuen Plans und ein anderweites Vertheilungsverfahren in dem Urtheile anzuordnen.

767. Das Versäumnißurtheil[1] gegen einen widersprechenden Gläubiger ist dahin zu erlassen, daß der Widerspruch als zurückgenommen anzusehen sei.

[1] §§ 295 ff.

768. Auf Grund des erlassenen Urtheils wird die Auszahlung oder das anderweite Vertheilungsverfahren von dem Vertheilungsgericht angeordnet.

Dritter Abschnitt.

Zwangsvollstreckung zur Erwirkung der Herausgabe von Sachen und zur Erwirkung von Handlungen oder Unterlassungen.

1. Erwirkung der Herausgabe oder Leistung von Sachen.

769. Hat der Schuldner eine bewegliche Sache oder von bestimmten beweglichen Sachen eine Quantität[1] herauszugeben,[2] so sind dieselben von dem Gerichtsvollzieher ihm wegzunehmen und dem Gläubiger zu übergeben.[3]

Wird die herauszugebende Sache nicht vorgefunden, so ist der Schuldner verpflichtet, auf Antrag des Gläubigers den Offenbarungseid[4] dahin zu leisten:[5]

daß er die Sache nicht besitze, auch nicht wisse, wo die Sache sich befinde.

Das Gericht kann eine der Lage der Sache entsprechende Aenderung der vorstehenden Eidesnorm beschließen.[6]

[1] D. i. eine Quantität aus einem größeren individuell bestimmten Komplex nicht vertretbarer oder vertretbarer Sachen (zwei Kühe des Schuldners nach Auswahl des Gläubigers, zwei Scheffel Roggen von dem auf dem Boden des Schuldners lagernden Roggen). Pr. 572—581, 604—606.

[2] Analog anwendbar auf Herausgabe von Personen (Ueberlassung von Kindern). Pr. 414.

[3] Gebühr des Gerichtsvollziehers: § 6 G.O. f. G.V.

[4] §§ 780 ff. [5] Abnahme des Eides: §§ 440 ff.

[6] Ob der Gläubiger, nachdem er das Interesse empfangen, noch die Leistung des Offenbarungseides verlangen darf, hängt davon ab, ob er nach Civilrecht noch befugt ist, die Sache selbst zu fordern. Pr. 410—412, 445, 446.

770. **Hat der Schuldner eine bestimmte Quantität vertretbarer Sachen oder Werthpapiere zu leisten, so findet die Vorschrift des §. 769 Abs. 1 entsprechende Anwendung.**[1]

[1] Der Offenbarungseid ist nicht zulässig. Pr. 604—606.

771. Hat der Schuldner eine unbewegliche Sache oder ein bewohntes Schiff herauszugeben, zu überlassen oder zu räumen, so hat der Gerichtsvollzieher den Schuldner aus dem Besitze zu setzen und den Gläubiger in den Besitz einzuweisen.[1]

Bewegliche Sachen, welche nicht Gegenstand der Zwangsvollstreckung sind, werden von dem Gerichtsvollzieher weggeschafft und dem Schuldner oder, wenn dieser abwesend ist, einem Bevollmächtigten desselben oder einer zur Familie des Schuldners gehörigen oder in dieser Familie dienenden erwachsenen Person übergeben oder zur Verfügung gestellt.

Ist weder der Schuldner noch eine der bezeichneten Personen anwesend, so hat der Gerichtsvollzieher die Sachen auf Kosten des Schuldners in das Pfandlokal zu schaffen oder anderweit in Verwahrung zu bringen.

Verzögert der Schuldner die Abforderung, so kann das Vollstreckungsgericht den Verkauf der Sachen und die Hinterlegung des Erlöses anordnen.[2]

[1] Gebühr des Gerichtsvollziehers: § 8 Nr. 1 G.O. f. G.V.

[2] Von Amtswegen. Pr. 412. — Gebühren: des Gerichts ($^{2}/_{10}$) § 35 Nr. 2 G.K.G. in der Fassung v. 29./6. 81 (R.G.B. 187); des Anwalts ($^{3}/_{10}$) § 23 Nr. 2, vgl. jedoch auch § 31, G.O. f. R.A.

772. Befindet sich eine herauszugebende Sache im Gewahrsam eines Dritten,[1] so ist dem Gläubiger auf dessen Antrag der Anspruch des Schuldners auf Herausgabe der Sache nach den Vorschriften zu überweisen, welche die Pfändung einer Geldforderung[2] betreffen.

[1] Und ist der Schuldtitel nicht gegen diesen gemäß § 665 unmittelbar vollstreckbar.

[2] §§ 730—744. Der Gläubiger hat gegen den Dritten, wenn dieser nicht zur Herausgabe bereit ist (§ 713), auf Herausgabe zu klagen (§§ 746, 747) und danach die Vollstreckung gemäß § 772 zu erwirken. — Gebühren: des Gerichts ($^{2}/_{10}$) § 35 Nr. 2, § 39 Abs. 2 G.K.G. in der Fassung v. 29./6. 81 (R.G.B. 178); des Anwalts ($^{3}/_{10}$) § 23 Nr. 3, § 31 G.O. f. R.A.

2. Erwirkung von Handlungen.

773. Erfüllt der Schuldner die Verpflichtung nicht, eine Handlung vorzunehmen,[1] deren Vornahme durch einen Dritten erfolgen kann,[2] so ist der Gläubiger von dem Prozeßgericht erster Instanz[3] auf Antrag zu ermächtigen, auf Kosten des Schuldners die Handlung vornehmen zu lassen.[4]

Der Gläubiger kann zugleich beantragen, den Schuldner zur Vorauszahlung der Kosten zu verurtheilen, welche durch die Vornahme der Handlung entstehen werden, unbeschadet des Rechts auf eine Nachforderung, wenn die Vornahme der Handlung einen größeren Kostenaufwand verursacht.[5]

Auf die Zwangsvollstreckung zur Erwirkung der Herausgabe oder Leistung von Sachen finden die vorstehenden Bestimmungen keine Anwendung.

1 Die Ausübung einer dem Schuldner im Urtheil überlassenen Wahl hinsichtlich der Art der Erfüllung ist keine Verpflichtung zur Vornahme einer Handlung. RG 8, 355. Wegen Ueberganges des Wahlrechts auf den Kläger nach gem. Recht vgl. RG 12, 186, nach Preuß. Landrecht RG 27, 384.

2 Z. B. Bestellung einer Realkaution, RG 13, 340, Befreiung von einer Bürgschaft. RG 18, 435. Dagegen nicht Bewirkung der Löschung der für einen Dritten eingetragenen Hypothek, wenn der Anspruch dieses Dritten nicht in einer genau bestimmten Geldsumme besteht. RG 31, 413. Hier nur § 778. — Vgl. auch Anm. 1 zu § 775.

3 Erst nachdem das Urtheil vollstreckbar geworden. Die Verurtheilung darf nicht schon im Prozesse selbst hierauf gerichtet werden, sofern die Leistungen sich nicht als Interesseanspruch begründen lassen. RG 34, 173.

4 Oder sie selbst vorzunehmen. RG 18, 435. — Gegen den Beschluß ist der Einwand der Erfüllung gemäß § 686 im Wege der Klage, der Einwand, daß die zur Erfüllung erforderliche billige Frist noch nicht abgelaufen sei, gemäß § 685

im Wege der Gegenvorstellung bezw. Beschwerde geltend zu machen. RG 21, 379, 23, 365.

5 Gebühren: des Gerichts (3/10) § 27 Nr. 2 G.K.G.; des Anwalts (3/10) § 23 Nr. 2, § 33 Abs. 1 G.O. f. R.A.

774. Kann eine Handlung durch einen Dritten nicht vorgenommen werden,[1] so ist, wenn sie ausschließlich von dem Willen des Schuldners[2] abhängt,[3] auf Antrag von dem Prozeßgericht erster Instanz zu erkennen, daß der Schuldner zur Vornahme der Handlung durch Geldstrafen bis zum Gesammtbetrage von fünfzehnhundert Mark oder durch Haft[4] anzuhalten sei.[5]

Diese Bestimmung kommt im Falle der Verurtheilung zur Eingehung einer Ehe nicht und im Falle der Verurtheilung zur Herstellung des ehelichen Lebens nur insoweit zur Anwendung, als die Landesgesetze die Erzwingung der Herstellung des ehelichen Lebens für zulässig erklären.

1 Z. B. Leistung des Offenbarungseides, welche dem Beklagten rechtskräftig auferlegt ist. Formulirung event. durch Beschluß des Prozeßgerichts. RG 34, 406. Vgl. auch § 29 Seemannsord. v. 27./12. 72 (R.G.B. 409). § 13 E.G.

2 Nicht wenn von Mehreren eine Gesammtleistung geschuldet wird. RG 24, 381. 3 Zur Zeit der Vollstreckung. Nicht, wenn der Schuldner, sei es auch schuldhafter Weise, sich selbst die Vornahme unmöglich gemacht hat. RG 8, 337.

4 §§ 785—795. An Stelle von Geldstrafen oder nach Erschöpfung derselben. RG 7, 359.

5 Gebühren: des Gerichts (3/10) § 27 Nr. 2 G.K.G.; des Anwalts (3/10) § 23 Nr. 2, § 34 G.O. f. R.A.

3. Erwirkung von Duldungen und Unterlassungen.

775. Handelt der Schuldner der Verpflichtung

zuwider, eine Handlung zu unterlassen oder die Vornahme einer Handlung zu dulden,[1] so ist er wegen einer jeden Zuwiderhandlung auf Antrag des Gläubigers von dem Prozeßgericht erster Instanz zu einer Geldstrafe bis zu fünfzehnhundert Mark oder zur Strafe der Haft bis zu sechs Monaten zu verurtheilen.[2] Das Maß der Gesammtstrafe darf zwei Jahre Haft nicht übersteigen.[3]

Der Verurtheilung muß eine Strafandrohung vorausgehen, welche, wenn sie in dem die Verpflichtung aussprechenden Urtheile nicht enthalten ist, auf Antrag von dem Prozeßgericht erster Instanz erlassen wird.[4]

Auch kann der Schuldner auf Antrag des Gläubigers zur Bestellung einer Sicherheit[5] für den durch fernere Zuwiderhandlung entstehenden Schaden auf bestimmte Zeit verurtheilt werden.

[1] Eine Verurtheilung auf die Negatorienklage fällt unter § 775 oder unter § 773, jenachdem der Beklagte nur eine das Eigenthum des Klägers störende Handlung unterlassen, oder aber einen bestehenden Zustand beseitigen bezw. zu einem für das Eigenthum des Klägers unschädlichen gestalten soll. RG 15, 344. [2] Erst mit dieser Verurtheilung beginnt die Zwangsvollstreckung. Der Schuldtitel braucht nicht schon vor Erlaß der Strafandrohung oder vor der Zuwiderhandlung zugestellt zu sein. § 671 Abs. 1. RG 20, 386. Gebühren: des Gerichts ($^3/_{10}$) § 27 Nr. 2 G.K.G.; des Anwalts ($^3/_{10}$) § 23 Nr. 2, § 33 G.O. f. R.A.

[3] Wegen mehrerer gleichzeitig zu bestrafender Zuwiderhandlungen. Nach der Verbüßung kann eine neue Strafe verhängt werden. Pr. 415. Vgl. auch §§ 74, 79 St.G.B.

[4] Vgl. § 33 Abs. 3 G.O. f. R.A. [5] §§ 101 ff.

776. Die in Gemäßheit der §§. 773—775 zu erlassenden Entscheidungen können ohne vorgängige mündliche Verhandlung erfolgen.[1] Vor der Entscheidung ist der Schuldner zu hören.[2]

[1] Alsdann werden sie den Parteien von Amtswegen zugestellt. § 294 Abs. 3. [2] Schriftlich oder mündlich. — Die Entscheidung erfolgt durch Beschluß, auch wenn mündliche Verhandlung stattgefunden hat. RG 18, 360, 32, 379.

777. Leistet der Schuldner Widerstand gegen die Vornahme einer Handlung, welche er nach den Bestimmungen der §§. 773, 775 zu dulden hat, so kann der Gläubiger zur Beseitigung des Widerstandes einen Gerichtsvollzieher zuziehen, welcher nach den Bestimmungen des §. 678 Abs. 3 zu verfahren hat.[1]

[1] Gebühr des Gerichtsvollz.: § 8 Nr. 2 G.O. f. G.V.

4. Interesse.

778. Durch die Bestimmungen dieses Abschnitts wird das Recht des Gläubigers nicht berührt, die Leistung des Interesse zu verlangen.[1]

Den Anspruch auf Leistung des Interesse hat der Gläubiger im Wege der Klage[2] bei dem Prozeßgericht erster Instanz[3] geltend zu machen.

[1] Nach Maßgabe des Civilrechts. Zulässigkeit der sofortigen Interesseforderung bei Nichterfüllung des Urtheils: nach gem. Recht RG 10, 177, nach Pr. Allg. Landrecht RG 22, 256. Vgl. auch Anm. 6 zu § 769. [2] Oder im Wege der Aufrechnung; letztere vor jedem für die Forderung, gegen welche aufgerechnet werden soll, zuständigen Gericht. RG 35, 380. [3] In Ansehung der sachlichen Zuständigkeit ist § 10 anwendbar und auch Prorogation zulässig. RG 13, 368. Vgl. auch Anm. 1 zu § 707.

5. **Abgabe einer Willenserklärung.**

779. Ist der Schuldner zur Abgabe einer Willenserklärung verurtheilt, so gilt die Erklärung[1] als abgegeben, sobald das Urtheil die Rechtskraft[2] erlangt hat. Ist die Willenserklärung von einer Gegenleistung abhängig gemacht, so tritt diese Wirkung ein, sobald nach den Bestimmungen der §§. 664, 666 eine vollstreckbare Ausfertigung des rechtskräftigen Urtheils ertheilt ist.

Die Vorschrift des ersten Absatzes kommt im Falle der Verurtheilung zur Eingehung einer Ehe nicht zur Anwendung.

1 Des Schuldners, nicht auch eine etwa außerdem erforderliche Erklärung des Gläubigers. RG 31, 359. 2 § 645.

Vierter Abschnitt.

Offenbarungseid und Haft.

1. **Offenbarungseid.**[1]

1 Die §§ 780 ff. beziehen sich nur auf den im Laufe des Zwangsvollstreckungsverfahrens gemäß §§ 711, 769 zu erfordernden Offenbarungseid. RG 11, 397, 34, 406. Vgl. Anm. 4 zu § 16 E.G. z. C.P.O. — Gebühren des Anwalts ($^3/_{10}$) § 28 Nr. 2, § 32 G.O. f. R.A.

780. Für die Abnahme des Offenbarungseides[1] ist das Amtsgericht, in dessen Bezirke der Schuldner im Deutschen Reiche seinen Wohnsitz oder in Ermangelung eines solchen seinen Aufenthaltsort hat, als Vollstreckungsgericht zuständig.

1 §§ 711, 769. — § 115 K.O.

781. Das Verfahren beginnt mit der Ladung[1] des Schuldners zur Leistung des Offenbarungseides.[2] [3]

Bestreitet der Schuldner die Verpflichtung zur Leistung des Eides, so ist von dem Gerichte durch Urtheil über den Widerspruch zu entscheiden.[4] Die Eidesleistung erfolgt erst nach Eintritt der Rechtskraft[5] des Urtheils.

[1] §§ 191 ff. [2] Gebühren des Gerichts für den Termin ($^{2}/_{10}$): § 43 G.K.G. [3] Benachrichtigung der Militärbehörde von den gegen aktive Offiziere gerichteten Anträgen: Preußen: Verf. v. 28./2. und 24./4. 80 (J.M.Bl. 41 u. 92).

[4] Gebühren des Gerichts ($^{2}/_{10}$) § 35 Nr. 2 G.K.G. in der Fassung v. 29./6. 81 (R.G.B. 178).

[5] § 645. — Gegen das Urtheil Berufung gemäß §§ 472 ff. RG 10, 412.

782. Gegen den Schuldner, welcher in dem zur Leistung des Offenbarungseides bestimmten Termine nicht erscheint oder die Leistung des Eides ohne Grund verweigert, hat das Gericht zur Erzwingung der Eidesleistung auf Antrag die Haft anzuordnen.[1]

[1] Gebühren des Gerichts ($^{2}/_{10}$) § 35 Nr. 2 G.K.G. in der Fassung v. 29./6. 81 (R.G.B. 178); im Konkursverfahren gebührenfrei, § 56 G.K.G.

783. Der verhaftete Schuldner kann zu jeder Zeit bei dem Amtsgerichte des Haftorts beantragen, ihm den Eid abzunehmen. Dem Antrag ist ohne Verzug stattzugeben.

Nach Leistung des Eides wird der Schuldner aus der Haft entlassen und der Gläubiger hiervon in Kenntniß gesetzt.

784. Ein Schuldner, welcher den im §. 711 erwähnten Offenbarungseid geleistet hat, ist zur nochmaligen Leistung des Eides auch einem anderen

Gläubiger gegenüber nur verpflichtet, wenn glaubhaft gemacht wird,[1] daß er später Vermögen erworben habe. [1] § 266.

2. Haft.[1]

[1] Bayern: Ver. v. 3./6. 79 u. Bek. v. 9./6. 79 (G.V.Bl. 649 u. 653). — Sachsen: Ver. v. 4./4. 93 (J.M.Bl. 27).

785. Die Haft[1] ist unstatthaft:

1. gegen Mitglieder einer deutschen gesetzgebenden Versammlung während der Sitzungsperiode, sofern nicht die Versammlung die Vollstreckung genehmigt;[2]
2. gegen Militärpersonen,[3] welche zu einem mobilen Truppentheil oder zur Besatzung eines in Dienst gestellten Kriegsfahrzeuges gehören;
3. gegen den Schiffer, die Schiffsmannschaft und alle übrigen auf einem Seeschiff angestellten Personen,[4] wenn das Schiff zum Abgehen fertig (segelfertig) ist.

[1] Fälle der Zwangshaft: §§ 355 Abs. 2, 597, 774, 782, 798, der Haftstrafe: §§ 345 Abs. 1, 355 Abs. 1, 775. — Vgl. auch § 812. [2] Art. 31 Verf. d. Deutsch. Reichs v. 16./4. 71 (B.G.B. 64).

[3] §§ 4, 5 und Anl. zum Milit.St.G.B. v. 20./6. 72 (R.G.B. 174, 204) u. Ver. v. 13./8. 95 (R.G.B. 431).

[4] Art. 478, 528 H.G.B. § 3 Seemannsord. v. 27./12. 72 (R.G.B. 409). — Vgl. auch Art. 446 H.G.B. § 13 Abs. 3 E.G.

786. Die Haft wird unterbrochen:

1. gegen Mitglieder einer deutschen gesetzgebenden Versammlung für die Dauer der Sitzungsperiode, wenn die Versammlung die Freilassung verlangt;[1]

2. gegen Militärpersonen,[2] welche zu einem mobilen Truppentheil oder auf ein in Dienst gestelltes Kriegsfahrzeug einberufen werden, für die Dauer dieser Verhältnisse.

[1] Anm. 2 zu § 785. [2] Anm. 3 zu § 785.

787. Gegen einen Schuldner, dessen Gesundheit durch die Vollstreckung der Haft einer nahen und erheblichen Gefahr ausgesetzt wird, darf, so lange dieser Zustand dauert, die Haft nicht vollstreckt werden.

788. Die Haft wird in einem Raume vollstreckt, in welchem nicht zugleich Untersuchungs- oder Strafgefangene sich befinden.[1]

[1] Sie besteht in einfacher Freiheitsentziehung. § 18 Abs. 2 St.G.B.

789. Das Gericht hat bei Anordnung der Haft einen Haftbefehl zu erlassen, in welchem der Gläubiger, der Schuldner und der Grund der Verhaftung zu bezeichnen sind.

790. Die Verhaftung des Schuldners erfolgt durch einen Gerichtsvollzieher.[1] Der Haftbefehl muß bei der Verhaftung dem Schuldner vorgezeigt und auf Begehren abschriftlich mitgetheilt werden.[2]

[1] Gebühr des Gerichtsvollziehers: § 9 G.O. f. G.V.
[2] Formlos, ohne Beurkundung. Anm. 1 zu § 152.

791. Vor der Verhaftung eines Beamten,[1] eines Geistlichen oder eines Lehrers an öffentlichen Unterrichtsanstalten ist der vorgesetzten Dienstbehörde von dem Gerichtsvollzieher Anzeige zu machen.[2] Die

Verhaftung darf erst erfolgen, nachdem die vorgesetzte Behörde für die dienstliche Vertretung des Schuldners gesorgt hat. Die Behörde ist verpflichtet, ohne Verzug die erforderlichen Anordnungen zu treffen und den Gerichtsvollzieher hiervon in Kenntniß zu setzen.

1 § 359 St.G.B. 2 Schreibgebühr des Gerichtsvollz.: § 14 Nr. 4 G.O. f. G.V.

792. Der Gläubiger hat die Kosten, welche durch die Haft entstehen, einschließlich der Verpflegungskosten von Monat zu Monat vorauszuzahlen.[1] Die Aufnahme des Schuldners in das Gefängniß ist unstatthaft, wenn nicht mindestens für einen Monat die Zahlung geleistet ist. Wird die Zahlung nicht spätestens bis zum Mittage des letzten Tages erneuert, für welchen sie geleistet ist, so wird der Schuldner von Amtswegen aus der Haft entlassen. Gegen den Schuldner, welcher aus diesem Grunde oder ohne sein Zuthun auf Antrag des Gläubigers entlassen ist, findet auf Antrag desselben Gläubigers eine Erneuerung der Haft nicht statt.

1 § 79 Nr. 8 G.K.G. — Preußen: Verf. v. 22./3. u. 22./11. 83 (J.M.Bl. 81 u. 339). — Bayern: § 2 Ver. v. 3./6. 79 (G.V.Bl. 649). — Sachsen: § 2 Ver. v. 4./4. 93 (J.M.Bl. 27).

793. Soll die Haft gegen eine dem aktiven Heere oder der aktiven Marine angehörende Militärperson[1] vollstreckt werden, so hat das Gericht die vorgesetzte Militärbehörde[2] um die Vollstreckung zu ersuchen.[3]

1 § 38 R.Milit.G. v. 2./5. 74 (R.G.B. 45). §§ 4, 5 Anl. zum Milit.St.G.B. v. 20./6. 72 (R.G.B. 174, 204).

[2] Vgl. die Bek. im Centralbl. f. d. D. Reich von 1880 S. 482.
[3] Gebühren des Gerichts (frei): § 47 Nr. 13 G.K.G.

794. Die Haft darf die Dauer von sechs Monaten nicht übersteigen. Nach Ablauf der sechs Monate wird der Schuldner von Amtswegen aus der Haft entlassen.

795. Ein Schuldner, gegen welchen wegen Verweigerung des im §. 711 erwähnten Offenbarungseides eine Haft von sechs Monaten vollstreckt ist, kann auch auf Antrag eines anderen Gläubigers von neuem zur Leistung dieses Eides durch Haft nur angehalten werden, wenn glaubhaft gemacht wird,[1] daß der Schuldner später Vermögen erworben habe.

[1] § 266.

Fünfter Abschnitt.

Arrest und einstweilige Verfügungen.

Der Arrest dient zur Sicherung von Werthen, die einstweilige Verfügung zur Sicherung einer Individualleistung oder zur Regelung eines einstweiligen Zustandes in Bezug auf ein streitiges Rechtsverhältniß. Begr. 447. Vollmacht: § 78.

1. Arrest.

Zulässigkeit.

796. Der Arrest findet zur Sicherung der Zwangsvollstreckung[1] in das bewegliche oder unbewegliche Vermögen wegen einer Geldforderung oder wegen eines Anspruchs statt, welcher in eine Geldforderung[2] übergehen kann.

Die Zulässigkeit des Arrestes wird dadurch nicht ausgeschlossen, daß der Anspruch ein betagter ist.[3]

[1] Zur Sicherung der Einleitung oder Fortsetzung des Prozeßverfahrens — § 2 B.Ges. v. 29./5. 68 (B.G.B. 237) — findet der Arrest nicht mehr statt. § 13 Nr. 1 E.G.

[2] Bezweckt der Gläubiger, welcher einen Anspruch auf Individualleistung geltend macht, nicht die Sicherung seiner eventuellen Interesseforderung, sondern blos die Sicherung der Leistung selbst, so findet § 814 Anwendung. Begr. 448.

[3] Bei bedingten Forderungen ist der Arrest nur zur Sicherung des unbedingten Anspruchs auf Kaution oder Sicherheitsleistung zulässig, sofern nach bürgerlichem Recht dieser Anspruch während schwebender Bedingung besteht. Begr. 449. Pr. 421—425.

797. Der dingliche Arrest findet statt,[1] wenn zu besorgen ist, daß ohne dessen Verhängung die Vollstreckung des Urtheils vereitelt oder wesentlich erschwert werden[2] würde.[3]

Als ein zureichender Arrestgrund ist es anzusehen, wenn das Urtheil im Auslande vollstreckt werden müßte.

[1] Die landesrechtlichen Vorschriften, welche unter gewissen materiellrechtlichen Voraussetzungen die Zulässigkeit des Arrestes anderweit begrenzen (z. B. § 12 Preuß.Allg.Ger.O. I, 29) sind aufgehoben. RG 26, 400.

[2] Die schlechte Vermögenslage des Schuldners und die drohende Konkurrenz anderer Gläubiger bilden für sich allein noch keinen Arrestgrund. RG 8, 417.

[3] Nicht mehrfach wegen derselben Forderung auf denselben Gegenstand. RG 8, 359.

798. Der persönliche Sicherheitsarrest findet nur statt, wenn er erforderlich ist,[1] um die gefährdete Zwangsvollstreckung[2] in das Vermögen des Schuldners zu sichern.

[1] Also subsidiär, wenn dinglicher Arrest nicht genügt. Begr. 450. [2] Der Arrest ist nicht zulässig, um den Schuldner zur Herbeischaffung auswärts befindlicher Deckungsmittel zu zwingen. — Durch Nachweis der Zahlungsunfähigkeit (Leistung des Offenbarungseides) kann der Schuldner den Arrest abwenden. Begr. 450.

Anordnung.

799. **Für die Anordnung[1] des Arrestes ist sowohl das Gericht der Hauptsache[2] als das Amtsgericht zuständig, in dessen Bezirke der mit Arrest zu belegende Gegenstand[3] oder die in ihrer persönlichen Freiheit zu beschränkende Person sich befindet.**

[1] Neben der Anordnung bildet die Vollziehung (§§ 808 ff.) nen besonderen Rechtsakt. Die bloße Bezeichnung des Gegenstandes im Arrestanordnungsbeschlusse wirkt noch nicht als Vollziehung des Arrestes in diesen Gegenstand. RG 9, 231. — Vgl. auch RG 8, 401. [2] § 821. Solange die Hauptsache bei dem Arrestgericht anhängig ist, kann im Arrestverfahren nicht dessen Unzuständigkeit geltend gemacht werden. RG 35, 350. [3] § 24 Satz 2.

800. **Das Gesuch soll[1] die Bezeichnung des Anspruchs unter Angabe des Geldbetrags oder des Geldwerths sowie die Bezeichnung des Arrestgrundes enthalten.**

Der Anspruch und der Arrestgrund sind glaubhaft zu machen.[2]

Das Gesuch kann vor dem Gerichtsschreiber zu Protokoll erklärt werden.[3]

[1] Instruktionell. Anm. 2 zu § 67. Der Richter ist nicht gezwungen, das unvollständige Gesuch zurückzuweisen, sondern kann dessen Ergänzung veranlassen. Pr. 427. Nachbringung von Arrestgründen: Anm. 1 zu § 805. [2] § 266. Vgl. auch Anm. 8 zu § 805. [3] § 74 Abs. 2.

801. Die Entscheidung kann ohne vorgängige mündliche Verhandlung erfolgen.

Das Gericht kann, auch wenn der Anspruch oder der Arrestgrund nicht glaubhaft gemacht ist,[1] den Arrest anordnen, sofern wegen der dem Gegner drohenden Nachtheile eine nach freiem Ermessen zu bestimmende Sicherheit[2] geleistet wird. Es kann die Anordnung des Arrestes von einer solchen Sicherheitsleistung abhängig machen, selbst wenn der Anspruch und der Arrestgrund glaubhaft gemacht sind.[3]

[1] § 266. — Selbst wenn keiner von beiden glaubhaft gemacht ist. RG 27, 416. [2] § 101. Daß der Antragsteller sich zur Sicherheitsleistung erboten habe, ist nicht erforderlich. RG 12, 366. — Wegen Haftung der Sicherheit für den aus einer ungerechtfertigten Arrestanlegung erwachsenden Schaden vgl. Anm. 1 zu § 652 und Anm. 3 zu § 805.

[3] Die Arrestkaution kann ohne Zustimmung des Gegners, bezw. Ergänzung derselben durch Urtheil, nicht zurückgegeben werden, auch wenn der Arrestkläger in der Hauptsache obgesiegt hat. RG 11, 430

802. Die Entscheidung über das Gesuch erfolgt im Falle einer vorgängigen mündlichen Verhandlung durch Endurtheil,[1] anderenfalls durch Beschluß.[2]

Den Beschluß, durch welchen ein Arrest angeordnet wird, hat die Partei, welche den Arrest erwirkt hat, zustellen zu lassen.[3]

Der Beschluß, durch welchen das Arrestgesuch zurückgewiesen oder vorgängige Sicherheitsleistung für erforderlich erklärt wird, ist dem Gegner nicht mitzutheilen.

1 §§ 272, 278. — Gebühren: des Gerichts ($^5/_{10}$) § 26 Nr. 9 G.K.G.; des Anwalts ($^5/_{10}$) § 20 G.O. f. R.A.

2 Gebühren: des Gerichts ($^2/_{10}$) § 35 Nr. 3 G.K.G., in der Fassung v. 29./6. 81 (R.G.B. 178); des Anwalts ($^3/_{10}$) § 23 Nr. 1, § 30 Nr. 2, vgl. jedoch auch § 29 Nr. 4, G.O. f. R.A.

3 Frist: § 809 Abs. 3. — Die Wirkung des Arrestbefehls wird dadurch nicht beeinträchtigt, daß er dem Antragsteller nicht förmlich zugestellt, sondern einfach an ihn ausgereicht ist. RG 11, 403.

803. In dem Arrestbefehl ist ein Geldbetrag festzustellen,[1] durch dessen Hinterlegung die Vollziehung des Arrestes gehemmt und der Schuldner zu dem Antrag auf Aufhebung des vollzogenen Arrestes berechtigt wird.

1 Nach Maßgabe des Betrages der durch Arrest zu sichernden Forderung. Die hinterlegte Summe dient dem Gläubiger zur Befriedigung, unabhängig davon, ob und wieweit er sich an den durch die Hinterlegung frei gewordenen Arrestgegenstand hätte halten können. RG 20, 396. — Vgl. Anm. 5 zu § 101.

804. Gegen den Beschluß, durch welchen ein Arrest angeordnet wird, findet Widerspruch statt.[1]

Die widersprechende Partei hat den Gegner unter Mittheilung der Gründe, welche sie für die Aufhebung des Arrestes geltend machen will, zur mündlichen Verhandlung zu laden.[2]

Durch Erhebung des Widerspruchs wird die Vollziehung des Arrestes nicht gehemmt.

1 Nicht Beschwerde. RG 14, 391, 30, 432. — Der Widerspruch steht nur dem Schuldner zu, RG 12, 401, und kann — sachlich wie örtlich — ausschließlich vor dem Arrestgericht geltend gemacht werden; es ist weder Prorogation zulässig,

noch § 10 anwendbar. RG 13, 365, 18, 361, 377. Ist der Arrest durch Beschluß des Beschwerdegerichts angeordnet, so ist der Widerspruch bei dem Gericht der nachgeordneten Instanz zu erheben. RG 29, 397, 30, 323. [2] §§ 191 ff.

805. **Wird Widerspruch erhoben, so ist über die Rechtmäßigkeit des Arrestes[1] durch Endurtheil[2] zu entscheiden.**

Das Gericht kann den Arrest ganz oder theilweise bestätigen, abändern oder aufheben,[3] auch die Bestätigung, Abänderung oder Aufhebung von einer nach freiem Ermessen zu bestimmenden Sicherheitsleistung abhängig machen.[4]

[1] Darüber, ob die Voraussetzungen eines Arrestgesuchs vorliegen: eine Prüfung des Anspruchs findet hierbei nur insoweit Platz, als festzustellen ist, daß derselbe glaubhaft gemacht sei. Begr. 493. — Der Gläubiger hat hierbei die Parteirolle des Klägers. RG 20, 383. Die Nachbringung von Arrestgründen, welche in dem Gesuche nicht geltend gemacht sind, kann in der mündlichen Verhandlung geschehen. RG 5, 365. — Einreden sind ebenfalls glaubhaft zu machen. RG 27, 427.

[2] §§ 272, 273. — Gebühren: des Gerichts ($^{5}/_{10}$) § 26 Nr. 9 G.K.G.; des Anwalts ($^{5}/_{10}$) § 20 G.O. f. R.A.

[3] Das aufhebende Urtheil tritt sofort in Kraft. RG 32, 421. Vgl. § 648 Nr. 5, insbes. Anm. 4 dazu. Das wegen mangelnder Glaubhaftmachung abgewiesene Arrestgesuch kann unter besserer Glaubhaftmachung auf Grund derselben Behauptungen wiederholt werden. RG 33, 418. — Im Falle der Aufhebung hat der Gläubiger auch die Kosten der Arrestanordnung und Vollziehung sowie der Zurückbringung der Arrestgegenstände in den Besitz des Schuldners zu tragen bezw. dem Schuldner zu erstatten (§ 697 Abs. 2). Für weiteren Schaden haftet er nur nach Maßgabe des bürgerlichen Rechts. RG 7, 375, 26, 205. Nach gem. Recht besteht die Schadensersatzpflicht nur im Falle des schuldvollen oder arglistigen

Verhaltens des Arrestklägers, RG 26, 205, ebenso nach Preuß. Landrecht. RG 7, 375. Wegen des Rhein. Rechts vgl. RG 13, 301. [4] Vgl. Anm. 2 zu § 801.

806. Ist die Hauptsache nicht anhängig, so hat das Arrestgericht auf Antrag ohne vorgängige mündliche Verhandlung anzuordnen,[1] daß die Partei, welche den Arrestbefehl erwirkt hat, binnen einer zu bestimmenden Frist Klage zu erheben habe.[2]

Wird dieser Anordnung nicht Folge geleistet, so ist auf Antrag die Aufhebung des Arrestes durch Endurtheil[3] auszusprechen.

[1] Gegen die Anordnung keine Beschwerde. § 530. RG 16, 367. [2] Anm. 1 zu § 4. Durch die Arrestanordnung wird für den Arrestbeklagten ein Gerichtsstand in Betreff der Hauptsache nicht begründet. RG 13, 364. Liegt ein Schiedsvertrag vor, so ist die Klage bei dem Schiedsgerichte zu erheben. RG 31, 371. [3] §§ 272, 273.

807. Auch nach der Bestätigung des Arrestes kann wegen veränderter[1] Umstände, insbesondere wegen Erledigung des Arrestgrundes oder auf Grund des Erbietens zu einer nach freiem Ermessen zu bestimmenden Sicherheitsleistung[2] die Aufhebung des Arrestes beantragt werden.[3]

Die Entscheidung ist durch Endurtheil zu erlassen;[4] sie erfolgt durch das Gericht, welches den Arrest angeordnet hat, und, wenn die Hauptsache anhängig ist, durch das Gericht der Hauptsache.

[1] Nachträglich eingetretener oder zwar älterer, aber erst nachträglich zur Kenntniß des Betroffenen gelangter. RG 24, 369. [2] § 101. [3] Der Schuldner hat hierbei die Parteirolle des Klägers. RG 20, 383.

[4] Anm. 2 u. 3 zu 805.

Vollziehung.

808. Auf die Vollziehung des Arrestes[1] finden die Vorschriften über die Zwangsvollstreckung entsprechende Anwendung, soweit nicht die nachfolgenden Paragraphen abweichende Bestimmungen enthalten.[2]

[1] Nicht auch auf die Anordnung oder die Aufhebung desselben. RG 16, 367.

[2] Insbesondere: Ankündigung der Pfändung, § 744, RG 8, 430, Zulässigkeit der Beschwerde, § 701, RG 16, 367.

809. Arrestbefehle bedürfen der Vollstreckungsklausel[1] nur in dem Falle, wenn nach Erlassung der Befehle eine Rechtsnachfolge auf Seiten des Gläubigers oder des Schuldners eingetreten ist.[2]

Die Vollziehung des Arrestbefehls ist unstatthaft,[3] wenn seit dem Tage, an welchem der Befehl verkündet oder der Partei, auf deren Gesuch derselbe erging, zugestellt ist, zwei Wochen[4] verstrichen sind.[5]

[6]Die Vollziehung ist vor der Zustellung des Arrestbefehls an den Schuldner zulässig.[7] Sie ist jedoch ohne Wirkung, wenn die Zustellung nicht innerhalb einer Woche[4] nach der Vollziehung und vor Ablauf der für diese im vorhergehenden Absatze bestimmten Frist erfolgt.[8]

[1] § 662. [2] §§ 665, 671 Abs. 2. — Gebühren: des Gerichts ($^1/_{10}$) § 38 Nr. 2 G.K.G. in der Fassung v. 29./6. 81 (R.G.B. 178); des Anwalts ($^2/_{10}$), § 24, vgl.

jedoch auch § 85, G.O. f. R.A. [3] Die spätere Vollziehung ist ohne Rechtswirkung. Vgl. Anm. 1 zu § 671.
[4] § 200. [5] Gilt auch bei Immobiliararresten. Daß der Antrag auf Vollziehung innerhalb der Frist gestellt ist, genügt nicht. RG 26, 397. Vgl. auch Anm. 1 zu § 810.
[6] Neuer Zusatz auf Grund des Ges. v. 30./4. 86 (R.G.B. 130). [7] Ausnahme von § 671. [8] Für Zustellung im Auslande und öffentliche Zustellung gilt hierbei § 190.

810. Die Vollziehung des Arrestes in bewegliches Vermögen wird durch Pfändung bewirkt. Die Pfändung erfolgt nach denselben Grundsätzen wie jede andere Pfändung[1] und begründet ein Pfandrecht mit den im §. 709 bestimmten Wirkungen. Für die Pfändung einer Forderung ist das Arrestgericht[2] als Vollstreckungsgericht zuständig.

Gepfändetes Geld und ein im Vertheilungsverfahren auf den Gläubiger fallender Betrag des Erlöses werden hinterlegt.

Das Vollstreckungsgericht kann auf Antrag anordnen, daß eine bewegliche körperliche Sache, wenn sie der Gefahr einer beträchtlichen Werthsverringerung ausgesetzt ist oder wenn ihre Aufbewahrung unverhältnißmäßige Kosten verursachen würde, versteigert und der Erlös hinterlegt werde.[3]

[1] Anm. 1 zu § 708. Eine Ueberweisung der gepfändeten Forderung etwa mit der Wirkung, daß der dritte Schuldner den Schuldbetrag hinterlege, findet nicht statt. RG. 33, 421.
[2] §§ 799, 24 Satz 2. [3] Gebühren: des Gerichts ($^2/_{10}$) § 35 Nr. 2 G.K.G. in der Fassung v. 29./6. 81 (R.G.B. 178); des Anwalts ($^3/_{10}$) § 23 Nr. 2 G.O. f. R.A.

811. Die Vollziehung des Arrestes[1] in unbe-

wegliches Vermögen bestimmt sich nach den Landesgesetzen.[2]

[1] Die Voraussetzungen der Vollziehung richten sich nach der C.P.O., insbesondere gilt auch hier § 809 Abs. 2. RG 26, 396. [2] Preußen: §§ 2 Abs. 3, 10, 153, 178 Ges. v. 13./7. 83 (G.S. 131). — Bayern: Art. 25—30 Ges. v. 23./2. 79 (G.V.Bl. 63). Art. 44, 45 Ges. v. 29./5. 86 (G.V.Bl. 255). — Sachsen: Ges. v. 27./1. 82 u. Ver. v. 30./1. 82 (G.V.Bl. 7, 8). — Württemberg: Art. 27 Ges. v. 18./8. 79 (Reg.Bl. 173). — Baden: § 98 Ges. v. 3./3. 79 (G.V.Bl. 91). — Elsaß-Lothringen §§ 24—27 Ges. v. 24./7. 89 (Ges.Bl. 76).

812. Die Vollziehung des persönlichen Sicherheitsarrestes richtet sich, wenn sie durch Haft erfolgt, nach den Vorschriften der §§. 785—794 und, wenn sie durch sonstige Beschränkung der persönlichen Freiheit erfolgt, nach den vom Arrestgerichte zu treffenden besonderen Anordnungen, für welche die Beschränkungen der Haft maßgebend sind.

Aufhebung.

813. Die Aufhebung eines vollzogenen Arrestes gegen Hinterlegung des in dem Arrestbefehle festgestellten Geldbetrags[1] erfolgt von dem Vollstreckungsgerichte.[2]

Das Vollstreckungsgericht kann die Aufhebung des Arrestes auch anordnen, wenn die Fortdauer besondere Aufwendungen erfordert und die Partei, auf deren Gesuch der Arrest verhängt wurde, den nöthigen Geldbetrag nicht vorschießt.

Die in diesem Paragraphen erwähnten Entscheidungen können ohne vorgängige mündliche Verhandlung erfolgen.[3]

Gegen den Beschluß, durch welchen der Arrest aufgehoben wird,[4] findet sofortige Beschwerde[5] statt.

[1] § 803. [2] §§ 684, 808, 810 Abs. 1.

[3] Dann sind sie den Parteien von Amtswegen zuzustellen. § 294 Abs. 3. — Gebühren: des Gerichts ($^{2}/_{10}$) § 35 Nr. 3 G.K.G. in der Fassung v. 29./6. 81 (R.G.B. 178); des Anwalts ($^{3}/_{10}$) § 23 Nr. 1, § 30 Nr. 2, § 36, vgl. jedoch auch § 29 Nr. 4, G.O. f. R.A.

[4] Der die Arrestpfändung aufhebende Beschluß ist dem Antragsteller zuzustellen. Von der Zustellung an den Arrestgegner oder den Drittschuldner ist die Wirkung der Aufhebung nicht abhängig. RG 15, 409.

[5] § 540. — Vollstreckbarkeit: § 702 Nr. 3.

2. Einstweilige Verfügungen.

814. Einstweilige Verfügungen in Beziehung auf den Streitgegenstand sind zulässig, wenn zu besorgen ist, daß durch eine Veränderung des bestehenden Zustandes die Verwirklichung des Rechts einer Partei vereitelt oder wesentlich erschwert werden könnte.[1]

[1] Ferner in den Fällen der §§ 584, 613, 624, 819 C.P.O., § 16 Nr. 4, 6 E.G. — Einstweilige Anordnungen: §§ 535, 668, 688, 690, 696 C.P.O., §§ 98, 183 Abs. 2 K.O. Unterschied von einstweiligen Verfügungen: RG 30, 395.

815. Auf die Anordnung einstweiliger Verfügungen und das weitere Verfahren finden die Vorschriften über die Anordnung von Arresten und über das Arrestverfahren entsprechende Anwendung,[1] soweit nicht die nachfolgenden Paragraphen abweichende Vorschriften enthalten.[2]

[1] Die Zustellung der einstw. Verf. an den Gegner muß innerhalb der durch § 809 Abs. 2, 3 gesetzten zweiwöchigen

Frist geschehen. Die Durchführung des in der Verfügung Angeordneten kann auch später erfolgen. RG 21, 417. Unzulässigkeit der Vollstreckung einer einstweiligen Verfügung gegen Dritte, welche nicht Prozeßpartei sind. RG 26, 249. — Der Anspruch auf Erstattung des auf Grund einer demnächst aufgehobenen einstweiligen Verfügung Geleisteten ist nach bürg. Recht zu beurtheilen. RG 21, 381.

2 Gebühren: des Gerichts ($^5/_{10}$ bezw. $^2/_{10}$) § 26 Nr. 9, § 35 Nr. 3 G.K.G., letzterer in der Fassung v. 29./6. 81 (R.G.B. 178); des Anwalts ($^5/_{10}$ bezw. $^3/_{10}$) §§ 20, 23 Nr. 1, § 30 Nr. 2, § 36, vgl. jedoch auch § 29 Nr. 4, G.O. f. R.A.

816. **Für die Erlassung einstweiliger Verfügungen ist das Gericht der Hauptsache[1] zuständig.**

Die Entscheidung kann in dringenden Fällen ohne vorgängige mündliche Verhandlung erfolgen.

1 § 821.

817. **Das Gericht bestimmt nach freiem Ermessen, welche Anordnungen zur Erreichung des Zweckes erforderlich sind.[1]**

Die einstweilige Verfügung kann auch in einer Sequestration sowie darin bestehen, daß dem Gegner eine Handlung geboten oder verboten, insbesondere die Veräußerung, Belastung oder Verpfändung eines Grundstücks untersagt wird.[2]

1 Alle innerhalb der Zwangsvollstreckung zulässigen Anordnungen sind statthaft, auch Haft. Begr. 457.

2 Bayern: Art. 32, 171 Ges. v. 23./2. 79 (G.V.Bl. 63), Nr. II Ver. v. 20./9. 79 (G.V.Bl. 1251).

818. **Nur unter besonderen Umständen kann die Aufhebung einer einstweiligen Verfügung gegen Sicherheitsleistung[1] gestattet werden.**

1 Diese ist nach freiem Ermessen zu bestimmen. § 807 Abs. 1.

819. Einstweilige Verfügungen sind auch zum Zwecke der Regelung eines einstweiligen Zustandes in Bezug auf ein streitiges Rechtsverhältniß[1] zulässig, sofern diese Regelung, insbesondere bei dauernden Rechtsverhältnissen zur Abwendung wesentlicher Nachtheile oder zur Verhinderung drohender Gewalt[2] oder aus anderen Gründen nöthig erscheint.

1 Auch bei obligatorischen Verhältnissen, wenn sie dauernden Charakter haben. RG 27, 430. Vgl. aber auch RG 15, 377. Nicht zum Schutze eines Gewerbebetriebes gegen unlautere Konkurrenz. RG 35, 167. Nicht behufs Einstellung der gerichtlichen Zwangsvollstreckung. RG 25, 407. — Verbot an den Ehemann, die der Frau ertheilte Genehmigung zum Betriebe eines Handelsgeschäfts während des Scheidungsprozesses zu widerrufen: RG 35, 32. Abberufung der Liquidatoren einer offenen Handelsgesellschaft? RG 29, 357, 30, 321.

2 Mag deren Anwendung auch zur Durchführung eines angeblich vertragsmäßig eingeräumten Rechtes bestimmt sein. RG 4, 403.

820. In dringenden Fällen kann das Amtsgericht, in dessen Bezirke sich der Streitgegenstand befindet, eine einstweilige Verfügung erlassen,[1] unter Bestimmung einer Frist, innerhalb welcher der Gegner zur mündlichen Verhandlung über die Rechtmäßigkeit der einstweiligen Verfügung vor das Gericht der Hauptsache zu laden ist.[2]

Nach fruchtlosem Ablaufe der Frist hat das Amtsgericht auf Antrag die erlassene Verfügung aufzuheben.

Die in diesem Paragraphen erwähnten Entscheidungen des Amtsgerichts können ohne vorgängige mündliche Verhandlung erfolgen.

[1] Durch Beschluß, auch wenn mündliche Verhandlung stattgefunden hat. RG 13, 324. [2] Für diese mündliche Verhandlung Gebühren: des Gerichts ($^5/_{10}$) § 26 Nr. 9 G.K.G., des Anwalts ($^5/_{10}$) § 20 G.O. f. R.A. Vgl. RG 8, 338.

821. Als Gericht der Hauptsache im Sinne der Bestimmungen dieses Abschnitts ist das Gericht erster Instanz[1] und, wenn die Hauptsache in der Berufungsinstanz anhängig ist,[2] das Berufungsgericht anzusehen.[3]

[1] Bei welchem der Rechtsstreit bereits abhängig ist oder bei welchem er anhängig zu machen ist. RG 4, 405, 7, 323. Auch ein Schiedsgericht? RG 30, 322, 31, 375.

[2] Zur Zeit der Stellung des Antrags. RG 6, 414. — Vgl. auch Anm. 2 zu § 507. [3] Ist die Sache in der Revisionsinstanz anhängig, das Gericht erster Instanz. Pr. 434.

822. In dringenden Fällen kann der Vorsitzende über die in diesem Abschnitt erwähnten Gesuche, sofern deren Erledigung eine vorgängige mündliche Verhandlung nicht erfordert, anstatt des Gerichts entscheiden.[1] [1] Widerspruch: § 804.

Neuntes Buch.

Aufgebotsverfahren.

Die reichsgesetzlichen Vorschriften über das gerichtliche Aufgebotsverfahren bleiben unberührt. § 13 Abs. 1 E.G. — Solche enthalten: § 6 B.Ges. v. 9./11. 67 (B.G.B. 157); R.Ges. v. 12./5. 73 (R.G.B. 91); § 8 Statut d. Reichsbank v. 21./5. 75 (R.G.B. 203).

Die Bestimmungen der §§ 823—850 sind für die Amortisation der Wechsel und der in Art. 301, 302 H.G.B. bezeichneten Urkunden, die Bestimmungen der §§ 843—848 außerdem für die Amortisation der Inhaberpapiere und der indossablen, mit Blankoindossament versehenen Papiere unter Ausschluß landesgesetzlicher Abänderungen gültig. §§ 837 Abs. 1, 849; § 11 E.G.

Im übrigen werden die bestehenden allgemeinen Bestimmungen der Landesgesetze über das gerichtliche Aufgebotsverfahren durch die §§ 823—836, soweit sie denselben widersprechen, zwar außer Kraft gesetzt: doch dürfen die Landesgesetze abweichende Bestimmungen treffen. § 11 E.G.

Die besonderen Vorschriften der §§ 837—850 kommen — abgesehen von den Fällen der §§ 837 Abs. 1, 849 — nur soweit in Anwendung, als die bestehenden Landesgesetze nicht besondere Vorschriften enthalten, können aber auch, soweit dies der Fall ist, landesgesetzlich abgeändert werden. § 837 Abs. 2; § 11 E.G.

I. Allgemeine Bestimmungen.

Sachsen: §§ 15—17 Ges. v. 4./3. 79 (G.V.Bl. 69).

Zulässigkeit.

823. Eine öffentliche gerichtliche[1] Aufforderung zur Anmeldung von Ansprüchen oder Rechten findet mit der Wirkung, daß die Unterlassung der Anmeldung einen Rechtsnachtheil zur Folge hat, nur in den durch das Gesetz[2] bestimmten Fällen statt.

Für das Aufgebotsverfahren ist das durch das Gesetz bestimmte Gericht[3] zuständig.

[1] Das nicht gerichtliche Aufgebotsverfahren wird hierdurch nicht berührt. §§ 17 ff. Gewerbe-Ord. (R.G.B. 1883 S. 177). § 26 Strandungs-Ord. v. 17./5. 74 (R.G.B. 73). § 44 R.Ges. v. 6./2. 75 (R.G.B. 23). [2] Reichsgesetz oder Landesgesetz. — Aufgebot von Schiffsgläubigern: § 111 R.Ges., betr. Binnenschiffahrt v. 15./6. 95 (R.G.B. 331).

[3] Und zwar das Amtsgericht: § 23 G.V.G. — Vgl. aber Anm. 2 zu § 11 E.G.

824. Der Antrag kann schriftlich oder zum Protokolle des Gerichtsschreibers[1] gestellt werden. Die Entscheidung kann ohne vorgängige mündliche Verhandlung erfolgen.[2]

Ist der Antrag zulässig, so hat das Gericht das Aufgebot zu erlassen. In dasselbe ist insbesondere aufzunehmen:[3]

1. die Bezeichnung des Antragstellers;
2. die Aufforderung, die Ansprüche und Rechte spätestens im Aufgebotstermine anzumelden;
3. die Bezeichnung der Rechtsnachtheile, welche eintreten, wenn die Anmeldung unterbleibt;
4. die Bestimmung eines Aufgebotstermins.[4]

[1] § 74 Abs. 2. [2] Dann ist sie von Amtswegen zuzustellen. § 294 Abs. 3. — Gebühren: des Gerichts ($^1/_{10}$) § 44 Nr. 1 G.K.G. in der Fassung v. 29./6. 81 (R.G.B. 178); des Anwalts ($^3/_{10}$) § 40 Nr. 1, 2 G.O. f. R.A.

[3] Nur dies ist sein wesentlicher Inhalt: das Andere steht im Ermessen des Gerichts. RG 32, 139. [4] Anm. 1 zu § 829.

Oeffentliche Bekanntmachung.

825. Die öffentliche Bekanntmachung des Aufgebots erfolgt durch Anheftung an die Gerichtstafel und durch Einrückung in den Deutschen Reichsanzeiger,[1] außerdem aber, sofern nicht das Gesetz[2] für den betreffenden Fall eine abweichende Ordnung getroffen hat, nach den im §. 187 für Ladungen gegebenen Vorschriften.

[1] In Konsularsachen nicht erforderlich. § 45 R.Ges. v. 10./7. 79 (R.G.B. 197). [2] Anm. 2 zu § 823. — Vgl. § 842.

826. Auf die Gültigkeit der öffentlichen Bekannt-

machung hat es keinen Einfluß, wenn das anzuheftende Schriftstück von dem Orte der Anheftung zu früh entfernt ist oder wenn im Falle wiederholter Bekanntmachung die vorgeschriebenen Zwischenfristen nicht eingehalten sind.[1]

[1] § 189 Abs. 3.

827. Zwischen dem Tage, an welchem die Einrückung oder die erste Einrückung des Aufgebots in den Deutschen Reichsanzeiger erfolgt ist, und dem Aufgebotstermine muß,[1] sofern das Gesetz[2] nicht eine abweichende Anordnung enthält, ein Zeitraum von mindestens sechs Wochen liegen.

[1] Imperativ. Anm. 2 zu § 67.

[2] Anm. 2 zu § 823. — Vgl. § 847.

828. Eine Anmeldung, welche nach dem Schlusse des Aufgebotstermins, jedoch vor Erlassung des Ausschlußurtheils erfolgt, ist als eine rechtzeitige anzusehen.

Ausschlußurtheil.

829. Das Ausschlußurtheil ist in öffentlicher Sitzung[1] auf Antrag zu erlassen.

Vor Erlassung des Urtheils kann eine nähere Ermittelung, insbesondere die eidliche Versicherung der Wahrheit einer Behauptung des Antragstellers angeordnet werden.[2]

Gegen den Beschluß, durch welchen der Antrag auf Erlassung des Ausschlußurtheils zurückgewiesen wird, sowie gegen Beschränkungen und Vorbehalte, welche dem Ausschlußurtheile beigefügt sind, findet sofortige Beschwerde statt.[3]

1 Wenn möglich im Aufgebotstermin. § 824 Nr. 4. — Gebühren: des Gerichts ($^1/_{10}$ + $^1/_{10}$) § 44 Nr. 2, 3 G.K.G. in der Fassung v. 29./6. 81 (R.G.B. 178); des Anwalts ($^3/_{10}$) § 40 Nr. 3 G.O. f. R.A.

2 Abnahme des Eides: §§ 440 ff. 3 § 540.

830. Erfolgt eine Anmeldung, durch welche das von dem Antragsteller zur Begründung des Antrags behauptete Recht bestritten wird,[1] so ist nach Beschaffenheit des Falles entweder das Aufgebotsverfahren bis zur endgültigen Entscheidung über das angemeldete Recht auszusetzen, oder in dem Ausschlußurtheile das angemeldete Recht vorzubehalten.

1 Wegen der Gebühr des Anwalts ($^3/_{10}$) vgl. § 40 Abs. 2 G.O. f. R.A.

831. Ist der Antragsteller in dem Aufgebotstermine nicht erschienen, so ist auf seinen Antrag ein neuer Termin zu bestimmen. Der Antrag ist nur binnen einer vom Tage des Aufgebotstermins laufenden Frist von sechs Monaten[1] zulässig.[2]

1 § 200. 2 Später ist der Antrag auf Erlaß eines neuen Aufgebots zu richten. Begr. 463.

832. Wird zur Erledigung des Aufgebotsverfahrens ein neuer Termin bestimmt, so ist eine öffentliche Bekanntmachung des Termins nicht erforderlich.

833. Das Gericht kann die öffentliche Bekanntmachung des wesentlichen Inhalts des Ausschlußurtheils durch einmalige Einrückung in den Deutschen Reichsanzeiger anordnen.[1]

1 Anm. 1 zu § 825.

Anfechtungsklage.

834. Gegen das Ausschlußurtheil findet ein Rechtsmittel nicht statt.

Das Ausschlußurtheil kann bei dem Landgerichte, in dessen Bezirke das Aufgebotsgericht seinen Sitz hat, mittels einer gegen den Antragsteller zu erhebenden Klage angefochten werden:

1. wenn ein Fall nicht vorlag, in welchem das Gesetz[1] das Aufgebotsverfahren zuläßt;
2. wenn die öffentliche Bekanntmachung des Aufgebots[2] oder eine in dem Gesetze vorgeschriebene Art der Bekanntmachung unterblieben ist;
3. wenn die vorgeschriebene Aufgebotsfrist[3] nicht gewahrt ist;
4. wenn der erkennende Richter von der Ausübung des Richteramts kraft Gesetzes ausgeschlossen war;[4]
5. wenn ein Anspruch oder ein Recht ungeachtet der erfolgten Anmeldung nicht dem Gesetze gemäß in dem Urtheile berücksichtigt ist;
6. wenn die Voraussetzungen vorliegen, unter welchen die Restitutionsklage wegen einer strafbaren Handlung stattfindet.[5]

[1] Anm. 2 zu § 823. [2] Die Bekanntmachung muß zu ihrer Gültigkeit den in § 824 Abs. 2 besonders aufgeführten Inhalt haben. RG 32, 138. [3] §§ 827, 843—847. [4] § 41. [5] § 543 Nr. 1—5.

835. Die Anfechtungsklage ist binnen der Nothfrist[1] eines Monats[2] zu erheben. Die Frist beginnt mit dem Tage, an welchem der Kläger Kenntniß von dem Ausschlußurtheile erhalten hat, in dem Falle jedoch, wenn die Klage auf einem der im §. 834 Nr. 4, 6 bezeichneten Anfechtungsgründe beruht und dieser Grund an jenem Tage noch nicht zur Kenntniß des Klägers gelangt war, erst mit dem Tage, an welchem der Anfechtungsgrund dem Kläger bekannt geworden ist.

Nach Ablauf von zehn Jahren, von dem Tage der Verkündung des Ausschlußurtheils an gerechnet, ist die Klage unstatthaft.

1 § 201. 2 § 200.

836. Das Gericht kann die Verbindung mehrerer Aufgebote anordnen, auch wenn die Voraussetzungen des §. 138 nicht vorliegen.

II. **Aufgebot von Wechseln, kaufmännischen Verpflichtungsscheinen u. dgl.**

Zulässigkeit.

837. Für das Aufgebotsverfahren zum Zwecke der Kraftloserklärung (Amortisation) abhanden gekommener oder vernichteter Wechsel[1] und der in den Artikeln 301, 302 des Handelsgesetzbuchs bezeichneten Urkunden gelten die nachfolgenden besonderen Bestimmungen.[2]

Die Bestimmungen finden in Betreff anderer Urkunden, bezüglich welcher das Gesetz[3] das Aufgebotsverfahren zuläßt, insoweit Anwendung, als in dem Gesetze nicht besondere Vorschriften enthalten sind.[4]

1 Art. 4, 96 W.O. 2 Art. 73 W.O. Art. 305 Abs. 2 H.G.B. 3 Anm. 2 zu § 823.

[4] Preußen: §§ 20, 21 Ges. v. 24./3. 79 (G.S. 281). § 182 Ges. v. 13./7. 83 (G.S. 131). — Bayern: Art. 69 Ges. v. 23./2. 79 (G.V.Bl. 63). — Sachsen: § 18 Ges. v. 4./3. 79 (G.V.Bl. 69); §§ 1–29, 33–36 Ges. v. 6./3. 79 (G.V.Bl. 75). — Württemberg: Art. 1–10, 16–19 Ges. v. 18./8. 79 (Reg.Bl. 215); Art. 6–14, 24 Ges. v. 18./8. 79 (Reg.Bl. 221). — Baden: §§ 105–109, 112 Ges. v. 3./3. 79 (G.V.Bl. 91). — Elsaß-Lothringen: Art. 25–29 Ges. v. 8./7. 79 (Ges.Bl. 67). — Wegen anderer Aufgebote vgl. Anm. 3 zu § 11 E.G.

838. Bei Papieren, welche auf den Inhaber lauten oder welche durch Indossament übertragen werden können und mit einem Blankoindossamente versehen sind, ist der letzte Inhaber berechtigt, das Aufgebotsverfahren zu beantragen.

Bei anderen Urkunden ist derjenige zu dem Antrage berechtigt, welcher das Recht aus der Urkunde geltend machen kann.[1]

[1] Auch der zur Verfügung berechtigte Schuldner. Begr. 467.

839. Für das Aufgebotsverfahren ist das Gericht des Orts zuständig, welchen die Urkunde als den Erfüllungsort bezeichnet. Enthält die Urkunde eine solche Bezeichnung nicht, so ist das Gericht zuständig, bei welchem der Aussteller seinen allgemeinen Gerichtsstand[1] hat, und in Ermangelung eines solchen Gerichts dasjenige, bei welchem der Aussteller zur Zeit der Ausstellung seinen allgemeinen Gerichtsstand gehabt hat.

Ist der Anspruch, über welchen die Urkunde ausgestellt ist, in einem Grund- oder Hypothekenbuche eingetragen, so ist das Gericht der belegenen Sache ausschließlich zuständig.

[1] §§ 13–20.

840. Der Antragsteller hat zur Begründung des Antrags:

1. entweder eine Abschrift der Urkunde beizubringen, oder den wesentlichen Inhalt der Urkunde und alles anzugeben, was zur vollständigen Erkennbarkeit derselben erforderlich ist;
2. den Verlust der Urkunde sowie diejenigen Thatsachen glaubhaft zu machen,[1] von welchen seine Berechtigung abhängt, das Aufgebotsverfahren zu beantragen;
3. sich zur eidlichen Versicherung der Wahrheit seiner Angaben zu erbieten.

[1] § 266.

Oeffentliche Bekanntmachung.

841. In dem Aufgebot ist der Inhaber der Urkunde aufzufordern, spätestens im Aufgebotstermine seine Rechte bei dem Gericht anzumelden und die Urkunde vorzulegen. Als Rechtsnachtheil ist anzudrohen, daß die Kraftloserklärung der Urkunde erfolgen werde.

842. Die öffentliche Bekanntmachung des Aufgebots erfolgt durch Anheftung an die Gerichtstafel und in dem Lokale der Börse, wenn eine solche am Sitze des Aufgebotsgerichts besteht, sowie durch dreimalige Einrückung in die im §. 187 Abs. 2 bezeichneten Blätter.

Das Gericht kann anordnen, daß die Einrückung noch in andere Blätter und zu mehreren Malen erfolge.

843. Bei Werthpapieren, für welche von Zeit zu Zeit Zinsscheine oder Gewinnantheilscheine ausgegeben werden, ist der Aufgebotstermin so zu bestimmen, daß bis zu demselben der erste einer seit der Zeit des glaubhaft gemachten Verlustes ausgegegebenen Reihe von Zinsscheinen oder Gewinnantheilscheinen fällig geworden ist und seit der Fälligkeit desselben sechs Monate abgelaufen sind.

Vor Erlassung des Ausschlußurtheils hat der Antragsteller ein nach Ablauf dieser sechsmonatigen Frist ausgestelltes Zeugniß der betreffenden Behörde, Kasse oder Anstalt beizubringen, daß die Urkunde seit der Zeit des glaubhaft gemachten Verlustes ihr zur Ausgabe neuer Scheine nicht vorgelegt sei und daß die neuen Scheine an einen Anderen als den Antragsteller nicht ausgegeben seien.

844. Bei Werthpapieren, für welche Zinsscheine oder Gewinnantheilscheine zuletzt für einen längeren Zeitraum als vier Jahre ausgegeben sind, genügt es, wenn der Aufgebotstermin so bestimmt wird, daß bis zu demselben seit der Zeit des glaubhaft gemachten Verlustes von den zuletzt ausgegebenen Scheinen solche für vier Jahre fällig geworden und seit der Fälligkeit des letzten derselben sechs Monate abgelaufen sind. Scheine für Zeitabschnitte, für welche keine Zinsen oder Gewinnantheile bezahlt werden, kommen nicht in Betracht.

Vor Erlassung des Ausschlußurtheils hat der Antragsteller ein nach Ablauf dieser sechsmonatigen Frist ausgestelltes Zeugniß der betreffenden Behörde, Kasse oder Anstalt beizubringen, daß die für die bezeichneten vier Jahre und später etwa fällig gewordenen Scheine ihr von einem Anderen als dem Antragsteller nicht vorgelegt seien. Hat in der Zeit seit dem Erlasse des Aufgebots eine Ausgabe neuer Scheine stattgefunden, so muß[1] das Zeugniß auch die im §. 843 Abs. 2 bezeichneten Angaben enthalten.

[1] Imperativ. Anm. 2 zu § 67.

845. Bei Werthpapieren, für welche Zinsscheine oder Gewinnantheilscheine ausgegeben sind, aber nicht mehr ausgegeben werden, ist, wenn nicht die Voraussetzungen der §§. 843, 844 vorhanden sind, der Aufgebotstermin so zu bestimmen, daß bis zu demselben seit der Fälligkeit des letzten ausgegebenen Scheines sechs Monate abgelaufen sind.

846. Ist in einer Schuldurkunde eine Verfallzeit angegeben, welche zur Zeit der ersten Einrückung des Aufgebots in den Deutschen Reichsanzeiger noch nicht eingetreten ist, und sind die Voraussetzungen der §§. 843—845 nicht vorhanden, so ist der Aufgebotstermin so zu bestimmen, daß seit dem Verfalltage sechs Monate abgelaufen sind.

847. Zwischen dem Tage, an welchem die erste Einrückung des Aufgebots in den Deutschen Reichsanzeiger erfolgt ist, und dem Aufgebotstermine muß[1] ein Zeitraum von mindestens sechs Monaten liegen.

1 Imperativ. Anm. 2 zu § 67. — § 834 Nr. 3.

Ausschlußurtheil.

848. In dem Ausschlußurtheil ist die Urkunde für kraftlos zu erklären.

Das Ausschlußurtheil ist seinem wesentlichen Inhalte nach durch den Deutschen Reichsanzeiger[1] bekannt zu machen.

In gleicher Weise hat nach eingetretener Rechtskraft[2] die Bekanntmachung des auf die Anfechtungsklage[3] ergangenen Urtheils, soweit dadurch die Kraftloserklärung aufgehoben wird, zu erfolgen.

1 Anm. 1 zu § 825. 2 § 645. 3 §§ 834, 835.

849. Die Vorschriften der §§. 843—848 finden auch auf das Aufgebot anderer als der im §. 837 Abs. 1 bezeichneten Urkunden, welche auf den Inhaber lauten oder durch Indossament übertragbar und mit einem Blankoindossament versehen sind, Anwendung, insoweit nicht der Anspruch, über welchen die Urkunde ausgestellt ist, in einem Grund- oder Hypothekenbuche eingetragen ist.

Durch diese Bestimmung werden Vorschriften, welche für das Aufgebotsverfahren noch andere oder schwerere Voraussetzungen aufstellen, nicht berührt.

850. Derjenige, welcher das Ausschlußurtheil erwirkt hat, ist dem durch die Urkunde Verpflichteten gegenüber berechtigt, die Rechte aus der Urkunde geltend zu machen.

Zehntes Buch.

Schiedsrichterliches Verfahren.

Vollmacht: Anm. 4 zu § 77. — Wegen der Gebühren der Anwälte vgl. § 91 G.O. f. R.A. — Wegen der vor dem Inkrafttreten der C.P.O. anhängig gewordenen schiedsrichterlichen Verfahren vgl. Anm. 1 zu § 18 E.G. z. C.P.O.

1. Schiedsvertrag.[1]

[1] Bayern: Art. 12—14 Ges. v. 23./2. 79 (G.V.Bl. 63).

851. Die Vereinbarung, daß die Entscheidung einer Rechtsstreitigkeit durch einen oder mehrere Schiedsrichter[1] erfolgen solle, hat insoweit rechtliche Wirkung, als die Parteien berechtigt sind, über den Gegenstand des Streits einen Vergleich zu schließen.

[1] Zu unterscheiden von Gutachtern oder Schätzungsmännern. RG 24, 412. — Auch eine öffentliche Behörde als solche kann — innerhalb der ihr staatsseitig beigelegten Zuständigkeit — zum Schiedsrichter bestellt werden. RG 13, 407.

852. Ein Schiedsvertrag über künftige Rechtsstreitigkeiten hat keine rechtliche Wirkung, wenn er nicht auf ein bestimmtes Rechtsverhältniß und die aus demselben entspringenden Rechtsstreitigkeiten sich bezieht.

853. Ist nach den Bestimmungen des bürgerlichen Rechts ein mündlich geschlossener Schiedsvertrag gültig, so kann jede Partei die Errichtung einer schriftlichen Urkunde über den Vertrag verlangen.

854. Ist in dem Schiedsvertrag eine Bestimmung über die Ernennung der Schiedsrichter nicht enthalten, so wird von jeder Partei ein Schiedsrichter ernannt.[1]

[1] Die Ernennung kann im Schiedsvertrag einer Partei oder einem Dritten übertragen werden; der Dritte braucht nicht individuell bestimmt zu sein, es genügt, daß eine dem Vertragswillen gemäße Bestimmung desselben möglich ist. RG 26, 373. — Vgl. auch Anm. 1 zu § 855.

855. Steht beiden Parteien die Ernennung von Schiedsrichtern zu,[1] so hat die betreibende Partei dem Gegner den Schiedsrichter schriftlich mit der Aufforderung zu bezeichnen, binnen einer einwöchigen Frist[2] seinerseits ein Gleiches zu thun.

Nach fruchtlosem Ablaufe der Frist wird auf Antrag der betreibenden Partei der Schiedsrichter von dem zuständigen Gericht[3] ernannt.

[1] Trifft nicht den Fall, daß der oder die Schiedsrichter von den Parteien gemeinsam zu ernennen sind. Hierüber vgl. RG 33. 265.

[2] § 200.

[3] § 871. — Gebühren: des Gerichts ($^{5}/_{10}$) § 26 Nr. 10 G.K.G.; des Anwalts ($^{5}/_{10}$) § 30 G.O. f. R.A.

856. Eine Partei ist an die durch sie erfolgte Ernennung eines Schiedsrichters dem Gegner gegenüber gebunden, sobald derselbe die Anzeige von der Ernennung erhalten hat.

857. Wenn ein nicht in dem Schiedsvertrag ernannter Schiedsrichter stirbt oder aus einem anderen Grunde wegfällt oder die Uebernahme oder die Ausführung des Schiedsrichteramts verweigert, so hat die Partei, welche ihn ernannt hat, auf Aufforderung des Gegners binnen einer einwöchigen Frist[1] einen anderen Schiedsrichter zu bestellen. Nach fruchtlosem Ablaufe der Frist wird auf Antrag der betreibenden

Partei der Schiedsrichter von dem zuständigen Gericht[2] ernannt.

[1] § 200. [2] § 871. — Gebühren wie Anm. 3 zu § 855.

858. Ein Schiedsrichter kann aus denselben Gründen und unter denselben Voraussetzungen abgelehnt werden, welche zur Ablehnung eines Richters berechtigen.[1]

Die Ablehnung kann außerdem erfolgen, wenn ein nicht in dem Schiedsvertrag ernannter Schiedsrichter die Erfüllung seiner Pflichten ungebührlich verzögert.

Frauen, Minderjährige, Taube, Stumme und Personen, welchen die bürgerlichen Ehrenrechte aberkannt sind, können abgelehnt werden.[2]

[1] §§ 41, 42, 43, 44 Abs. 4. Dagegen finden die das Verfahren betreffenden Vorschriften der §§ 44 ff. auf die Ablehnung im schiedsrichterlichen Verfahren keine Anwendung. RG 13, 350. — Vgl. Anm. 3 zu § 867. — §§ 863, 867 Nr. 1, 871.

[2] Das Ablehnungsrecht fällt fort, wenn die Schiedsrichter im Vertrage ernannt sind und das Vorhandensein des Ablehnungsgrundes den Parteien bekannt war. Pr. 443.

859. Der Schiedsvertrag tritt außer Kraft, sofern nicht für den betreffenden Fall durch eine Vereinbarung der Parteien Vorsorge getroffen ist:

1. wenn bestimmte Personen in dem Vertrage zu Schiedsrichtern ernannt sind und ein Schiedsrichter stirbt oder aus einem anderen Grunde wegfällt oder die Uebernahme des Schiedsrichteramts verweigert oder von dem mit ihm geschlossenen Vertrage zurücktritt[1] oder die Erfüllung seiner Pflichten ungebührlich verzögert;

2. wenn die Schiedsrichter den Parteien anzeigen, daß unter ihnen Stimmengleichheit sich ergeben habe.

[1] Vgl. auch Anm. 2 zu § 865.

2. Verfahren vor dem Schiedsgericht.

860. Die Schiedsrichter haben vor Erlassung des Schiedsspruchs die Parteien zu hören[1] und das dem Streite zu Grunde liegende Sachverhältniß zu ermitteln, soweit sie die Ermittelung für erforderlich erachten.

In Ermangelung einer Vereinbarung der Parteien über das Verfahren[2] wird dasselbe von den Schiedsrichtern nach freiem Ermessen bestimmt.[3]

[1] Schriftlich oder mündlich. — § 867 Nr. 4.

[2] Es kann ein Instanzenzug im schiedsrichterlichen Verfahren vereinbart werden, RG 17, 435, auch unbeschadet der Vollstreckbarkeit. RG 29, 390. Vgl. Anm. 1 zu § 867.

[3] Bestimmung der Art und Weise der Wahl des Obmanns: RG 29, 390.

861. Die Schiedsrichter können Zeugen und Sachverständige vernehmen, welche freiwillig vor ihnen erscheinen.

Zur Beeidigung eines Zeugen[1] oder eines Sachverständigen[2] und zur Abnahme eines Parteieides[3] sind die Schiedsrichter nicht befugt.

[1] §§ 356, 357. [2] § 375. [3] §§ 424—426, 439.

862. Eine von den Schiedsrichtern für erforderlich erachtete richterliche Handlung, zu deren Vornahme dieselben nicht befugt sind, ist auf Antrag einer Partei, sofern der Antrag für zulässig erachtet wird, von dem zuständigen Gerichte vorzunehmen.[1]

Dem Gerichte, welches die Vernehmung oder Beeidigung eines Zeugen oder eines Sachverständigen angeordnet hat, stehen auch die Entscheidungen zu, welche im Falle der Verweigerung des Zeugnisses[2] oder des Gutachtens erforderlich werden.[3]

[1] Gebühren: des Gerichts ($^3/_{10}$) § 34 Nr. 2 G.K.G. in der Fassung v. 29./6. 81 (R.G.B. 178); wegen der Gebühren des Anwalts vgl. § 91 Abs. 2 G.O. f. R.A.

[2] §§ 348—355. [3] §§ 372—374.

863. Die Schiedsrichter können das Verfahren fortsetzen und den Schiedsspruch erlassen,[1] auch wenn die Unzulässigkeit des schiedsrichterlichen Verfahrens behauptet, insbesondere wenn geltend gemacht wird, daß ein rechtsgültiger Schiedsvertrag nicht bestehe, daß der Schiedsvertrag sich auf den zu entscheidenden Streit nicht beziehe oder daß ein Schiedsrichter zu den schiedsrichterlichen Verrichtungen nicht befugt sei.[2]

[1] Sie können auch ihre Entscheidung bis zur gerichtlichen Feststellung dieser Streitpunkte (§ 231) aussetzen. — § 871. — Gebühren: des Gerichts ($^5/_{10}$) § 26 Nr. 10 G.K.G.; des Anwalts ($^5/_{10}$) § 20 G.O. f. R.A.

[2] Z.B. im Falle der Ablehnung des Schiedsrichters. Vgl. Anm. 4 zu § 867.

Schiedsspruch.

864. Ist der Schiedsspruch von mehreren Schiedsrichtern zu erlassen, so ist die absolute Mehrheit der Stimmen entscheidend,[1] sofern nicht der Schiedsvertrag ein Anderes bestimmt.

[1] Stimmengleichheit: § 859 Nr. 2.

865. Der Schiedsspruch[1] ist unter Angabe des Tages der Abfassung von den Schiedsrichtern zu unterschreiben,[2] den Parteien[3] in einer von den Schiedsrichtern unterschriebenen Ausfertigung[4] zuzustellen[5] und unter Beifügung der Beurkundung der Zustellung auf der Gerichtsschreiberei des zuständigen Gerichts[6] niederzulegen.

1 Mit Gründen: § 867 Nr. 5.

2 Weigert ein Schiedsricher die Unterschrift, so ist ein gültiger Schiedsspruch nicht zu Stande gekommen. RG 18, 370.

3 Oder ihren Prozeßbevollmächtigten. RG 13, 431.

4 Abschrift genügt nicht. RG ebendas.

5 Auf Betreiben der Schiedsrichter. RG 5, 401.

6 § 871. — RG 30, 354.

866. Der Schiedsspruch hat unter den Parteien die Wirkungen eines rechtskräftigen gerichtlichen Urtheils.[1]

1 Weder Rechtsmittel noch Einspruch sind statthaft. § 645. Begr. 477. Vgl. jedoch Anm. 2 zu § 860.

3. Aufhebung des Schiedsspruchs. — Vollstreckungsurtheil.

867. Die Aufhebung des Schiedsspruchs[1] kann[2] beantragt werden:[3]

1. wenn das Verfahren unzulässig war;[4]
2. wenn der Schiedsspruch eine Partei zu einer Handlung verurtheilt, deren Vornahme verboten ist;
3. wenn die Partei in dem Verfahren nicht nach Vorschrift der Gesetze vertreten war,[5] sofern sie nicht die Prozeßführung ausdrücklich oder stillschweigend genehmigt hat;[6]
4. wenn der Partei in dem Verfahren das rechtliche Gehör nicht gewährt war;[7]

5. wenn der Schiedsspruch nicht mit Gründen versehen ist;[8]

6. wenn die Voraussetzungen vorliegen, unter welchen in den Fällen der Nr. 1—6 des §. 543 die Restitutionsklage stattfindet.

Die Aufhebung des Schiedsspruchs findet aus den unter Nr. 4, 5 erwähnten Gründen nicht statt, wenn die Parteien ein Anderes vereinbart haben.[9]

[1] Ein gerichtlicher Rechtsmittelzug gegenüber einem Schiedsspruch kann auch nicht durch Vereinbarung der Parteien begründet werden. RG 17, 435. Vgl. Anm. 2 zu § 860.

[2] Die nachträgliche Geltendmachung eines anderen als des der Klage zu Grunde liegenden Aufhebungsgrundes enthält eine unzulässige Aenderung des Klagegrundes. Dagegen kann nach Abweisung der Aufhebungsklage aus einem anderen Grunde von neuem auf Aufhebung geklagt werden. RG 23, 432. Jedoch § 869.

[3] § 871. — Gebühren: des Gerichts ($^5/_{10}$) § 26 Nr. 10 G.K.G.; des Anwalts ($^5/_{10}$) § 20 G.O. f. R.A.

[4] Als solches; oder wo die von den Parteien vereinbarten wesentlichen Bestimmungen oder Grundlagen für das Verfahren verletzt sind. RG 24, 397. Das Gericht hat auch zu prüfen, ob die Ablehnung eines Schiedsrichters vom Schiedsgericht mit Grund zurückgewiesen ist. RG 13, 351. Wegen Unzulässigkeit des schiedsrichterlichen Verfahrens kann eine Partei, welche sich ohne Widerspruch vor dem Schiedsgericht eingelassen hat, den Schiedsspruch nicht anfechten, RG 27, 380, wohl aber eine Partei, welche sich vor dem Schiedsgericht nicht eingelassen hat. RG 31, 399. — Wegen Verletzung des materiellen Rechts kann der Schiedsspruch nicht angefochten werden, RG 26, 376, sofern der Schiedsvertrag an sich gültig zu Stande gekommen ist. Ungültigkeit des Schiedsvertrages als Folge der Ungültigkeit des Hauptgeschäfts, RG 31, 398.

[5] §§ 50, 54, 76, 84. [6] § 85 Abs. 2.

[7] § 860 Abs. 1. — Es kommt nur darauf an, daß den Parteien die Gelegenheit geboten war, alles ihnen erforderlich Scheinende den Schiedsrichtern vorzutragen. RG 23, 434.

[8] Es wird nur erfordert, daß eine sachliche Begründung gegeben ist, mag sie selbst nicht vollständig, erschöpfend und sachgemäß sein. RG 23, 436.

[9] Die Vereinbarung, daß die Anfechtung des Schiedsspruchs vor Gericht ausgeschlossen sein soll, hat die rechtliche Bedeutung, daß die Aufhebung wegen der Gründe zu 4 und 5 nicht stattfinden darf. RG 35, 426.

868. Aus dem Schiedsspruche[1] findet die Zwangsvollstreckung nur statt, wenn ihre Zulässigkeit durch ein Vollstreckungsurtheil[2] ausgesprochen ist.[3]

Das Vollstreckungsurtheil ist nicht zu erlassen, wenn ein Grund vorliegt, aus welchem die Aufhebung des Schiedsspruchs beantragt werden kann.[4]

[1] Auch aus einem ausländischen, den Bestimmungen der C.P.O. entsprechenden Schiedsspruch, §§ 660, 661 sind auf solchen nicht anwendbar. RG 5, 399. Aus einem den Bestimmungen der C.P.O. nicht entsprechenden, rechtsgültigen ausländischen Schiedsspruch findet nur die Erfüllungsklage statt. RG 30, 369.

[2] Dasselbe kann auch lediglich wegen der Kosten des schiedsrichterlichen Verfahrens erwirkt werden. RG 19, 407.

[3] § 871. — Gebühren: des Gerichts ($^5/_{10}$) § 26 Nr. 8 G.K.G.; des Anwalts ($^5/_{10}$) § 20 G.O. f. R.A.

[4] Auch nicht, solange der Schiedsspruch nicht ordnungsmäßig zugestellt ist. § 865. RG 5, 400. Das Vollstreckungsurtheil darf nicht um deswillen versagt werden, weil der Schiedsspruch zu Vollstreckungen keinen Anlaß bietet, RG 16, 420, oder weil im schiedsrichterlichen Verfahren noch ein bestimmungsmäßig die Vollstreckung nicht aufschiebendes Rechtsmittel stattfindet. RG 29, 390.

869. Nach Erlassung des Vollstreckungsurtheils

kann die Aufhebung des Schiedsspruchs nur aus den im §. 867 Nr. 6 bezeichneten Gründen und nur dann beantragt werden, wenn glaubhaft gemacht wird,[1] daß die Partei ohne ihr Verschulden außer Stande gewesen sei, den Aufhebungsgrund in dem früheren Verfahren geltend zu machen.[2]

[1] § 266. [2] § 545.

870. Die Klage auf Aufhebung des Schiedsspruchs ist im Falle des vorstehenden Paragraphen binnen der Nothfrist[1] eines Monats[2] zu erheben.

Die Frist beginnt mit dem Tage, an welchem die Partei von dem Aufhebungsgrunde Kenntniß erhalten hat, jedoch nicht vor eingetretener Rechtskraft des Vollstreckungsurtheils. Nach Ablauf von zehn Jahren, von dem Tage der Rechtskraft des Urtheils an gerechnet, ist die Klage unstatthaft.

Wird der Schiedsspruch aufgehoben, so ist zugleich die Aufhebung des Vollstreckungsurtheils auszusprechen.

[1] § 201. [2] § 200.

4. Allgemeine Bestimmungen.

871. Für die Klagen, welche die Ernennung oder Ablehnung eines Schiedsrichters,[1] das Erlöschen eines Schiedsvertrags,[2] die Unzulässigkeit des schiedsrichterlichen Verfahrens,[3] die Aufhebung eines Schiedsspruchs[4] oder die Erlassung des Vollstreckungsurtheils[5] zum Gegenstande haben, ist das Amtsgericht oder das Landgericht zuständig, welches in einem schriftlichen Schiedsvertrag als solches bezeichnet ist, und, in Ermangelung einer derartigen Bezeichnung, das Amtsgericht oder das Landgericht, welches für die gerichtliche Geltendmachung des Anspruchs[6] zuständig sein würde.

Unter mehreren hiernach zuständigen Gerichten ist und bleibt dasjenige zuständig, an welches sich zuerst eine Partei oder das Schiedsgericht (§ 865) gewendet hat.

[1] §§ 855, 857, 858. [2] § 859.

[3] Auch für die Klage auf Feststellung, daß über den Anspruch durch ein Schiedsgericht zu entscheiden sei. RG 23, 426. Anm. 1 zu § 863. [4] § 867. [5] § 868.

[6] Zur Zeit der Niederlegung des Schiedsspruchs (§ 865). Spätere die Kompetenz verändernde Thatsachen sind ohne Einfluß. RG 30, 355.

872. Auf Schiedsgerichte, welche in gesetzlich statthafter Weise durch letztwillige oder andere nicht auf Vereinbarung beruhende Verfügungen angeordnet werden, finden die Bestimmungen dieses Buchs entsprechende Anwendung.

VI.

Nebengesetze
zur
Civilprozeßordnung.

---

a. Gesetz über die Konsulargerichtsbarkeit.

Vom 10. Juli 1879.*)

(R.G.B. von 1879, Nr. 26, S. 197—206.)

In Kraft getreten am 1. Oktober 1879. — § 48.

Vgl. § 24 B.Ges. v. 8. November 1867 (B.G.B. 137).

Instruktion zur Ausführung des Gesetzes über die Konsulargerichtsbarkeit. Vom 10./9. 79 (Centr.Bl. 575).

Die §§ 1—13, 16—18, 22—24, 28, 33—36, 42, 43, 47—49, 51 sind, da sie wesentlich die in dem Gerichtsverfassungsgesetz geregelten Materien betreffen, oben S. 116 abgedruckt.

Wegen Anwendbarkeit dieses Gesetzes auf die deutschen Schutzgebiete vgl. Bem. v. § 1, oben S. 116.

II. Verfahren in bürgerlichen Rechtsstreitigkeiten und in Konkurssachen.

14. Auf bürgerliche Rechtsstreitigkeiten und auf Konkurssachen finden die Civilprozeßordnung und die Konkursordnung[1] nebst ihren Einführungsgesetzen, sowie die landesgesetzlichen Vorschriften, welche für die im § 3 Absatz 1 bezeichneten preußischen Landestheile[2] zur Ausführung jener Reichsgesetze erlassen oder neben denselben in Geltung sind, nach

---

*) Begr. = Begründung des Entwurfs eines Gesetzes über die Konsulargerichtsbarkeit. (Drucksachen des Deutschen Reichstags, 4. Legislatur-Periode, II. Session 1879, Nr. 70).

Maßgabe der folgenden Bestimmungen entsprechende Anwendung.[3]

[1] Vgl. Anm. 8 zu § 8, oben S. 118. [2] Vgl. Anm. 2 zu § 8, oben S. 118. [3] Wegen entsprechender Anwendung der Begriffe „Ausland" und „Inland" und der den Gerichtsstand betreffenden Vorschriften vgl. Begr. 21.

15. Das Verfahren in bürgerlichen Rechtsstreitigkeiten vor dem Konsul sowie vor dem Konsulargerichte regelt sich nach den Bestimmungen der Civilprozeßordnung über das Verfahren vor den Amtsgerichten[1] mit der Maßgabe, daß auch die Vorschriften der §§. 313 bis 319 der Civilprozeßordnung Anwendung finden.

[1] §§ 456—471 C.P.O.

19. Die Vorschrift des §. 540 Absatz 3 der Civilprozeßordnung findet keine Anwendung, wenn die angegriffene Verfügung vom Konsul erlassen ist.

20. Das Rechtsmittel der Berufung wird bei dem Konsul eingelegt. Die Einlegung erfolgt durch Einreichung der Berufungsschrift.[1] Auf die Einlegung findet die Vorschrift des §. 74 Absatz 1 der Civilprozeßordnung keine Anwendung. Der Konsul hat eine Abschrift der Berufungsschrift der Gegenpartei von Amtswegen in Gemäßheit des §. 164 der Civilprozeßordnung zustellen zu lassen und die Prozeßakten dem Berufungsgerichte zu übersenden.[2]

Das letztere hat den Termin zur mündlichen Verhandlung von Amtswegen zu bestimmen und den Parteien bekannt zu machen.

Die Bekanntmachung des Termins erfolgt an

den für die Berufungsinstanz bestellten und dem Reichsgerichte durch Vermittelung des Konsuls oder durch die Partei selbst rechtzeitig benannten Prozeßbevollmächtigten oder Zustellungsbevollmächtigten, in Ermangelung eines solchen an die Partei selbst.

Die Fristbestimmungen in den §§. 481, 484 der Civilprozeßordnung bemessen sich nach dem Zeitpunkte der Bekanntmachung des Termins an den Berufungsbeklagten.

[1] § 479 C.P.O. [2] Eine Prüfung der Zulässigkeit des eingelegten Rechtsmittels steht dem Konsul nicht zu. RG 31, 428. — Einsendung der Akten durch Vermittelung des Reichskanzlers: Instr. zu § 20.

V. Schlußbestimmungen.

44. In den Rechtssachen, auf welche die Civilprozeßordnung, die Strafprozeßordnung oder die Konkursordnung Anwendung findet, gelten das Gerichtskostengesetz und die Gebührenordnungen für Gerichtsvollzieher, für Zeugen und Sachverständige, sowie für Rechtsanwälte.[1] In den Angelegenheiten, welche zu der streitigen Gerichtsbarkeit nicht gehören, sind in Betreff des Gebührenwesens, soweit reichsgesetzliche Vorschriften nicht bestehen,[2] die Bestimmungen der in den im §. 3 Absatz 1 bezeichneten preußischen Landestheilen[3] geltenden Landesgesetze[4] maßgebend.[5]

Soweit die Gebühren der Rechtsanwälte durch Ortsgebrauch geregelt sind, kommt dieser zunächst zur Anwendung.

[1] Der Tarif v. 1./7. 72 (R.G.B. 247) findet auf die nach den Reichsprozeßgeſetzen zu verhandelnden Sachen nicht Anwendung. [2] Tarif v. 1./7. 72 (R.G.B. 247); jedoch R.Geſ. v. 5./6. 95 (R.G.B. 417). [3] Vgl. Anm. 2 zu § 3, oben S. 118. [4] Tarif v. 24./10. 65 (Preuß. J.M.Bl. 245). [5] Einziehung der Gebühren: Abſ. 1 u. 5 Inſtr. zu § 44.

45. Die Einrückung einer öffentlichen Bekanntmachung in den Reichs-Anzeiger[1] iſt nicht erforderlich.

[1] §§ 187 Abſ. 2, 825, 833, 842, 848 C.P.O.

46. Geldſtrafen fließen zur Reichskaſſe.

b—f. Verordnung und Geſetze, betreffend die Begründung der Reviſion in bürgerlichen Rechtsſtreitigkeiten.

b. Verordnung vom 28. September 1879.*)

(R.G.B. von 1879, Nr. 33, S. 299—302.)

Inkraft getreten am 14. Oktober 1879. — Art. 2 Verf. d. D. R.

1. Die Reviſion kann vorbehaltlich der beſonderen Beſtimmungen dieſer Verordnung auf die Verletzung anderer Geſetze[1] als derjenigen des gemeinen oder franzöſiſchen Rechts nur geſtützt werden, wenn die-

---

*) Komm.Ber. = Bericht der VII. Kommiſſion über die auf Grund des § 6 des Geſetzes, betreffend die Einführung der Civilprozeßordnung, vom 30. Januar 1877, unter Zuſtimmung des Bundesraths erlaſſene Kaiſerliche Verordnung vom 28. September 1879, betreffend die Begründung der Reviſion in bürgerlichen Rechtsſtreitigkeiten. (Druckſachen des Deutſchen Reichstags, 4. Legislatur-Periode, III. Seſſion 1880, Nr. 72.)

ſelben über den Bezirk des Berufungsgerichts hinaus[2] für den ganzen Umfang mindeſtens zweier deutſcher Bundesſtaaten oder zweier Provinzen Preußens oder einer preußiſchen Provinz und eines anderen Bundesſtaats Geltung erlangt haben.[3]

[1] Einſchließlich des Gewohnheitsrechts. [2] § 511 C.P.O.

[3] D. h.: im Ganzen für den vollen Umfang mindeſtens zweier Bundesſtaaten ꝛc. ꝛc. und dabei über den Bezirk des Berufungsgerichts hinaus; nicht: im Bezirke des Berufungsgerichts und außerdem für den vollen Umfang mindeſtens zweier Bundesſtaaten ꝛc. ꝛc. Komm.Ber. 3. — Vgl. im übrigen Anm. 3 zu § 511 C.P.O.

2. Verletzung der Geſetze des gemeinen Rechts und der Geſetze des franzöſiſchen Rechts,[1] ſoweit letztere in anderen deutſchen Ländern außer Elſaß-Lothringen Geltung erlangt haben,[2] begründet die Reviſion, auch wenn der Geltungsbereich der einzelnen Beſtimmung ſich nicht über den Bezirk des Berufungsgerichts hinaus erſtreckt.[3]

[1] D. i. der unter franzöſiſcher Herrſchaft erlaſſenen Geſetze. Komm.Ber. 5. [2] Einerlei ob ſie in jenen Ländern noch jetzt gelten. RG 30, 357. Die nur in Elſaß-Lothringen zur Geltung gelangten Geſetze ſind lediglich nach Maßgabe des § 511 C.P.O. reviſibel. Vgl. jedoch § 12.

[3] Sie müſſen aber im Bezirke des Berufungsgerichts gelten. RG 6, 413. Vgl. auch Anm. 3 zu § 511 C.P.O.

3. Die Reviſion kann nicht geſtützt werden auf die Verletzung von Geſetzen des Lehnrechts.[1]

[1] Dieſe Beſtimmung hat nicht die Genehmigung des Reichstages erhalten und gilt daher nur für die am 10. April 1880, dem Tage des Reichstagsbeſchluſſes, bereits anhängig geweſenen Prozeſſe. § 6 E.G. z. C.P.O.

4. Die Revision kann nicht gestützt werden auf die Verletzung der französischen Gesetze über das Enregistrement, den Stempel, die Hypotheken-, Transskriptions- und Gerichtsschreibereigebühren, sowie ähnliche Gefälle, welche durch die Enregistrementsverwaltung zu erheben sind.

Preußen.

5. Die Revision kann auf die Verletzung derjenigen in der Mark Brandenburg geltenden Gesetze, welche durch das Publikationspatent vom 5. Februar 1794[1] als Vorschriften der bisherigen subsidiarischen Rechte aufrecht erhalten sind, nicht gestützt werden.

Bayern.

6. Soweit über die Revision vom Königlich bayrischen obersten Landesgerichte zu entscheiden ist,[1] findet die Bestimmung des §. 1 nicht Anwendung. Auf die Verletzung von Gesetzen

1. des Koburger Landrechts,
2. des Rechts des Bisthums Fulda,
3. des Gräflich Erbachschen Landrechts,
4. des Rechts der Grafschaft Solms,
5. des Rechts des Fürstenthums Löwenstein

kann die Revision nicht gestützt werden.

[1] § 8 E.G. z. G.V.G. — Art. 42 Bayr. Ges. v. 23./2. 79 (G.V.Bl. 273).

Baden.

7. Die Revision wird begründet durch Verletzung des badischen Landrechts, einschließlich der Zusatz-

artikel der beiden Einführungsedikte vom 3. Februar und 22. Dezember 1809 und der unter XVIII des erſteren Einführungsedikts neben dem Landrecht aufrecht erhaltenen Vorſchriften des bürgerlichen Rechts,

ſowie durch Verletzung derjenigen geſetzlichen Vorſchriften, welche beſtimmte Vorſchriften der vorgedachten Geſetze ausdrücklich erläutern, ausdehnen, beſchränken, aufheben oder erſetzen,[1]

endlich, ſoweit nicht ſchon die vorſtehenden Beſtimmungen Anwendung finden, durch Verletzung folgender Großherzoglich badiſcher Geſetze:

1. des Geſetzes vom 6. März 1845, betreffend die privatrechtlichen Folgen von Verbrechen.
2. der Artikel 2, 3, 5 bis 8 des Geſetzes vom 6. Auguſt 1862, betreffend die Einführung des Deutſchen Handelsgeſetzbuchs,
3. des Geſetzes vom 9. Dezember 1875 zum Vollzug des Reichs-Perſonenſtandsgeſetzes,
4. der Artikel 3, 4, 6 bis 11, 84, 92 des Geſetzes vom 25. Auguſt 1876, betreffend die Benutzung und Inſtandhaltung der Gewäſſer,
5. des Geſetzes vom 6. Februar 1879, betreffend die Verwaltung der freiwilligen Gerichtsbarkeit und des Notariats.

Die vorſtehenden Beſtimmungen finden nicht Anwendung, ſoweit die bezeichneten Geſetze am 1. Oktober 1879 außer Kraft getreten ſind.

[1] Verneint bezüglich des bad. Geſ. v. 28./8. 35, betr. die Zwangsabtretung (Staats- u. Reg.Bl. 271), RG 2, 382,

ferner bezüglich Anhangsſatzes 234 zum Bad. L.R. u. § 30 bad. Geſ. v. 3./3. 79 (G.V.Bl. 91), RG 12, 305.

Heſſen.

8. Die Reviſion wird begründet durch Verletzung der folgenden Großherzoglich heſſiſchen Geſetze:

1. der Verordnung vom 28. Auguſt 1827, die vormundſchaftlichen Verhältniſſe in der Provinz Rheinheſſen betreffend;
2. der Artikel 9 bis 11 des Geſetzes vom 17. September 1841, betreffend Einführung des Strafgeſetzbuchs und des §. 9 des Geſetzes vom 30. Dezember[1] 1870, betreffend Einführung des Reichs-Strafgeſetzbuchs;
3. des Geſetzes vom 6. Juni 1849, betreffend die Vereinfachung des Verfahrens bei der Eröffnung von Erbſchaften, Theilungen, Verſteigerungen, Rangordnungs- und Diſtributionsſachen in Rheinheſſen.

[1] In der Verordnung ſteht irrthümlich „September". Komm.Ber. 10.

Oldenburg.

9. Die Reviſion wird begründet durch Verletzung der folgenden Großherzoglich oldenburgiſchen Geſetze:

1. des revidirten Staatsgrundgeſetzes vom 22. November 1852;
2. des revidirten Civilſtaatsdienergeſetzes vom 28. März 1867;
3. des für das Herzogthum Oldenburg erlaſſenen Geſetzes vom 3. April 1876, betreffend Eigen-

thumserwerb an Grundstücken und deren dingliche Belastung, sowie der für dasselbe Gebiet erlassenen Grundbuchordnung von demselben Tage.

Braunschweig.

10. Die Revision wird begründet durch Verletzung des Herzoglich braunschweigischen Gesetzes vom 8. März 1878, betreffend den Eigenthumserwerb und die dingliche Belastung der Grundstücke, Bergwerke und selbständigen Gerechtigkeiten und der Grundbuchordnung von demselben Tage.

Hamburg.

11. Die Revision wird begründet durch Verletzung der §§. 30, 41 und 54 des hamburgischen Einführungsgesetzes zum Deutschen Handelsgesetzbuche vom 22. Dezember 1865.

Elsaß-Lothringen.

12. Die Revision wird begründet durch Verletzung der nachfolgenden in Elsaß-Lothringen geltenden Gesetze:

1. des Gesetzes vom 14. Juli 1819 über Aufhebung des droit d'aubaine (bulletin des lois VII série No. 6986);
2. des Gesetzes vom 29. April 1845 über Bewässerungen (bulletin des lois IX série No. 11951);
3. des Gesetzes vom 11. Juni 1847 über die Bewässerungen (bulletin des lois IX série No. 13645);
4. des Gesetzes vom 10. Juni 1854 sur le libre

écoulement des eaux provenant du drainage (bulletin des lois XI série No. 1555);

5. des Gesetzes vom 23. März 1855 über die Transskription (bulletin des lois XI série No. 2474);

6. des Berggesetzes vom 16. Dezember 1873 (Gesetzblatt für Elsaß-Lothringen S. 397).

13. Gesetz im Sinne dieser Verordnung ist jede Rechtsnorm.[1]

[1] § 12 E.G. z. C.P.O. § 512 C.P.O.

c. Bekanntmachung vom 11. April 1880.

(R.G.B. von 1880, Nr. 8, S. 102).

Der Reichstag hat in seiner Sitzung vom 10. April d. J. der auf Grund des §. 6 des Einführungsgesetzes zur Civilprozeßordnung erlassenen, die Begründung der Revision in bürgerlichen Rechtsstreitigkeiten betreffenden Kaiserlichen Verordnung vom 28. September 1879 (Reichs-Gesetzbl. S. 299) mit Ausschluß des §. 3 derselben die Genehmigung ertheilt.

d. Gesetz vom 15. März 1881.

(R.G.B. von 1881, Nr. 6, S. 38.)

In Kraft getreten am 7. April 1881. — Art. 2 Verf. d. D. R.

1. Den Landesgesetzen, deren Verletzung zufolge der §§. 7 bis 12 der Verordnung vom 28. September 1879 (Reichs-Gesetzbl. S. 299) die Revision in bürgerlichen Rechtsstreitigkeiten begründet, treten hinzu:

1. das Königlich württembergische Berggesetz vom 7. Oktober 1874 (Regierungsblatt für das Königreich Württemberg S. 265);

2. das Großherzoglich hessische Berggesetz vom 28. Januar 1876 (Regierungsblatt S. 73);
3. das Herzoglich braunschweigische Berggesetz vom 15. April 1876 (Gesetz- und Verordnungs-Samml. S. 109);
4. das Herzoglich sachsen-meiningensche Berggesetz vom 17. April 1868 (Sammlung der landesherrlichen Verordnungen S. 49);
5. das Herzoglich sachsen-altenburgische Berggesetz vom 18. April 1872 (Gesetz-Samml. S. 29);
6. das Herzoglich sachsen-koburg-gothaische Berggesetz für das Herzogthum Gotha vom 16. August 1868 (Gesetz-Samml. für das Herzogthum Gotha S. 975);
7. das Herzoglich anhaltische Berggesetz vom 30. April 1875 (Gesetz-Samml. Bd. 7 S. 167);
8. das Fürstlich waldeckische Gesetz, die Einführung des preußischen allgemeinen Berggesetzes vom 24. Juni 1865 betreffend, vom 1. Januar 1869 (Regierungsblätter S. 3);
9. das für das Fürstenthum Reuß jüngere Linie erlassene Berggesetz vom 9. Oktober 1870 (Gesetz-Samml. Bd. XVI S. 199);

ferner:

10. die Großherzoglich oldenburgischen Gesetze für das Fürstenthum Lübeck, betreffend den Eigenthumserwerb an Grundstücken und deren dingliche Belastung, vom 28. Januar 1879, und betreffend die Grundbuchordnung, von dem-

selben Tage (Gesetzbl. für das Fürstenthum Lübeck Bd. 17 S. 87, 107);

11. die Herzoglich sachsen-koburg-gothaischen Gesetze, betreffend den Eigenthumserwerb und die dingliche Belastung der Grundstücke, Bergwerke und selbständigen Gerechtigkeiten, vom 1. März 1877, und betreffend die Grundbuchordnung, von demselben Tage (Gesetzbl. für das Herzogthum Gotha S. 9, 23; Gesetzbl. für das Herzogthum Koburg S. 15, 35);

endlich:

12. die §§. 29, 30, 33, 40 und 46 des bremischen Einführungsgesetzes zum deutschen Handelsgesetzbuch vom 6. Juni 1864 (Gesetzbl. S. 43) und der §. 21 des bremischen Gesetzes, betreffend die Abänderung des vorgedachten Einführungsgesetzes, vom 4. Juni 1879 (Gesetzbl. S. 183).

2. Die vorstehende Bestimmung findet in den zur Zeit des Inkrafttretens dieses Gesetzes anhängigen Sachen keine Anwendung.

e. Gesetz vom 24. Juni 1886.

(R.G.B. von 1886, Nr. 21, S. 207.)

In Kraft getreten am 14. Juli 1886. — Art. 2 Verf. d. D. R.

Den Landesgesetzen, deren Verletzung ungeachtet ihres beschränkten Geltungsbereichs zufolge der Verordnung vom 28. September 1879 (Reichs-Gesetzbl. S. 299) und des Gesetzes vom 15. März 1881

(Reichs-Geſetzbl. S. 38) die Reviſion in bürgerlichen Rechtsſtreitigkeiten begründet, treten hinzu:

1. die Königlich preußiſche Verordnung, betreffend die Erhebung der Stempelſteuer in den Herzogthümern Schleswig und Holſtein, vom 7. Auguſt 1867 (Geſetz-Samml. S. 1277);
2. Artikel 2 des Königlich preußiſchen Geſetzes, betreffend das Sportel-, Stempel- und Taxweſen in den hohenzollernſchen Landen, vom 22. Juni 1875 (Geſetz.-Samml. S. 235).

f. Geſetz vom 30. März 1893.

(R.G.B. von 1893, Nr. 12, S. 139.)

In Kraft getreten am 19. April 1893. — Art. 2 Verf. d. D. R.

1. Den Landesgeſetzen, deren Verletzung ungeachtet ihres beſchränkten Geltungsbereichs zufolge der Verordnung vom 28. September 1879 (Reichs-Geſetzbl. S. 299), ſowie der Geſetze vom 15. März 1881 (Reichs-Geſetzbl. S. 38) und vom 24. Juni 1886 (Reichs-Geſetzbl. S. 207) die Reviſion in bürgerlichen Rechtsſtreitigkeiten begründet, treten hinzu:

I. die nachbezeichneten Großherzoglich oldenburgiſchen Geſetze für das Fürſtenthum Birkenfeld:
   1. das Geſetz über den Eigenthumserwerb und die dingliche Belaſtung der Grundſtücke und Bergwerke vom 23. Mai 1891 und das Geſetz, betreffend die Grundbuchordnung, von demſelben Tage (Geſetzbl. für das Fürſtenthum Birkenfeld Bd. 13 S. 61 und 78),

2. das Berggeſetz vom 18. März 1891 (Geſetzbl. für das Fürſtenthum Birkenfeld Bd. 13 S. 167);

II. die nachbezeichneten Geſetze für Elſaß-Lothringen:

1. das Geſetz, betreffend die Haftbarkeit des Miethers oder Pächters für Brandſchäden, vom 7. März 1881 (Geſetzbl. für Elſaß-Lothringen S. 11),
2. das Geſetz, betreffend die Haftung der Brandverſicherungsgelder für die Anſprüche bevorrechteter Gläubiger, vom 4. Juli 1881 (Geſetzbl. für Elſaß-Lothringen S. 91) mit Ausnahme des §. 5 dieſes Geſetzes,
3. das Geſetz, betreffend Grundeigenthum und Hypothekenweſen, ſowie die Notariatsgebühren, vom 24. Juli 1889 (Geſetzbl. für Elſaß-Lothringen S. 69) mit Ausnahme des vierten Abſchnitts dieſes Geſetzes,
4. das Geſetz, betreffend die Einrichtung von Grundbüchern, vom 22. Juni 1891 (Geſetzbl. für Elſaß-Lothringen S. 41).

2. Die vorſtehende Beſtimmung findet in den zur Zeit des Inkrafttretens dieſes Geſetzes anhängigen Sachen keine Anwendung.

Sachregister.

Die römischen Zahlen bezeichnen die Gesetze und Verordnungen nach Maßgabe der in dieser Sammlung beobachteten Reihenfolge.

Die einzelnen Nebengesetze sind durch Hinzufügung des lateinischen Buchstabens, unter welchem sie bei III. und VI. abgedruckt sind, allegirt. So bedeutet III a. das Gesetz, betr. den Uebergang von Geschäften auf das Reichsgericht, VI b. die erste Verordnung, betr. die Begründung der Revision in bürgerlichen Rechtsstreitigkeiten.

Von den arabischen Zahlen bezeichnen die größeren die Paragraphen, die kleineren die Anmerkungen zu denselben.

A.

B.

C.

D.

E.

G.

H.

J.

K.

L.

M.

O.

P.

Q.

R.

S.

T.

U.

V.

W.

Z.

Druck von A. W. Hayn's Erben in Potsdam.

FSC
www.fsc.org
MIX
Papier | Fördert gute Waldnutzung
FSC® C083411

Kolibri 360 GmbH
Ferdinand-Jühlke-Straße 7
99095 Erfurt, Deutschland
produktsicherheit@kolibri360.de